LES
GRANDS ÉCRIVAINS
DE LA FRANCE

NOUVELLES ÉDITIONS

PUBLIÉES SOUS LA DIRECTION

DE M. AD. REGNIER

Membre de l'Institut

OEUVRES

DE

LA BRUYÈRE

TOME I

IMPRIMERIE GÉNÉRALE DE CH. LAHURE
Rue de Fleurus, 9, à Paris

ŒUVRES
DE
LA BRUYÈRE

NOUVELLE ÉDITION
REVUE SUR LES PLUS ANCIENNES IMPRESSIONS
ET LES AUTOGRAPHES

ET AUGMENTÉE
de morceaux inédits, des variantes, de notices, de notes, d'un lexique des mots
et locutions remarquables, d'un portrait, d'un fac-simile, etc.

PAR M. G. SERVOIS

TOME PREMIER

PARIS
LIBRAIRIE DE L. HACHETTE ET Cie
BOULEVARD SAINT-GERMAIN, N° 77

1865

AVERTISSEMENT.

Il y a de bonnes éditions de la Bruyère, il n'en est pas de parfaite. Plus d'une fois déjà les admirateurs des *Caractères* ont cru tenir entre leurs mains, sinon l'édition vraiment définitive, du moins celle qui leur apportait un texte désormais immuable en ses moindres détails, accompagné de toutes les variantes, sans exception, qui ont marqué le travail incessant de l'auteur sur sa pensée et sur son style. Mais qui eût pu se flatter, dès la première ou la seconde tentative, de saisir à travers neuf réimpressions, trop souvent incorrectes, les retouches innombrables que faisait la Bruyère d'une édition à l'autre, et parfois même pendant le tirage d'une même édition? Walckenaer le premier les avait patiemment recueillies, initiant ainsi les lecteurs à certains secrets de composition et à plus d'un scrupule de style et de grammaire de l'auteur des *Caractères;* M. Destailleur a recommencé, et peut-être par deux fois, la même collation minutieuse, non sans profit pour ses deux éditions; nous l'avons reprise à notre tour, avec le désir, nous n'osons dire avec l'espoir, de ne plus rien laisser à glaner derrière nous. La Bruyère n'a publié qu'un livre, et ce livre immortel l'a placé au premier rang des moralistes et des écrivains. Dans ses réflexions d'un travail si achevé et d'un art si parfait, tous les tours, tous les mots ont leur prix, et chacune des formes qu'a successivement reçues sa pensée méritait d'être notée exactement : quelque scrupuleux que soit à cet égard le soin des éditeurs, nous pensons qu'on ne saurait le trouver excessif.

La préparation du texte est ici toutefois la tâche la plus aisée, bien qu'elle soit la plus importante. Si nombreux qu'aient été les commentateurs, tous les passages des *Caractères* ne sont pas encore éclaircis. La Bruyère a écrit son livre, il l'a du moins achevé, lui-même le dit[1], en vue de la postérité ; mais comme c'est tout d'abord pour ses contemporains et d'après eux qu'il a composé le tableau des mœurs du siècle, on y rencontre la mention de tel nom, tel événement, tel usage qui, jadis connus de tous, appellent aujourd'hui une explication que les éditeurs ont souvent omis de nous donner.

Si Walckenaer, pour ne parler en ce moment que de sa précieuse édition, la première des éditions critiques des *Caractères* qui aient paru de notre temps et la plus complète que nous ayons encore, néglige d'annoter les noms écrits en toutes lettres, parfois même en capitales, s'il ne prend guère le temps de s'arrêter aux allusions que la Bruyère fait ouvertement, avec l'intention que chacun les entende, c'est que, se préoccupant tout particulièrement d'une tâche moins facile encore, de celle qui est la plus délicate, et par suite la plus attrayante

---

1. Voyez la *Préface* des *Caractères*, ci-après, p. III.

AVERTISSEMENT.

peut-être pour le commentateur, il s'attache surtout aux personnages que la Bruyère, sans les nommer, laisse entrevoir, plus ou moins distinctement, dans le lointain, ainsi qu'aux allusions qui sont comme voilées aux yeux des lecteurs.

Les *Clefs* des *Caractères* (c'est, comme l'on sait, le terme consacré), et le commentaire plus ou moins exact et complet de ces clefs, ne sont pas indispensables à qui veut lire et aimer la Bruyère. Disons mieux : pour apprendre à l'aimer, il faut d'abord le lire et le relire sans tenir compte des explications et suppositions anciennes et modernes. Mais il est des heures de curiosité où l'on ne dédaigne pas de savoir quelle interprétation les contemporains ont donnée aux réflexions de l'auteur. Nous essayerons de le démontrer dans la *Notice biographique*, la Bruyère écrivait ses *Caractères* sous l'impression que les conversations du jour avaient laissée en lui, et souvent il traçait des portraits parfaitement ressemblants : n'est-il pas intéressant de chercher dans son ouvrage la trace de ses entretiens, de ses informations, et hors du livre le nom de ses modèles, au risque même de se tromper ? Les auteurs des *Clefs* ont souvent fait fausse route, et avec eux leurs commentateurs en les suivant ou en voulant les redresser : il est tel lecteur qui çà et là sans doute pourra corriger sur divers points les méprises des uns ou des autres. Pour rendre plus faciles ces rectifications, nous avons réuni dans nos commentaires les dates et les faits qui permettront d'apprécier la valeur de chacune des annotations des *Clefs*, et de se former soi-même un jugement en connaissance de cause. Nous nous garderons d'ajouter que nous n'avons laissé s'introduire aucune inexactitude dans ce long exposé de noms et de dates, ou même que nous en avons écarté chacune des erreurs qui avaient échappé à la vigilance de notre savant devancier. Ce serait dire ce que nous avons voulu faire, et non sans doute ce que nous avons fait.

Walckenaer n'a cité qu'une clef imprimée, celle qui accompagne les éditions annotées par Coste, et qui, sans qu'on l'ait jamais fait remarquer, a été diversement modifiée selon le temps et le lieu de l'impression. Mais toutes les clefs imprimées ne sont pas la simple reproduction d'un même original. Sans nous exagérer la valeur des variantes qu'elles présentent, nous avons distingué le témoignage de chacune d'elles [1].

Comme la Bruyère l'avait fait et comme d'ailleurs l'exigeait le titre général de son ouvrage, nous avons donné la première place aux *Caractères de Théophraste*, la seconde aux *Caractères ou Mœurs de ce siècle*. On lit beaucoup moins ceux-là que ceux-ci ; mais la Bruyère, lors même qu'il a permis que l'on imprimât sa traduction en petit texte, lui a toujours donné le pas sur son travail original. Cette traduction nous a valu un beau *Discours sur Théophraste*, véritable préface où l'auteur prend part aux débats littéraires du temps, plaide en faveur des *anciens*, et fait l'examen critique des livres de morale ; mieux encore, elle nous a valu les *Caractères* de la Bruyère, qu'il n'osait publier séparément, et qu'il plaça modestement à la suite des *Caractères de Théophraste*.

1. Voyez ci-après, p. 395-401, la *Notice* placée en tête de l'*Appendice aux Caractères*.

AVERTISSEMENT.   v

Elle n'est pas elle-même sans intérêt. Il eût été puéril de signaler une à une les inexactitudes qu'y relèverait un helléniste moderne, ou les lacunes qu'elle présente, aujourd'hui que des manuscrits, jadis inconnus, ont rendu plus complet l'ouvrage de Théophraste ; mais nous avons cherché à nous rendre compte de la méthode du traducteur et de ses procédés de traduction.

Nous avons fait trois parts des notes dont nous accompagnons les *Caractères ou Mœurs de ce siècle*. Les unes, imprimées au bas du texte, contiennent les variantes, les rapprochements, et les explications qui s'attachent au texte même, et non à ce qu'on croit découvrir ou veut deviner sous ce texte. Les autres, rangées sous le titre d'*Appendice*, et imprimées partie à la fin des dix chapitres que contient ce volume, partie à la fin des six chapitres qui se trouveront dans le second, sont les *Clefs et Commentaires* dont nous avons parlé ; en les éloignant du texte, nous avons pu leur donner l'étendue que comportent les *excursus*. Une troisième classe de notes, placées dans la *Notice bibliographique*, indiquera l'ordre dans lequel ont été disposées les réflexions de la Bruyère dans ses diverses éditions.

Outre les six derniers chapitres des *Caractères*, outre les *Dialogues sur le Quiétisme*, que nous publierons comme complément, mais en nous tenant, quant à l'authenticité[1], sur une prudente réserve, le second volume donnera vingt lettres de la Bruyère. Quatre sont connues ; les autres sont inédites. Nous les devons à la bienveillante

---

1. Sur ce point, nous renvoyons le lecteur à la *Notice* qui précédera ces *Dialogues*.

libéralité de S. A. R. Mgr le duc d'Aumale, qui en a remis la copie à M. Regnier, après l'avoir lui-même collationnée avec le soin le plus exact, et qui de plus a extrait des archives de la maison de Condé, avec le très-gracieux dessein de nous en faire part, un certain nombre de détails intéressants sur la Bruyère. Nous lui exprimons ici bien sincèrement notre reconnaissance, et pour ces notes précieuses, dont s'enrichira notre *Notice biographique*, et pour les lettres qu'il nous a si généreusement permis de joindre à notre édition. Sans ces lettres, elle n'eût pas entièrement justifié la formule du titre adopté pour la *Collection des grands écrivains de la France* : il n'y a d'autres autographes de la Bruyère que dix-sept lettres, et nous n'apportons d'autres morceaux inédits que les seize lettres dont les originaux se trouvent dans les archives de Twickenham[1].

Nous apprécierons dans la *Notice bibliographique* les travaux des éditeurs de la Bruyère qui ont rendu le nôtre plus facile, et nous aurons souvent, dans le courant de ces volumes, l'occasion de citer avec gratitude les noms des personnes qui nous ont renseigné sur divers points, ou nous ont libéralement ouvert les dépôts qui leur sont confiés. Mais il est une dette que nous tenons à reconnaître et proclamer dès les premières pages de ce livre. Chargé de diriger toute la *Collection*, d'exercer une sur-

---

1. Les archives de Twickenham contiennent dix-sept lettres écrites de la main de la Bruyère; mais l'une d'elles est signée de Mme de Langeron : l'écriture seule est de lui. Nous ne comptons donc que dix-sept lettres autographes de la Bruyère, en ajoutant à celles de Twickenham la lettre qu'a publiée M. Destailleur, et que possède M. le comte d'Hunolstein.

AVERTISSEMENT.

veillance générale sur ses diverses parties, et de lui assurer l'uniformité qui sera l'un de ses mérites, que de fois M. Ad. Regnier se sera fait le collaborateur des éditeurs, du moins de celui de la Bruyère! Je n'oublierai jamais, pour ma part, ce que je dois à tant d'excellents conseils, à cette assistance que l'on trouve toujours prête et toujours bienveillante, à ce contrôle incessant que rien ne fatigue ni ne ralentit. C'est de tout cœur que je remercie M. Regnier.

Gustave Servois.

NOTICE BIOGRAPHIQUE

SUR

LA BRUYÈRE

NOTICE BIOGRAPHIQUE
SUR LA BRUYÈRE

Les réflexions de la Bruyère, écrites comme par occasion et entremêlées de portraits pris sur le vif, forment une œuvre d'un genre particulier, et qui diffère singulièrement des traités didactiques de ses devanciers sur le thème éternel de la morale, comme aussi des *Pensées de Pascal* et des *Maximes de la Rochefoucauld*. Les *Caractères* sont, en quelque sorte, des mémoires où, tantôt sous la forme d'une remarque générale, tantôt sous celle d'un portrait, la Bruyère note le souvenir d'une lecture, d'une rencontre, d'une conversation, d'une bonne ou mauvaise fortune, de l'événement, grand ou petit, qui a retenu son attention. Il n'est pas de livre moins impersonnel. La Bruyère lui-même nous en avertit, lorsqu'il se présente à nous comme un de ces écrivains « par humeur, que le cœur fait parler,... et qui tirent de leurs entrailles tout ce qu'ils expriment sur le papier[1]. » Aussi ne pouvons-nous aller bien loin dans la lecture des *Caractères* sans que notre esprit se détourne de la page que nous avons sous les yeux pour se reporter vers l'auteur lui-même, et chercher dans sa vie et dans son propre caractère l'origine de certaines de ses impressions et de certains de ses jugements.

Il en est de même pour les *Essais de Montaigne*, de qui l'on peut dire aussi que le cœur et l'humeur le font parler. Montaigne toutefois s'épanche en de si libres causeries sur tout ce qui le touche qu'on le connaît après l'avoir lu. La Bruyère, au contraire, par le tour qu'il donne à sa pensée, par le soin

---

1. Voyez tome I, p. 149, n° 64.

et l'art avec lesquels il dissimule presque toujours ce *moi* qu'il laisse à peine deviner, éveille, sans la satisfaire, la curiosité qui nous inspire le désir de démêler ce qui, dans les écrits des moralistes, les concerne eux-mêmes.

On souhaiterait donc de trouver, en tête d'une édition de son œuvre, une notice biographique qui fût propre à servir de commentaire continu, et qui, pleine de faits certains et de données précises, mît au jour le secret de ses préventions favorables ou défavorables, de ses admirations et de ses colères, lorsque l'amour du beau, du vrai et du bien, et la haine du mal ne suffisent pas à les expliquer.

Par malheur, sans qu'il l'ait voulu et cherché, la vie de la Bruyère s'est cachée aux yeux mêmes de ses contemporains, et les récits sommaires qu'ils nous en ont laissés ne contiennent guère que des renseignements vagues et indécis. « On ne sait rien ou presque rien de la vie de la Bruyère, écrivait Sainte-Beuve en 1836[1].... S'il n'y a pas une seule ligne de son livre unique qui, depuis le premier instant de la publication, ne soit venue et restée en pleine lumière, il n'y a pas, en revanche, un détail particulier de l'auteur qui soit bien connu. Tout le rayon du siècle est tombé juste sur chaque page du livre, et le visage de l'homme qui le tenait ouvert à la main s'est dérobé. » Depuis 1836, MM. Walckenaer, Destailleur, Jal, Chatel, Édouard Fournier, d'autres encore, ont ajouté, ceux-ci quelques lignes, ceux-là quelques pages à sa biographie; mais, en dépit des recherches les plus persévérantes ou les plus ingénieuses, elle demeure bien pauvre et imparfaite sur divers points, et, tout naturellement, le roman s'y est parfois mêlé, comme par compensation.

Nous regrettons de ne pouvoir dire que, plus complètement heureux que nos devanciers, nous venons enfin combler toute lacune et dissiper toute obscurité. Puisse quelque autre y mieux réussir! Nous avons du moins soumis à une révision nécessaire les chapitres dont se compose aujourd'hui l'histoire traditionnelle de la Bruyère, et de plus nous apportons, à notre tour, de nouveaux et authentiques renseignements soit sur lui-même, soit sur sa famille, au milieu de laquelle se sont écou-

---

1. *Portraits littéraires*, édition de 1862, tome I, p. 390.

lés près des trois quarts de sa vie. Peut-être avons-nous trop scrupuleusement recueilli de minimes détails; mais les minuties même ont ici leur prix : il est permis de ne les point négliger, lorsqu'il s'agit d'un philosophe qui, pour avoir été le plus pénétrant observateur et le peintre le plus illustre des mœurs de ses contemporains, n'en est pas moins le plus inconnu des grands écrivains de son époque.

I

LA FAMILLE DE LA BRUYÈRE
ET LE PEU QUE L'ON SAIT DE SA JEUNESSE.

Jean de la Bruyère, né à Paris dans la Cité, près de Notre-Dame et de l'Hôtel-Dieu, a été baptisé le 17 août 1645 dans l'église de Saint-Christophe, le lendemain sans doute de sa naissance. On l'a fait gentilhomme d'origine, et l'on s'est trompé. Il se considéra, selon l'usage, comme anobli par la charge de trésorier de France, qu'il acheta; mais son père, Louis de la Bruyère, contrôleur général des rentes de l'Hôtel de Ville, était un bourgeois de Paris : la qualification de « noble homme » qui lui est donnée dans les actes notariés est une irréfutable preuve de roture, loin d'être un signe de noblesse[1].

1. Jusqu'à ce que Jal eût découvert dans les registres des paroisses de Paris l'acte de baptême de la Bruyère (voyez son *Dictionnaire critique de biographie et d'histoire*, p. 715), les biographes, sur la foi d'un catalogue rédigé par Nicolas Clément, sous-bibliothécaire du Roi, avaient accepté comme lieu de sa naissance un village voisin de Dourdan. Nous ne savons d'où Clément avait tiré ce renseignement. Il n'y a guère lieu de supposer, tant il y a peu de ressemblance, qu'il ait pu confondre la ville de Dourdan (Seine-et-Oise) et celle de Mondoubleau (Loir-et-Cher), dans le voisinage de laquelle la famille de la Bruyère a possédé une propriété. Le souvenir s'en était conservé à Mondoubleau : « Quelques habitants de cette ville, dit Expilly au sujet de Mondoubleau, en font la patrie de M. de la Bruyère; mais il en étoit seulement ori-

NOTICE BIOGRAPHIQUE

On trouve, au dix-septième siècle, plusieurs familles de la Bruyère, dont quelques-unes étaient nobles, et les généalogistes du siècle suivant, qui ont tenté, sans y réussir, de reconstituer celle du moraliste, n'ont pu, en la rapprochant d'elles, la bien distinguer et limiter. Aujourd'hui, grâce aux recherches de Jal et à celles que nous avons faites de notre côté, soit dans les archives, depuis incendiées, de la ville de Paris, soit dans quelques études de notaires, il devient du moins facile de nommer jusqu'au quatrième degré les aïeux de notre Jean de la Bruyère, et de reconnaître, entre ses homonymes contemporains, ceux que lui rattachait un lien de parenté[1].

Le nom de sa famille avait eu quelque retentissement dans les dernières années du seizième siècle. Son trisaïeul paternel, apothicaire dans la rue Saint-Denis, qui, comme lui et comme l'oncle qu'il eut pour parrain, s'appelait Jean de la Bruyère, et son bisaïeul, Mathias de la Bruyère, lieutenant civil de la prévôté et vicomté de Paris, ont été les plus ardents promoteurs de la Sainte-Union à Paris : suivant de Thou, ce sont eux, entre autres, qui y ont fondé la Ligue en 1576, entraînant par leurs instigations, nous dit-il, les débauchés, les ambitieux, les misérables qui ne pouvaient rien espérer que d'une guerre civile, et de riches bourgeois qu'aveuglaient leurs sentiments de haine pour les protestants[2].

---

ginaire, et il n'y avoit point pris naissance. » (*Dictionnaire géographique*, 1762-1766, tome IV, p. 835.)

1. Voyez, à la suite de la *Notice*, le *Tableau généalogique*. Peut-être pourra-t-on, en poussant les recherches plus loin, relier nos la Bruyère à une ou plusieurs familles du même nom qui vivaient à Paris au treizième et au quatorzième siècles : un Guillaume de la Bruyère, procureur au Parlement, fut inhumé, l'an 1300, dans l'église Saint-Magloire (conférez l'Épitaphier in-folio de la Bibliothèque de l'Arsenal, tome III, p. 1037 bis, et l'*Histoire de la ville de Paris*, par l'abbé Lebeuf, édition Cocheris, tome II, p. 285); et un Étienne de la Bruyère figure parmi les membres de la confrérie de Saint-Jacques-aux-Pèlerins, en 1338 (voyez les *Archives hospitalières de Paris*, par H. Bordier et Brièle, 1877, 2ᵉ partie, p. 31).

2. *Principium Lutetiæ factum, ut primaria urbs ceteris toto regno exemplo suo præiret : ubi, instigantibus inter alios Petro Bruerio, seplasiario, ac Matthia, ejus filio, præfecti parisiensis assessore, huic*

On a souvent confondu le père et le fils, dont les noms reviennent tour à tour dans les récits de la Ligue[1]. Animés des mêmes passions, ils ont eu toutefois un rôle différent, le père se jetant au milieu des agitations populaires, le fils servant la même cause de tout le pouvoir et de toute l'influence que lui donnaient d'importantes fonctions, mais plus discrètement, ainsi qu'il convenait à un magistrat.

Membre du Conseil des Seize, Jean de la Bruyère se fait remarquer par une activité qui le signale aux railleries et aux colères des royalistes[2]; en souvenir de sa profession, ils le nomment « le sire Safranier de la Ligue[3]. » On le voit se mêler à tous les actes du Conseil, signer les lettres qu'on adresse au Pape ou au roi d'Espagne, faire montre de zèle en tout temps et en tout lieu; mais il ne fut, en somme, qu'un personnage secondaire parmi les chefs de la bourgeoisie ligueuse.

fœderi certatim plerique, qui vita per infamiam in alea et lustris acta decoxerant, nomen dederunt; quibus omnibus, aut ad ambitionem et inexplebilem avaritiam satiandam aut ad ruinas domesticas sarciendas, bello civili opus erat. Multi præterea ex opulentioribus civibus, qui, odio Protestantium cæci, parum pericula quæ ex talibus in legitimo regno fœderationibus in publicæ tranquillitatis perniciem sequi solent, animo providebant, imprudentia summa factiosorum fidem secuti fuerant.(Thuani Historiarum liber LXIII, édition de 1733, tome III, p. 493.) De Thou fait ici de la Bruyère un parfumeur (*seplasiarius*); mais ailleurs (livre CII, tome V, p. 105) il lui donne sa qualification véritable : *pharmacopola.*

1. Voyez particulièrement la *Chronologie novenaire* de Palma Cayet et les *Mémoires de Pierre de l'Estoile*, passim.

2. « .... Si jamais la justice règne, toutes les forêts ne suffiront pas faire gibets et roues pour les Seize et leurs agents; et principalement pour ceux qui sont nommés par la harangue faite par les bourgeois de Paris au légat Caetan (5 *janvier* 1590), par laquelle les Seize sont nommés : le premier desquels est de la Bruière.... » (*Le Maheustre*, dans le *Dialogue entre le Maheustre et le Manant :* voyez la *Satire Ménippée*, édition de Ratisbonne, 1726, tome III, p. 461.) Le lieutenant civil Mathias de la Bruyère fut chargé, en décembre 1593, de rechercher l'auteur de ce *Dialogue* ligueur : P. de l'Estoile l'accuse de n'avoir pas dirigé son enquête de manière qu'elle réussît.

3. « .... Au surplus, dit ailleurs *le Maheustre* en parlant des Seize

Mathias de la Bruyère, qui avait été d'abord avocat du Roi en la cour des Aides, occupa le siége, avons-nous dit, du lieutenant civil de la prévôté de Paris. Après la journée des Barricades (12 mai 1588), le lieutenant civil Jean Seguier avait quitté Paris pour rejoindre la cour d'Henri III. De ce fait, Mathias de la Bruyère, qui était depuis dix-sept ans lieutenant particulier, c'est-à-dire substitut du lieutenant civil, se trouva investi des fonctions mêmes de lieutenant civil : le 6 février 1589, le gouvernement de la Ligue lui en conférait le titre, que devait confirmer, le 23 novembre 1589, un arrêt du Parlement[1]. Il avait voulu être le député du tiers état de la prévôté de Paris aux États généraux de 1588; mais il n'avait obtenu que 105 voix sur 386 suffrages[2]. Au mois de février 1589, sa candidature au conseil général de l'Union eut meilleur succès : l'un des vingt-quatre élus de la bourgeoisie de Paris, il prit place dans l'assemblée qui devait diriger les affaires du Royaume sous la présidence du duc de Mayenne, et que ce dernier cassa en 1591.

Les ardeurs des deux la Bruyère ne les protégèrent pas toujours contre les soupçons de trahison. Un jour, en 1586, la Bruyère le père fut mandé auprès du Roi. C'était sans nul doute l'apothicaire, et non l'homme politique, qu'Henri III appelait au Louvre ; mais cette audience, qu'expliquait si bien la profession du ligueur, lui était donnée dans le temps où le Roi venait d'apprendre ou allait apprendre un projet d'émeute que le Conseil des Seize avait mis en délibération, et auquel s'était associé le duc de Mayenne. L'un des membres du Conseil, Nicolas Poulain, en avait livré le secret : ce fut l'apothicaire qu'on accusa de délation. Une autre fois, au mois d'août 1588, le plan d'une entreprise du duc de Guise fut

(*ibidem*, p. 465), l'on en fait des risées en notre parti, avec force sobriquets. On dit que la Bruyère est le sire Safranier de la Ligue.... »

1. Nous devons à M. E. Campardon la date de cet arrêt, qui attribuait à Mathias de la Bruyère le payement de tous les gages de sa charge depuis le jour où il l'exerçait, c'est-à-dire depuis mai 1588.

2. Voyez dans la *Bibliothèque de l'École des Chartes*, année 1845-1846, p. 422 et suivantes, un article de M. Taillandier sur cette élection, et le procès-verbal où sont énumérées les paroisses qui ont voté pour la Bruyère.

encore dévoilé et déjoué par Poulain, et de nouveau la défiance de quelques collègues s'égara très-injustement sur le nom de la Bruyère.

Les la Bruyère toutefois eurent peut-être, au milieu de la lutte, quelques heures de découragement. Un astronome italien, qui devait être condamné à mort pour la publication de libelles et pendu le 16 décembre 1591, François Liberati, « accusa la Bruyère, lieutenant civil, de l'avoir envoyé vers le Roi faire sa paix, et le soutint jusqu'à la mort[1]. » Mais les négociations échouèrent si elles furent entamées, et ce qu'il y a de sûr, c'est qu'en définitive le père et le fils demeurèrent fidèles à leur cause.

Je regrette de le dire, les deux la Bruyère de la Ligue peuvent être accusés de complicité dans les événements de la journée du 15 novembre 1591, où furent pendus Brisson, premier président du Parlement, Larcher, le plus ancien conseiller de la grand'chambre, et Tardif, conseiller au Châtelet. Dans la semaine qui précéda le meurtre des trois magistrats, les Seize s'assemblèrent plusieurs fois dans la maison de l'apothicaire, les réunions générales se tenant dans la salle du rez-de-chaussée, et les conciliabules secrets dans la chambre haute. Le 8 novembre, les convocations avaient été très-étendues. Il s'agissait de renouveler le serment de l'Union. Bussy le Clerc et quelques autres s'étaient chargés de rédiger la formule que devaient signer les adhérents; mais, pour épargner le temps, disait-on, ce fut sur un papier blanc que l'on recueillit les signatures. Quelques-uns hésitèrent à donner ce blanc seing à Bussy; ils signèrent néanmoins, de gré ou contraints : deux ligueurs, placés près de la porte du rez-de-chaussée, veillaient à ce que personne ne se retirât sans avoir donné sa signature et fait un serment solennel de fidélité sur un missel, que Jean de la Bruyère, se prêtant à la mise en scène, avait déposé sur la table.

La réunion du 14, qui eut aussi lieu chez l'apothicaire, ajouta aux inquiétudes des *politiques*, et même aux appréhensions de ceux des Ligueurs qui gardaient encore quelque mesure.

---

1. *Journal historique de Pierre Fayet sur les troubles de la Ligue*, publié par V. Luzarche, Tours, 1852, in-8º, p. 118.

« Plusieurs de ceste assemblée, dit Palma Cayet[1], préjugèrent lors qu'il se feroit quelque chose d'extraordinaire qui apporteroit du malheur, voyant.... Bussy le Clerc, suivy du curé de Sainct-Cosme, de Crucé Nicolas, le Normant, Drouart, Mongeot, et le Peuple, qui ne faisoient qu'aller et venir, tantost montans en haut à la chambre dudit la Bruière, puis descendans, se chuchetoient aux aureilles les uns aux autres : ce qu'ils avoient fait pareillement aux assemblées du mardy et mercredy auparavant. » C'est le lendemain que Bussy le Clerc faisait pendre Brisson et les deux conseillers.

Dans la matinée de cette journée sanglante, Jean de la Bruyère avait porté au capitaine de la garde espagnole, en compagnie de Pelletier, le fougueux curé de Saint-Jacques, un billet, signé de Bussy le Clerc et de quelques autres, qui contenait je ne sais quelle explication de la prise d'armes qu'ils avaient ordonnée. Il est peu vraisemblable que la Bruyère ignorât les projets véritables de Bussy. On pourrait toutefois faire remarquer à sa décharge que, dans les réunions qui s'étaient faites chez lui, le programme même de la journée révolutionnaire qui se préparait n'ayant pas été communiqué à tous, il n'est pas absolument démontré qu'il l'ait entièrement connu; de plus, qu'il ne faisait point partie du comité secret des Dix, qui avait reçu de la faction des Seize de pleins pouvoirs; qu'il n'assista pas au meurtre des magistrats; et enfin que son nom ne figure point parmi ceux des Ligueurs qui furent soupçonnés de complicité et recherchés, soit quelques jours après, par les ordres du duc de Mayenne, soit, en 1589, par ceux d'Henri IV; mais est-ce vraiment assez pour qu'il n'y ait pas une tache de sang sur le nom du premier Jean de la Bruyère?

Il est plus probable encore, on peut dire certain, que le fils fut instruit du complot. La veille de l'assassinat, Mathias de la Bruyère reçut la visite de l'un des présidents du conseil des Seize, Mathieu de Launoy. Au sortir de la réunion où le comité secret des Dix avait résolu la mort de Brisson, et quelques heures avant celle où devaient être réglés les détails du programme de l'insurrection, Launoy venait lui demander à dîner. Se serait-il présenté ce jour-là chez Mathias de la Bruyère, s'il

---

1. *Chronologie novenaire*, p. 327.

n'eût voulu lui apporter la confidence de ses projets de meurtre? Cette conférence, quoi qu'il en soit, compromit sans doute le lieutenant civil; car il faillit être l'un de ceux que le duc de Mayenne fit arrêter le 3 décembre et étrangler la nuit suivante, pour venger l'assassinat de Brisson. Il dut son salut à la généreuse intervention de Guillaume du Vair, alors conseiller au Parlement, qui, oubliant des griefs personnels, vint à son secours[1].

Avec la toute-puissance des Seize, presque anéantie par le duc de Mayenne au mois de décembre, disparut aussi l'autorité des la Bruyère. Au printemps de 1593, quelques citoyens s'étaient enhardis jusqu'à demander la paix, ou tout au moins une trêve. Le lieutenant civil fit faire une menaçante enquête sur ceux qui s'étaient assemblés pour s'entretenir des moyens de mettre fin à la guerre civile; mais cette fois le Parlement crut devoir modérer son zèle. Il fut appelé à comparaître, et, par un véhément discours, le président le Maître protesta contre les atteintes portées, dans la cité libre de Paris, à la liberté de ceux qui voulaient assurer le repos public. La Bruyère, faiblement défendu par ses amis, reçut l'ordre de suspendre ses informations, et se retira, « bafoué tout plein » des con-

---

1. C'est du moins ce que nous lisons dans les *Anecdotes tirées de la bouche du garde des sceaux du Vair*, que M. Ludovic Lalanne a publiées à la suite des *Mémoires de Marguerite de Valois* (*Bibliothèque elzévirienne*, 1858, p. 241) : « La Bruyère même, lieutenant civil, qui étoit des principaux bandoliers de la Ville, eut la vie sauve par ce moyen (*la protection de M. du Vair*), lorsqu'il fut mis en prévention[a], dont il fut démis et relégué, combien qu'il lui eût voulu faire quelque indignité, car il envoya un jour des visiteurs en sa maison, lesquels, sous prétexte de la visiter, lui prirent tout son blé lors de la cherté, et donnèrent sujet à d'autres de lui aller prendre un soir pour quatre ou cinq cents écus de linge fin qu'il tenoit dans la petite salle basse : dont il s'alla plaindre au lieutenant qu'il lui avoit envoyé des voleurs. » Il est piquant de voir, à un siècle de distance, l'arrière-petit-fils de ce même lieutenant civil reprocher à la police de son temps de se faire la complice des voleurs (voyez tome II, p. 189, n° 53).

[a] Le rédacteur de l'*Anecdote* ne dit pas en quelle circonstance la Bruyère courut ce danger. Ce fut « lorsque Mayenne accourut à Paris après le supplice du président Brisson », suivant une note de M. Lalanne, à qui nous nous en rapportons.

seillers, qui « lui dirent pouilles, » suivant le langage de Pierre de l'Estoile[1].

Lorsque Henri IV entra dans Paris, les deux la Bruyère se préparèrent à l'exil. Ils reçurent, le 30 mars 1594, si toutefois ils ne l'avaient devancé, l'ordre de partir. A ceux qu'il exilait, le Roi offrait de les maintenir dans leurs biens et dans leurs offices, les autorisant à se retirer à la campagne ou dans une ville qui n'eût pas une garnison royale, s'ils consentaient à prêter un serment de fidélité. Sur cent dix ligueurs bannis, deux seulement firent leur soumission, et ce ne furent pas les la Bruyère.

Anvers fut le refuge de la plupart des ligueurs exilés, et l'on cite généralement les deux nôtres parmi ceux qui y avaient cherché asile. Il est plus vraisemblable qu'ils allèrent à Bruxelles ; au moins Mathias y publia-t-il, en 1603, *le Rosaire de la très-heureuse Vierge Marie*[2], auquel il travaillait depuis deux ans. Il se rendit d'Anvers ou de Bruxelles à Naples, et l'opinion commune est qu'il y prit part à divers complots contre la vie d'Henri IV. Un aventurier, nommé Pierre du Jardin et surnommé le capitaine de la Garde, prisonnier de la Bastille et de la Conciergerie de 1615 à 1619, a déclaré qu'il avait dîné deux fois, à Naples, avec Mathias de la Bruyère, la première chez Charles Hébert, secrétaire de feu le maréchal de Biron, la seconde chez l'ancien lieutenant civil lui-même ; qu'il s'était rencontré à la table de ce dernier avec Ravaillac, qui avait entretenu la compagnie de ses projets de meurtre ; que le même la Bruyère l'avait présenté au P. Alagon, oncle du duc de Lerme, premier ministre de Philippe III, et que ce jésuite lui avait offert, à lui la Garde, cinquante mille écus et le titre de grand d'Espagne s'il voulait assassiner le Roi ; qu'il avait reçu enfin de la Bruyère une lettre très-compromettante, lettre qu'il avait

---

1. *Mémoires-Journaux de Henri III*, édition de MM. Brunet, Champollion, Lacroix, Read et Tamizey de Larroque, tome VI, p. 33.

2. Voyez sur ce livre le *Dictionnaire de Jal*, p. 718. L'auteur, « Mathias de la Bruière, cy devant lieutenant de la Prevosté de Paris, » dit avoir « prins plaisir.... d'employer en la confection de cest opuscule.... une partie du loysir qu'il a pleu à la bonté de Dieu *lui* donner pendant *son* affliction et voluntaire exil. » Le privilége, daté de Bruxelles, est du 24 janvier 1603.

fait lire à Henri IV lui-même, et qu'il avait remise, depuis sa captivité, aux membres du Parlement[1]. Imprimées en 1619, et d'accord avec les rumeurs qui s'étaient déjà répandues sur les menées des ligueurs exilés, ces imputations contre la Bruyère furent facilement acceptées par les contemporains; et cependant quelle pouvait être l'autorité d'un personnage tel que le capitaine de la Garde? Peut-être avait-il vu à Naples Mathias de la Bruyère et d'autres exilés; peut-être même avait-il été le confident de leurs ressentiments et de leurs espérances; mais il semble certain qu'aucun d'eux n'a été le complice de Ravaillac.

Il parut à Paris, en 1615 et en 1617, deux petits livres, signés du nom de la Bruyère, qui ont été attribués à l'auteur du *Rosaire*, et dont la publication a semblé offrir la preuve de son retour en France[2].

De ces deux opuscules de peu d'intérêt et de mérite, l'un, la *Résurrection de la Paulette*, a pour nom d'auteur : « le sieur de la Bruyère; » l'autre, la *Réplique à l'Anti-malice des femmes* : « le sieur de la Bruyère, gentilhomme béarnois. » S'agit-il d'un même la Bruyère, attachant son nom à l'une et à l'autre pièce, mais déguisant son origine sur la seconde, qui est un libelle contre les femmes? Ce la Bruyère, si les deux ouvrages sont du même écrivain, ou l'un des deux si, ce qui est plus vraisemblable, ils sont d'auteurs différents, est-il bien un des ascendants du moraliste? A le supposer, nous hésiterions à attribuer ces opuscules ou l'un d'eux au vieux Mathias. Ils paraissent être des œuvres de jeunesse qui conviendraient mieux à son petit-fils Guillaume de la Bruyère, grand-père du nôtre.

---

1. On peut voir, à ce sujet, deux factums, l'un daté de 1619, et intitulé : *Manifeste de Pierre du Jardin, capitaine de la Garde, prisonnier en la Conciergerie du Palais* (il a été reproduit par Éd. Fournier dans les *Variétés historiques et littéraires* de la *Bibliothèque elzévirienne*, 1857, tome VII, p. 83-88); l'autre, imprimé sans indication de lieu ni date, avec ce titre : « *Factum de Pierre du Jardin, sieur et capitaine de la Garde*,... contenant un abrégé de sa vie et des causes de sa prison, pour oster à un chacun les mauvais soupçons que sa détention pourroit avoir donnez. » Sur ce personnage, ses dénonciations et ses factums, voyez l'ouvrage de M. Loiseleur intitulé : *Ravaillac et ses complices* (1873, p. 47-51 et p. 67-70.)

2. Voici les titres de ces deux plaquettes, que peu de biblio-

Ce Guillaume de la Bruyère, que nous venons de nommer, ne se glorifiait pas de sa filiation : elle a longtemps échappé aux recherches. Trop prudent peut-être pour acheter, sous le règne d'Henri IV, un office qui le mît en vue, il fut, dans les premières années du dix-septième siècle, secrétaire ordinaire de l'évêque de Paris. Ce n'est que sous le règne de Louis XIII ou sous celui de Louis XIV qu'il acheta une charge de secrétaire de la chambre du Roi. Dès 1607, nous le voyons engagé dans des instances judiciaires, qui ne semblent pas avoir été heureuses, au sujet des terres qu'il possédait dans le Vendomois, près de Mondoubleau. Parmi les procès qui remplissent une partie de sa vie, le plus grave lui fut intenté par sa femme, Anne ou Diane de Lamarre, qu'il avait épousée en 1601, alors que son père était à Anvers ou à Bruxelles. Sa mauvaise administration compromettait la fortune des deux époux, et la séparation des biens fut prononcée entre eux, au milieu d'actes de procédure qui témoignent d'une hostilité déclarée : Diane de la Bruyère ne négligea rien pour la défense de ses intérêts et de ceux de ses enfants[1].

Guillaume de la Bruyère laissa deux fils et une fille : Louis,

thèques publiques possèdent, je crois : « *Résurrection et triomphe de la Polette*. Dédié à MM. les Officiers de France par le sieur de la Bruyère. » (La dédicace est signée : *de la Bruière*. Paris, 1615, in-8°.) Cet opuscule contient des stances et un sonnet. — « *Réplique à l'Anti-malice ou Défense des femmes*, du sieur Vigoureux, autrement dict Brye-comte-Robert, où sont rejetées les fautes qu'on attribue aux hommes, à l'ignorance de l'auteur, qui ne les a pu prouver, par le sieur de la Bruyère, gentilhomme béarnois. » (Paris, 1617, in-12.) Ce second ouvrage est l'une des répliques qui se publièrent en réponse à *la Défense des femmes contre l'Alphabet de leur prétendue malice et imperfection*, par le sieur Vigoureux, capitaine du château de Brie-Comte-Robert, opuscule qui était lui-même l'une des répliques imprimées en 1617 contre l'*Alphabet de l'imperfection et malice des femmes*, de Jacques Olivier.

1. Guillaume de la Bruyère se défendit de son côté et garda au moins la propriété principale, celle de Romeau, que nous retrouvons plus tard dans le partage de l'héritage de Jean II de la Bruyère. Il se peut que Guillaume n'ait pu empêcher la vente de deux autres terres voisines, dont la criée fut faite en même temps que celle de Romeau, et dont l'une se nommait la Georgetière et

qui devint contrôleur général des rentes de l'Hôtel de Ville de Paris; Jean, qui acheta une charge de secrétaire du Roi; Louise, qui fut la femme d'un chirurgien ordinaire du duc d'Orléans, Martin de la Guyottière. Louis épousa, le 25 juillet 1644, Élisabeth Hamonyn, fille d'un procureur au Châtelet, et eut pour fils aîné Jean de la Bruyère, qui devait être l'auteur des *Caractères*.

Au temps de la Ligue, la famille de la Bruyère était riche. La profession d'apothicaire, au prix où s'achetaient alors certains médicaments, exigeait une mise de fonds considérable, et nous savons d'ailleurs que la fortune du ligueur Jean de la Bruyère dépassait celle du plus grand nombre des marchands de Paris. La maison de la rue Saint-Denis, celle où se vendaient ses drogues, et que nous avons vue s'ouvrir aux assemblées générales de la faction des Seize, supporte, en 1571, une taxe extraordinaire de 160 livres, qui nous montre en lui un propriétaire de quelque importance[1]. Il avait de plus trois domaines en Vendomois, près de Mondoubleau, et une terre et seigneu-

l'autre, je crois, les Petites-Noues : Romeau, la Georgetière et les Petites-Noues sont des noms de domaines situés sur les paroisses de Choue et de Souday, dans le Vendomois. Admis à parcourir une première fois, dans les archives de l'une des études de notaire de Paris, quelques actes relatifs à la famille de la Bruyère, nous n'avons pu, par la suite, contrôler nos souvenirs et compléter nos notes, un déménagement ayant confondu les dossiers divers de la partie des archives dont il s'agit. Nous garantissons les noms de Romeau et la Georgetière; nous serons moins affirmatif pour le troisième.

1. *Compte du don de trois cens mil livres tournois octroyé par la ville de Paris au feu roy Charles dernier decedé* (Charles IX) *en l'année* MV^c *soixante onze* (1571), Bibliothèque nationale, manuscrits français, n° 11692 : « Rue Saint-Denis devant le grand Chastellet..., de Jehan de la Briere (ailleurs, même manuscrit, *de la Bruiere*), apoticaire, cy viii^{xx} (huit vingt) libvres. » Nous devons à M. Michelant l'indication de ce document. Les marchands voisins de la Bruyère, épiciers, malletiers, bonnetiers, chapeliers, payent en général de 10 à 15 livres; des marchands de soie de 20 à 50 livres. Un chapelier, Claude de Brie, qui demeure de l'autre côté de la rue, le grand-père peut-être du romancier (voyez tome I, p. 416), n'est taxé qu'à cent sols, comme dans le faubourg Saint-Honoré (dont

rie située à Plailly, dans le bailliage de Senlis, qu'on appelait le « Fief royal. » Aussi son fils Mathias avait-il pu acheter un office de lieutenant particulier et faire un assez brillant mariage : sa femme, fille d'un président du présidial de Poitiers[1], lui avait apporté une dot de 14 000 livres. Pour lui, il avait reçu de son père 12 000 livres et la terre du bailliage de Senlis. Le poste de lieutenant civil, qu'il occupa pendant quatre années, très-lucratif en temps ordinaire et paisible[2], avait pu accroître ses revenus, même pendant les agitations de la Ligue. Mais Mathias avait, nous dit-on, dépensé en galanteries une partie de sa fortune[3]. Les troubles, d'autre part, que son père

les limites n'étaient pas les mêmes qu'aujourd'hui), le célèbre Bernard Palissy. Des procureurs et des notaires donnent de 15 à 20 livres ; des conseillers au Parlement 80 livres ; un médecin 20 livres ; un apothicaire de la rue Sans-Chef, 12 livres. — Nous relevons encore, comme points de comparaison, les taxes suivantes parmi les plus élevées : la dame de Carnavalet, rue Culture-Sainte-Catherine, 140 livres ; l'hôtel de Boisy, rue Saint-Antoine, 300 livres ; M. de la Trimoille, au faubourg Saint-Honoré, 160 livres (dont il fut déchargé) ; l'archidiacre de Thou, au cloître Notre-Dame, 240 livres ; M. de Thou, maître des comptes, 40 livres.

1. François Aubert, seigneur d'Aventon, conseiller en la grand'-chambre du parlement de Paris, puis, en 1557, président du présidial de Poitiers, échevin de la commune de Poitiers en 1558, élu maire en 1564. Lors de la réformation de la Coutume du Poitou, il fut chargé de la rédaction des nouveaux articles. (*Bibliothèque historique du Poitou*, par Dreux du Radier, 1842, tome I, p. 74, et note communiquée par M. Richard, archiviste de la Vienne.)

2. Cette charge, dont le prix devait atteindre, en 1665, 400 000 livres, et plus tard 500 000, fut payée en 1596, sur l'ordre du Roi et bien qu'on en eût offert près du double, 15 000 livres, qui représentaient, au compte de M. Leber, 93 000 francs environ de notre monnaie. (*Essai sur l'appréciation de la fortune privée au moyen âge*, 1847, p. 188 et 206 ; *Journal d'Olier*, dans le *Cabinet historique*, année 1876, p. 169.)

3. « En ce même an 1590, le dimanche 18 novembre, on écrivit contre la porte du lieutenant civil de la Bruière le quatrain suivant :

> Le fils d'un apothicaire
> Tout son bien en amour despend.... »

(*Mémoires-Journaux de P. de l'Estoile*, tome V, p. 62). Nous n'aet lui avaient fomentés, ou du moins activement approuvés, durent porter à la prospérité de la famille une grave atteinte[1]. En préférant l'exil à la soumission, Jean et Mathias de la Bruyère s'étaient d'ailleurs résignés à la confiscation de leurs biens, et, quelles que soient les précautions qu'ils aient prises en voyant expirer la Ligue, ils durent partir pour l'étranger très-appauvris.

Peut-être Mathias de la Bruyère avait-il préservé de la confiscation ses terres du Vendomois. S'il ne put le faire, son petit-fils du moins en obtint la restitution, car ce dernier, Guillaume de la Bruyère, les possédait à titre de propres. Il y joignit la fortune de sa femme, Diane de Lamarre, qui, de son côté, outre la dot et les biens qui lui vinrent de son père et de sa mère, reçut en legs 10 000 livres d'un parent ou d'un ami. La fortune des la Bruyère, un instant relevée, devait bientôt s'amoindrir encore une fois. Guillaume de la Bruyère, comme nous l'avons dit, géra mal ses biens, et sa succession, que ses enfants n'acceptèrent que douze ans après sa mort, fut sans nul doute modeste. Son fils Louis de la Bruyère et sa fille Louise reçurent chacun en dot 6000 livres[2], c'est-à-dire une somme qui n'atteignait pas les deux tiers ni peut-être la

---

chevons pas la citation du très-libre quatrain. — Jean Bonnefons a dédié à Mathias de la Bruyère l'une de ses pièces : voyez *Pancharis J. Bonefonii*, édition de Tours, 1592, p. 7 : *Ad Mathiam Bruerium, propraetorem Parisiensem*.

1. Les Seize se défendaient, avec raison sans doute, d'avoir mis à profit les troubles publics pour accroître leur fortune : « Avez-vous vu, dit à leur sujet (p. 466) le *Manant*, qui est ligueur, au *Maheustre*, qui est royaliste, dans le dialogue précédemment cité, avez-vous vu quelque acquisition de grands biens qu'ils aient faite, ou grands bastiments, ou qu'ils soyent parus en grandeurs et leur train augmenté? De ma part, je sçai pour vérité qu'ils sont diminuez de moitié de leurs premières facultés, et avoient plus de biens auparavant les barricades qu'ils n'ont à présent, étant réduits à l'extrémité pour n'avoir voulu adhérer au roi de Navarre ni à aucun de leur suite : de sorte qu'ils n'ont joui de leurs biens, et se sont de tant engagés, tant pour le général que pour le particulier, qu'à présent ils sont plus prêts d'emprunter que de prêter. »

2. C'est-à-dire 22 000 et quelques centaines de francs de notre monnaie, si l'on admet les estimations qui ont cours.

moitié de la dot de leur grand-père Mathias ; et la diminution était d'autant plus sensible que le pouvoir de l'argent avait baissé pendant les années qui s étaient écoulées entre les deux mariages.

La jeune fille, Élisabeth Hamonyn, qu'épousait Louis de la Bruyère et qui devait être la mère de notre auteur, avait, de son côté, une dot de 6000 francs, que sa mère, veuve depuis treize ans, constitua péniblement[1]. Un capital de 12 000 francs, et les revenus que l'on pouvait tirer des fonctions de contrôleur des rentes de la ville de Paris, telle était donc la fortune des parents de la Bruyère, au moment de leur mariage. Sur huit enfants, ils devaient en élever cinq, et le budget du contrôleur eût été peut-être insuffisant, si son frère cadet Jean, auquel étaient échus les domaines du Vendomois et qui avait acquis, je ne sais comment, une assez belle fortune mobilière, n'avait pris place à son foyer et allégé les charges de la maison en les partageant[2]. Nous ignorons quelle était alors la profession de ce second Jean de la Bruyère, oncle et parrain du futur auteur des *Caractères*. En 1655, dix ans après la naissance de son filleul, il achètera une charge de secrétaire du Roi, titre qui était souvent le couronnement de la vie des partisans, désireux de faire oublier, par l'anoblissement qu'ils tiraient de là, l'origine de leur fortune. Il est vraisemblable que Jean II de la Bruyère s'était associé à quelque bail de ferme.

Les premières années de la Bruyère s'écoulèrent à Paris, dans la Cité, sur le territoire peu étendu [3] de la paroisse

---

1. La vente d'un terrain, dont on avait eu la bonne fortune de pouvoir se défaire rue de Tournon, procurait à Élisabeth Hamonyn 2000 francs pour sa part de propriété ; sa mère y avait joint une même somme, et il fallut emprunter le dernier tiers à l'un de ses oncles, qui soutint plus tard de longs procès contre ses frères et sœurs pour en obtenir le remboursement. (Archives nationales, Requêtes du Palais, X^5 472, Dictum du 6 octobre 1668.)

2. Du moins Jean II de la Bruyère mourut-il auprès de ses neveux, en 1671, dans la maison qu'il habitait avec eux, et où son frère avait pris logis en 1652. Nul document n'indique la date à laquelle commença cette communauté de vie.

3. Il comprenait le parvis Notre-Dame, et, entre autres rues,

Saint-Christophe, où nous savons que vivait sa famille. Il faut se garder de la tentation de chercher dans les *Caractères* les marques du séjour de la Bruyère dans le voisinage de Notre-Dame. Ce n'est que jusqu'à l'âge de cinq ans qu'il y entendit le son des cloches dont la mélodie réveillait les chantres et endormait les chanoines[1]. En 1650, son père abandonnait la Cité pour prendre logis dans la paroisse Saint-Merry, et, deux ans plus tard, il se transportait dans une maison de la rue Grenier-Saint-Lazare. Il y devait mourir, et comme lui, son frère.

Un éditeur des *Caractères*[2], se fondant sur la tradition qui a si longtemps placé le lieu de la naissance de la Bruyère aux environs de Dourdan, attribue au hasard qui le fit naître campagnard « ce goût des choses rurales et champêtres qui se manifeste en plusieurs endroits de son livre. » La Bruyère put aimer les champs sans avoir passé ses premières années en

les rues Neuve-Notre-Dame, de Saint-Christophe, des Sablons. — Une branche de la famille Hamonyn habitait rue Neuve-Notre-Dame : ce n'était point celle à laquelle appartenait la mère de la Bruyère, et il n'y a rien qui autorise à considérer les la Bruyère comme les voisins immédiats des Hamonyn de la rue Neuve. Dans la paroisse Saint-Christophe, beaucoup de maisons appartenaient à l'Hôtel-Dieu ; mais il est douteux que les la Bruyère aient occupé l'une d'elles : leur nom ne se trouve point parmi ceux des locataires de l'Hôtel-Dieu qui ont été relevés dans l'*Inventaire-sommaire des Archives de l'Assistance publique*, ou portés sur la liste insérée dans les *États au vrai du bien et du revenu de l'Hôtel-Dieu* imprimés à cette époque. Dans l'inventaire après décès de Jean II de la Bruyère, il est bien question d'une quittance qui lui a été délivrée par le commis principal de la recette de l'Hôtel-Dieu, en 1648, temps où la famille habitait la Cité, et cette indication nous aurait guidés sûrement vers la maison qu'il occupait à cette date, et qu'il partageait sans doute avec son frère Louis de la Bruyère, si cette quittance eût été celle de son propre loyer; mais c'est en l'acquit d'un sieur de Saint-Aubin, locataire de l'Hôtel-Dieu, que ledit Jean versait, en 1647, un loyer de 340 livres. Il nous a fallu, après beaucoup de tâtonnements et de recherches, renoncer à découvrir la rue et la maison où naquit notre auteur.

1. Tome II, p. 177.
2. M. Destailleur, dans son édition de 1861, p. 3.

province, de même qu'il put s'émouvoir du sort si douloureux des cultivateurs sans avoir fait un long séjour parmi eux. Mais je ne serais pas surpris que l'on découvrît un jour qu'une partie de son enfance s'est écoulée à la campagne ; car c'est hors de Paris que moururent, fort jeunes, deux de ses frères, et c'est également hors de Paris que naquit, en 1650, celle de ses sœurs qui ne devait vivre qu'un an[1]. On a dit qu'il passa du moins en province ses années de collége, et voici sur quelles présomptions. Suivant le P. Adry[2], la Bruyère a été de l'Oratoire, et l'on a compris, à tort ou à raison, qu'il le revendiquait comme élève de la congrégation ; or l'on a vainement cherché son nom sur diverses listes de l'Oratoire de Paris, et, ne l'y trouvant pas, on en a conclu un peu trop promptement qu'il avait été confié à l'une des maisons provinciales. Les listes que l'on invoque donnent les noms des prêtres de l'Oratoire et de tous ceux qui ont été admis aux exercices de piété de la maison de Paris[3] ; elles ne contiennent pas les noms des élèves : nul document ne s'oppose donc à ce que l'on fasse aux Oratoriens de Paris l'honneur de l'éducation de la Bruyère.

A vingt ans, la Bruyère se présenta devant les docteurs régents de l'Université d'Orléans, qui, avec celle de Poitiers, pouvait seule, à cette époque, enseigner le droit civil, pour soutenir ses thèses et obtenir le grade de licencié ès deux droits. Il avait pu se préparer à subir cette épreuve sans quitter Paris,

---

1. Du moins n'avons-nous trouvé la mention, ni de cette naissance ni de ces morts, sur les registres des paroisses de Paris habitées, au temps de l'une et au temps probable des deux autres, par la famille de la Bruyère. L'omission des deux décès ne suffirait pas absolument à prouver que la famille de la Bruyère s'est quelquefois éloignée de Paris, car il se pourrait que les deux enfants fussent morts chez une nourrice campagnarde ; mais l'omission de la naissance nous fait écarter cette dernière conjecture.

2. « Dans des mémoires particuliers qui se trouvent dans la bibliothèque de l'Oratoire, on marque que ce célèbre auteur (la Bruyère) avoit été de l'Oratoire. » (Bibliothèque des écrivains de l'Oratoire, par M. Adry, tome I, p. 230, manuscrit conservé naguère aux Archives nationales, aujourd'hui à la Bibliothèque nationale, Fonds français, n° 25 681.)

3. Archives nationales, registres MM 610 et suivants.

et n'aller à Orléans que pour y prendre sa licence, comme le fit Charles Perrault, qui a gaiement conté son voyage dans ses *Mémoires*. Les thèses de la Bruyère étaient intitulées : *de Tutelis et Donationibus*[1]. Au lieu que la plupart des étudiants se contentaient d'offrir à leurs examinateurs des thèses manuscrites, il avait eu le soin de faire imprimer les siennes. M. Loiseleur a remarqué une distraction qui lui est échappée dans la rédaction de la requête qu'il inscrivit sur le registre des *Suppliques* de l'Université d'Orléans. Cette requête, dont l'écriture ressemble peu à celle des lettres que nous avons de lui, est datée du 3 juin 1664 : elle devrait l'être de 1665, comme le prouvent les dates des suppliques qui précèdent et de celles qui suivent la sienne[2]. Cette inexactitude n'est pas la seule marque du trouble que le candidat semble avoir ressenti au moment de comparaître devant ses juges[3]. Quelques heures plus tard, il avait repris son calme : il était reçu, et, d'une

[1]. Cet intitulé : *de Tutelis et Donationibus*, est aussi celui des thèses de plusieurs des candidats qui se sont présentés à la même époque que la Bruyère : le *Corpus juris civilis* ne contient toutefois aucun titre consacré à la fois aux tutelles et aux donations. Les autres sujets de thèses que M. Doinel, archiviste du Loiret, a relevés dans le même registre et nous a communiqués sont empruntés aux *Institutes* de Justinien.

[2]. On en trouvera le fac-similé dans l'*Album* de notre édition. Cette supplique, extraite d'un registre des archives du Loiret, a été publiée par Éd. Fournier dans *la Comédie de J. de la Bruyère* (2de partie, p. 430, 2de édition), et réimprimée, avec un texte cette fois irréprochable, par M. J. Loiseleur dans le journal *le Temps*, 18 octobre 1876, et dans les *Points obscurs de la vie de Molière*, 1877, p. 73.

[3]. Cette même requête, qu'il termine par une erreur de date, commence par une méprise de rédaction. Au lieu de répéter la formule employée par presque tous ses devanciers : « *Je soussigné certifie que*, etc., » la Bruyère copie la formule fautive dont s'est servi l'auteur de la requête écrite au-dessus de la sienne : *J'ai soussigné certifie que...*, etc. On trouve dans le registre quelques autres exemples de cette rédaction. Nous ajouterions que l'écriture n'est pas très-assurée et que la signature surtout trahit quelque émotion, si le candidat, obligé d'écrire au bas d'une page d'un très-gros registre, presque à main levée, ne s'était trouvé par là dans une situation qui eût été mal commode pour le meilleur des calligraphes.

main maîtresse d'elle-même, sans erreur de date, toutefois avec une distraction encore, la répétition d'un mot, il consignait le succès de l'examen sur un second registre[1]. Le barreau de Paris lui était désormais ouvert.

Il revint au milieu des siens dans la maison de la rue Grenier-Saint-Lazare[2]. Son père vivait encore. Il le perdit en 1666, et le chef de la famille fut désormais l'oncle Jean de la Bruyère, secrétaire du Roi depuis 1655, qui ne devait survivre que quatre années à son frère aîné.

Nous avons déjà nommé ce personnage, qui était presque « un manieur d'argent. » Il faisait du moins beaucoup de ces contrats dont la Bruyère parle à diverses reprises[3], c'est-à-dire qu'il prêtait souvent de l'argent sous forme de constitution de rente. Le prêt à intérêt, comme l'on sait, était interdit aussi bien par la loi civile que par la loi religieuse, et la seule manière licite de tirer profit d'un prêt fait à un particulier était de lui constituer une rente perpétuelle, c'est-à-dire de lui remettre un capital qu'il restait maître de garder tant que bon lui semblerait, à la condition d'en payer annuellement la rente. Les particu-

---

1. Voyez de même dans l'*Album* le fac-similé de cette seconde pièce.
2. Dans *la Comédie de J. de la Bruyère* (2ᵈᵉ partie, p. 377 et 378), Éd. Fournier se montre disposé à croire que la Bruyère fit, en 1666 et en 1667, un voyage en Italie, et à lui attribuer une relation conservée au département des manuscrits de la Bibliothèque nationale (*Fonds français*, n° 6051), sous ce titre : *Lettre à un ami et un des illustres du temps, qui fait en petit le récit d'un voyage en Italie fait en l'année 1666 et 1667 sous le pontificat d'Alexandre VII*. Cette lettre, précédée d'un avis au lecteur, est signée *l'abbé de la Bruière*. « J'ai lu quelque part, a écrit le P. Adry en parlant de la Bruyère, qu'il avoit été quelque temps ecclésiastique ; » nul autre renseignement ne confirme ce vague témoignage, consigné par le P. Adry dans une note de ses *Recherches sur les classiques françois*, dont Fournier a emprunté la citation à un article de Leroux de Lincy (*Bulletin du bibliophile*, année 1855, p. 52). La Bruyère eût-il été d'ailleurs « ecclésiastique » en 1666 et 1667, encore ne pourrait-on le considérer comme l'auteur de cette lettre ; la forme et le fond ne le permettraient pas. Elle n'est pas davantage de son frère, qui, en 1666, avait quatorze ans.
3. Voyez tome I, p. 221, ligne 2 ; p. 257, n° 37 ; p. 264, n° 58 ; tome II, p. 20, n° 24.

liers étaient, en général, de plus sûrs débiteurs que l'Etat et
que la Ville, dont les rentes étaient parfois soumises à des réductions arbitraires, ou encore que les hôpitaux, exposés à la
banqueroute. Aussi Jean de la Bruyère avait-il préféré à toutes
autres rentes les créances par contrats. Ses emprunteurs étaient
quelquefois des membres de sa famille, ou de la famille de sa
belle-sœur, plus souvent des étrangers, nobles ou bourgeois.
Il ne prêtait pas toujours à visage découvert, et se dissimulait quelquefois derrière son frère, ou, quand il l'eut perdu,
derrière l'un de ses neveux. De temps à autre, il lui fallait
user contre ses débiteurs de voies de rigueur, ou accepter
des accommodements. C'est ainsi qu'il fut amené à se rendre
propriétaire d'une maison de campagne qui était située dans
le village de Saulx, près de Longjumeau, et qui fit partie de
sa succession. Nous n'avons pas, en ce moment[1], sous les
yeux les documents qui pourraient nous permettre d'évaluer
avec précision la fortune mobilière de Jean de la Bruyère : il
nous semble qu'elle devait s'élever à plus de 100 000 livres,
ce qui était la richesse. Comme tous les bourgeois aisés de son
temps, il avait renoncé au service de table d'étain, ainsi qu'à
la mule des « ancêtres, » et ses neveux, sans nul doute, usaient
de son argenterie et montaient dans son carrosse; mais on
ne saurait sans injustice, je crois, le confondre avec ces bourgeois ridicules dont les habitudes vaniteuses se trouvent dépeintes à la fin du chapitre *de la Ville*. Nous ne pouvons, à
vrai dire, nous défendre d'une certaine prévention défavorable
à son égard : s'il fut un homme d'affaires, si surtout on le
vit faire fortune dans les partis, quel souvenir a donc gardé
de lui le neveu qui a grandi à ses côtés, pour que plus tard
il ait flagellé tous les manieurs d'argent avec une si éloquente
et si ardente indignation !

« Il n'y a que ceux qui ont eu de vieux collatéraux, s'écrie
la Bruyère[2], ou qui en ont encore, et dont il s'agit d'hériter,

---

1. Voyez ci-dessus, p. XXIII, la fin de la note 1 de la page XXII.
Ce Jean de la Bruyère, qui avait fait assez vite fortune, racheta des
créanciers de son père et de sa mère une partie de leurs titres, sinon tous : notons ce trait à son honneur.
2. Tome I, p. 231, n° 42.

qui puissent dire ce qu'il en coûte. » On ne peut s'empêcher de se demander si sa pensée, quand il parlait ainsi, se reportait au temps de sa jeunesse, vers l'oncle dont la succession était attendue d'un côté par la belle-sœur et les neveux avec lesquels il vivait, et de l'autre par sa sœur, Mme Martin de la Guyottière.

Quoi qu'il faille penser au reste de cet oncle à héritage, ce n'est point le calomnier de dire que la Bruyère ne lui dut point son amour de l'étude : la bibliothèque du secrétaire du Roi ne comprenait guère que vingt-cinq volumes, parmi lesquels le jeune philosophe put lire ou feuilleter l'*Histoire de France* de Dupleix, la *Doctrine des mœurs* de Gomberville, l'*Astrée* de d'Urfé, et quelques autres « romans ou histoires passées. » La littérature et la morale n'étaient pas, j'imagine, le fond des entretiens des deux Jean de la Bruyère. Je ne crois pas davantage que le parrain parlât souvent de ses affaires à son filleul; car, lorsqu'il avait besoin de l'aide de l'un de ses neveux, c'est à Louis, non à Jean, qu'il faisait appel.

L'oncle Jean de la Bruyère mourut le 27 décembre 1671, quelques jours après avoir dicté son testament, où, traitant inégalement les enfants de son frère, au milieu desquels il s'éteignait, et les deux filles de sa sœur, il instituait les premiers ses légataires universels, et laissait à ses nièces Martin de la Guyottière 3830 livres de rente, avec réserve d'usufruit, pour la moitié, au profit de leur mère. Si je parle de l'inégalité du partage, c'est que la mère, Louise Martin de la Guyottière, n'accepta pas la succession sans murmure; mais il se pourrait que, dans la suite, ses filles, par leur legs particulier, se soient trouvées pour le moins aussi favorisées que leurs cousins, légataires universels, qui semblent n'avoir pas été fort enrichis ou du moins ne l'être pas demeurés.

Tandis que Mme de la Guyottière elle-même recevait une rente viagère de 1915 livres, la belle-sœur, Mme de la Bruyère, trouvait dans le testament une marque manifeste des sentiments peu bienveillants qu'eut Jean de la Bruyère à son égard dans les derniers jours de sa vie. Il avait d'abord inscrit dans son testament, à son nom, une pension viagère de 400 francs, souvenir reconnaissant « des bons et agréables services » qu'il avait reçus de sa belle-sœur. Quatre jours plus tard, il appelait de nouveau son notaire, et, d'une main déjà défaillante, il signait la révocation de ce modeste legs. Sa gratitude n'avait pas été de longue durée.

Le caractère d'Élisabeth de la Bruyère, qui vécut toujours entourée de tous ses enfants[1], à l'exception de sa fille aînée Louise, nous est aussi peu connu que celui de son mari. Nous n'avons pas retrouvé les titres des « douze vieux volumes reliés en parchemin » qui composaient sa bibliothèque, placée dans sa chambre, et nous ignorons si la culture de son esprit avait permis qu'elle fût l'inspiratrice ou la confidente de son fils, si elle avait pu pressentir sa gloire littéraire, si même elle avait lu quelques fragments des *Caractères*, dont une partie fut sans doute écrite sous ses yeux, bien qu'ils aient été imprimés plus de deux ans après sa mort. Les documents que nous avons recueillis ne nous montrent en elle que la ménagère qui, à la mort de son beau-frère, prend en main la direction de la maison et détermine la somme que chacun de ses enfants doit lui payer pour le logement et la pension[2]. Si elle se fût chargée de l'administration de la fortune de la famille, je doute que celle-ci eût tiré quelque avantage de sa gestion, car ses enfants crurent devoir, après sa mort, renoncer à sa succession comme à celle de leur père ; mais il est à regretter que les comptes qu'elle leur rendit, en 1676, après avoir conduit la maison pendant quatre années, ne contiennent rien sur l'ensemble de leur avoir et de leurs affaires : ils nous eussent mieux initiés à leur vie s'ils se fussent étendus au delà des dépenses de l'intérieur. Tels qu'ils sont, ils nous apprennent qu'on vivait fort à l'aise, et nous montrent la Bruyère sous un aspect assez imprévu, et usant, lui aussi, des « biens de la fortune. » Il eut, au moins pendant quatre années, ses gens, son carrosse et ses chevaux, dont il partagea la jouissance et la dépense avec son frère Louis, de quatre ans plus jeune que

---

1. La Bruyère ne s'éloigna du logis maternel, pour s'établir chez les princes de Condé, que peu de mois avant la mort de sa mère.

2. Notre auteur payait à sa mère, pour son logement, sa nourriture, celle de ses gens, 900 livres par an, et de plus la moitié du prix du loyer de l'écurie.

lui. Quelques détails de plus, et nous aurions, dans cette reddition de comptes, la description complète de la chambre de la Bruyère, carrelée à neuf, et ornée d'une belle pièce de tapisserie de Flandre à verdure, qu'il avait achetée 1400 livres à la vente des meubles de son oncle.

Son plus jeune frère et sa sœur, Robert-Pierre et Élisabeth, qui étaient âgés l'un de dix-neuf ans, l'autre de dix-sept, lorsque mourut l'oncle, vécurent, de leur côté, dans une association du même genre, mais plus modestement. Ils se contentèrent, pendant les premiers mois seulement, du service des gens de leur mère, puis prirent un laquais à frais communs : la jeune Élisabeth suivait la mode nouvelle en renonçant au service des femmes[1]. Ce partage de la famille en deux groupes étroitement unis s'est continué au delà de l'époque où il se marque par une communauté de domestiques : en 1685, l'abbé, Robert-Pierre[2], et Élisabeth se faisaient une donation mutuelle de tous leurs biens, au préjudice de leurs frères et neveux[3]. L'affection de la Bruyère pour son frère Louis se révèle d'une manière moins sensible ; mais rien qu'à voir ce qui se passa au sujet de l'équipage commun, on peut, ce nous semble, deviner l'influence que le frère cadet exerçait sur l'aîné. Au moment où se fait la vente des objets mobiliers de son oncle, la Bruyère laisse partir le cocher et vendre chevaux et carrosse ; quatre mois plus tard, Louis, qui s'était éloigné des siens après la mort de son oncle, peut-être pour se rendre

---

1. Tome I, p. 297.
2. Robert-Pierre ne prend jamais dans les actes officiels, dans ceux du moins qui nous sont connus, que la qualité de clerc du diocèse de Paris ; néanmoins il se faisait couramment appeler, dès 1679, *abbé :* voyez ci-après les *Pièces justificatives*, n° II, p. CLXXIV.
3. L'abbé mourut le premier ; sa sœur, qui, retirée au couvent des Bénédictines à Conflans, y mourut en 1725, demeura fidèle à la mémoire de son frère Robert. Elle voulut que les soixante messes qu'elle prescrivait à ses héritiers de faire célébrer après sa mort, ainsi que l'annuel qu'elle institua, fussent dits pour le repos de l'âme de l'abbé, comme pour celui de la sienne. Il est le seul des membres décédés de sa famille dont il soit question dans son testament ; cent dix autres messes seront dites à l'intention d'un ami défunt, qu'elle ne nomme pas (Archives nationales, T 1075).

dans le Vendomois, revient prendre place au logis, et aussitôt le cocher de l'oncle défunt est rappelé, un carrosse neuf remplace sous la porte cochère le carrosse vendu, un jeune et bel attelage entre à l'écurie qu'avaient quittée les vieux chevaux du secrétaire du Roi.

Nous voyons en outre la Bruyère s'effacer, en deux circonstances, devant son frère. A la mort de leur père, c'est Louis qui prend l'office paternel; quand on acceptera la succession de Guillaume de la Bruyère, les terres du Vendomois seront la propriété indivise des légataires universels, mais c'est à Louis qu'elles paraîtront appartenir : il s'en qualifiera, se donnant le plaisir de se faire appeler M. de Romeau[1]. Louis nous semble, à côté de son frère le philosophe, un personnage un peu vaniteux et léger. Du moins la mobilité était-elle l'un des traits de son caractère : il est successivement contrôleur général des rentes de la Ville, simple bourgeois de Paris, avocat au Parlement, premier huissier au Parlement, et enfin receveur et payeur des rentes sur le clergé.

Son mariage, qui eut lieu en 1682 et qui ne le sépara point de son frère, introduisit dans la famille de la Bruyère une parente de Boileau, Claude-Angélique Targas, fille d'un secrétaire du Roi, grand amateur d'horloges[2], dont le satirique a

---

1. Voyez ci-après, p. CLXXV. Ce surnom servait à le distinguer de son frère aîné. Il se dit encore « sieur de Romeau » dans un acte notarié du 14 janvier 1679; mais il renonça bientôt à cette qualification, à laquelle il perdit d'ailleurs tout droit en 1692 : à la suite d'arrangements de famille que nous ignorons, il céda à ses frères et à sa sœur sa part de la succession de l'oncle Jean II de la Bruyère (voyez le *Dictionnaire critique de Jal*, p. 715). Sa veuve néanmoins rappela ce nom de terre dans quelques actes.

2. Pierre Targas, fils d'un procureur au Parlement, épousa, le 25 novembre 1647, à l'église Saint-Nicolas-des-Champs, Élisabeth Colin, fille d'un avocat au conseil du Roi, et parente de Boileau, au septième degré, par sa mère. Il mourut, âgé de cinquante-six ans, le 8 décembre 1666, au cul-de-sac de la rue des Blancs-Manteaux. Voyez sur Targas et sa femme les *OEuvres de Boileau*, édition Berriat-Saint-Prix, tome III, tableau généalogique, et p. 449, n°s 249-251, p. 457, n° 401, p. 657, note 1; tome IV, p. 486, n°s 151 et 152.

raillé l'innocente manie, ou, pour parler comme lui,'« la folie[1]. »
La Bruyère ne connut pas l'épigramme de Boileau, composée
en 1704, et quand Mlle Targas devint sa belle-sœur, l'amateur
d'horloges était mort. S'il eût vécu plus longtemps, il aurait
sans doute pris place dans les *Caractères*, soit parmi les curieux, soit à côté d'*Hermippe*[2].

Suivant un méchant propos recueilli dans l'un des manuscrits de l'abbé Drouin[3], Louis de la Bruyère aurait épousé
« une bâtarde du premier président de Novion. » Est-ce bien
d'Angélique Targas que l'on a voulu parler? Nulle part nous
n'avons vu rapproché du nom de Novion celui de Targas ni
celui de Colin, qui était le nom de famille de Mme Targas,
belle-mère de Louis de la Bruyère. Ce que nous savons de
celle-ci, c'est qu'elle n'a pas toujours été de mœurs irréprochables. Mariée à quatorze ans et sept mois[4], elle demeura
peut-être la très-fidèle épouse de Pierre Targas pendant les
quatorze années que dura leur union ; mais, veuve en 1666,
à trente-trois ans, et mère de cinq enfants si elle n'en avait
perdu, elle se remaria, un an ou deux plus tard, *ob causas
notas*, selon l'expression de Berriat-Saint-Prix : c'est donner à
entendre que le fils qu'elle perdit en décembre 1669, et dont

---

1. C'est trente-huit ans après la mort de Pierre Targas que
Boileau, conversant avec l'abbé de Châteauneuf, se souvint d'une
plaisanterie qu'il avait faite jadis sur son parent, ses montres et
ses pendules : son auditeur en sourit, et Boileau, pour ne la point
perdre, la mit en vers et en fit l'épigramme contre *Lubin*. Voyez
l'épigramme XXXVIII, au tome II de l'édition précitée, p. 475, et
sur cette épigramme les lettres de Boileau à Brossette du 13 décembre 1704, et du 6 mars 1705, tome IV de la même édition,
p. 404, 405 et 409.
2. Tome II, p. 135 et suivantes, et p. 196, n° 64.
3. « La Bruyère étoit garçon. Il a eu un frère premier huissier
au Parlement, qui a épousé la bâtarde du défunt premier président
de Novion. » (Bibliothèque de l'Arsenal, *Recueil de l'abbé Drouin*,
tome XXXIX, article DE LA BRUYÈRE.)
4. Il y a dans l'acte de mariage une légère inexactitude : il la
vieillit de cinq mois et lui donne quinze ans. Sa mère s'était mariée à treize ans et dix mois. Son aïeule et sa mère ont eu, comme
elle, chacune deux maris.

Berriat-Saint-Prix n'indique pas l'âge, vint au monde un peu plus tôt qu'il n'eût convenu[1].

Marié, Louis de la Bruyère avait continué à vivre auprès de sa mère, de ses frères et de sa plus jeune sœur. Mais, au moment de son mariage, la famille n'habite plus la rue Grenier-Saint-Lazare. En 1676, l'année même où leur mère leur rendit compte de sa gestion, les la Bruyère étaient établis rue Chapon. Le séjour n'y fut pas long : en 1679, je retrouve rue des Grands-Augustins la famille la Bruyère, qui déménageait presque aussi souvent que Louis abordait une profession nouvelle[2].

Notre auteur eut un peu plus de persévérance que son frère cadet dans ses occupations, qu'à côté de son œuvre nous n'avons à rappeler que comme un insignifiant accessoire : il partagea sa vie entre le barreau (et encore peut-être), les finances, et les emplois qu'il trouva dans la maison de Condé.

Bien qu'il ait parlé en termes excellents de l'éloquence du barreau et de la fonction d'avocat, il plaida peu sans doute, si toutefois il plaida. Il était mal préparé pour l'éloquence du Palais, et ses habitudes méditatives ne pouvaient s'accommoder des incessants labeurs qu'il a décrits. Aussi bien la scrupuleuse délicatesse de son esprit eût nui à l'orateur, et l'impartial et froid examen auquel il soumettait toutes choses eût entravé la marche du praticien. Il avait plusieurs procureurs dans sa famille, et cette parenté aurait pu faire sa fortune d'avocat ; mais quel jurisconsulte perplexe et timoré eût

---

1. Voici la note de Berriat-Saint-Prix (tome III, p. 457) : « Élisabeth Colin, née 17 avril 1633, décédée avant 1684 ; mariée 1º, 25 novembre 1647, à Pierre Targas... ; 2º, 1668 (*ob causas notas*), à Nicolas Melicque, trésorier des menus plaisirs (un fils décédé 1669). »

2. Peu de temps soit avant soit après l'entrée de la Bruyère à l'hôtel de Condé, la famille quitta encore ce logis de la rue des Grands-Augustins et se sépara : la mère, son fils l'abbé et sa fille s'installèrent rue des Fontaines (près de Saint-Martin-des-Champs); Louis dans la rue des Charités-Saint-Denis : c'est chez lui que la Bruyère élisait domicile, en 1685, dans un acte notarié ; peut-être avait-il une chambre dans son logis. Louis ne devait pas mourir dans la rue des Charités : en 1695, date de sa mort, il habitait rue de Berry.

été, au dix-septième siècle, un avocat qui hésitait devant la maxime que la forme emporte le fond, et pour qui les questions de droit étaient, avant tout, des questions de morale et d'équité !

Il n'aimait pas la procédure, que ses parents les procureurs avaient pu contribuer à lui rendre odieuse. Bien des souvenirs devaient, au surplus, lui en inspirer l'aversion. Avant sa naissance, son grand-père et sa grand'mère paternels avaient échangé des exploits d'huissier ; puis il vit bien d'autres querelles dans la famille de sa mère. Devenue veuve, sa grand'-mère maternelle, Marguerite Hamonyn, s'était retirée auprès de l'un de ses fils, Nicolas, qui, touché de la modicité de ses revenus et désireux de « la faire subsister dans l'honneur le reste de ses jours[1], » lui avait proposé de partager sa demeure. Quand la mort de Marguerite Hamonyn vint rompre cette communauté de vie, qui avait duré dix-neuf ans, il y eut un règlement d'intérêts qui suscita entre Nicolas et une partie de ses frères et sœurs un procès, de huit années pour le moins. La querelle fut vive, car l'une de ses sœurs accusa Nicolas de faux[2] : elle se termina néanmoins au profit de celui-ci, en 1668, alors que la Bruyère avait vingt-trois ans. Le nom de sa mère ne paraît pas dans ces dissensions ; mais elle ne put y demeurer étrangère, et il ne fut sans doute pas permis au jeune avocat de n'y point prendre part.

En 1673, la Bruyère, après huit années actives ou non, abandonna le barreau du parlement de Paris, et devint trésorier général de France au bureau des finances de la généralité de Caen.

---

1. Archives nationales, Requêtes du Palais, X⁵ 472, Dictum du 6 octobre 1668.

2. C'est sa sœur Agnès Picard, veuve d'un procureur au Châtelet, qui s'était inscrite en faux contre une quittance produite par Nicolas Hamonyn. L'inscription de faux avait été jugée téméraire par sentence du 6 octobre 1668. (*Ibidem*, Dictum du 27 novembre 1668.)

II

LA BRUYÈRE TRÉSORIER GÉNÉRAL DES FINANCES.

Au moment où la Bruyère entrait dans les finances, les trésoriers de France étaient à peine remis des appréhensions que leur avaient inspirées divers essais de réforme par lesquels le bureau de Caen avait été menacé plus que tout autre.

Après avoir créé, dans un intérêt fiscal, beaucoup plus d'offices de trésoriers que ne l'exigeait le service, le gouvernement royal s'était accusé, par actes publics, d'avoir, en les multipliant, nui au bon ordre des finances et surchargé les peuples[1] : il voulut réparer ses fautes.

En 1669, Colbert avait entrepris, après d'autres, de réduire le nombre des trésoriers. Usant d'un procédé déjà employé et presque aussitôt abandonné, il avait refusé de maintenir à leur profit la faveur du payement du droit annuel, ou, si l'on veut, de la *paulette*, dont ils jouissaient avec tous les officiers de judicature et de finances : ce privilége, comme on sait, assurait aux familles l'hérédité des charges. En perdant la faculté d'offrir chaque année une rançon déterminée, les trésoriers ne pouvaient plus vendre utilement leur titre qu'à la condition de survivre plus de quarante jours à leur démission. L'atteinte que l'on portait ainsi à l'hérédité des offices des trésoriers en devait préparer la diminution sûrement, bien qu'insensiblement suivant l'expression d'un document officiel, si toutefois l'État ne cédait pas, comme il arrivait

---

1. « La nécessité des temps passés nous ayant, et les rois nos prédécesseurs, obligés d'augmenter les offices des trésoriers de France des bureaux établis dans chacune généralité de notre royaume à un nombre excessif, et beaucoup au delà de ceux qui sont nécessaires.... » (Édit de février 1672 : voyez le *Recueil des édits, déclarations, lettres patentes, arrêts et règlements du Roi registrés en la cour du Parlement de Normandie depuis* 1643 *jusqu'en* 1683, Rouen, 1774, tome I, p. 471-474.)

souvent, à la tentation de livrer à de nouveaux acquéreurs les offices qui tombaient aux parties casuelles et redevenaient sa propriété. Mais deux années s'étaient à peine écoulées que l'on renonçait encore une fois à une mesure dont les effets ne pouvaient se produire que très-lentement, et qui néanmoins soulevait d'unanimes réclamations.

On recourut à un autre moyen. En février 1672, deux édits réduisirent à quatorze, et, en certaines généralités, à douze ou à dix, les trésoriers des bureaux des finances. Le prix des offices que l'on se proposait d'éteindre immédiatement devait être remboursé aux titulaires d'après les évaluations des commissaires délégués par le Roi. On rétablissait en faveur des officiers conservés le droit annuel, c'est-à-dire la transmissibilité; il fallait toutefois l'acheter par une sorte de prêt de 10 000 livres, dont l'intérêt à 6 pour 100 devait leur être annuellement payé sous forme d'augmentation de gages[1]. Les trésoriers mirent peu d'empressement à acheter cette rente. Le bureau de Caen, qui, de quinze trésoriers, avait été réduit à dix, encourut-il, par une résistance trop manifeste, un supplément de disgrâce? Je ne sais; mais un arrêt du conseil d'État, en date du 20 septembre 1672, eut pour objet de le faire disparaître tout entier. En somme, on ne supprima aucun bureau ni aucune charge, même à Caen : les cent à cent cinquante officiers que menaçait la rigueur des édits conservèrent la possession de leurs titres. Soit que l'on n'ait pas su vaincre l'inertie qu'opposèrent les trésoriers aux ordres comminatoires qui enjoignaient à ceux qui voulaient être maintenus de verser 10 000 livres, soit que l'opération, examinée de plus près, n'ait point paru assez fructueuse pour être poursuivie en dépit de toutes les difficultés[2], soit encore que les

1. Voyez dans les édits du 7 mars et du 2 avril 1672, et dans les arrêts du conseil d'État du 4 avril et du 20 décembre de la même année, le détail des réglementations promulguées sur les questions relatives au choix des officiers à maintenir, ainsi qu'au versement des 10 000 livres, et à l'augmentation promise des gages, qui était de 600 livres par an.

2. En vertu de cette réglementation, les trésoriers conservés auraient apporté au Trésor environ quatre millions; mais l'augmentation de gages et le remboursement des offices supprimés au-

dépenses de la guerre aient rendu impossible le remboursement des charges supprimées, il intervint, entre le gouvernement et les bureaux de finances, une sorte de transaction. Les bureaux avaient offert, comme prix du maintien de tous leurs offices sans exception, un secours pour les dépenses de la guerre. La proposition fut acceptée. Toutes les charges furent maintenues ou rétablies, le droit annuel fut restitué aux trésoriers, avec modération du tarif, et de plus le privilége du *committimus*, qui leur avait été enlevé, leur fut de nouveau concédé. Un arrêt du 10 décembre 1672 et une déclaration du 18 rendirent à la généralité de Caen ses quinze trésoriers.

Les lettres de déclaration par lesquelles le Roi faisait revivre, en leur intégrité primitive, chacun des bureaux invoquaient les exigences mieux comprises de l'intérêt général; mais, avec plus de sincérité, l'édit de février 1673 reconnais-

raient atténué singulièrement le bénéfice de la réduction des charges. Dans ses *Recherches et Considérations sur les finances de la France* (tome I, p. 467), Forbonnais estime à 3 900 000 livres le profit net que le Trésor retira des mesures promulguées, en 1672, à l'égard des bureaux de finances; mais il lui a échappé que l'édit de février 1672 ne reçut pas d'exécution. Celui de mars 1673, qui consacra la transaction, dut valoir au Trésor deux millions environ. Le bénéfice eût été de deux millions sept à huit cent mille francs, si tous les bureaux avaient versé 120 000 francs, comme le donnent à penser les termes d'un arrêt du 30 janvier 1673 ; mais il y eut des inégalités inévitables. Les vingt et un trésoriers de la généralité de Paris, maintenus dès le 3 juin 1672, furent taxés à 4900 francs chacun, et leur contribution, en y ajoutant la taxe des procureur, avocat, etc., s'éleva à la somme prévue de 120 000 francs; la contribution fut moindre dans beaucoup de généralités, et notamment dans le bureau de Caen : les trésoriers y furent taxés à 5000 francs, mais ils n'étaient que quinze. — Sur ces tentatives de réforme, on peut consulter, outre Forbonnais et les recueils manuscrits ou imprimés des édits et des arrêts du conseil d'État de 1672 et 1673, les *Mémoires sur les priviléges et fonctions des trésoriers de France*, par Jean du Bourgneuf (1745, tome I, p. 25-27), la *Table générale des ordonnances, édits*, etc., concernant les trésoriers généraux, par le même, l'*Histoire des trésoriers de France*, par Gironcourt (1776, tome II, p. 260 et suivantes); et la collection Rondonneau, aux Archives nationales.

sait que le nombre des trésoriers aurait pu être réduit sans que le service en souffrît. Ces postes superflus, que cependant l'on conservait en les entourant de priviléges enviés, et dont les titulaires, au témoignage des édits royaux, jouissaient de « gages considérables, » n'étaient-ils pas de ces « offices lucratifs » qui, suivant l'expression qu'emploiera plus tard la Bruyère[1], peuvent rendre « la vie aimable » sans rien enlever à l'oisiveté du sage? Il le pensa sans doute, et il acheta l'un d'eux.

Le titre acquis par la Bruyère dans la généralité de Caen avait appartenu à un trésorier du nom de Pierre Roussel, lequel était mort le 28 mars 1672, alors que le bureau venait d'être condamné à perdre cinq offices. Comme Roussel n'avait pas été admis, dans la dernière année de sa vie, au versement du droit annuel, sa mort enlevait à ses héritiers la propriété de sa charge et la faisait tomber aux parties casuelles[2]. Ce ne fut pas la Bruyère qui se présenta tout d'abord pour obtenir la succession, mais un bourgeois de Paris nommé Joseph Metezeau[3]. Le 8 mars 1673, Metezeau versait au Trésor royal

1. Tome II, p. 88, n° 21.
2. En droit strict, elle aurait dû être levée au profit exclusif du Trésor royal, lorsque le Roi la fit revivre ; mais on se départit, par mesure générale, de la rigueur des principes, et la famille Roussel put bénéficier du prix de l'office que l'édit de février 1672 avait anéanti entre ses mains, et qu'elle voyait renaître au bout de l'année : « Nous avons même.... taxé en nos revenus casuels, en faveur des veuves et héritiers, lisons-nous dans l'édit de mars 1673, les charges qui étoient vacantes et que nous avons rétablies, en tant que besoin seroit, par notre édit de février dernier. » A Versailles, le décès de Roussel était ignoré lorsqu'on rétablit le bureau de Caen : les lettres de déclaration et un arrêt du conseil d'État du 10 décembre 1672 rétablissent les présidents trésoriers du bureau des finances de Caen, « au nombre de quinze, qui sont encore à présent revêtus desdites charges ; » un arrêt du parlement de Rouen, rendu le 6 mars 1673 sur la requête des trésoriers de Caen, et enregistrant leur rétablissement, reproduit la même inexactitude.
3. Voyez l'*Étude chronologique sur J. de la Bruyère*, que nous avons signalée dans la *Notice bibliographique* (tome III, 1ʳᵉ partie, p. 201, n° 28), et dont l'auteur est M. Châtel, archiviste du Calvados.

le prix de la charge, lequel était de 15 000 livres (au total 16 500, en ajoutant au principal les 2 sols pour livre dont la perception était prescrite par un édit de mars 1645).

Avec les droits du marc d'or, qui étaient alors de 1296 livres pour les trésoriers de France[1], le prix de la charge n'atteignait pas 18 000 livres. Les gages fixes étant de 2350 livres environ[2], Metezeau pouvait obtenir, pour le moins, treize pour cent de son capital, de plus s'anoblir et jouir des mêmes priviléges que les membres de la Chambre des comptes ou les commensaux du Roi, se procurer enfin, comme l'écrivait plaisamment M. de Guilleragues à Racine, qui fut aussi trésorier de France, « la satisfaction honorable d'être enterré avec des

---

1. Le droit du marc d'or, dont le produit était destiné à l'ordre du Saint-Esprit, était prélevé sur tous les offices à chaque mutation de titulaire. On appliquait, à cette époque, le tarif établi par l'édit de décembre 1656, qui avait doublé le tarif antérieur.

2. Les trésoriers de Caen, qui semblent un peu plus favorisés que ceux de divers autres bureaux, recevaient alors, pour « gages, augmentations et droits, » 2348 livres, 10 sols, par an : ils eussent reçu le double, n'étaient les retenues d'un semestre qui avaient été imposées à tous les trésoriers en 1647. Il avait été rendu aux trésoriers un quartier en 1648 (voyez le *Recueil des titres concernant les trésoriers généraux*, par Simon Fournival, 1655, p. 1013); mais un arrêt du conseil d'État du 10 avril 1658 avait retenu de nouveau les deux quartiers, et cette réduction avait été maintenue par la suite (voyez la *Table générale des ordonnances, édits*, etc., *concernant les trésoriers généraux*, par J. du Bourgneuf, p. 122 et 129). Pour les trésoriers qui résidaient et remplissaient leurs fonctions, les revenus s'augmentaient par l'effet de divers droits. Dans ses *Mémoires sur les priviléges et fonctions des trésoriers de France* (tome I, p. 122), du Bourgneuf estime qu'avec les droits de présence, droits de bûche ou de chauffage, etc., ils s'élevaient, au dix-huitième siècle, à près de 4500 livres : il faut sans doute réduire cette somme de moitié par suite de l'application de l'édit de 1658, car ailleurs du Bourgneuf limite à 2143 livres, 10 sols, les revenus, diminués de moitié, des trésoriers d'Orléans, et à 2223 livres, 10 sols, ceux des autres bureaux. Les menus droits de présence et autres, en y comprenant les augmentations assez fortes de gages, qui résultèrent des emprunts dont les trésoriers furent frappés à diverses reprises, ne pouvaient sans doute avoir doublé le produit de la charge.

éperons dorés[1]. » Mais Joseph Metezeau ne voulait pas être, à ce qu'il paraît, trésorier de France au bureau des finances de Caen. Il ne se fit pas installer et céda, en novembre 1673, l'office que sans doute il n'avait levé que par spéculation, au lendemain de vicissitudes qui en avaient diminué la valeur. Le nouvel acquéreur de la charge fut la Bruyère, dont Metezeau reçut vraisemblablement un peu plus qu'il n'avait déboursé lui-même. Jusqu'au 21 janvier 1673, les titres de trésorier du bureau de Caen étaient officiellement estimés à 29 333 livres, 6 sols et demi[2]; à cette date, et par suite de la transaction qui mit fin aux essais de réforme que nous venons de rappeler, l'évaluation officielle s'était abaissée à 24 000 livres[3]. Les droits du marc d'or se fixaient d'après ces estimations; mais elles ne réglaient pas les conventions des parties, quelles que fussent, à cet égard, les prescriptions de l'autorité royale. Le prix des charges, qui s'était parfois élevé de plus de moitié au-dessus du taux officiel, devait s'être fort abaissé à l'époque où la Bruyère achetait la sienne; car elles étaient peu recherchées, en dépit des mesures que l'on prenait pour « faciliter le débit » des offices vacants aux parties casuelles. Metezeau ne dut pas faire une spéculation très-profitable en achetant l'une d'elles pour la revendre.

1. Lettre du 9 juin 1684, OEuvres de Racine, tome VI, p. 526.
2. Voici les évaluations, d'après l'édit de décembre 1665, de quelques charges judiciaires en Normandie, évaluations que nous citons afin que l'on puisse se rendre compte, par comparaison, du degré d'importance qu'avaient en province, quant à la valeur, les fonctions de trésorier : conseillers clercs au parlement de Rouen, 40 000 livres; conseillers laïques, 70 000; conseillers aux requêtes du palais, 48 000; maîtres de la chambre des comptes de Rouen, 50 000; correcteurs, 24 000; auditeurs, 20 000; conseillers à la cour des aides de Rouen, 48 000.
3. Elle devait bientôt descendre à 18 000 livres; car, le 23 novembre 1685, il était payé, au nom de la Bruyère, pour l'annuel de 1686, une somme de 300 livres; or l'annuel était le soixantième du prix officiel de la charge. Tandis que la Bruyère s'acquittait régulièrement de cet impôt envers le Trésor du Roi, Racine en était affranchi par les Condé, auxquels revenaient les droits perçus sur les offices de la généralité de Moulins.

Nous venons de montrer la Bruyère achetant son titre de trésorier ; mais l'a-t-il vraiment payé de ses deniers ? Racine obtint le sien de la protection de Colbert et de la libéralité du Roi : ami de Bossuet, la Bruyère n'aurait-il point dû à l'intervention de l'illustre évêque la concession gratuite de son office ? Divers savants, tels que l'abbé de Vares, Malezieu, Gerauld de Cordemoy, ont secondé Bossuet dans la recherche des notes et la préparation des traités dont il se servait au cours des leçons qu'il donnait au Dauphin, son élève : la Bruyère aurait-il été, lui aussi, l'un de ses collaborateurs, et le titre de trésorier serait-il la récompense de son concours ? Enfin le nom de Metezeau, qui, nous dit-on, était un commis des parties casuelles et un parent de Bossuet, expliquerait-il comment Bossuet put être mêlé aux négociations qui précédèrent la nomination de la Bruyère ? Nous trouvons ces conjectures dans la biographie la plus complète de la Bruyère, et nous croyons ne pas devoir les passer sous silence.

Dans ses doctes et consciencieuses études sur la vie de Bossuet[1], M. A. Floquet n'a entrevu nulle part la Bruyère parmi les savants dont s'est entouré le précepteur du Dauphin. Peut-être cependant quelque document nouveau confirmera-t-il un jour, parmi les conjectures que nous venons de rappeler, celle qui fait de la Bruyère l'un de ses auxiliaires. Il était assurément digne d'être associé à la tâche que Louis XIV avait confiée à Bossuet, aidé de Daniel Huet. Mais, ce point réservé, nous nous trouverons en désaccord continu sur les autres avec l'auteur regretté de *la Comédie de la Bruyère*. La Bruyère, à notre avis, est devenu trésorier à la suite d'un contrat avec un particulier qui ne lui fit aucun abandon du prix de la charge, et ce particulier, qui était premier acquéreur d'un titre qu'il n'a point voulu conserver, et non un commis des parties casuelles, n'était pas non plus un parent de Bossuet. Leurs noms, il est vrai, se sont rencontrés dans l'histoire d'une même famille, qui est celle des Foucault ; pour parler plus exactement, ils s'y sont succédé. Joseph Foucault, père du célèbre intendant, et veuf de Marie Metezeau, épousa en secondes noces Mlle Bossuet, sœur du prélat ; mais ce mariage,

---

1. *Bossuet précepteur du Dauphin*, 1865, p. 73 et 103.

que désapprouvèrent et regrettèrent tout à la fois les deux familles intéressées et qui d'ailleurs n'aurait pu, en aucune façon, rapprocher les Bossuet et les Metezeau, n'eut lieu qu'en 1675, deux ans après l'époque où la Bruyère acheta son office[1].

Ne voyons donc en la Bruyère qu'un acheteur ordinaire, payant, suivant le cours du jour, une charge qui, sortie des parties casuelles, ne pouvait plus être ni acquise au profit du Roi, ni concédée par lui à titre gratuit.

Les lettres patentes qui lui conféraient le titre de conseiller du Roi, trésorier de France, général des finances au bureau de Caen, et lui accordaient les gages et appointements de l'année entière, avaient été signées le 29 mars 1674, quatre mois après l'acquisition de l'office, et deux jours après le payement de la somme due pour les « droit et marc d'or[2]. » Il ne se hâta point de requérir son installation. Au mois de juin, il était encore à Paris, n'y prenant d'autre titre que celui d'avocat au Parlement, et d'autre qualité que celle de « noble homme, » c'est-à-dire de bourgeois[3]. Au mois d'août seulement, nous le voyons à Rouen, attendant que la Chambre des comptes de la Normandie procède aux formalités habituelles des réceptions, après l'avoir admis à passer un examen devant elle. Les semestres d'été, c'est-à-dire les magistrats qui étaient de service pendant les six derniers mois de l'année, avaient été convoqués pour entendre, le 23, le rapport du conseiller-maître Robert, chargé de l'information sur les âge, vie, mœurs, vocation, religion, extraction, comportements et moyens du réci-

---

1. La comparaison de dates suffit pour écarter l'hypothèse de l'intervention de Bossuet auprès de Joseph Metezeau; mais est-il même bien sûr que ce Joseph Metezeau appartînt à la famille de Marie Metezeau, que Joseph Foucault avait épousée en 1641 et perdue en 1670? Il est du moins certain qu'il n'était point son père, comme on l'a dit : elle était fille de Clément Metezeau, architecte du Roi et constructeur de la digue de la Rochelle. Voyez sur les deux mariages de J. Foucault les *Mémoires de N.-J. Foucault*, publiés par M. Baudry dans la *Collection de Documents inédits sur l'histoire de France*, 1862, p. XII-XIV, 32, 33 et 37.

2. *Étude chronologique sur J. de la Bruyère*, par M. Châtel, p. 18, pièce III.

3. Voyez tome I, p. 252 et note 4.

piendaire[1] ; mais, les conseillers ne s'étant pas rendus, ce jour-là, en nombre suffisant à la Chambre, le rapport ne fut entendu que dix-neuf jours plus tard, le 11 septembre.

Le jeudi 13 eut lieu la séance de réception. Introduit par le greffier, la Bruyère s'avança jusqu'au banc des présidents, fit les salutations d'usage, supplia la Chambre, dans une harangue en français, de le recevoir au serment, et répondit aux questions que lui adressèrent les présidents et conseillers-maîtres « sur les fonctions de sa charge et les finances. » L'examen achevé, il se retira au parquet, où il attendit le résultat de la délibération de la Chambre. Introduit de nouveau, il prêta serment, les deux mains étendues « sur le livre ouvert des saints Évangiles, » puis il prit place sur le dernier banc des conseillers-maîtres, où le conduisit leur doyen.

A Caen, les formalités furent rapidement remplies. N'eût été la fête de saint Matthieu, il eût requis son installation le vendredi 21 septembre, et le bureau des finances y aurait procédé le jour même ; il ne fut installé que le lendemain, en présence de ses collègues, MM. de Bonneville, de Fontenay, du Bocage, de Rotot, de Gavrus, de Fourmentin, de Bachelier et de Boismotte. Le bureau se réunissait rarement en aussi grand nombre : pourtant il manquait encore six trésoriers.

Le dernier serment prêté, la Bruyère s'empressa de retourner à Paris : on ne le revit à aucune séance[2]. Je n'oserais affirmer que ce fut sans autorisation qu'il négligea de prendre

---

1. Les procès-verbaux des informations de cette époque manquent dans les archives de la Seine-Inférieure, ainsi qu'a bien voulu nous le faire savoir M. de Beaurepaire. Celui de la Bruyère, s'il eût été conservé, nous aurait donné les noms des amis dont il avait invoqué le témoignage : peut-être d'intéressants renseignements s'étaient-ils glissés à travers les formules banales de l'information. On peut lire, comme exemple de ces enquêtes qui précédaient l'installation des fonctionnaires, celle qui fut faite sur Racine, alors qu'il devait être secrétaire du Roi, et dans laquelle Boileau apporta sa déposition : voyez la *Correspondance littéraire*, du 25 juin 1862, p. 239-243.

2. M. Châtel, qui a bien voulu en faire la recherche, n'a trouvé d'autre mention du payement des gages de la Bruyère que celle

sa part des travaux du bureau; mais jusqu'ici l'arrêt du conseil d'État qui eût été nécessaire pour le dispenser régulièrement d'accomplir les devoirs de sa charge a été vainement cherché. Quelle raison d'ailleurs, quel titre officiel aurait-il pu invoquer pour obtenir la permission de demeurer à Paris? On l'accordait à quiconque était retenu auprès de la cour par un emploi : c'est ainsi que Racine, historiographe du Roi, et de plus académicien, pourra, en vertu d'un arrêt du 31 mai 1681, recevoir les gages de son office, tout en habitant Paris[1]; la Bruyère, pour lui, n'aurait pu justifier son abstention systématique et continue de tout travail que par l'inutilité de sa présence au milieu de collègues qui suffisaient à la tâche. Au dix-huitième siècle, on admet sans objection, dans chaque bureau, l'absence d'un certain nombre de trésoriers; mais à l'époque où nous place la nomination de la Bruyère, divers arrêts du Conseil, dont nous ne connaissons pas la date et que rappelle l'arrêt du 30 octobre 1671, avaient frappé, en vertu d'une ordonnance de 1669, quelques trésoriers inexacts. Pour mettre fin aux absences non permises, et à l'inégalité des charges que faisait peser sur les plus assidus l'abus de congés exceptionnels et de faveur[2], il avait été institué, par l'arrêt d'octobre 1671, des vacances régulières de trois mois, auxquelles les trésoriers de chaque bureau, divisés en quatre

des gages de 1685, touchés sur quittance datée du 30 août 1686. Il n'est point dit par qui la quittance a été présentée. Le correspondant de la Bruyère était peut-être un habitant de Caen nommé Benedict Olivier le Marchand, qui plus tard fut celui de son successeur dans son office de trésorier; mais nous ne rencontrons dans les documents d'autres mandataires de la Bruyère que trois de ses collègues (MM. de Fontenay, Clément et de Gavrus), qui payent en son nom 300 livres de droit annuel en 1686.

1. Voyez la *Correspondance littéraire* du 25 juin 1862, p. 240 et 242; l'arrêt du conseil d'État, dont on y a omis d'imprimer la date, est « du dernier mai 1681. » De même Louis XIII avait dispensé par lettres patentes un trésorier, qui était secrétaire du Cabinet, de résider au bureau de Champagne, c'est-à-dire à Châlon, l'autorisant néanmoins à percevoir les gages, appointements et droits (Fournival, *Recueil des.... trésoriers de France*, 1755, p. 1062).

2. Un arrêt du conseil d'État, en date du 15 janvier 1671, avait déjà réglementé les absences en vertu de congés donnés pour affaires

groupes, devaient avoir successivement droit. En demeurant à Paris sans en demander la permission, la Bruyère devait donc tout à la fois contrevenir aux ordonnances qui prescrivaient la résidence et à l'arrêt du Conseil qui ne concédait aux trésoriers qu'un repos de trois mois [1].

Ses collègues n'ont-ils jamais protesté contre son absence? Le procureur général en la Chambre des comptes de Rouen, auquel il appartenait de signaler toute irrégularité, ne se plaignit-il jamais de son éloignement? Un passage des *Caractères*, à l'adresse de la magistrature de Normandie, est peut-être

importantes, telles qu'un procès à Paris (Archives du Calvados, registre contenant les provisions d'offices, 1668-1672).

1. Les réunions, qui se tenaient à cette date dans une maison achetée à M. le Haguais, père d'un ami de Fontenelle, et située rue Saint-Jean (entre la rue de l'Engannerie et la Neuve-Rue), ne se composaient guère que de six ou sept trésoriers. La Bruyère connut si peu ses collègues qu'il serait hors de propos de nous arrêter sur leurs habitudes et leurs travaux. De leurs habitudes nous dirons seulement, sur leur propre témoignage, que, dans leurs assemblées, ils formaient la compagnie la plus sobre de France : « Le fonds de nos buvettes, écrivaient-ils au ministre le Peletier le 17 décembre 1687, n'est que de 250 livres. Il n'y a point de si petite compagnie dans le Royaume qui n'en ait un plus grand. » (Archives nationales, G^7, 214.) Quant aux travaux, voici le résumé qu'en donne M. R. Dareste pour les bureaux des finances en général : « Comme autorité administrative, les bureaux des finances avaient primitivement exercé, dans l'étendue de leur généralité, toute la direction des services publics : domaine, finances, voirie, travaux publics. Même depuis l'établissement des intendants, les bureaux des finances restèrent chargés d'enregistrer, après les Chambres des comptes, les lettres patentes et autres actes du pouvoir souverain relatifs au domaine, de recevoir la foi et hommage et les aveux et dénombrements des vassaux du Roi pour les terres non titrées, d'assister au département des tailles, d'ordonnancer les payements assignés sur eux, de surveiller les comptables et de recevoir leurs *états au vrai*. Comme juridiction exceptionnelle, les bureaux connaissaient des affaires du domaine et de la voirie.... » (*La Justice administrative en France*, 1862, p. 28.) Conférez l'*Abrégé des fonctions des trésoriers généraux en la généralité de Paris* dans les *Mémoires des intendants sur l'état des généralités dressé pour le duc de Bourgogne* et publiés par M. A. de Boislisle, tome I, p. 676.

une vengeance que la Bruyère tira de quelques doléances ou de quelques remontrances importunes, en même temps que des lenteurs que subirent les affaires qui le touchaient.

La Bruyère, qui n'aime pas les provinciaux, les confond avec les sots, et les oppose aux gens polis et aux gens d'esprit[1]. Mais ce sont tout particulièrement les Normands, ou du moins les habitants de l'une des capitales de la Normandie, qui éveillent sa causticité, et ses railleries semblent trahir quelque ressentiment personnel. « Il y a dans l'Europe, a-t-il dit, un endroit d'une province maritime d'un grand royaume où le villageois est doux et insinuant, le magistrat au contraire grossier, et dont la rusticité peut passer en proverbe. » Telle est la leçon des éditions de 1688. En 1689, il déclare que la bourgeoisie de l'endroit ne vaut pas mieux que sa magistrature : « .... Le villageois est doux et insinuant, le bourgeois au contraire et le magistrat grossiers, et dont la rusticité est héréditaire[2]. » N'y a-t-il point là un mauvais souvenir de ses relations avec les habitants, soit de Caen, soit de Rouen? Éd. Fournier ne veut pas que ce trait de rancune ait été lancé à l'adresse de la magistrature et de la bourgeoisie caennaises[3], et je me garderai de le contredire. La Bruyère a raillé non l'accent de Caen, mais celui de Rouen ou de Falaise[4], qui n'était pas dans la généralité de Caen. Nous admettons volontiers qu'il n'a pas plus en vue la bourgeoisie de Caen dans le passage que je viens de rappeler. Si ce n'est Caen, ce sera donc Rouen, comme le veut Éd. Fournier. La magistrature de Normandie, à vrai dire, est tout d'abord et surtout le parlement et la Chambre des comptes de Rouen. Contre la ville et la bourgeoisie de Rouen, la Bruyère ne put jamais avoir qu'un grief : elles avaient produit Fontenelle. Contre la Chambre des comptes, il en eut deux pour le moins : le même corps qui l'avait fait attendre, en 1673, plus de trois semaines à Rouen avant de le recevoir, n'accepta, douze années plus tard, qu'après une longue résistance le successeur qu'il s'était choisi.

1. Tome I, p. 234, n° 51.
2. Tome II, p. 89, n° 22.
3. *La Comédie de J. de la Bruyère*, tome II, p. 440-442.
4. Tome I, p. 300, n° 14.

En 1686, alors qu'il était depuis un an l'un des professeurs du duc de Bourbon et qu'à ce titre il lui devenait facile d'obtenir la permission de ne jamais résider à Caen, il fit l'abandon de son office au profit de Charles-François de la Bonde, seigneur d'Iberville, qui était commis du marquis de Croissy depuis huit ans, et qui devait être envoyé, quelques mois plus tard, à Genève, comme résident du Roi auprès de la République. Les lettres de provision furent signées le 16 janvier 1687, et, le même jour, le chancelier Boucherat reçut son serment. Bien que Normand, il désirait éviter un voyage à Rouen et à Caen, et il espérait que la Chambre des comptes considérerait comme suffisant le serment qu'il avait, suivant l'usage, prêté devant le Chancelier. Il se trompait, et, pour ne pas perdre ses gages, il lui fallut obtenir du conseil d'État, quelques mois plus tard, un arrêt qui l'autorisait à les toucher, quoique non installé; toutefois cette faveur ne lui était accordée qu'à la condition que l'année suivante ne s'écoulerait pas sans qu'il eût accompli les formalités requises. Je ne sais quelle correspondance et quelles négociations s'échangèrent entre Paris et Rouen; mais, sur la simple production de lettres de surannation, et sans qu'il fît, en 1688, le voyage qu'il n'avait point fait en 1687, la Chambre procédait, au mois de septembre, après une année et demie d'attente, à l'information réglementaire sur « les âge, vie, mœurs, religion catholique, apostolique et romaine, vocation, comportements et moyens » du nouveau trésorier, et enregistrait sa réception. Il ne se présenta point non plus à Caen. Plus scrupuleux, Racine, qui du moins prêta serment devant la Chambre des comptes dont il relevait (c'était celle de Paris), avait sollicité du conseil d'État un arrêt qui l'exemptât de l'installation au bureau des finances, comme de la résidence.

La résistance de la Chambre des comptes, que trahissent les pièces officielles et surtout leurs dates, s'inspirait d'un légitime sentiment des convenances, aussi bien que du respect de la règle et des traditions. Elle dut irriter néanmoins M. d'Iberville, et la Bruyère ne put se désintéresser des incidents qui retardèrent l'acceptation de son successeur[1]. Si peu que

---

1. Les clefs ont placé le nom de M. de Breteuil à côté du

l'on connût notre auteur à Caen, si peu qu'on tînt à le conserver sur la liste des trésoriers, on s'habitua lentement à le considérer comme remplacé. Lorsque, au milieu de l'année 1689, maître ou messire le Marchand se présenta chez le receveur général des finances de Caen pour recevoir les gages de M. d'Iberville, comme peut-être il l'avait fait, de 1675 à 1686, pour toucher ceux de la Bruyère, le scribe écrivit, sans y penser, le nom de ce dernier, et il fallut lui rappeler que, depuis deux années et demie, le titulaire de l'office ne s'appelait plus ainsi.

Le titre de trésorier, que la Bruyère conserva douze ans, et qui ne changea rien aux habitudes de sa vie, avait d'un bourgeois de Paris fait un écuyer. Les vétérans dont il parle dans son chapitre *de Quelques usages*[1] se couchaient roturiers et se levaient nobles : pour lui, il s'était levé roturier le jour où il devait être reçu par la cour de Rouen, et s'était couché noble, ayant eu, suivant son expression, « le moyen » de le devenir. Il ne s'en faisait pas accroire toutefois sur sa noblesse : l'ironique annonce de la découverte d'un la Bruyère des Croisades, qu'il revendiquera le jour où il aura fait enfin une belle fortune[2], est d'un moraliste bourgeois, raillant la puérile manie des gens qui s'attribuent des généalogies de rencontre, et non, comme le prétend sottement l'ex-chartreux Bonaventure d'Argonne, d'un gentilhomme « à louer qui met enseigne à sa porte[3] ».

---

caractère de *Celse* (tome I, p. 166, n° 39, et p. 446, n° x), et l'application est vraisemblable. Quelques traits de caractère pourraient là toutefois rappeler M. d'Iberville. Matthieu Marais, qui le connaissait bien, l'a ainsi dépeint dans son *Journal* (tome III, p. 33) : « Il étoit bon homme pour un Normand, savoit beaucoup de choses, mais *il parloit trop pour un homme d'État, et vous assassinoit de cent histoires que vous ne saviez point* et qu'il ne finissoit pas. » M. d'Iberville, qui fut successivement envoyé comme résident, nous l'avons dit, à Genève (1688), puis à Mayence (1697), puis en Espagne, et qui fut enfin envoyé extraordinaire en Angleterre (1714), mourut subitement le 6 ou 7 octobre 1733, âgé de soixante et onze ans.

1. Tome II, p. 163, n° 1 et note 3. — 2. Tome II, p. 169, n° 14.
3. *Mélanges d'histoire et de littérature*, Rouen, 1699, p. 336.

SUR LA BRUYÈRE.   LIII

Ce Bonaventure d'Argonne, qui écrivait sous le nom de Vigneul-Marville, a retracé, au milieu d'attaques puériles contre la Bruyère, un portrait précieux du philosophe dans son cabinet de travail, à l'époque où il est encore trésorier général. La Bruyère s'était peint lui-même au milieu de ses livres, en 1693 ou 1694, dans une chambre de l'hôtel de Condé, tel qu'on pouvait le voir à l'heure où il préparait la 7ᵉ édition des *Caractères*, et c'est à côté de ce portrait que Bonaventure d'Argonne en a placé un autre de la Bruyère plus jeune. Voici d'abord l'image que la Bruyère nous présente de lui-même[1] :

« O homme important et chargé d'affaires, qui, à votre tour, avez besoin de mes offices (*s'écrie la Bruyère*), venez dans la solitude de mon cabinet : le philosophe est accessible ; je ne vous remettrai point à un autre jour. Vous me trouverez sur les livres de Platon qui traitent de la spiritualité de l'âme..., ou la plume à la main pour calculer les distances de Saturne et de Jupiter.... Entrez, toutes les portes vous sont ouvertes ; mon antichambre n'est pas faite pour s'y ennuyer en attendant ; passez jusqu'à moi sans me faire avertir. Vous m'apportez quelque chose de plus précieux que l'argent et l'or, si c'est une occasion de vous obliger.... Faut-il quitter mes livres, mes études, mon ouvrage, cette ligne qui est commencée? Quelle interruption heureuse pour moi que celle qui vous est utile !... »

La prosopopée, que j'abrége, est un peu déclamatoire ; on y souhaiterait plus de simplicité, mais tout est vraisemblable dans le petit tableau qu'elle renferme : je crois à cette affabilité souriante du philosophe ; je vois sur sa table les livres de Platon qu'il vient de relire pour ajouter quelque page nouvelle au chapitre *des Esprits forts*, et la feuille où il a commencé les calculs dont il se servira dans ce même chapitre sur les distances, non pas de Saturne et de Jupiter, mais de Saturne et de la Terre entre eux et au Soleil[2].

Cette page mécontenta Bonaventure d'Argonne. Après l'avoir citée, il en fit le commentaire suivant :

1. Tome I, p. 248, n° 12. Ce caractère a paru, en 1694, dans la 8ᵉ édition.
2. Quand il nous dit : « Faut-il quitter.... cette ligne qui est

« Rien n'est si beau que ce caractère; mais aussi faut-il avouer que, sans supposer d'antichambre ni de cabinet, on avoit une grande commodité pour s'introduire soi-même auprès de M. de la Bruyère, avant qu'il eût un appartement à l'hôtel de.... (*Condé*). Il n'y avoit qu'une porte à ouvrir et qu'une chambre proche du ciel, séparée en deux par une légère tapisserie. Le vent, toujours bon serviteur des philosophes, courant au-devant de ceux qui arrivoient, levoit adroitement la tapisserie, et laissoit voir le philosophe, le visage riant et bien content d'avoir occasion de distiller dans l'esprit et le cœur des survenants l'élixir de ses méditations[1]. »

« Le visage riant! » Retenons ce témoignage pour l'opposer à d'autres. Il vient d'un ennemi, mais d'un bien maladroit ennemi : le morceau tout entier est à l'honneur de celui que l'on veut rendre ridicule; il compense et rachète presque à nos yeux toutes les injustes et sottes critiques de l'auteur.

La chambre modeste où Bonaventure nous introduit auprès du philosophe souriant au visiteur qui lui arrive, ne le cherchons pas dans la rue Grenier-Saint-Lazare, où la Bruyère, encore enfant, est entré en 1651 et où il a vécu vingt-cinq ans : son cabinet y devait être de meilleur aspect que celui où nous pénétrons à la suite du chartreux. En 1674 ou 1675, la Bruyère et les siens avaient quitté la maison de la rue Grenier-Saint-Lazare. La gêne est-elle survenue? On le pourrait croire, en lisant la description de la chambre que Bonaventure a connue, soit qu'il y ait pénétré lui-même, soit qu'un autre visiteur l'ait renseigné. Nous avons déjà fait l'histoire des migrations de la famille la Bruyère : de la rue Grenier, elle s'était transportée dans une maison d'une rue voisine, la rue Chapon, où

commencée? Quelle interruption heureuse, etc., » se rappellerait-il une visite qui peut-être l'avait interrompu dans l'un de ces calculs astronomiques auxquels il fait allusion? Peu de jours avant sa mort, il s'aperçut que, pour n'avoir pas achevé une division, il avait laissé échapper trois erreurs dans les éditions de 1692 et de 1694. Le faux calcul était déjà réimprimé dans l'une des dernières feuilles de la 9e édition, quand il reprit l'opération, où il avait négligé le dernier zéro d'un dividende, et fit rectifier sa triple méprise par un carton : voyez tome II, p. 261, notes 4 et 5, p. 262, note 1, et tome III, la *Notice bibliographique*, p. 149, lignes 11 à 18.

1. *Mélanges d'histoire et de littérature*, p. 336.

elle séjourna quatre ou cinq années; en 1679, après le mariage de Louis, qui devait continuer à vivre auprès de sa mère et de ses frères, elle passa la Seine et prit, dans la rue des Grands-Augustins, un logis où elle demeura jusqu'au moment où Jean de la Bruyère se sépara d'elle. C'est là sans doute[1], entre 1679 et 1684, que notre auteur se plaisait à verser dans l'esprit de ses amis « l'élixir de ses méditations. » Déjà, j'imagine, il a jeté sur quelques-uns des feuillets qu'il réunira plus tard pour en former un livre, une partie des réflexions détachées qui doivent immortaliser son nom.

A cette époque où il lisait et méditait, nous dit-on, « dans une chambre proche du ciel, » il fut victime d'une mésaventure vulgaire qui le conduisait, le 8 août 1679, à sept heures du matin, chez un commissaire du Châtelet : il venait se plaindre d'un vol domestique, dont il demandait qu'il fût fait une punition exemplaire.

Depuis plusieurs jours, une maladie de son laquais avait obligé la Bruyère à emprunter celui de son frère l'abbé. Dans la soirée du lundi 7 août, il avait emmené à sa suite François Blondel (c'était le nom du valet de son frère) chez un auditeur des comptes, M. Philippe Huerne, qui demeurait rue du Battoir-Saint-André-des-Arts[2]. Les dépositions des témoins, que l'on pourra lire aux *Pièces justificatives*, nous montrent les agitations de Blondel dans l'antichambre où il attend la fin de la visite, sa fuite pour aller accomplir le vol qu'il a prémédité, l'explication qu'il donne de son départ au laquais de M. Huerne, celle qu'il prépare pour son maître, auquel on doit dire qu'il est allé retirer de la serrure de la chambre habitée par ce dernier la clef qu'il y a oubliée, la surprise enfin de la Bruyère

---

1. Dans les dépositions dont nous allons parler, dépositions relatives au vol commis, le 7 août 1679, dans la maison de la rue des Grands-Augustins, habitée par la Bruyère, il est question de l'escalier qui conduisait à sa chambre, mais il n'est pas dit à quel étage elle se trouvait.

2. Philippe Huerne était conseiller auditeur à la Chambre des comptes depuis 1656 (*État de la France*, année 1682, tome II, p. 450). Il cesse de figurer sur la liste des membres de la Chambre dans l'*État de la France* de 1683.

et son retour, vers onze heures du soir, au logis, où il ne retrouve ni Blondel ni sa clef. Ce n'est que le lendemain, vers six ou sept heures du matin, qu'on put faire ouvrir la porte de la chambre par un serrurier, et constater que Blondel avait forcé le bureau et volé sept sacs contenant 2490 livres[1], qui représentaient près de 9000 francs de notre monnaie, emportant du même coup l'habit de couleur, la culotte, le chapeau, le linge dont il était couvert et qui appartenaient à l'abbé. Le commissaire fit une information; mais la police, que plus tard la Bruyère devait traiter si rudement[2], ne sut pas retrouver le coupable.

C'est le seul incident que nous connaissions de la vie de la Bruyère au cours des années où il vécut en sage au milieu des siens. La peinture lamentable qu'il a faite de l'intérieur de certaines familles est, j'aime à le penser, très-dissemblable de celle qu'il eût pu faire de la vie en commun dans la sienne. Toutefois le souvenir de sa remarque sur les dures obligations qu'impose l'attente de l'héritage d'un collatéral, le partage des enfants de Mme de la Bruyère en deux groupes, et ce cri même de douleur qu'il semble jeter en parlant des jalousies, des antipathies et des dissentiments secrets de parents qui paraissent vivre en paix[3], permettraient peut-être de se demander si l'amertume de quelques-unes de ses réflexions n'est pas le fruit de l'expérience quotidienne de la vie commune, et si l'amour de l'étude n'eut pas pour lui cet avantage de l'éloigner de quelques soucis domestiques et du spectacle de mesquines querelles.

Pourvu d'une charge et non d'un emploi, la Bruyère avait

1. Deux voyages avaient été nécessaires pour descendre de la chambre de la Bruyère ce lourd fardeau d'écus et de menue monnaie, déposés dans un bureau en forme d'armoire.
2. Tome II, p. 189, n° 53.
3. « L'intérieur des familles est souvent troublé par les défiances, par les jalousies et par l'antipathie, pendant que des dehors contents, paisibles et enjoués nous trompent et nous y font supposer une paix qui n'y est point : il y en a peu qui gagnent à être approfondies. Cette visite que vous rendez vient de suspendre une querelle domestique, qui n'attend que votre retraite pour recommencer. » (Tome I, p. 230 et 231, n° 40.)

assez de « fermeté et d'étendue d'esprit » pour se passer des occupations que recherche le vulgaire, « et consentir à demeurer chez soi et à ne rien faire; » il avait « assez de mérite pour jouer ce rôle avec dignité » et « assez de fond pour remplir le vide du temps. » Il a défini plus tard, en homme qui en sait le prix, la liberté et l'oisiveté du sage. Il renonça cependant, en 1684, à ce qu'il appellera le « libre usage du temps, le choix du travail et de l'exercice, » le droit d'être « seul arbitre de ce qu'on fait ou de ce qu'on ne fait point. » Dix années pour le moins se sont écoulées où il a pleinement joui de la plus absolue liberté, et une heure vient où elle lui semble « trop grande et trop étendue, telle enfin qu'elle ne *sert* qu'à *lui* faire désirer quelque chose, qui est d'avoir moins de liberté[1]. » Dira-t-on qu'il ne put résister à l'attrait d'une éducation princière ? Céda-t-il à un mouvement d'ambition en s'attachant à la maison de Bourbon ? Un revers de fortune l'y avait-il contraint ? Quelle que soit l'explication du fait, il aliéna son indépendance, et prit place parmi les maîtres chargés d'achever l'éducation du petit-fils de Condé.

Fontenelle a dit de Bossuet qu'il « fournissoit ordinairement aux princes les gens de mérite dans les lettres dont ils avoient

1. Les réflexions qu'il semble avoir écrites en pensant à l'emploi qu'il savait faire de sa liberté, soit avant soit après les dix-huit mois qu'il a employés à l'éducation du duc de Bourbon, méritent d'être citées textuellement : « Il faut en France, dit-il dès la 1re édition, dans le chapitre *du Mérite personnel*, beaucoup de fermeté et une grande étendue d'esprit pour se passer des charges et des emplois, et consentir ainsi à demeurer chez soi, et à ne rien faire. Personne presque n'a assez de mérite pour jouer ce rôle avec dignité, ni assez de fond pour remplir le vide du temps, sans ce que le vulgaire appelle des affaires. Il ne manque cependant à l'oisiveté du sage qu'un meilleur nom, et que méditer, parler, lire et être tranquille s'appelât travailler. » (Tome I, p. 154, n° 12.) Et en 1693, dans le chapitre *des Jugements* : « .... La liberté n'est pas oisiveté ; c'est un usage libre du temps, c'est le choix du travail et de l'exercice : être libre, en un mot, n'est pas ne rien faire, c'est être seul arbitre de ce qu'on fait ou de ce qu'on ne fait point. Quel bien en ce sens que la liberté ! » (Tome II, p. 121, n° 104. Conférez encore, *ibidem*, p. 122 et 123, n° 109.)

besoin[1]. » La Bruyère est le plus illustre des hommes de mérite qui entrèrent, sous les auspices de Bossuet, dans la maison de Monsieur le Prince[2].

III

LA BRUYÈRE DANS LA MAISON DE CONDÉ.

Le jeune duc de Bourbon, quand la Bruyère devint l'un de ses maîtres, venait d'achever, à l'âge de près de seize ans, sa seconde année de philosophie au collége de Clermont, qui devait bientôt recevoir le nom de Louis-le-Grand. Soit comme interne, soit comme externe[3], il avait été, pendant six années, l'écolier le plus choyé et le plus fêté des jésuites, dont la congrégation avait élevé son père à Namur et son grand-père à Bourges. Il n'est compliment qu'il n'eût entendu, éloge dont il n'eût été l'objet. Le P. Talon, le principal du collége, annonçait en lui, toutes les fois qu'il en trouvait l'occasion, un prince admirable. Il échappait bien de temps à autre quelques paroles

1. *Éloge de Valincourt* (OEuvres complètes, 1742, tome VI, p. 441). C'est sur l'autorité de l'abbé d'Olivet que l'on a attribué à Bossuet l'introduction de la Bruyère auprès des princes de Bourbon : « Il acheta, dit-il, une charge de trésorier de France à Caen ; mais à peine la possédoit-il (*d'Olivet se trompe de dix années*) qu'il fut mis par M. Bossuet, archevêque de Meaux, auprès de feu Monsieur le Duc, pour lui enseigner l'histoire. » (*Histoire de l'Académie françoise*, édition de M. Livet, tome II, p. 316.)

2. En pénétrant, à la suite de notre auteur, dans la famille des Condé, nous adopterons, pour désigner les trois princes dont elle se composait, les appellations par lesquelles on les distinguait alors : *Monsieur le Prince* était le grand Condé ; *Monsieur le Duc*, le duc de Bourbon, son fils ; et le *duc de Bourbon*, son petit-fils. (Voyez les *Mémoires de Saint-Simon*, tome VI, édition de 1873, p. 348-365.)

3. Sur le séjour du duc de Bourbon au collége de Clermont, comme aussi sur les études qu'il fit au sortir du collége, consultez le *Journal de la Bruyère dans la maison de Condé*, publié par

de mécontentement au P. Alleaume, l'un des deux jésuites qui étaient attachés à sa personne en qualité de précepteurs; mais ces plaintes, quand elles se faisaient jour à travers les louanges, étaient mesurées et discrètes [1].

On trouve un langage moins flatteur dans les lettres adressées à Condé par un M. Deschamps, qui était chargé de la surveillance générale des études du duc de Bourbon, dirigeait ses lectures et lui donnait des leçons d'histoire et de géographie. Il y signale avec sincérité ses défauts [2], et le re-

---

M. Étienne Allaire dans *le Correspondant*, nos des 10 août, 10 septembre, 25 novembre, 25 décembre 1874 et 25 janvier 1875.

1. Le P. Alleaume me paraît le seul Père qui ne soit pas toujours résolûment satisfait de son élève et qui en parle froidement et sans enthousiasme. En janvier 1683, il rend compte d'une dispute solennelle dans la classe de logique : « Monseigneur ne disputa pas avec grand feu; mais du moins il ne languit pas, comme il faisoit ordinairement : il dit d'une voix haute, avec assez de présence d'esprit, l'essentiel de ce qu'il falloit dire. » A côté de ce rapport placez celui du P. Talon : « Monseigneur a fait rage dans cette journée; tous nos Messieurs de la maison professe et du noviciat sont sortis ravis de la séance et l'ont accablé de compliments. » Et M. Allaire, à qui nous empruntons ces citations, ajoute : « Le vénérable P. Jourdan pleurait de joie. Le P. Commire embouche aussitôt la trompette héroïque : il présente à Monseigneur un impromptu en vers latins où il le met bien au-dessus de son père et de son grand-père.... » (*Journal de la Bruyère*, dans *le Correspondant*, no du 10 septembre 1874, p. 1057.) Il n'est pas surprenant que le duc de Bourbon se plût dans la société des Pères plus que dans toute autre, et qu'il aimât tout particulièrement le P. Talon. « Le 4 janvier 1684, écrit ce dernier à Condé, il faisoit mauvais temps, et je me suis réfugié dans notre petit hôtel de Bourbon, où j'ai trouvé Mgr le duc de ce nom, grand, gras, beau et fort gai. Me voyant de loin, il a fendu la presse de quinze ou vingt jésuites et d'autant de nos pensionnaires, pour venir me sauter au cou. » (*Ibidem*, p. 1060 et 1061). Ce petit hôtel de Bourbon était la maison, contiguë au collége, que le duc de ce nom, comme dit le P. Talon, avait habitée pendant son internat. Son père en avait fait don aux jésuites, lorsqu'il était devenu externe.

2. Après s'être exprimé tout d'abord avec quelques ménagements, Deschamps y met peu à peu plus de franchise et de

mède qu'il propose pour l'en guérir est de « le jeter dans le monde, » c'est-à-dire de l'enlever aux jésuites[1].

Ce qu'il leur reproche surtout, c'est d'entourer le duc de plus jeunes camarades, que leur âge soumet à ses caprices et à son humeur despotique. « Quand il ne sera plus avec des enfants, écrivait-il, le commerce des personnes raisonnables le fera promptement changer. » M. Deschamps avait un autre

rudesse : « Décidément Monseigneur est despote ; il veut tout ce qu'il veut absolument, et ne peut jouer sans chagrin ni dispute. » La dispute allait jusqu'aux coups. Un jour qu'il argumentait avec un de ses camarades, il le battit violement, et continua ses emportements à l'hôtel de Condé jusque sous les yeux de sa mère : « .... Il fit si grande rumeur dans la maison, dit M. Allaire, que personne ne savait où se cacher.... Incivil envers tout le monde, insolent envers ses inférieurs, brutal envers ses gens, il prenait plaisir « à « leur cracher des injures à la face, à les battre et à les accabler de « mauvais traitements »…. Il n'avait de goût que pour les puérilités, et ne faisait aucun cas des hommes et des choses qui pouvaient polir son esprit et son caractère. » Deschamps se plaint sans cesse des badineries et des enfantillages de son élève, et les définit ainsi en janvier 1684 : « Cela consiste à demeurer avec des enfants, dès qu'il en trouve l'occasion ; à s'y occuper de bagatelles avec fureur ; à ne pas vouloir s'en détacher, malgré les avis de ses maîtres ; à se tenir toujours de travers, comme s'il étoit contrefait ; à se moquer de tous les hommes sérieux ; à battre ses gens ; à se précipiter avec violence, soit qu'il entre dans un appartement, ou qu'il en sorte, au risque de se casser la tête…. » En juin 1684, il désespère de pouvoir « vaincre l'indifférence de M. le duc de Bourbon. » Il ajoute, revenant sur sa taille, qui était l'objet de vives préoccupations : « Au moins il n'est pas si souvent de travers. Il me semble aussi que ses jambes ont un peu allongé. » (M. Allaire, *ibidem*, p. 1052, 1054, 1059, 1061 et 1064.)

[1]. « Le collége et les pédants, écrit-il en décembre 1681, ne sont pas de grande utilité ; Monseigneur en apprendroit cent fois plus dans le monde par le commerce de ses semblables ou des personnes de son âge. » Et un autre jour : « Monseigneur ne veut pas secouer les restes de l'enfance ni ses distractions. Tout ce que peuvent dire ou faire les personnes qui sont auprès de lui ne sert à rien. Il n'y a qu'un moyen, c'est de le jeter dans le monde : il faudra bien qu'il fasse comme les autres pour se tirer d'affaire. » (*Ibidem*, p. 1052 et 1053.)

grief encore : les condisciples du duc de Bourbon n'étaient pas d'assez haute naissance à son gré. Peut-être pour lui-même eût-il souhaité de plus le voisinage de maîtres moins habiles à se concilier l'affection et les préférences de leur écolier favori.

M. Deschamps n'était pas le seul, dans l'entourage du grand Condé, qui eût voulu retirer plus tôt du collége de Clermont l'élève qu'on avait le plus à cœur d'y garder. Pierre Michon, ou, pour lui donner le nom sous lequel il est connu, l'abbé Bourdelot, auquel était confiée la direction de la santé du petit duc, disait « tout haut ce qu'il pensait de l'éducation des jésuites et des thèmes latins du jeune prince[1]. » Le P. Talon demandait plaisamment à Condé la permission de percer la langue de Bourdelot; mais ses railleries l'inquiétaient sans doute plus qu'il ne le voulait montrer, car l'on pouvait craindre qu'il ne fût l'interprète des sentiments du père de l'auguste élève[2]. La victoire néanmoins était restée aux jésuites. L'habileté du P. Talon, l'influence du P. Bergier, qui vivait familièrement à Chantilly, l'attachement de Condé, qui se montra plus fidèle aux jésuites que son fils et le fut jusqu'à la mort, tout explique la défaite de Deschamps et de Bourdelot.

C'est au mois de juin ou de juillet 1684 que les études du duc de Bourbon prirent régulièrement fin au collége de Clermont; mais les jésuites ne perdirent pas tout à fait leur élève : le P. Alleaume et le P. du Rosel, qui avaient été ses précepteurs particuliers au collége en même temps que Deschamps, ne devaient pas encore se séparer de lui[3]. Moins

---

1. *Ibidem*, p. 1050.

2. « Les jésuites, qui admiraient Monsieur le Duc comme un profond politique, dit M. Allaire (*ibidem*, p. 1048), ne s'attendaient pas à toutes les tribulations qu'il leur ménageait avec ses secrets desseins sur l'éducation et l'avenir du duc de Bourbon. Ils eurent à soutenir contre les gentilshommes de son service, et contre tous ceux qui, pour plaire à Monsieur le Duc, voulaient émanciper son fils et lui apprendre la cour, une guerre d'influence bien autrement sérieuse que les combats classiques entre les externes et les internes du collége de Clermont. Les archives de la maison de Condé nous fournissent sur ce sujet les documents les plu complets. »

3. « Engagés pour huit ans (*ou plus exactement pour la durée de*

heureux, M. Deschamps ne put le suivre plus longtemps. Sa santé était gravement altérée : il demanda un premier congé au mois de juillet ou d'août. Pour le suppléer, on fait appel tout à la fois à la Bruyère et au mathématicien Sauveur : le premier enseignera l'histoire, la géographie, les institutions de la France ; le second sera chargé des études militaires, jusque-là confiées à Deschamps, et tout d'abord de la géométrie, qui précédera l'étude de « la fortification. » La Bruyère entre le 15 août dans ses nouvelles fonctions[1]. Le 6 septembre,

ses études), avec l'approbation du Père général de la Compagnie, au service du jeune prince, ces deux précepteurs ne le quittaient jamais ; quand l'un était absent, l'autre prenait sa place ; quoi que fît leur élève, il était toujours sous leurs yeux, pendant le jeu et pendant le travail, pendant qu'il était au collége et pendant qu'il était en vacances à Paris, à Chantilly ou ailleurs. Ils se surveillaient l'un l'autre et rendaient compte de leurs actions à la Compagnie. » (*Le Correspondant*, avril 1874, p. 530.) Il n'y eut pas, ce semble, d'interruption dans le service des PP. Alleaume et du Rosel. M. Allaire nous les montre auprès de leur élève au moment où il est présenté à la cour (août 1684) : « Le P. Talon, dit-il (10 septembre 1874, p. 1071), informé de ce qui se passait par du Rosel et Alleaume, ne peut contenir un cri de triomphe : qu'on vienne donc douter aujourd'hui de ses prophéties sur M. le duc de Bourbon et mépriser le pédantisme de son collége ! »

1. La date exacte de l'entrée de la Bruyère dans ses fonctions nous est fournie par un extrait de l'un des registres de comptes de la maison de Condé, que veut bien nous faire parvenir, au moment où nous mettons sous presse, M. Flammermont, archiviste du château de Chantilly : ce passage nous fait connaître en même temps les « gages » que recevait la Bruyère comme maître d'histoire : « A M. de la Bruyère, qui apprend l'histoire à Mgr le duc de Bourbon, la somme de 612 l. 10 s. pour ses gages de 4 mois et demi, depuis le 15 août 1684, qu'il est entré auprès de Son Altesse Sérénissime, jusques et y compris le dernier décembre du dit an, à raison de 1500 livres par an, ainsi que Leurs Altesses Sérénissimes l'ont réglé, suivant ledit état, ordre et quittance du 5 août 1685. » (*Registre aux comptes* n° 96, compte de l'année 1685, n° 99.) Il est vraisemblable que ce traitement n'a pas été fixé dès l'entrée de la Bruyère, si, comme nous le supposons, l'on n'a réglé qu'un peu plus tard la part qu'il devait prendre à l'éducation du duc de Bourbon. On remarquera qu'il n'a reçu que le 5 août 1685 les

une lettre de la Noue du Vair, adressée à Condé, dont il était l'un des gentilshommes, signale pour la première fois sa présence auprès du duc de Bourbon, à Versailles. La Bruyère y est nommé après le maître de danse : « M. le duc de Bourbon va bien. Fabvier fut plus content hier de sa danse ; il portoit mieux ses bras et son pied droit. MM. de la Bruyère et Sauveur sont contents de son application. » Et de la Noue ajoute : « Il a toujours quelque enfance. »

Condé, comme l'on sait, vivait alors à Chantilly. Son petit-fils vint l'y rejoindre le 13 septembre. Deschamps, qui devait l'accompagner, avait été obligé de solliciter un nouveau congé, et presque aussitôt de prendre une retraite définitive[1]. Ses suppléants allaient devenir ses successeurs. Ils ne se rendirent toutefois à Chantilly qu'au mois d'octobre ; la Bruyère, que retint à Paris la maladie de Cordemoy et qui demeura auprès de lui jusqu'à sa mort[2], y arriva quelques jours après Sauveur.

gages qui lui étaient dus pour la seconde quinzaine d'août et les quatre derniers mois de 1684. Pour 1685, son traitement est encore de 1500 livres, et il ne les reçut de même que l'année suivante (*Registre* n° 99, compte de 1686, n° 629), et sans doute aussi tardivement.

1. « On donna à M. Deschamps, dit M. Allaire (*le Correspondant*, n° du 25 octobre 1874, p. 330), la maladrerie de Dammartin, dont il prit le titre et laissa la jouissance au médecin Longuereau. Il n'avait plus qu'à rédiger les mémoires de Turenne pendant que la Bruyère occuperait sa place dans la maison de Condé auprès du duc de Bourbon. » On nomma de plus M. Deschamps chevalier de Saint-Lazare, et Louvois, sollicité par Gourville, obtint que sa réception se fît « gratis. » Il mourut l'année suivante.

2. « Je viens d'apprendre par M. Sauveur, écrivait Condé à Bossuet dans la première quinzaine d'octobre, et avant le 14, que M. de Cordemoy étoit fort malade. J'en suis dans la plus grande peine du monde, car j'ai pour lui beaucoup d'estime et d'amitié.... Je ne doute pas que vous n'en ayez une grande douleur, sachant l'amitié que vous avez pour lui. » Quelques jours plus tard, entre le 14 et le 19 octobre, Antoine Bossuet, frère du prélat, parlait ainsi de la mort de Cordemoy à Condé : « Le mauvais état de la maladie de M. de Cordemoy, dont j'eus l'honneur de rendre compte à V. A. S., eut bientôt la suite funeste que V. A. S. a su. Je n'ose lui en rien dire davantage, et je me contente de prier M. de la Bruyère de le lui faire savoir. » (A. Floquet, *Études sur Bossuet*,

Le duc de Bourbon avait été présenté à la cour au mois d'août, et l'on annonçait qu'il serait bientôt le gendre du Roi par son mariage avec l'une des filles de Mme de Montespan ; il fut résolu qu'on lui donnerait des officiers. La goutte qui retint un mois à Paris son père, Monsieur le Duc, retarda jusqu'au 19 décembre la conférence où le Roi régla avec lui « tous les marchés de sa maison. » Dangeau, qui les montre « enfermés l'après-dînée » pour régler ces « marchés, » nous apprend simplement la nomination d'un premier écuyer, qui fut M. de Saintrailles, colonel du régiment d'Enghien[1]. On fit l'économie d'un gouverneur, d'un premier gentilhomme de la chambre et d'un capitaine des gardes. Le choix des précepteurs et des maîtres fut sans doute le principal objet de cette conférence ; car Louis XIV prétendait connaître tous ceux qui entouraient le duc de Bourbon. Il semble que la distribution des rôles n'ait pas été faite entre les maîtres sans quelques hésitations. Le 9 février 1685, la Bruyère rappellera très nettement à Condé la déception qu'il avait éprouvée en partageant avec d'autres le soin d'achever l'éducation de son petit-fils, alors qu'il s'était flatté d'être son précepteur unique. Peut-être l'enseignement spécial et technique de la fortification ne lui eût-il pas convenu, bien qu'il ait montré que les termes de l'art militaire lui étaient familiers ; mais il eût certainement suppléé sans peine et sans regret ses « collègues » les jésuites, dont le mandat venait d'être renouvelé.

Le 20 janvier 1685, par une lettre qu'il adressait au Père général de la société de Jésus à Rome[2], Monsieur le Duc exprimait son désir de conserver encore pour quelque temps

---

tome III, p. 539 et 541.) Cordemoy fut enterré le lundi soir 16 octobre. Aux termes du récit de M. Allaire (*le Correspondant*, n° du 25 octobre 1874, p. 336), la Bruyère n'aurait pas attendu l'inhumation de Cordemoy pour aller à Chantilly, et aurait donné de vive voix à Condé les détails qu'il était chargé de lui transmettre ; mais la lettre d'Antoine Bossuet semble aussi bien annoncer une lettre de la Bruyère que son arrivée à Chantilly. Les premières lettres de la Bruyère à Monsieur le Prince n'ont pas été conservées dans les Archives de la maison de Condé.

1. *Journal*, tome I, p. 81 et 82.
2. M. Allaire, *le Correspondant*, n° du 25 novembre 1874, p. 788.

SUR LA BRUYÈRE.

e deux jésuites. Cette lettre annonce officiellement un vœu qui était déjà connu du P. Talon et agréé par lui depuis quinze jours pour le moins ; car le 5 janvier le principal du collége de Clermont renvoyait à Versailles, auprès de leur élève, les deux petits « Pères douillets, » qui se trouvaient s ibien de l'hospitalité des princes de Bourbon. Et quel titre se donnait-il pour leur prescrire le retour ? Celui de « vice-gérant du collége de Chantilly ; » il écrivait même avec son enjouement habituel : « de notre collége de Chantilly[1]. » Au collége de Chantilly, devenu succursale du collége de Clermont, la Bruyère fut un moindre personnage que n'avait été Deschamps. La désillusion put lui être douloureuse, s'il avait compté remplir auprès du duc de Bourbon une mission analogue à celle de Bossuet auprès du Dauphin.

Il ne montra toutefois aucun ressentiment aux collègues qu'il proclamait, avec une modestie qui pouvait paraître excessive, de meilleurs maîtres que lui. Peu de jours après la décision qui les maintenait dans leurs fonctions, il se faisait présenter par eux au P. de la Chaise, qu'ils venaient de con-

---

1. « En ma qualité de vice-gérant de notre collége de Chantilly, je renvoyai hier à Versailles les deux petits Pères, qui, grâce à Dieu et à Votre Altesse Sérénissime, sont si gros, si gras, si potelés, que chacun les prend ici pour des petits pères douillets. Je les mets aussi parmi les bienheureux de leurs communautés, particulièrement étant sous vos auspices, sous ceux de Mgr le Duc et sous ceux de Mgr le duc de Bourbon, qui, commençant de marcher sur vos traces, ira certainement bien loin ; et je ne m'étonne pas d'ouïr ce que l'on en dit. Mais je voudrois de bon cœur que vous eussiez vu et ouï les deux petits Pères, environnés de vingt ou trente bons Pères jésuites, qui tous, les uns après les autres, leur font des questions sur notre aimable jeune prince. L'un leur demande : « Mais est-il vrai que le Roi ait déjà conçu tant d'es-« time et d'amitié pour lui ? » ce qui donne sujet à un autre de venir aux détails sur l'affaire dont il s'agit. A quoi tous les autres ajoutent leurs questions aussi : « Mais est-ce vrai, ceci ? Mais cela « est-il encore vrai ? » Enfin ce qui est le plus plaisant, c'est qu'ils concluent tous par un acte d'humilité qui est encore assez glorieux : « Tout cela fait bien de l'honneur à notre collége ; la « poussière de nos hautes et basses classes n'a rien gâté.... » (M. Allaire, *ibidem*, p. 788.)

duire auprès de leur élève. Il en reçut un compliment dont les jésuites prirent aussi leur part : le P. de la Chaise déclara qu'il avait entendu dire au Roi que le duc de Bourbon « n'avoit auprès de lui que d'honnêtes gens et des gens connus. » Les jésuites répétèrent avec empressement le mot à Condé[1]. Il leur plaît, en toutes circonstances, de lui rappeler les bons offices que les siens peuvent attendre du confesseur du Roi : « Le P. de la Chaise, écrit l'un d'eux quelques semaines plus tard, est toujours attentif à rendre compte à S. M. de tout ce que nous lui disons de M. le duc de Bourbon[2]. »

Les PP. Alleaume et du Rosel étaient d'humeur plus accommodante et de société plus aimable que les autres commensaux de la Bruyère. Il était presque leur ami et se fit leur voisin. Au commencement de février, le prince de la Roche-sur-Yon, neveu de Condé, hôte jusque-là de son oncle et de son cousin, avait acheté à Versailles la maison de M. de la Rochefoucauld, le grand veneur, et quitté l'hôtel de Condé. Son déménagement permettait de mieux installer les professeurs du duc de Bourbon. Ce fut tout d'abord aux jésuites que l'on offrit le choix de leurs chambres : la Bruyère se plaça auprès d'eux[3].

L'un des devoirs dont l'observation était le plus strictement recommandée aux maîtres du duc de Bourbon, comme aux gentilshommes qui l'entouraient, était de tenir Condé au cou-

1. « Le R. P. de la Chaise, écrit le P. Alleaume le 7 février, après avoir vu LL. AA. SS. Mgr le Duc et Madame la Duchesse, vint hier rendre ses devoirs à M. le duc de Bourbon. Il passa par nos chambres et voulut que nous y allassions avec lui. Il dit à M. le duc de Bourbon qu'il n'avoit pas osé venir le saluer sans introducteurs. M. le duc de Bourbon lui répondit qu'il n'en avoit pas besoin, se leva de table où il étoit, le reçut fort honnêtement et le fit asseoir.... Le Père, après lui avoir parlé de diverses choses où M. le duc de Bourbon répondit toujours fort judicieusement, prit congé et nous emmena dîner avec lui. Nous présentâmes aussi au P. de la Chaise M. de la Bruyère, qui avoit envie de le saluer : il en fut fort bien reçu. Le Père lui dit qu'il avoit entendu dire au Roi que M. le duc de Bourbon n'avoit auprès de lui que d'honnêtes gens et des gens connus. » (M. Allaire, *ibidem*, p. 789.)

2. *Ibidem*, p. 796.

3. Voyez tome II, p. 479, note à note *.

rant de ses études. Au début de février, la correspondance de la Bruyère s'était ralentie; Condé s'en plaignit, et ce fut le P. Alleaume qu'il chargea de lui transmettre ses reproches. Il paraît que la Bruyère les avait prévenus en écrivant le 9 février, le jour même où le P. Alleaume devait s'acquitter de sa commission, la première lettre qui nous soit parvenue de sa correspondance[1]. C'est dans cette lettre qu'il exprime son regret de n'être pas chargé de toutes les études du prince. Il voudrait « du moins pour *son* fait et sur les choses qui *le* regardent, » avoir « six grandes heures par jour à bien employer » auprès de lui; son élève ferait « d'étranges progrès. » Il est satisfait néanmoins de ceux qu'il obtient : « Le peu de temps que j'use auprès de Monsieur le duc de Bourbon lui est fort utile;... il sait très-bien ce que je lui ai appris,... il n'est pas aisé même de le mieux savoir. » Et en deux lignes la Bruyère nous apprend quelle est la méthode de son enseignement : « Je viserai toujours à ce qu'il emporte de toutes mes études ce qu'il y a de moins épineux et qui convient davantage à un grand prince[2]. » Aussi bien il nous dit obéir en cela aux instructions de Condé : « .... Je.... ne rêve du matin au soir, lui écrit-il le 6 avril en lui parlant encore du duc de Bourbon, qu'aux moyens de lui être utile, et à lui rendre ses études moins amères, prévenu d'ailleurs que ce sont là vos intentions[3]. »

Condé suit avec une attention persévérante les études de son petit-fils. Il règle les leçons de chaque jour de la semaine, et parfois modifie, du même coup, les programmes qu'il a lui-même arrêtés et les dispositions qu'a prises la Bruyère : «.... L'on marche également, écrit encore ce dernier le 9 février, dans toutes ces différentes études (*il vient de les énumérer*), et nulle n'est privilégiée, si ce n'est peut-être l'histoire,

---

1. « Comme mon unique application, écrit-il (tome II, p. 477), est d'avancer les études de Monsieur le duc de Bourbon, et que je travaille à cela à Versailles, du matin au soir, sans nul relâchement, ma plus grande joie aussi est d'en rendre compte à Votre Altesse Sérénissime. Je m'abstiens souvent de lui écrire afin de ne point tomber en des redites, et j'attends quelquefois que nous ayons passé à des choses nouvelles.... » La Bruyère a daté sa lettre du 9 janvier 1685, mais elle est du 9 février.

2. Tome II, p. 479 et 480. — 3. *Ibidem*, p. 483 et 484.

depuis que vous me l'avez recommandée; car quelque idée qui me vienne, et quelque nouvel établissement que je fasse au sujet des études de Monsieur le duc de Bourbon, je déménage sans peine pour aller là où il plaît à Votre Altesse[1]. »
Est-ce bien « sans peine » qu'il déménage ainsi d'une étude à l'autre et renonce à « l'établissement » qu'il vient de faire ? Il me semble lire entre les lignes qu'il n'abandonne pas sans regret les programmes auxquels Condé en substitue d'autres.

La lettre du 9 février est la plus intéressante de celles qui forment la correspondance de la Bruyère avec Condé, composée, à la différence de celle des jésuites, de billets brefs et quelque peu monotones, où se trahissent, sous les protestations de dévouement, la tristesse et la fatigue d'un maître peu écouté. Tenant compte de plaintes antérieures, Condé avait chargé son fils, « sur le ton qu'il faut, » de reprocher sévèrement au sien son inattention : l'intervention de Condé « a fait.... le mieux du monde, » et la Bruyère en est un instant soulagé, suivant son expression. « Dès que l'application tombera, ajoute-t-il dans cette même lettre du 9 février, je vous en avertirai ingénument; car je sens de la peine à tromper ceux qui se reposent sur moi de quelques soins; et je ne commencerai point par Votre Altesse Sérénissime à faire un effort qui me coûte et qui lui déplaise. »

La lettre toucha Condé, et il le fit voir par sa réponse, qui contenta la Bruyère et qu'il s'empressa de lire à ses collègues. Du Rosel le dit à Monsieur le Prince dans une lettre du 15 février : « M. de la Bruyère a reçu la lettre que V. A. S. lui a fait l'honneur de lui écrire, et il nous l'a fait voir avec plaisir. Nous continuons, ajoute-t-il, à être ses confidents, et, comme il le dit partout, *sa consolation.* »

« Sa consolation ! » mot énigmatique dont le secret n'est pas explicitement révélé par la correspondance conservée dans les portefeuilles de la maison de Condé. Les sujets de

---

1. Tome II, p. 478. — Les mots *établissement* et *déménager* sont pris évidemment au figuré, ainsi qu'il est indiqué au *Lexique* et que le fait remarquer M. Chassang (*OEuvres de la Bruyère*, tome II, p. 382). Voyez une nouvelle modification de programme dans la lettre du 13 août, tome II, de notre édition, p. 487.

tristesse, à vrai dire, ne manquaient point à la Bruyère : tout était difficulté pour lui dans cet intérieur princier, où, nouveau venu et bourgeois dépaysé, ayant le légitime orgueil de son mérite et le vif sentiment de sa dignité, il devait se faire place au milieu de commensaux dédaigneux et ironiques, obéir à cette Altesse fantasque et terrible qui s'appelait Monsieur le Duc, et imposer ses leçons à un élève paresseux, rêveur, d'humeur inégale et brutale parfois, avec lequel il fallait lutter d'opiniâtreté et de « mutinerie[1]. » Parmi les amertumes de chaque jour, cette indocilité était le seul grief dont il pût librement parler, et sans doute elle était le fond de ses doléances. Ses leçons, plus fréquentes et plus longues que celles de ses collègues, faisaient souvent obstacle aux plaisirs du duc de Bourbon, qui ne le lui pardonnait pas : « Il est plus longtemps en faction que les autres maîtres, les distractions l'atteignent plus que nous, écrit le P. du Rosel comme pour expliquer le mécontentement de la Bruyère. Puis Mgr le duc de Bourbon nous souffre avec beaucoup de bonté. Nous sommes très-bien avec lui, et nous serons apparemment de même, *parce que peu de gens lui sont plus commodes*[2]. » Il semble que le P. du Rosel ne plaigne la Bruyère qu'à moitié : pourquoi n'est-il pas un maître plus commode, et que ne possède-t-il aussi l'art « d'être très-bien » avec son élève ?

Bossuet s'intéressait à l'élève et au maître. Le 20 février, il vint assister à une des leçons de la Bruyère, au moment où il expliquait les *Principes* de Descartes. La nouvelle se répandit dans l'hôtel de Condé qu'il s'était retiré fort content[3].

1. Voyez tome II, p. 504, et le *Lexique*, au mot MUTINERIE.
2. *Le Correspondant*, n° du 25 novembre 1874, p. 797 et 798. M. Allaire ne donne pas la date de ce fragment de lettre. Il paraît être de février.
3. C'est le P. Alleaume qui apprit à Condé cette visite dans la lettre suivante, dont M. A. Floquet a bien voulu nous communiquer le texte, emprunté aux archives de la maison de Condé : « Monseigneur, nous lûmes hier ensemble, le jeune prince et moi, la punition de Sodome et le sacrifice d'Abraham dans la Genèse, et dans Justin la défaite de Crésus par Cyrus. Nous fîmes, sur la première partie de notre étude, les réflexions qui regardent la religion et le règlement des mœurs, et Mgr le duc de Bourbon y parut

La congrégation de l'*Index* avait condamné la philosophie de Descartes; les jésuites s'étaient placés au premier rang de ses adversaires, et l'enseignement public en avait été récemment proscrit de l'Université d'Orléans, au nom du Roi[1]. La Bruyère cependant en expliquait les principes devant un prince de la famille de Bourbon, tout à côté du château de Versailles, sous les yeux de deux jésuites et avec leur assentiment, avec l'approbation de Condé, qui avait étudié la doctrine cartésienne, et avec celle de Bossuet.

Comme Daniel Huet l'écrit un jour à Bossuet, non sans malice, elle « avoit eu le bonheur de plaire à l'illustre prélat[2]. » Le cartésianisme plaisait aussi beaucoup à la Bruyère, qui avait pu apprendre à le goûter, soit dans le commerce des Oratoriens, soit dans ses entrevues avec Cordemoy et Bossuet lui-même, et qui devait s'en inspirer en composant le dernier chapitre des *Caractères*. On ne conduisit pas cependant bien loin l'étude de la philosophie : il n'en est fait mention que dans les premières lettres de la Bruyère. C'est l'histoire que Condé recommandait particulièrement; mais on n'y avançait que lentement. Au mois de septembre 1684, on apprenait le règne de Louis XI; lorsque le duc de Bourbon se maria, onze mois plus tard, on n'était arrivé qu'au règne de François Ier. Au début, la Bruyère dicte la leçon d'histoire, l'explique et la fait répéter. Il projetait de substituer à la dictée la lecture des mémoires, dès qu'il aborderait le seizième siècle ; mais il fallut renoncer à cette méthode, qui eût exigé trop de temps, et se contenter de Mézeray.

attentif. Monsieur de Meaux l'est venu voir aujourd'hui, et a assisté à une partie de l'étude qu'il a faite avec M. de la Bruyère, qui lui expliquoit Descartes. On dit que le Prélat en est sorti fort content, et ne manquera pas d'en rendre compte à Votre Altesse Sérénissime. »

1. Voyez l'*Histoire de la philosophie cartésienne*, par M. F. Bouillier, tome I, p. 430-483; le *Port-Royal* de Sainte-Beuve, tome V, p. 348 et suivantes; les *Lettres de Mme de Sévigné*, tome V, p. 493 et 497, etc.

2. Voyez les *Lettres de Bossuet à D. Huet*, publiées par M. l'abbé Verlaque dans les *Mélanges historiques* de la collection des *Documents inédits*, tome II, 1877, p. 613, 662 et 663.

SUR LA BRUYÈRE. LXXI

L'étude de la géographie n'était pas non plus du goût du duc de Bourbon. La Bruyère cependant y apportait beaucoup de zèle, tempérant l'aridité de l'énumération par des digressions sur le gouvernement de chaque pays. Lorsqu'il s'agissait du gouvernement de la France, et surtout de l'organisation de la cour, il avait pour guide l'*État de la France*, de l'abbé Besogne, dont le premier volume était le manuel des courtisans[1]. Il pouvait encore lui retracer, sans de très-laborieuses recherches, l'histoire des familles princières, et il négligeait d'autant moins cette étude, celle surtout des familles qui étaient alliées aux Condés, que Monsieur le Prince connaissait mieux que personne les généalogies et les blasons[2]. Mais il avait moins de ressources pour l'étude des institutions des pays étrangers, si toutefois Bossuet ne lui avait communiqué les notes qu'il avait recueillies sur ces matières en vue de l'éducation du Dauphin[3]. La Bruyère, au surplus, pouvait mettre à

---

1. Besogne eut un instant, en 1696, la prétention d'être à l'Académie le successeur de la Bruyère. Voyez sur cette velléité, et aussi sur les mésaventures de prédicateur de Besogne, une lettre de l'abbé Renaudot publiée dans l'*Annuaire-Bulletin de la Société de l'Histoire de France*, 1868, p. 164.

2. « .... Feu M. le prince de Condé étoit un admirable homme là-dessus, et il n'avoit point plus de plaisir que quand il pouvoit tenir quelqu'un qui lui parlât à fond de certaines familles. Il en savoit lui-même beaucoup de circonstances fort curieuses : de sorte qu'il redressoit souvent ceux qui s'y croyoient les plus habiles. Il n'avoit pas surtout grande opinion de la noblesse de Normandie, et je lui en ai ouï réduire le nombre à si peu de chose, je veux dire de ceux qu'il estimoit véritablement gens de qualité, que l'on auroit de la peine à le croire. Il en *démarquisoit* beaucoup, qui prendroient leur sérieux néanmoins si on les appeloit autrement que *Monsieur le Marquis*; il les *dégentilhommoit* même assez souvent, en quoi il ne se trompoit pas.... » (*Mercure historique et politique*, la Haye, juillet 1688, p. 736 et 737.)

3. « .... Tertium opus nostrum, regni Gallicani peculiaria instituta complectitur : quæ cum aliis imperiis composita et collata, universæ reipublicæ christianæ totiusque Europæ designant statum. » (Lettre de Bossuet au pape Innocent XI, sur l'éducation du Dauphin, 8 mai 1679, *OEuvres*, édition de Versailles, tome XXXIV, p. 41.)

profit pour ses leçons les publications étrangères : l'ouvrage allemand, par exemple, qu'il traduisit par l'ordre de Condé et qui traitait des affaires des Hongrois, dont la cour était alors fort préoccupée, et de la succession de leurs rois[1]. Le jeune duc de Bourbon devait pouvoir prendre part à toutes les conversations du jour ; il ne pouvait demeurer étranger à aucune des questions qui s'agitaient, non plus qu'à aucun des spectacles auxquels il assistait. C'est ainsi que la mythologie entrait nécessairement dans le programme de toute éducation de cour, et la lecture des *Métamorphoses* d'Ovide, pour y apprendre « la fable, » complétait l'enseignement qu'il recevait de la Bruyère.

A Chantilly, Condé interrogeait chaque soir son petit-fils sur ce qu'il avait appris dans la journée. A Versailles et à Paris, les examens n'étaient qu'hebdomadaires ; encore Monsieur le Duc ou plutôt Madame la Duchesse, qui s'en était plus particulièrement chargée, n'y apportaient-ils pas une parfaite régularité. Les chasses, les voyages, les divertissements de la cour interrompaient souvent les leçons mêmes. A Chambord, tout travail était impossible ; à Fontainebleau, les études avaient meilleure part ; mais partout, et même à Versailles, il était difficile d'obtenir une persévérante exactitude.

Les fêtes qui interrompirent le plus longuement les études du duc de Bourbon furent celles qui précédèrent ou suivirent son mariage avec Mademoiselle de Nantes, fille de Louis XIV et de Mme de Montespan. Le projet de cette union, préparé par la sourde et puérile ambition de Monsieur le Duc dans l'espoir d'en tirer pour lui-même les grandes entrées, depuis plusieurs mois accepté avec empressement par Condé et avec joie par Louis XIV, avait été déclaré en avril 1685. Le contrat fut lu en public le 24 mai, et le mariage, retardé par la tenue des états de Bourgogne, qui avait appelé Monsieur le Duc à Dijon, fut célébré le 24 juillet. Très-jeunes encore, le Duc et la Duchesse devaient continuer à vivre séparément[2]. Le Duc reprit ses études, et la Bruyère fut invité à partager

---

1. Voyez tome II, p. 481 et 482.
2. L'un avait seize ans et dix mois ; l'autre onze ans et dix mois. Ils ne furent réunis que le 25 avril 1686.

ses leçons entre la Duchesse et lui. Il ne parle qu'une fois de la Duchesse dans les lettres qui ont été conservées[1]. Tandis que ses collègues et les officiers de la maison, habitués à renseigner Condé sur tout ce qui peut l'intéresser, n'ont garde de négliger les incidents du petit roman que le mariage vient d'ouvrir entre ses deux élèves[2], la Bruyère n'en dit mot, et même, pour rendre compte des leçons qu'il donne à la princesse, il attend un ordre. Il semble qu'il n'écrive jamais que contraint par le devoir, et le plus brièvement qu'il se peut.

La dernière lettre qui ait été conservée de sa correspondance avec Condé (tome II, p. 507) est du 4 juillet 1686. Les études de ses élèves se prolongèrent encore en août et en septembre; mais le départ de la cour pour Fontainebleau, au commencement d'octobre, dut pour le moins les suspendre. Le 10 novembre, on annonçait que la Duchesse avait pris la petite vérole. Le 11, Condé accourait à son chevet; tandis que sa belle-fille se rétablissait, il tombait malade lui-même, et il mourait à Fontainebleau le 11 décembre. Sa mort mit fin à la mission qu'avait acceptée la Bruyère. L'éducation du duc de Bourbon, qui, à son tour, devenait Monsieur le Duc, tandis que son père devenait Monsieur le Prince, était terminée. La Bruyère resta néanmoins dans la maison de Condé, ainsi que tous ses commensaux, qui conservèrent les mêmes appointements que par le passé[3]. « Il y demeura, dit l'abbé d'Olivet,

---

1. Tome II, p. 507.
2. M. de Ricoux écrivait le 28 décembre 1685 : « Madame la Duchesse vint hier à l'hôtel de Condé en revenant de la promenade. Mgr le duc de Bourbon la reçut parfaitement bien, lui fit faire une jolie collation et s'empressa extrêmement à lui en faire les honneurs. S. A. S. en eût été contente, je vous assure. Les Révérends Pères et M. de la Bruyère, ajoute-t-il, sont de retour, et il a recommencé ses études du moment qu'ils ont été ici. » — Le P. Alleaume, de son côté, donna, le lendemain, des nouvelles de l'entrevue : « Mme la duchesse de Bourbon vint hier l'après-dînée à l'hôtel de Condé, où Mgr son mari la régala d'une belle collation. Il paroît qu'ils sont mieux que jamais et que l'amitié ne fait que croître. » Le 9 janvier 1686, nouvelles assurances que le jeune mari est « mieux que jamais avec Madame son épouse. »
3. *Journal de Dangeau*, tome I, p. 429.

« en qualité d'homme de lettres[1], avec mille écus de pension » : en qualité d'homme de lettres, « et non pas, ajoute dans une note l'abbé d'Olivet, en qualité de gentilhomme ordinaire, comme quelques auteurs le disent. » L'acte de décès de la Bruyère, rédigé sur le témoignage de son frère, de l'aumônier de la duchesse de Bourbon, et enfin du concierge de l'hôtel de Condé, donne tort à l'abbé d'Olivet, ainsi que les deux inventaires dressés par les notaires : dans ces trois documents, la Bruyère est qualifié gentilhomme de Monsieur le Duc[2].

1. *Histoire de l'Académie française*, édition Livet, tome II, p. 317 et note 1. Jusqu'en 1686, et encore le 6 janvier 1686, dans l'acte notarié où il renonce aux successions de son père et de sa mère, il n'avait pris d'autre qualité que celle de trésorier de France.

2. Voyez ci-après les *Pièces justificatives*, nos V et VI, p. CLXXXII, CLXXXIV et CXL. On pourrait se demander toutefois si la Bruyère a vraiment pris rang parmi les gentilshommes de Louis de Bourbon; car des comptes du receveur de ce prince, dont M. Flammermont nous a très-obligeamment communiqué des extraits, il semble résulter qu'à la mort de la Bruyère il n'a été nommé aucun gentilhomme nouveau pour le remplacer. Pendant la vie du grand Condé, la Bruyère avait reçu de lui ses gages, comme tous ceux qui formaient la maison du duc de Bourbon. Après la mort de Condé, c'est-à-dire à partir du 11 décembre 1686, c'est dans les comptes de la maison de Louis de Bourbon qu'il faut chercher ce qui concerne la Bruyère : les registres des dépenses des premières années où Louis de Bourbon eut une comptabilité personnelle, c'est-à-dire des années 1686 à 1695, n'ont pas été conservés dans les archives de la maison de Condé; mais on retrouve dans le registre de 1697 les comptes de 1696, et dans ces comptes les noms des trois gentilshommes attachés au duc de Bourbon en 1696, lesquels touchent les gages de cette année tout entière : la mort de la Bruyère (mai 1696) n'aurait-elle apporté aucun changement? N'aurait-il pas eu le titre de gentilhomme? ou, s'il l'a reçu, n'aurait-il été qu'une sorte de gentilhomme surnuméraire, que l'on n'a pas cru devoir remplacer? Les trois gentilshommes de 1696 sont : le comte de Moreuil (que Dangeau fait gentilhomme d'Henri-Jules en 1685, *Journal*, tome I, p. 222 et 223); M. de Monteil (que Dangeau qualifie en 1695 gentilhomme de Madame la Duchesse, tome V, p. 226); et M. de Thurin, qui, comme les deux autres, reçoit, en 1697, le traitement entier de 1696. Si la Bruyère a eu un successeur comme gentilhomme, ce successeur ne pourrait être

SUR LA BRUYÈRE. LXXV

Nous ne saurions définir avec précision les fonctions nouvelles que conférait à la Bruyère le titre de gentilhomme du duc de Bourbon, titre sous lequel il se partageait sans doute entre le père et le fils. On peut supposer qu'il était, en quelque sorte, leur bibliothécaire[1], et parfois aussi leur secrétaire, les jours, par exemple, où l'un d'eux le chargeait d'apaiser par une lettre les colères de Santeul[2]. Quelles que fussent ses occu-

cependant que M. de Thurin : il faudrait supposer, si ce dernier l'a remplacé, qu'il a été nommé après le 10 mai, avec jouissance de traitement depuis le 1ᵉʳ janvier. — Nulle mention n'est faite de la Bruyère ni de sa famille dans ce registre de 1697, contenant les dépenses de la maison pour 1696.

1. Du vivant du grand Condé, il s'occupait déjà de la bibliothèque, bien qu'il y eût un bibliothécaire dans la maison. Le 4 juillet 1685, Bossuet écrivait à Condé : «.... M. de la Bruyère m'a envoyé, par votre ordre, le titre d'un livre latin que vous aviez eu le dessein de me faire voir, touchant les libertés de l'Église gallicane. Je l'ai vu ; et je supplie seulement V. A. S. de vouloir bien le faire garder soigneusement, afin que je le puisse revoir, si j'en ai besoin, quelque jour. » (Floquet, *Études sur Bossuet*, tome III, p. 547.) A la même époque, le 3 juillet, le duc de Bourbon chargeait la Bruyère de lui acheter une grammaire espagnole et un dictionnaire (M. Allaire, *le Correspondant*, n° du 25 janvier 1875, p. 351).

2. Voyez la lettre XXI, tome II, p. 514. — Un paysan du Dauphiné, Aymar du Vernay, charlatan qui eut un inexplicable renom, prétendait, à l'aide d'une baguette qui, aux bons endroits, s'agitait d'elle-même dans ses mains, découvrir les crimes et les criminels, les vols et les voleurs, l'or caché, etc. Monsieur le Prince (le fils du héros cette fois) eut la curiosité de connaître l'homme à la baguette et le fit venir à Paris et à Chantilly, où une série d'expériences dévoila sa fourberie. Si opiniâtre était l'engouement d'une partie du public que le prince voulut le dissiper, et le *Mercure galant*, qui avait jusque-là publié l'éloge et la défense d'Aymar, reçut de l'hôtel de Condé une longue lettre sur les épreuves qu'y avait subies ce charlatan. Le correspondant anonyme du *Mercure* était l'un de ceux que Monsieur le Prince avait chargés de le suivre et de lui rendre compte du mystère. Si la lettre n'eût été insérée dans le *Mercure*, avec lequel on ne peut guère supposer que la Bruyère ait entretenu des relations[a], nous eussions été tenté de la lui attribuer. Voyez le *Mercure galant*, avril 1693, p. 263 et sui-

[a] Voyez tome II, p. 442, et tome III, 1ʳᵉ partie, p. 192-195, n° 2.

pations, et quelle que fût la confiance qu'il a pu inspirer aux Altesses qu'il servait, plaignons-le d'avoir été aux ordres de tels maîtres.

La Bruyère avait dû regretter sincèrement Condé. Le caractère qu'il en a tracé sous le nom d'*Émile*[1] montre que lui aussi s'est laissé séduire, ou plutôt éblouir par le vainqueur de Rocroy. C'est surtout l'homme de guerre qu'il nous a peint. Le héros vieilli et retiré à Chantilly paraît toutefois dans quelques lignes du portrait : « .... Dévoué à l'État, à sa famille, au chef de sa famille; sincère pour Dieu et pour les hommes, autant admirateur du mérite que s'il lui eût été moins propre et moins familier; un homme vrai, simple, magnanime, à qui il n'a manqué que les moindres vertus. »

« Les moindres vertus », telles sans doute que la patience et la tolérance dans la discussion. La Bruyère put souffrir des défauts de Monsieur le Prince; mais il n'entrait pas en lutte avec lui, comme la Fontaine ou Boileau, et ne s'exposait pas aux « promptes saillies » dont parle Bossuet, et qu'il fallait « réparer, » lorsqu'elles avaient blessé l'interlocuteur. S'il échappa jamais à Condé quelque marque d'impatience contre la Bruyère, ce fut son extrême réserve qui la provoqua. Nous l'avons vu lui reprocher un jour la rareté de ses lettres. Une autre fois, il se plaint de ne pas recevoir de lui une relation de la cérémonie du couvent des Carmélites où Bossuet a prononcé l'oraison funèbre de la princesse Palatine. Plus tard encore, il exprime son mécontentement de ne pas savoir ce que pense la Bruyère de la tenue de son petit-fils dans le monde. La Bruyère s'excuse de son mieux. S'il n'a point parlé de l'oraison funèbre de la princesse Palatine, c'est qu'il n'a pu l'entendre, et la raison qu'il en donne est de nature à nous surprendre : on ne s'explique pas bien comment il date du même jour l'enterrement de sa mère, qui eut lieu le 4 août 1685, et

vantes. La lettre a été reproduite en partie dans le *Mercure historique*, mai 1693, p. 558 et suivantes. — Monsieur le Prince avait autour de lui une petite armée de secrétaires, qu'il dirigeait lui-même; mais il est possible qu'il recourût parfois à l'académicien la Bruyère, bien que la Bruyère fût plus particulièrement attaché à son fils.

1. Tome I, p. 162, n° 32.

la cérémonie du couvent des Carmélites, qui s'accomplit le 9[1]. S'il se tait sur la tenue du duc de Bourbon dans les fêtes, c'est qu'il n'y assiste pas. Au moment où il le dit, son deuil tout récent l'écarte des assemblées ; mais, à lire sa lettre, il semble que ce soit de toutes les fêtes en général et en tout temps qu'il vive éloigné. Monsieur le Duc trouvait sans doute que son fils était mieux accompagné par ses gentilshommes que par un de ses professeurs.

La Bruyère vit presque ignoré dans la société des gens illustres qui se réunissent à Chantilly. Il est de la maison et s'efface discrètement. Mais Condé était homme à discerner de lui-même, sous les dehors de ce maître mal façonné aux habitudes de cour, la valeur personnelle du philosophe. S'il ne put, n'ayant pas lu les *Caractères*, connaître la délicatesse et la rare pénétration de son esprit, du moins sut-il en apprécier les qualités solides. « Autant admirateur du mérite, que s'il lui eût été moins propre et moins familier, » dit de lui la Bruyère : ces mots ne sont pas d'un homme dont le mérite eût été méconnu.

Ce n'étaient pas seulement « les moindres vertus » qui manquaient au fils et au petit-fils de Condé, dont la Bruyère dépendit encore plus étroitement. Il n'est pas sans intérêt de faire connaître les princes auprès desquels notre auteur étudia et peignit les grands et la cour. Voici d'abord le portrait de Monsieur le Duc.

« .... Personne, dit Saint-Simon[2], n'a eu plus d'esprit et de toutes sortes d'esprits, ni rarement tant de savoir en presque tous les genres, et pour la plupart à fond, jusqu'aux arts et aux mécaniques, avec un goût exquis et universel.... Et quand il vouloit plaire, jamais avec tant de discernement, de grâces, de gentillesse, de politesse, de noblesse, tant d'art caché coulant comme de source.... Jamais aussi tant de talents inutiles, tant de génie sans usage, tant et si continuelle et si vive imagination, uniquement propre à être son bourreau et le fléau des autres ; jamais tant d'épines et de danger dans le commerce, tant et de si sordide avarice, et de ménages bas et honteux, d'injustices, de rapines, de violences ; jamais encore tant de hauteur ;... jamais, en même temps, une si vile bassesse....

1. Voyez tome II, p. 490 et note 2.
2. *Mémoires*, tome VI, p. 327 et suivantes, édition de 1873.

Fils dénaturé, cruel père, mari terrible, *maître détestable*,... sans amitié, sans amis, incapable d'en avoir, jaloux, soupçonneux, inquiet sans aucun relâche, plein de manéges et d'artifices à découvrir et à scruter tout, à quoi il étoit occupé sans cesse, aidé d'une vivacité extrême et d'une pénétration surprenante ; colère et d'un emportement à se porter aux derniers excès, jamais d'accord avec lui-même, et tenant tout chez lui dans le tremblement ; à tout prendre, la fougue et l'avarice étoient ses maîtres.... »

Il faudrait citer en entier ce *caractère* : mari, il faisait de sa femme « sa continuelle victime, » allant jusqu'aux injures et aux « coups de pied et de poing ; » père, il fit mourir l'une de ses filles sous le poids du joug dont il l'accablait, et auquel eût été préférable « la condition des esclaves. » Pour ce qui nous touche, il fut un « maître détestable. » Saint-Simon, qui rencontra parfois la Bruyère[1], put avoir ses confidences.

Mieux encore que Saint-Simon, et tout aussi bien que la Bruyère, Lassay connaissait le personnage, et voici comment il le juge :

« .... Tyran de ceux qui dépendent de lui,... incapable d'amitié et de reconnoissance[2],... souvent il est agité par une espèce de fureur qui tient fort de la folie. Ce ne sont quasi jamais les choses qui en valent la peine, mais les plus petites qui lui causent cette fureur[3].... Il est avare, injuste, défiant, au-dessus de tout ce qu'on peut dire ; sa plus grande dépense a toujours été en espions ; il ne peut souffrir que deux personnes parlent bas ensemble : il s'imagine que c'est de lui et contre lui qu'on parle.... En causant avec vous, il vous tend des panneaux et tâche de vous surprendre.... Il vous questionne comme le lieutenant criminel.... Jamais il n'a eu de confiance en personne.... On tremble quand il vous envoie chercher, et on n'entend parler que de punitions et de malheureux dans sa maison.... Il est craint de tout le monde, *haï de ses domes-*

---

1. Voyez ci-après, p. LXXXVIII.
2. « Parfaitement ingrat des plus grands services, si la reconnoissance ne lui étoit utile à mieux, » dit de son côté Saint-Simon (*Mémoires*, tome VI, p. 328).
3. *Recueil de différentes choses*, édition de 1759, tome II, p. 341. On sait que l'auteur, Armand de Madaillan de Lesparre, marquis de Lassay, s'était attaché à Monsieur le Duc et qu'en 1696 il épousa sa fille naturelle, Mlle de Guenani (anagramme d'Enghien, Anguien).

tiques et l'horreur de sa famille. Outre sa méchanceté, son humeur y contribue beaucoup. Elle est si mauvaise qu'il n'y a personne qui puisse résister¹.... »

Il est impossible de ne point se représenter Henri-Jules de Bourbon comme un personnage à la fois terrible et burlesque, dont l'image devait souvent se poser devant la Bruyère lorsqu'il écrivait les *Caractères*. Parle-t-il d'un « homme colère, inégal, querelleux, chagrin, pointilleux, capricieux², » des « âmes malignes *qui ont* de la douceur et de la souplesse³, » des gens qui « offensent, » puis « se fâchent⁴; » de ceux qui allient à l'esprit la rusticité et la brutalité⁵, le souvenir d'Henri-Jules de Bourbon nous vient aussitôt à la mémoire. Cet homme furieux avait de brusques apaisements, que Lassay et la Bruyère ont notés sous la même impression et chacun à leur manière :

« .... Il est si foible et si léger, dit Lassay après avoir parlé de *sa fureur*⁶, que tout cela s'évanouit, et il ressemble assez aux enfants qui font des bulles de savon. Quand sa fureur l'agite, ceux qui ne le connoissent point et qui l'entendent parler croient qu'il va tout renverser; mais ceux qui le connoissent savent que ses menaces n'ont point de suite, et que l'on n'a à appréhender que les premiers mouvements de cette fureur.... »

Écoutez maintenant la Bruyère :

« Il y a des hommes nés inaccessibles, et ce sont précisément ceux de qui les autres ont besoin, de qui ils dépendent. Ils ne sont jamais que sur un pied; mobiles comme le mercure, ils pirouettent, ils gesticulent, ils crient, ils s'agitent; semblables à ces figures

1. *Ibidem*, p. 343, 344, 345, 350, 353 et 355.
2. Tome II, p. 15, n° 9.
3. *Ibidem*, p. 16. La douceur et la souplesse étaient, à certaines heures, des traits du caractère du prince. « .... Avec cela un homme dont on avoit peine à se défendre quand il avoit entrepris d'obtenir, par les grâces, le tour, la délicatesse de l'insinuation et de la flatterie, l'éloquence naturelle qu'il employoit.... » (*Mémoires de Saint-Simon*, tome VI, p. 328.) Voyez aussi, p. LXXVII, la seconde phrase de la citation de Saint-Simon.
4. Tome II, p. 16, n° 10.
5. *Ibidem*, p. 98, n° 48. — 6. Ouvrage cité, p. 343.

de carton qui servent de montre à une fête publique, ils jettent feu et flamme, tonnent et foudroient : on n'en approche pas, jusqu'à ce que, venant à s'éteindre, ils tombent, et par leur chute deviennent traitables, mais inutiles[1]. »

Bulle de savon ou pièce d'artifice, n'est-ce pas le même homme que l'on nous peint ?

Quand la Bruyère écrivait des réflexions générales et impersonnelles comme celle-ci, il lui était permis de se mettre à l'aise et de ne pas trop redouter les susceptibilités d'Henri-Jules de Bourbon. Mais quand il composait un caractère où l'on pouvait reconnaître le portrait de Monsieur le Duc, il lui fallait si bien charger les couleurs que le modèle du moins ne pût découvrir sa ressemblance.

On veut que l'indéfinissable *Téléphon*, si sec sur les louanges, de qui l'on ne peut arracher la moindre approbation, soit Henri-Jules de Bourbon[2]. Il se peut. Je le reconnais, avec plus d'assurance, dans le caractère de *Ménalque*, je veux dire dans l'ébauche primitive qu'en dut faire l'auteur, avant les surcharges excessives sous lesquelles il a dissimulé le personnage véritable[3]. Je ne serais pas surpris d'apprendre qu'il a été encore le premier modèle du caractère d'*Hermippe*, plutôt que Villayer[4].

Quelques lecteurs des *Caractères* avaient, à ce qu'il paraît, attribué à Henri-Jules de Bourbon une part de collaboration.

1. Tome I, p. 349, n° 32.
2. *Ibidem*, p. 344, n° 20, et p. 540, n° v. *Dave* serait, en ce cas, Gourville.
3. Nous avons déjà proposé (tome II, p. 289) cette interprétation du caractère de *Ménalque*, qui était aussi celle d'Éd. Fournier. Lassay, bien plus que Saint-Simon, insiste sur les distractions d'Henri-Jules de Bourbon : « Quelquefois il vous appelle, et puis il n'a plus rien à vous dire, et il s'en va d'un autre côté. Souvent il commence un discours, et ensuite il oublie qu'il vous parle et que vous êtes là ; il s'assoit et se relève dans le moment, et marche avec un air égaré, en marmottant entre ses dents d'une manière qui fait peur. » (*Recueil de différentes choses*, tome II, p. 357 et 358.)
4. Tome II, p. 196, n° 64. — Saint-Simon parle plusieurs fois de son goût pour les mécaniques, analogue à celui d'*Hermippe* : voyez la note suivante.

SUR LA BRUYÈRE.   LXXX

Interrogé par le président Bouhier, Valincourt s'est donné la peine d'affirmer que la Bruyère était bien l'auteur unique de ses livres : « Pour la Bruyère, qui a été fort de mes amis, il ne devoit guère qu'à lui-même ce qu'il a écrit, et Monsieur le Prince Henri-Jules, dont j'ai eu l'honneur d'être le favori, étoit bien plus capable de marquer aux écrivains le ridicule de leurs écrits que de leur fournir des idées ou des bons mots[1]. »

Le fils valait un peu mieux que le père ; mais quel élève, et plus tard quel maître, dans son domestique, dut être celui dont Saint-Simon parle en ces termes :

« C'étoit un homme très-considérablement plus petit que les plus petits hommes, qui, sans être gras, étoit gros de partout, la tête grosse à surprendre, et un visage qui faisoit peur.... Il étoit d'un jaune livide, l'air presque toujours furieux, mais, en tout temps, si fier, si audacieux qu'on avoit peine à s'accoutumer à lui. Il avoit de l'esprit, de la lecture, *des restes d'une excellente éducation*, de la politesse et des grâces **même**, quand il vouloit, mais il le vouloit très-rarement. Il n'avoit ni l'avarice, ni l'injustice, ni la bassesse de ses pères, mais il en avoit toute la valeur, et montré de l'application et de l'intelligence à la guerre. Il en avoit aussi toute la malignité et toutes les adresses pour accroître son rang par des usurpations fines, et plus d'audace et d'emportement qu'eux encore à embler. Ses mœurs perverses lui parurent une vertu, et d'étranges vengeances qu'il exerça plus d'une fois et dont un particulier se seroit bien mal trouvé, un apanage de sa grandeur. Sa férocité étoit extrême, et se montroit en tout. C'étoit une meule toujours en l'air, qui faisoit fuir devant elle, et dont ses amis n'étoient jamais en sûreté, tantôt par des insultes extrêmes, tantôt par des plaisanteries cruelles en face, et des chansons qu'il savoit

---

1. Bibliothèque nationale, *Manuscrits français*, n° 24 420, *Correspondance du président Bouhier*, tome XII, p. 399. Voyez plus loin, p. LXXXVI, la suite de cette lettre, datée du 31 octobre 1725. — Saint-Simon confirme le jugement de Valincourt : « .... Il s'amusoit assez aux ouvrages d'esprit et de science ; il en lisoit volontiers, et en savoit juger avec beaucoup de goût, de profondeur et de discernement. Il se divertissoit aussi quelquefois à des choses d'arts et de mécaniques, auxquelles il se connoissoit très-bien. » (*Mémoires*, tome VI, p. 331 et 332 ; voyez encore ci-dessus, p. LXXVII, le commencement du portrait.)

faire sur-le-champ, qui emportoient la pièce et qui ne s'effaçoient jamais ; aussi fût-il payé en même monnoie plus cruellement encore. D'amis il n'en eut point, mais des connoissances plus familières, la plupart étrangement choisis, et la plupart obscurs comme il l'étoit lui-même, autant que le pouvoit être un homme de ce rang. Ces prétendus amis le fuyoient.... Ce naturel farouche le précipita dans un abus continuel de tout, et dans l'applaudissement de cet abus qui le rendoit intraitable, et, si ce terme pouvoit convenir à un prince du sang, dans cette sorte d'insolence qui a plus fait détester les tyrans que leur tyrannie même. Les embarras domestiques, les élans continuels de la plus furieuse jalousie, les vifs piquants d'en sentir sans cesse l'inutilité, un contraste, sans relâche, d'amour et de rage conjugale, le déchirement de l'impuissance dans un homme si fougueux et si démesuré, le désespoir de la crainte du Roi, et de la préférence de M. le prince de Conti sur lui, dans le cœur, dans l'esprit, dans les manières de son propre père, la fureur de l'amour et de l'applaudissement universel pour ce même prince, tandis qu'il n'éprouvoit que le plus grand éloignement du public, et qu'il se sentoit *le fléau de son plus intime domestique*,... toutes ces furies le tourmentèrent sans relâche et le rendirent terrible, comme ces animaux qui ne semblent nés que pour dévorer et pour faire la guerre au genre humain : aussi les insultes et les sorties étoient ses délassements, dont son extrême orgueil s'étoit fait une habitude et dans laquelle il se complaisoit[1].... »

Le portrait de la duchesse de Bourbon fait, à quelques égards, un heureux contraste avec ceux de son beau-père et de son mari dans la galerie de Saint-Simon[2]. Tous les contemporains ont loué, avec lui, sa « grâce non pareille, » et le charme séduisant de son esprit, qui « enchaînoit » ceux même « qui avoient le plus lieu de la craindre ; » mais encore cette « sirène des poëtes, » toujours « enjouée, gaie, plaisante avec le sel le plus fin, » était-elle « méprisante, moqueuse, piquante, incapable d'amitié et fort capable de haine[3]. » A l'âge où l'a connue la Bruyère, sa vie se passait « dans le frivole et dans les plai-

1. Tome VII, p. 287-289. Le duc de Bourbon a dû, lui aussi, fournir bien des traits aux *Caractères*, mais on ne peut lui appliquer avec certitude d'autres allusions satiriques que les conseils donnés à *Théagène* (tome I, p. 338, n° 2, et p. 538, n° 1).
2. Tome VI, p. 105.
3. « Madame la Duchesse a appris de sa mère (*Mme de Montes-*

sirs, » pour ne pas dire plus. Peut-être n'avait-elle pas encore montré sa fécondité « en artifices noirs et en chansons les plus cruelles, dont elle affubloit gaiement les personnes qu'elle sembloit aimer et qui passoient leur vie avec elle ; » mais il est peu vraisemblable que sa malignité naturelle ait toujours épargné le maître dont elle avait, avec son époux, partagé les leçons pendant les premiers mois de son mariage.

Dans cette maison où s'écouleront les dernières années de sa vie, quelles relations aimables et sûres consoleront la Bruyère de la domination si pesante et si rude de princes farouches et bizarres et des railleries d'une princesse moqueuse? Les deux jésuites partis, et ils s'éloignent en 1686, il n'a plus que des voisins bien peu faits pour le comprendre. Quel commerce, au moins de confiante intimité, peut-il entretenir avec Gourville, l'ancien laquais de la Rochefoucauld, avec ce manieur d'argent qui a été condamné à être pendu pour ses malversations ? De la livrée et de la concussion, Gourville s'est élevé jusqu'au rôle d'ami et de confident de ses princes, les gouvernant si bien qu'il est chez eux, au témoignage de Saint-Simon, « plus maître de tout » qu'eux-mêmes[1] ; mais qu'importe ? Implacable pour les financiers enrichis, la Bruyère les livrerait volontiers à de nouvelles cours de justice. Gourville d'ailleurs avait appris, de bonne heure, ce que les philosophes pensaient de lui et de ses pareils. Réfugié en 1662 chez un vieux philosophe qui ne savait pas son nom, « le bon-

---

pan) et de sa tante (*Mme de Thianges*) à tourner les gens en ridicule, écrit le 14 janvier 1716 la princesse Palatine (*Correspondance de Madame*, édition G. Brunet, p. 207).... L'esprit étincelle dans ses yeux, ainsi que la malice, ajoute-t-elle le 26 janvier (*ibidem*, p. 212). Je dis toujours qu'elle ressemble à un joli chat qui, tout en jouant, fait sortir ses griffes. Elle se moque de tout le monde ;... elle tourne tout en ridicule d'une manière si plaisante qu'on ne peut s'empêcher de rire.... Si elle n'étoit pas fausse,... il n'y auroit pas de personne plus agréable. » Conférez les *Mémoires de l'abbé de Choisy* (p. 351), qui l'accuse de n'épargner personne, et conclut ainsi : « Caractère singulier, qui plaît d'abord, mais qui n'est pas trop bon à l'user. »

1. *Mémoires de Saint-Simon*, tome III, p. 422. Conférez les *Mémoires de Gourville*, p. 444.

homme Neuré, » il avait entendu son hôte « louer fort la chambre de justice » devant laquelle il était poursuivi, et le citer « parmi ceux qui lui blessoient l'imagination. » Le bonhomme Neuré, écrit à ce sujet Gourville[1], était « fort chagrin, *comme le sont ordinairement les philosophes*, contre les gens d'affaires, à cause de leurs grands biens. » Le trait n'atteint pas la Bruyère ; il le visait peut-être. Gourville, qui n'a point retrouvé son nom dans les *Caractères* comme dans les entretiens de Neuré, y a lu tant de réflexions qui pouvaient être à son adresse ! Nulle destinée n'avait dû « blesser l'imagination » de la Bruyère plus que la sienne. Ce dernier n'était pas homme à le dissimuler dans les relations de chaque jour, quoiqu'il ne fût pas sans danger, pour lui surtout, de tenir à distance et d'humilier celui qui réglait toutes choses dans la maison de Condé. La Bruyère, par malheur, n'était pas indifférent, en effet, aux souffrances d'amour-propre qu'on pouvait lui infliger. C'est ainsi qu'on le blessait, hélas ! lorsqu'on appelait Santeul dans le carrosse des princes, d'où il était exclu lui-même[2] ; c'est ainsi encore qu'il s'irritait de voir la place qu'il eût souhaité d'obtenir, « à une assemblée, ou à un spectacle, » occupée par un homme qui n'avait point « d'yeux pour voir, ni d'oreilles pour entendre, ni d'esprit pour connoître et pour juger, » quelquefois par un ancien laquais, que recommandait uniquement le souvenir de livrées qu'il n'avait même plus le mérite de porter[3].

Saintrailles, le premier écuyer des princes, ne pouvait plaire davantage à la Bruyère. Il « avoit, dit de lui Saint-Simon[4], l'air important, le propos moral et sentencieux,... et avoit accoutumé à des manières impertinentes tous les princes du sang et leurs amis particuliers. » Impertinent avec les princes et leurs amis, combien il devait l'être davantage pour un professeur d'histoire et de philosophie, un homme qui savait le grec, un grimaud ! Je ne doute pas qu'il ne soit quelque part dans les *Caractères*, cet habile joueur dont le père ou le grand-père, un Roton, s'était fait Poton pour être Saintrailles, bien qu'il ne fût ni l'un ni l'autre[5].

1. *Mémoires*, p. 359. — 2. Voyez ci-après, p. cxli.
3. Tome I, p. 321, n° 60. — 4. *Mémoires*, tome X, p. 111.
5. Voyez tome II, p. 379.

SUR LA BRUYÈRE.

Les autres gentilshommes, les Moreuil, les Monteil, les Briord, les Fesensac, les Ricour, n'étaient sans doute pas mieux préparés à s'entretenir de philosophie ou de belles-lettres avec la Bruyère, qui n'a point trouvé d'amis parmi eux. Dans les dernières années de sa vie, il aura ses jours de succès à Chantilly, ou du moins il croira les avoir : en 1694, alors qu'il est devenu écrivain célèbre et de plus académicien, il y joue au lansquenet, et se montre « un des rudes joueurs qui soit au monde; » il y reçoit, je ne sais à quelle occasion, des « honneurs » tels qu'ils peuvent lui « tourner la cervelle; » enfin les récits qu'il fait de ses séjours à Chantilly sont pleins des plus plaisantes folies et même d'extravagances, si l'on en croit Phélypeaux[1]. Mais, en dépit de ses succès auprès des princes, la Bruyère ne savait pas plaire à ses nobles collègues. Il faut bien rappeler cette preuve, que renferme le *Journal de Galand* :

« M. Fougères, officier de la maison de Condé depuis plus de trente ans, disoit que M. de la Bruyère n'étoit pas un homme de conversation, et qu'il lui prenoit des saillies de danser et de chanter, mais fort désagréablement[2]. »

1. Tome II, p. 518-522.
2. Voyez la *Nouvelle Revue encyclopédique*, mai 1847, p. 486. Galand date cette note du 12 septembre 1714. — « Ils ôtent de l'histoire de Socrate qu'il ait dansé, » dit la Bruyère en parlant des esprits bornés (tome I, p. 164, n° 34). — Comme M. de Fougères, Ménage n'estimait pas que la Bruyère fût homme de conversation (*Menagiana*, éd. de 1715, tome III, p. 382) : « Il n'y a pas longtemps, lui fait-on dire, que M. de la Bruyère m'a fait l'honneur de me venir voir; mais je ne l'ai pas vu assez longtemps pour le bien connoître. Il m'a paru que ce n'étoit pas un grand parleur. » Un autre contemporain, l'abbé Fleury, trouvait aux entretiens de la Bruyère un intérêt que n'y pouvait découvrir M. Fougères : « On y entrevoit, disait-il en parlant des *Caractères* devant l'Académie, cette érudition qui se remarquoit, aux occasions, dans ses conversations particulières.... » (*Recueil des harangues prononcées par Messieurs de l'Académie françoise*, 1714, tome IV, p. 71.) — Dans les publications où l'on a recueilli les paroles des grands écrivains du temps, il n'a été cité qu'un mot de la Bruyère : « Ces personnes, est-il dit dans le *Fureteriana* (1696, p. 158), qui briguent tant le nom de bel esprit, M. de la Bruyère les appelle *garçons bel*

Ce n'est rien encore. Un homme que l'on représente comme d'un caractère bienveillant, M. de Valincourt, qui du moins était un lettré, fait du la Bruyère de la maison de Condé, dont il dit avoir été « fort l'ami, » le portrait suivant :

« La Bruyère pensoit profondément et plaisamment; deux choses qui se trouvent rarement ensemble. Il avoit non-seulement l'air de Vulteius[1], mais celui de Vespasien, *faciem nitentis*[2], et toutes les fois qu'on le voyoit, on étoit tenté de lui dire :

Utere lactucis et mollibus, etc.[3]....

C'étoit un bon homme dans le fond, mais que la crainte de paroître pédant avoit jeté dans un autre ridicule opposé, qu'on ne sauroit définir, en sorte que, pendant tout le temps qu'il a passé dans la maison de Monsieur le Duc, où il est mort, on s'y est toujours moqué de lui[4]. »

Combien les réflexions que la Bruyère a écrites sur les sots, les mauvais plaisants, leurs railleries, leurs piéges et leur indigence d'esprit[5], sur les précautions qu'il faut prendre pour

---

esprit, comme qui diroit *garçon tailleur.* » Nous l'avons rappelé ailleurs (tome III, 1re partie, p. 227), ce mot a été judicieusement rapproché des caractères de *Cydias* et d'*Eurypile*. Il y a un autre écho des entretiens de la Bruyère dans les *Souvenirs du président Bouhier* (récemment imprimés) : « J'ai ouï dire à la Bruyère, écrivait-il (p. 10), qu'il avoit vu à Chantilly un jésuite qui soutenoit que les synonymes faisoient la meilleure et la plus agréable partie de l'éloquence. Et, en effet, le jour des Trépassés, il commença ainsi son sermon : « Messieurs, le jour d'aujourd'hui est un jour où « l'Église et la congrégation des fidèles célèbre et solennise la mé- « moire et commémoration des morts, des défunts et des trépassés. »

1. *Quem simul aspexit scabrum intonsumque Philippus :*
   « *Durus, ait, Vultei, nimis attentusque videris*
   Esse mihi. »
            (Horace, *Épîtres*, livre I, VII, *ad Mæcenatem*, vers 90-92.
2. « *Vultu veluti nitentis.* » (Suétone, *Vespasianus*, XX.)
3. Faut-il achever la citation ?
         Utere lactucis, et mollibus utere malvis :
         Nam faciem durum, Phœbe, cacantis habes.
            (Martial, livre III, *épigramme* LXXXIX, *ad Phœbum.*)
4. Ce passage de la lettre de Valincourt vient à la suite de celui que nous avons cité ci-dessus, p. LXXXI.
5. Voyez, par exemple, tome I, p. 135, nos 56 et 57.

éviter d'être dupe ou ridicule, deviennent douloureuses après cette révélation de Valincourt! Il s'est vengé dans certaines pages des *Caractères*. Opprimé par les princes, il leur compare avec fierté tels serviteurs qu'ils ont le bonheur d'avoir auprès d'eux, serviteurs « qui les égalent par le cœur et par l'esprit, et qui les passent quelquefois[1]. » Raillé par leurs gentilshommes, il répond à leurs moqueries par les jugements les plus hautains et les plus dédaigneux. Mais il souffre, en somme, des traitements des uns et des autres, qu'il ne sait pas supporter sans s'émouvoir :

« .... L'on est né quelquefois avec des mœurs faciles, de la complaisance, et tout le désir de plaire; mais, par les traitements que l'on reçoit de ceux avec qui l'on vit ou de qui l'on dépend, l'on est bientôt jeté hors de ses mesures, et même de son naturel : l'on a des chagrins et une bile que l'on ne se connoissoit point, l'on se voit une autre complexion, l'on est enfin étonné de se trouver dur et épineux[2]. »

Il était né « avec tout le désir de plaire », Bonaventure d'Argonne et Valincourt le lui accordent, ainsi que Boileau, qui, avec plus d'autorité que Fougères, nous apprend qu'il n'y réussissait pas toujours. « C'est un fort bon homme, écrit Boileau en 1687, à qui il ne manqueroit rien si la nature l'avoit fait aussi agréable qu'il a envie de l'être[3]. » On ne peut refuser croyance à ces divers témoignages : la gaieté de la Bruyère, l'empressement de son accueil, et sa conversation laissaient évidemment paraître quelque effort, comme au reste son style dans quelques caractères et tout particulièrement dans ses lettres à Phélypeaux. Qu'il lui prît la fantaisie de chanter ou de danser, qu'il parlât ou qu'il écrivît, on sentait en lui, du moins à certaines heures, quelque chose de contraint et de guindé. Mais n'avait-il pas l'air d'Alceste plutôt que d'un Vulteius? Ce qui est bien sûr, c'est que, si désireux qu'il fût de plaire, quelles que fussent la facilité de ses mœurs et sa complaisance, il était plus souvent Alceste que Philinte. Une lettre d'Eusèbe Renaudot, qui l'a connu et l'a fort regretté,

---

1. Tome I, p. 339, n° 3. — 2. Tome II, p. 17, n° 15.
3. Voyez ci-après, p. cxlvi.

met en relief deux traits de son caractère : il aimait sincèrement ses amis, et ressentait, à l'occasion, des haines vigoureuses [1]. Tel ne le montrent pas ceux qui l'ont jugé, comme Saint-Simon et l'abbé d'Olivet, sans l'avoir beaucoup pratiqué ou d'après le dire d'autrui. Ni l'un ni l'autre ne lui donne cette âpreté d'aspect, cette gaucherie mêlée d'agitation, non plus que cette vivacité de sentiments, que notent ceux qui l'ont vu de près.

Voici ce que Saint-Simon écrivit en enregistrant sa mort :

« Le public perdit bientôt après (1696) un homme illustre par son esprit, par son style et par la connoissance des hommes : je veux dire la Bruyère, qui mourut d'apoplexie à Versailles, après avoir surpassé Théophraste en travaillant d'après lui, et avoir peint les hommes de notre temps, dans ses nouveaux *Caractères*, d'une manière inimitable. C'étoit d'ailleurs un fort honnête homme, de très-bonne compagnie, simple, sans rien de pédant et fort désintéressé. Je l'avois assez connu pour le regretter, et les ouvrages que son âge et sa santé pouvoient faire espérer de lui [2]. »

L'abbé d'Olivet résume en ces termes des témoignages contemporains :

« On me l'a dépeint comme un philosophe qui ne songeoit qu'à vivre tranquillement avec des amis et des livres, faisant un bon

---

[1]. « Pour notre Académie, écrit l'abbé Renaudot à Jérôme Phélypeaux de Pontchartrain le 14 juin 1696, elle me paroît dans le dessein de remplacer le pauvre la Bruyère, que je regrette fort, par M. l'abbé Fleury (*Claude Fleury, sous-précepteur du duc de Bourgogne, qui fut en effet nommé*). Le seul prétendant dont j'aie ouï parler, et qui a retiré ses troupes, est M. Besongne.... A l'égard du successeur (*l'abbé Fleury*), il n'est pas tout à fait du caractère du défunt. S'il falloit du sel à remplacer, son synonyme, aumônier du Roi (*l'abbé A. H. de Fleury, qui devait être plus tard le cardinal Fleury*), en a plus de minots que lui de litrons ; mais il n'est pas question de cela. Il y a cependant plus de conformité qu'on le pense, car [l'abbé] Fleury (le copiste de la lettre, dont l'original n'existe sans doute plus, a écrit par mégarde : *le P. Fleury*) n'aime guère plus son prochain que le défunt ; mais l'un aimoit les amis, et l'autre les dilige tranquillement ; il hait moins, mais il n'aime pas tant. » (*Annuaire-Bulletin de la Société de l'Histoire de France*, 1868, p. 164 et 165.)

[2]. *Mémoires*, tome III de l'édition de 1879, p. 84-85.

choix des uns et des autres, ne cherchant ni ne fuyant le plaisir; toujours disposé à une joie modeste et ingénieux à la faire naître; poli dans ses manières et sage dans ses discours; craignant toute sorte d'ambition, même celle de montrer de l'esprit[1]. »

C'est d'après ces deux portraits, de Saint-Simon et de l'abbé d'Olivet, que la postérité s'est représenté la Bruyère. Celui de l'abbé d'Olivet est un peu de convention : la Bruyère avait moins de sérénité. J'ose dire que la passion anima souvent ce philosophe, dont quelques critiques se sont plu, un peu trop, croyons-nous, à adoucir la physionomie, et qui, pour être un sage, ne laissait pas de se montrer sensible aux blessures de l'amour-propre, et capable d'élans de généreuse indignation.

IV

LES CARACTÈRES.

Une lettre de Boileau, écrite à Racine le 19 mai 1687, contient la première mention que l'on ait recueillie des *Caractères*, qui étaient alors en manuscrit : « Maximilien m'est venu voir à Auteuil, et m'a lu quelque chose de son *Théophraste*[2]. » Maximilien, c'est la Bruyère : Cizeron-Rival l'affirme, et personne n'en doute, bien que les biographes de la Bruyère et ceux de Boileau n'aient pas encore offert une explication satisfaisante de ce sobriquet[3]. En 1687, quel autre aurait pu lire à Boileau *son Théophraste?*

1. *Histoire de l'Académie*, tome II, p. 317.
2. Voyez les *OEuvres de Racine*, tome VI, p. 548, note 7.
3. Suivant un critique, ce sobriquet rappellerait la liaison de la Bruyère avec la veuve d'un personnage qui, parmi ses prénoms, avait compté celui de Maximilien : nous reviendrons sur cette hypothèse inadmissible. Un autre, M. Destailleur, y voit une sorte de jeu de mots : *Maximilien*, l'homme aux maximes. La Bruyère, a-t-on dit encore, connaissait fort bien l'histoire contemporaine de Hongrie, et il aurait pu en parler tout aussi bien que l'électeur de Bavière lui-même, fameux par ses hauts faits en Hon-

Déjà préparé pour l'impression, le manuscrit que la Bruyère portait ainsi à Auteuil commençait par sa traduction, puisque Boileau donne à son ouvrage le titre de *Théophraste*. On s'est demandé souvent si la Bruyère a composé ses *Caractères* avant de traduire ceux de Théophraste; ou si, au contraire, c'est par imitation et après avoir achevé sa version qu'il a écrit ses propres remarques, comme pour en grossir son livre. On s'en tient généralement à la seconde hypothèse, et je conviens qu'elle se concilie mieux que la première avec cette déclaration de la Bruyère, qu'il publie de nouveaux caractères, à la suite de sa traduction, « dans l'esprit de contenter ceux qui reçoivent froidement tout ce qui appartient aux étrangers et aux anciens, et qui n'estiment que leurs mœurs[1]. » Timide et naïve excuse de la hardiesse qui le fait se présenter au public avec le titre d'auteur! Je crois cependant, contrairement à l'opinion commune et à la déclaration de la Bruyère lui-même, qu'il n'a traduit Théophraste qu'après avoir composé le premier texte des *Caractères de ce siècle*, celui des éditions I à III, où rien ne rappelle les *Caractères* grecs.

Sans doute, si l'on prend les *Caractères* de la Bruyère dans l'une des éditions complètes, on constatera çà et là l'imitation flagrante de la manière du disciple d'Aristote. Aussi M. Challemel-Lacour a-t-il pu signaler, avec la plus parfaite justesse, une manifeste analogie de procédé chez Théophraste et chez la Bruyère[2]. Très-souvent, en effet, comme il l'a fait remarquer, les caractères de la Bruyère ne sont pas simplement des portraits moraux; très-souvent, à l'exemple de Théophraste, la Bruyère y peint « l'extérieur, » y relève « les signes particuliers, » même « les tics, » ajoutant minutieusement « le relief des habitudes physiques » aux analyses plus intimes. Dans les caractères auxquels je fais allusion, dans ceux de *Drance*, de *Gnathon*, de *Giton*, dans bien d'autres encore, il use largement

---

grie, Maximilien II; de là viendrait peut-être le nom qu'il s'agit d'expliquer : cette troisième conjecture nous paraît aussi peu acceptable que la première. Quant à la seconde, nous n'osons ni l'écarter absolument *a priori*, ni l'appuyer.

1. Tome I, *Discours sur Théophraste*, p. 28.
2. *Les Clefs de la Bruyère*, dans le journal *le Temps*, 28 août 1866.

du procédé de Théophraste, qu'il définit lui-même « cette unique figure qu'on appelle description ou énumération. » Il y accumule les traits personnels, les manières individuelles prises sur le fait et d'après nature, qui peuvent servir d'étiquette et permettre de reconnaître le modèle dont il fixe l'image. Mais cherchez un à un ces caractères dans lesquels il décrit ainsi les gens et les fait agir et parler[1] : ils appartiennent soit à la quatrième édition, soit aux éditions suivantes. S'il est vrai que les trois premières ne contiennent aucune réminiscence de la méthode de Théophraste, et que plus tard la Bruyère se plaise à la lui emprunter dans un certain nombre d'additions, on en peut conclure, avec quelque vraisemblance, que les réflexions de 1688 ont été composées avant que sa traduction l'eût familiarisé[2] avec la manière de l'auteur grec. Il a déclaré dans son *Discours* qu'il n'avait ni « suivi le projet » ni « poursuivi le travail » de Théophraste, et en effet il ne l'imitait guère dans son texte de 1688; mais aux deux raisons qu'il en donne, je substituerais volontiers celle-ci : qu'il ne connaissait pas ou ne connaissait guère l'ouvrage du moraliste grec, lorsqu'il écrivit ses premières remarques.

Nous avons dit ailleurs comment la Bruyère fit sa traduction, ayant sous les yeux tout à la fois le texte original, dont il savait s'expliquer le sens, et plusieurs versions latines, de préférence celle de Casaubon. L'on a pu voir quels avaient été ses scrupules et sa probité de traducteur[3]. Nous n'y reviendrons pas. Son livre, quand il n'eût contenu que les *Caractères de Théophraste*, n'aurait point passé inaperçu, car sa traduction plut aux savants, et les lettrés de la cour la goûtèrent[4]; mais son nom, connu des seuls érudits, ne serait guère

1. Voyez par exemple tome I, p. 218, n° 9; 220, n°s 12 et 13; 222, n° 14; 226, n° 27.
2. Il relit d'ailleurs, de temps à autre, Théophraste dans la version qu'il en a publiée, et même il lui arrive un jour de lui emprunter un membre de phrase pour le transporter dans un caractère qu'il ajoute aux premiers publiés : voyez tome I, p. 40, note 4, et p. 226, note 1.
3. Voyez tome I, p. 3-8.
4. Voyez au tome I, p. 6 et 92, les témoignages de Ménage

plus populaire aujourd'hui que celui de Bénevent, cet autre trésorier de France qui le premier, au commencement du dix-septième siècle, traduisit en français les *Caractères* grecs.

Aidé par le latin de Casaubon, la Bruyère put traduire rapidement les *Caractères* de Théophraste; il composa lentement les siens. « Je surprendrois bien des personnes, écrit en 1695 ou en 1696 l'avocat Brillon, si je leur disois que l'auteur de l'ouvrage en ce siècle le plus admiré a été dix ans au moins à le faire, et presque autant à balancer s'il le produiroit[1]. » Brillon ferait ainsi remonter jusqu'à l'année 1668 environ les premiers essais de cette composition : la date est un peu lointaine peut-être, mais cette fois il nous semble que cet avocat trop fécond et peu sincère dit la vérité, à quelques années près. Que ce soit en 1670 ou en 1680, à une date plus rapprochée de la première ou plus voisine de la seconde, la Bruyère dut commencer la rédaction de ses *caractères*, ou, pour parler comme lui, de ses *réflexions*, longtemps avant de porter son manuscrit au libraire Michallet.

On a voulu induire du texte même de divers passages la date de la composition des *Caractères*. Le costume dont la Bruyère habille son homme à la mode, a-t-on dit, était depuis longtemps

---

et de Bussy, auxquels on peut joindre celui de l'académicien Charpentier, bien qu'il se lise dans une harangue où il ne pouvait guère que louer la Bruyère, celle qu'il prononça devant l'Académie en réponse au discours de réception du traducteur de Théophraste (*Recueil des harangues prononcées par Messieurs de l'Académie françoise*, 1714, tome II, p. 437).

1. Brillon ajoute : « Ce genre d'écrire est extraordinaire, lui disoit-on, vous aurez tous les critiques à dos. Le livre est à peine affiché que les exemplaires en sont enlevés. Une seconde, une troisième, une quatrième édition paroissent; en un mot, nous attendons la neuvième. Dites après cela qu'il n'y a pas un sort attaché au livre ! » (*Ouvrage nouveau dans le goût des Caractères de Théophraste et des Pensées de Pascal*, 1697, p. 181 ; ou *Suite des Caractères de Théophraste et des Pensées de M. Pascal*, Amsterdam, 1701, p. 162). Il s'agit bien, on le voit, des *Caractères ou Mœurs de ce siècle :* le nombre des éditions est exactement compté. — La Bruyère dira lui-même, en 1693, qu'il avait hésité quelque temps à rendre son livre public. (Tome II, p. 449, lignes 6 et suivantes.)

abandonné quand fut imprimée la première édition[1]; en 1687, depuis nombre d'années, personne ne lisait plus Cyrano de Bergerac et Lesclache, qu'a lus *Narcisse*[2]; le troisième alinéa du premier chapitre, qui contient une allusion à Poncet de la Rivière, se rapporte à un incident de 1677 ou 1678[3]; un autre est l'écho des récriminations que suscita, de 1666 à 1670, dans les corps de métiers de Paris, la réglementation des enseignes[4]; enfin le caractère d'*Émire* rappelle des événements de 1669[5]. Les arguments que l'on tire de ces passages ont peu de solidité. Le caractère où l'on voit et où nous avions vu nous-même le portrait d'un homme à la mode est vraisemblablement, au contraire, celui d'un homme qui « fuit la mode, » et particulièrement de Varillas, dont le chapeau, le pourpoint, les chausses, les bottines, faisaient « nargue à la mode, » au témoignage de Vigneul-Marville[6]. N'est-ce pas exprès et par cette raison même qu'ils sont dédaignés des uns et oubliés des autres, que la Bruyère désigne Cyrano et Lesclache comme les auteurs dont les ouvrages forment le fonds de l'instruction littéraire de *Narcisse*? L'allusion enfin à l'émeute des enseignes et le roman d'*Émire* n'ont été imprimés que dans la quatrième édition : pour les mettre ici en ligne de compte, il faut donc supposer (ce qui du reste n'est nullement impossible) que la Bruyère, ayant écrit vers 1670 l'un et l'autre morceau, les a écartés de la première édition, et tenus en réserve pour la quatrième. En somme, je ne vois que l'allusion à Poncet de la Rivière qui ne soulève pas d'objection, parmi celles que l'on cite et que je viens de rappeler.

1. Tome II, p. 146, n° 11.
2. Tome I, p. 284, n° 12.
3. Tome I, p. 113, n° 3.
4. Tome I, p. 364, n° 5. — 5. Tome I, p. 195, n° 81.
6. Le portrait aurait donc pu être écrit en 1687, date même de l'impression de la 1re édition, car Varillas a vécu jusqu'en 1696. Cette interprétation nouvelle, qui s'appuie sur une note manuscrite de Félibien qu'Éd. Fournier a relevée dans une note de la 2de édition (tome II, p. 596, note 1) de sa *Comédie de J. de la Bruyère* (voyez notre tome III, 1re partie, p. 229, et conférez p. 205), est très-plausible. La Bruyère a déjà raillé plus haut le style de Varillas (tome I, p. 149, note 2).

Mais, bien mieux encore qu'un plus ou moins grand nombre d'allusions à des faits de vieille date, la lecture de chaque page même du livre peut nous convaincre qu'il a été lentement écrit, avec des pauses qui en ont prolongé la rédaction pendant plusieurs années. Un ouvrage de ce genre n'est pas de ceux que l'on puisse composer de suite, sans intervalles, comme l'on écrirait un traité sur un sujet précis et déterminé. C'est au jour le jour, à mesure que les événements, les conversations, les lectures les font naître en lui, que le moraliste exprime ses réflexions sur le papier, les élaborant, les modifiant suivant son humeur[1], les ciselant sans cesse. Comparez les lettres que la Bruyère, bien que le style de quelques-unes paraisse si cherché, si pénible, écrivait au courant de la plume, et ces *Caractères*, d'un art exquis et parfait, où l'auteur, variant ses tours à l'infini, montre une souplesse et une habileté si merveilleuses; comptez les variantes qui, le livre imprimé, se multiplieront encore d'une édition à l'autre, les retouches incessantes que n'arrêteront ni l'impression, ni même le tirage des feuilles de l'édition sous presse[2] : tout ne concourt-il pas à démontrer que peu d'écrivains ont dépensé autant de temps et de labeur pour amener le premier jet de la pensée à la rédaction définitive? Nous n'avons sous les yeux que les corrections suprêmes, et de peu d'importance en général, introduites dans le texte déjà publié, ou du moins déjà imprimé des *Caractères;* mais combien de remaniements plus graves, plus réfléchis et plus intéressants, chaque alinéa n'avait-il pas traversés avant que le manuscrit fût remis au libraire!

Les *Réflexions* de la Rochefoucauld ont paru en 1665; les *Pensées* de Pascal en 1670 : la lecture de ces livres impérissables, celle du premier surtout, ne fut peut-être pas aussi étrangère que veut bien le dire la Bruyère[3] à l'habitude qu'il prit de condenser ses méditations sous une forme rapide et presque sentencieuse. Depuis longtemps déjà Mme de Sablé

---

1. Voyez tome I, p. 118, n° 17.
2. Voyez les changements faits sur les cartons de la 1re édition, que nous avons décrits au commencement de la *Bibliographie*, tome III, 1re partie, p. 133 et suivantes.
3. Tome I, p. 28 et 29.

SUR LA BRUYÈRE.

avait mis à la mode les Maximes ; mais le seul ouvrage qui commandât l'attention parmi ceux que la critique a présentés comme éclos sous l'influence de son salon, est celui de la Rochefoucauld, ces célèbres *Maximes* toutes inspirées par une pensée unique[1]. La Bruyère ne se borne pas, comme la Rochefoucauld, à examiner un seul et même sujet sous ses aspects divers. Tout est aliment à sa curiosité et à ses méditations : les combinaisons de la politique, le spectacle de la cour et de la ville, les agitations de l'hôtel de Condé, les entretiens de l'évêché de Meaux, ceux des jardins publics, surtout les livres anciens ou nouveaux, et non-seulement ceux que recommande leur mérite philosophique ou littéraire, et qui prennent place soit sur les rayons de sa chambre, soit dans la belle et vaste bibliothèque des Condé, mais encore les volumes de peu de valeur qu'il peut feuilleter dans les librairies et particulièrement dans celle de Michallet. Que de rapprochements pourraient naître de la lecture des livres oubliés de cette époque, si l'on avait le loisir et la patience de les prendre un à un[2] !

Qu'il ait prévu l'imputation ou qu'il l'ait déjà subie dans ses entretiens avec ses amis, la Bruyère se défend, dès la première édition, du reproche de plagiat ou d'imitation. Il ne veut même pas qu'on l'accuse d'avoir emprunté aux modernes, et particulièrement à Pascal ou à la Rochefoucauld, la forme de son livre : c'est à l'exemple des *Proverbes* de Salomon ou de ceux de Théophraste qu'il a coupé ses remarques en « pièces détachées. » Quant au fond, il est sien : « Horace ou Despréaux l'a dit avant vous. — Je le crois sur votre parole ; mais je

---

1. Voyez le jugement qu'en porte la Bruyère, tome I, p. 29.
2. C'était aussi le sentiment de M. de Loménie. Voyez ce qu'il dit, dans *les Mirabeau* (1879, in-8°, tome I, p. 276 et 277), de la discussion par correspondance qui s'établit, vers 1760, entre le marquis de Mirabeau et son frère le bailli, au sujet de la réflexion 64 du chapitre *des Femmes* de la Bruyère, que le bailli prétend avoir lue « dans un bouquin assez mauvais » et que le marquis veut, le style à part, restituer à la Bruyère. Le bailli maintient l'exactitude de son souvenir : « La Bruyère, soit ; mais en ce cas il a pensé la même chose que l'auteur de mon bouquin, je ne m'en dédis pas ; je me rappelle la longitude du lieu et sa latitude, mais non le titre du livre, qui étoit misérable d'ailleurs.... »

l'ai dit comme mien. Ne puissé-je pas penser après eux une chose vraie, et que d'autres encore penseront après moi[1]?» Et, convenons-en, nul, en vérité, ne s'est plus légitimement approprié le bien qu'il savait trouver. Un livre, une page, une ligne, le titre même d'un ouvrage ont pu être pour lui l'origine, l'occasion ou le prétexte d'une réflexion, de même que la rencontre ou l'entretien d'un indifférent ou d'un sot ont pu lui inspirer une remarque de haute morale; mais le lien est souvent presque insaisissable, ainsi que peut servir à le démontrer l'étude que M. Damien a publiée sur les emprunts faits par la Bruyère à Malebranche. A côté de réflexions nombreuses qui, manifestement nées de la lecture de passages de Malebranche, en sont le commentaire certain ou encore la réfutation précise, il en est d'autres que l'on est conduit à rapprocher de telles ou telles phrases de *la Recherche de la Vérité*, bien qu'il n'y ait pas identité dans le sujet traité : il semble que, le volume de Malebranche fermé, quelques mots d'une argumentation soient demeurés dans le souvenir de la Bruyère, et qu'ils aient été pour lui le point de départ de considérations que n'avait pas abordées l'auteur qu'il vient de quitter.

Avant d'affronter « l'écueil » de l'impression, la Bruyère avait voulu prendre l'avis des habiles, tels que Boileau, et de quelques amis, tels que le marquis de Termes ou M. de Malezieu. Il est intéressant de lire dans le chapitre *des Ouvrages d'esprit* les réflexions que lui inspirèrent soit les consultations qu'il recueillit avant de publier son livre, soit les jugements qu'il entendit prononcer après l'avoir imprimé. Heureusement la froideur de quelques-uns de ceux qu'il avait choisis pour auditeurs avant de se résoudre à l'impression ne l'avait point découragé. Le 8 octobre 1687, Michallet obtenait le privilège des *Caractères*, et l'impression était achevée au commencement de janvier 1688. La Bruyère interrogea encore quelques bons juges avant que les affiches du libraire fussent posées, et pendant que les feuilles étaient entre les mains des relieurs. C'est ainsi que Bussy put emporter en Bourgogne, à la fin de janvier, un exemplaire qu'il tenait du marquis de Termes : le 10 mars, il écrivait le premier jugement que nous

[1] Tome I, p. 150.

connaissions sur les *Caractères*, qui n'étaient pas encore en vente[1].

La lettre de Bussy permettait de prévoir le succès des *Caractères*. Peut-être rassura-t-elle la Bruyère sur le danger de la publication d'une œuvre de ce genre. « Voilà de quoi vous attirer bien des ennemis, » lui avait dit M. de Malezieu[2], en faisant allusion aux personnalités que l'on pouvait relever dans les *Caractères*. Les prophéties de cette sorte avaient tenu « quelque temps » la Bruyère en suspens. Mais si l'on devait reconnaître autant de gens à la fois que l'estimait Bussy dans chacune des peintures que le moraliste avait jetées au milieu d'un si grand nombre de « remarques solides » ou de « sérieuses réflexions », qu'avait-il à craindre ?

A la vérité, ce petit volume devait, dès son apparition, susciter quelques colères, celles du *Mercure galant*, celle de courtisans et de partisans, celle aussi de quelques membres du haut clergé, évêques ou abbés. Il faut bien que l'ouvrage parût d'une rare vigueur et d'une grande audace, puisque Basnage loue l'auteur de montrer, dans la comparaison qu'établit dans son *Discours sur Théophraste* entre les mœurs d'Athènes et les mœurs contemporaines, « la liberté d'un vrai républicain », et

---

1. Voyez tome I, p. 91 et 92, note 1. Il est vraisemblable que les exemplaires offerts en janvier 1688 par l'auteur ne contenaient pas le morceau que la Bruyère ajouta au *Discours sur Théophraste*, après l'impression et le tirage, sans doute pour répondre aux objections de l'un de ceux qui avaient eu la primeur des *Caractères*. (Voyez tome III, 1re partie, p. 133-135.) Puisse quelque bibliophile retrouver l'un de ces dons qui précédèrent la mise en vente! Nous avons vu dans un exemplaire de la 1re édition 14 feuillets qui, dans tous les autres exemplaires connus de la même édition, sont remplacés par les cartons, au nombre de quatorze, dont nous avons parlé tout à l'heure, p. xciv, note 2. Peut-être se rencontrera-t-il encore quelque autre volume ayant moins de ces cartons ou n'en ayant point.

2. « Quand la Bruyère montra son ouvrage manuscrit à M. de Malezieu, celui-ci lui dit : « Voilà de quoi vous attirer beau-« coup de lecteurs et beaucoup d'ennemis. » (Voltaire, *Siècle de Louis XIV*, chapitre xxxii). « Vous aurez tous les critiques à dos, » disaient d'autres amis, suivant Brillon. (Voyez ci-dessus, p. xcii, note 1.)

rend hommage à la « noble intrépidité » avec laquelle « il caractérise certaines personnes par des traits qui marquent extrêmement[1]. » Combien pourtant l'auteur est loin, dans les premières éditions, de la liberté qu'il prendra plus tard ! Le *Mercure galant*, qu'il avait placé « au-dessous du rien », et qui lui en garda une implacable rancune, racontera, en 1693, que le jour même où il fut mis en vente, le livre eut à la cour un grand succès de scandale[2]. Le petit tableau où il nous montre les acheteurs se précipitant dans les librairies, et des groupes de lecteurs nommant à haute voix les originaux, est de pure fantaisie. Il n'y eut pas tant d'émoi en 1688. Deux noms de femmes, sous lesquels on ne pouvait chercher aucune femme de la cour[3], des allusions malignes à sept ou huit personnages[4] dont plusieurs étaient inconnus à Versailles, c'est tout ce qu'offrait comme caractères la première édition, où c'étaient les maximes et les réflexions qui tenaient le plus de place : « Ces *remarques* que j'ai écrites, » y dit la Bruyère en parlant de son livre ; — « ces *caractères*, » dira-t-il plus tard[5], lorsqu'il multipliera les portraits, et que peu à peu il se montrera plus redoutable que Molière ou Boileau. Que de gens il atteindra en effet dans les éditions qui se succéderont de 1689 à 1693 ! C'est alors que la pénétration des lecteurs, ou encore et plus souvent leur malignité et leur sottise attacheront à ses caractères les noms de personnages plus ou moins connus. Quantité de listes, enregistrant les applications vraies ou fausses, inondent Paris en 1693, et menacent la cour « du même déluge, » auquel la Bruyère ne sait « quelle digue » opposer. Il avait protesté à l'avance, dès la première édition, contre « toute maligne interprétation[6] » ; il protestera de nouveau en 1690 et en 1693[7]. Comment aurait-il pu ratifier des applica-

1. Voyez tome III, 1re partie, p. 139.
2. Voyez dans le tome III, 1re partie, p. 192, l'article du *Mercure*.
3. *Dorinne* et *Arfure* (tome I, p. 178, n° 32, et p. 250, n° 16).
4. Tels que Poncet, Maimbourg, Varillas, Gramont et Vedeau, Carette, l'archevêque le Tellier, Lauzun.
5. Tome II, p. 277.
6. Tome I, p. 107.
7. Tome II, p. 449-451.

tions qui s'égaraient si souvent? Il ne prétend pas, au surplus, n'avoir jamais peint « d'après nature, » et n'avoir jamais publié de portraits offrant l'image de modèles qu'il pourrait nommer ; loin de là, il fait entrer, de temps à autre, le public dans sa confidence, lorsque, par exemple, il déguise les gens sous des pseudonymes transparents, tels que ceux de *Carro Carreti* et de *Handburg,* ou qu'il les désigne par des initiales sans mystère ; mais le plus ordinairement il dissimule aux yeux du lecteur l'original qu'il a choisi. A ses « plus familiers amis, » comme aux « personnes les plus accréditées de la cour, » il refusait de livrer « *son* secret, » ne dissimulant pas qu'il en eût un, et bien souvent ce secret si bien gardé n'a pas été pénétré par ses contemporains. Il n'est pas toujours impossible de suppléer au silence des anciennes clefs ; l'entreprise toutefois est délicate ; elle exige quelque prudence ; mais elle ne semble pas indigne de l'effort des admirateurs de la Bruyère et des esprits curieux de bien connaître la société du dix-septième siècle.

Ce n'est pas seulement en s'abstenant de répondre aux questions dont il était assailli que la Bruyère s'est défendu contre les indiscrètes recherches des lecteurs de son temps : il a usé de « mille tours » et de « mille faux-fuyants » pour les « dépayser..., et les dégoûter des applications[1]. » Sa dignité, comme sa prudence, était intéressée à ce que les *Caractères* ne devinssent pas un libelle diffamatoire. Complétant ses aveux, l'abbé Fleury, qui fut son successeur à l'Académie, rappelle, dans son discours de réception, qu'on trouve dans les *Caractères* « des peintures quelquefois chargées exprès pour ne pas les faire trop ressemblantes[2]. » C'est bien ce que la Bruyère lui-même avait discrètement indiqué.

Nulle part ce procédé ne paraît plus sensible que dans le caractère de *Ménalque,* où notre auteur avait d'abord peint « un homme du premier rang » (ce sont les expressions de Brillon[3]), et que, par prudence, il a étendu démesurément

1. Voyez tome I, p. 107, et tome II, p. 449-451.
2. *Recueil de harangues prononcées par Messieurs de l'Académie,* tome III, p. 71.
3. Voyez tome II, p. 287 et suivantes.

pour le mettre « hors de ressemblance. » Nous l'avons déjà dit[1], *Ménalque*, à notre avis, était à l'origine Henri-Jules de Bourbon. Sous les surcharges, sous les accumulations d'aventures dont les héros avaient été le comte de Brancas, le prince de la Roche-sur-Yon, la Bruyère lui-même peut-être (car il était distrait[2]), et d'autres encore, le caractère, outré jusqu'à la caricature et devenu méconnaissable, ne présente plus qu'un recueil d'*ana*.

La Bruyère efface, avec une égale vigilance, et encore pendant l'impression lorsqu'ils ont survécu à la révision du manuscrit et des épreuves, les traits qui pourraient déplaire au souverain lui-même. Nous le surprenons en deux circonstances détournant à temps l'allusion qui lui est échappée.

A la vive surprise de la cour et du clergé, l'évêque de Grenoble, le Camus, venait d'être promu au cardinalat par le Pape *proprio motu*. Par une piquante réflexion, la Bruyère célébra cette nomination d'un prélat austère et vertueux : « Il n'a que l'esprit de régularité, et il est imitateur du zèle et de la piété des Apôtres : « Comment lui est venue, dit le peuple, « cette dernière dignité ? » Mais le Camus, en qui la Bruyère salue un « imitateur du zèle et de la piété des Apôtres, » était un prélat disgracié, et sa disgrâce même lui avait valu le chapeau : « le Pape, dit l'abbé le Gendre[3], avait cherché « un homme qui fît honneur à son choix, et dont le choix fût en même temps désagréable à la cour, qu'il vouloit mortifier. » Et c'est ainsi que Rome avait préféré le Camus à Bossuet et à l'archevêque de Harlay. La Bruyère oubliait donc

1. Voyez ci-dessus, p. LXXX.
2. Voici du moins quelques exemples de distractions, bien légères il est vrai. En datant une déclaration sur un registre officiel, il se trompe d'une année (voyez ci-dessus, p. XXIX) ; ailleurs (tome II, p. 480), c'est le mois qu'il indique mal ; un autre jour, il se méprend sur la date d'une bataille, qu'il connaît bien (*ibidem*, p. 485) ; s'il fait une division, il la laisse inachevée (*ibidem*, p. 261). Faut-il ajouter qu'une date de l'épitaphe de son père et de son oncle est inexacte ? Je laisse de côté les distractions commises au cours de l'impression des *Caractères* : à qui n'échappe-t-il pas de fautes dans la correction d'épreuves ?
3. *Mémoires*, p. 70.

combien cette nomination avait irrité Louis XIV ! Le feuillet qui contenait un bien imprudent éloge de le Camus était déjà imprimé lorsqu'il apprit ou comprit qu'il ne fallait pas aborder un sujet aussi délicat : il s'empressa de le remplacer par un carton avant la mise en vente de la première édition ; grâce à une ou deux variantes, la réflexion visa un évêque que l'on pût louer sans danger et devint un compliment pour Louis XIV[1].

Ailleurs, en tête du chapitre *des Grands*, la première édition portait d'abord la réflexion suivante :

« La prévention du peuple en faveur *des princes* est si aveugle, et l'entêtement pour leur geste, leur visage, leur ton de voix et leurs manières si général, que s'ils s'avisoient d'être bons, cela iroit à l'idolâtrie, *le seul mal sous ce règne que l'on pouvoit craindre*[2]. »

Que les princes ainsi accusés de n'être pas bons fussent plus ou moins près du trône, la réflexion pouvait paraître également téméraire, venant d'un serviteur de princes. Mais la plus grande hardiesse de la Bruyère était de dénoncer comme un mal l'idolâtrie envers la famille royale. Ce mal, dont il semblait, par une singulière atténuation de sa pensée, considérer la menace comme écartée, existait depuis tant d'années ! Quelles adulations, quelles adorations, quels entasse-

1. Voici, en partie, le texte de la rédaction primitive, que nous ne connaissions pas encore lorsque nous imprimions (tome II, p. 90, n° 25) celui de la rédaction définitive : « Ce prélat *ne* se montre *point* à la cour,... on ne le voit point avec des femmes ;... il n'est point homme de cabale, et il n'a point l'esprit d'intrigue ; toujours dans son évêché,... il ne songe qu'à instruire son peuple par la parole et à l'édifier par son exemple ;... il n'a que l'esprit de régularité, et il est imitateur du zèle et de la piété des Apôtres. *Comment lui est venue, dit le peuple, cette dernière dignité ?* » Il y a quelque obscurité dans la réflexion ; mais qu'y voir, sinon une allusion à la récente promotion au cardinalat de l'évêque de Grenoble, élevé à cette dignité bien qu'il fût vertueux (il l'était devenu), et qu'il vécût loin de la cour ? Sur ce prélat, voyez tome I, p. 442 et 443 ; et, sur ce premier texte, tome III, 1re partie, p. 138 (*feuillet* 317-318), et p. 228 (addition à la page 321).

2. Voyez tome I, p. 338, n° 1, et tome III, 1re partie, p. 137 et 213.

ments d'hyperboles dans toutes les harangues! Louis est un dieu, on l'écrit en toutes lettres :

> Sagesse, esprit, grandeur, courage, majesté,
> Tout nous montre en Louis une divinité.

Ces deux médiocres vers sont de la Monnoye, et l'Académie avait couronné en 1671 la pièce qui les renferme. Au sein même de l'Académie, l'abbé Tallemant, célébrant « l'heureux retour de la santé de Louis, » après la grande opération, exprimait le vœu que le Ciel lui accorde « la durée des jours de nos premiers pères, » ajoutant « qu'il n'y a point de miracle que l'on ne puisse espérer pour le prince le plus sage et le plus parfait qui soit jamais monté sur le trône[1]. » Le discours de Tallemant avait été prononcé le 27 janvier 1687, peu de jours après le tirage de la dernière feuille des *Caractères*. Non-seulement ce discours, mais beaucoup d'autres pouvaient être rapprochés de la réflexion de la Bruyère. Aussi n'arriva-t-elle pas jusqu'au public dans sa première teneur. Un carton fut tiré, où les *grands* avaient pris la place des *princes*, et s'il y est encore question d'idolâtrie, ce n'est plus d'idolâtrie monarchique.

Ces minutieuses révisions de sa pensée sont pour la Bruyère la rançon de la liberté avec laquelle il parle de la cour, du clergé, et même des faux dévots, qu'il y avait assurément quelque courage à démasquer, deux années après le mariage de Louis XIV et de Mme de Maintenon. A ce prix, il peut exprimer son mépris pour les grands ou certains grands, et ses préférences pour « le peuple; » il peut peindre avec une éloquence déchirante la misère des campagnes, que Racine et Vauban, quelques années plus tard, ne pourront exposer sans mécontenter le Roi.

Le *Mercure galant* souhaitait que le libraire Michallet reçût l'ordre de supprimer une partie des *Caractères*; mais

---

1. Voyez les *OEuvres choisies de B. de la Monnoye*, 1770, in-8°, tome I, p. 2, et le *Recueil des harangues prononcées par Messieurs de l'Académie*, tome II, p. 184 et 185. — Nous empruntons ces exemples à l'*Histoire de l'Académie française*, par M. P. Mesnard, 1857, p. 33 et 34. Que d'autres on y pourrait joindre!

SUR LA BRUYÈRE.

cet ordre, que d'autres peut-être sollicitèrent, ne vint pas. Aucun signe ne trahit une dénonciation qui ait été écoutée en haut lieu. Sur les neuf éditions imprimées du vivant de la Bruyère, cinq présentaient presque l'attrait d'un ouvrage nouveau. Non content du travail incessant que révèlent les variantes et les transpositions d'une édition à l'autre et parfois même d'un exemplaire à l'autre, l'auteur accroissait, sans relâche, ses *Caractères* de nouvelles réflexions ou de nouveaux portraits[1]. Personne ne s'avisa de faire remarquer combien l'œuvre, peu à peu, devenait différente de celle qui était l'objet du privilège de 1687. Le libraire cependant ne le laissait pas ignorer ; car il obtint de la Bruyère, dans trois de ces éditions, qu'il avertît le public des augmentations qui devaient stimuler sa curiosité, renouveler le succès du livre et faire la fortune de celui qui le vendait.

On ne peut négliger, au sujet de Michallet, une historiette que le savant Maupertuis racontait à Berlin, et que Formey, secrétaire perpétuel de l'Académie de Berlin, a rapportée dans l'un de ses discours académiques :

« M. de la Bruyère, disoit-il (*Maupertuis*)[2], venoit presque journellement s'asseoir chez un libraire nommé Michallet, où il feuilletoit les nouveautés, et s'amusoit avec un enfant fort gentil, fille du libraire, qu'il avoit pris en amitié. Un jour il tira un manuscrit de sa poche, et dit à Michallet : « Voulez-vous imprimer ceci « (c'étoient les *Caractères*)? Je ne sais si vous y trouverez votre « compte ; mais, en cas de succès, le produit sera la dot de ma « petite amie. » Le libraire, plus incertain de la réussite que l'auteur, entreprit l'édition ; mais à peine l'eut-il exposée en vente qu'elle fut enlevée, et qu'il fut obligé de réimprimer, plusieurs fois de suite, ce livre, qui lui valut deux ou trois cent mille francs ; et telle fut la dot imprévue de sa fille, qui fit, dans la suite, le mariage le plus avantageux, et que M. de Maupertuis avoit connue. »

La fille de Michallet épousa Charles Remy de July, un

1. La quatrième (1689) recevait plus de 350 caractères inédits ; la cinquième (1690), plus de 150 ; la sixième (1691) et la septième (1792), près de 80 chacune ; la huitième (1693), plus de 40, auxquelles il faut ajouter le *Discours à l'Académie*.
2. *Mémoires de l'Académie des sciences et belles-lettres de Berlin* (août 1785 à 1787), Berlin, 1792, in-4°, p. 24 et 25.

financier que la Chambre de justice fit arrêter en 1716, et qui fut taxé à plus de 330 000 livres[1]. La dot fut considérable, soit qu'elle ait atteint 2 à 300 000 francs, comme le dit Formey, soit qu'elle ait été de 100 000 francs environ, suivant l'estimation d'un libelle de 1708[2].

Que la Bruyère n'eût point demandé le prix de son manuscrit, il n'y avait là rien qui fût bien surprenant : la plupart des auteurs ne mettaient alors, pas plus que Boileau,

> Leur Apollon aux gages d'un libraire[3].

Le profit d'ailleurs qu'il eût pu en retirer aurait été dérisoire, malgré l'incomparable succès du livre. La Bruyère s'est un jour indigné du sort que les libraires réservaient aux philosophes et aux auteurs, qui, plus mal traités que le « vil praticien, » le laquais devenu commis ou les montreurs de marionnettes[4], étaient si mal payés de ce qu'ils pensaient ou écrivaient. Il faut lire en entier cette page, qui est tout à la fois le commentaire éloquent de la plainte douloureuse de Corneille : « Je suis saoul de gloire et affamé d'argent, » et une vive réponse aux railleries cruelles de Boileau, se souvenant du mot du grand poëte tragique[5]. Ce n'était peut-être pas sans faire un retour sur sa propre destinée que la Bruyère mettait dans la bouche d'*Antisthène* des doléances d'une amer-

---

1. *Journal de Dangeau*, tome XVI, p. 451, et *Journal de la Régence*, par J. Buvat, tome I, p. 197. — Mouffle d'Argenville parle néanmoins de July comme d'un homme d'une grande probité. (*Vie privée de Louis XV*, Londres, 1788, tome I, p. 247.) July devint fermier général en 1721. Il avait acheté une charge de secrétaire du Roi.

2. *Pluton Maltôtier*, in-12, p. 168 : « Je vois, y fait-on dire au financier la Cour Deschiens, je vois Charles Remy, mon porte-nom. Que le voilà bouffi depuis que je l'ai introduit dans les affaires sous le nom de Juli et que je lui ai fait gagner de grandes sommes!... Je lui fis épouser la fille de Michallet, libraire, dont il a eu en mariage plus de cent mille livres, argent comptant. »

3. *Art poétique*, chant IV, vers 131.

4. Tome II, p. 86-88, n° 21 (1690).

5. Voyez l'*Histoire de la vie et des ouvrages de P. Corneille*, par J. Taschereau, édition de 1855, in-12, p. 125.

tume si vive sur la condition des écrivains; mais nous serions, m'est avis, bien injustes si nous nous le représentions comme un auteur avide d'argent! C'est pourtant ce qu'a fait la Harpe[1]. Il ne pouvait connaître, il est vrai, le témoignage que Saint-Simon, bon juge en ces matières, a porté du désintéressement de la Bruyère; il ignorait sans doute aussi l'anecdote contée par Maupertuis sur l'abandon gratuit de son manuscrit; mais comment n'a-t-il pas compris que tout, dans les *Caractères*, proteste contre cette accusation d'âpreté au gain? Il aurait pu voir que la Bruyère du moins n'avait pas de rancune contre le libraire qu'il enrichissait; car, en 1693, il lui permettait de faire suivre les *Caractères* de son *Discours à l'Académie* et y joignait une préface qui devait assurer la vente d'une édition nouvelle.

V

LA BRUYÈRE A L'ACADÉMIE.

« L'orateur et l'écrivain, dit la Bruyère dans sa préface de 1689, ne sauroient vaincre la joie qu'ils ont d'être applaudis[2]. » La première édition même des *Caractères* lui avait fait connaître cette joie, et chaque nouvelle édition la ravivait. Il souhaita, en 1691, que l'Académie consacrât le succès de son livre, et il s'offrit à ses suffrages. Deux élections eurent lieu cette année : l'une, au mois d'avril, après la mort de Villayer,

---

1. « C'est avec peine, dit la Harpe, dans un passage que j'abrége sur la déclaration d'*Antisthène*, qu'on voit un écrivain que son talent rend digne d'écrire pour la gloire, avouer qu'il écrit pour le gain, et se plaindre crûment au public de n'être pas assez payé de ses ouvrages.... Il y a.... trop peu de la fierté d'un honnête homme à dire : *Ai-je de l'or?*... Quand vous avez pris le parti d'écrire, vous deviez savoir que ce n'étoit pas le chemin de la fortune. » (*Cours de littérature*, seconde partie, *Siècle de Louis XIV*, livre II, chapitre III, section II, *Morale*.)

2. Tome I, p. 106.

l'inventeur des chaises volantes[1] ; l'autre, au mois de novembre, après la mort de Bensserade. La première fit entrer à l'Académie Fontenelle, qui, payant d'une longue disgrâce l'irrévérence de ses jugements sur Homère, Eschyle et Théocrite, s'était vu préférer quatre fois ses compétiteurs. Peut-être la Bruyère avait-il conçu l'espoir que les partisans des anciens pourraient remporter à son profit une victoire nouvelle sur les partisans des modernes, et s'était-il présenté contre Fontenelle. Mais le procès-verbal de la séance d'élection du 2 avril 1691 ne mentionne, suivant l'ancien usage, que le nom du candidat qui a réuni la pluralité des suffrages[2], et nul autre document n'a non plus révélé que la Bruyère eût été l'un de ses concurrents. A défaut de meilleures preuves, on en a cherché une dans la date à laquelle ont été imprimés, pour la première fois,

1. Voyez tome II, p. 197, n° 64, et p. 410, n° XXXIV. Cet académicien, dont Fontenelle ne put faire, en lui succédant à l'Académie, qu'un éloge très-bref et très-vague (on a dit à tort qu'il n'en avait pas même rappelé le souvenir), était fort connu dans la maison de Condé : Monsieur le Prince, le fils du grand Condé, installa à Chantilly des chaises volantes, et la duchesse de Bourbon s'en servit à Versailles jusqu'au jour où la machine l'arrêta à mi-chemin d'un étage à l'autre, entre deux murs.

2. Nous avons pu, grâce à l'amicale obligeance de M. Ludovic Lalanne, lire la plupart des procès-verbaux, conservés à l'Institut, des séances électorales de l'Académie pendant les années 1691 à 1696. Le procès-verbal de l'élection du 2 avril ne nous apprend rien qui concerne la Bruyère. Il est toutefois intéressant, car il est de ceux qui expliquent clairement une partie des procédés électifs de l'Académie, sur lesquels nous reviendrons. En voici le texte : « Ce jour,... comme la Compagnie avoit été convoquée pour remplir a place vacante par la mort de Villayer, on a procédé, suivant les formes ordinaires, au scrutin de la proposition, et la plus grande partie des billets s'étant trouvés remplis du nom de M. de Fontenelle, M. le Directeur (*Testu*) l'a déclaré à la Compagnie. En suite de quoi, chacun ayant reçu des boules blanches et des boules noires, et les ayant mises dans la boîte, la boîte a été ouverte par M. le Directeur en présence de toute la Compagnie, et toutes les boules s'étant trouvées favorables à la réserve d'une, il a été déclaré admis au premier scrutin. M. de Corneille, chancelier, a assuré à la Compagnie que ledit sieur de Fontenelle recevroit avec plaisir

les caractères d'*Hermippe* et de *Théobalde* [1], que contenait la sixième édition, publiée quelques semaines plus tard : en écrivant celui d'*Hermippe*, la Bruyère se serait donné le malicieux plaisir de faire le portrait satirique de ce même Villayer, qu'il eût été contraint de louer dans son discours de réception, s'il l'eût remplacé à l'Académie ; par le caractère de *Théobalde*, il se serait vengé des menées de Bensserade, auquel on attribue sa défaite et le succès de Fontenelle, dans cette même élection d'avril 1691. Mais il se peut qu'*Hermippe* soit le portrait d'Henri-Jules de Bourbon, plutôt que celui de Villayer [2] ; et, d'autre part, s'il est certain que le caractère de *Théobalde* représente Bensserade vieilli, rien ne démontre qu'il faille y voir les représailles d'un candidat éconduit [3].

Si ce n'est le 2 avril 1691, la Bruyère brigua du moins les suffrages de l'Académie le 22 novembre suivant, jour où la Compagnie fut convoquée, non pour élire définitivement le successeur de Bensserade, mais pour arrêter son choix sur la candidature qui devait être proposée à l'agrément du Roi. A cette époque, un scrutin unique ne suffisait pas à conférer le titre d'académicien. Une élection se composait de trois scrutins successifs ; non point de deux seulement, comme on

l'honneur qu'elle lui faisait. REGNIER DESMARAIS. » Le Roi, qui était alors au siége de Mons, donna son agrément, le 16 avril, au choix de l'Académie, et, le 23 (*suivant le* Mercure galant, *car la date est restée en blanc sur le registre de l'Académie*), le dernier scrutin eut lieu, et donna toutes boules favorables à M. de Fontenelle.

1. Voyez tome II, p. 196, n° 64, et tome I, p. 237, n° 66.
2. Voyez ci-dessus, p. LXXX.
3. Avant Éd. Fournier (*la Comédie de J. de la Bruyère*, tome II, p. 561 et suivantes), Walckenaer avait fait de Bensserade l'actif adversaire des prétentions académiques de la Bruyère ; c'était là une simple conjecture. Il y a d'ailleurs un peu de confusion dans l'historique, tel que l'a fait Walckenaer, des candidatures de la Bruyère à l'Académie. Dans son *Étude sur la Bruyère* (p. 69), il date sa première candidature de l'élection de novembre 1691, où fut nommé Pavillon ; dans ses *Remarques et éclaircissements* (p. 679), il le dit encore concurrent de Pavillon lors de sa première candidature, et cependant il nous la montre combattue par Bensserade, oubliant que c'est de Bensserade lui-même, décédé le 19 octobre, que Pavillon fut le successeur.

le croit en général. Lorsque les noms des candidats, proposés soit par le Directeur, soit par d'autres académiciens, avaient été discutés à loisir, chacun inscrivait son vote sur un bulletin[1]. Le dépouillement des bulletins ne devait pas s'opérer en séance. Le Directeur, le Chancelier et le Secrétaire, assistés d'un membre désigné par le sort, les ouvraient hors de la salle de la réunion, puis faisaient connaître à la Compagnie le nom qui avait réuni la pluralité des voix, tenant secrets les noms des candidats moins heureux[2]. C'est alors que l'on soumettait l'élu de la majorité à un scrutin par boules, en vue duquel chaque académicien avait reçu, à l'avance, une ballote noire et une ballote blanche, et que les procès-verbaux nomment tantôt le premier scrutin, bien qu'il fût en réalité le second, tantôt « le scrutin de proposition. » Ce vote était suivi, dans une séance ultérieure, d'un autre scrutin par ballotes, qui était la dernière épreuve, et qui s'appelait, dans les procès-verbaux, soit le second scrutin, bien qu'il fût le troisième,

1. Tout d'abord, dans les premiers mois qui suivirent la fondation de l'Académie, il avait été procédé de vive voix aux élections : les académiciens étaient en quelque sorte nommés par acclamation. Mais en décembre 1634 il fut décidé qu'à l'avenir l'on opinerait sur les candidatures par billets. Les statuts de l'Académie, approuvés en 1635, ne font pas mention de ce vote par bulletins; mais il fallait nécessairement qu'un vote de ce genre précédât le scrutin par boules ou ballotes, qui est la seule formalité prescrite par ces mêmes statuts, et qui, s'exprimant par balles blanches ou noires, ne pouvait porter que sur un seul nom, déterminé à l'avance. Voyez sur cet usage l'*Histoire de l'Académie* de l'abbé d'Olivet (*passim*), l'*Histoire de l'Académie française*, par M. Paul Mesnard, l'*Éloge de Languet de Gergy* par d'Alembert (*OEuvres*, 1821, tome III, p. 381), et les registres de l'Académie, qui éclairent utilement d'ailleurs certains passages des divers auteurs qui ont parlé des élections académiques.

2. Parmi les procès-verbaux dont nous avons eu les copies sous les yeux, un seul indique le nombre des suffrages obtenus dans le scrutin par billets, celui dont nous parlons ci-après, p. cxxviii, où les voix se partageaient également entre deux concurrents et où la Bruyère vota pour un troisième. Le secrétaire Regnier Desmarais se contente d'ordinaire de noter l'obtention de « la pluralité des uffrages. »

soit le « scrutin d'élection[1]. » Le désir d'éviter des choix qui pussent désobliger le Protecteur avait introduit dans les usages académiques la procédure que nous venons d'exposer. Richelieu ayant blâmé l'une de ses élections, l'Académie, pour ne plus être exposée à pareille mésaventure, avait institué les deux scrutins par boules : le premier confirmait le vote préparatoire par bulletins, fixant la candidature que la Compagnie devait charger l'un des siens de proposer à l'approbation du Protecteur ; le second consommait l'élection.

Le scrutin préparatoire, qui se faisait par bulletins, était le plus intéressant, car il mettait fin à la compétition des concurrents. Au scrutin de proposition, les académiciens dissidents avaient presque tous désarmé, sinon tous : le candidat n'obtenait guère que des boules blanches. Le public considérait dès lors l'élection comme achevée, et les gazettes en annonçaient le résultat comme définitif [2].

1. Comme pour le vote par billets, Regnier Desmarais omettait d'inscrire dans ses procès-verbaux le nombre des voix qui formaient la pluralité des boules blanches obtenues dans les scrutins par boules. Il eût été conforme aux statuts d'apporter plus de précision dans la rédaction des procès-verbaux, et d'indiquer et le nombre des académiciens présents et celui des boules. La présence de vingt académiciens était exigée par l'article 11 des statuts approuvés en 1635 ; mais, par tolérance, on considéra comme valables les élections faites par dix-huit membres, s'il ne se produisait aucune réclamation. De plus les boules blanches devaient dépasser de quatre le nombre des noires. Suivant d'Alembert, dans l'*Éloge* précédemment cité *de Languet*, si le nombre des noires était égal au tiers du nombre des votants, l'Académie était fermée à perpétuité au candidat qui n'avait obtenu que la pluralité. D'Alembert rappelle que Fontenelle eut une boule noire, la Bruyère plusieurs, Fénelon deux, la Fontaine sept : c'est le scrutin de présentation qui donna ces résultats, sauf peut-être pour la Fontaine, qui avait eu contre lui, dans le scrutin par billets, sept bulletins qui portaient le nom de Boileau ; il n'a pas été dit encore si ces sept voix lui demeurèrent contraires dans le scrutin de présentation.

2. La présentation au Roi, qui était le protecteur de l'Académie depuis 1671, n'était pas toujours cependant une pure formalité : on sait que Louis XIV suspendit, pendant six mois, l'élection de la

C'est au dernier scrutin, sans nul doute, que Mezeray, qui fut secrétaire perpétuel de l'Académie de 1675 à 1683, déposait dans la boîte, à chaque élection, la boule noire par laquelle il témoignait de son indépendance et prétendait constater celle de la Compagnie. Personne, après sa mort, ne continua cette tradition d'opposition systématique, et la nomination même du successeur de Bensserade nous offre l'exemple d'une élection qui, vivement disputée au début, réunit, à la dernière heure, comme d'ailleurs l'avait fait celle de Fontenelle, tous les suffrages sans exception. Les procès-verbaux des séances où elle s'accomplit sont rédigés avec la brièveté habituelle. « La pluralité des suffrages ayant été pour M. Pavillon, » on passe au scrutin, et « toutes les boules, à la réserve d'une seule, » lui sont « favorables : » voilà pour la séance du 22 novembre, celle où se fit le scrutin de proposition. Le scrutin d'élection ne donne que des boules blanches à M. Pavillon : voilà pour la seconde séance, qui se tint le 1er décembre. Il peut y avoir quelque intérêt à compléter les comptes rendus officiels.

La place vacante était sollicitée par « plusieurs sujets considérables, » dit le *Mercure galant*. S'il en était présenté plus de deux, du moins n'étaient-ils que deux entre lesquels les chances de succès semblaient se partager quand l'Académie se réunit le 22 novembre : l'un était la Bruyère; peut-être l'autre était-il Tourreil. Mais la candidature imprévue de Pavillon, qui surgit au cours de la séance pendant la discussion des titres, vint déjouer les prévisions. Paul Tallemant, qui l'avait improvisée, en a raconté lui-même le succès dans l'éloge qu'il prononça de Pavillon, en 1705, devant l'Académie des inscriptions :

« Je n'oublierai pas ici, dit-il, la manière extraordinaire et

Fontaine. Et l'approbation du Roi obtenue, l'Académie n'estimait pas toujours qu'elle fût irrévocablement engagée à consacrer définitivement la candidature qu'elle avait adoptée; car on la vit, en 1659, discuter de nouveau, à la seconde séance électorale, celle de Gilles Boileau, qu'elle avait accueillie au scrutin de proposition; peu s'en fallut même que, cédant aux intrigues unies de Ménage et de Pellisson, elle ne se dégageât d'un scrutin à l'autre. Mais cet incident est, je crois, unique dans les annales de l'Académie.

nouvelle dont il fut mis à l'Académie françoise. Je lui avois souvent dit qu'une place dans cette célèbre compagnie lui convenoit extrêmement, surtout puisqu'il n'étoit guère occupé ; mais sa modestie le retenoit, et les sollicitations qu'il croyoit nécessaires l'en avoient toujours détourné. L'Académie se trouva balancée entre deux personnes qui partageoient les voix, et formoient deux partis qu'on ne pouvoit accorder. Je ne sais par quel instinct il me vint dans l'esprit de parler de M. Pavillon ; mais, dès que je l'eus nommé, il se fit un applaudissement général ; on abandonna les deux partis auxquels on paroissoit si attaché, et tout se réunit, en un moment, en faveur d'un mérite qui parut supérieur à tout autre. Cette élection peu usitée étonna tout le monde, et M. Pavillon, à qui j'en portai la nouvelle, en fut lui-même dans une surprise qui n'est pas croyable[1]. »

« L'applaudissement » qui accueillit à l'Académie la proposition de Tallemant ne fut pourtant pas aussi unanime qu'i le dit ; car, sur vingt-cinq académiciens présents et comptés par le *Mercure*, sept demeurèrent fidèles à la Bruyère et inscrivirent son nom sur leurs bulletins, dans le vote par billets qui suivit la discussion des titres. Le *Mercure* n'enregistra point ces sept voix données à l'auteur des *Caractères*, et Tallemant semble les avoir oubliées ; le chiffre s'en trouve dans une lettre de la Bruyère lui-même à Bussy Rabutin. La candidature de Pavillon obtint néanmoins un beau triomphe des le premier vote : elle y put réunir dix-huit voix, si toutefois le rival inconnu de la Bruyère fut abandonné de tous ses amis. Au scrutin de proposition, six des électeurs de la Bruyère se rallièrent à ceux de Pavillon. Au scrutin d'élection, le 1er dé-

1. *Éloge de M. Pavillon*, en tête des *OEuvres de M. Pavillon*, éditions de la Haye, 1715, et de Paris, 1720. — Le *Mercure galant* fait une brève allusion à la manière dont l'élection fut inopinément proposée et acceptée : « …. L'Académie,… après avoir écouté les propositions qui lui furent faites de plusieurs sujets considérables, *se choisit elle-même* M. Pavillon…. Le Roi, à qui il fut proposé, comme celui qui avoit eu le plus de suffrages, lui a donné son agrément, et *toute la cour et Paris y ont applaudi.* » Le *Mercure galant* accompagne cette nouvelle d'un grand éloge du nouvel académicien : son principal mérite devait être à ses yeux d'avoir retardé, par sa nomination inattendue, celle de la Bruyère. Voyez le *Mercure* de novembre 1691, p. 273 et suivantes.

cembre, il n'y a plus de dissidence : toutes les boules sont blanches.

Bussy était l'un des sept académiciens qui, devançant le jugement de la postérité, avaient protesté contre la préférence que la Compagnie avait donnée à Pavillon sur la Bruyère. Il avait applaudi, du fond de sa retraite de Bourgogne, à l'élection de Fontenelle; mais, dans celle où notre auteur échoua, il s'était séparé de Fontenelle et de ses amis. Instruit ensuite de l'appui qu'il avait reçu de lui, la Bruyère s'empressa de le remercier : « Les Altesses à qui je suis seront informées de tout ce que vous avez fait pour moi, Monsieur. Les sept voix qui ont été pour moi, je ne les ai pas mendiées, elles sont gratuites; mais il y a quelque chose à la vôtre qui me flatte plus sensiblement que les autres. » Et Bussy répond avec une courtoisie que l'on a prise à tort pour de l'ironie : « Les voix que vous avez eues n'ont regardé que vous : vous avez un mérite qui pourroit se passer de la protection des Altesses, et la protection de ces Altesses pourroit bien, à mon avis, faire recevoir l'homme le moins recommandable. Jugez combien vous auriez paru avec Elles et avec vous-même, si vous les aviez employées[1]. »

Il nous paraît presque certain que Racine, Bossuet, Boileau, Regnier Desmarais avaient voté avec Bussy. Pour les deux autres voix, il faut, je crois, choisir entre les noms de Renaudot, Rose, Novion, Segrais ou Huet. J'ajouterais le nom de la Fontaine, si, quelques mois auparavant, la Bruyère n'avait publié un très-désobligeant caractère du fabuliste. Il devait lui en faire réparation plus tard; mais, à cette date si rapprochée de la publication de son portrait, la Fontaine avait le droit d'en garder quelque ressentiment.

L'édition de 1691, qui donnait le caractère de la Fontaine, renfermait aussi celui de *Théobalde*, c'est-à-dire de Bensserade : la tâche eût été délicate pour la Bruyère, si on l'avait élu à la place de Bensserade et s'il avait dû faire l'éloge académique du poëte qu'il venait de railler si cruellement. Elle convenait mieux à Pavillon, auteur de jeux d'esprit et de badinages en prose et en vers, surtout en vers, qui étaient fort à la mode.

---

1. Voyez l'une et l'autre lettre, tome II, p. 513 et 514.

« L'incroyable surprise » toutefois que l'élu lui-même témoigna en apprenant « une si singulière élection » (ce sont les termes de Tallemant) était assez naturelle, non-seulement pour ce que l'événement avait d'inusité, d'inattendu, et c'est ce que Tallemant veut dire, mais encore parce que l'Académie spontanément appelait à elle, en admettant Pavillon, l'un de ceux qui avaient pris parti en faveur de Furetière. Il n'était peut-être pas moins surprenant que le Roi approuvât, sans hésitation, la nomination d'un neveu de feu l'évêque d'Alet, Nicolas Pavillon, ami d'Arnauld et de Port-Royal, auteur de lettres célèbres, adressées à Louis XIV lui-même, contre la signature du formulaire et la régale ; mais les temps étaient bien changés : l'Académie allait entendre le plus éclatant éloge de l'oncle, mêlé à celui du neveu, et le *Mercure* pouvait proclamer impunément que l'évêque d'Alet avait été la gloire de l'épiscopat.

« …. Je regarde…. quels juges m'ont choisi, à quels hommes ils m'ont préféré, » dit Pavillon dans son discours de réception, où se manifeste la joie la plus vive ; puis, cherchant la raison du choix de l'Académie, il se demande si, après avoir donné tant de preuves de la délicatesse de son goût dans les élections précédentes, elle n'a pas « jugé à propos de ne songer, en celle-ci, qu'à faire éclater la liberté de ses suffrages. » Dans sa réponse, Charpentier reviendra sur cette même question de la liberté de l'Académie, lorsque, parlant de Louis XIV et de son amour des lettres, il s'écriera :

« N'est-ce pas un effet de ce même amour qui ne s'éteindra jamais dans son cœur, que s'intéressant à l'honneur de vos élections, dont il vous laisse la liberté tout entière, il vous exhorte de jeter toujours les yeux sur les personnes d'un mérite le plus distingué, sans vous abandonner ni au torrent des brigues ni au penchant de vos propres inclinations? Et ne s'en est-il pas expliqué de la sorte lorsque le scrutin de cette dernière élection lui fut présenté[1] ? »

1. *Recueil des harangues*, etc., tome II, p. 343 et 350. Le *Mercure* relève naturellement ce trait. La réponse de Charpentier à Tourreil « lui marqua, dit-il, d'une manière fort fine et fort délicate que l'Académie, en le choisissant, n'avoit fait que satisfaire aux intentions du Roi, qui vouloit que, dans ces sortes d'élections,

L'indépendance de la Compagnie avait-elle donc été menacée par les sept académiciens qui avaient voté pour la Bruyère? Vraiment l'Académie avait eu de meilleures occasions de se mettre en garde contre les brigues et les atteintes portées à sa liberté.

Tourreil, qui avait obtenu de l'Académie deux prix d'éloquence, sollicita la succession de Michel le Clerc : il fut proposé, le 12 janvier 1692, par toutes les voix, sauf une, et nommé le 19 par la pluralité des votants suivant le procès-verbal, ou par tous selon le *Mercure*[1]. Dans son discours de réception, le nouvel académicien s'excuse d'avoir été préféré à d'illustres concurrents[2]. On ne sait si la Bruyère fut l'un d'eux. Bien qu'il n'y fût pas obligé, Tourreil loua l'Académie d'avoir signalé, par l'élection de Pavillon, la délicatesse de son goût et la justesse de son discernement. La Bruyère aurait eu mauvaise grâce à s'en montrer offensé; mais il avait le droit de s'étonner de l'insistance avec laquelle Charpentier, qui répondit à Tourreil, rappela encore et commenta de nouveau les paroles de Louis XIV, recommandant à l'Académie de ne jeter les yeux que sur des personnes d'un savoir distingué. Quelle pressante nécessité contraignait donc Charpentier à inviter une fois de plus l'Académie à se défendre contre les sollicitations du « faux mérite »? Nous voudrions en pouvoir douter; mais la candidature que l'on désirait si vivement écarter n'était-elle pas celle de la Bruyère[3]?

on rendît justice au vrai mérite, sans avoir égard aux brigues. » (Février 1692, p. 243.)

1. Janvier 1692, p. 175.

2. « .... Je ne laisse pas de craindre que le public, pour la première fois, ne se dispense de la soumission dont il se pique envers vous, et ne murmure en faveur des illustres concurrents à qui j'ai honte de me voir préféré. » (*Recueil des harangues*, tome II, p. 354.)

3. Tourreil avait été, sans en prendre ni en recevoir le titre, gouverneur de Phélypeaux, le correspondant de la Bruyère. Pontchartrain néanmoins n'aurait pu être désobligé de voir la Bruyère entrer en compétition avec lui, car il avait depuis quelque temps congédié Tourreil, « pour l'avoir loué » dans un livre, dit Saint-Simon, dont nous ne garantirons pas l'exactitude sur ce point (*Additions au Journal de Dangeau*, tome IV, p. 14, et tome XV,

On peut affirmer que la Bruyère ne se présenta pas à l'Académie pour y remplacer Pellisson : la candidature de Fénelon, appuyée par les amis mêmes de notre auteur, ne rencontra que deux opposants au scrutin de proposition, dans la séance du 7 mars 1693. Mais il se mit résolûment sur les rangs, lorsque la mort de Bussy et celle de l'abbé de la Chambre laissèrent deux places vacantes. L'abbé Bignon, neveu de Pontchartrain, sollicitait une des deux. La Loubère, gouverneur de Phélypeaux, fut un instant l'un des candidats désignés pour la seconde ; mais il se retira devant la Bruyère, et supplia ses amis de reporter sur l'auteur des *Caractères* les suffrages qu'ils lui destinaient.

Au dire du *Mercure galant*, le succès de la Bruyère ne fut obtenu qu'à l'aide des « plus fortes brigues qui aient jamais été faites. » Les chansons du temps font écho. Injurieuses pour Regnier Desmarais, Racine et Bossuet, qui étaient les patrons de sa candidature, elles ne mettent pas en cause toutefois les Altesses de la Bruyère, très-indifférentes sans doute à son ambition académique. Tout gentilhomme qu'il fût de Monsieur le Prince, il put dire, dans son discours de réception, en parlant de sa nomination : « Il n'y a ni poste, ni crédit, ni richesses, ni titres, ni autorité, ni faveur qui aient pu vous plier à faire ce choix : je n'ai rien de toutes ces choses, tout me manque. Un ouvrage qui a eu quelque succès par sa singularité.... a été toute la médiation que j'ai employée et que vous avez reçue [1]. » Il est toutefois une médiation dont la trace s'est retrouvée, et qui justifie, dans une certaine mesure, les ombrages de quelques académiciens : Pontchartrain écrivit à Renaudot une pressante lettre de recommandation en faveur tout à la fois de l'abbé Bignon et de la Bruyère, et, pour être le seul qu'on ait publié, ce billet n'est sans doute point le seul que le puissant contrôleur général ait écrit au sujet de cette élection[2]. Mais si Bossuet, Racine, Boileau, Regnier

---

p. 178). — Au scrutin de proposition, Tourreil avait obtenu toutes les voix moins trois.

1. Tome II, p. 472.

2. Voici le texte de cette lettre, retrouvée dans les papiers de Renaudot, et publiée dans l'*Athenæum français* en 1853 (3 décembre, p. 1164) : « Comme j'ai toujours beaucoup compté sur l'amitié

Desmarais, et enfin Pontchartrain, dont nous regrettons de voir le nom mêlé à cette affaire, firent valoir ses titres et recommandèrent sa candidature, la Bruyère ne fit aucune démarche personnelle. Il le dit, et nous pouvons en croire sa parole[1] : les basses importunités contre lesquelles Charpentier

> que vous m'avez si souvent témoignée, j'ai cru, Monsieur, que vous voudriez bien faire quelque chose à ma recommandation, et me permettre de solliciter en faveur de M. l'abbé Bignon et de M. de la Bruyère pour remplir les deux places vacantes à l'Académie françoise. Comme l'esprit et le mérite de ces deux Messieurs ne vous est pas inconnu, et que vous en êtes beaucoup meilleur juge que moi, je ne ferai pas ici leur éloge. J'ose même me flatter que vous aurez quelque égard à ma recommandation et que vous me donnerez votre voix. Je vous serai infiniment obligé.
>
> « Je suis, Monsieur, votre très-humble et très-obéissant serviteur,
> « PONTCHARTRAIN.
>
> « Versailles, 18 avril 1693. »

Cette lettre, écrite près d'un mois avant le scrutin de proposition, est adressée à « M. l'abbé Renaudot, historiographe de France, de l'Académie royale des inscriptions, rue Vivienne, à Paris, » sans addition de l'autre qualité, cause de la lettre, de « membre de l'Académie française. » Si Pontchartrain envoya de semblables billets à d'autres académiciens en avril 1693, si surtout il était de même intervenu dans des élections précédentes au profit de la Bruyère, Charpentier et ses amis auraient été, il faut en convenir, les défenseurs de l'indépendance de l'Académie en combattant une candidature ainsi imposée par un ministre; mais, jusqu'à preuve contraire, nous douterons du moins que cette lettre soit la répétition de recommandations antérieures en faveur de la Bruyère. Au mois d'avril 1693, Pontchartrain appuie la candidature de son neveu l'abbé Bignon : c'est l'occasion, je veux le croire, qui l'entraîne à solliciter en même temps et du même coup pour la Bruyère.

1. « Je ne le dissimule pas, j'ai assez estimé cette distinction pour desirer de l'avoir dans toute sa fleur et toute son intégrité, je veux dire de la devoir à votre seul choix, et j'ai mis votre choix à tel prix que je n'ai pas osé en blesser, pas même en effleurer la liberté par une importune sollicitation.... » (*Discours de réception*, tome II, p. 471.)

croyait devoir prémunir l'illustre Compagnie n'étaient pas à redouter d'un homme de son caractère.

Ce fut le jeudi 14 mai qu'eut lieu le double scrutin de proposition où l'Académie choisit l'abbé Bignon à la place de Bussy, et la Bruyère comme successeur de l'abbé de la Chambre[1]. Le secrétaire perpétuel, Regnier Desmarais, prenant plaisir à dresser le procès-verbal d'élections dont l'une était en grande partie son œuvre, le rédigea moins sommairement qu'il n'a fait tous les autres que nous avons de sa main :

« Ce jour, la Compagnie ayant été convoquée par billets pour remplir les places vacantes par la mort de M. le comte de Bussi et de M. l'abbé de la Chambre, on a commencé par voir sur qui on jetteroit les yeux pour remplir la place de M. le comte de Bussi, et les billets de Messieurs ayant été remis pour cet effet entre les mains de M. l'abbé Regnier, secrétaire, et ensuite ouverts en présence de M. Despréaux, directeur, et de M. le marquis de Dangeau, chancelier, et de l'inspecteur tiré au sort, M. l'abbé Bignon s'est trouvé nommé dans la plupart des billets. Après cela, on a procédé au premier scrutin sur son sujet ; et la plupart des boules ayant été favorables, il a été déclaré admis à la proposition. On a procédé ensuite de la même sorte pour la place vacante par la mort de M. l'abbé de la Chambre, à laquelle M. de la Bruyère s'est trouvé nommé par la plupart des billets. Après cela, on a distribué les boules blanches et les boules noires pour le premier scrutin, et

---

1. Le jeudi 14 mai, disons-nous, et cependant le procès-verbal officiel, dont le texte suit, porte en tête la date du samedi 16 ; mais ne faut-il pas rectifier sur ce point le procès-verbal ? Dangeau, qui, comme Regnier, assistait à la séance, la place au jeudi 14, et son témoignage est confirmé par le *Mercure galant* (mai 1693, p. 281), qui avait pour collaborateurs plusieurs académiciens : Fontenelle, Thomas Corneille, l'abbé Tallemant ; nous ajouterions qu'il l'est aussi par le *Mercure historique*, publié à Amsterdam (tome XIV, juin 1693, p. 655), si, dans ce recueil, la nouvelle et la date de l'élection ne semblaient tirées du *Mercure galant*. La gazette étrangère fait toutefois des *Caractères ou Mœurs de ce siècle* une appréciation qu'elle n'emprunte pas à la gazette française : « Ce dernier ouvrage, dit-elle, est incomparable. » Elle ajoute en outre une nouvelle que ne donne pas le *Mercure galant* : « On parle de M. de la Loubère pour remplir la place de l'abbé Tallemant. » L'abbé Tallemant, « le vieux, » était mort le 6 mai.

la plupart des boules lui ayant été favorables, il a été pareillement admis à la proposition. »

Quelques jours plus tard[1], l'Académie était « avertie par une lettre de M. le marquis de Dangeau, chancelier, que le Roi avoit agréé le choix que la Compagnie avoit fait de M. l'abbé Bignon et de M. de la Bruyère.... ». Le samedi 23 mai, suivant le *Mercure galant*, le jeudi 28, suivant le procès-verbal officiel[2], l'Académie achevait cette double élection dans une séance dont nous citerons encore le compte rendu :

« Ce jour, la Compagnie, convoquée par billets, a procédé, suivant ses formes ordinaires, au scrutin de l'élection pour remplir les places vacantes par la mort de M. le comte de Bussi et de M. l'abbé de la Chambre, et le scrutin ayant été tenu pour la première, à laquelle M. Bignon avoit déjà été proposé, il a été élu par la plupart des suffrages, presque toutes les boules lui ayant été favorables. On a procédé ensuite de la même sorte pour l'autre place, et M. de la Bruyère, qui y avoit déjà été admis par le scrutin de la proposition, y a été confirmé, dans le scrutin de l'élection, par la plupart des boules. Après cela, M. Charpentier, doyen et président en l'absence des deux premiers officiers, a déclaré M. l'abbé Bignon et M. de la Bruyère élus par la Compagnie, et a chargé quelques-uns de Messieurs de leur en donner avis. »

1. « Le lundi 24 mai, » suivant le registre de l'Académie, qui donne cette date à la réception de la lettre de Dangeau; mais le 24 mai 1693 était un dimanche : il y a donc erreur. Peut-être faut-il lire : le lundi 18 mai. Bien que Dangeau, dans son *Journal*, enregistre, tout à la fois, à la date du jeudi 14 les choix de l'Académie et l'approbation que leur donne le Roi, on peut douter qu'il ait soumis les deux noms à Louis XIV le jour même de l'élection; mais certainement il se hâta de l'en entretenir : Louis XIV allait quitter Versailles pour aller commander l'armée de Flandre, et Dangeau devait partir, à sa suite, le 18. Sa lettre à l'Académie dut être écrite la veille au plus tard.

2. Cette fois le 28 est bien un jeudi; mais nous avons plus de confiance dans la date du *Mercure galant* (*ibidem*, p. 282), répétée par le *Mercure historique*. Les hésitations du secrétaire perpétuel, qui se manifestent par les blancs qu'il laisse de temps à autre aux dates de jour et parfois de mois, nous permettent de n'accepter qu'après vérification celles qu'il inscrit sur son registre, si peu régulièrement tenu. Les procès-verbaux étaient tardivement rédigés.

La Bruyère eut dix-sept jours au compte de Regnier Desmarais, vingt jours au compte du *Mercure galant,* pour écrire sa harangue de réception. Elle était attendue avec une maligne curiosité. On se répétait l'épigramme suivante :

> L'Académie enfin a reçu la Bruyère :
> Elle pourra s'en repentir.
> Mais qu'importe ? Il est bon que, pour nous divertir,
> Elle ait toujours un Furetière [1].

« Deux heures avant la réception, » si l'on en croit Boursault, « Messieurs de l'Académie trouvèrent sur leur table » cette autre épigramme :

> Quand, pour s'unir à vous, Alcipe se présente,
> Pourquoi tant crier haro ?
> Dans le nombre de quarante,
> Ne faut-il pas un zéro [2] ?

La séance de réception eut lieu au Louvre le 15 juin. Ces

---

1. M. L. Delisle m'a obligeamment signalé une copie de cette épigramme, de la main même de Gaignères, conservée au cabinet des titres de la Bibliothèque nationale. Dans le *Chansonnier Maurepas* (tome VII, p. 441), le même quatrain est accompagné des notes suivantes : « Il eut beaucoup de peine à être reçu à l'Académie françoise. C'étoit un homme peu connu avant qu'il eût fait imprimer une deuxième traduction des *Caractères* de Théophraste avec les *Caractères ou Mœurs de ce siècle* : de manière qu'il lui fallut jouer quantité de ressorts pour entrer dans cette Compagnie…. Cet homme étoit fort caustique, et son livre des *Caractères ou Mœurs de ce siècle* n'étoit que des portraits satiriques de tout ce qu'il y a de plus considérable à la cour et à la ville, de l'un et de l'autre sexe. Cela avoit donné un si grand débit à ce livre qu'on l'avoit imprimé pour la 7ᵉ fois cette année 1693. L'auteur (*de l'épigramme*) conclut de là que la Bruyère étant entré dans l'Académie, où il y a un grand nombre de ridicules, c'est en quelque façon mettre le loup dans la bergerie, parce qu'il les satirisera tous par la suite. »

2. *Lettres nouvelles,* édition de 1697, p. 489; édition de 1703, tome II, p. 173. « Enfin, Monseigneur, écrit Boursault à l'évêque de Langres, on reçut lundi à l'Académie françoise M. ***, qui briguoit cette place depuis si longtemps. Vous savez combien il a été obligé de franchir de difficultés avant que d'y arriver, et de quelle autorité il a fallu se servir (*ceci est sans doute une allusion à l'intervention de Pontchartrain*). Comme il est d'un pays où la

solennités, publiques depuis 1671, attiraient déjà beaucoup d'auditeurs. Ils se rangeaient debout autour des académiciens, assis autour d'une grande table, dont l'une des extrémités était occupée par les officiers de la Compagnie, c'est-à-dire par le Directeur, le Chancelier, le Secrétaire perpétuel, et l'autre par le récipiendaire ou par les récipiendaires, car, le 15 juin, on recevait tout à la fois Bignon et la Bruyère.

L'abbé Bignon prit le premier la parole. Il achevait sa harangue, qui joignait à la banalité du moins le mérite de la brièveté, quand l'archevêque de Paris, M. de Harlay, vint prendre séance. L'assemblée, dit le *Mercure*, avait admiré dans ce discours l'ordre et la liaison ingénieuse de chaque matière (cet ordre et cette liaison dont à l'avance on déclarait la Bruyère incapable); elle était charmée de l'éloquence du récipiendaire, et, ne voulant pas que l'Archevêque fût privé de l'audition d'un si beau morceau, elle pria M. Bignon d'en recommencer la lecture. M. de Harlay « joignit ses prières à l'empressement que chacun faisoit paroître de jouir encore du même plaisir, » et l'abbé Bignon se rendit à des instances aussi unanimes. « L'applaudissement fut encore plus fort qu'il n'avoit été la première fois; » c'est toujours le *Mercure* qui parle.

A son tour, la Bruyère se lève et lit sa harangue. Ceux des académiciens qui viennent de faire une ovation à l'abbé Bignon affectent l'ennui et se taisent, tandis que ceux que la Bruyère a loués personnellement n'osent, par un scrupule de délicatesse, exprimer trop haut une approbation qui pourrait sembler intéressée. Telle fut en somme l'attitude de la Compagnie que le *Mercure*, heureux de retourner contre la Bruyère la phrase dédaigneuse que celui-ci lui avait lancée naguère, crut pouvoir dire que « toute l'assemblée » avait « jugé » que son discours « étoit directement *au-dessous de rien*[1]. »

clameur *de haro* est en usage (*Boursault fait à tort de la Bruyère un Normand*), on dit que deux heures avant sa réception, Messieurs de l'Académie trouvèrent cette épigramme sur leur table, » etc. C'est bien du jour de la séance publique de la réception de la Bruyère qu'il s'agit : elle eut lieu un lundi, et ni l'une ni l'autre des séances où l'on vota sur la nomination de la Bruyère ne se tint un lundi.

1. Nous avons reproduit ailleurs (tome III, 1ʳᵉ partie, p. 192-

La Bruyère avait loué tous les académiciens ; mais les éloges étendus et personnels ne s'adressaient qu'aux académiciens qui étaient déjà illustres ou ne pouvaient manquer de le devenir, Bossuet, Racine, la Fontaine, Boileau, Fénelon, Segrais, alors aussi fort goûté. Quelques autres encore pouvaient s'attribuer sans conteste deux ou trois lignes de louange ne convenant qu'à eux : le reste devait chercher sa part dans des éloges d'une généralité banale, trop vagues pour qu'un nom pût y être attaché à l'exclusion d'autres, et s'appliquant à presque tous les académiciens à la fois. Tandis qu'il était parlé de l'évêque de Meaux en termes magnifiques, l'archevêque de Paris, ce prélat même auquel la Compagnie venait de rendre un hommage qui devait être enregistré dans ses annales, demeurait confondu dans la foule des Quarante. Ceux que l'orateur avait peints et désignés aussi clairement que s'il les eût nommés, étaient ses amis, ses électeurs dévoués, à un ou deux près peut-être, et de plus ses alliés dans la lutte entre les anciens et les modernes : le camp des modernes ne pouvait revendiquer qu'une brève allusion accordée, par bienséance, à l'un d'eux, le doyen de l'Académie, Charpentier, qui devait répondre au récipiendaire en l'absence du directeur Boileau, retenu en Flandre par ses devoirs d'historiographe du Roi. Et

195) le haineux compte rendu que le *Mercure galant*, organe de Thomas Corneille et de Fontenelle, publia de la réception de la Bruyère. Voici, tel qu'il est dans le registre, le récit officiel de cette séance, qui eut, nous l'allons voir, un si long retentissement : « Ce jour (*le lundi 15 juin*), la Compagnie ayant été convoquée par billets à tenir une séance publique pour la réception de M. l'abbé Bignon et de M. de la Bruyère, qui ont pris tous deux leur place au bout de la table, M. l'abbé Bignon a parlé le premier suivant l'ordre de sa réception; et, comme il avoit déjà prononcé une partie de son discours, M. l'archevêque de Paris est survenu, en faveur duquel on l'a prié de le recommencer, ce qu'il a fait avec la satisfaction de toute la Compagnie. Après cela, M. de la Bruyère a fait son remerciement, et M. Charpentier, doyen et président de l'assemblée, en l'absence des deux premiers officiers, a répondu en nom de la Compagnie. On a lu ensuite quelques ouvrages en vers de M. Perrault et de M. Boyer : après quoi, la Compagnie s'est levée. » Le directeur était Boileau, et le chancelier Dangeau ; l'un et l'autre étaient en Flandre.

quel éloge de ce même Boileau devant ses victimes, qui entendaient la Bruyère le faire l'égal, non de Juvénal, mais d'Horace [1], et proclamer la justesse, la sûreté, l'innocence de sa critique!

Cependant l'offense la plus grave, celle qui souleva contre la Bruyère tout un groupe bruyant d'académiciens, n'était pas dans cette inégale distribution d'éloges entre ses confrères : elle était dans la comparaison de Corneille et de Racine. Devant le frère et le neveu de Corneille, Thomas Corneille et Fontenelle, il avait mis en doute que la postérité ratifiât le jugement des contemporains immédiats du grand tragique, approuvant presque ouvertement ceux qui n'admettaient pas qu'il fût égalé à Racine : « Ils en appellent à l'autre siècle (disait-il, en se rangeant à leur avis, de ceux qui poussaient l'admiration de Racine jusqu'à se montrer exclusifs); ils attendent la fin de quelques vieillards qui, touchés indifféremment de tout ce qui rappelle leurs premières années, n'aiment peut-être dans OEdipe que le souvenir de leur jeunesse [2]. » Quelle réponse à cette déclaration de Fontenelle, s'écriant dans son discours de réception à l'Académie : « Je tiens par le bonheur de ma naissance à un grand nom, qui, dans la plus noble espèce des productions de l'esprit, efface tous les autres noms! »

Thomas Corneille et Fontenelle attaquèrent le discours avec la plus grande vivacité. On attribue au premier l'article du *Mercure*, auquel Visé collabora sans doute. Le second est à nos yeux le *Théobalde* que la Bruyère nous montre visitant la cour et la ville pour y médire de lui [3]. *Théobalde* est le nom

1. Tome II, p. 461.
2. *Ibidem*, p. 462.
3. Voyez, au tome II, cet alinéa de la page 441 : « Je viens d'entendre, a dit Théobalde, une grande vilaine harangue qui m'a fait bâiller vingt fois et qui m'a ennuyé à la mort. » Si l'on prend à la lettre l'une des phrases qui suivent, c'est dès le 16 juin que Fontenelle et ses amis seraient allés à Versailles pour y décrier le discours. La cour n'était pas déserte : Pontchartrain et bien d'autres n'avaient point quitté Versailles; mais le Roi n'y devait rentrer que le 27 juin, au retour de son voyage en Flandre, où l'avaient accompagné le Dauphin, les princes, les princesses, etc.

qu'il donne à ses ennemis de l'Académie : en 1693, *Théobalde* avait été Bensserade; en 1694, il devient Fontenelle, « le chef des mécontents, » et les *Théobaldes* sont les amis de Fontenelle. Les *Théobaldes*, au surplus, ne furent pas les seuls qui décrièrent le discours de la Bruyère. « M. l'abbé Bignon.... fit assez bien, et M. de la Bruyère.... fit très-mal, à ce que tout le monde dit, » écrit Bourdelot à Nicaise. Galland n'est pas plus bienveillant[1].

On cherchait à susciter des colères contre la Bruyère en dehors même de la société littéraire. Il avait pris à partie les gens d'affaires, et dans une apostrophe inattendue, qu'il mêlait à l'éloge de Richelieu, leur avait reproché leurs dédains pour les lettres et les lettrés, dont il les considérait comme les plus irréconciliables ennemis. On prétendit que la Bruyère avait eu particulièrement en vue un personnage dans cette apostrophe, et un nom fut prononcé. Lequel? je ne sais. Mais si ce passage du discours et celui de la préface, écrite plus tard, qui s'y rapporte s'appliquent personnellement à quelqu'un, je n'hésite pas à dire que c'est à Gourville.

La querelle des *Théobaldes* et de la Bruyère fut portée devant l'Académie elle-même, et elle le fut par la Bruyère[2]. Vengeurs de la gloire de Corneille, ses adversaires voulaient s'opposer à l'impression du discours et l'écarter du recueil des harangues académiques. Ils tentèrent d'obtenir de l'abbé Bignon qu'il séparât sa cause de celle de son confrère; mais l'abbé Bignon, « prié, sollicité, persécuté, » résista aux instances avec une fermeté dont la Bruyère lui sut gré. L'Académie de même maintint les droits de la Bruyère, et la harangue fut admise dans ses archives et dans son recueil.

La Bruyère nous montre l'Académie se refusant à la suppression de son discours, et se tait sur une seconde proposition qui fut aussi, dit-on, faite à la Compagnie. C'est l'atteinte portée à la gloire de Corneille qui avait surtout ému quelques académiciens : on demanda que l'alinéa disparût du discours

---

1. Voyez la *Notice* qui précède le *Discours à l'Académie*, tome II, p. 433-436, et la *Notice bibliographique*, tome III, 1re partie, p. 150 et 151.

2. Voyez tome II, p. 448 : « Ils sont encore allés plus loin, » etc.

imprimé. Suivant les nouvellistes du temps, Racine se fâcha :

« Les mots ont été dits, les mots demeureront[1]. »

Bossuet, ajoutent les nouvellistes, fut chargé de faire savoir à ses confrères que Racine ne paraîtrait plus à l'Académie et se plaindrait au Roi, si le discours n'était pas exactement imprimé. Les beaux esprits qui se plaisaient à railler l'Académie propageaient volontiers ces rumeurs, pour en prendre l'occasion d'allusions malignes aux habitudes de soumission qu'entretenait dans la Compagnie le désir de ne point perdre les faveurs royales[2].

Publié à part, en 1693, par Coignard et par Michallet, le discours prit place l'année suivante dans une édition nouvelle des *Caractères*, la 8ᵉ. La Bruyère n'avait point pardonné : il inséra dans cette même édition le caractère satirique de *Cydias*, où Fontenelle se reconnut immédiatement, et sa vive réponse aux *Théobaldes*, placée en tête de son discours. Dans cette préface, il n'oublie aucun des griefs invoqués contre lui, répète avec amertume chacun des méchants propos qui ont circulé à la cour et dans la ville, et répond à tous. Nous renvoyons le lecteur à cette âpre apologie, où l'amour-propre froissé, l'indignation et la colère éclatent en traits que l'art n'a pas tous aussi finement polis ou aiguisés que ceux dont sont remplis les *Caractères*.

« Si, chargé de faire quelque autre harangue, je retombe encore dans ces peintures, disait la Bruyère en parlant de ceux qui lui reprochaient d'avoir « fait des caractères, » au lieu d'un discours, c'est alors qu'on pourra écouter leur critique, et peut-être me condamner[3]. » .... Il ne devait pas avoir l'oc-

---

1. Extrait d'une chanson du temps. Voyez ci-après les *Pièces justificatives*, p. CLXXX.

2. Brillon raconte (*Sentiments critiques sur les Caractères de Théophraste de M. de la Bruyère*, p. 559) que « la harangue de la Bruyère a donné lieu à un nouveau statut de l'Académie, » obligeant les académiciens à soumettre à l'avance leurs discours à l'examen de deux de leurs confrères. D'Olivet ne dit rien qui confirme l'assertion de Brillon.

3. Tome II, p. 437.

casion de prononcer une autre harangue devant l'Académie : n'ayant jamais été son directeur, il n'eut point le devoir de prendre la parole en son nom, et jamais il ne proposa d'ajouter au programme des solennités académiques la lecture d'un morceau composé par lui[1].

Au moment où il était appelé à partager ses travaux, l'Académie achevait son *Dictionnaire*, qui devait paraître au mois d'août 1694. Le *Dictionnaire* terminé, elle consacra ses délibérations « à recueillir et à résoudre des doutes sur la langue, » suivant les expressions de l'abbé d'Olivet[2], en vue de la grammaire qu'elle avait le projet de rédiger. La Bruyère était candidat ou était bien près de l'être lorsqu'il publia, dans le chapitre *de Quelques usages*[3], sa dissertation sur les mots que la mode avait abandonnés, montrant ainsi qu'il était prêt aux discussions qui occupaient la Compagnie. Sa parfaite connaissance de la littérature, ses réflexions sur l'histoire des mots, le travail incessant de son esprit, toujours à la recherche des tours, des ressources, des artifices que peut offrir la langue, avaient fait de lui un lexicographe et grammairien très-compétent et autorisé. Mais s'il se mêla aux études philologiques de l'Académie, il le fit sans bruit[4]. Du moins assistait-il aux séances d'élections. A la première des élections qui suivirent la sienne, il ne pouvait refuser son concours à la candidature de la Loubère, qui s'était retiré devant lui; nous le retrouverons à la troisième, faisant montre d'une égale indépendance

---

1. Après la date de sa réception, son nom ne devait plus être inscrit qu'une fois sur le registre des séances de l'Académie : le 15 juin 1696, trois années jour pour jour après sa réception, un mois après sa mort, la Compagnie, convoquée par billets, assista à un service religieux, célébré en sa mémoire, à l'église des Carmes des Billettes.
2. *Histoire de l'Académie française*, tome II, p. 52.
3. Tome II, p. 204-219, n° 73.
4. Après sa mort, on ne trouva qu'onze jetons de l'Académie dans le meuble où il les plaçait : ils ne témoigneraient même pas de sa présence à onze séances, car quarante jetons d'argent, de la valeur de 40 sols, étaient distribués entre les membres seuls qui étaient présents à l'ouverture de la séance. Il serait possible, du reste, que la Bruyère eût donné ou vendu une partie des siens.

vis-à-vis de ses amis de l'Académie et d'un ami du dehors qui était secrétaire d'État, le contrôleur général Pontchartrain.

La Loubère obtint la succession de l'abbé François Tallemant, qui était mort le 6 mai, huit jours avant le premier scrutin de l'élection qui nomma la Bruyère, et plus d'un mois avant sa réception. En le remerciant dans son discours d'un désistement qui n'était que l'ajournement à brève échéance de sa candidature, la Bruyère lui avait presque promis la place vacante : « Un père, avait-il dit, mène son fils à un spectacle : la foule y est grande, la porte est assiégée ; il est haut et robuste, il fend la presse ; et comme il est près d'entrer, il pousse son fils devant lui, qui, sans cette précaution, ou n'entreroit point ou entreroit tard [1]. » La Loubère, qui avait poussé la Bruyère devant lui, devait entrer à sa suite, pour l'exactitude de l'apologue, et il entra ; mais, sur les vingt et un académiciens présents, il y en eut huit toutefois qui n'eurent pas d'empressement à faire honneur à l'engagement que la Bruyère avait pris en leur nom. Le *Mercure historique* fait remarquer qu'une neuvième voix, se joignant à ces voix dissidentes, eût exclu à jamais la Loubère de l'Académie [2]. Les adversaires de sa candidature étaient, je pense, les académiciens qui avaient combattu celle de la Bruyère, sans tenir compte des vœux de Pontchartrain. Cette fois encore, il s'était dit que le contrôleur général voulait imposer à l'Académie le choix de la Loubère, qui était précepteur de son fils, et le propos avait quelque vraisemblance. Il courut à ce sujet une chanson [3], attribuée par quelques-uns à la Fontaine, par d'autres à Chaulieu :

> Messieurs, vous aurez la Loubère :
> L'intérêt veut qu'on le préfère
> Au mérite le plus certain.
> Il entrera, quoi qu'on en die :
> C'est un impôt que Pontchartrain
> Veut mettre sur l'Académie [4].

1. Tome II, p. 472.
2. Juillet 1693, la Haye, nouvelle édition, p. 83.
3. Sur l'air : *Quand je rime à Guillaume.*
4. Lettre de Bourdelot à Nicaise, 26 juin 1693 (Bibliothèque nationale, *Manuscrits français*, n° 9360, *Correspondance de l'abbé Ni-*

Les admissions de Bignon, de la Bruyère, de la Loubère, tous les trois chers au contrôleur général, celle de la Bruyère surtout, qui, à la différence de ses deux confrères, rencontrait à l'Académie des inimitiés personnelles, avaient alarmé la Compagnie et ceux qui s'intéressaient à ses destinées : l'intervention de Pontchartrain dans les élections semblait d'autant plus dangereuse qu'il avait l'Académie dans son département comme secrétaire d'État chargé de la maison du Roi. Aussi la nomination du traducteur Goibaud-Dubois, ancien maître à danser, qui se fit en novembre 1693, et à laquelle Pontchartrain demeura indifférent, fut-elle considérée comme un événement heureux pour l'Académie, venant après les trois autres. En annonçant à ses confrères l'approbation que Louis XIV donnait à cette élection de Goibaud-Dubois, le président Rose leur écrivait : « Je ne dois pas vous laisser ignorer une circonstance qui me semble mériter une sérieuse réflexion pour l'avenir : c'est la joie que le Roi a témoignée d'apprendre que nos suffrages ont été libres et sans mélange de la moindre cabale ni recommandation étrangère[1]. »

Une anecdote, retrouvée par M. J. d'Ortigue sur un feuillet de garde dans un exemplaire des *Caractères*[2], nous offre un piquant récit de la première des séances que tint l'Académie pour donner un successeur à l'abbé de Lavau, soit au mois de février soit au mois de mars 1694[3].

« La première place qui vaqua dans l'Académie françoise après que Mr de la Bruière y fut reçu, étant à remplir, M^{rs} les abbés de Caumartin et Boileau furent proposés et partagèrent également entre eux les suffrages de l'assemblée jusqu'à la voix de Mr de la Bruière. Il sembloit donc, étant le dernier à opiner, devoir lever le partage et décider entre les concurrents. Chacun tâchoit, par ses

---

caise, tome II, pièce 83); *Dictionnaire de Moreri*, au nom LOUBÈRE (LA); *Poésies de Chaulieu*.

1. P. Mesnard, *Histoire de l'Académie*, p. 40.
2. *Journal des Débats*, 30 mars 1862; voyez tome I, p. 396 et 397.
3. L'abbé de Lavau est mort le 1er février 1694, suivant d'Olivet (tome II, p. 278), le 4 février, suivant Dangeau (*Journal*, tome IV, p. 447). L'élection de son successeur, l'abbé de Caumartin, se fit le 27 mars, dit Dangeau (*ibidem*, p. 467 et 468).

regards, de l'attirer dans son parti, lorsque, prenant la parole, il dit : « Je n'ai pas oublié, Messieurs, qu'un des principaux statuts
« de cet illustre corps est de n'y admettre que ceux qu'on en
« estime les plus dignes. Vous ne trouverez donc pas étrange,
« Messieurs, si je donne mon suffrage à M. Dacier, à qui même je
« préférerois Madame sa femme, si vous admettiez parmi vous des
« personnes de son sexe. » Ce nouvel avis, quoique inespéré, fut trouvé sage tant pour le fond qu'à cause de la conjoncture présente. L'Académie se sépara sans conclure[1].... »

Le récit n'est pas absolument exact. Avant celle du successeur de Lavau, l'Académie avait donné deux places depuis l'admission de la Bruyère ; de plus, le vote ne se faisait plus à haute voix, et ce fut au cours de la discussion des titres que la Bruyère put tenir le langage qu'on lui prête. Mais laissons de côté les détails ; le fond de l'anecdote est vraisemblable et peut se concilier avec le procès-verbal de la séance, dont le secrétaire perpétuel a omis d'indiquer la date :

« Les voix s'étant trouvées également partagées, savoir douze pour M. l'abbé Caumartin, et douze pour M. l'abbé Boileau, *et une caduque*, l'affaire a été remise à une autre assemblée, conformément aux statuts. »

La voix caduque est celle de la Bruyère. Moins heureux que ne l'avait été Paul Tallemant dans l'élection où Pavillon lui avait été préféré, il n'avait pu assurer le succès d'une troisième candidature à l'encontre des deux autres, ni même gagner une seconde voix au mari de Mme Dacier. Ce bulletin unique en faveur de M. Dacier était une marque, comme nous l'avons dit, de la fermeté avec laquelle la Bruyère résistait à ses amis de l'Académie. Il témoignait en outre de l'indépendance de son vote vis-à-vis des personnages auxquels il devait le plus de gratitude, car il ne pouvait ignorer ni les liens de parenté ni l'étroite amitié qui unissaient la famille de l'abbé de Caumartin, l'un des candidats qu'il voulait écarter, à celle du contrôleur général Pontchartrain.

---

1. « M. Boileau, ajoute l'auteur de la note, céda la place à M. de Caumartin, après lequel il entra aussi dans la Compagnie, et ensuite M. Dacier y fut admis. » — Caumartin et Boileau furent élus en 1694, et Dacier en 1695.

VI

LES AMIES ET LES AMIS DE LA BRUYÈRE.

La Bruyère ne s'est pas marié, et il s'en consolait, ou même, si l'on veut, il s'en félicitait par diverses considérations que l'on peut lire dans ses *Caractères*. Mais, pour ne s'être point marié, n'a-t-il pas cependant connu par lui-même tout ce qu'il peut y avoir de charme ou d'amertume dans l'amour, dont il a si finement parlé? Aurait-il écrit le chapitre *des Femmes*, s'il n'eût pas goûté leur commerce? Aurait-il écrit celui *du Cœur*, si l'une d'elles, pour le moins, ne l'eût pas « mené au delà de l'amitié »? Dans ce siècle toutefois où, selon l'une de ses remarques[1], il y eut peu de galanteries secrètes, la Bruyère a pu soustraire à la curiosité et à la malignité du public le nom de celle dont le « son de voix » fut pour lui « l'harmonie la plus douce[2]. » Des contemporains ont dit qu'il était l'ami de telle ou telle femme : aucun d'eux n'ajoute qu'il en ait été l'amant. Moins réservés, les critiques de nos jours se sont flattés de connaître ses maîtresses aussi bien que ses amies; mais des quatre femmes qu'ils nous présentent comme lui ayant été chères à des titres divers, il n'en est pas une dont on puisse affirmer sans témérité qu'elle ait aimé l'auteur des *Caractères*, ni même qu'elle ait été aimée par lui.

La première est Mlle de Saillans du Terrail, à laquelle, suivant quelques-uns, la Bruyère aurait été attaché par un mariage secret. C'est l'auteur des *Mémoires de Maurepas*, Sou-

---

1. Tome I, p. 176, n° 21.
2. *Ibidem*, p. 174, n° 10. — Une chanson de 1693 (voyez ci-après, p. CLXXVI et suivante) donne à entendre que la Bruyère n'est pas « beau, » et un commentateur écrit dans une note qu'il est « fort laid; » la chanson de plus met en doute que les femmes le « courent. » De ces témoignages peu intéressants, il ressort du moins qu'à la différence de beaucoup de ses contemporains et particulièrement d'un de ses homonymes (voyez page suivante), il n'occupa point les oisifs du retentissement de ses amours.

lavie, qui, le premier, a parlé d'union secrète : à la mort de la Bruyère, on n'avait pas trouvé de contrat de mariage parmi ses papiers, et il le note avec quelque surprise[1]. Ce passage des *Mémoires de Maurepas* a été rapproché d'un méchant couplet d'une méchante chanson :

> Vilaine du Terrail,
> Ne faites pas la fière,
> Car votre la Bruyère
> Tient beaucoup du cheval,
> Vilaine du Terrail[2].

Il semblait qu'on ne pût douter, après ces deux témoignages, des amours de la Bruyère et de Mlle du Terrail, et cependant il faut rayer Mlle du Terrail de la liste, je ne dirai pas seulement des maîtresses, mais des amies de la Bruyère. Il ne l'a jamais épousée, ni aimée, ni sans doute connue ; et si elle a reçu les hommages persévérants d'un la Bruyère, c'est d'un homonyme riche, galant et spirituel, conseiller au Parlement, qui, fils d'un maître de coches de Strasbourg, était pour les chansonniers « un cheval, » ou encore tout simplement « un cocher[3]. » Au surplus, Mlle du Terrail n'était encore qu'une enfant quand la Bruyère touchait aux dernières années de sa vie. Il était mort depuis seize ans, lorsque, sous l'année 1708,

---

[1]. « On avoit cru cette demoiselle (*Mlle Saillans du Terrail*) mariée avec M. de la Bruyère, qui a fait les *Caractères de Théophraste*, et qui étoit un homme de beaucoup d'esprit; mais, à sa mort, il ne se trouva pas de contrat de mariage.... » (*Mémoires de Maurepas*, 1792, tome II, p. 223 et 224.)

[2]. *Chansonnier Maurepas*, tome XI, p. 319.

[3].   Saillans, un grand *cocher*
   Convient bien à ta mine.
   (*Ibidem*, tome XI, p. 320.)

Et à l'adresse d'une autre femme (*ibidem*, p. 315) :

> Ivre comme un *cocher*,
> La Bruyère t'a su plaire.

Jean-François de la Bruyère, dont il est question, avait été nommé conseiller au Parlement en 1697. Il n'était nullement parent de notre la Bruyère.

les compilateurs du Chansonnier Maurepas enregistraient les amours, vrais ou supposés, d'un la Bruyère et de la jeune du Terrail, qui épousa plus tard M. Duret de Saurois, trésorier de l'extraordinaire des guerres.

Un autre témoignage, celui-là sérieux, qui vient du P. Adry, de l'Oratoire, nous révèle l'une des amitiés de la Bruyère par quelques lignes que nous avons déjà en partie citées : « Dans des mémoires particuliers qui se trouvent dans la Bibliothèque de l'Oratoire, dit-il en parlant de la Bruyère[1], on marque que ce célèbre auteur avoit été de l'Oratoire, et l'on ajoute que Mme la marquise de Belleforière, de qui il étoit fort l'ami, pourroit donner quelques mémoires sur sa vie et son caractère : ceci étoit écrit, ajoute le P. Adry, vers 1720 ou par le P. Bougerel ou par le P. le Long. »

Le titre de marquise de Belleforière désignait, en 1720, Marie-Renée de Belleforière, veuve de Timoléon-Gilbert de Seiglière, seigneur de Boisfranc ; après la mort de son mari, en 1695, reprenant l'un des noms de sa famille, elle se fit appeler la marquise de Belleforière[2]. Elle était fille de Charles-Maximilien-Antoine de Belleforière, marquis de Soyecourt, grand maître de la garde-robe du Roi, et de Marie-Renée de Longueil de Maisons. Ses frères[3] étaient élèves de l'Académie de Bernardi : aussi, la Bruyère avait-il pu rencontrer leur mère et leur sœur aux solennités équestres et militaires où elles allaient les voir figurer et où paraissait de même le jeune duc de Bourbon. L'un et l'autre Soyecourt furent mortellement frap-

1. Voyez ci-dessus, p. xxviii, note 2.
2. Suivant le P. Anselme (*Histoire généalogique*, tome IX, p. 737), elle aurait abandonné le nom de son mari dès la mort de ses frères, c'est-à-dire dès 1690 : pendant les cinq dernières années de la vie de M. de Boisfranc, elle aurait donc porté un autre nom que lui, et leur ménage aurait en cela ressemblé à celui de M. B. et de Mme L., que la Bruyère a peint dans le chapitre *des Femmes* (tome I, p. 194, n° 76); mais la date la plus vraisemblable du changement de nom est celle que donne la notice nécrologique insérée, d'après les renseignements fournis par la famille sans nu. doute, dans le *Mercure galant* (mai 1739, p. 1035), c'est-à-dire la date du veuvage.
3. Voyez tome I, p. 367, n° 9, et note 1.

pés à la bataille de Fleurus, et la perte de l'aîné a inspiré à notre auteur une touchante prosopopée.

Comment s'est-il fait que de ces simples données on ait tiré une sorte de roman[1] où la Bruyère devient le tendre admirateur, non pas de son amie Mme de Belleforière, mais de la mère de son amie, la marquise de Soyecourt, veuve du grand veneur? Il a déploré la mort d'un jeune Soyecourt, et il fut l'ami de sa sœur la marquise de Belleforière : c'est tout ce que nous savons, en fin de compte, de ses relations avec la famille de Soyecourt; et l'on pourrait conclure de là qu'il s'est avancé « jusqu'à l'amour » auprès de la mère du jeune Soyecourt, laquelle d'ailleurs était son aînée de douze à quinze ans? « On jasait d'elle et de lui, » dit-on; mais qui? Personne assurément, j'en ai pour garant le *Recueil Maurepas*, qui contient tant de couplets sur son mari, de joyeuse mémoire, et ne renferme pas un seul vers où elle soit nommée : le *Mercure galant* célèbre la sagesse de la noble veuve[2]; mais le silence du Chansonnier lui fait encore plus d'honneur que les louanges banales de M. de Visé.

On a cité, il est vrai, un témoin des amours de la Bruyère et de la marquise de Soyecourt, Boileau, qui appelle quelque part la Bruyère *Maximilien*. Or *Maximilien* était le second des trois prénoms du défunt mari, et l'on donne à entendre que la Bruyère, ayant recueilli en héritage la tendresse de la marquise, pouvait bien recevoir de ses amis, dans leurs entretiens malicieux, l'un des prénoms du marquis dont il tenait la place. Comme rien absolument ne nous démontre qu'il en ait tenu la place, l'explication proposée du surnom de *Maximilien* est inadmissible, et l'histoire d'une liaison de la Bruyère avec Mme de Soyecourt doit être écartée de sa biographie[3].

1. Voyez *la Comédie de J. de la Bruyère*, p. 504 et suivantes.
2. « C'est une femme très-sage, et qui a toujours conduit les affaires avec beaucoup de prudence. » (*Mercure*, février 1682, p. 262; notice sur le mariage de Mlle de Soyecourt.)
3. Voyez ci-dessus, p. LXXXIX. — Mme de Soyecourt mourut, le 1er octobre 1712, dans son château d'Ancy, en Picardie : elle a vécu si obscurément dans ses dernières années que l'on pourrait supposer qu'elle s'était retirée en province après la mort de ses fils.

Contentons-nous de dire que la Bruyère était « fort l'ami » de sa fille : ce renseignement, tel que nous l'ont transmis les Pères de l'Oratoire, suffit à rendre très-intéressante à nos yeux Mme de Belleforière, qui était assurément une femme d'esprit; par malheur, elle a passé presque inaperçue dans la société du dix-septième siècle, et nous ne la connaissons guère que par les éloges du *Mercure :* « Mlle de Soyecourt, personne accomplie, » ainsi parle le recueil mensuel en annonçant son mariage[1], « est très-bien faite, a des cheveux cendrés et les plus beaux du monde, de l'esprit infiniment, et joue parfaitement bien du clavecin. »

Deux ans après la mort de son père, en 1682, elle avait épousé un obscur maître des requêtes, Timoléon-Gilbert de Seiglière de Boisfranc, fils du riche financier Joachim Seiglière de Boisfranc, lequel était alors surintendant de la maison du duc d'Orléans, et devait, deux ans plus tard, devenir son chancelier. C'était là, on pouvait le croire, un très-riche mariage pour Mlle de Soyecourt (qui n'apportait, dit Saint-Simon, « quoi que ce soit » en dot[2]), car le surintendant de la maison de Monsieur avait amassé des trésors, et son fils, déjà muni de la survivance et des provisions de la surintendance, devait plus tard obtenir la survivance de la chancellerie ; mais c'était aussi une mésalliance, et une mésalliance qui fut sans profit. En 1687, le chancelier Boisfranc, convaincu de malversations, perdait ses charges, et le Conseil du Roi le condamnait à rendre au duc d'Orléans 675 000 francs. Heureusement pour lui, il maria sa fille, en 1690, au marquis de Gesvres, et il put, grâce au crédit de son gendre, échapper à la ruine. Il se montra reconnaissant envers M. de Gesvres, mais ce fut au détriment de son fils ; car ce dernier mourut fort pauvre, le 31 janvier 1695[3], quatre ans après la mort de ses beaux-frères, qui avait fait de sa femme une très-riche héritière. Sa fin misérable permet de supposer que les deux époux s'étaient séparés.

Le mariage de Mlle de Soyecourt, qui peut-être n'avait pas

---

1. Voyez le renvoi contenu dans la note 2 de la page précédente.
2. *Addition au Journal de Dangeau,* tome XVIII, p. 216.
3. « 31 janvier 1695. M. de Boisfranc, autrefois maître des requêtes, beau-frère du marquis de Gesvres, et qui avoit épousé

été jugé très-sévèrement au moment où il s'était célébré, parut inexcusable quand vinrent la ruine de l'époux d'une part, et de l'autre la mort de Mme de Soyecourt, qui assurait à Mme de Boisfranc une fortune considérable[1]. Cette union d'un vilain et d'une fille de qualité, qui eut, aux yeux de Saint-Simon, des effets si déplorables, avait été l'œuvre de Mme de Soyecourt : elle était veuve quand elle l'agréa; Mlle de Soyecourt, de son côté, ne pouvait se plaindre d'avoir été contrainte, car elle avait environ vingt-cinq ans lorsqu'elle épousa M. de Boisfranc. Son mari ne mourut qu'une année avant la Bruyère, qui dut le connaître. On a remarqué qu'une pièce attribuée à

Mlle de Soyecourt, dont il devoit avoir de grands biens, est mort dans une grande misère. » (*Journal de Dangeau*, tome V, p. 148.)

1. Mme de Sévigné toutefois s'était affligée de la mésalliance dès 1690 : « J'ai Mme de Saucourt (*Soyecourt*) à la tête, » écrit-elle le 12 juillet 1690 (tome IX, p. 537), « la voilà sans garçons, avec deux gendres. Ne me faites point parler. C'est une belle chose que de ne chercher que le bien, et se défaire bien vite de ses filles. Voilà des coqs d'Inde avec les plumes du paon. » Plus tard, quand on vit combien d'héritages s'ajoutèrent par la suite à ceux que Mme de Boisfranc avait déjà inopinément recueillis, l'indignation fut sans mesure, et Saint-Simon exhala par trois fois, au sujet des Boisfranc de Belleforière ou de Soyecourt, la colère que lui inspiraient des mariages qu'il considérait comme de scandaleux marchés de dupes. Il ne croyait jamais signaler assez haut « le désastre, l'ignominie, la dégradation des mésalliances si honteuses des filles de qualité dont on croit se défaire pour leur noblesse sans leur rien donner, et dont le sort ordinaire est de porter tous les biens de leurs maisons, dont elles deviennent héritières, par une punition marquée, à la lie qu'on leur a fait épouser, en victimes de la conservation de tous ces biens à leurs frères, qui meurent sans postérité. » (*Mémoires*, tome XVI, p. 443.) Et ailleurs : « Voilà le succès de ces mariages infâmes. On y sacrifie une fille de qualité pour conserver tout aux mâles, et les vilains qui les épousent, à ce que l'on croit, pour rien, en accumulent sur leur tête des successions immenses. » (*Addition au Journal de Dangeau*, tome XVIII, p. 217.) Voyez encore les *Mémoires de Saint-Simon*, tome VIII, p. 174, et tome IX, p. 167, où se trouvent les passages particulièrement consacrés au mariage de Mlle de Soyecourt.

son père, le vieux Boisfranc, semble avoir été inspirée par une réflexion des *Caractères*[1].

Combien il est regrettable que Mme de Belleforière n'ait pas laissé les Mémoires qu'elle aurait pu nous donner, suivant le P. Adry, sur la vie et le caractère de notre auteur ! Elle survécut quarante-trois ans à la Bruyère, plus âgé qu'elle de dix années environ, et mourut à Paris, le 25 avril 1739, à quatre-vingt-deux ans, fort attristée sans doute de la honteuse conduite de son fils, qu'elle avait marié à Mlle de Feuquières[2]. Le *Mercure* nous a donné son portrait alors qu'elle avait vingt-quatre ou vingt-cinq ans : qui pourrait dire à quelle page, dans le livre de la Bruyère, se trouve son caractère ? « Il y a dans quelques femmes, a-t-il écrit quelque part[3],... une grandeur simple, naturelle, indépendante du geste et de la démarche, qui a sa source dans le cœur, et qui est comme une suite de leur haute naissance ; un mérite paisible, mais solide, accompagné de mille vertus qu'elles ne peuvent couvrir de toute leur modestie, qui échappent et qui se montrent à ceux qui ont des yeux. » Telle nous aimons à nous représenter Mme de Belleforière. Ne serait-ce pas à elle que s'adresserait le discret et tendre hommage que contient la dernière phrase du chapitre *du Cœur ?* « Il y a quelquefois dans le cours de la vie de si chers plaisirs, écrit la Bruyère, et de si tendres engagements que l'on nous défend, qu'il est naturel de desirer du moins qu'ils fussent permis : de si grands charmes ne peuvent être surpassés que par celui de savoir y renoncer, par vertu. »

Tout autre était Mme de Boislandry, qui fut l'original du charmant portrait d'*Arténice*[4], si l'on en croit une note attribuée à Chaulieu, et insérée dans une édition posthume de

---

1. *Les Bains de la porte Saint-Bernard* : voyez tome I, p. 275, note 4, et *la Comédie de J. de la Bruyère*, 1re partie, p. 112 et 113.
2. C'est surtout cette mésalliance de Mlle de Feuquières qui avait scandalisé Saint-Simon. « Pour rendre complet le malheur de ce mariage, dit-il au sujet de son mari, Soyecourt, avec de l'esprit, de la figure, de l'emploi à la guerre, se perdit de débauche, de jeu, de toutes sortes d'infamies. » (*Mémoires*, tome XVI, p. 443.)
3. Tome I, p. 170, n° 2.
4. Tome II, p. 91-93, n° 28.

ses *OEuvres*[1]. Maîtresse, et maîtresse peu fidèle, de ce trop galant abbé qui la chanta successivement sous les noms d'*Iris*, de *Catin* et de *Ricanète*, elle eût été cependant ignorée des biographes de Chaulieu et des biographes de la Bruyère, si cette note, longtemps inaperçue, ne l'eût présentée tout à la fois comme la *Ricanète* de l'un et l'*Arténice* de l'autre : deux noms qui étaient l'anagramme du prénom de Mme de Boislandry, *Cat(h)erine*.

La vie de Mme de Boislandry a été l'objet de bien des recherches depuis le jour où Aimé-Martin a fait la découverte des trois ou quatre lignes que nous venons de rappeler, unique souvenir que nous rencontrions d'elle dans les imprimés du dix-huitième siècle. Nous connaissons aujourd'hui dans tous leurs détails la scandaleuse querelle que lui chercha son mari et l'histoire de ses tristes amours avec Chaulieu. Est-elle bien l'héroïne de ce fragment de roman que la Bruyère a enchâssé dans ses *Caractères ?* Des critiques ont voulu douter que tant d'éloges aient pu s'adresser à une femme si compromise : Sainte-Beuve leur reprochait de n'apprécier qu'à demi la générosité de la Bruyère, qui lui semblait le chevaleresque vengeur de Mme de Boislandry contre les injures de son mari et les railleries du public. « Quel plus touchant dédommagement, disait-il en parlant du caractère de Mme de Boislandry sous le nom d'*Arténice*, et quelle revanche immortelle contre l'opinion qui la maltraitait et l'insultait[2] ! »

Pour Édouard Fournier, le caractère d'*Arténice* est la leçon d'un ami, qui, affligé des galanteries de celle qu'il avait connue si pure, rappelle ce qu'elle avait été, pour la punir d'avoir cessé de l'être[3]. On lira dans ses développements ce commentaire très étudié, un peu subtil, et que Sainte-Beuve, dans une lettre familière, déclare « des plus cherchés et des plus tirés[4]. » A l'interprétation d'Éd. Fournier Sainte-Beuve préférait la

---

1. Nous ne reviendrons pas ici sur les détails, les citations et les renvois que contient notre appendice du tome II, p. 322-337, au sujet d'*Arténice* et de Mme de Boislandry.
2. *Nouveaux lundis*, tome I, p. 134.
3. *La Comédie de J. de la Bruyère*, p. 448 et suivantes.
4. *Nouveaux lundis*, tome X, p. 437.

sienne, qu'il trouvait simple, et qui l'était moins qu'il ne le pensait : les critiques ont rivalisé d'ingéniosité au sujet de cette admirable page.

Chercheur d'énigme à notre tour, nous aurions aussi notre explication toute simple, si nous étions assuré de l'authenticité et de la sincérité de la note qui est le point de départ de tant de dissertations. Écrit en 1694 ou 1693, peut-être plus tôt, pourquoi le caractère d'*Arténice* ne nous représenterait-il pas Mme de Boislandry, telle qu'un admirateur la pouvait voir à cette époque, embellie et parée de tout ce que l'amitié, ou même un sentiment plus tendre, pouvait lui prêter de qualités ou de vertus ? A cette date, il ne faut pas l'oublier, elle n'est encore tout au plus que l'aimable *Iris* de Chaulieu ; nous ne sommes pas au temps où elle aura perdu toute pudeur; elle peut encore être *Arténice*. Qu'importe que plus tard, dans le cours des années qui viendront, le modèle ne conserve pas toujours la grâce et la beauté qui nous charment en son portrait ? Le peintre n'est pas responsable de sa transformation ; l'œuvre n'est pas moins parfaite pour être devenue moins ressemblante, et c'est toujours le même nom qu'il faut placer sous la même image, si elle a été vraie un jour.

Mais je m'arrête. Il serait plus téméraire que jamais, au moment où j'écris, d'affirmer l'identité d'*Arténice* et de Mme de Boislandry. Un érudit, familiarisé avec la société dans laquelle vécut la Bruyère, M. Allaire, doit nous révéler, dans une prochaine publication, le nom véritable d'*Arténice*, que l'on a eu tort, à son sentiment, de confondre avec *Ricanète*, et qui, à ses yeux, est la duchesse de Bourbon. Attendons son livre, où il se propose de résoudre ce problème, dont il est superflu de signaler l'intérêt et la difficulté à sa curieuse sagacité. Nous nous bornerons à lui adresser d'avance une seule question : comment la Bruyère a-t-il pu dire de la duchesse de Bourbon qu' « il ne lui sauroit peut-être manquer que les occasions, ou ce qu'on appelle un grand théâtre, pour y faire briller toutes ses vertus » ?

Quoi qu'il en soit, et en tout cas, le caractère d'*Arténice* est un portrait. A défaut de la duchesse de Bourbon, le lecteur y pourra, s'il lui plaît, reconnaître la femme à qui les ennemis de la Bruyère attribuaient le meilleur de son livre.

« Ils crurent pouvoir insinuer au public, a-t-il dit en parlant des *Théobaldes*, que les *Caractères*, faits de la même main, étoient mauvais, ou que, s'ils étoient bons, je n'en étois pas l'auteur, mais qu'une femme de mes amies m'avoit fourni ce qu'il y avoit de plus supportable[1]. » L'imputation à laquelle la Bruyère fait allusion n'a pas été recueillie par l'histoire littéraire du dix-septième siècle, et nous l'aurions ignorée s'il n'eût relevé, dans son ardeur à se défendre, toutes les rumeurs de la médisance ou de la calomnie. La « femme de ses amies » à qui l'on faisait honneur du succès des *Caractères* n'était assurément pas la duchesse de Bourbon ; si elle eût été Mme de Boislandry, Chaulieu ou son annotateur nous l'eût sans doute appris : faut-il ajouter une conjecture à tant d'autres, et supposer que Mme de Boisfranc de Belleforière, la seule amie vraiment authentique de la Bruyère, avait pu paraître, aux yeux de quelques Théobaldes, lui apporter la même part de collaboration que Mme de la Fayette à la Rochefoucauld ? Je pose la question et ne la résous pas.

Dans le chapitre *du Cœur*, la Bruyère traite surtout de l'amour, et ce n'est guère que pour y comparer l'amour qu'il parle de l'amitié ; mais quelques lignes suffisent à nous montrer la haute idée qu'il en avait[2]. On ne cite le nom d'aucun des compagnons préférés de sa jeunesse, qui, plus souvent peut-être que les amis qu'il devait à son séjour dans la maison de Condé ou à sa renommée, lui ont inspiré les sentiments auxquels il déclarait fermés les esprits médiocres. Parmi les familiers de l'hôtel de Condé et de Chantilly, je ne lui vois qu'un ami, et quel ami ! le bouffon Santeul, dont les plaisantes folies, les grimaces et les cabrioles égayaient les princes de Condé et la duchesse de Bourbon. Soit dans sa correspondance, soit dans le caractère où il l'a peint sous le nom de *Théodas*[3], la Bruyère a fort bien défini ce curieux personnage ;

1. Tome II, p. 442, Préface du *Discours à l'Académie*.
2. « Il y a un goût dans la pure amitié où ne peuvent atteindre ceux qui sont nés médiocres : » ainsi commence le chapitre (tome I, p. 199). Conférez p. 200, n° 6 ; p. 201, n° 18 ; p. 202, n° 23 ; p. 205, n° 41, etc. Eusèbe Renaudot nous est garant de la vivacité des sentiments d'amitié de la Bruyère » : voyez ci-dessus, p. LXXXVIII.
3. Voyez tome II, p. 101-103, n° 56 ; et p. 514 et 515.

lui-même a pu se rendre cette justice. Il admirait sa verve et
son talent, et l'estimait malgré ses enfantillages. Santeul, de
son côté, lui avait pardonné d'avoir publié de lui un portrait
ressemblant, et même l'en avait remercié : ce « beau portrait, écrit le président Bouhier en parlant du caractère de
Théodas, plut si fort à Santeul lui-même, que je me souviens
d'avoir vu, entre les mains de la Bruyère, une de ses lettres
où il l'en remercioit et où il signoit : *Votre ami Théodas, fou
et sage*[1]. » Quels qu'aient été les nuages qui ont pu troubler
leurs relations, et dont nous trouverons bientôt le témoignage
dans une citation des *Souvenirs de Bouhier*, il y eut, entre
le poëte et le moraliste, un long commerce d'amitié[2], où le
premier, bien qu'il fût « avide et insatiable de louanges » et
« prêt de se jeter aux yeux de ses critiques, » eut assez de
sagesse pour mettre à profit la « censure » du second. Santeul
se vantait lui-même de cette docilité que la Bruyère reconnaît et loue en lui : il se donnait, en effet, comme le plus
docile de tous les poëtes, dans une lettre qu'il écrivait en
1684 à Condé, pour lui annoncer l'envoi « d'ébauches » qu'il
lui faisait parvenir par son *pédagogue*[3]. Il ne nomme point
ce pédagogue, mais, dans l'entourage de Condé, qui pouvait-
il appeler ainsi, si ce n'est la Bruyère ? On retrouve plus tard
d'autres marques de l'empressement de Santeul à le consulter ; nous le voyons, en 1690, remettre à notre auteur
la première copie de la *Plainte de sainte Hunegonde*[4] ; et,

1. Voyez la citation plus complète au tome II, p. 345.
2. On lit dans les *Lettres de la comtesse de Rivière et la baronne
de Neufpont* (Paris, 1776, tome II, p. 262) que la Bruyère était
« le grand ami » de Santeul, et qu'ils « passoient ensemble trois
mois de l'année à la campagne, » c'est-à-dire à Chantilly : bien
que l'ouvrage soit apocryphe, les indications de ce genre y sont
généralement exactes ; celle qui nous présente la Bruyère comme
un ami de Santeul est en concordance avec toutes celles que nous
avons recueillies ailleurs, une phrase de Bouhier exceptée (voyez
ci-après, p. CXLI).
3. Lettre du 27 octobre 1684 (*Archives de la maison de Condé*).
La Bruyère faisait partie de la maison depuis plus de deux mois.
4. Santeul ayant reproché au P. Anselme de n'avoir pas lu à
Bossuet la pièce qu'il venait de composer au sujet d'une hymne

dans la pièce qu'il composa, en 1691 ou 1692, à la suite de l'effondrement de la maison qui contenait la bibliothèque de Huet, il le nommait son censeur amical, *censor amice*[1]. Peut-être enfin est-il permis de reconnaître encore la Bruyère dans un *Brossus* dont il a reçu des conseils et qui refuse de recevoir ses éloges[2].

de sainte Hunegonde, à laquelle on n'avait pas fait l'accueil qu'il espérait, le P. Anselme lui répondait le 12 novembre 1690 : « .... Eh! la pouvois-je lire sans l'avoir?... Ne vous priai-je pas plus d'une fois de m'en donner une copie, et ne me répondîtes-vous pas toujours que vous n'en aviez qu'une, que vous aviez destinée à M. de la Bruyère?... » (*Santoliana*, Paris, 1764, 4° partie, p. 259.)

1. Il y suppose que les mauvais livres ont été engloutis dans un gouffre, et que les bons ont été sauvés. Après avoir parlé de Desmarets de Saint-Sorlin et de ses ouvrages,

.... Libros ad munera natos,
Quos male vendiderat bibliopola...,

il dit à l'adresse de la Bruyère :

Non ea sors, omnes quos excudere Camenæ
Contingit libris, censor amice, tuis.
Describis varios, pro re, pro tempore, mores ;
Non appellato nomine, quemque doces.
Si quis in hoc speculo deformia vix ferat ora,
Non damnet speculi, stultus inersque, fidem.
E cœlo, ut sapiant, missos mortalibus ægris
Et magno afflatos numine credo libros....

(*J. B. Santolii Victorini Opera poetica*, 1694, p. 340.) — La même édition (p. 416) contient un distique que l'on peut, ce nous semble, appliquer aussi à la Bruyère :

Sur un auteur qui apprend par des jeux la morale :
Informare docent operosa volumina mores :
Quam melius lepidis nos docet ille jocis!

2. *Ad Brossum, virum clarum et insignem.*
Te suadente liber tandem qui prodit in auras,
Per te, Brosse, etiam clauditur ille liber.
Si mihi fas esset te totum exponere versu,
Alter prodiret, te renuente, liber.

— Ces vers n'ont été publiés qu'après la mort de Santeul, dans un volume qui fait suite à l'édition de 1698 (p. 50). Ils sont intitulés dans la table : *Épigramme sur M. de la Brosse.* Cette traduction, sans

SUR LA BRUYÈRE.

Le caractère de *Théodas* avait paru dans la sixième édition, publiée dans l'été de 1691. Cette même année, le jeune Bouhier, âgé de dix-huit ans, visitait souvent la Bruyère [1]. Témoin de la bonhomie avec laquelle Santeul reconnaissait sa folie dans celle de *Théodas*, Bouhier le fut aussi des sentiments que la Bruyère laissait paraître quand il voyait les folles gaietés du chanoine de Saint-Victor récompensées par des « distinctions » qui étaient refusées à d'autres :

« Pour l'agrément de son esprit (*écrit Bouhier après avoir parlé des vers de Santeul* [2]), il n'y a rien qui en fasse mieux l'éloge que les distinctions qu'avoient pour lui Monsieur le Prince et toute sa famille. Dans les dernières années de sa vie, Monsieur le Prince n'a presque point fait de voyage, soit à Chantilly, soit en Bourgogne, dont il ne l'ait mis, jusque-là qu'il le mettoit dans son carrosse, préférablement à beaucoup d'autres, qui le souffroient fort impatiemment. J'en ai vu, entre autres, la Bruyère fort offensé ; car il se croyoit fort au-dessus de Santeul. Mais l'enjouement et la

---

doute arbitraire, n'est pas reproduite dans l'édition de 1729. Les mots *Brosse* et *Bruyère* ayant été souvent synonymes, nous n'avons aucune objection à présenter contre la traduction de *Brossus* par *la Bruyère*, proposée par M. Paul Lacroix et acceptée par Éd. Fournier dans *la Comédie de J. de la Bruyère*, p. 507.

1. « Je l'ai fort fréquenté à Paris pendant les années 1691 et 1692. Il paroissoit certainement avoir plus de cinquante ans. » (Bibliothèque nationale, *Manuscrits français*, n° 24 413, *Correspondance du président Bouhier*, tome V, p. 705, lettre de Bouhier à l'abbé Leclerc, datée du 3 mars 1729 ; conférez, *ibidem*, p. 743.) Bouhier croyait à tort que la Bruyère était né en 1639, et l'écrivait à l'avocat Aubert, qui, dans une des notices qu'il avait publiées, avec Leclerc, sous le titre de *Bibliothèque de Richelet*, en tête du *Dictionnaire de Richelet* (Lyon, 1728, in-f°, tome I, p. 41), l'avait fait naître en 1645, répétant ainsi la date, très-exacte d'ailleurs, que donnait déjà la *Liste des auteurs* cités dans l'édition précédente du même *Dictionnaire* (Rouen, 1719, p. vi). La Bruyère évidemment paraissait être plus âgé qu'il n'était : bien qu'il n'ait pas atteint cinquante et un ans, Bouhier n'est pas le seul qui l'ait fait vivre jusqu'à cinquante-sept (voyez le *Dictionnaire de Jal*, p. 14) ; une clef lui donne à sa mort cinquante-cinq ans (tome I, p. 398) ; d'Olivet cinquante-deux (*Histoire de l'Académie*, tome II, p. 322).

2. *Souvenirs de Jean Bouhier*, p. 74 et 75.

vivacité de celui-ci plaisoient mieux à Monsieur le Prince que le sérieux cynique et mordant de l'autre. D'ailleurs Monsieur le Prince faisoit à Santeul cent niches qu'il prenoit fort bien, au lieu que la Bruyère ne s'en seroit pas accommodé[1]. »

Quel contraste entre Santeul et Bossuet, que nous avons à citer l'un après l'autre en tête des amis que nous donnons à la Bruyère! *Pédagogue* et *censeur* du premier, il ne pouvait considérer le second que comme le plus éminent des maîtres. On ne nomme point notre moraliste parmi les membres du *petit concile* que Bossuet avait institué, en 1673, auprès de lui et qu'il ne réunit régulièrement que pendant les huit années qui suivirent; mais s'il n'a pas été l'un des *pères laïques*, suivant l'expression de Bossuet[2], qui prirent part aux études qu'il présidait sur l'Écriture sainte, nul ne fut plus assidu parmi les amis dont le prélat s'entourait à Meaux et à Versailles.

L'un de ceux que la Bruyère rencontrait le plus souvent auprès de Bossuet, soit dans l'allée du petit parc de Versailles que les promenades du prélat, accompagné de son cortége habituel, avaient fait nommer l'*Allée des philosophes*[3], soit à Paris

1. Bouhier cite l'une de ces niches faites à Dijon en 1674 : à la demande d'Henri-Jules de Bourbon, une dame, qui dessinait fort bien, fit dans une assemblée, sans qu'il s'en aperçût, le portrait de Santeul, et le représenta « avec un habillement et un bonnet de fou, ayant un masque d'une main et une marotte de l'autre. » A Dijon encore et la même année, le père et le fils, après avoir folâtré avec Santeul « dans un de leurs appartements à huis clos, s'étoient enfin jetés sur lui comme pour l'étriller.... Ils « ap-« prirent bientôt à ne plus s'y frotter (*ajoutait Santeul en faisant le* « *récit du combat*), car, ayant pris chacun d'eux par le bras, je les « enlevai de terre, et je vous secouai ces deux pygmées comme un « Hercule. » (*Ibidem*, p. 68, 75 et 76.) — Le président Bouhier ne laisse pas voir si c'est à Dijon ou à Chantilly qu'il remarqua le mécontentement de la Bruyère. Au compte de Bouhier lui-même, Santeul n'alla que deux fois en Bourgogne pour la tenue des états, la première en 1694 et la seconde en 1697, année de sa mort à Dijon (p. 64 et 68).

2. Sur le *Petit concile* et les *Pères laïques*, voyez M. Floquet, *Bossuet précepteur du Dauphin*, 2ᵉ partie, chapitre IX, p. 420-451.

3. Voyez les *Mémoires de l'abbé le Dieu*, p. 137, et M. Floquet, ouvrage cité, p. 437.

ou à Meaux, était l'abbé de Fénelon. Si l'on en croit l'abbé Phélipeaux, on le vit plus fréquemment que jamais dans la société de Bossuet en 1689, au moment où il désirait être nommé précepteur du duc de Bourgogne. Bien que Phélipeaux soit un témoin suspect quand il s'agit de Fénelon et qu'il convienne de se défier de son animosité passionnée contre l'auteur des *Maximes des Saints*, nous ne pouvons écarter une anecdote, datée de cette époque, où il met en scène Fénelon et la Bruyère, et qui ajoute un trait à la biographie de l'un et de l'autre :

« Cet abbé, dit-il de Fénelon[1], depuis son retour du Poitou[2], où il étoit allé avec l'abbé de Langeron pour instruire les nouveaux convertis, songeoit sérieusement à jeter les fondements de sa fortune. On parloit déjà de donner aux trois princes de France[3] un gouverneur et un précepteur.... Il s'attacha, avec plus d'assiduité qu'auparavant, à Monsieur l'évêque de Meaux, prévoyant qu'il pourroit être consulté sur le choix d'un précepteur. Le prélat n'alloit point dans le diocèse sans être accompagné des abbés de Fénelon et de Langeron, son intime et inséparable ami. Quand il étoit à Paris, ils venoient régulièrement dîner avec lui et lui tenoient une fidèle et assidue compagnie, de sorte que le prélat n'étoit guère sans l'un ou sans l'autre. Ils avoient soin d'avilir par de piquantes railleries tous ceux qui pouvoient avoir les mêmes prétentions. Pendant les repas et les promenades, ils louoient sans cesse le prélat, jusqu'à l'en fatiguer. Leurs flatteries étoient sans bornes, jusqu'à exciter de l'indignation à ceux qui étoient présents. Le prélat en rougissoit souvent, leur en témoignoit publiquement son dégoût et les prioit de s'en abstenir. La Bruyère, homme sincère et naturel, en étoit outré. Il me disoit quelquefois à l'oreille : « Quels empoi« sonneurs ! Peut-on porter la flatterie à cet excès ! — Voilà, lui « disois-je, pour vous la matière d'un beau caractère ! » Un jour, la Bruyère, par malice, avança, en leur présence, que le Roi devoit engager Monsieur de Meaux à continuer aux princes les instruc-

1. *Relation de l'origine, du progrès et de la condamnation du quiétisme répandu en France*, 1733, p. 33 et 34.
2. C'est auprès des protestants de l'Aunis et de la Saintonge que Fénelon fut envoyé à deux reprises en mission, de décembre 1685 à juillet 1687.
3. Le duc de Bourgogne, dont Fénelon fut nommé précepteur le 16 août 1689, et ses frères les ducs d'Anjou et de Berry.

tions qu'il avoit données avec tant de sagesse à Monseigneur le Dauphin : les abbés furent déconcertés et s'appliquèrent à persuader au prélat qu'il ne convenoit point à un évêque de son âge, chargé du gouvernement d'un diocèse, occupé à des études si utiles à l'Église, de consumer un temps si précieux à apprendre la grammaire à des enfants; ils en parloient avec chaleur à tous ceux qui approchoient le prélat, cherchant toutes les voies possibles de le dégoûter de ce dessein. »

Le récit est grossièrement chargé : Fénelon n'était pas homme à prodiguer les flatteries jusqu'à exciter le dégoût; mais le fond peut être vrai. La Bruyère néanmoins a toujours parlé de Fénelon avec estime et même avec admiration[1]. Il ne vécut pas assez longtemps pour assister à sa rupture avec l'évêque de Meaux. Leurs discussions sur les doctrines de Mme Guyon s'ouvrirent en 1694; mais leur amitié n'en parut altérée ni cette année ni la suivante : encore au mois de février 1695, Bossuet applaudissait à la nomination de Fénelon à l'archevêché de Cambrai; et, quatre mois plus tard, il le consacrait à Saint-Cyr. La Bruyère était mort lorsque Monsieur de Cambrai refusa l'approbation que Monsieur de Meaux lui demandait de joindre au manuscrit de ses *Instructions sur les états d'oraison*, et c'est ce refus, bientôt suivi de la publication des *Maximes des Saints*, qui alluma la guerre entre les deux prélats.

L'abbé de Choisy, dont le nom se trouve çà et là mêlé à nos commentaires, a fait partie des réunions de l'évêché de Meaux. La Bruyère et lui s'y sont connus, et nous avions tout d'abord pensé qu'ils s'y étaient liés d'une amitié durable : nous nous sommes accusé ailleurs de cette méprise[2]. En annotant le *Discours à l'Académie*, nous avions résisté à l'interprétation qui avait invariablement attribué à Choisy l'un des compliments que la Bruyère adresse aux académiciens qu'il aime; mais il a fallu le témoignage d'un contemporain, cité dans la seconde édition de *la Comédie de la Bruyère*, pour nous éclairer sur les relations véritables de la Bruyère et de

1. Tome II, p. 236 (1690), et p. 463 et 464 (1694).
2. Voyez tome III, 1re partie, p. 224, *Addition* à la page 532 du tome Ier.

Choisy : « Ils furent toujours mal ensemble, » est-il dit dans la clef manuscrite d'un exemplaire des *Caractères* qui vient de Félibien des Avaux[1]. C'est donc dans un sens ironique que l'abbé le Dieu parle de la Bruyère comme du *bon ami* de Choisy : « Depuis la mort de son bon ami la Bruyère, écrit-il le 6 juin 1696 au sujet de Choisy, il a repris le commerce de notre père grec (*Bossuet*)[2]. » La brouille de la Bruyère et de Choisy, assez grave pour que l'abbé ne voulût plus s'exposer à rencontrer l'auteur des *Caractères* chez Bossuet, avait probablement pour origine la publication du caractère de *Théodote*, imprimé en 1692[3]. On ne peut s'imaginer, au surplus, deux caractères plus dissemblables que ceux de la Bruyère et de cet abbé, si puérilement vaniteux et efféminé jusqu'au ridicule.

Racine et Boileau étaient déjà illustres quand la Bruyère leur fut présenté, soit dans l'une de ses visites à Bossuet, soit à l'hôtel de Condé. Il fallait qu'ils s'entretinssent souvent de lui en 1687, au moment où il allait publier les *Caractères*, puisqu'ils lui avaient donné entre eux un sobriquet. Leur cor-

1. *La Comédie de J. de la Bruyère*, 2ᵉ édition, 1ʳᵉ partie, p. 145, note 3.
2. *OEuvres de Bossuet*, édition Lebel, tome XL, p. 244.
3. Suivant Éd. Fournier (*ibidem*), Choisy aurait encore eu d'autres griefs : « Si la Bruyère parle, dans sa 4ᵉ édition, des gens qui refusent de « rendre ce qu'ils doivent[a], » il pense à l'abbé, qui, partant pour Siam, emprunta 400 francs avec promesse du double au retour et ne rendit rien. Si, dans la même édition, il y a quelques mots contre quelqu'un qui, ne pouvant « être un Érasme, doit « penser à être évêque[b], » il a encore l'abbé de Choisy en vue. » M. Fournier veut que la Bruyère, par ces allusions, se venge de la cabale qui, en 1691, fit nommer Pavillon à l'encontre de sa candidature ; mais c'est Tallemant, et non Choisy, qui opposa le nom de Pavillon à celui de la Bruyère.

[a] Tome II, p. 21, n° 27.
[b] Tome I, p. 159, n° 26. Nous ne saurions dire si Éd. Fournier propose ces deux applications à Choisy sur des conjectures personnelles, ou s'il les tire de la clef de Félibien. Il fait remarquer ailleurs (p. 529, note 2) que la Bruyère, dans l'une des allusions précédentes, donne à Choisy le surnom d'*Érasme* en souvenir des *Dialogues* qu'il a composés, avec l'abbé de Dangeau, à la façon des *Colloquia* du célèbre écrivain de Rotterdam.

respondance malheureusement ne le mentionne que deux fois à peine : « Maximilien m'est venu voir à Auteuil, et m'a lu quelque chose de son *Théophraste*, écrit Boileau à Racine en 1687, dans une lettre que nous avons déjà citée[1]. C'est un fort bon homme, et à qui il ne manqueroit rien si la nature l'avoit fait aussi agréable qu'il a envie de l'être. Du reste, il a du savoir et du mérite. » Un « fort *bon* homme » : l'expression pouvait sembler juste en 1687, avant la publication des *Caractères*, mais plus tard, revisant ses lettres et en prévoyant là publication, Boileau l'effaça et la remplaça par celle-ci : « Un fort *honnête* homme. » Et de plus il ajouta l'esprit aux qualités qu'il reconnaissait à l'auteur des *Caractères* : « Il a du savoir, de l'esprit et du mérite [2]. » Boileau n'est jamais allé au delà de cette appréciation un peu réservée, à laquelle il mêlait, dans ses entretiens, quelques critiques qui, venant d'un tel juge,

1. Voyez ci-dessus, p. LXXXIX, et les *OEuvres de Racine*, tome VI, p. 548. L'autographe, dont il y a un fac-similé dans la *Galerie française ou Collection de portraits*, etc. (Paris, Didot, 1824, in-4°, p. 350), appartient à M. le marquis de Biencourt. « Cette lettre, qui manque dans le *Recueil* de Louis Racine, dit M. Mesnard (*OEuvres de Racine*, tome VI, p. 545, note 1), a été publiée pour la première fois par Cizeron-Rival au tome III, p. 55, de ses *Lettres familières de MM. Boileau Despréaux et Brossette.* » Elle a été réimprimée, en 1858, par M. Laverdet, dans sa *Correspondance entre Boileau Despréaux et Brossette*, d'après une copie écrite par Jean-Baptiste Racine. — La seconde mention de la Bruyère que contient la correspondance de Boileau se trouve dans la lettre écrite à Racine, de Bourbon, le 9 août 1687 (*OEuvres de Racine*, tome VI, p. 578) : « Je vous demande pardon du gros paquet que je vous envoie.... Je vous envoie un compliment pour M. de la Bruyère. » Ainsi que le fait remarquer M. Mesnard, c'est à tort que l'on a rattaché à la publication des *Caractères* ce compliment inséré dans le paquet adressé à Racine; car ils ne parurent que plusieurs mois plus tard.

2. Ce n'est pas tout, si l'on s'en rapporte au texte publié par M. Laverdet, d'après un manuscrit qu'aurait corrigé Boileau; la lettre y est augmentée d'un post-scriptum que n'ont pas connu les éditeurs précédents et qui ne se trouve ni dans le texte de Cizeron-Rival ni dans l'autographe. « On s'explique avec peine, dit M. Mesnard (*OEuvres de Racine*, tome VI, p. 548 et 549, note 8 de la *lettre* 61), que Boileau ait pu faire après coup une addition de

ne pouvaient être indifférentes à la Bruyère, celle, par exemple, que lui adressaient, avec le plus d'instance, ses adversaires, de s'être soustrait à « la servitude des transitions[1]. » Notre auteur

ce genre. Quoi qu'il en soit, voici ce post-scriptum : « Nous (*Maxi-*
« *milien, c'est-à-dire la Bruyère, et moi*) parlons quelquefois de vers,
« et il ne me parle point sottement. Il m'en lut l'autre jour un
« assez grand nombre de très-méchants qui ont été faits, l'année
« passée, dans Bourbon même, à l'occasion des eaux de Bourbon.
« Il me parut qu'il étoit aussi dégoûté de ces vers que moi, et
« pour vous montrer que je ne suis encore guéri de rien, c'est que
« je ne pus m'empêcher de faire sur-le-champ, à propos de ces
« misérables vers, cette épigramme que j'adresse à la fontaine
« même de Bourbon :

> « Oui, vous pouvez chasser l'humeur apoplectique,
> « Rendre le mouvement au corps paralytique
> « Et guérir tous les maux les plus invétérés ;
> « Mais quand je lis ces vers par votre onde inspirés,
>   « Il me paroît, admirable fontaine,
> « Que vous n'eûtes jamais la vertu d'Hippocrène. »

— « Ces vers, ajoute M. Mesnard, sont donnés par Berriat-Saint-Prix, au tome II des *OEuvres de Boileau*, p. 460, parmi les épigrammes (n° XVIII). Il ne dit pas qu'ils soient extraits d'une lettre à Racine. » M. Mesnard, on le voit, doute de l'authenticité du post-scriptum, et nous le considérons aussi comme apocryphe. L'interlocuteur de Boileau, ce *Maximilien*, semble être allé à Bourbon en 1686 : si la Bruyère se fût éloigné de son élève en 1686, M. Allaire n'eût-il pas retrouvé la trace de son absence dans la correspondance de Condé et des officiers qui entouraient son petit-fils ?

1. « M. Despréaux disoit de la Bruyère que c'étoit un homme qui avoit beaucoup d'esprit et d'érudition ; mais que son style étoit prophétique, qu'il falloit souvent le deviner ; qu'un ouvrage comme le sien ne demandoit que de l'esprit, puisqu'il délivroit de la servitude des transitions, « qui est, disoit-il, la pierre d'achop-« pement de presque tous les écrivains. » — « J'ai eu, continuoit-il, le courage de lui soutenir que son discours à l'Académie étoit mauvais, quoique d'ailleurs très-ingénieux et parfaitement écrit ; mais que l'éloquence ne consiste pas à dire simplement de belles choses, qu'elle tend à persuader, et que, pour cela, il faut dire des choses convenables aux temps, aux lieux et aux personnes. » (*Bolæana* ou Entretiens de M. de Losme de Monchesnay avec M. Despréaux, dans le tome V de l'édition Saint-Marc, 1747, des *OEuvres de Boileau*, p. 77.)

répondit à ce reproche dès sa première édition ; et il y revint, non sans humeur, dans la préface de son *Discours à l'Académie*, s'efforçant de démontrer que s'il avait omis les transitions entre ses alinéas, il avait du moins introduit un plan et une économie dans son ouvrage[1].

Bien que Racine n'ait pas écrit une seule fois, dans les lettres qui nous sont parvenues, le nom de son grand admirateur la Bruyère, il devait lui témoigner une affection plus vive que ne le faisait Boileau. Son amitié du moins s'est déclarée avec éclat dans la lutte qu'il fallut soutenir contre les *Théobaldes* de l'Académie, pour y faire admettre l'auteur de *Caractères*.

Sous les auspices de Bossuet, de Racine et de Boileau, la Bruyère entra dans le groupe dont ils étaient les chefs, et qui formait le parti des Anciens. On opposait, tout à la fois, ce parti à celui des Modernes, et, comme les grands lettrés de la cour, au groupe « des Illustres de Paris, » dirigé par Fontenelle, Charpentier, Perrault et Thomas Corneille. Fontenelle lui-même, dans son *Éloge* de l'un des membres de cette société de Versailles, a délimité les deux camps, sans oublier de rappeler que la Bruyère n'appartenait pas au sien :

« La cour rassembloit alors un assez grand nombre de gens illustres par l'esprit : MM. Racine, Despréaux, de la Bruyère, de Malezieu, de Court; Monsieur de Meaux étoit à la tête. Ils formèrent une espèce de société particulière, d'autant plus unie qu'elle étoit plus séparée de celle des Illustres de Paris, qui ne prétendoient pas devoir reconnoître un tribunal supérieur ni se soumettre aveuglément à des jugements, quoique revêtus de ce nom imposant de jugements de la cour. Du moins avoient-ils une autorité souveraine à Versailles, et Paris même ne se croyoit pas toujours assez fort pour en appeler[2]. »

---

1. Voyez tome I, *Discours sur Théophraste*, p. 28 ; tome II, p. 442, 445 et 446. Il est à noter que l'abbé le Gendre, qui, en 1692, passa pendant vingt jours, toutes les après-dînées chez Boileau, ne cite pas la Bruyère dans la « compagnie triée d'hommes de lettres » qui formaient les assemblées quotidiennes de la maison d'Auteuil (*Mémoires*, p. 173-175).

2. *Éloge de M. de Malezieu*, dans les *Œuvres de M. de Fontenelle*, 1766, tome VI, p. 274 et 275.

Fontenelle, on le voit, parle sans amertume de gens qui l'avaient souvent raillé. Nul ne l'avait plus cruellement attaqué que la Bruyère. Un de leurs amis communs, Phélypeaux, c'est-à-dire Pontchartrain le fils, avait su obtenir de Boileau le sacrifice d'une strophe de l'*Ode sur la prise de Namur*, qui pouvait affliger Fontenelle : on ne dit pas qu'il ait de même tenté de le protéger contre les traits de l'auteur des *Caractères*. Il n'y eût sans doute pas réussi, bien que deux lettres de lui, seules pages qui, avec quelques lignes de Bussy, nous aient été conservées de la correspondance reçue par la Bruyère, témoignent de relations assez étroites, et permettent de supposer réciproque influence. Des lettres de la Bruyère à Phélypeaux, nous n'en connaissons qu'une d'un ton assez laborieux, et dont la lecture nous console un peu de la perte des autres. C'était, du reste, un disgracieux correspondant que Phélypeaux ; les *Mémoires de Saint-Simon*[1] nous avaient prévenu contre lui : ses lettres ne nous le rendent pas plus aimable. On peut vraiment se demander si, en acceptant la mission de le tenir au courant, pendant ses absences, des événements qui se produisaient à Versailles, la Bruyère n'obéissait pas à un sentiment de déférence et de gratitude envers Pontchartrain, qui, l'on s'en souvient, l'avait aidé à franchir les portes de l'Académie, plutôt qu'à un sentiment de sympathie pour son fils lui-même[2].

A la cour, la Bruyère n'eut, en dehors de la famille Pontchartrain, que de passagères relations, telles que celles qu'il put nouer avec Saint-Simon ou Bussy. Il semble avoir eu toutefois un commerce plus suivi avec le marquis de Termes, qu'il chargea d'offrir à Bussy la primeur des *Caractères* avant qu'ils fussent mis en vente. Singulière destinée que celle de cet homme d'esprit, haï et méprisé des courtisans, estimé et recherché par Racine, Boileau, Mme de Sévigné, Bussy et la Bruyère! Ce n'étaient ni le souvenir de ses galanteries ni celui d'un emprisonnement inexpliqué à l'occasion de l'affaire des poisons, qui avaient valu à M. de Termes sa mauvaise renommée : par pauvreté, il avait eu « la bassesse, » dit Saint-Simon,

1. Tome IV, p. 194 et 195.
2. Tome II, p. 517-522, et tome III, 1re partie, p. 238-242.

NOTICE BIOGRAPHIQUE

de désirer les fonctions de premier valet de chambre de Louis XIV, « et personne, ajoute-t-il, ne doutoit qu'il ne rapportât tout au Roi, tellement qu'il n'étoit reçu dans aucune maison [1]. » La vive amitié de Racine et de Boileau, le bon accueil de Mme de Sévigné et la confiance de la Bruyère pouvaient le consoler de bien des mésaventures ; mais il en avait subi une, la plus cruelle de toutes, qu'il ne pouvait ni oublier ni pardonner et dont l'auteur, disait-on, était l'une des Altesses mêmes de la Bruyère : le 16 décembre 1684, quatre mois après l'entrée de celui-ci dans la maison de Condé, des gens apostés dans une galerie de Versailles l'avaient outrageusement accablé de coups de bâton [2]. Quels entretiens sur la cour l'on peut supposer entre la Bruyère et ce gentilhomme qui avait été bâtonné par l'ordre d'un Condé, et dont les courtisans fuyaient jusqu'à l'approche !

1. « .... Il étoit seul au milieu de la cour sans que personne voulût lui parler, encore moins le recevoir. » (*Addition de Saint-Simon* au *Journal de Dangeau*, tome I, p. 81.) — « .... Il n'étoit reçu dans aucune maison, ni abordé de personne. Il étoit poli et accostant, mais à peine lui répondoit-on en fuyant.... » (*Mémoires de Saint-Simon*, tome IV, p. 62.)

2. « Le bruit se répandit, écrit Dangeau à la date du dimanche 17 décembre 1684 (*Journal*, tome I, p. 81), qu'on avoit fait le soir du samedi une cruelle insulte à M. de Termes dans la galerie basse ; ce bruit étoit apparemment faux, et le Roi témoigna en être fort mécontent. Il fit faire des perquisitions pour savoir qui avoit fait courir ce bruit-là. » Saint-Simon est persuadé, au contraire, que le bruit n'était nullement faux, et il donne, au-dessous même du passage de Dangeau, une explication de cette « insulte » (lui-même répète le mot), explication qu'il développe et précise dans ses *Mémoires* (tome IV, p. 62 et 63). Suivant lui, Monsieur le Duc (c'est-à-dire, bien évidemment, le père de l'élève de la Bruyère, Henri-Jules de Bourbon, qu'on appelait Monsieur le Prince à l'époque où Saint-Simon écrivait) et le prince de Conti (« Mme la princesse de Conti » dans l'Addition, mais dans ses *Mémoires* Saint-Simon se rectifie), vers une heure du matin, avaient fait charger M. de Termes, à grands coups de bâton, par quatre ou cinq Suisses « qui, n'épargnant que sa tête, le menèrent battant à l'autre bout de la galerie, et l'y laissèrent si moulu de coups qu'il en fut plusieurs jours au lit. » Monsieur le Duc et le prince de Conti,

SUR LA BRUYÈRE.

Nous avons déjà nommé[1], comme ayant été en relation avec la Bruyère, Malezieu, qui lut l'un des premiers ses *Caractères*, avant l'impression; Regnier Desmarais, qui, comme Bossuet, favorisa sa nomination à l'Académie; la Loubère, qui retira sa candidature devant la sienne; Renaudot, qui le vit chez Bossuet et chez Pontchartrain, sut l'apprécier, et cependant ne lui consacra même pas une ligne de regrets dans la *Gazette* lorsqu'il mourut[2]. Nous pourrions ajouter comme ayant pratiqué, sinon aimé et goûté la Bruyère, tous ceux qui vivaient dans la familiarité de Bossuet. Mais, on le voit par tout ce chapitre, sur le degré d'amitié et d'intimité les renseignements nous manquent presque entièrement. On peut vraiment s'étonner que, d'une époque qui nous a laissé tant de souvenirs écrits, il nous en reste si peu et de si insignifiants sur un homme de la valeur de notre moraliste[3].

ajoute Saint-Simon dans ses *Mémoires*, accusaient Termes d'avoir conté au Roi les détails d'un souper qu'ils avaient fait, quelques jours auparavant, « chez Langlée à Paris, après lequel il s'étoit passé des choses assez étranges. » Il paraît certain que Termes fut bâtonné, et qu'on accusa Henri-Jules de Bourbon, comme le dit Saint-Simon, d'avoir payé les coups; mais le souper de Langlée n'avait eu lieu que le 24 décembre, une semaine après la bastonnade, si Dangeau est exact (*ibidem*, p. 83) et s'il n'y a eu qu'un souper de ce genre chez Langlée dans les derniers jours de l'année. L'insulte n'aurait donc pas eu la cause que lui donne Saint-Simon. Quoi qu'il en soit, elle fit « un grand vacarme, » et la Bruyère ne put l'ignorer. Sa liaison avec la victime d'un Condé est une preuve nouvelle qu'il n'était pas bon courtisan.

1. Voyez ci-dessus, p. xcvii, cxii et cxv.

2. La mort de la Bruyère n'est mentionnée dans la *Gazette* qu'à l'occasion de l'élection de son successeur : « Le 16 juillet, l'abbé Fleury, sous-précepteur des enfants de France, fut reçu à l'Académie françoise, à la place vacante par le décès du sieur de la Bruyère. » (N° du 21 juillet 1696, p. 348.)

3. On avait espéré découvrir dans la correspondance de Mathieu Marais de précieux détails sur la Bruyère. « Que j'admire, lui écrivait Bayle le 2 octobre 1698, que j'admire l'abondance des faits curieux que vous me communiquez touchant MM. Arnaud, Rabelais, Santeul, *la Bruyère*, etc. ! Cela me fait juger, Monsieur, qu'un *Dictionnaire historique et critique*, que vous voudriez faire, seroit

VII

LES DERNIÈRES ANNÉES DE LA BRUYÈRE.

Les princes avaient parfois pour compagnons leurs anciens maîtres dans leurs voyages, même à la guerre : c'est ainsi que l'ouvrage le plus curieux qui se pût voir. Vous connoissez mille particularités, mille personnalités, qui sont inconnues à la plupart des auteurs.... » (*Lettres choisies de M. Bayle*, Rotterdam, 1714, p. 640 ; ce passage a été cité par M. de Lescure dans la Notice qui précède le *Journal de M. Marais*, tome I, p. 11.) « Il est bien à regretter, écrit Taschereau, ayant en vue cette lettre (*Revue rétrospective*, 2ᵉ série, tome VII, p. 330), que Bayle n'ait pas consacré un article à la Bruyère, et ait laissé perdre les matériaux biographiques dont il parle ici. » Ces matériaux n'ont pas été perdus : une copie de la longue lettre de Marais à laquelle répond Bayle, lettre écrite à l'occasion d'une publication de Bayle (*Réflexions sur un imprimé qui a pour titre : le Jugement public sur le Dictionnaire critique de M. Bayle*), est conservée dans le manuscrit 136 de la collection Bouhier (*Manuscrits français*, nº 5669), à la Bibliothèque nationale, et voici les seuls renseignements, peu nouveaux pour nous, qu'elle contienne sur la Bruyère (p. 103 et 104) : « .... Je suis bien aise que vous finissiez par une pensée de M. de la Bruyère. Voilà un homme *au bon coin*[a]. Il s'est vu, de son vivant, objecté aux anciens, lui qui en étoit l'admirateur. Les modernes l'ont saisi pour en faire un Théophraste de notre siècle. M. Perrault ne l'a pas oublié dans ses *Parallèles*. M. Ménage ou ses amis en ont parlé avec éloge, et ont très-bien fait le caractère du faiseur de caractères[b]. M. Despréaux l'a cité dans sa satire *des Femmes*. Il s'est fait neuf éditions de son livre en peu de temps. Il n'y a jamais eu de réputation plus rapide. C'est un conquérant, un Alexandre dans les lettres, qui doit plus à sa vigueur et à sa force véritable qu'au goût des lecteurs qui aiment les choses satiriques, malgré tout ce qu'en ont

---

[a] Locution familière à Boileau, qui « de cette marque », dit Marais dans la même lettre, n'en connaissait pas « une douzaine dans le monde.... Il en revenoit toujours, ajoute Marais, au *bon coin*, qui est le mot du guet entre les savants de haute volée. »

[b] « *Menagiana, etc.*, » écrit Marais en note.

M. de Court alla mourir de la fièvre, en 1694, au camp de Vignamont, auprès de son élève le duc du Maine. Mais M. de Court était secrétaire des commandements du duc du Maine, et la Bruyère, qui au reste n'avait été qu'un des professeurs du duc de Bourbon, n'avait pas conservé dans sa maison de fonction qui rendît sa présence constamment opportune et utile auprès de lui. Tandis que Monsieur le Prince, Monsieur le Duc, Madame la Duchesse, et nombre de courtisans, accompagnaient Louis XIV dans le voyage qu'il entreprit, du 10 mai au 7 juin 1687, pour aller voir les fortifications de Luxembourg, la Bruyère était demeuré à Paris ; car c'est au mois de mai et tandis que Racine visitait Luxembourg en qualité d'historiographe du Roi, qu'il lut à Boileau « quelque chose » de son *Théophraste* : ce nous est une raison de croire qu'il dut être également dispensé de se joindre à la maison de Louis de Bourbon pendant les campagnes de 1688 et des années suivantes[1]. Disons toutefois que, si nombreuses qu'aient

dit ses adversaires, qu'il a battus, dos et ventre, dans le discours qu'il a mis à la tête de sa harangue. Vous devez, Monsieur, à cet illustre, à ce Montagne mitigé, un grain de cet encens exquis que les Muses vous ont donné pour distribuer aux savants. » — Marais avait beaucoup lu la Bruyère. Dans un passage de cette même lettre, il cite une phrase de son jugement sur la Fontaine : « .... Ce n'est que légèreté, qu'élégance », etc. (tome II, p. 101), et il annote comme il suit le mot *légèreté*, qu'emploie la Bruyère : « *Légèreté*, en bonne part, a paru nouveau ; mais pour la Fontaine ne falloit-il pas de la nouveauté ? M. de Fénelon a dit dans son *Discours à l'Académie :* « les grâces vivantes et légères. » Mme Dacier dit dans sa préface de *Térence :* « Les plaisanteries de Térence sont d'une « *légèreté*, si j'ose servir de ce terme, et d'une politesse infinie. » Elle y met un correctif. La Fontaine, dans son conte de *Scamandre*, dit : « une beauté naïve, une taille *légère*. » M. de Caillières le condamne ; mais il n'est pas le plénipotentiaire de l'Académie. »

1. Le duc de Bourbon partit de Versailles le 25 septembre 1688 pour aller faire ses premières armes et assister au siége de Philisbourg : il revint le 23 novembre. En 1689, son absence dura cinq mois : il partit vers le 20 mai pour se rendre à l'armée d'Allemagne, commandée par M. de Duras, et ne fut de retour que le 7 novembre. En 1690, nommé maréchal de camp, il rejoignait à Nancy, le 23 mai, le Dauphin, qui allait prendre le com-

été les éditions des *Caractères*, il n'en est qu'une dont la publication puisse servir à démontrer la présence de la Bruyère à Paris pendant que le duc de Bourbon est à l'armée. La date de l'impression de la 6⁰, achevée le 1ᵉʳ juin 1691, s'accorderait mal avec son départ, s'il eût accompagné au siége de Mons le duc de Bourbon : le prince avait pris congé du Roi le 13 mai, et il est presque certain que la Bruyère demeura le mois entier à Paris pour corriger les dernières feuilles.

S'il avait dû assister à une campagne, c'eût été à celle de 1692, plutôt qu'à toute autre. Le 10 mai, on avait vu partir de Versailles presque toute la cour, et de Paris un certain nombre de curieux, qui, n'étant « ni guerriers ni courtisans »,

mandement de l'armée d'Allemagne : la petite vérole l'obligea bientôt à s'éloigner, pendant six semaines, de l'armée ; il y revint à la fin de juillet, et regagna Versailles, avec le Dauphin, dans les premiers jours d'octobre. Nous passons les campagnes de 1691 et de 1692, mentionnées p. CLIV et CLV. En 1693, le duc de Bourbon quittait Chantilly vers le 20 mai, quelques jours après la séance de réception de la Bruyère à l'Académie, pour rejoindre l'armée de Flandre, et n'en revenait qu'à la fin d'octobre, après une campagne qui lui avait offert l'occasion de se distinguer à la bataille de Nerwinde. Le duc de Bourbon fit encore partie en 1694 de l'armée du maréchal de Luxembourg : il quitta Chantilly le 4 juin et revint à Versailles le 4 octobre. Il s'en faut de peu que nous ne puissions offrir pour cette année 1694 la preuve d'un *alibi* de la Bruyère. Le 3 juin, il recevait, sans nul doute à Paris, une « indemnité » de son frère Louis, en faveur duquel il venait de s'engager pour une somme de 3000 livres (voyez ci-après, p. CLXXXIX) : or le duc de Bourbon se trouvait ce même jour à Chantilly, avec les siens, s'apprêtant à se mettre en route, dès le lendemain, pour rejoindre l'armée du duc de Luxembourg. A la rigueur, la Bruyère aurait pu arriver en temps utile à Chantilly, qui était en quelque sorte la première étape du duc de Bourbon, et partir avec lui, s'il avait dû l'accompagner ; mais il est bien probable qu'aucun projet de départ ne se mêlait à ses préoccupations, ce 3 juin où il réglait, loin de Chantilly, des affaires de famille. En 1695 enfin, le Duc partit pour l'armée de Flandre le 9 juin et revint le 22 septembre. La Bruyère était mort depuis plusieurs jours quand Louis de Bourbon se mit en route pour la campagne de 1696.

n'en suivirent pas moins Louis XIV jusque sous les fortifications de Namur. La Bruyère a fait le récit des impressions de ces Parisiens dépaysés. La capitulation de la ville avait été signée le 5 juin; mais le château résistait encore, et le siége se prolongeait. Des pluies torrentielles avaient succédé au beau temps des premières semaines, et les spectateurs oisifs se décourageaient : « Le salut de l'État dépend-il d'une citadelle de plus ou de moins? » La citadelle capitule enfin le 30 juin, et les mêmes personnages, oubliant leurs doléances, triomphent bruyamment de la persévérance dont ils avaient gémi, et s'offrent naïvement à l'admiration des bourgeois « aux fenêtres, » dans les villes et les bourgades qu'ils traversent en revenant à Paris[1]. La Bruyère avait-il été le confident, au camp de Namur, de leur impatience et de leurs frayeurs? A-t-il vu lui-même leur glorieux cortége à travers les rues de Givet, de Rocroy et de Dammartin? Je ne le pense pas. S'il eût passé, en leur compagnie, sept semaines aux camps de Givry ou de Namur, Racine aurait eu souvent l'occasion de le voir auprès des princes de Condé : ne l'eût-il pas nommé, au moins une fois, dans les lettres qu'il adressait à Boileau?

Non plus qu'aux tranchées de Mons ou de Namur, nul document ne révèle la présence de la Bruyère à Dijon pendant la tenue des états de Bourgogne, qu'Henri-Jules de Bourbon vint y présider en 1685, en 1688, en 1691 et en 1694, pour ne citer que les sessions qui eurent lieu pendant le séjour de notre auteur dans la maison de Condé. Il n'y alla certainement pas en 1685, car le duc de Bourbon, quand son père s'y rendit pour quelques jours, était retenu à Versailles par ses leçons et par l'approche de son mariage. Je doute que le duc de Bourbon et la Bruyère aient paru davantage à Dijon en 1688 et en 1691 : les états de 1688 se tinrent en mai, et Dangeau nous montre Louis de Bourbon à la revue de Maintenon le 23[2]; ceux de 1691 s'ouvrirent le 31 mai, et l'impres-

---

1. Voyez tome II, p. 118 et 119, n° 99.
2. Henri-Jules de Bourbon, suivant une lettre de Bussy, se proposait de passer le mois de mai entier à Dijon (*Correspondance de Bussy*, édition de M. Lud. Lalanne, tome VI, p. 126); il y demeura, pour le moins, jusqu'au 20 ou 21 (*ibidem*, p. 130).

sion de la dernière feuille de la 6ᵉ édition est, nous l'avons dit, datée du 1ᵉʳ juin[1].

Je croirais plus volontiers que la Bruyère assista aux états de 1694. Partis de Fontainebleau le 10 novembre, Henri-Jules et Louis de Bourbon avaient, pour la première fois, emmené Santeul avec eux. Il se peut que ce soit pendant ce séjour à Dijon des princes de Condé que Bouhier ait été témoin de l'impatience avec laquelle la Bruyère supportait les préférences qu'ils marquaient au poëte latin. C'est, au surplus, par un minutieux scrupule d'exactitude que nous cherchons à savoir si la Bruyère vint jamais à Dijon. Sa présence, s'il y vint, n'y fut pas remarquée, et, de son côté, il n'a rien écrit qui paraisse être un souvenir d'un séjour en Bourgogne : s'il vit Dijon en fête, les plaisirs qu'il y put prendre ne le réconcilièrent pas avec la province.

Ses devoirs, si même son titre lui en imposait, de gentilhomme du duc de Bourbon laissaient, en somme, une grande liberté à la Bruyère. Les affaires de famille, d'autre part, l'occupèrent peu dans ses dernières années. Il n'avait pas voulu invoquer, en 1674, son titre de trésorier pour refuser, comme il en aurait eu le droit, la curatelle de ses deux nièces, Mlles de la Guyottière, émancipées à la mort de leur mère ; mais, tout en acceptant le soin de leurs intérêts, il les avait confiées à

---

[1]. Monsieur le Prince était arrivé à Dijon le 29 mai. (*Choix de lettres inédites écrites par N. Brûlart*, publiées par M. de Lacuisine, 1859, tome II, p. 292.) — Bouhier, comme il a été dit (tome II, p. 345, et ci-dessus, p. cxxxix), a vu entre les mains de la Bruyère une lettre de Santeul relative au caractère de *Théodas*, inséré dans la 6ᵉ édition, qui fut achevée d'imprimer le 1ᵉʳ juin 1691 ; mais ce n'est pas à Dijon qu'il l'a dû voir. Si la Bruyère avait passé le mois de juin entier en Bourgogne avec les princes, il n'aurait pas été impossible que Santeul, après avoir reçu de l'imprimerie un exemplaire *en blanc* (c'est-à-dire non encore relié) de l'édition du 1ᵉʳ juin, lui eût fait parvenir, dans le cours de ce même mois, son remerciement à Dijon, et que ce fût à Dijon que l'eût vu le Dijonnais Bouhier ; mais Bouhier parle de fréquentation à Paris, et non à Dijon, en 1691 (ci-dessus, p. cxli, note 1). Le passage que nous rappelons ne peut donc guère être invoqué comme preuve d'un voyage de la Bruyère en Bourgogne cette même année 1691.

la garde de sa mère, qui veilla sur elles jusqu'en 1679, année où nous les perdons de vue. En 1695, sa qualité d'académicien lui permettait de n'accepter aucune part, après la mort de son frère Louis, dans la surveillance des intérêts de ses neveux et nièces : il n'usa point de la permission ; mais la charge d'ailleurs était légère : il ne fut que leur subrogé tuteur, la tutelle ayant été réservée à sa belle-sœur.

L'administration de sa fortune personnelle ne dut pas non plus distraire souvent la Bruyère de cette laborieuse « oisiveté » du « sage » à laquelle nous devons les *Caractères*. La liquidation de l'héritage de son oncle, commencée en 1672, était enfin achevée depuis 1680. Il avait renoncé tout à la fois, en 1686, à la succession de son père et à celle de sa mère[1]. De fortune mobilière, il n'en avait plus à gérer; car, tout héritier qu'il eût été d'un oncle enrichi, il ne devait léguer, à son tour, aucun contrat[2], ni laisser d'autre capital qu'une somme de 2129 livres, enfermée dans ses tiroirs soit à Paris soit à Versailles, et dont la plus grande partie pouvait être le fruit de ses économies sur la pension annuelle de mille écus qu'il recevait des Condé.

Quelque événement malheureux avait-il fait disparaître la meilleure part de la succession? La générosité de la Bruyère l'entraîna-t-elle dans quelque disgrâce de fortune encourue par son frère Louis? C'est le secret que gardent encore les archives des notaires du dix-septième siècle. Il nous a semblé, plus d'une fois, entrevoir la gêne au foyer du moraliste. Au moment où il vient d'acheter une charge de trésorier, le 14 janvier 1678, il fait un emprunt à sa mère et lui constitue une rente : est-ce bien le désir d'obliger sa mère qui le décide à lui emprunter 3352 livres? ne seraient-ce pas plutôt les difficultés de vie que pouvaient susciter l'achat de son office et les lenteurs

1. Par un acte notarié du 16 février 1679, Mme veuve de la Bruyère et ses enfants, prenant leurs précautions contre les conséquences que l'on pourrait tirer de signatures données par ces derniers en vue de faciliter le rachat d'une rente, déclarent que ce rachat n'a tourné qu'au profit de Mme de la Bruyère ; les enfants, de plus, protestent n'avoir pris aucun bien de la succession de leur père et se réservent de la refuser quand bon leur semblera.

2. Sa sœur laissa trois contrats de rente, dont le revenu s'élevait à près de 900 livres.

de la liquidation de l'héritage de son oncle? Quoi qu'il en soit, six mois plus tard, cette somme était réduite d'un tiers entre ses mains, et ce qui lui en restait lui était volé par un serviteur. A peine entré dans la maison de Condé, où il devait attendre douze mois le payement de ses premiers gages, il empruntait encore 2000 livres, que cette fois il put rembourser avant la fin même de l'année, au moment peut-être où il vendit sa charge. Soit sur le prix de cet office, soit sur la somme que put lui léguer le grand Condé[1], il éteignit aussi, en 1687, sa première dette, non pas entre les mains de sa mère, qu'il avait perdue en 1684, mais entre celles de sa sœur, seule légataire de cette pauvre femme, dont la succession a été répudiée. Le voilà donc libéré de toute dette, mais, d'autre part, il est dépourvu de toute créance, et je cherche vainement l'emploi de la somme qu'il a retirée de la vente de son office, ou du moins de ce qu'il a dû en garder, ses dettes payées.

De l'héritage de Jean II de la Bruyère il avait toutefois conservé sa part dans les propriétés du Vendomois, ou du moins dans la principale, celle de Romeau, ainsi que dans la maison de Saulx. La terre de Romeau était d'un mince rapport; de ce côté, Louis avait surveillé les intérêts communs, et après lui l'abbé Robert-Pierre : la Bruyère ne semble pas en avoir jamais pris soin, ni avoir jamais habité ce lointain domaine. Vivant tantôt à Versailles, tantôt à Chantilly, tantôt à Paris, où, logé au Petit-Luxembourg, il était encore l'hôte des princes de Condé, il ne dut pas non plus jouir beaucoup de la maison de campagne de Saulx, bien qu'il y eût une chambre, très-simplement meublée à ses frais[2].

1. « En peu de paroles, dit Gourville en racontant la scène où Condé mourant lui donne ses dernières instructions, il me déclara ce qu'il vouloit faire pour ses domestiques et pour moi. » (*Mémoires*, p. 497; conférez la *Correspondance de Bussy*, tome VI, p. 3.)

2. On a jusqu'ici placé à tort cette maison à Sceaux : c'est à Saulx-les-Chartreux, près de Longjumeau, qu'elle se trouvait. Ainsi qu'on le pourra voir ci-après (p. CLXXXIX, note 1), elle était « vieille et caduque, » et son délabrement rendait chaque jour nécessaires des réparations, dont les dépenses, en y joignant les 40 écus de gages du jardinier, excédaient « le profit et revenu, » lequel était d'environ 80 livres par an, non compris le revenu d'un arpent

De l'ensemble de ces détails, recueillis çà et là sur les actes conservés dans les archives du notariat de M⁰ Gastine, et de la lecture des inventaires dressés après le décès de la Bruyère, on pourrait peut-être induire que ce n'est point par une simple boutade d'esprit ou d'humeur qu'il s'est plaint si vivement de ne tirer aucun profit de ses écrits; toutefois dormir sur « un lit de plumes » ou même se faire « la vie aimable[1] » n'était assurément pas ce qui lui importait le plus, et nous pouvons, avec Saint-Simon, avoir foi en son désintéressement. Mais n'eut-il jamais aucun regret de n'être qu'un écrivain d'un « grand nom » et de « beaucoup de gloire, » en même temps qu'un gentilhomme inoccupé de la suite d'un prince du sang? Tandis qu'il voyait confier des postes éminents à quelque « fat.... en crédit[2], » tandis que, tout auprès de lui, l'écuyer Briord et même Gourville recevaient du Roi des missions délicates, pour

de pré. Jean II de la Bruyère, l'oncle, avait pris, en 1652, cette propriété pour 7498 francs; mais il n'avait déboursé que 5408 livres, payées comptant : le reste était représenté par une créance sur le propriétaire, pour le recouvrement de laquelle il avait dû engager un procès. Il n'est donc pas exact, comme on l'a pensé, que cette propriété vînt du grand-père de la Bruyère; il ne l'est pas non plus, on l'a vu plus haut, qu'elle ait été le seul immeuble possédé par la famille de la Bruyère. En 1682, la même maison n'était plus estimée que 4400 livres, car Louis de la Bruyère, qui venait de se marier et qui avait à payer une charge, vendit (le 15 avril 1682) son quart pour 1100 livres : légataire du quart, notre la Bruyère devenait ainsi copropriétaire pour un tiers. Sa mort attribua le tiers de sa part, c'est-à-dire un neuvième, aux enfants du même Louis, décédé en 1694. Suivant l'exemple que lui avait donné son mari, leur mère, Claude-Angélique Targas, vendit ce neuvième aux copropriétaires survivants, Élisabeth de la Bruyère et Robert-Pierre de la Bruyère, et le vendit sur le pied de l'estimation précédente (de 4400 livres), qui fut maintenue malgré la diminution de revenu que l'on attribuait tant à « l'état des maisons et des héritages » qu'au « malheur des temps. » (Archives nationales, Y 4059, documents signalés par Monmerqué à Walckenaer, analysés par ce dernier dans ses *Remarques et éclaircissements*, p. 756 et 759, et publiés presque intégralement par H. Lot dans le *Bulletin de la Société de l'Histoire de Paris*, année 1877, p. 82-87; voyez aussi le *Dictionnaire de Jal*, p. 715.)

1. Tome II, p. 86 et 88, n° 21. — 2. Tome I, p. 152, n° 4.

ne citer que les noms de gens de l'hôtel de Condé[1], personne
ne s'avisait (ne pouvait-il en faire la remarque?) du mérite
de l'homme le plus instruit de ce même hôtel, qui savait
l'histoire et connaissait les gouvernements mieux que tout
homme de cour, parlait plusieurs langues, et avait tracé, de
main de maître, une sorte de traité sur l'art de la diplomatie[2].
La Bruyère n'était pas un ambitieux vulgaire, prêt à *solliciter*
auprès de Pontchartrain comme le faisait Briord auprès de
Pomponne ou de Torcy, et le spectacle, même désintéressé, de
la cour expliquait et justifiait l'amertume de ses réflexions sur
la distribution que l'on y faisait des emplois; mais assurément
ce n'était pas sans faire encore une fois un retour sur lui-
même qu'il écrivait cette réflexion ironique : « Il est savant,
dit un politique, il est donc incapable d'affaires; je ne lui con-
fierois pas l'état de ma garde-robe[3]. » Ainsi devaient parler
ceux qui habitaient l'hôtel de Condé; ainsi pensaient sans
doute Pontchartrain et Phélypeaux eux-mêmes. La Bruyère
avait assez de pénétration pour surprendre ce sentiment dans
l'esprit de chacun et assez d'orgueil pour en être blessé.

La composition des *Caractères* jusqu'en 1688, la révision et
le développement de chacun des chapitres de son livre jus-

---

1. Depuis même l'entrée de la Bruyère dans la maison de
Condé, Gourville, dont il est superflu de raconter la carrière
diplomatique, avait été, en avril (ou mars) 1687, envoyé par
Louis XIV à Aix-la-Chapelle auprès du duc de Hanovre « pour
le porter à faire n traité » avec lui. (*Mémoires de Gourville*,
p. 498; conférez le *Journal de Dangeau*, tome II, p. 45.) Quant à
Briord, auquel, comme précédemment à Saintrailles, Monsieur le
Prince avait donné, en 1690, « la députation de Bourgogne, »
emploi qui rapportait 12 000 écus (*ibidem*, tome III, p. 256),
Louis XIV l'avait chargé, en 1694, d'une mission en Bourgogne
qui lui valut des éloges (*ibidem*, tome V, p. 28 et 54); plus tard,
quelques mois après la mort de la Bruyère, qui n'avait pu prévoir
cette éclatante fortune, il en fit son ambassadeur à Turin (*ibidem*,
tome VI, p. 70 et 73, et *Mémoires de Saint-Simon*, tome I, p. 400).
2. Tome I, p. 373-377, n° 12. — « .... Il n'étoit étranger en
aucun genre de doctrine, a dit de la Bruyère l'abbé Fleury (*Recueil des harangues prononcées par Messieurs de l'Académie*, tome III,
p. 71); il savoit les langues mortes et les vivantes. »
3. Tome II, p. 84, n° 19.

qu'en 1694, voilà, en fin de compte, l'œuvre unique de la vie de la Bruyère, si j'en excepte le temps qui fut employé à l'éducation du duc de Bourbon et celui qu'il put consacrer à l'ébauche des *Dialogues sur le quiétisme*. On le pressait encore d'écrire un traité ou un livre de morale « suivi, méthodique ; » il s'y refusait, sachant bien qu'un traité en règle sur *le beau, le bon, le vrai*[1] n'aurait pas autant de lecteurs que son premier ouvrage. Puis n'avait-il pas dit peu à peu tout ce qu'il avait à cœur d'écrire, ou du moins tout ce qu'il lui était permis d'écrire sur les sujets les plus variés de la philosophie, de la morale et de la politique, sur les formes de gouvernement et sur les gouvernants, sur les grands, sur le peuple et sur son avenir, sur les paysans et leurs souffrances, sur la fausse dévotion enfin? Il se peut qu'il ait surtout pensé à Boileau lorsqu'il a parlé des entraves et de la contrainte qui arrêtaient « un homme né chrétien et François[2] ; » mais, plus souvent qu'à personne, il lui était arrivé, à lui-même, d'atteindre les limites au delà desquelles il n'était pas permis d'approfondir certaines questions ; et combien de fois, après avoir « entamé » ces questions, il avait dû, lui aussi, « se détourner.... sur de petites choses, » qu'il relevait « par la beauté de son génie et de son style » ! Dès 1690, il avait annoncé qu'il n'ajouterait plus rien à ses *Caractères*, et il avait manqué, dans trois éditions, à cet engagement : il abandonna enfin « la matière, » après son entrée à l'Académie, et résolut d'aborder un sujet nouveau. Les entretiens de l'évêché de Meaux le lui fournirent. Bossuet, depuis plusieurs années déjà, se préoccupait du quiétisme, et de la nécessité d'en arrêter les progrès. La Bruyère entreprit de faire contre les mystiques, sous une forme différente, ce que Pascal avait fait contre les Jésuites, et il écrivit les *Dialogues* qu'il devait laisser inachevés, et exposés aux mutilations et aux arrangements d'un collaborateur posthume.

Le 13 mars 1696, l'abbé Bossuet, neveu du prélat, et l'ancien précepteur de ce neveu, l'abbé Phelipeaux, avaient quitté l'évêché de Meaux pour se rendre à Rome, où ils devaient bientôt voir s'engager, au sujet du quiétisme, des négociations

---

1. Tome II, p. 86 et 88, n° 21. — 2. Tome I, p. 149, n° 65.

auxquelles ils se mêlèrent avec la plus vive ardeur. La Bruyère ne leur avait pas fait confidence de son travail, dont il leur ménageait la surprise. Le 8 mai, ses *Dialogues* étaient assez avancés pour qu'il en fît une lecture à Antoine Bossuet, frère de l'évêque de Meaux; mais, si peu de temps après, dans la lettre même où il devait parler à son fils de ces *Dialogues*, Antoine Bossuet avait la douleur de lui annoncer la mort de la Bruyère. Il succomba, dans la nuit du 10 au 11 mai, à une attaque d'apoplexie. C'est dans la lettre d'Antoine Bossuet qu'il faut chercher le récit le plus fidèle des derniers moments de l'auteur des *Caractères*.

« .... Je viens à regret, écrit-il de Paris le 21 mai, à la triste nouvelle de la mort du pauvre M. de la Bruyère, que nous perdîmes, le jeudi dix de ce mois, par une apoplexie, en deux ou trois heures, à Versailles. J'avois soupé avec lui le mardi huit; il étoit gai et ne s'étoit jamais mieux porté. Le mercredi, et le jeudi même jusqu'à neuf heures du soir, se passèrent en visites et en promenades, sans aucun pressentiment; il soupa avec appétit, et, tout d'un coup, il perdit la parole, et sa bouche se tourna. M. Félix, M. Fagon, et toute la médecine de la cour vint à son secours. Il montroit sa tête, comme le siége de son mal. Il eut quelque connoissance. Saignée, émétique, lavement de tabac, rien n'y fit. Il fut assisté, jusqu'à la fin, de M. Gaïon, que M. Fagon y laissa, et d'un aumônier de Monsieur le Prince. Il m'avoit fait boire à votre santé, deux jours auparavant. Il m'avoit lu des dialogues qu'il avoit faits sur le quiétisme, non pas à l'imitation des *Lettres provinciales* (car il étoit toujours original), mais des dialogues de sa façon[1]; il disoit que vous seriez bien étonné quand vous le verriez à Rome[2]. Enfin il parloit toujours de

1. Sur ces *Dialogues* et sur la publication qui fut faite en 1699 par l'abbé du Pin de *Dialogues posthumes* attribués à la Bruyère, voyez notre *Notice*, au tome II, p. 529 et suivantes.

2. *Quand vous le verriez à Rome*, est-ce à dire que la Bruyère avait formé, depuis le départ des abbés Bossuet et Phelipeaux, c'est-à-dire depuis le 13 mars, le projet d'aller les rejoindre à Rome? C'est ainsi qu'on l'a compris (voyez *la Comédie de J. de la Bruyère*, p. 377, note 4, et p. 590). Mais ne s'agirait-il pas des *Dialogues sur le quiétisme*, que la Bruyère devait bientôt publier? On voit, par la lettre de son père, que l'abbé Bossuet ignorait l'étude que la Bruyère venait de faire du mysticisme de Mme Guyon : la Bruyère, dans

cœur. C'est une perte pour nous tous ; nous le regrettons sensiblement[1]. »

La mort de la Bruyère n'attrista pas seulement ses amis ; Saint-Simon, nous l'avons vu, a exprimé dans ses *Mémoires* les sentiments qu'elle lui inspira ; Bossuet écrivait le 28 mai : « Toute la cour l'a regretté, et Monsieur le Prince plus que tous les autres[2]. »

son entretien avec Antoine Bossuet, ne voulait-il point parler de la surprise qu'aurait son fils en voyant la publication des *Dialogues*? La leçon « quand vous *le* verriez » (verriez cela) peut s'accorder avec cette interprétation. Si nous savions ce qu'est devenue la lettre d'Antoine Bossuet, qui a appartenu à Monmerqué, nous nous serions assuré toutefois que *le* n'a pas été lu pour *les* : ce serait, pour le moins, la seconde faute de transcription que l'on pourrait relever dans l'impression de ce document.

1. Nous avons dit, tome II, p. 529, note 1, comment cette lettre, publiée en 1836 dans la *Revue rétrospective*, peut être attribuée à Antoine Bossuet, bien qu'il ne l'ait pas signée. — L'abbé d'Olivet a recueilli sur la mort de la Bruyère des détails qui ne concordent pas avec ceux que donne Antoine Bossuet : « Quatre jours auparavant, il étoit à Paris dans une compagnie de gens qui me l'ont conté, où tout à coup il s'aperçut qu'il devenoit sourd, mais absolument sourd. Point de douleur cependant. Il s'en retourna à Versailles, où il avoit son logement à l'hôtel de Condé ; et une apoplexie d'un quart d'heure l'emporta. » (*Histoire de l'Académie*, tome II, p. 321 et 322.) Voici en quels termes le *Mercure galant* annonça la mort de la Bruyère dans son numéro de mai (p. 309) : « Il me reste à vous dire qu'il vaque une place à l'Académie françoise par la mort de M. de la Bruyère, si connu par son livre des *Caractères de Théophraste*. Il avoit soupé avec un appétit extraordinaire, et presque aussitôt il tomba en apoplexie. Il n'eut plus de connoissance, et mourut à deux heures après minuit. »

2. « Nous vous demanderons les nouvelles : c'en a été pour vous une bien fâcheuse que celle de la mort de M. de la Bruyère. Toute la cour », etc. (Lettre du 28 mai 1696, adressée à l'abbé Bossuet et datée de Paris, *OEuvres de Bossuet*, édition Lebel, tome XL, p. 176.) — Le 30 juin, de Germigny, Bossuet écrivait encore à son neveu : « Nous vous avons écrit la mort du pauvre M. de la Bruyère, et cependant nous voyons que vous l'avez apprise par d'autres endroits. » (*Ibidem*, p. 204.) Enfin, le 16 juillet 1696, Bossuet écrivait de Paris au même abbé Bossuet : « Je revins

Comme il arrivait souvent au dix-septième siècle en pareil cas, la mort « si prompte, si surprenante, » de la Bruyère (ce sont les expressions de son successeur à l'Académie [1]) fit naître quelques soupçons de poison; mais ils ne méritaient aucune créance [2]. Laissons aux médecins le soin d'examiner si le traitement qu'on lui fit subir, au sortir d'un repas où l'on avait remarqué son appétit [3], ne dut pas rendre mortelle l'attaque dont il était frappé.

La Bruyère fut inhumé à Versailles le 12 mai, dans la vieille église de la paroisse Notre-Dame, c'est-à-dire dans l'église Saint-Julien, qui a été démolie en 1797 : Louis XIV ne permettait pas que l'on fît des inhumations dans l'église Notre-Dame, reconstruite en 1686 [4]. Quelques jours après, Robert-Pierre de la Bruyère faisait procéder à l'inventaire des meubles de son frère dans les petits appartements qu'il avait occupés à

hier 15 de Versailles, pour assister à la réception de l'abbé Fleury et à sa harangue à l'Académie. Il a la place de notre pauvre ami, que je regrette tous les jours de plus en plus. » (*Ibidem*, p. 206 et 207.)

1. « .... Tel est l'ouvrage de cet ami dont nous regrettons la perte si prompte, si surprenante, et dont vous avez bien voulu que j'eusse l'honneur d'occuper la place. » (Discours de M. l'abbé Fleury prononcé à l'Académie française le 16 juillet 1696, deux mois après la mort de son successeur, dans le *Recueil des harangues*, etc., tome III, p. 71.)

2. Voyez tome I, p. 398. Dans son *Poëte sans fard*, 1710, p. 154, Gacon fait allusion à ce bruit, précédemment recueilli par l'imprimeur d'une clef :

    C'est ainsi que Brillon, pour voler la Bruyère,
    Attend que cet auteur ait fini sa carrière,
    Et qu'un fatal poison, l'envoyant au tombeau,
    Ait vengé les méchants dont il étoit le fleau....

3. Il avait soupé « avec appétit, » dit Antoine Bossuet; « avec un appétit extraordinaire, » écrit le *Mercure galant*.

4. *Histoire des rues de Versailles*, par J.-A. Le Roi, conservateur de la Bibliothèque de la ville, 2ᵉ édition, Versailles, 1861, p. 28, note 1, et p. 61 et suivantes. L'église Saint-Julien, construite en 1678 dans le voisinage de la rue qu'on ouvrit en 1742 sous le nom de rue Sainte-Geneviève, servit de lieu de réunion, de 1791 à 1797, pour la Société des Amis de la Constitution.

l'hôtel de Condé, à Versailles, et au Petit-Luxembourg, à Paris. L'un et l'autre logis se composaient d'une chambre, d'un cabinet tapissé de livres, et d'une garde-robe. A Versailles, où la Bruyère avait son principal établissement, la chambre était éclairée par une fenêtre unique, s'ouvrant sur les plombs d'une gouttière[1]. A Paris, la chambre était petite, au second étage, sur la rue de Vaugirard. On lira dans l'un et l'autre inventaire[2], au milieu de détails de ménage, la description de ces deux logis peu somptueux, où l'auteur des *Caractères*, servi par deux domestiques[3], vivait auprès d'une bibliothèque dont nous regrettons de n'avoir que l'estimation en bloc[4]. A travers les objets énumérés par les experts, on remarquera un portrait de Bossuet et une guitare[5].

1. « Avant-hier, Monseigneur, sur les sept heures du soir, les plombs de la gouttière qui est sous la fenêtre de ma chambre se trouvèrent encore si échauffés du soleil qui avoit brillé tout le jour, que j'y fis cuire un gâteau, galette fouée ou fouace, que je trouvai excellente. » (Lettre du 16 juillet 1695, adressée à Phélypeaux de Pontchartrain, tome III, 1re partie, p. 238.) En 1857, l'administration municipale a fait placer une plaque de marbre sur la maison formée de ce qui reste de l'hôtel dans la rue des Réservoirs, n° 14. Elle est ainsi conçue : *Ici Jean de la Bruyère, hôte et ami des princes de Condé, a écrit son livre des Caractères. On ignore le lieu de sa naissance; mais il a longtemps vécu en cette demeure, où il a livré sa pensée aux hommes et rendu son âme à Dieu.* † 11 mai 1696. — Ce n'est que trois ans après la rédaction de cette inscription que M. Jal a découvert le lieu de naissance de la Bruyère.
2. Voyez ci-après les *Pièces justificatives*, p. CLXXXIII et suivantes.
3. Une servante, qui savait écrire, et un serviteur illettré.
4. A Versailles le cabinet de la Bruyère contenait 145 volumes, prisés, le tout ensemble, 100 livres; sa bibliothèque de Paris, rangée sur sept tablettes de bois de sapin, était estimée par Michallet fils à la somme de 288 livres, y compris les tablettes, qui étaient du reste de peu de valeur. Michallet s'était acquitté de sa tâche avec plus de soin et de compétence que l'expert de Versailles. Si l'on pouvait supposer qu'il eût estimé chaque volume à près de 14 sols en moyenne, comme l'huissier de Versailles, l'une et l'autre bibliothèque eussent formé un total de 550 volumes environ.
5. Nous y cherchons en vain la belle tapisserie de 1400 livres qu'il avait achetée à la vente des meubles de son oncle.

Robert-Pierre de la Bruyère demeurait alors à Saint-Denis, dans l'enclos des Annonciades. Sa protestation contre la publication de la *Suite des Caractères* sous le nom de son frère[1] est la seule marque qui ait été recueillie de l'intérêt qu'il dut prendre à sa gloire. Il mourut dans les premières années du dix-septième siècle, très-regretté de sa sœur Élisabeth, qui s'était retirée dans ses dernières années au couvent des Bénédictines du Val d'Osne, à Conflans, près de Charenton; elle y vécut, comme pensionnaire, jusqu'en 1725.

Au moment de la mort de l'auteur des *Caractères*, le nom de la Bruyère était, de plus, porté par la veuve de son frère Louis, qui mourut, en 1730, au monastère de Saint-Thomas de Laval-lès-Lagny, et par ses enfants survivants, c'est-à-dire par trois filles, dont l'aînée, la seule qui n'ait point prononcé de vœux, mourut célibataire en 1732[2], et par un fils, Louis III de la Bruyère. Ce dernier, qui avait survécu à son frère Denis-Claude, n'existait plus en 1724, ou était entré en religion, car nous lisons, dans un document de cette date, que les deux filles non religieuses de Louis de la Bruyère étaient « seules habiles à hériter » d'Élisabeth-Marguerite de la Bruyère, leur tante.[3]

---

1. Voyez tome II, p. 531, et tome III, 1re partie, p. 185.

2. Cette fille aînée, nommée Marie-Élisabeth, mourut, comme sa mère, au couvent de Saint-Thomas de Laval, où elle vivait auprès de sa plus jeune sœur. La seconde fille, Marie-Angélique, religieuse bénédictine de la Conception du Val d'Osne à Conflans, qui avait prononcé ses vœux en 1724 au plus tard, vivait encore en 1734, ainsi que la troisième, Élisabeth-Geneviève, qui, novice au couvent de Saint-Thomas de Laval, y prononça ses vœux en décembre 1729, onze mois avant la mort de sa mère.

3. Les cartons T 1074 et 1075, aux Archives nationales, renferment le testament d'Élisabeth de la Bruyère, sœur de notre auteur, et diverses pièces relatives à sa succession. Parmi ses legs particuliers, elle laissait : 1° à sa belle-sœur, veuve de Louis de la Bruyère, une somme de 150 livres pour ses frais de deuil; en cas de prédécès ou d'entrée en religion de l'une des deux nièces qu'elle faisait ses légataires universelles, une pension viagère de 300 livres ; en cas de prédécès ou d'entrée en religion de ses deux légataires universelles, l'usufruit de ses biens immeubles (les précautions qu'elle prend à ce sujet indiquent que la branche de Romeau était exposée aux réclamations de créanciers) ; 2° à celle

Non plus que le dernier neveu de la Bruyère[1], aucune de ses nièces n'a laissé de postérité.

de ses nièces qui était déjà religieuse, 75 livres de rente viagère. Elle instituait légataires universelles les deux nièces dont aucune encore n'avait prononcé de vœux; en cas de décès sans enfants ou d'entrée en religion de l'une et de l'autre, ses biens immeubles devaient appartenir, en totalité, au couvent des Bénédictines de la Conception de Conflans, qu'elle habitait lorsque, paralytique, elle dictait son testament, et qui dut en effet recueillir ses biens, l'une des deux nièces étant morte célibataire, et l'autre religieuse. Ces deux nièces, « seules habiles à hériter, » renoncèrent, en 1725, à la succession, avec acceptation du legs universel sous la charge de substitution; un curateur fut nommé à la succession vacante (Transaction entre les Dames de Conflans, en faveur desquelles s'ouvrait la substitution, et les Dames de Laval, cessionnaires des droits d'Élisabeth de la Bruyère par son contrat de profession, *ibidem*). S'il n'y avait d'autres héritiers que lesdites nièces, c'est donc que non-seulement Louis III de la Bruyère, né en 1684, et Denis-Claude, né en 1685, avaient disparu (ou s'étaient faits religieux), mais encore que Mlles Martin de la Guyottière étaient entrées en religion ou décédées.

1. Catherine-Amette de la Bruyère, femme du médecin Lambert, morte à Passy le 16 août 1803, a été présentée par le *Cousin Jacques* (Beffroy de Reigny) comme arrière-petite-nièce de l'auteur des *Caractères* (voyez le *Monument à sa mémoire* dans *les Soirées chantantes ou le Chansonnier bourgeois*, Paris, 1805, tome II, p. 205, et *la Comédie de J. de la Bruyère*, p. 109 et 110) : si telle était la tradition de la famille à laquelle appartenait Mme Lambert, il ne semble pas qu'elle pût avoir d'autre source que l'identité du nom.

TABLEAU GÉNÉALOGIQUE
DE LA
FAMILLE DE LA BRUYÈRE

JEAN I DE LA BRUYÈRE, apothicaire, rue Saint-Denis, membre du conseil des Seize (1589), exilé en 1593. — marié à — CLAUDE SEGUIER.

MATHIAS DE LA BRUYÈRE, avocat du Roi en la cour des Aides, puis lieutenant particulier (1571), lieutenant civil au Châtelet (1589), membre du Conseil général de l'Union, exilé en 1593. — marié à — LOUISE AUBERT, fille de feu François Aubert, écuyer, seigneur d'Avanton, conseiller au parlement de Paris, président au présidial de Poitiers (1557), maire de Poitiers (1557 et 1558), et de Marie le Clerc, mariée le 6 mai 1571.

GUILLAUME DE LA BRUYÈRE, né le 1ᵉʳ mars 1574, secrétaire de l'évêque de Paris, puis secrétaire de la chambre du Roi (1643), † en octobre 1650. — marié à — DIANE DE LA MARE, mariée en juin 1601.

LOUIS I DE LA BRUYÈRE, contrôleur général des rentes assignées sur l'Hôtel de Ville de Paris, né vers 1610, † le 7 septembre 1666³. — marié à — ÉLISABETH HAMONYN, mariée le 25 juillet 1644, † le 3 août 1685.

JEAN II DE LA BRUYÈRE, secrétaire du Roi né en 1617, † le 27 décembre 1671. (1655),

LOUISE DE LA BRUYÈRE, mariée, en 1652, à Martin de la Guyottière, chirurgien ordinaire du duc d'Anjou, veuve en mai 1657, † le 28 octobre 1674.

Deux filles : LOUISE et ÉLISABETH.

JEAN III, baptisé à Paris le 17 août 1645, avocat au Parlement, trésorier de France de 1674 à 1685, professeur d'histoire du duc de Bourbon (1684), puis son gentilhomme (1686), publie ses *Caractères* en 1688, entre à l'Académie française en 1693, † le 11 mai 1696, à Versailles.

FRANÇOIS, baptisé le 18 juillet 1647, † jeune.

LOUIS II, baptisé le 2 août 1649, marié à CLAUDE-ANGÉLIQUE TARGAS, née vers 1649, (1676), huissier du Parlement, contrôleur des rentes de la Ville (1671), receveur et payeur des rentes (1685), † le 12 mai 1695.

née vers 1662, mariée le 22 janvier 1679, † le 24 novembre 1730, au couvent de Saint-Thomas de Lagny.

MARGUERITE, née en 1650, mariée le 24 novembre 1651.

ALEXANDRE, né le 30 septembre 1651, † le 21 janvier 1651, † jeune.

ROBERT-PIERRE, né le 9 février 1653, clerc du diocèse de Paris, † dans les premières années du dix-huitième siècle

ÉLISABETH-MARGUERITE, baptisée le 16 mai 1655, † le 25 avril 1725, pensionnaire au couvent des Bénédictines à Conflans.

MARIE-ÉLISABETH, née le 2 janvier 1683, † le 9 octobre 1732, au monastère de Saint-Thomas de Laval lès Lagny.

LOUIS III, né le 24 juillet 1684, † avant 1734.

DENIS-CLAUDE, baptisé le 10 août 1685, † avant 1696.

MARIE-ANGÉLIQUE, religieuse bénédictine de la Conception du Val-d'Osne à Charenton, vit encore en 1734.

ÉLISABETH (ou ÉLISABETH-GENEVIÈVE) prononce ses vœux au couvent de Saint-Thomas de Laval lès Lagny, en décembre 1729, vit encore en 1734.

---

1. Peut-être ce Guillaume de la Bruyère eut-il pour parrain un Guillaume de la Bruyère, que nous serions tenté de lui donner pour oncle, et qui habitait le Poitou, qui se rendit, avec sa femme Marie Duval, le 27 juillet 1612, adjudicataire, sous le nom de personnes interposées, de la ferme judiciaire de la seigneurie d'Avanton, qui somme de 1600 livres par an, se qualifia sieur d'Avanton, et, le 17 juillet 1635, reçut un aveu pour la seigneurie de Bardonnières (Archives départementales de la Vienne, communications de M. Richard, archiviste). A la vérité, nous n'avons, pour supposer qu'il était frère de Mathias et parrain du mari de Diane de la Mare, d'autres raisons que 1° la communauté du prénom avec ce dernier, et du nom avec l'un et l'autre ; 2° son intervention dans les affaires de la famille de Louise Aubert, fille de M. d'Avanton, femme de Mathias et mère de Guillaume de la Bruyère.
2. *Diane* dans tous les actes que nous avons vus, sauf dans l'acte de baptême de son petit-fils François, où elle signe *Anne*.
3. Voyez dans l'*Album* son épitaphe.

PIÈCES JUSTIFICATIVES.

I

Acte de baptême de Jean de la Bruyère[1].

« Du jeudi dix-septième août mil six cent quarante-cinq, a été baptisé Jehan, fils de noble homme Loys de la Briere, contrôleur des rentes de la ville de Paris, et de demoiselle Izabelle Hamonyn, ses père et mère, lequel a été tenu et élevé sur les saints fonds (*sic*) baptismaux de Saint-Christophe, par noble Jehan de la Briere, parrain; la marraine fut dame Geneviefve Duboys, épouse de M⁰ Daniel Hamonyn, et ont signé : DE LABRUYERE, DE LABRUYÈRE, G. DUBOIS. »

Extrait des registres des actes de baptême de la paroisse de Saint-Christophe en la Cité, Archives de l'Hôtel de Ville, incendiées en 1871. — Imprimé dans l'*Étude chronologique sur J. de la Bruyère*, par M. Eug. Chatel (Caen, 1861, p. 16), dans l'*Histoire des rues de Versailles*, par J.-A. Le Roi (édition de 1861, p. 27), etc. — Cet acte, que nous avons collationné sur l'original, a été découvert par A. Jal (voyez son *Dictionnaire* au nom LA BRUYÈRE), et communiqué par lui à MM. Chatel et Le Roi.

II

Extrait d'un « Compte à l'amiable rendu (le 14 octobre 1676) *par damoiselle Élisabeth Hamonyn, veuve de M⁰ Louis de la Bruyère,... demeurant rue des Augustins,... à Jean de la Bruyère, écuyer, conseiller du Roi, trésorier de France en la généralité de Caen, M⁰ Louis de la Bruyère, sieur de Romeau, premier huissier en la cour de Parlement, M⁰ Robert-Pierre, majeurs, et damoiselle Marguerite de la Bruyère, fille émancipée d'âge,... enfants de ladite damoiselle rendante, légataires universels, chacun pour un quart,... de défunt Jean de la Bruyère, leur oncle....*

« *Second chapitre de dépense concernant ledit sieur Jean de la Bruyère, trésorier de France, seulement*[2].

« Premièrement fait la rendante dépense de la somme de IIᴍ CLXVII l. XVIII s., qu'elle a payée tant audit sieur de la Bruyère, trésorier, en particulier, qu'en

---

1. Voyez ci-dessus, p. XIII.
2. Voyez ci-dessus, p. XXXIII. Ce document fait partie des minutes de M⁰ Gatine, notaire, qui, en 1866, nous a obligeamment permis de prendre communication de divers actes concernant la Bruyère et sa famille.

son acquit, à divers marchands et ouvriers et autrement, ainsi qu'il est porté par le livre journal de ladite damoiselle rendante, exhibé avec quelques quittances qu'elle a tirées d'aucuns de ceux auxquels elle a payé. Ci . . III^M CLXVII l. XVIII s.

« *Item* de la somme de XIV^c XXXVI l. v s., à quoi monte le prix d'une tenture de tapisserie de verdure de Flandres, valant XIV^c l., et de quelques autres meubles et hardes qui ont été retenus par ledit sieur de la Bruyère, trésorier, et à lui seul adjugés lors de la vente des meubles dudit défunt sieur de la Bruyère, son oncle, ladite somme couchée en le présent chapitre par forme de reprises, attendu que ladite damoiselle rendante a mis au chapitre de la recette du présent compte la somme du *finito* du procès-verbal de ladite vente exhibé. Ci . . . . XIV^c XXXVI l. V s.

« *Item* des IX^c LVIII l. VII s. VI d. faisant la moitié qui est à rapporter par ledit sieur de la Bruyère, trésorier, de celle de MIX^c XVI l. XV s. payée par ladite damoiselle rendante pour lui et pour lesdits sieurs Louis de la Bruyère, chacun par moitié, à plusieurs particuliers, pour paille, foin, avoine et autres choses fournies pour l'entretien de leurs chevaux et carrosse, mentionnées sur le livre journal de ladite damoiselle rendante, exhibé, en ce non compris aucune chose de l'article suivant. Ci . . . . IX^c LVIII l. VII s. VI d.

« *Item* de la somme de VI^c XV l. XVII s. VI d., qui doit être supportée par ledit sieur de la Bruyère, trésorier, seul, pour la moitié de celle de XII^c XXXI l. XV s., payée par ladite damoiselle rendante pour lui et pour ledit sieur Louis de la Bruyère, son frère, également, savoir : XII l. X s. au nommé Regnier, sellier, pour les ouvrages contenus en son mémoire quittancé le 3 février 1674, LXV l. aux sieurs Coustard et Berny, marchands drapiers, pour et en l'acquit du sieur Adam, tailleur, suivant le mémoire desdits sieurs, XXV l. XV s. audit Regnier, sellier, pour autres ouvrages énoncés en son mémoire, au bas duquel est sa quittance du 22 février 1673, XXVI l. à Pierre Dameron, maître carrossier, suivant sa quittance du dernier décembre 1672, étant au bas du mémoire des ouvrages par lui faits, XII l. à Jehan Bobie, bourrelier, pour ouvrages qu'il a faits et desquels il a donné quittance, le 24 février 1673, au bas de son mémoire, II^c LIII l. auxdits sieurs Jean et Louis de la Bruyère, chacun par moitié, suivant leur billet du 14 juin 1672, VII^c XXX l. pour le prix de deux chevaux de carrosse à eux vendus par Marie Chevry, femme du sieur Dumont, marchand de chevaux, qui en a donné quittance ledit jour 14 juin 1672, LV l. pour une paire de harnois neufs, fournis par ledit Jean Bobie, bourrelier, énoncés par son mémoire de lui quittancé le 3 juillet 1673, XLIV l. payées au sellier, qui en a fait sa quittance le 4 septembre 1674, au bas du mémoire des ouvrages par lui fournis, et VIII l. X s. pour ouvrages faits par ledit Bobie, bourrelier, énoncés par son mémoire quittancé de lui le 29 août, audit an 1674 : laquelle moitié desdites sommes, particulièrement, monte, comme dit est, à la susdite de VI^c XV l. XVII s. VI d., comme il se voit par lesdits billets, quittances, mémoires et autres pièces ci-dessus spécifiées et présentement exhibées. Ci . . . . VI^c XV l. XVII s. VI d.

« *Item* de II^c V l., dont ledit sieur et oyant est tenu de celle de IV^c X l. payée à Charles Hélie, cocher desdits sieurs Jean et Louis de la Bruyère, pour trois années quatre mois et demi de ses gages, suivant sa quittance du 12 août 1675, exhibée. Ci pour la moitié . . . . II^c V l.

« *Item* de la somme de III^{Xt} VI^c l., à laquelle lesdits damoiselle rendante et sieur de la Bruyère, trésorier, sont ci-devant convenus et conviennent d'a-

PIÈCES JUSTIFICATIVES. CLXXIII

bondance pour quatre années, qui sont échues le dernier décembre 1675, de la pension, logement et nourriture tant dudit sieur trésorier que de ses gens, et de la moitié du gîte des chevaux du carrosse desdits sieurs Jean et Louis de la Bruyère, à raison de IX^c l. par an. Ci. . . . . . . III^M VI^c l.

« *Item* de CLI l. VIII s., faisant moitié qui est à supporter par ledit sieur oyant de celle de III^c II l. XVI s., que la rendante a payée à plusieurs particuliers pour de la paille, foin, avoine, donnés aux chevaux desdits sieurs Jean et Louis de la Bruyère, suivant le mémoire ci représenté. Ci . . . CLI l. VIII s.

« *Item* de la somme de XXXIV l. XVII s. VI d., faisant sa moitié de celle de LXIX l. XV s. payée par la rendante, savoir : XXII l. à Pierre Dameron, charron, portées sur sa quittance du 20 juillet 1675, XXV l. XV s. à Jean Regnier, sellier, contenues en sa quittance du 12 août audit an, et XXII l. à Jean Bobie, bourrelier, par quittance du 4 décembre de la même année, le tout exhibé. Ci. . . . . XXXIV l. XVII s. VI d.

« *Item* de X l. VIII s. qu'elle a fournis et payés audit sieur oyant pour ses affaires, comme il est porté sur le livre de ladite damoiselle exhibé, lequel présent article et autres tirés dudit livre sont différents, non confins ni faisant partie l'un de l'autre. Ci. . . . . X l. VIII s.

« *Item* de la somme de XXXI l. II s. VI d. pour sa moitié des LXII l. V s. qu'elle a payés pour le carrelage neuf fait par Jean Tessier, maître potier de terre, ès chambres mentionnées en sa quittance du 29 octobre 1672, exhibée. Ci. . . . . XXXI l. II s. VI d.

« *Item* fait aussi dépense de la somme de XX l., tant pour ce que ledit sieur de la Bruyère, trésorier, est tenu des XLV l. par la rendante payées à Étienne Hutain, menuisier, pour ouvrages faits la plus grande partie en sa chambre, dont il a donné quittance le 14 janvier 1673, ci exhibée, que pour les ouvrages de vitres faits et posés en ladite chambre. Ci. . . . . XX l.

« Somme de ce présent chapitre de dépenses particulières audit sieur de la Bruyère, trésorier, contenant onze articles, IX^M II^C XXXI l. III s. VI d. Ci . . . . IX^M II^C XXXI l. III s. VI d. »

Les dépenses de chacun des autres enfants de Mme de la Bruyère sont de même énumérées dans les autres chapitres du compte conservé dans les archives de l'étude de Me Gatine.

La trace d'un autre fournisseur de la Bruyère se trouve dans le testament de sa sœur Élisabeth. Il s'agit d'un tailleur, auquel il avait été constitué une rente, pour les fournitures qu'il avait faites tant au compte de notre auteur qu'au compte de ses frères : l'une des dispositions du testament exige que l'on continue aux trois enfants « de défunt Richer, tailleur, qui travailloit pour les frères de la damoiselle testatrice, une rente au principal de VIII^c livres sur le pied du denier vingt, même que l'on leur paie quinze années ou environ, non compris l'année courante, qui leur sont dues de ladite rente, et que l'on leur rembourse le principal, si le rachat s'en peut faire commodément, suivant qu'il sera jugé à propos par le sieur exécuteur testamentaire ci-après nommé (Me Patu, notaire), que l'on ne se prévale pas contre eux de la prescription, et que même on ne les oblige pas à la représentation du titre, qui est égaré depuis longtemps. »

III

Vol commis dans la chambre de la Bruyère.

« *Plainte et information pour Messire Jean de la Bruiere, comparant, contre François Blondel, son laquais, accusé*[1].

« Du 8 août 1679.

« L'an mil six cent soixante-dix-neuf, le mardi huitième jour d'août, environ les sept heures du matin, est venu et comparu en l'hôtel et par-devant nous Jean David, conseiller du Roi, commissaire enquêteur et examinateur au Châtelet de Paris, Messire Jean de la Bruyère, trésorier de France à Caen, demeurant rue des Grands-Augustins, paroisse Saint-André des Arts, lequel nous a rendu plainte et dit que, son laquais étant malade et hors de son service, il se seroit servi depuis quelques jours du nommé François Blondel, laquais du sieur Robert-Pierre de la Bruyère, abbé, son frère : lequel Blondel suivant ledit sieur plaignant par la ville, il le mena ce jour d'hui[2] chez le sieur Huerne, auditeur des comptes, et là, ledit Blondel prenant l'occasion que ledit sieur plaignant avoit laissé la clef à la porte de sa chambre[3], il s'en seroit allé et quitté ledit plaignant, chez ledit sieur Huerne, environ les sept heures du soir ; et sortant de chez ledit sieur Huerne, ayant demandé où étoit son laquais, on lui dit qu'il s'en étoit allé querir la clef de sa chambre, qu'il avoit oubliée, ce qui étonna ledit sieur plaignant ; et néanmoins s'étant en allé chez lui, il n'y trouva point ledit Blondel, et lui fut seulement dit qu'il avoit fait plusieurs allées et venues en ladite maison, ce qui l'obligea de croire que ledit Blondel lui avoit fait quelque friponnerie, d'autant plus qu'il ne seroit point revenu depuis, et qu'il avoit emporté la clef de la porte de sa chambre, et ainsi n'y pouvoit entrer ; et de fait, ce jour d'hui, environ les cinq à six heures du matin, ayant envoyé querir un serrurier pour faire ouverture de la porte de ladite chambre, étant entré en icelle avec plusieurs personnes de la maison, il auroit été surpris de voir son bureau forcé et déboîté par en haut, et de trouver un fermoir[4] proche ledit bureau, dans les tiroirs duquel bureau on lui auroit malpris et volé sept sacs remplis, savoir l'un d'or et les autres de pièces de quatre sols et quelques pièces de trente sols, le tout montant à deux mille quatre cent quatre-vingt-dix livres. Et d'autant que le vol ne peut avoir été fait que par ledit Blondel, qu'il n'est depuis ce temps revenu, ayant aussi emporté son habit de couleur, culotte, bas, souliers, chapeau et linges appartenant audit sieur son frère ; et d'autant qu'un tel vol domestique mérite une punition exemplaire, c'est la raison pour laquelle il a été conseillé de nous en venir rendre la présente plainte, etc.... *Signé :* DELABRUYÈRE, DAVID. »

---

1. Voyez ci-dessus, p. LV-LVI. Les documents qui suivent ont été découverts aux Archives nationales par M. E. Campardon, à qui nous en devons la copie. Conservés précédemment dans le carton Y 14 738, ils sont aujourd'hui déposés au Musée des Archives, A E, II 875 *bis*.
2. Lisez *hier*.
3. Les mots : « ainsi qu'il faisoit le plus souvent », ont été effacés.
4. Ciseau de menuisier.

PIÈCES JUSTIFICATIVES. CLXXV

Sur la demande faite le lendemain, par un procureur, au nom de la Bruyère, le lieutenant civil signa le permis d'informer, et un commissaire reçut les dépositions d'Élisabeth-Marguerite Blainville, fille damoiselle suivante de Mme de Romeau (*laquelle demeurait dans la même maison que le plaignant*), du compagnon serrurier qui avait ouvert la porte et le bureau, du laquais de M. Huerne, du laquais de M. de Romeau et enfin du laquais de Mlle de la Bruyère.

La première déclare que dans la soirée du lundi, « environ les sept heures du soir, étant dans la chambre de ladite dame de Romeau,... elle entendit cogner quelques coups ;... le sieur plaignant étant de retour de ville environ les onze heures du soir, il demanda si son laquais n'étoit pas revenu », etc. Le serrurier raconte qu'appelé le mardi, vers cinq ou six heures du matin, il « fit ouverture de la porte d'une troisième chambre, en laquelle étant entré, ledit sieur plaignant ayant été à son bureau, qui est en forme d'armoire, il trouva que l'on avoit forcé ledit bureau, et remarqua que l'on avoit levé le dessus dudit bureau.... Et ledit plaignant se plaignit à l'instant que son laquais l'avoit volé, et qu'il lui avoit emporté deux mille livres en or et quelques sommes en argent blanc. »

Voici la déposition des trois derniers témoins :

« Simon Jacquet, dit Bourguignon, laquais de M. Huerne, demeurant rue du Batoir-Saint-André-des-Arts, âgé de vingt-cinq ans ou environ, lequel, après serment par lui fait, etc. dépose que, lundi dernier, environ les sept heures du soir, ledit sieur plaignant étant en visite chez ledit sieur son maître, il remarqua au visage dudit Blondel, laquais dudit sieur plaignant, qu'il étoit triste et chagrin, et qu'il avoit quelque dessein à exécuter ; et ledit laquais lui ayant témoigné, audit déposant, qu'il avoit volonté d'aller voir un de ses camarades qui étoit malade à l'Hôtel-Dieu, ledit déposant lui dit de n'y point aller, parce que ledit sieur plaignant son maître alloit bientôt sortir ; et néanmoins ledit Blondel, impatient d'exécuter son dessein, dit qu'il alloit y courir et qu'il seroit bientôt revenu, et dit audit déposant, en cas que ledit sieur plaignant son maître vînt à sortir, qu'il lui dît qu'il étoit allé querir la clef de sa chambre, qu'il avoit oubliée ; et, ledit sieur plaignant étant venu à sortir, il lui dit que sondit laquais n'y étoit pas, et qu'il étoit [allé] chercher sa clef, qu'il avoit oubliée : ce qui surprit ledit sieur plaignant ; et le lendemain apprit que ledit sieur plaignant avoit été volé, et que ledit Blondel, son laquais, s'en étoit allé, et qu'il avoit fait ledit vol....

« Jean de la Chaussée, laquais du sieur de Romeau, frère dudit sieur plaignant, demeurant avec lui, rue des Grands-Augustins, âgé de vingt ans environ, lequel, après serment, etc. dépose que, lundi dernier, environ les six à sept heures du soir, ledit déposant étant en la cour de la maison de son maître, où demeure ledit sieur plaignant, son frère, il vit le laquais du sieur abbé [de la] Bruyère (duquel ledit sieur plaignant se servoit à cause que le sien étoit malade), qui alloit et venoit en ladite maison et en sortit plusieurs fois, paroissant chagrin et triste ; et ledit laquais ne revint point pour coucher, de manière que le lendemain, ayant fait ouverture de la chambre dudit sieur plaignant, on trouva que ledit laquais l'avoit volé....

« Jean Jeannat, laquais de Mademoiselle de [la] Bruyère, sœur du sieur plaignant, demeurant rue des Grands-Augustins, âgé de quatorze ans ou environ, lequel, après serment, etc. dépose que, lundi dernier, environ les sept heures du soir, étant dans la cour de la maison où il demeure, il vit le nommé Blondel, laquais du sieur abbé de [la] Bruyère, duquel ledit sieur plaignant se servoit d'autant que le sien étoit tombé malade, qui alloit et venoit en ladite maison et paroissoit fort inquiet, le vit monter par deux différentes fois en la chambre dudit sieur plaignant, et lorsqu'il en descendoit, il alloit fort doucement sur les montées, quoiqu'il eût appris de toujours courir, et paroissoit être chargé; et sortit en la rue, et ne revint point coucher, ayant emporté la clef de la chambre dudit sieur plaignant.... L'on fut obligé le lendemain de la faire ouvrir par un serrurier, et ledit plaignant étant entré en ladite chambre, trouva que ledit Blondel avoit forcé et déboîté son bureau et qu'il avoit volé l'argent qui y étoit.... »

IV

Chansons et épigrammes sur la réception de La Bruyère à l'Académie française.[1]

1.

Chanson sur l'air : *D'une main je tiens mon pot.*
Sur la réception de l'Académie françoise de la Bruyère, le 15 juin 1693.

Les quarante beaux esprits,
Grâce à Racine, ont pris
L'excellent et beau la Bruyère,
Dont le discours ne fut pas bon....
Du dernier, je vous en réponds,
Mais de l'autre, non, non[2].

Avec un air de soldat,
Bien qu'il soit un pied plat,
Devant les maîtres du langage,
Il parla presque bas breton....
Du dernier, etc.

Dans son fichu compliment,
Il dit effrontément
Qu'il n'avoit pas brigué sa place[3].
Cet endroit fut assez bouffon....
Du dernier, etc.

---

1. Extraits du *Chansonnier Maurepas*, tome VII, fol. 431-449. — Voyez ci-dessus le récit de la réception de la Bruyère, p. cxix et suivantes.
2. « L'auteur de cette chanson, dit en note le commentateur, assure avec vérité que la Bruyère fit une mauvaise harangue à sa réception.... Il ne répond pas que la Bruyère soit excellent ni beau, et il a raison. » Le même annotateur explique de même comment, au couplet suivant, l'auteur se refuse à convenir que les académiciens soient les « maîtres du langage, » et déclare que le discours de réception de la Bruyère n'est pas écrit en français. Nous ne reproduisons que par exception (et entre guillemets) le commentaire qui accompagne dans le *Chansonnier* chaque couplet, et presque chaque vers, et toujours de la façon la plus désobligeante pour la Bruyère, qui est présenté comme un « homme de rien. »
3. « .... Il l'avoit extrêmement sollicitée. »

PIÈCES JUSTIFICATIVES.   CLXXVII

Avec d'assez brillants traits,
  Il fit de faux portraits.
Racine au-dessus de Corneille
Pensa faire siffler, dit-on....
  Du dernier, etc.

L'Académie en frémit,
  Et dans son courroux dit :
« Je vengerai bien ce grand homme,
L'honneur le veut et la raison.... »
  Du dernier, etc.

Racine, ce franc dévot,
  En a fait dire un mot
Par un grand et modeste évêque,
Qui vint menacer en son nom [1]....
  Du dernier, etc.

L'Académie a cédé.
  Quelques-uns ont grondé ;
Mais, toujours juste et toujours sage,
Elle a tremblé pour le jeton....
  Du dernier, etc.

Mais la Bruyère a pris feu.
  Il jure que, dans peu,
Dans ses merveilleux *Caractères*
Il la mettra tout de son long....
  Du dernier, etc.

Dieu veuille que cet auteur,
  Dont je suis serviteur,
Et que toutes les dames courent [2],
Fasse encore pis qu'un factum [3] !...
  Du dernier, etc.

2.

Chanson sur l'air de *Lampon*.

Les quarante beaux esprits (*bis*)
Sont tombés dans le mépris (*bis*).
Ils n'avoient plus Furetière ;

---

1. « M. l'évêque de Meaux vint [dire] de la part de Racine à l'Académie françoise que si, comme on l'avoit proposé, on ôtoit cet article où Racine étoit mis au-dessus de Corneille, lorsqu'on feroit imprimer cette harangue suivant l'usage de l'Académie, Racine n'y mettroit plus le pied, et que cela feroit un tort considérable à cette compagnie.

2. « L'auteur ne répond pas que les dames courent la Bruyère, qui est fort laid. »

3. « L'auteur veut parler des factums d'Antoine de Furetière. »

Mais ils ont pris la Bruyère....
Lampon, lampon, la Bruyère lampon.

Par des portraits ressemblants,
Ils seront en beaux draps blancs :
Chacun aura son affaire,
On ne les respecte guère....
Lampon, etc.

Pour Racine et Despréaux,
Leurs portraits sont des plus beaux :
Ils sont flattés à merveille,
Aux dépens du grand Corneille....
Lampon, etc.

Le bénigne Bossuet
Est un prélat tout parfait.
Sa personne est un chef-d'œuvre ;
Notre Harlay n'y fait œuvre [1].
Lampon, etc.

Le sévère Regnier
Ne savoit (*sauroit ?*) plus le nier :
La Bruyère est son dédale,
Il le met dans la cabale....
Lampon, etc.

La Bruyère l'a promis,
Il mordra ses ennemis ;
Mais chacun lui fait la guerre :
Mordra-t-il toute la terre [2] ?
Lampon, etc.

3.

Chanson sur l'air : *Je ne saurois.*

A JEAN RACINE.

Suis ce que je te conseille :
Sans t'en vouloir plaindre au Roi,
Souffre que le grand Corneille
Soit mis au-dessus de toi....
— Je ne saurois.
— Qu'il soit en place pareille....
— J'en mourrois.

---

1. « François de Harlay, archevêque de Paris, duc et pair de France et aussi de l'Académie françoise, vint à cette réception. La Bruyère ne dit pas un mot de lui et loua l'évêque de Meaux en sa présence. »

2. « Personne n'aime la Bruyère, et chacun trouve à redire aux portraits de son livre, où une infinité de gens sont tournés en ridicule et reconnus, quoique sous de faux noms. »

Ta vanité me chagrine.
Loin d'être friant d'honneur,
La dévotion, Racine,
Veut qu'on soit humble de cœur....
— Je ne saurois.
— Fais-en du moins quelque mine....
— J'en mourrois.

Si tu ne veux pas me croire,
Quitte le dévot sentier;
Dupé par ta vieille gloire,
Reprends ton pauvre métier[1]....
— Je ne saurois.
Imprime donc ton histoire!
— J'en mourrois.

4.

ÉPIGRAMMES.

Sur ce que dans la harangue que le sieur de la Bruyère fit, le 15 juin 1693, à l'Académie françoise, lorsqu'il y fut reçu, il y avoit un article qui mettoit les tragédies de Jean Racine au-dessus de celles de Pierre Corneille[2].

« Comme ce dernier, tout mort qu'il étoit, avoit encore ses partisans dans l'Académie, et entre autres Thomas Corneille et Bernard Fontenelle, son neveu, cette préférence, donnée si légèrement et si hors de saison, troubla toute cette Compagnie en telle sorte qu'on proposa d'ôter cet endroit de la harangue de M. de la Bruyère, lorsque, selon la coutume, on la feroit imprimer. Racine, ayant su cela, se formalisa de son côté, fit son parti dans l'Académie pour que la harangue fût imprimée comme elle avoit été prononcée. Il pria même Jacques-Bénigne Bossuet, évêque de Meaux, de dire à l'Académie que, si on ôtoit cet article, il n'y remettroit jamais le pied et s'en plaindroit au Roi. C'est toute cette contestation qui a donné matière aux épigrammes suivantes. »

Racine, ce poëte en honneur, en crédit,
Dont la dévotion sommeille
Lorsque de sa gloire il s'agit,
Prétend par ses amis, qui pour lui font merveille,
L'emporter sur le grand Corneille :
A quoi s'exposent ses flatteurs !
Déjà dans Capistron, et déjà dans Abeille[3]
Tout l'orgueil gascon se réveille :
« Contre lui, disent ces auteurs,
Demandons justice pareille !
N'avons-nous pas des protecteurs? »

---

1. « Le métier de poëte tragique, qu'il disoit avoir quitté par dévotion. »
2. La septième des épigrammes qui suivent n'est pas, on le verra, comprise dans ce titre commun.
3. « Gaspard Abeille, poëte tragique. — Capistron (*Campistron*), poëte tragique médiocre. Capistron étoit domestique du duc de Vendôme ; et Abeille demeuroit chez le maréchal duc de Luxembourg. »

Racine, détaché de la gloire du monde,
Sachant que la Bruyère avoit dit, quoique mal,
  Que Corneille, le grand Corneille,
Loin d'être préféré, n'étoit pas son égal :
  « Cet éloge est fait à merveille,
Dit-il, qu'on n'ôte rien! Qui vit pour le Seigneur
  Doit avoir soin de son honneur. »

  « Pour maintenir les dits de la Bruyère,
Qui me feroient grand tort s'ils étoient retranchés,
Je perdrois le grand corps qui s'est, pour ses péchés,
Avisé d'écouter une plainte grossière.
Aux dévots tels que moi l'on ne fait point d'affront :
Les mots ont été dits, les mots demeureront. »
  Voilà le fait. Toute l'Académie
  En est témoin. Comment nommera-t-on
Ce sentiment chrétien, d'éviter l'infamie
  Qui tomberoit sur son grand nom,
S'il faisoit à Corneille un parti plus honnête?
  Voulez-vous que je parle net?
  C'est proprement faire dans son bonnet,
  Et puis le mettre sur sa tête.

  « Mon Dieu! quelle comparaison! »
  Disoit toute bonne cervelle,
  Quand on faisoit le parallèle
  Du grand Racine et de Pradon;
  Mais quand Racine au grand Corneille
  Vient se comparer sans raison,
  Chacun s'écrie à la pareille :
  « Mon Dieu! quelle comparaison! »

  Quand au grand Corneille on s'obstine
De vouloir préférer l'ambitieux Racine,
Je l'avouerai, je prendrois feu
Si quelque grand auteur entroit dans la carrière;
Mais lorsque je n'y vois que le seul la Bruyère,
  Je dis : « Il m'importe fort peu
Que Pascal soit devant ou Pascal soit derrière[1] ».

  Ce peintre nouveau la Bruyère,
Qui de tant de portraits se croit l'original,
  A force d'outrer la matière,
Quand il peint ses amis, les flatte et les peint mal.
  A l'entendre, le grand Corneille
  De Racine fut l'apprentif,
  Et Despréaux, par un pareil motif,
  De nos jours est l'autre merveille.

---

1. « Vers de *Don Japhet d'Arménie*, comédie de Scarron, devenu proverbe. »

PIÈCES JUSTIFICATIVES.

Quand il parle de Bossuet
En présence de Harlay même[1],
C'est le prélat le plus parfait,
Tant il flatte ceux qu'il aime !
Que vous semble de ses portraits?
Les trouvez-vous équitables?
— Ils seroient plus raisonnables,
Si Théophraste les eût faits.

5.

Autre épigramme.

Sur ce que François-Séraphin Regnier des Marais, secrétaire perpétuel de l'Académie françoise, avoit fait entrer dans cette compagnie le sieur de la Bruyère.

Grand Cardinal, plains ton Académie :
Elle a reçu dans son sein un serpent
Dont le venin sur elle se répand,
Et dont le choix la couvre d'infamie.
De l'avoir fait la folle se repent ;
A tout le monde elle en fait ses excuses :
« C'est, lui dit-elle, à mon perpétuel,
Cet homme droit, intègre, ponctuel,
Oui, c'est hélas! à ses soins, à ses ruses,
Qu'on doit ce choix odieux et fatal.
Que puisse-t-il être un jour aussi mal
Auprès du Roi qu'il est auprès des Muses ! »

V

Inventaires faits après le décès de la Bruyère[2].

1° *A l'hôtel de Condé à Versailles.*

« L'année mil six cent quatre-vingt-seize, le quatorzième jour de mai, deux heures de relevée, à la requête de M⁰ Robert-Pierre de la Bruyère, clerc du diocèse de Paris, et demeurant à Saint-Denis dans l'enclos des Annonciades, étant ce jour d'hui en cette ville, tant en son nom que comme se faisant et portant fort de damoiselle Élisabeth-Marguerite de la Bruyère, sa sœur, fille majeure, et encore comme procureur et fondé de procuration spéciale de dame Claude-Angélique Targas, veuve de Louis de la Bruyère, sieur de Romeau, conseiller du Roi, receveur général et payeur de rentes du clergé, en qualité de tutrice des enfants mineurs dudit défunt sieur son mari, passée devant Raymond et Junot, notaires au Châtelet de Paris, le 12 du présent mois, de-

---

1. « François de Harlay, archevêque de Paris, duc et pair de France, et aussi de l'Académie françoise, assista à cette harangue. La Bruyère, en louant l'évêque de Meaux, ne dit pas un mot de ce prélat, ce qui fut trouvé très impudent. »
2. Voyez ci-dessus, p. CLXV. — Nous avons pris copie de ce document à Versailles, dans l'étude de M⁰ Pichard, qui est aujourd'hui celle de M⁰ Bigault.

meurée annexée à la présente minute[1] pour y avoir créance, après avoir été parafée dudit sieur de la Bruyère, et à sa réquisition, des notaires soussignés, lesdits sieurs Robert-Pierre et damoiselle Élisabeth-Marguerite de la Bruyère de leur chef, et lesdits mineurs par représentation dudit défunt sieur leur père, habiles à se dire seuls héritiers de défunt Jean de la Bruyère, écuyer, gentilhomme de S. A. S. Mgr le Duc, les notaires garde-notes du Roi à Versailles soussignés se sont transportés à l'hôtel de Mgr le prince de Condé, à Versailles, à l'effet de faire inventaire et description des biens meubles, effets, livres, deniers comptants et autres choses, demeurés après le décès dudit défunt sieur Jean de la Bruyère, trouvés en une chambre et un cabinet et garde-robe qu'il occupoit audit hôtel, où étant, en la présence de M⁰ Charles Laboré de Beaupesche, aumônier de S. A. S. Mme la Duchesse, et de Pierre Boivin, du sieur du Monteil, écuyer de la Duchesse, témoins à ce requis et appelés par ledit sieur de la Bruyère, et après que le cachet du sieur Louis Huguet, valet de chambre de S. A. S. Mgr le Prince et son concierge dudit hôtel, qui avoit été posé sur la serrure de la porte d'entrée de ladite chambre pour éviter la dissipation desdits biens, attendu l'absence des présomptifs héritiers dudit défunt, a été levé et ôté par ledit sieur Huguet, pour ce présent, du consentement dudit sieur de la Bruyère comparant : a été par lesdits notaires procédé audit inventaire et description desdits meubles et autres effets, qui ont été représentés et mis en évidence par Jacques Paillot, dit Duplessis, et par Françoise Savaris, serviteur et servante, domestiques dudit défunt sieur de la Bruyère, après serment fait ès mains desdits notaires de tout enseigner sans en omettre ni cacher aucun, ce qu'ils ont promis de faire. Lesquels meubles et hardes et autres effets ont été prisés et estimés par Claude Mercier, huissier audiencier au bailliage de Versailles, qui a serment en justice, qui a fait ladite estimation en sa conscience et selon le cours du temps, le tout ainsi qu'il ensuit, en la présence de noble homme M⁰ Roland-Charles Fresson, avocat en Parlement, conseiller du Roi, son procureur au bailliage de Versailles, pour l'absence et conservation des droits d'Élisabeth-Marguerite de la Bruyère. Et ont signé, fors ledit Duplessis, qui a déclaré ne savoir écrire ni signer, de ce interpellé.

« FRESSON, LABOREYS DE BOSPECHE, DE LA BRUYÈRE, Françoise SAVARIS, DU MONTEIL, MABILE, LAMY, L. HUGUET.

« *Premièrement dans ladite chambre*. — Deux chenets, une pelle et une pincette de fer poli, un soufflet de cuir rouge ; prisé le tout ensemble à la somme de quatre livres. Ci. . . . . IV l.

« *Item* un miroir d'un pied et demi de glace ou environ, avec sa bordure de bois noirci ; un autre petit miroir de toilette ; une petite table de bois de noyer, couverte d'un tapis de drap vert, avec une peau de cuir par-dessus ; prisé et estimé le tout ensemble à la somme de six livres. Ci. . . . VI l.

« *Item* trois fauteuils de commodité de bois de noyer, dont deux couverts de serge verte, et l'autre de tapisserie ; un autre fauteuil de pareil bois, garni de paille ; prisé et estimé le tout ensemble à la somme de seize livres. Ci. . XVI l.

« *Item* un portrait garni de cadre doré, représentant Mgr l'Évêque de Meaux, prisé et estimé à la somme de quinze livres. Ci . . . . . . XV l.

---

1. Nous n'en donnons pas le texte, qui ne contient aucune indication nouvelle.

PIÈCES JUSTIFICATIVES.

« *Item* une couche à hauts piliers, garnie de ses enfonçure[1] et dossier, un matelas de laine, un tour de lit, et housse de serge verte, un grand rideau de moquette ; prisé et estimé le tout ensemble la somme de cinquante livres. Ci . . L l.

« *Dans le cabinet à côté de ladite chambre.* — *Item* une table de bois de chêne et de sapin, garnie d'un tiroir fermant à clef, couverte d'un tapis vert ; un pupitre à lire monté sur son pied ; trois chaises de bois de noyer, garnies de paille ; une petite cassette de cuir noir à plaques de cuivre ; prisé et estimé le tout ensemble à la somme de trois livres. Ci. . . . . III l.

« *Item* deux petits morceaux de tapisserie de bergame verte, et une guitare avec son étui ; prisé le tout à six livres. Ci. . . . . VI l.

« *Item* onze jetons de l'Académie, une chaîne, crochet et plaque de manchon, un petit flacon de vermeil, le tout d'argent ; prisé le tout ensemble à a somme de quinze livres. Ci. . . . . XV l.

« *Item* dans ledit tiroir s'est trouvé la somme de cent vingt-huit livres et douze sols, en trente-six écus de nouvelle espèce ayant cours. Ci. . CXXVIII l. XII s.

« *Item* la quantité de cent quarante-cinq volumes, tant petits que gros, de divers auteurs, traitant de plusieurs matières, prisé le tout ensemble à la somme de cent livres[2]. Ci. . . . . C l.

« *Item* plusieurs plats et assiettes de fayence, et trois cartes de géographie ; une épée de deuil, et une canne à petite poignée d'argent ; prisé le tout ensemble à la somme de huit livres. Ci. . . . . VIII l.

« *Dans la garde-robe.* — *Item* onze chemises fines, trois chemises de nuit et une toilette, quatre nappes, deux peignoirs, vingt serviettes, neuf mouchoirs, une camisole de toile double, quatre taies d'oreiller, six cravates à dentelle, douze cravates de mousseline, deux cravates effilées, cinq paires de manchettes plates de deuil, huit paires de manchettes à dentelle, dix paires de chausses, cinq coiffes de nuit, deux paires de draps fins, un drap de grosse toile, six torchons, une paire de bas de toile grise, un rabat de deuil et cinq chauffoirs[3] ; prisé le tout ensemble à la somme de cent livres. Ci . . . . C l.

« *Item* un manteau de drap rouge, bordé d'un petit bord d'or ; un manteau de camelot, doublé de velours rouge passé ; une casaque de camelot, doublée de drap rouge, garnie de boutons et passe-poil d'argent[4]..., et une robe de chambre ; deux vestes, l'une de chamois garnie de galon d'or, et l'autre de gros de Tours à fleurs d'argent ; une autre veste de drap bleu, garnie de boutons, boutonnoires (*sic*) et agréments d'or ; prisé et estimé le tout ensemble à la somme de cent dix livres. Ci . . . . CX l.

« *Item* deux chandeliers de cuivre jaune et une plaque[5] ; prisés à trois livres. Ci . . . . III l.

« *Item* deux vieux chapeaux, dont un de Caudebec et l'autre castor ; prisés à trente sols. Ci . . . . XXX s.

« Ce fait, et après qu'il ne s'est plus rien trouvé dans lesdits lieux, ce que dessus inventorié est demeuré en la garde et possession dudit sieur de la

---

1. Assemblage des ais placés dans un bois de lit pour soutenir les matelas.
2. On avait d'abord écrit cent cinquante.
3. « Linge qu'on chauffe pour couvrir ou essuyer un malade ou une personne en sueur. » (*Dictionnaire de Trévoux*.)
4. Suit un mot que nous n'avons pu lire.
5. Plaque de cuivre ouvragée et garnie d'un petit chandelier.

Bruyère, ès dits noms, qui s'en est chargé pour le représenter toutes fois et quantes et à qui il appartiendra[1]. Et ont signé, fors ledit Duplessis, qui a déclaré ne savoir écrire ni signer.

« DE LA BRUYÈRE, DU MONTEIL, LABOREYS DE BOSPECHE, L. HUGUET, Françoise SAVARIS, FRESSON, MABILE, LAMY. »

2° *Au Petit Luxembourg, à Paris*[2].

« L'an mil six cent quatre-vingt-seize, le jeudi dix-septième mai, huit heures du matin, à la requête de M° Robert-Pierre de la Bruyère, clerc au diocèse de Paris, demeurant à Saint-Denis en France, étant de présent à Paris, habile à se dire et porter héritier pour un tiers de défunt Jean de la Bruyère, écuyer, gentilhomme de Son Altesse Sérénissime Monseigneur le Duc, son frère, de dame Claude-Angélique Targas, veuve de Louis de la Bruyère, sieur de Romeau, bourgeois de Paris, au nom et comme tutrice de damoiselles Marie-Élisabeth, Marie-Angélique, Louis et Élisabeth de la Bruyère, enfants mineurs dudit défunt sieur Louis de la Bruyère et de ladite dame sa veuve, aussi habiles à se dire et porter héritiers pour un tiers dudit défunt Jean de la Bruyère, leur oncle paternel, élue à ladite charge de tutrice suivant l'avis de parents et amis desdits mineurs, homologué par sentence du Châtelet de Paris, écrite au registre de Tauxier, greffier, du 14 mai 1695, laquelle charge elle a acceptée, ou procureur pour elle, au greffe, lesdits jour et an, demeurant à Paris, rue de Berry, Marais du Temple, paroisse Saint-Nicolas des Champs, en la présence de noble homme M° Jacques Devin, conseiller du Roi, l'un des substituts de Monsieur son procureur au Châtelet, pour l'absence de damoiselle Élisabeth-Marguerite de la Bruyère, fille majeure, habile à se dire et porter héritière pour l'autre tiers dudit défunt sieur Jean de la Bruyère, son frère, et à la conservation des droits des parties de ce qu'il appartiendra, a été par les notaires du Roi à Paris soussignés fait inventaire par description des biens meubles, livres et autres choses, demeurés après le décès dudit sieur Jean, étant de sa succession, trouvés ès lieux qu'il occupoit en cette ville au Petit Luxembourg, rue de Vaugirard, ci-après désignés, montrés et représentés par ledit sieur Robert-Pierre de la Bruyère, porteur des clefs desdits lieux, qu'il déclare lui avoir été mises ès mains, après le décès dudit sieur Jean de la Bruyère, son frère, par les officiers de Monseigneur le Duc, qui demeure audit Petit Luxembourg, après serment fait par ledit sieur Robert-Pierre de la Bruyère, ès mains desdits notaires, de tout montrer et représenter, sous les peines de droit qui lui ont été exprimées et données à entendre par l'un desdits notaires en la présence de l'autre : lesdits biens meubles et choses subjectes à prisée par estimation prisées et estimées par Jacques Duval, huissier au Châtelet, priseur vendeur de biens meubles ès ville, prévôté et vicomté de Paris, qui, ayant serment à justice, a promis d'y procéder, en sa conscience, aux sommes de deniers selon ce et ainsi.

« Et ont signé :

« DE LA BRUYÈRE, Claude-Angélique TARGAS, DEVIN, BONOT, DUVAL, AUVRAY. »

1. Au total, les estimations de ce premier inventaire ne s'élèvent qu'à 566 livres 2 sols.
2. Cet inventaire fait partie des minutes de M° Laverne.

« *Dans une petite chambre ayant vue sur ladite rue de Vaugirard, au second étage.* — Premièrement une pelle, une pincette à tenailles, deux chevrettes et deux chenets, le tout de fer poli, avec un soufflet ; prisés ensemble trois livres. Ci . . . . iii l.

« *Item* deux tables : l'une de bois blanc, avec son châssis garni d'un tiroir, [avec] deux guéridons de bois de hêtre noir et doré ; et l'autre de bois de noyer plaqué, aussi posée sur son châssis à piliers tors, garni d'un tiroir ; un bureau de bois de chêne et sapin, garni de trois tiroirs fermés à clef, couvert d'un tapis de serge de Berry verte, et deux guéridons de bois de noyer ; prisés ensemble dix livres. Ci . . . . x l.

« *Item* quatre chaises et quatre fauteuils de bois de noyer à piliers tors, couverts de brocatelle à fleurs blanches et fond vert ; prisés ensemble dix livres. Ci . . . . x l.

« *Item* une couchette brisée, à hauts piliers, garnie de son enfonçure ; paillasse ; un sommier de toile verte rempli de crin ; deux matelas, l'un de toile rayée, l'autre de futaine, remplis de laine ; un traversin de coutil rempli de plumes ; deux couvertures de laine blanche ; un oreiller aussi de coutil, rempli de plumes et garni d'une taie de toile blanche ; le tour du lit contenant deux rideaux, deux bonnes grâces, le dossier, et un soubassement ; le tout de taffetas à fleurs blanches et fond vert ; prisé ensemble la somme de trente-six livres. Ci . . . . xxxvi l.

« *Item* deux miroirs de chacun un pied de glace en carré ou environ, à bordure de bois peint ; une garniture de cheminée de faïence, contenant quatorze pièces, commune ; prisé ensemble trois livres dix sols. Ci . . . iii l. x s.

« *Item* trois morceaux de tapisserie de Bergame, contenant une aune et demie de haut ou environ sur douze aunes de cours ou environ ; deux rideaux de toile peinte, à deux tringles de fer ; prisé ensemble six livres. Ci . . . vi l.

« *Dans une garde-robe attenant ladite petite chambre.* — *Item* quatre chaises de bois tourné, garnies de paille fine ; quatre morceaux de vieille tapisserie de Bergame, contenant dix aunes de cours sur une aune et demie de haut ou environ ; avec une tête à perruque et une carte mappemonde ; prisé le tout ensemble comme tel quel, cent sols. Ci . . . . c s.

« *Item* une armoire à deux portes de bois de hêtre, sans derrière, fermant à targettes ; un lit de repos, garni d'un lit et traversin de coutil remplis de plumes ; une couverture de serge verte, et le traversin couvert de pareille serge ; prisé le tout ensemble huit livres. Ci . . . . viii l.

« *Dans la susdite petite chambre.* — *Item* un devant d'alcôve de bois peint de menuiserie, et deux portes vitrées, garnies chacune d'une serrure fermant à clef, l'une servant d'entrée en ladite chambre, et l'autre dans un cabinet où sont les livres ; le tout en place prisé ensemble quatre livres. Ci . . iv l.

« *Dans une espèce de grenier à côté dudit cabinet.* — *Item* un prie-Dieu de bois de sapin, couvert d'un tapis de toile peinte, et deux rideaux de pareille toile et deux petites tringles de fer ; un vieil comptoir de bois de chêne, couvert d'un tapis de serge rouge ; une vieille paire de bottes garnie de ses éperons ; un petit lit de repos garni d'une paillasse ; matelas de toile rayée remplie de bourre ; une vieille couverture de laine blanche ; un vieil sac de treillis ; un lit de sangle brisé ; un traversin de coutil rempli de plumes ; deux chaises couvertes de serge rouge ; un châssis de bois de sapin à papier ; deux valises de cuir et un porte-manteau de serge jaune ; avec un siége de commodité, couvert de brocatelle; prisé ensemble douze livres. Ci xii

« *Dans ledit cabinet.* — *Item* un juste-au-corps de drap d'Angleterre gris brun, doublé de taffetas d'Angleterre de pareille couleur, la veste et culotte de pareil drap ; prisé ensemble la somme de trente livres. Ci . . . xxx l.

« *Item* une perruque à longs cheveux gris blonds, prisé huit livres. Ci viii l.

« Ensuivent les livres trouvés dans ledit cabinet attenant la susdite petite chambre, et qui ont été prisés par ledit Duval, de l'avis du sieur Étienne Michallet [1], marchand libraire imprimeur du Roi, demeurant rue Saint-Jacques, paroisse Saint-Séverin, à ce présent, convenu par les parties et ledit sieur substitut pour donner ledit avis, lequel avis ledit sieur Michallet a fait serment ès mains desdits notaires de donner en sa conscience.

« *Item* tous lesdits livres, tant en grand que petit volume, reliés en veau et en parchemin, sur sept tablettes de bois de sapin, prisés et estimés ensemble, avec lesdites tablettes, la somme de deux cent soixante-dix-huit livres. Ci . . . . ii^c lxxviii l.

« Et a ledit Duval, avec ledit sieur Michallet, signé :

« Michallet, Duval.

« *Deniers comptants.* — *Item* un sac dans lequel se sont trouvés deux cent soixante-dix-sept écus et demi, à trois livres douze sols chacun écu, et quinze sols de monnoie, montant le tout ensemble à neuf cent quatre-vingt-dix-neuf livres quinze sols. Ci . . . . ix^c xcix l. xv s.

« *Item* soixante et onze louis d'or, à quatorze livres chacun, et un demi-louis d'or de sept livres, montant le tout ensemble à la somme de mille une livres. Ci . . . . mi l.

« Et après avoir vaqué à ce que dessus jusque à midi sonné, lesdits deniers, montant ensemble à deux mille livres quinze sols, et tout ce qui a été ci-devant inventorié, ont été, du consentement de ladite dame veuve dudit sieur Louis de la Bruyère audit nom, et dudit sieur substitut, laissés en la garde et possession dudit sieur Robert-Pierre de la Bruyère qui s'est chargé desdits deniers comptants et autres choses ci-devant inventoriées, comme dépositaire, pour le tout représenter quand et à qui il appartiendra, et l'assignation prise pour la continuation du présent inventaire à demain, deux heures de relevée ; et ont signé :

« De la Bruyère, Devin, Claude-Angélique Targas, Bonot, Auvray.

« Du lendemain dix-huit dudit mois de mai, audit an 1696, deux heures de relevée, à la requête et présence que dessus, a été le présent inventaire continué comme il ensuit par lesdits notaires.

« *Item* un juste-au-corps de camelot gris-blanc, doublé de serge bleue, prisé douze livres. Ci . . . . xii l.

« *Item* trois draps, savoir deux [de] toile blanche fine, et un de toile de chanvre, prisés ensemble six livres. Ci . . . . vi l

« *Item* un flambeau, un petit poêlon et une paire de mouchettes, le tout de cuivre jaune, une lanterne, un gril de fer; prisé le tout ensemble quarante sols. Ci . . . . xl s.

---

1. Ce Michallet était le fils de l'éditeur des *Caractères*.

PIÈCES JUSTIFICATIVES.

« *Item* deux assiettes d'étain sonnant, pesant ensemble deux livres ; prisé à raison de douze sols la livre, revenant audit prix à vingt-quatre sols. Ci . xxiv s.
« *Item* une petite épée à garde de cuivre doré, prisée vingt-cinq sols. Ci . . . . xxv s[1].
« Et a ledit Duval signé :
« Duval.

« *Ensuivent les papiers.* — Premièrement une liasse de cent sept pièces, concernant la curatelle que ledit défunt sieur Jean de la Bruyère a eue de damoiselles Louise et Élisabeth de la Guyottière, émancipées d'âge, filles de Martin de la Guyottière, chirurgien du corps de Son Altesse Royale Mgr le duc d'Anjou, et de damoiselle Louise de la Bruyère sa femme, dans lesquelles pièces sont : les lettres d'émancipation desdites damoiselles, la sentence d'entérinement d'icelles ; plusieurs autres sentences portant homologation d'avis de parents d'icelles damoiselles de la Guyottière aux effets y portés ; un compte rendu par damoiselle Élisabeth Hamonyn, veuve de M⁰ Louis de la Bruyère, conseiller du Roi, contrôleur des rentes assignées sur l'Hôtel de cette ville de Paris, audit sieur Jean de la Bruyère, audit nom de curateur desdites damoiselles, de la recette et dépenses que ladite damoiselle veuve de la Bruyère avoit faites pour lesdites damoiselles de la Guyottière pendant trois ans et demi ou environ, arrêté sous leurs seings privés le 4 janvier 1679 ; l'expédition de l'inventaire fait par le Semelier et Buon, notaires à Paris, daté au commencement le 24 décembre 1674, après le décès de ladite damoiselle Louise de la Bruyère, mère desdites damoiselles émancipées ; l'expédition du procès-verbal de vente fait des biens meubles contenus audit inventaire ; et plusieurs mémoires et quittances, avec quelques procédures ; dont de tout les parties n'ont voulu être fait plus ample mention ni description, pour éviter à frais et prolixité ; et ont été toutes lesdites pièces cotées et parafées par première et dernière par Auvray, l'un desdits notaires soussignés, et inventoriés sur les première et dernière d'icelles, une comme l'autre, pour tout . . un.

« *Item* deux pièces, dont la première est la grosse en parchemin d'un contrat de constitution fait par ledit Jean de la Bruyère à damoiselle Élisabeth Hamonyn, veuve de M⁰ Louis de la Bruyère, de clxvii l. xii s. vi d. de rente, passé par-devant Ferret et Buon, notaires à Paris, le 14 janvier 1679, en marge de laquelle est une mention signée Garnier et Pillault, notaires, du payement fait du sort principal et des arrérages de ladite rente par ledit sieur de la Bruyère ès mains de Mlle de la Bruyère, sa sœur, ès nom et qualités, et en la manière qu'il est porté en la quittance passée devant lesdits Garnier et Pillault, notaires, le 15 mai 1687 ; et la seconde est l'expédition de ladite quittance ; lesdites deux pièces inventoriées, l'une comme l'autre . . . deux.

« *Item* trois pièces, dont la première est une sentence rendue au Châtelet de Paris[2], le 22 juillet 1672, entre M⁰ Jean de la Bruyère, avocat au Parlement, et damoiselle Élisabeth Hamonyn, veuve de M⁰ Louis de la Bruyère, conseiller du Roi et contrôleur général des rentes assignées sur l'Hôtel de Ville de Paris,

---

1. L'estimation des objets inventoriés dans l'appartement du Petit Luxembourg s'élève à 2436 livres 14 sols, qui, joints aux 566 livres 2 sols que donne l'estimation des objets contenus dans l'appartement de Versailles, forment un total de 3002 livres 16 sols.
2. Cette sentence ne s'est pas retrouvée aux Archives nationales.

au nom et comme tutrice de Louis de la Bruyère, Robert-Pierre de la Bruyère et damoiselle Élisabeth-Marguerite de la Bruyère, enfants mineurs dudit défunt et d'elle, lesdits de la Bruyère légataires universels de défunt Mᵉ Jean de la Bruyère, leur oncle, ci-devant conseiller et secrétaire du Roi, maison, couronne de France et de ses finances, Jean Husson, écuyer, conseiller, secrétaire du Roi, au nom et comme exécuteur du testament dudit défunt sieur Jean de la Bruyère, damoiselle Louise de la Bruyère, veuve de Martin de la Guyottière, tant en son nom que comme prenant la qualité de tutrice de Louise et Élisabeth de la Guyottière, filles dudit défunt et d'elle, ladite veuve et sesdites filles légataires particulières dudit défunt sieur Jean de la Bruyère, portant délivrance de legs. La seconde est l'expédition en parchemin d'un acte passé par-devant de la Balle et Buon, notaires à Paris, le 12 février 1676, par lequel est fait délivrance de délaissement aux damoiselles Louise et Élisabeth de la Guyottière, des principaux des rentes y mentionnées, aux charges et substitutions amplement mentionnées par ledit testament. Et la troisième est l'expédition en papier du partage fait entre Jean de la Bruyère, écuyer, conseiller du Roi et trésorier général de France en la généralité de Caen, Mᵉ Louis de la Bruyère, premier huissier au Parlement, Mᵉ Pierre de la Bruyère, clerc du diocèse de Paris, et damoiselle Élisabeth de la Bruyère, émancipée d'âge, tous légataires universels de feu Jean de la Bruyère, écuyer, conseiller, secrétaire du Roi, leur oncle, suivant un testament et ordonnance de dernière volonté reçus par de la Balle et Buon, notaires, le 18 novembre 1671, ledit partage ....[1] provision de quelques parties de rente tant sur l'Hôtel de Ville que sur particuliers, provenant et faisant partie de celles délaissées par ledit feu sieur de la Bruyère et déclarées audit partage, passé par Boindin et Buon, notaires, le 22 mai 1682[2]. Lesdites trois pièces inventoriées, l'une comme l'autre. . . . . . trois.

« *Item* deux pièces. La première est la grosse en parchemin d'un contrat de constitution fait par Jean de la Bruyère, écuyer, conseiller du Roi, trésorier de France à Caen, à maître Guy Bargedé, de cent livres de rente, passé par-devant Raymond et Barbou, notaires, le dernier janvier 1685, en suite de laquelle grosse est une quittance sous seing privé, signée Bargedé, portant qu'il tient quitte ledit sieur de la Bruyère de la somme de deux mille livres, due par lui en contrat, et des intérêts, ladite quittance du 8 août audit an 1685 ; et en marge est une mention signée Huché et Loyer, notaires, de l'acte passé par-devant lesdits notaires le 21 janvier 1687, par lequel ledit sieur Bargedé a reconnu avoir été satisfait, par ledit sieur de la Bruyère, du principal et arrérages desdites cent livres de rente. Et la seconde est l'expédition en papier dudit acte. Lesdites deux pièces inventoriées, l'une comme l'autre. . . . . quatre.

« *Item* une liasse de quatorze pièces, concernant l'office de trésorier de France en la généralité de Caen dont ledit défunt sieur Jean de la Bruyère était ci-devant pourvu, dont lesdites parties et ledit sieur substitut n'ont désiré être fait plus ample mention et description, pour éviter à frais et prolixité ; et ont été cotées et parafées par première et dernière par ledit Auvray, notaire, et inventoriées sur les première et dernière d'icelles, l'une comme l'autre, pour tout . . . . cinq.

---

1. Un mot sans nul doute a été omis dans l'inventaire.
2. Cet acte de partage ne s'est pas retrouvé dans les minutes que conservent les successeurs des notaires Buon et Boindin.

PIÈCES JUSTIFICATIVES. CLXXXIX

« *Item* une autre liasse de cent deux pièces, qui sont mémoires et quittances de divers particuliers, et à la décharge dudit défunt sieur Jean de la Bruyère, dont les parties et ledit sieur substitut n'ont desiré être fait plus ample mention ni description, pour éviter à frais et prolixité; et ont été parafées par première et dernière par ledit Auvray, notaire, et inventoriées sur les première et dernière d'icelle, l'une comme l'autre. . . . . six.

« *Item* une indemnité sous seing privé signée de la Bruyère, par laquelle le soussigné, conseiller du Roi, receveur général et payeur des rentes assignées sur le clergé de France, a promis d'indemniser M. de la Bruyère son frère, trésorier de France à Caen, d'une obligation de trois mille livres par eux faite à damoiselle Anne Paysant, veuve de Sébastien Brunet, mentionnée en ladite indemnité, datée du 3 juin 1694, inventoriée . . . . sept.

« Déclarant ledit sieur Robert-Pierre de la Bruyère, qu'il y a eu un petit appartement que ledit défunt sieur Jean de la Bruyère occupoit en une maison à eux et à ladite damoiselle Élisabeth-Marguerite de la Bruyère, leur sœur, appartenant en commun, sise à Sceaux[1], les meubles qui ensuivent, étant de la succession dudit défunt sieur Jean de la Bruyère,

« Savoir :

« Une couche à bas piliers, garnie de son enfonçure ; une paillasse piquée ; trois cartes géographiques; une table de bois; quatre chaises garnies de paille; une autre couche à hauts piliers, garnie d'un sommier de crin, et un matelas, un traversin, et un oreiller de coutil rempli de plumes, le tour dudit lit d'étoffe de la porte de Paris ; un bureau de bois de chêne ; un tapis de même étoffe que le tour dudit lit, deux chaises garnies de paille, un rideau de fenêtre.

1. C'est ainsi (*Sceaux*) qu'est écrit le nom du village dans l'inventaire ; il est écrit *Saulx* dans l'inventaire après décès de Jean II de la Bruyère, l'oncle, et *Seaux* dans les documents relatifs à la vente faite par les enfants mineurs de feu Louis de la Bruyère à leur oncle Robert-Pierre et à leur tante Élisabeth-Marguerite, de la part qu'ils avaient héritée de leur oncle Jean III de la Bruyère, le nôtre (voyez ci-dessus, p. xxxi, note 1). C'est la leçon *Saulx* qui est la bonne : le scribe qui écrivait le mot ainsi reproduisait l'orthographe que donnaient les pièces qu'il avait sous les yeux, et où il s'agissait bien de Saulx-les-Chartreux, car il était dit, dans l'une d'elles, qu'une partie de la propriété avait été acquise des Chartreux en 1647. Voici la description de cette propriété, faite par Claude-Angélique Targas, veuve de Louis de la Bruyère, dans l'acte où elle demande, le 2 juillet 1696, l'avis des parents sur le projet de la vente de la part de ses enfants : « .... Entre autres biens et effets délaissés par défunt Jean de la Bruyère, écuyer, gentilhomme de Monseigneur le Duc, oncle desdits mineurs,... se trouve pour tous immeubles (*on oublie ici que la Bruyère était de plus l'un des propriétaires de la terre de Romeau*) une petite portion de *maison, jardin, et cinq arpents huit perches de terre et pré,* situés au village de Saulx.... Cette portion ne pourroit être qu'à charge auxdits mineurs en cas de jouissance par leurs mains, tant par l'état où elle est, vieille et caduque, qui engage journellement les propriétaires en des réparations pour la faire subsister, que par les gages de jardinier de quarante écus par an, et autres charges annuelles qu'il convient acquitter, qui consomment et excèdent annuellement le profit et revenu, qui est d'environ quatre-vingts livres par an, outre le revenu d'un arpent de pré.... » (*Bulletin de la Société de l'histoire de Paris*, année 1877, p. 84 et 85.)

« Ce fait, et ne s'étant trouvé autre chose à inventorier èsdits lieux qui étoient occupés par ledit défunt sieur Jean de la Bruyère en cette ville de Paris, audit Petit Luxembourg, tout le contenu au présent exemplaire a été, du consentement de la dame veuve de la Bruyère audit nom, et dudit sieur substitut, laissé en la garde et possession dudit sieur Robert-Pierre de la Bruyère, qui s'en est chargé comme dépositaire pour le tout représenter, quand et à qui il appartiendra, et ont signé :

« Devin, de la Bruyère, Bonot, Claude-Angélique Targas, Auvray.

« Et à l'instant ledit sieur Robert-Pierre de la Bruyère a encore déclaré qu'outre la portion qui appartient à la succession dudit défunt sieur Jean de la Bruyère, son frère, en ladite maison sise à Sceaux, il appartient encore à ladite succession un tiers par indivis, au total, de la métairie et ferme de Romeau, sise au Perche, dont les titres sont ès mains dudit sieur Robert-Pierre de la Bruyère, comme il le reconnoît. Ce fait en la présence de ladite dame veuve de la Bruyère et dudit sieur substitut, et audit jour 18 mai 1696, et ont signé :

« Devin, de la Bruyère, Bonot, Claude-Angélique Targas, Auvray. »

VI

Acte de décès de la Bruyère[1].

« Ce douzième mai mil six cent quatre-vingt-seize, Jean de la Bruière, écuyer, gentilhomme de Monseigneur le Duc, âgé de cinquante ans ou environ, est décédé, à l'hôtel de Condé, le onzième du mois et an que dessus, et inhumé le lendemain, dans la vieille église de la paroisse[2], par moi soussigné, prêtre de la congrégation de la maison de la Mission, faisant les fonctions curiales, en présence de Robert-Pierre de la Bruière, son frère, et de messire Charles Laboreys de Bosbeze (sic), aumônier de Son Altesse la Duchesse, qui ont signé, et de M. Huguet, concierge de l'hôtel de Condé, qui a signé.

« De la Bruyère, C. Laboreys de Bospeche, Huguet, P.-H. Canaple. »

1. Archives communales de Versailles, registre des décès de la paroisse Notre-Dame. Cet acte a été publié par Monmerqué dans la *Revue rétrospective* (seconde série, tome VIII, 1836, p. 141 et 142), par M. Le Roi, dans l'*Histoire des rues de Versailles* (2ᵉ édition, 1861, p. 28), etc.
2. C'est-à-dire dans l'église Saint-Julien, rue Sainte-Geneviève.

FIN DE LA NOTICE BIOGRAPHIQUE.

TABLE

DE LA

NOTICE BIOGRAPHIQUE

SUR

LA BRUYÈRE

	Pages.
I. La famille de la Bruyère et le peu que l'on sait de sa jeunesse.	XIII
II. La Bruyère trésorier général des finances.	XXXIX
III. La Bruyère dans la maison de Condé	LVIII
IV. Les Caractères	LXXXIX
V. La Bruyère à l'Académie.	CV
VI. Les amies et les amis de la Bruyère.	CXXIX
VII. Les dernières années de la Bruyère.	CLII
Tableau généalogique de la famille de la Bruyère	CLXVIII

PIÈCES JUSTIFICATIVES :

I. Acte de baptême de Jean de la Bruyère.	CLXXI
II. Extrait d'un « Compte à l'amiable rendu par damoiselle Élisabeth Hamonyn.... à Jean de la Bruyère, etc. »	»
III. Vol commis dans la chambre de la Bruyère. Plainte et information.	CLXXIV
IV. Chansons et épigrammes sur la réception de la Bruyère à l'Académie française	CLXXVI
V. Inventaires faits après le décès de la Bruyère	CLXXXI
VI. Acte de décès de la Bruyère.	CXC

LES CARACTÈRES

DE THÉOPHRASTE

TRADUITS DU GREC

AVEC

LES CARACTÈRES

OU

LES MOEURS DE CE SIÈCLE

LES CARACTÈRES
DE THÉOPHRASTE

TRADUITS DU GREC

NOTICE.

Caractères moraux (ἠθικοὶ χαρακτῆρες), tel est le titre du livre que la Bruyère a traduit, et qui est attribué avec raison, ce nous semble, à Théophraste. Ne possédons-nous qu'une partie de l'original grec? Les chapitres qui nous ont été conservés sont-ils, comme le veut la Bruyère [1], « le commencement d'un plus long ouvrage que Théophraste avoit entrepris? » ou bien faut-il y voir des extraits faits par d'anciens rhéteurs? Nous n'entrerons pas ici dans cette discussion. Une chose est hors de doute, c'est que les manuscrits nous ont transmis un texte corrompu par des interpolations, des retranchements, des déplacements, des altérations de tout genre.

Les *Caractères* de Théophraste n'étaient guère connus que des savants lorsque la Bruyère entreprit de les traduire. Jérôme de Bénévent les avait déjà mis en français au commencement du dix-septième siècle [2]; mais sa version était tombée si rapidement dans l'oubli que la Bruyère lui-même, si je ne me trompe, en ignorait l'existence.

C'était aux traductions latines que recouraient ceux qui ne pouvaient lire Théophraste en grec. La meilleure était celle d'Isaac Casaubon; elle avait paru pour la première fois en 1592, accompagnée d'un excellent commentaire, que l'auteur améliora encore dans les éditions qui suivirent [3].

---

1. Voyez ci-après le *Discours sur Théophraste*, p. 13.
2. *Les Characteres des mœurs, traduicts du grec de Theophraste*, par H. de Benevent, Parisien, thresorier general de France en Berry, Paris, 1613.
3. *Theophrasti Characteres ethici, sive descriptiones morum. Isaacus*

Si l'on veut comparer la traduction de la Bruyère à l'original grec, il faut se servir du texte de l'une des éditions de Casaubon, et non de celui des éditions modernes, que des variantes, des additions et des déplacements ont modifié très-notablement. Nous ne relèverons pas les changements que les conjectures des érudits et la découverte de quelques manuscrits ont fait subir au texte qu'a connu notre auteur : tels il nous les a donnés, tels nous accepterons les *Caractères* de Théophraste. Comment a-t-il compris ses devoirs d'interprète? Peut-on se rendre compte des procédés de son travail et de la manière dont il a fait sa traduction? Quels livres avait-il sur sa table? Quels sont ceux dont il s'est principalement aidé? Voilà les questions que nous nous sommes faites et auxquelles nous avons cherché quelques réponses, ainsi qu'on le verra çà et là dans nos annotations.

Et d'abord, la Bruyère savait-il le grec, comme il savait le latin? « Certains censeurs de livres, dit Coste[1], se sont mis dans l'esprit que la Bruyère n'avoit traduit Théophraste que d'après quelque version latine. Je ne sais sur quoi ils fondent ce préjugé; car pourquoi un gentilhomme de Monsieur le Prince n'auroit-il pas pu lire et entendre cet auteur en grec, tout aussi bien qu'un docteur, qu'un professeur en théologie, en philosophie ou en belles-lettres? » A Chantilly, comme à Versailles et à Paris, les gens qui savaient le grec étaient rares : Coste fait donc aux gentilshommes de Monsieur le Prince l'honneur d'une érudition à laquelle, sans aucun doute, ils ne prétendaient point ; et s'il eût su que la Bruyère avait été l'un des maîtres du duc de Bourbon avant d'être l'un des gentilshommes de Monsieur le Prince, il aurait assurément tiré de ce premier titre une meilleure argumentation.

Quoi qu'il en soit, la Bruyère, comme Racine et Boileau,

Casaubonus recensuit, in latinum sermonem vertit, et libro commentario illustravit, Lyon, 1592, 1599, 1612, 1617, 1638, etc. La première édition ne contenait que vingt-trois chapitres des *Caractères;* dans la seconde, Casaubon publia et commenta cinq nouveaux chapitres, tirés de l'un des quatre manuscrits de la bibliothèque de l'électeur palatin, dont la Bruyère parle dans son *Discours sur Théophraste*. Voyez ci-après, p. 14 et note 2.

1. *Avertissement* de son édition de la Bruyère, de 1740, p. VI.

avait appris le grec; il n'était pas réduit à en croire toujours et partout les traducteurs latins sur parole; il pouvait remonter à l'original : à défaut d'autres preuves, nous en trouverions une dans un contre-sens que lui seul a commis et qu'aucune des versions antérieures à la sienne n'a pu lui suggérer (voyez ci-après, p. 86, note 1). Il savait le grec toutefois moins bien qu'un docteur : le contre-sens dont il s'agit suffirait encore à le démontrer.

La Bruyère, avons-nous dit, n'a pas fait usage de la traduction de Bénévent; il a de même négligé les traductions qui avaient paru en langue étrangère [1]; mais chaque page, chaque ligne même de sa traduction, et presque toutes les notes qu'il met discrètement à côté du texte, pour l'éclaircir et non pour faire parade d'une érudition qui lui coûte peu, nous apportent une preuve nouvelle qu'il avait sous les yeux la version et le commentaire de Casaubon.

Cette traduction et ce commentaire ne s'accordent pas toujours, et le commentaire donne souvent sur un même passage des conjectures diverses, et parfois contradictoires, entre lesquelles il y a lieu d'hésiter : la Bruyère adopte, après examen, celle qui lui paraît la plus vraisemblable; il est un endroit pourtant, où, dans l'embarras du choix, nous le voyons en rendre plusieurs à la fois [2], sans prévenir le lecteur qu'il allonge Théophraste. Ce n'est que par exception qu'il abandonne son guide habituel, pour aller chercher dans la traduction de Politien [3] ou dans celle de Furlanus [4] l'interprétation à laquelle il s'arrêtera; plus rarement encore, soit qu'il ne

1. Nous citerons du moins, parmi les traductions auxquelles la Bruyère, nous nous en sommes assuré, n'a fait aucun emprunt, une traduction italienne d'Ansaldo Ceba (Gênes, 1620), et une traduction anglaise que J. Healey publia en 1616, à Londres, dans l'ouvrage qui a pour titre : *Epictetus, Manuall; Cebes, Table; Theophrastus, Characters.*

2. Voyez ci-après, p. 69, note 6.

3. Θεοφράστου χαρακτῆρες, *cum interpretatione latina, Basileæ, in officina And. Cratandri*, 1631. Ange Politien était l'auteur de la traduction, comme le dit le titre de l'édition de Paris, de 1583.

4. La traduction de Furlanus fait partie de l'ouvrage qui a pour titre : *Theophrasti Eresii.... pleraque antehac latine nunquam, nunc*

sente pas la nécessité de recourir à l'une des traductions qu'il a près de lui, soit qu'il n'admette aucun des sens qu'elles contiennent, il lui arrive de traduire comme aucun interprète, autant du moins que nous avons pu nous en assurer[1], ne l'a fait avant lui[2].

Si, comme l'avait prévu la Bruyère, sa traduction fut peu lue des gens du monde, elle eut du moins pour elle l'approbation des savants : « La traduction des *Caractères* de Théophraste, a dit Ménage, est bien belle et bien françoise, et montre que son auteur entend parfaitement le grec. Je puis dire que j'y ai vu bien des choses que peut-être faute d'attention je n'avois pas vues dans le grec [3]. » Et ne croyez pas qu'il y ait là un trait de malice. Nous sommes convaincu que Ménage parle sérieusement et ne veut point faire d'allusion aux infidélités que peut contenir la version de la Bruyère. Personne, au dix-septième siècle, n'eût eu la pensée de les lui reprocher ; car elles sont loin d'excéder cette *honnête liberté* que l'on considérait alors comme un des droits du traducteur[4]. Le savant Huet, qui avait publié un excellent traité sur la manière de traduire les anciens[5], et Boileau lui-même, le rigoureux adversaire des mauvais interprètes, jugeaient, nous n'en doutons pas, le travail de la Bruyère comme l'avait fait Ménage.

Les traducteurs modernes, n'y trouvant pas la précision à laquelle nous sommes habitués, ont été beaucoup plus sévères[6]. Mais combien la traduction de la Bruyère, déjà mille fois préférable à la version de Bénévent, est encore supérieure à la

---

græce et latine simul edita, interpretibus Daniele Furlano Cretensi, Adriano Turnebo. Hanoviæ, 1605.

1. Quelques-unes des traductions latines publiées à l'étranger ont échappé à nos recherches ; mais il est peu vraisemblable que la Bruyère les ait consultées.
2. Voyez p. 47, note 4, p. 80, note 2, et p. 86, note 1.
3. *Ménagiana*, édition de 1715, tome IV, p. 219.
4. Voyez la *Préface* de la traduction du *Traité du Sublime*, par Boileau.
5. *De interpretatione libri duo*, Paris, 1661.
6. Voyez les *Caractères de Théophraste*, traduits par Coray, 1699, *Discours préliminaire*, p. LIV-LVII, et les mêmes *Caractères*, traduits par Stiévenart, 1842, p. 36.

plupart des traductions de ses contemporains, à celles, par exemple, de Perrot d'Ablancourt, de Maucroix, de Charpentier, de Tourreil! Si peu littérale qu'elle soit, elle reproduit fidèlement dans leur ensemble et tout l'ouvrage de Théophraste et chacun de ses portraits. La Bruyère paraphrase souvent le texte, mais c'est en général pour plus de clarté; s'il modifie tel trait, c'est dans la crainte de trop s'éloigner de nos usages[1]; s'il omet tel autre, c'est par un sentiment tout naturel de délicatesse[2]; enfin il n'est presque jamais inexact que lorsqu'une raison, plus ou moins plausible, l'invite et le décide à l'être. Il s'est en quelque sorte excusé, dans son *Discours sur Théophraste*[3], d'avoir étendu les définitions de l'auteur grec, pour les rendre plus intelligibles; et lorsqu'il exprime, dans le même discours, le regret que le public ne veuille pas se défaire de cette « prévention » pour ses coutumes et ses manières qui le prive de la connaissance de l'antiquité[4], nous pouvons être assurés qu'il blâme à la fois et le public dont il combat la prévention, et les traducteurs infidèles qui, pour lui plaire, habillent les auteurs à la mode du jour.

Veut-on savoir, au surplus, quelle disposition d'esprit la Bruyère conseille d'apporter à la lecture des anciens auteurs? « L'étude des textes ne peut jamais être assez recommandée, dit-il dans le chapitre *de Quelques usages* : c'est le chemin le plus court, le plus sûr et le plus agréable pour tout genre d'érudition. Ayez les choses de la première main, puisez à la source; maniez, remaniez le texte,... songez surtout à en pénétrer le sens dans toute son étendue et dans ses circonstances.... Les premiers commentateurs se sont trouvés dans le cas où je desire que vous soyez : n'empruntez leurs lumières et ne suivez leurs vues qu'où les vôtres seroient trop courtes.... Ayez le plaisir de voir que vous n'êtes arrêté dans la lecture que par les difficultés qui sont invincibles, où les commentateurs et les scoliastes eux-mêmes demeurent courts, si fertiles d'ailleurs, si abondants et si chargés d'une vaine et fastueuse

---

1. Voyez ci-dessous, p. 69, note 4.
2. Voyez p. 72, note 3.
3. Voyez p. 31.
4. Voyez p. 22.

érudition dans les endroits clairs et qui ne font de peine ni à eux ni aux autres.... »

Ces recommandations, où l'auteur, j'en conviens, se montre ingrat envers Casaubon, et que sans aucun doute il eût dû suivre lui-même plus strictement, sont en tous points excellentes. Bien que ce ne soit pas aux traducteurs que la Bruyère les adresse, elles contiennent les conseils qu'il leur eût certainement donnés, s'il se fût proposé de tracer des règles à leur usage : les traductions qu'il estime sont celles de M. et de Mme Dacier, et non celles de Perrot d'Ablancourt. Que l'on se reporte à l'épître dédicatoire des *Dialogues de Lucien*, traduits par d'Ablancourt; on y verra comment le trop élégant interprète considérait que l'infidélité, et l'infidélité poussée bien au delà de l'honnête liberté dont a parlé Boileau, est le premier devoir des traducteurs[1] : c'est l'honneur de la Bruyère que nous puissions opposer à cette profession de foi les lignes que nous venons de citer, ainsi que la protestation que renferme le *Discours sur Théophraste* contre le dédain du dix-septième siècle pour les livres et les mœurs de l'antiquité.

1. La première édition du *Lucien* de d'Ablancourt avait paru en 1654; une nouvelle fut publiée en 1687-1688, dans le temps même où la Bruyère donnait la première des *Caractères*. Le passage de la Bruyère que nous avons reproduit a été imprimé en 1691.

DISCOURS
SUR THÉOPHRASTE[1].

Je n'estime pas que l'homme soit capable de former dans son esprit un projet plus vain et plus chimérique, que de prétendre, en écrivant de quelque art ou de quelque science que ce soit, échapper à toute sorte de critique, et enlever les suffrages de tous ses lecteurs.

Car sans m'étendre sur la différence des esprits des hommes, aussi prodigieuse en eux que celle de leurs visages, qui fait goûter aux uns les choses de spéculation et aux autres celles de pratique, qui fait que quelques-uns cherchent dans les livres à exercer leur imagination, quelques autres à former leur jugement, qu'entre ceux qui lisent, ceux-ci aiment à être forcés par la démonstration, et ceux-là veulent entendre délicatement, ou former des raisonnements et des conjectures, je me renferme seulement dans cette science qui décrit les mœurs, qui examine les hommes, et qui développe leurs caractères, et j'ose dire que sur les ouvrages qui traitent de choses qui les touchent de si près, et où il ne s'agit que d'eux-mêmes, ils sont encore extrêmement difficiles à contenter.

Quelques savants ne goûtent que les apophthegmes des

---

1. Ce discours sert d'introduction à tout l'ouvrage de la Bruyère : aux *Caractères de Théophraste* et aux *Caractères ou mœurs de ce siècle*.

anciens et les exemples tirés des Romains, des Grecs, des Perses, des Égyptiens ; l'histoire du monde présent leur est insipide ; ils ne sont point touchés des hommes qui les environnent et avec qui ils vivent, et ne font nulle attention à leurs mœurs. Les femmes au contraire, les gens de la cour, et tous ceux qui n'ont que beaucoup d'esprit sans érudition, indifférents pour toutes les choses qui les ont précédés[1], sont avides de celles qui se passent à leurs yeux et qui sont comme sous leur main : ils les examinent, ils les discernent, ils ne perdent pas de vue les personnes qui les entourent, si charmés des descriptions et des peintures que l'on fait de leurs contemporains, de leurs concitoyens, de ceux enfin qui leur ressemblent et à qui ils ne croient pas ressembler, que jusque dans la chaire l'on se croit obligé souvent de suspendre l'Évangile pour les prendre par leur foible, et les ramener à leurs devoirs par des choses qui soient de leur goût et de leur portée[2].

1. Dans les dix premières éditions de la Bruyère le participe *précédé* est sans accord.
2. Allusion aux sermons de Bourdaloue, qui s'était « mis à dépeindre les gens, » suivant l'expression de Mme de Sévigné (lettre du 25 décembre 1671, tome II, p. 448), et surtout à ceux de ses imitateurs. « Pour aller droit à la réformation des mœurs, dit l'abbé d'Olivet, le P. Bourdaloue commençoit toujours par établir sur des principes bien liés et bien déduits une proposition morale ; et après, de peur que l'auditeur ne se fît point l'application de ces principes, il la faisoit lui-même par un détail merveilleux où la vie des hommes étoit peinte au naturel. Or ce détail étant ce qu'il y avoit de plus neuf, et ce qui, par conséquent, frappa d'abord le plus dans le P. Bourdaloue, ce fut aussi ce que les jeunes prédicateurs tâchèrent le plus d'imiter : on ne vit que portraits, que caractères dans leurs sermons. » (*Histoire de l'Académie françoise*, édition L. Livet, tome II, p. 321.) Voyez, dans l'article que M. Sainte-Beuve lui a consacré, de quelle manière et dans quelle mesure Bourdaloue « suspendoit l'Évangile pour prendre » ses auditeurs « par leur foible. » (*Causeries du lundi*, tome IX, p. 226 et suivantes.)

La cour ou ne connoît pas la ville, ou par le mépris qu'elle a pour elle néglige d'en relever le ridicule, et n'est point frappée des images qu'il peut fournir; et si au contraire l'on peint la cour, comme c'est toujours avec les ménagements qui lui sont dus, la ville ne tire pas de cette ébauche de quoi remplir sa curiosité, et se faire une juste idée d'un pays où il faut même avoir vécu pour le connoître.

D'autre part, il est naturel aux hommes de ne point convenir de la beauté ou de la délicatesse d'un trait de morale qui les peint, qui les désigne, et où ils se reconnoissent eux-mêmes : ils se tirent d'embarras en le condamnant; et tels n'approuvent la satire, que lorsque commençant à lâcher prise et à s'éloigner de leurs personnes, elle va mordre quelque autre.

Enfin quelle apparence de pouvoir remplir tous les goûts si différents des hommes par un seul ouvrage de morale? Les uns cherchent des définitions, des divisions, des tables, et de la méthode : ils veulent qu'on leur explique ce que c'est que la vertu en général, et cette vertu en particulier; quelle différence se trouve entre la valeur, la force et la magnanimité; les vices extrêmes par le défaut ou par l'excès entre lesquels chaque vertu se trouve placée, et duquel de ces deux extrêmes elle emprunte davantage[1] : toute autre doctrine ne leur plaît pas. Les autres, contents que l'on réduise les mœurs aux passions et que l'on explique celles-ci par le mouvement

---

1. Ainsi procède Aristote dans ses *Éthiques*, c'est-à-dire dans la *Morale à Eudème*, la *grande Morale*, et quelques passages de la *Morale à Nicomaque;* mais la pensée de la Bruyère ne remonte sans doute pas aussi haut. Selon toute vraisemblance, il a en vue le *Tableau des passions humaines* de Coëffeteau (1615), *l'Usage des passions* du P. Senault (1641), et la *Morale* de René Bary (1663), ouvrages dans lesquels est suivie la méthode qu'il indique.

du sang, par celui des fibres et des artères[1], quittent un auteur de tout le reste.

Il s'en trouve d'un troisième ordre, qui persuadés que toute doctrine des mœurs doit tendre à les réformer, à discerner les bonnes d'avec les mauvaises, et à démêler dans les hommes ce qu'il y a de vain, de foible et de ridicule, d'avec ce qu'ils peuvent avoir de bon, de sain et de louable, se plaisent infiniment dans la lecture des livres qui supposant les principes physiques et moraux rebattus par les anciens et les modernes, se jettent d'abord dans leur application aux mœurs du temps, corrigent les hommes les uns par les autres, par ces images de choses qui leur sont si familières, et dont néanmoins ils ne s'avisoient pas de tirer leur instruction.

Tel est le traité des *Caractères des mœurs*[2] que nous a laissé Théophraste. Il l'a puisé dans les *Éthiques* et dans les *grandes Morales* d'Aristote[3], dont il fut le disciple. Les excellentes définitions que l'on lit au commencement de chaque chapitre sont établies sur les idées et sur les principes de ce grand philosophe, et le fond des caractères qui y sont décrits est pris[4] de la même source. Il est vrai qu'il se les rend propres par l'étendue qu'il leur

---

1. Allusion aux *Charactères des Passions* de Martin Cureau de la Chambre, qui, publiés de 1640 à 1662, avaient obtenu le plus grand succès, et surtout aux *Passions de l'âme* de Descartes (1649).

2. Le titre de Théophraste est, comme nous l'avons dit ci-dessus, ἠθικοὶ χαρακτῆρες, *caractères moraux*.

3. VAR. (édit. 1-7) : dans les *Éthiques* et les *grandes Morales* d'Aristote. — Par le mot *Éthiques*, la Bruyère désigne sans doute à la fois la *Morale à Nicomaque* et la *Morale à Eudème*. Le pluriel ἠθικά, *éthiques*, se trouve dans le titre de chacun des trois traités de morale contenus dans les *OEuvres* d'Aristote.

4. Soit faute d'impression, soit inadvertance de l'auteur, on lit dans les quatre premières éditions : « et le fond des caractères qui y sont décrits sont pris.... »

donne, et par la satire ingénieuse qu'il en tire contre les vices des Grecs, et surtout des Athéniens.

Ce livre ne peut guère passer que pour le commencement d'un plus long ouvrage que Théophraste avoit entrepris. Le projet de ce philosophe, comme vous le remarquerez dans sa préface, étoit de traiter de toutes les vertus et de tous les vices; et comme il assure lui-même dans cet endroit qu'il commence un si grand dessein à l'âge de quatre-vingt-dix-neuf ans, il y a apparence qu'une prompte mort l'empêcha de le conduire à sa perfection. J'avoue que l'opinion commune a toujours été qu'il avoit poussé sa vie au delà de cent ans, et saint Jérôme, dans une lettre qu'il écrit à Népotien, assure qu'il est mort à cent sept ans accomplis[1] : de sorte que je ne doute point qu'il n'y ait eu une ancienne erreur, ou dans les chiffres grecs qui ont servi de règle à Diogène Laërce[2], qui ne le fait vivre que quatre-vingt-quinze années, ou dans les premiers manuscrits qui ont été faits

1. « Quum, expletis centum et septem annis, se mori cerneret. » (*Sancti Hieronymi Epistolæ selectæ*, lib. II, ep. xii.) — Ce passage de saint Jérôme est cité dans le commentaire de Casaubon sur la préface grecque des *Caractères* de Théophraste, et dans celui de Ménage sur Diogène Laërce, publié à Londres en 1664.

2. Diogène Laërce, ou, comme d'autres le nomment, de Laërte, fait mourir Théophraste à quatre-vingt-cinq ans, et non à quatre-vingt-quinze, comme le dit la Bruyère. Voyez les *Vies des philosophes illustres*, livre V, chapitre ii. — Casaubon, qui avait proposé dans la première édition de son commentaire de modifier le texte de Théophraste, a été d'avis, dans la seconde et dans les suivantes, qu'il fallait corriger celui de Diogène. Stiévenart a suivi ce dernier sentiment. Schweighæuser, au contraire, accepte la leçon de Diogène, ainsi que l'a fait Corsini dans les *Fastes attiques*. La confusion de chiffres dont nous parle la Bruyère consisterait, d'après Casaubon (qui fait dire à Diogène ἑδδομήκοντα, 70, et non ὀγδοήκοντα, 80), à avoir lu oθ' (79), au lieu de ρζ' (107) ou ρθ' (109). — Au reste, l'authenticité du préambule de Théophraste a été mise en doute par plusieurs critiques.

de cet historien, s'il est vrai d'ailleurs que les quatre-vingt-dix-neuf ans que cet auteur se donne dans cette préface se lisent également dans quatre manuscrits de la bibliothèque Palatine[1], où l'on a aussi trouvé les cinq derniers chapitres des *Caractères* de Théophraste qui manquoient aux anciennes impressions, et où l'on a vu deux titres, l'un : *du Goût qu'on a pour les vicieux*, et l'autre : *du Gain sordide*, qui sont seuls et dénués de leurs chapitres[2].

Ainsi cet ouvrage n'est peut-être même qu'un simple fragment, mais cependant un reste précieux de l'antiquité, et un monument de la vivacité de l'esprit et du jugement ferme et solide de ce philosophe dans un âge si avancé. En effet, il a toujours été lu comme un chef-d'œuvre dans son genre : il ne se voit rien où le goût attique se fasse mieux remarquer et où l'élégance grecque éclate davantage ; on l'a appelé un livre d'or. Les savants, faisant attention à la diversité des mœurs qui y sont traitées et à la manière naïve dont tous les caractères y sont exprimés, et la comparant d'ailleurs avec celle du

1. Le doute qu'exprime ici la Bruyère n'a pas été confirmé par l'examen des manuscrits. Les quatre-vingt-dix-neuf ans que se donne Théophraste se lisent dans les quatre manuscrits de la bibliothèque Palatine d'Heidelberg, comme dans tous les autres manuscrits de Théophraste.

2. Au lieu de : « où l'on a aussi trouvé, » et « où l'on a vu, » on lit dans les trois premières éditions : « C'est là que l'on a trouvé les cinq derniers chapitres .... et que l'on a vu deux titres, » etc. Le mot *là* dans la première rédaction et le mot *où* dans la seconde se rapportent à la bibliothèque de l'électeur palatin, et non aux quatre manuscrits de cette bibliothèque. Ce n'est pas, en effet, dans les quatre manuscrits, mais seulement dans l'un d'eux qu'ont été trouvés les cinq chapitres dont il s'agit. Ils ont été publiés pour la première fois dans la seconde édition de Casaubon (1599). Quant aux deux chapitres dont la Bruyère n'a connu que les titres, ils ont été découverts en 1742 dans un manuscrit du Vatican, et publiés pour la première fois à Parme en 1786.

poëte Ménandre, disciple de Théophraste[1], et qui servit ensuite de modèle à Térence, qu'on a dans nos jours si heureusement imité[2], ne peuvent s'empêcher de reconnoître dans ce petit ouvrage la première source de tout le comique : je dis de celui qui est épuré des pointes, des obscénités, des équivoques, qui est pris dans la nature, qui fait rire les sages et les vertueux.

Mais peut-être que pour relever le mérite de ce traité des *Caractères* et en inspirer la lecture, il ne sera pas inutile de dire quelque chose de celui de leur auteur. Il étoit d'Érèse, ville de Lesbos, fils d'un foulon ; il eut pour premier maître dans son pays un certain Leucippe[3], qui étoit de la même ville que lui[4] ; de là il passa à l'école de Platon, et s'arrêta ensuite à celle d'Aristote, où il se distingua entre tous ses disciples. Ce nouveau maître, charmé de la facilité de son esprit et de la douceur de son élocution, lui changea son nom, qui étoit Tyrtame, en celui d'Euphraste, qui signifie celui qui parle bien ; et ce nom ne répondant point assez à la haute estime qu'il avoit de la beauté de son génie et de ses expressions, il l'appela Théophraste, c'est-à-dire un homme dont le langage est divin[5]. Et il semble que Cicéron ait entré dans les sentiments de ce philosophe, lorsque dans le livre qu'il intitule *Brutus* ou *des Orateurs illustres*, il parle ainsi : « Qui est plus fécond et plus abondant que

---

1. Διδάσκαλος Μενάνδρου τοῦ κωμικοῦ. (Diogène Laërce, *Vies des philosophes*, livre V, chapitre II.)

2. Voyez ci-après le chapitre *des Ouvrages de l'esprit*, n° 38.

3. Un autre que Leucippe, philosophe célèbre et disciple de Zénon. (*Note de la Bruyère.*)

4. Var. (édit. 1-4) : de même ville que lui.

5. Diogène Laërce dit simplement qu'Aristote changea le nom de *Tyrtame* en celui de *Théophraste*. C'est Suidas, cité par Ménage, qui nous apprend qu'il avait commencé par donner à son éloquent disciple le nom moins hyperbolique d'*Euphraste*.

Platon? plus solide et plus ferme qu'Aristote? plus agréable et plus doux que Théophraste[1]? » Et dans quelques-unes de ses épîtres à Atticus[2], on voit que parlant du même Théophraste, il l'appelle son ami, que la lecture de ses livres lui étoit familière, et qu'il en faisoit ses délices.

Aristote disoit de lui et de Callisthène[3], un autre de ses disciples, ce que Platon avoit dit la première fois d'Aristote même et de Xénocrate : que Callisthène étoit lent à concevoir et avoit l'esprit tardif, et que Théophraste au contraire l'avoit si vif, si perçant, si pénétrant, qu'il comprenoit d'abord d'une chose tout ce qui en pouvoit être connu ; que l'un avoit besoin d'éperon pour être excité, et qu'il falloit à l'autre un frein pour le retenir.

Il estimoit en celui-ci sur toutes choses un caractère de douceur qui régnoit également dans ses mœurs et dans son style. L'on raconte que les disciples d'Aristote, voyant leur maître avancé en âge et d'une santé fort affoiblie, le prièrent de leur nommer son successeur; que comme il avoit deux hommes dans son école sur qui seuls ce choix pouvoit tomber, Ménédème[4] le Rhodien,

---

1. « Quis uberior in dicendo Platone? Quis Aristotele nervosior? « Theophrasto dulcior? » (*Brutus seu de Claris oratoribus*, cap. xxxi.)

2. Le nom de Théophraste revient assez souvent dans les divers ouvrages de Cicéron. C'est dans la lettre xvi du livre II des *Lettres à Atticus* qu'il l'appelle son ami : « Cum Theophrasto, amico meo. » Il le mentionne encore dans la iiie lettre du même livre, et dans la ixe il parle de lui comme d'un auteur chez qui il trouve d'utiles enseignements. — Ce que la Bruyère dit à la fin de l'alinéa, il l'a tiré de Plutarque, et l'a pu voir dans les *Prolégomènes* de Casaubon *sur les Caractères*, où nous lisons ce qui suit : « Videtur M. Tullius Theo- « phrasti scriptis unice capi delectarique solitus, et, ut auctor est Plu- « tarchus in *Cicerone*, cap. xxxii [xxiv], delicias suas eum appelli- « tare. » (Casaubon, *Prolegomena ad Theophrasti Characteres*.)

3. *Calistene*, dans toutes les éditions du dix-septième siècle.

4. Il y en a eu deux autres du même nom (9e édition : *de même nom*), l'un philosophe cynique, l'autre disciple de Platon. (*Note de la*

et Théophraste d'Érèse, par un esprit de ménagement pour celui qu'il vouloit exclure, il se déclara de cette manière : il feignit, peu de temps après que ses disciples lui eurent fait cette prière et en leur présence, que le vin dont il faisoit un usage ordinaire lui étoit nuisible ; il se fit apporter des vins de Rhodes et de Lesbos ; il goûta de tous les deux, dit qu'ils ne démentoient point leur terroir, et que chacun dans son genre étoit excellent ; que le premier avoit de la force, mais que celui de Lesbos avoit plus de douceur et qu'il lui donnoit la préférence. Quoi qu'il en soit de ce fait, qu'on lit dans Aulu-Gelle, il est certain que lorsqu'Aristote, accusé par Eurymédon[1], prêtre de Cérès, d'avoir mal parlé des Dieux, craignant le destin de Socrate, voulut sortir d'Athènes et se retirer à Chalcis, ville d'Eubée, il abandonna son école au Lesbien, lui confia ses écrits à condition de les tenir secrets ; et c'est par Théophraste que sont venus jusques à nous les ouvrages de ce grand homme.

Son nom devint si célèbre par toute la Grèce que successeur d'Aristote, il put compter bientôt dans l'école qu'il lui avoit laissée jusques à deux mille disciples. Il excita l'envie de Sophocle[2], fils d'Amphiclide, et qui

---

Bruyère.) — Les *Vies des philosophes* de Diogène Laërce contiennent la biographie du Ménédème qui fut disciple de Platon et fonda l'école d'Érétrie (livre II, chapitre XVII), et c'est dans le même ouvrage (livre VI, chapitre IX) que la Bruyère a pu trouver la mention d'un autre Ménédème, nommé parmi les cyniques. Mais, dans l'anecdote que la Bruyère a empruntée à Aulu-Gelle (*Noctes atticæ*, livre XIII, chapitre V), il faut effacer le nom de Ménédème et le remplacer par celui d'Eudème. Cette rectification était déjà proposée depuis longtemps, lorsque la Bruyère écrivait la vie de Théophraste ; elle est admise aujourd'hui par tous les critiques. Eudème le Rhodien a commenté plusieurs ouvrages d'Aristote.

1. *Eurimedon*, et trois lignes plus loin *Calcis*, dans les éditions du dix-septième siècle.

2. Un autre que le poëte tragique. (*Note de la Bruyère.*) — Athé-

pour lors étoit préteur : celui-ci, en effet son ennemi, mais sous prétexte d'une exacte police et d'empêcher les assemblées, fit une loi qui défendoit, sur peine de la vie, à aucun philosophe d'enseigner dans les écoles. Ils obéirent ; mais l'année suivante, Philon ayant succédé à Sophocle, qui étoit sorti de charge, le peuple d'Athènes abrogea cette loi odieuse que ce dernier avoit faite, le condamna à une amende de cinq talents, rétablit Théophraste et le reste des philosophes.

Plus heureux qu'Aristote, qui avoit été contraint de céder à Eurymédon, il fut sur le point de voir un certain Agnonide puni comme impie par les Athéniens, seulement à cause qu'il avoit osé l'accuser d'impiété : tant étoit grande l'affection que ce peuple avoit pour lui, et qu'il méritoit par sa vertu.

En effet on lui rend ce témoignage qu'il avoit une singulière prudence, qu'il étoit zélé pour le bien public, laborieux, officieux, affable, bienfaisant. Ainsi, au rapport de Plutarque[1], lorsqu'Érèse fut accablée de tyrans qui avoient usurpé la domination de leur pays, il se joignit à Phidias[2], son compatriote, contribua avec lui de ses biens pour armer les bannis, qui rentrèrent dans leur ville, en chassèrent les traîtres, et rendirent à toute l'île de Lesbos sa liberté.

Tant de rares qualités ne lui acquirent pas seulement la bienveillance du peuple, mais encore l'estime et la

née (livre XIII, chapitre ix), cité par Ménage dans son commentaire sur Diogène Laërce, dit que ce Sophocle chassa de l'Attique tous les philosophes.

1. Voyez le traité de Plutarque qui a pour titre : « Qu'on ne peut vivre agréablement en suivant la doctrine d'Épicure, » chapitre xv ; et celui qui est dirigé « Contre l'épicurien Colotès, » chapitre xxxiii.

2. Un autre que le fameux sculpteur. (*Note de la Bruyère.*) — Dans les éditions du dix-septième siècle : *Phydias*. Le nom grec est Φειδίας.

DISCOURS SUR THÉOPHRASTE.

familiarité des rois. Il fut ami de Cassandre, qui avoit succédé à Aridée, frère d'Alexandre le Grand, au royaume de Macédoine ; et Ptolomée, fils de Lagus et premier roi d'Égypte, entretint toujours un commerce étroit avec ce philosophe. Il mourut enfin accablé d'années et de fatigues, et il cessa tout à la fois de travailler et de vivre. Toute la Grèce le pleura, et tout le peuple athénien assista à ses funérailles.

L'on raconte de lui que dans son extrême vieillesse, ne pouvant plus marcher à pied, il se faisoit porter en litière par la ville, où il étoit vu du peuple, à qui il étoit si cher. L'on dit aussi que ses disciples, qui entouroient son lit lorsqu'il mourut, lui ayant demandé s'il n'avoit rien à leur recommander, il leur tint ce discours[1] : « La vie nous séduit, elle nous promet de grands plaisirs dans la possession de la gloire; mais à peine commence-t-on à vivre qu'il faut mourir. Il n'y a souvent rien de plus stérile que l'amour de la réputation. Cependant, mes disciples, contentez-vous : si vous négligez l'estime des hommes, vous vous épargnez à vous-mêmes de grands travaux; s'ils ne rebutent point votre courage, il peut arriver que la gloire sera votre récompense. Souvenez-vous seulement qu'il y a dans la vie beaucoup de choses inutiles, et qu'il y en a peu qui mènent à une fin solide. Ce n'est point à moi à délibérer sur le parti que je dois prendre, il n'est plus temps : pour vous, qui avez à me survivre, vous ne sauriez peser trop mûrement ce que vous devez faire. » Et ce furent là ses dernières paroles.

Cicéron, dans le troisième livre des *Tusculanes*[2], dit

---

1. Ce discours est rapporté par Diogène Laërce (livre V, chapitre II). La Bruyère, sans s'attacher au mot à mot, en a rendu le sens avec une élégante fidélité.

2. Au chapitre xxviii. — « Theophrastus.... moriens accusasse « naturam dicitur quod cervis et cornicibus vitam diuturnam, quorum

que Théophraste mourant se plaignit de la nature, de ce qu'elle avoit accordé aux cerfs et aux corneilles une vie si longue et qui leur est si inutile, lorsqu'elle n'avoit donné aux hommes qu'une vie très-courte, bien qu'il leur importe si fort de vivre longtemps ; que si l'âge des hommes eût pu s'étendre à un plus grand nombre d'années, il seroit arrivé que leur vie auroit été cultivée par une doctrine universelle, et qu'il n'y auroit eu dans le monde ni art ni science qui n'eût atteint sa perfection. Et saint Jérôme, dans l'endroit déjà cité[1], assure que Théophraste, à l'âge de cent sept ans, frappé de la maladie dont il mourut, regretta de sortir de la vie dans un temps où il ne faisoit que commencer à être sage.

Il avoit coutume de dire qu'il ne faut pas aimer ses amis pour les éprouver, mais les éprouver pour les aimer ; que les amis doivent être communs entre les frères, comme tout est commun entre les amis ; que l'on devoit plutôt se fier à un cheval sans frein qu'à celui qui parle sans jugement ; que la plus forte dépense que l'on puisse faire est celle du temps. Il dit un jour à un homme qui se taisoit à table dans un festin : « Si tu es un habile homme, tu as tort de ne pas parler ; mais s'il n'est pas ainsi, tu en sais beaucoup. » Voilà quelques-unes de ses maximes[2].

« id nihil interesset ; hominibus, quorum maxime interfuisset, tam
« exiguam vitam dedisset, quorum si ætas potuisset esse longinquior,
« futurum fuisse ut, omnibus perfectis artibus, omni doctrina homi-
« num vita erudiretur. » Sénèque, au commencement de son traité *de la Brièveté de la vie*, attribue ces paroles, ou du moins une plainte semblable, à Aristote.

1. Voyez ci-dessus, p. 13, note 1. — « Dixisse fertur se dolere
« quod tum egrederetur e vita, quando sapere cœpisset. » — Ce passage, ainsi que le précédent tiré de Cicéron, est cité dans le commentaire de Ménage.

2. On lit dans Stobée un bien plus grand nombre de mots et de maximes de Théophraste. Ceux que rapporte ici la Bruyère sont tirés de Diogène Laërce (livre V, chapitre II), à l'exception des deux

Mais si nous parlons de ses ouvrages, ils sont infinis, et nous n'apprenons pas que nul ancien ait plus écrit que Théophraste. Diogène Laërce fait l'énumération de plus de deux cents traités différents, et sur toutes sortes de sujets, qu'il a composés. La plus grande partie s'est perdue par le malheur des temps, et l'autre se réduit à vingt traités, qui sont recueillis dans le volume de ses œuvres[1]. L'on y voit neuf livres de l'histoire des plantes, six livres de leurs causes. Il a écrit des vents, du feu, des pierres, du miel, des signes du beau temps, des signes de la pluie, des signes de la tempête[2], des odeurs, de la sueur, du vertige, de la lassitude, du relâchement des nerfs, de la défaillance, des poissons qui vivent hors de l'eau, des animaux qui changent de couleur, des animaux qui naissent subitement, des animaux sujets à l'envie, des caractères des mœurs. Voilà ce qui nous reste de ses écrits, entre lesquels ce dernier seul, dont on donne la traduction, peut répondre non-seulement de la beauté de ceux que l'on vient de déduire, mais encore du mérite d'un nombre infini d'autres qui ne sont point venus jusques à nous.

premiers, sur les amis, et sur les frères, qui sont rapportés par Plutarque dans le traité *de l'Amour fraternel* (chapitres VIII et XX).

1. Les vingt traités que la Bruyère mentionne ici comme parvenus jusqu'à nous ne sont, à l'exception des deux premiers, sur les plantes, et peut-être du troisième, sur les vents, que des extraits et des fragments. Voyez les tomes I et IV de l'édition complète de Théophraste publiée par Schneider en 1818, où se trouvent deux opuscules et deux fragments de plus que dans l'énumération de la Bruyère. Il faut, au reste, remarquer qu'après avoir parlé des deux ouvrages sur les plantes, il se sert d'une expression qui peut aussi bien convenir à des fragments et extraits qu'à des traités entiers : « Il a écrit des vents, etc. »

2. Le traité des signes du temps, qui paraît ici se diviser en trois opuscules, n'en forme qu'un, ou plutôt ne forme qu'un seul extrait, partagé en quatre chapitres, dans l'édition de Schneider.

Que si quelques-uns se refroidissoient pour cet ouvrage moral par les choses qu'ils y voient, qui sont du temps auquel il a été écrit, et qui ne sont point selon leurs mœurs, que peuvent-ils faire de plus utile et de plus agréable pour eux que de se défaire de cette prévention pour leurs coutumes et leurs manières, qui, sans autre discussion, non-seulement les leur fait trouver les meilleures de toutes, mais leur fait presque décider que tout ce qui n'y est pas conforme est méprisable, et qui les prive[1], dans la lecture des livres des anciens, du plaisir et de l'instruction qu'ils en doivent attendre?

Nous, qui sommes si modernes, serons anciens dans quelques siècles. Alors l'histoire du nôtre fera goûter à la postérité la vénalité des charges, c'est-à-dire le pouvoir de protéger l'innocence, de punir le crime, et de faire justice à tout le monde, acheté à deniers comptants comme une métairie; la splendeur des partisans, gens si méprisés chez les Hébreux et chez les Grecs. L'on entendra parler d'une capitale d'un grand royaume où il n'y avoit ni places publiques, ni bains, ni fontaines, ni amphithéâtres, ni galeries, ni portiques, ni promenoirs, qui étoit pourtant une ville merveilleuse. L'on dira que tout le cours de la vie s'y passoit presque à sortir de sa maison pour aller se renfermer dans celle d'un autre[2]; que d'honnêtes femmes, qui n'étoient ni marchandes ni hôtelières, avoient leurs maisons ouvertes à ceux qui payoient pour y entrer; que l'on avoit à choisir des dés[3], des cartes et de tous les jeux; que l'on mangeoit dans ces maisons, et qu'elles étoient commodes à tout commerce[4].

1. Var. (édit. 1) : et les prive.
2. Var. (édit. 1 et 2) : dans celle d'une autre.
3. Var. (édit. 1) : du dé.
4. Ces « honnêtes femmes » dont les maisons étaient « ouvertes à ceux qui payoient pour y entrer » ne doivent pas être confondues, ce

DISCOURS SUR THÉOPHRASTE. 23

L'on saura que le peuple ne paroissoit dans la ville que pour y passer avec précipitation : nul entretien, nulle

nous semble, avec les femmes qui, suivant une note de Boileau, « donnoient à souper aux joueurs qu'elles recevoient, de peur de ne plus les revoir s'ils sortoient de leur maison. » C'est à ces dernières qu'il est fait allusion dans la *Satire sur les femmes* (vers 673-676) :

> T'ai-je encore décrit la dame brelandière
> Qui des joueurs chez soi se fait cabaretière,
> Et souffre des affronts que ne souffriroit pas
> L'hôtesse d'une auberge à dix sols par repas?

Chez les femmes dont il s'agit dans la satire de Boileau, les joueurs, sans aucun doute, remboursaient le prix de leur souper ; mais ce n'est point là, selon nous, ce que la Bruyère entend par ces mots : *payer pour entrer*. Il était d'usage, au dix-septième et au dix-huitième siècle, que les joueurs laissassent quelque argent sur les tables de jeu pour payer *les cartes* : à cet usage il n'était pas admis d'exception, et chez le roi Louis XIV comme chez le moindre bourgeois, l'on abandonnait une part de son gain pour le prix des cartes ; c'est de cette habitude, selon toute vraisemblance, que veut parler la Bruyère. L'un de ses imitateurs, l'avocat Brillon, fait certainement allusion au même usage dans celui de ses caractères où il nous montre *Arténice* établissant dans sa maison « un brelan continuel, » et jouissant, en dehors des gains du jeu, du *revenant-bon des cartes*. « Ce profit, ajoute-t-il, ne devroit pas faire le revenu d'une duchesse; s'il est le principal, il n'est pas certainement le plus noble. » (*Théophraste moderne ou nouveaux caractères des mœurs*, p. 631, édition de 1701.) Ce profit, comme on le voit, enrichissait parfois les « honnêtes femmes » qui donnaient à jouer. Dans une comédie de Baron, antérieure de quelques années à la publication des *Caractères*, une femme de chambre reproche à sa maîtresse, qui est marquise, de donner à jouer la nuit et le jour, et d'exiger de ses domestiques un service fatigant : « Encore, ajoute-t-elle, dans le temps qu'on leur laissoit le profit des cartes, passe! Il est vrai que l'on fournissoit la bougie, le foin, l'avoine et la paille [*]; mais baste! on ne laissoit pas que de s'y sauver encore. Mais je ne sais quel mauvais exemple vous suivez aujourd'hui [**], et tout à fait

---

[*] La bougie pour les joueurs; le foin, l'avoine, etc., pour leurs chevaux, que l'on détalait pendant les séances de jeu.

[**] Voyez toutefois dans les *Historiettes* de Tallemant des Réaux (tome VI, p. 361, in-8°, 3ᵉ édition) un passage qui semble démontrer que depuis longtemps déjà les plus riches personnages retenaient pour eux-mêmes l'argent des cartes.

familiarité; que tout y étoit farouche et comme alarmé par le bruit des chars qu'il falloit éviter, et qui s'abandonnoient au milieu des rues, comme on fait dans une lice pour remporter le prix de la course. L'on apprendra sans étonnement qu'en pleine paix et dans une tranquillité publique, des citoyens entroient dans les temples, alloient voir des femmes, ou visitoient leurs amis avec des armes offensives, et qu'il n'y avoit presque personne qui n'eût à son côté de quoi pouvoir d'un seul coup en tuer un autre. Ou si ceux qui viendront après nous, rebutés par des mœurs si étranges et si différentes des leurs, se dégoûtent par là de nos mémoires, de nos poésies, de notre comique et de nos satires, pouvons-nous ne les pas plaindre par avance de se priver eux-mêmes, par cette fausse délicatesse, de la lecture de si beaux ouvrages, si travaillés, si réguliers, et de la connoissance du plus beau règne dont jamais l'histoire ait été embellie?

Ayons donc pour les livres des anciens cette même indulgence que nous espérons nous-mêmes de la postérité, persuadés que les hommes n'ont point d'usages ni de coutumes qui soient de tous les siècles, qu'elles changent avec les temps, que nous sommes trop éloignés de celles qui ont passé, et trop proches de celles qui règnent encore, pour être dans la distance qu'il faut pour faire

indigne d'une personne de qualité comme vous : vous ne nous en laissez pas la moindre.... — Ah! du Laurier! s'écrie la marquise, voici donc l'enclouure! Si tu ne nous avois point parlé des cartes, ta morale auroit pu faire quelque effet! » (*Le Coquet trompé*, acte I, scène III.) Au palais de Versailles du moins, un grand nombre des gens de service se partageaient « les profits du jeu, » c'est-à-dire « ce que donnoient les personnes qui jouoient.... dans les chambres et cabinets du Roi » (*État de la France* de 1687, tome I, p. 310), et la longue énumération des copartageants prouve que ces profits devaient être considérables; voyez d'ailleurs sur ce point les *Mémoires* de Gourville, collection Petitot, tome LII, p. 334, et Dussaulx, *de la Passion du jeu*, Paris, 1779, 1re partie, p. 79, et 2e partie, p. 45.

des unes et des autres un juste discernement. Alors ni ce que nous appelons la politesse de nos mœurs, ni la bienséance de nos coutumes, ni notre faste, ni notre magnificence ne nous préviendront pas davantage contre la vie simple des Athéniens que contre celle des premiers hommes, grands par eux-mêmes, et indépendamment de mille choses extérieures qui ont été depuis inventées pour suppléer peut-être à cette véritable grandeur qui n'est plus.

La nature se montroit en eux dans toute sa pureté et sa dignité, et n'étoit point encore souillée par la vanité, par le luxe, et par la sotte ambition. Un homme n'étoit honoré sur la terre qu'à cause de sa force ou de sa vertu ; il n'étoit point riche par des charges ou des pensions, mais par son champ, par ses troupeaux, par ses enfants et ses serviteurs ; sa nourriture étoit saine et naturelle, les fruits de la terre, le lait de ses animaux et de ses brebis ; ses vêtements simples et uniformes, leurs laines, leurs toisons ; ses plaisirs innocents, une grande récolte, le mariage de ses enfants, l'union avec ses voisins, la paix dans sa famille. Rien n'est plus opposé à nos mœurs que toutes ces choses ; mais l'éloignement des temps nous les fait goûter, ainsi que la distance des lieux nous fait recevoir tout ce que les diverses relations ou les livres de voyages nous apprennent des pays lointains et des nations étrangères.

Ils racontent une religion, une police, une manière de se nourrir, de s'habiller, de bâtir et de faire la guerre, qu'on ne savoit point, des mœurs que l'on ignoroit. Celles qui approchent des nôtres nous touchent, celles qui s'en éloignent nous étonnent ; mais toutes nous amusent. Moins rebutés par la barbarie des manières et des coutumes de peuples si éloignés, qu'instruits et même réjouis par leur nouveauté, il nous suffit que ceux dont il s'agit soient Siamois, Chinois, Nègres ou Abyssins.

Or ceux dont Théophraste nous peint les mœurs dans ses *Caractères* étoient Athéniens, et nous sommes François; et si nous joignons à la diversité des lieux et du climat le long intervalle des temps, et que nous considérions que ce livre a pu être écrit la dernière année de la cxv^e olympiade, trois cent quatorze ans avant l'ère chrétienne[1], et qu'ainsi il y a deux mille ans accomplis que vivoit ce peuple d'Athènes dont il fait la peinture, nous admirerons de nous y reconnoître nous-mêmes, nos amis, nos ennemis, ceux avec qui nous vivons, et que cette ressemblance avec des hommes séparés par tant de siècles soit si entière. En effet, les hommes n'ont point changé selon le cœur et selon les passions; ils sont encore tels qu'ils étoient alors et qu'ils sont marqués dans Théophraste : vains, dissimulés, flatteurs, intéressés, effrontés, importuns, défiants, médisants, querelleux[2], superstitieux.

Il est vrai, Athènes étoit libre; c'étoit le centre d'une république; ses citoyens étoient égaux; ils ne rougissoient point l'un de l'autre; ils marchoient presque seuls et à pied dans une ville propre, paisible et spacieuse, entroient dans les boutiques et dans les marchés, achetoient eux-mêmes les choses nécessaires; l'émulation d'une cour ne les faisoit point sortir d'une vie commune; ils réservoient leurs esclaves pour les bains, pour les repas[3], pour le service intérieur des maisons, pour les voyages; ils passoient une partie de leur vie dans les

---

1. Il y a là une inadvertance de l'auteur ou une faute d'impression. L'an 314 avant J. C. répond à la dernière année, non de la cxv^e, mais de la cxvi^e olympiade, ou, plus exactement encore, aux années 3 et 4 de cette dernière, à la seconde moitié de l'une et à la première de l'autre. — Voyez ci-après, p. 33, note 2.
2. Voyez le *Lexique*.
3. Var. (édit. 1-3) : pour les bains, les repas.

places, dans les temples, aux amphithéâtres, sur un port, sous des portiques, et au milieu d'une ville dont ils étoient également les maîtres. Là le peuple s'assembloit pour délibérer[1] des affaires publiques ; ici il s'entretenoit avec les étrangers ; ailleurs les philosophes tantôt enseignoient leur doctrine, tantôt conféroient avec leurs disciples. Ces lieux étoient tout à la fois la scène des plaisirs et des affaires. Il y avoit dans ces mœurs quelque chose de simple et de populaire, et qui ressemble peu aux nôtres, je l'avoue; mais cependant quels hommes en général que les Athéniens, et quelle ville qu'Athènes! quelles lois! quelle police! quelle valeur! quelle discipline! quelle perfection dans toutes les sciences et dans tous les arts! mais quelle politesse dans le commerce ordinaire et dans le langage! Théophraste, le même Théophraste dont l'on vient de dire de si grandes choses, ce parleur agréable, cet homme qui s'exprimoit divinement, fut reconnu étranger et appelé de ce nom par une simple femme de qui il achetoit des herbes au marché, et qui reconnut, par je ne sais quoi d'attique qui lui manquoit et que les Romains ont depuis appelé urbanité, qu'il n'étoit pas Athénien ; et Cicéron rapporte[2] que ce grand personnage demeura étonné de voir qu'ayant vieilli dans Athènes, possédant si parfaitement le langage attique et en ayant acquis l'accent par une habitude de tant d'années, il ne s'étoit pu donner ce que le simple peuple avoit naturellement et sans nulle peine[3]. Que si l'on ne laisse

---

1. Var. (édit. 1-5) : pour parler ou pour délibérer.
2. Voyez le *Brutus*, chapitre xlvi. — C'est dans ce même endroit de Cicéron que la Bruyère a trouvé le rapprochement qu'il vient de faire de l'atticisme avec l'urbanité : « Omnino, sicut opinor, in « nostris est quidam urbanorum, sicut illic atticorum, sonus. »
3. « La Bruyère, sans marquer précisément en quoi Théophraste avoit manqué, insinue très-clairement que ce n'étoit pas contre l'ac-

pas de lire quelquefois, dans ce traité des *Caractères*, de certaines mœurs qu'on ne peut excuser et qui nous paroissent ridicules, il faut se souvenir qu'elles ont paru telles à Théophraste, qu'il les a regardées[1] comme des vices dont il a fait une peinture naïve, qui fit honte aux Athéniens et qui servit à les corriger.

Enfin, dans l'esprit de contenter ceux qui reçoivent froidement tout ce qui appartient aux étrangers et aux anciens, et qui n'estiment que leurs mœurs, on les ajoute à cet ouvrage. L'on a cru pouvoir se dispenser de suivre le projet de ce philosophe, soit parce qu'il est toujours pernicieux de poursuivre le travail d'autrui, surtout si c'est d'un ancien ou d'un auteur d'une grande réputation; soit encore parce que cette unique figure qu'on appelle description ou énumération, employée avec tant de succès dans ces vingt-huit chapitres des *Caractères*, pourroit en avoir un beaucoup moindre, si elle étoit traitée par un génie fort inférieur à celui de Théophraste.

Au contraire, se ressouvenant que parmi le grand nombre des traités de ce philosophe rapportés par Diogène Laërce, il s'en trouve un sous le titre de *Proverbes*[2], c'est-à-dire de pièces détachées, comme des réflexions ou des remarques, que le premier et le plus grand livre de morale qui ait été fait porte ce même nom dans les divines Écritures, on s'est trouvé excité par de si grands modèles à suivre selon ses forces une semblable manière[3]

---

cent. Le même, malgré le silence des anciens, a deviné que la vieille qui mortifia de la sorte Théophraste, étoit une herbière. » (*Ménagiana*, tome I, p. 401, édition de 1715.)

1. Var. (édit. 1-7) : qui les a regardées.
2. Le titre grec de ce livre dans Diogène Laërce est περὶ Παροιμιῶν. Le titre des *Proverbes* de Salomon est également Παροιμίαι.
3. L'on entend cette manière coupée dont Salomon a écrit ses *Proverbes*, et nullement les choses, qui sont divines et hors de toute

d'écrire des mœurs; et l'on n'a point été détourné de son entreprise par deux ouvrages de morale qui sont[1] dans les mains de tout le monde, et d'où[2], faute d'attention ou par un esprit de critique, quelques-uns pourroient penser que ces remarques sont imitées.

L'un, par l'engagement de son auteur, fait servir la métaphysique à la religion, fait connoître l'âme, ses passions, ses vices, traite les grands et les sérieux motifs pour conduire à la vertu, et veut rendre l'homme chrétien. L'autre, qui est la production d'un esprit instruit par le commerce du monde et dont la délicatesse étoit égale à la pénétration, observant que l'amour-propre est dans l'homme la cause de tous ses foibles, l'attaque sans relâche, quelque part où il le trouve; et cette unique pensée, comme multipliée en mille manières différentes[3], a toujours, par le choix des mots et par la variété de l'expression, la grâce de la nouveauté.

L'on ne suit aucune de ces routes dans l'ouvrage qui est joint à la traduction des *Caractères;* il est tout différent des deux autres que je viens de toucher : moins sublime que le premier et moins délicat que le second, il ne tend qu'à rendre l'homme raisonnable, mais par des voies simples et communes, et en l'examinant indifféremment, sans beaucoup de méthode et selon que

comparaison. (*Note de la Bruyère.*) — VAR. (édit. 1-5) : et nullement le fond des choses, qui sont divines, etc.

1. VAR. (édit. 1-5) : qui sont encore. — Il s'agit des *Pensées* de Pascal et des *Réflexions* de la Rochefoucauld. Au moment où parurent les *Caractères*, les *Pensées* de Pascal, publiées en 1670, quelques années après sa mort, avaient eu six éditions, et les *Réflexions* de la Rochefoucauld, publiées en 1665, avaient été cinq fois réimprimées. La plus récente édition des *Pensées* était celle de 1684 (Amsterdam); la plus récente des *Réflexions* était celle de 1678, la dernière qu'ait revue l'auteur.
2. VAR. (édit. 1) : et de qui.
3. VAR. (édit. 1-6) : comme multipliée en mille autres.

les divers chapitres y conduisent, par les âges, les sexes et les conditions, et par les vices, les foibles et le ridicule qui y sont attachés.

L'on s'est plus appliqué aux vices de l'esprit, aux replis du cœur et à tout l'intérieur de l'homme que n'a fait Théophraste; et l'on peut dire que, comme ses *Caractères*, par mille choses extérieures qu'ils font remarquer dans l'homme, par ses actions, ses paroles et ses démarches, apprennent quel est son fond, et font remonter jusques à la source de son déréglement, tout au contraire, les nouveaux *Caractères*, déployant d'abord les pensées, les sentiments et les mouvements des hommes, découvrent le principe de leur malice et de leurs foiblesses, font que l'on prévoit aisément tout ce qu'ils sont capables de dire ou de faire, et qu'on ne s'étonne plus de mille actions vicieuses ou frivoles dont leur vie est toute remplie.

Il faut avouer que sur les titres de ces deux ouvrages[1] l'embarras s'est trouvé presque égal. Pour ceux qui partagent le dernier, s'ils ne plaisent point assez, l'on permet d'en suppléer d'autres; mais à l'égard des titres des *Caractères* de Théophraste, la même liberté n'est pas accordée, parce qu'on n'est point maître du bien d'autrui. Il a fallu suivre l'esprit de l'auteur, et les traduire selon le sens le plus proche de la diction grecque, et en même temps selon la plus exacte conformité avec leurs chapitres; ce qui n'est pas une chose facile, parce que souvent la signification d'un terme grec, traduit en françois mot pour mot, n'est plus la même dans notre langue : par exemple, ironie est chez nous une raillerie[2] dans la conversation, ou une figure de rhétorique, et

1. C'est-à-dire sur les titres des chapitres qui composent ces deux ouvrages.
2. Var. (édit. 1-4) : ou une raillerie.

chez Théophraste c'est quelque chose entre la fourberie et la dissimulation, qui n'est pourtant ni l'un ni l'autre [1], mais précisément ce qui est décrit dans le premier [2] chapitre.

Et d'ailleurs les Grecs ont quelquefois deux ou trois termes assez différents pour exprimer des choses qui le sont aussi et que nous ne saurions guère rendre que par un seul mot : cette pauvreté embarrasse. En effet, l'on remarque dans cet ouvrage grec trois espèces d'avarice, deux sortes d'importuns, des flatteurs de deux manières, et autant de grands parleurs : de sorte que les caractères de ces personnes semblent rentrer les uns dans les autres, au désavantage du titre; ils ne sont pas aussi toujours suivis et parfaitement conformes, parce que Théophraste, emporté quelquefois par le dessein qu'il a de faire des portraits, se trouve déterminé à ces changements par le caractère [3] et les mœurs du personnage qu'il peint ou dont il fait la satire.

Les définitions qui sont au commencement de chaque chapitre ont eu leurs difficultés. Elles sont courtes et concises dans Théophraste, selon la force du grec et le style d'Aristote, qui lui en a fourni les premières idées : on les a étendues dans la traduction pour les rendre intelligibles. Il se lit aussi dans ce traité des phrases qui ne sont pas achevées et qui forment un sens imparfait, auquel il a été facile de suppléer le véritable; il s'y trouve de différentes leçons, quelques endroits tout à fait interrompus, et qui pouvoient recevoir diverses explications; et pour ne point s'égarer dans ces doutes, on a suivi les meilleurs interprètes.

Enfin, comme cet ouvrage n'est qu'une simple in-

1. Var. (édit. 1-5) : ni l'une ni l'autre.
2. Les éditions 1 et 2 ont ici *dernier*, au lieu de *premier*.
3. Var. (édit. 1-6) : par le caractère seul.

struction sur les mœurs des hommes, et qu'il vise moins à les rendre savants qu'à les rendre sages, l'on s'est trouvé exempt de le charger de longues et curieuses observations, ou de doctes commentaires qui rendissent un compte exact de l'antiquité. L'on s'est contenté de mettre de petites notes à côté de certains endroits que l'on a cru les mériter [1], afin que nuls de ceux qui ont de la justesse, de la vivacité, et à qui il ne manque que d'avoir lu beaucoup, ne se reprochent pas même ce petit défaut, ne puissent être arrêtés dans la lecture des *Caractères* et douter un moment du sens de Théophraste.

1. Dans la 9ᵉ édition : « le mériter. » — *A côté de certains endroits :* l'expression est d'une exactitude rigoureuse; suivant un usage de typographie qui est tombé en désuétude, les notes de la Bruyère, dans les éditions du dix-septième siècle, sont presque toujours placées en marge à côté du passage auquel elles s'appliquent.

LES CARACTÈRES

DE THÉOPHRASTE

TRADUITS DU GREC.

J'AI *admiré souvent, et j'avoue que je ne puis encore comprendre, quelque sérieuse réflexion que je fasse, pourquoi toute la Grèce étant placée sous un même ciel, et les Grecs nourris et élevés de la même manière*[1], *il se trouve néanmoins si peu de ressemblance dans leurs mœurs. Puis donc, mon cher Polyclès*[2], *qu'à l'âge de quatre-vingt-dix-neuf ans où je me trouve*[3], *j'ai assez vécu*[4] *pour connoître les hommes; que j'ai vu d'ailleurs, pendant le cours de ma vie, toutes sortes de personnes*[5] *et de divers tempéraments, et que je me suis toujours attaché*

---

1. Par rapport aux Barbares, dont les mœurs étoient très-différentes de celles des Grecs. (*Note de la Bruyère.*)

2. La Bruyère écrit *Policles*. — Un Polyclès, lieutenant d'Antipater, fut tué dans une bataille contre les Étoliens la troisième année de la cxiv^e olympiade (voyez Diodore de Sicile, livre XVIII, chapitre xxxviii) : Coray conjecture que c'est à ce personnage que s'adresse Théophraste, qui était l'ami d'Antipater, ou du moins, comme nous l'apprend Diogène de Laërce, celui de Cassandre, son fils. Il est encore question dans Diodore (livre XXXIX, chapitre xi) d'un autre Polyclès, également du parti de Cassandre, qui accompagnait Eurydice lorsqu'elle fut prise à Amphipolis, la quatrième année de la cxv^e olympiade. — Ces chiffres de cxiv^e et cxv^e olympiade ne pourraient-ils pas nous expliquer la date approximative que la Bruyère assigne à la composition des *Caractères* de Théophraste? Voyez ci-dessus, p. 26, note 1.

3. Voyez la note 2 de la p. 13.

4. Var. (édit. 1 et 2) : j'ai peut-être assez vécu. — La restriction *peut-être* n'est pas dans le texte grec.

5. Var. (édit. 1-3) : toute sorte de personnes.

à étudier les hommes vertueux, comme ceux qui n'étoient connus que par leurs vices, il semble que j'ai dû marquer les caractères des uns et des autres[1], et ne me pas contenter de peindre les Grecs en général, mais même de toucher ce qui est personnel, et ce que plusieurs d'entr'eux paroissent[2] avoir de plus familier. J'espère, mon cher Polyclès, que cet ouvrage sera utile à ceux qui viendront après nous : il leur tracera des modèles qu'ils pourront suivre; il leur apprendra[3] à faire le discernement de ceux avec qui ils doivent lier[4] quelque commerce, et dont l'émulation les portera à imiter leur sagesse et leurs vertus[5]. Ainsi je vais entrer en matière : c'est à vous de pénétrer dans mon sens, et d'examiner avec attention si la vérité se trouve dans mes paroles; et sans faire une plus longue préface, je parlerai d'abord de la dissimulation, je définirai ce vice, je dirai ce que c'est qu'un homme dissimulé, je décrirai ses mœurs, et je traiterai ensuite des autres passions, suivant le projet que j'en ai fait[6].

DE LA DISSIMULATION.

La dissimulation[7] n'est pas aisée à bien définir : si l'on se contente d'en faire une simple description, l'on

1. Théophraste avoit dessein de traiter de toutes les vertus et de tous les vices. (*Note de la Bruyère*.)
2. Var. (édit. 1) : et ce que quelques-uns paroissent.
3. Var. (édit. 1 et 2) : il leur trace des modèles qu'ils peuvent suivre; il leur apprend, etc.
4. Var. (édit. 3) : ils devront lier.
5. Var. (édit. 1-7) : leurs vertus et leur sagesse.
6. A la suite de cette préface, les éditions 1-3 donnent la table des chapitres de Théophraste, qui est renvoyée à la fin du volume dans les éditions suivantes.
7. L'auteur parle de celle qui ne vient pas de la prudence, et que les Grecs appeloient *ironie*. (*Note de la Bruyère*.)

peut dire que c'est un certain art de composer ses paroles et ses actions pour une mauvaise fin. Un homme dissimulé se comporte de cette manière : il aborde ses ennemis, leur parle, et leur fait croire par cette démarche qu'il ne les hait point; il loue ouvertement et en leur présence ceux à qui il dresse de secrètes embûches, et il s'afflige avec eux s'il leur est arrivé quelque disgrâce; il semble pardonner les discours offensants que l'on lui tient; il récite froidement les plus horribles choses que l'on lui aura dites contre sa réputation, et il emploie les paroles les plus flatteuses pour adoucir ceux qui se plaignent de lui, et qui sont aigris par les injures qu'ils en ont reçues. S'il arrive que quelqu'un l'aborde avec empressement, il feint des affaires, et lui dit de revenir une autre fois. Il cache soigneusement tout ce qu'il fait; et à l'entendre parler, on croiroit toujours qu'il délibère. Il ne parle point indifféremment; il a ses raisons pour dire tantôt qu'il ne fait que revenir de la campagne, tantôt qu'il est arrivé à la ville fort tard, et quelquefois qu'il est languissant, ou qu'il a une mauvaise santé. Il dit à celui qui lui emprunte de l'argent à intérêt, ou qui le prie de contribuer[1] de sa part à une somme que ses amis consentent de lui prêter, qu'il ne vend rien, qu'il ne s'est jamais vu si dénué d'argent; pendant qu'il dit aux autres que le commerce va le mieux du monde, quoiqu'en effet il ne vende rien. Souvent, après avoir écouté ce que l'on lui a dit, il veut faire croire qu'il n'y a pas eu la moindre attention; il feint de n'avoir pas aperçu les choses où il vient de jeter les yeux, ou s'il est convenu d'un fait, de

---

1. Cette sorte de contribution étoit fréquente à Athènes, et autorisée par les lois. (*Note de la Bruyère.*) — Il s'agit d'une contribution ou cotisation fondée, ce semble, sur une sorte d'assurance mutuelle, et destinée à secourir un citoyen tombé dans la gêne ; la somme ainsi recueillie lui était prêtée sans intérêt.

ne s'en plus souvenir. Il n'a pour ceux qui lui parlent d'affaires que cette seule réponse : « J'y penserai. » Il sait de certaines choses, il en ignore d'autres, il est saisi d'admiration, d'autres fois il aura pensé comme vous sur cet événement, et cela selon ses différents intérêts. Son langage le plus ordinaire est celui-ci : « Je n'en crois rien, je ne comprends pas que cela puisse être, je ne sais où j'en suis ; » ou bien : « Il me semble que je ne suis pas moi-même ; » et ensuite : « Ce n'est pas ainsi qu'il me l'a fait entendre ; voilà une chose merveilleuse et qui passe toute créance ; contez cela à d'autres ; dois-je vous croire ? ou me persuaderai-je qu'il m'ait dit la vérité[1] ? » paroles doubles et artificieuses, dont il faut se défier comme de ce qu'il y a au monde de plus pernicieux. Ces manières d'agir ne partent point d'une âme simple et droite, mais d'une mauvaise volonté, ou d'un homme qui veut nuire : le venin des aspics est moins à craindre.

DE LA FLATTERIE.

LA flatterie est un commerce honteux qui n'est utile qu'au flatteur. Si un flatteur se promène avec quelqu'un dans la place : « Remarquez-vous, lui dit-il, comme tout le monde a les yeux sur vous ? cela n'arrive qu'à vous seul. Hier il fut bien parlé de vous, et l'on ne tarissoit point sur vos louanges : nous nous trouvâmes plus de trente personnes dans un endroit du Portique[2] ; et comme par la suite du discours l'on vint à tomber sur celui que l'on devoit estimer le plus homme de bien de la ville, tous d'une commune voix vous nommèrent, et il n'y en

1. VAR. (édit. 1-5) : qu'il ne m'ait pas dit la vérité.
2. Édifice public qui servit depuis à Zénon et à ses disciples de rendez-vous pour leurs disputes : ils en furent appelés stoïciens, car *stoa*, mot grec, signifie « portique. » (*Note de la Bruyère*.)

eut pas un seul[1] qui vous refusât ses suffrages. » Il lui dit mille choses de cette nature. Il affecte d'apercevoir le moindre duvet qui se sera attaché à votre habit, de le prendre et de le souffler à terre[2]. Si par hasard le vent a fait voler quelques petites pailles sur votre barbe ou sur vos cheveux, il prend soin de vous les ôter ; et vous souriant : « Il est merveilleux, dit-il, combien vous êtes blanchi[3] depuis deux jours que je ne vous ai pas vu ; » et il ajoute : « Voilà encore, pour un homme de votre âge[4], assez de cheveux noirs. » Si celui qu'il veut flatter prend la parole, il impose silence à tous ceux qui se trouvent présents, et il les force d'approuver aveuglément[5] tout ce qu'il avance, et dès qu'il a cessé de parler, il se récrie : « Cela est dit le mieux du monde, rien n'est plus heureusement rencontré. » D'autres fois, s'il lui arrive[6] de faire à quelqu'un une raillerie froide, il ne manque pas de lui applaudir, d'entrer dans cette mauvaise plaisanterie ; et quoiqu'il n'ait nulle envie de rire, il porte à sa bouche l'un des bouts de son manteau, comme s'il ne pouvoit se contenir et qu'il voulût s'empêcher d'éclater ; et s'il l'accompagne lorsqu'il marche par la ville, il dit à ceux qu'il rencontre dans son chemin de s'arrêter jusqu'à ce qu'il soit passé. Il achète des fruits, et les porte chez ce citoyen[7] ; il les donne à ses enfants en sa présence ; il

1. Var. (édit. 1-5) : et il n'y eut pas un seul.
2. Var. (édit. 1-5) : et le souffler à terre.
3. Allusion à la nuance que de petites pailles font dans les cheveux. (*Note de la Bruyère.*)
4. Il parle à un jeune homme. (*Note de la Bruyère.*) — Casaubon, Bénévent, et presque tous les traducteurs modernes supposent, au contraire, que le flatteur s'adresse à un vieillard.
5. La Bruyère adopte ici une ingénieuse conjecture de Furlanus, qui avait substitué ἄκοντας, se rapportant aux assistants, à la leçon de Cratander, etc. : ἄκοντος, se rapportant à la personne flattée.
6. Var. (édit. 1-3) : s'il arrive à ce personnage.
7. La 9ᵉ et la 10ᵉ édition portent : « chez un citoyen, » faute

les baise, il les caresse : « Voilà, dit-il, de jolis enfants et dignes d'un tel père. » S'il sort de sa maison, il le suit; s'il entre dans une boutique pour essayer des souliers, il lui dit : « Votre pied est mieux fait que cela. » Il l'accompagne ensuite chez ses amis, ou plutôt il entre le premier dans leur maison, et leur dit : « Un tel me suit et vient vous rendre visite; » et retournant sur ses pas : « Je vous ai annoncé, dit-il, et l'on se fait un grand honneur de vous recevoir. » Le flatteur se met à tout sans hésiter, se mêle des choses les plus viles et qui ne conviennent qu'à des femmes. S'il est invité à souper, il est le premier des conviés à louer le vin; assis à table le plus proche de celui qui fait le repas, il lui répète souvent : « En vérité, vous faites une chère délicate[1]; » et montrant aux autres l'un des mets[2] qu'il soulève du plat : « Cela s'appelle, dit-il, un morceau friand. » Il a soin de lui demander s'il a froid, s'il ne voudroit point une autre robe; et il s'empresse de le mieux couvrir. Il lui parle sans cesse à l'oreille; et si quelqu'un de la compagnie l'interroge, il lui répond négligemment et sans le regarder, n'ayant des yeux que pour un seul. Il ne faut pas croire qu'au théâtre il oublie d'arracher des carreaux des mains du valet qui les distribue, pour les porter à sa place, et l'y faire asseoir plus mollement. J'ai dû dire aussi qu'avant qu'il sorte de sa maison, il en loue l'architecture, se récrie sur toutes choses, dit que les jardins sont bien plantés; et s'il aperçoit quelque part le portrait du

d'impression qui a été reproduite par toutes les éditions postérieures, celle de M. Destailleur exceptée.

1. Casaubon a rendu les mots : ὡς μαλακῶς ἐσθίεις, par : *ut tu molliter comedis!* et il comprenait « comme tu manges peu! » Bénévent avait traduit : « Comme tu manges lentement! » La traduction de Politien (*quam molliter et laute coenas!*) est la seule où soit nettement indiqué le sens auquel s'est arrêté la Bruyère.

2. Var. (édit. 1-5) : quelqu'un des mets.

maître, où il soit extrêmement flatté, il est touché de voir combien il lui ressemble, et il l'admire comme un chef-d'œuvre. En un mot, le flatteur ne dit rien et ne fait rien au hasard ; mais il rapporte toutes ses paroles et toutes ses actions au dessein qu'il a de plaire à quelqu'un et d'acquérir ses bonnes grâces.

DE L'IMPERTINENT OU DU DISEUR DE RIEN [1].

La sotte envie de discourir vient d'une habitude qu'on a contractée de parler beaucoup et sans réflexion. Un homme qui veut parler, se trouvant assis proche d'une personne qu'il n'a jamais vue et qu'il ne connoît point, entre d'abord en matière, l'entretient de sa femme et lui fait son éloge, lui conte son songe, lui fait un long détail d'un repas où il s'est trouvé, sans oublier le moindre mets ni un seul service. Il s'échauffe ensuite dans la conversation, déclame contre le temps présent, et soutient que les hommes qui vivent présentement ne valent point leurs pères. De là il se jette sur ce qui se débite au marché, sur la cherté du blé [2], sur le grand nombre d'étrangers qui sont dans la ville ; il dit qu'au

---

1. Voyez ci-après, p. 43, note 3.
2. Dans le grec ὡς ἄξιοι γεγόνασιν οἱ πυροί. Avec Politien et Furlanus, la Bruyère prête ici le sens de *cher* au mot ἄξιος, par lequel Casaubon, Bénévent et les autres traducteurs entendent, au contraire, « vendu à bon marché. » C'est ce dernier sens qu'on attribue généralement aujourd'hui à cet adjectif, mais plusieurs hellénistes du seizième et du dix-septième siècle ne croyaient devoir le lui donner que par exception, comme fait un peu plus loin la Bruyère lui-même, à l'exemple, cette fois encore, de Furlanus, dans l'un des chapitres que n'a point traduits Politien (περὶ Μεμψιμοιρίας, *de l'Esprit chagrin :* voyez p. 67 et 68). — La 8ᵉ édition porte : « la cherté de blé. »

printemps, où commencent les Bacchanales[1], la mer devient navigable[2]; qu'un peu de pluie seroit utile aux biens de la terre, et feroit espérer une bonne récolte; qu'il cultivera son champ l'année prochaine, et qu'il le mettra en valeur; que le siècle est dur, et qu'on a bien de la peine à vivre. Il apprend à cet inconnu que c'est Damippe[3] qui a fait brûler la plus belle torche devant l'autel de Cérès à la fête des Mystères[4]; il lui demande combien de colonnes soutiennent le théâtre de la musique[5], quel est le quantième du mois; il lui dit qu'il a eu la veille une indigestion; et si cet homme à qui il parle a la patience de l'écouter, il ne partira pas d'auprès de lui : il lui annoncera comme une chose nouvelle que les Mystères[6] se célèbrent dans le mois d'août, les *Apaturies*[7] au mois d'octobre; et à la campagne, dans le mois de décembre, les Bacchanales[8]. Il n'y a avec de si grands causeurs qu'un parti à prendre, qui est de fuir[9], si l'on

1. Premières Bacchanales, qui se célébroient dans la ville. (*Note de la Bruyère.*)
2. Ménage a cherché querelle à la Bruyère sur la manière dont il avait traduit cette phrase. Voyez dans le tome II, parmi les *Lettres*, la réponse que lui fit la Bruyère.
3. Var. (édit. 1-4) : Damippus.
4. Les mystères de Cérès se célébroient la nuit, et il y avoit une émulation entre les Athéniens à qui y apporteroit une plus grande torche. (*Note de la Bruyère.*)
5. A savoir, comme dit le texte grec, « l'Odéon. »
6. Fête de Cérès. Voyez ci-dessus. (*Note de la Bruyère.*)
7. En françois, « la Fête des tromperies. » Elle se faisoit en l'honneur de Bacchus. Son origine ne fait rien aux mœurs de ce chapitre. (*Note de la Bruyère.*)
8. Secondes Bacchanales, qui se célébroient en hiver à la campagne. (*Note de la Bruyère.*)
9. Var. (édit. 1-4) : qui est de s'enfuir de toute sa force et sans regarder derrière soi. — En 1690, la Bruyère a emprunté à sa traduction les mots qu'il a supprimés ici, pour les transporter à la fin d'une réflexion qu'il insérait dans la cinquième édition de ses *Carac-*

veut du moins éviter la fièvre ; car quel moyen de pouvoir tenir contre des gens qui ne savent pas discerner ni votre loisir ni le temps de vos affaires?

DE LA RUSTICITÉ.

Il semble que la rusticité n'est autre chose qu'une ignorance grossière des bienséances. L'on voit en effet des gens rustiques et sans réflexion sortir un jour de médecine[1], et se trouver en cet état dans un lieu public parmi le monde ; ne pas faire la différence de l'odeur forte du thym ou de la marjolaine d'avec les parfums les plus délicieux ; être chaussés large et grossièrement ; parler haut et ne pouvoir se réduire à un ton de voix modéré ; ne se pas fier à leurs amis sur les moindres affaires, pendant qu'ils s'en entretiennent avec leurs domestiques, jusques à rendre compte à leurs moindres valets de ce qui aura été dit dans une assemblée publique. On les voit assis, leur robe relevée jusqu'aux genoux[2] et d'une manière indécente. Il ne leur arrive pas en toute leur vie de rien admirer, ni de paroître surpris des choses les plus extraordinaires que l'on rencontre sur les chemins ; mais si c'est un bœuf, un âne, ou un vieux bouc, alors ils s'arrêtent et ne se lassent point de les contempler. Si quelquefois ils entrent dans leur cuisine, ils mangent avidement tout ce qu'ils y trouvent, boivent

---

tères, publiée cette même année. Voyez le chapitre *de la Société et de la Conversation*, n° 27.

1. Le texte grec nomme une certaine drogue qui rendoit l'haleine fort mauvaise le jour qu'on l'avoit prise. (*Note de la Bruyère.*) — Le mot grec κυκεών, employé par Théophraste, signifie plutôt une sorte de mixtion qu'une drogue en particulier.

2. Dans les sept premières éditions : « jusques aux genoux. »

tout d'une haleine une grande tasse de vin pur; ils se cachent pour cela de leur servante, avec qui d'ailleurs ils vont au moulin, et entrent dans les plus petits détails du domestique. Ils interrompent leur souper, et se lèvent pour donner une poignée d'herbes aux bêtes de charrue[1] qu'ils ont dans leurs étables. Heurte-t-on à leur porte pendant qu'ils dînent, ils sont attentifs et curieux. Vous[2] remarquez toujours proche de leur table un gros chien de cour, qu'ils appellent à eux, qu'ils empoignent par la gueule, en disant : « Voilà celui qui garde la place, qui prend soin de la maison et de ceux qui sont dedans. » Ces gens, épineux dans les payements qu'on leur fait[3], rebutent un grand nombre de pièces qu'ils croient légères, ou qui ne brillent pas assez à leurs yeux, et qu'on est obligé de leur changer. Ils sont occupés pendant la nuit d'une charrue, d'un sac, d'une faux, d'une corbeille, et ils rêvent à qui ils ont prêté ces ustensiles; et lorsqu'ils marchent par la ville : « Combien vaut, demandent-ils aux premiers qu'ils rencontrent, le poisson salé? Les fourrures se vendent-elles bien? N'est-ce pas aujourd'hui que les jeux nous ramènent une nouvelle lune[4]? » D'autres fois, ne sachant que dire, ils vous apprennent qu'ils vont se faire raser, et qu'ils ne sortent que pour cela.

1. Des bœufs. (*Note de la Bruyère.*) — Dans les éditions 8 et 9 : « de charrues. »

2. Cette phrase, dont la Bruyère a un peu amplifié le commencement, n'en forme qu'une avec la précédente dans les éditions modernes du texte grec; mais elle en était détachée, comme ici, dans les éditions anciennes dont il s'est servi.

3. Var. (édit. 1-5) : que l'on leur fait.

4. Cela est dit rustiquement : un autre diroit que la nouvelle lune ramène les jeux ; et d'ailleurs c'est comme si le jour de Pâques quelqu'un disoit : « N'est-ce pas aujourd'hui Pâques? » (*Note de la Bruyère.*) — Le passage auquel cette note se rapporte est assez obscur en grec; il prête à divers sens et a donné lieu à plusieurs conjectures.

Ce sont ces mêmes personnes que l'on entend chanter dans le bain, qui mettent des clous à leurs souliers, et qui se trouvant tous portés[1] devant la boutique d'Archias[2], achètent eux-mêmes des viandes salées, et les apportent à la main en pleine rue.

DU COMPLAISANT[3].

Pour faire une définition un peu exacte de cette affectation que quelques-uns ont de plaire à tout le monde, il faut dire que c'est une manière de vivre où l'on cherche beaucoup moins ce qui est vertueux et honnête que ce qui est agréable. Celui qui a cette passion, d'aussi loin qu'il aperçoit un homme dans la place, le salue en s'écriant : « Voilà ce qu'on appelle un homme de bien ! » l'aborde, l'admire sur les moindres choses, le retient avec ses deux mains, de peur qu'il ne lui échappe ; et après avoir fait quelques pas avec lui, il lui demande avec empressement quel jour on pourra le voir, et enfin ne s'en sépare qu'en lui donnant mille éloges. Si quelqu'un le choisit pour arbitre dans un procès, il ne doit pas attendre de lui qu'il lui soit plus favorable qu'à son adversaire : comme il veut plaire à tous deux, il les ménagera également. C'est dans cette vue que pour se concilier tous les étrangers qui sont dans la ville, il leur dit quelquefois qu'il leur trouve plus de raison et d'équité que

---

1. Il y a ainsi « tous portés, » dans les huit premières éditions. Les éditions 9 et 10 ont : « tout portés. » Voyez le *Lexique*.
2. Fameux marchand de chairs salées, nourriture ordinaire du peuple. (*Note de la Bruyère.*)
3. Ou de l'Envie de plaire. (*Note de la Bruyère.*) — Dans le grec le titre est toujours le nom du défaut, et la Bruyère aurait pu, comme il a fait à quelques chapitres, indiquer des variantes du genre de celle-ci partout où au vice il a substitué le vicieux.

dans ses concitoyens. S'il est prié d'un repas, il demande en entrant à celui qui l'a convié où sont ses enfants; et dès qu'ils paroissent, il se récrie sur la ressemblance qu'ils ont avec leur père, et que deux figues ne se ressemblent pas mieux; il les fait approcher de lui, il les baise, et les ayant fait asseoir à ses deux côtés, il badine avec eux : « A qui est, dit-il, la petite bouteille? A qui est la jolie cognée[1]? » Il les prend ensuite sur lui, et les laisse dormir sur son estomac, quoiqu'il en soit incommodé. Celui enfin qui veut plaire se fait raser souvent, a un fort grand soin de ses dents, change tous les jours d'habits, et les quitte presque tous neufs[2]; il ne sort point en public qu'il ne soit parfumé; on ne le voit guère dans les salles publiques qu'auprès des comptoirs des banquiers[3]; et dans les écoles, qu'aux endroits seulement où s'exercent les jeunes gens[4]; et au théâtre, les jours de spectacle, que dans les meilleures places[5] et tout proche des préteurs. Ces gens encore n'achètent jamais rien pour eux; mais ils envoient à Byzance toute sorte de bijoux précieux, des chiens de Sparte à Cyzique, et à Rhodes l'excellent miel du mont Hymette; et ils prennent soin que toute la ville soit informée qu'ils font ces

1. Petits jouets que les Grecs pendoient au cou de leurs enfants. (*Note de la Bruyère.*) — C'est un sens proposé par Casaubon.
2. Ici *tous neufs* est le texte, non pas seulement des huit premières éditions, mais aussi de la 9ᵉ et de la 10ᵃ. Voyez ci-dessus, p. 43, note 1.
3. C'étoit l'endroit où s'assembloient les plus honnêtes gens de la ville. (*Note de la Bruyère.*) — *Cives honestiores et ditiores*, dit Casaubon.
4. Pour être connu d'eux et en être regardé, ainsi que de tous ceux qui s'y trouvoient. (*Note de la Bruyère.*) — C'est encore le sens indiqué par Casaubon.
5. Var. (édit. 1-5) : ainsi qu'au théâtre, les jours de spectacle, dans les meilleures places. — (Édit. 6 et 7) : ainsi qu'au théâtre, les jours de spectacle, que dans les meilleures places.

emplettes. Leur maison est toujours remplie de mille choses curieuses qui font plaisir à voir, ou que l'on peut donner, comme des singes et des satyres[1], qu'ils savent nourrir, des pigeons de Sicile, des dés qu'ils font faire d'os de chèvre, des fioles pour des parfums, des cannes torses que l'on fait à Sparte, et des tapis de Perse à personnages. Ils ont chez eux jusques à un jeu de paume, et une arène propre à s'exercer à la lutte; et s'ils se promènent par la ville et qu'ils rencontrent en leur chemin des philosophes, des sophistes[2], des escrimeurs ou des musiciens, ils leur offrent leur maison pour s'y exercer chacun dans son art indifféremment : ils se trouvent présents à ces exercices; et se mêlant avec ceux qui viennent là pour regarder : « A qui croyez-vous qu'appartienne une si belle maison et cette arène si commode? Vous voyez, ajoutent-ils en leur montrant quelque homme puissant de la ville, celui qui en est le maître et qui en peut disposer[3]. »

DE L'IMAGE D'UN COQUIN.

Un coquin est celui à qui les choses les plus honteuses ne coûtent rien à dire ou à faire, qui jure volontiers et fait des serments en justice autant que l'on lui en demande, qui est perdu de réputation, que l'on outrage impunément, qui est un chicaneur de profession, un effronté, et qui se mêle de toutes sortes d'affaires. Un

---

1. Une espèce de singes. (*Note de la Bruyère.*)
2. Une sorte de philosophes vains et intéressés. (*Note de la Bruyère.*)
3. Cette interprétation est celle de Casaubon. Les divers commentateurs de Théophraste ont expliqué cette phrase chacun à sa manière.

homme de ce caractère entre sans masque dans une danse comique[1]; et même sans être ivre, mais de sang-froid, il se distingue dans la danse la plus obscène[2] par les postures les plus indécentes. C'est lui qui, dans ces lieux où l'on voit des prestiges[3], s'ingère de recueillir l'argent de chacun des spectateurs, et qui fait querelle à ceux qui étant entrés par billets, croient ne devoir rien payer. Il est d'ailleurs de tous métiers; tantôt il tient une taverne, tantôt il est suppôt de quelque lieu infâme, une autre fois partisan : il n'y a point de sale commerce[4] où il ne soit capable d'entrer; vous le verrez aujourd'hui crieur public, demain cuisinier ou brelandier[5] : tout lui est propre. S'il a une mère, il la laisse mourir de faim. Il est sujet au larcin, et à se voir traîner par la ville dans une prison, sa demeure ordinaire, et où il passe une partie de sa vie. Ce sont ces sortes de gens que l'on voit se faire entourer du peuple, appeler ceux qui passent et se plaindre à eux avec une voix forte et enrouée, insulter ceux qui les contredisent : les uns fendent la presse pour les voir, pendant que les autres, contents de les avoir vus, se dégagent et poursuivent leur chemin sans vouloir les écouter; mais ces effrontés continuent de parler : ils disent à celui-ci le commencement d'un fait, quelque mot à cet autre; à peine peut-on tirer

---

1. Sur le théâtre avec des farceurs. (*Note de la Bruyère*.)

2. Cette danse, la plus déréglée de toutes, s'appelle en grec *cordax*, parce que l'on s'y servoit d'une corde pour faire des postures. (*Note de la Bruyère*.) — Cette étymologie peu vraisemblable (le mot grec qui signifie *corde* n'est pas χορδή, mais χορδή) appartient à Casaubon.

3. Choses fort extraordinaires, telles qu'on en voit dans nos foires. (*Note de la Bruyère*.)

4. Var. (édit. 1-3) : de si sale commerce.

5. « *Berlandier* ou *brelandier*, joueur de profession qui fréquente les berlans. » (*Dictionnaire de Furetière*.)

d'eux la moindre partie de ce dont il s'agit ; et vous remarquerez qu'ils choisissent pour cela des jours d'assemblée publique, où il y a un grand concours de monde, qui se trouve le témoin de leur insolence. Toujours accablés de procès, que l'on intente contre eux ou qu'ils ont intentés à d'autres, de ceux dont ils se délivrent par de faux serments comme de ceux qui les obligent de comparoître, ils n'oublient jamais de porter leur boîte[1] dans leur sein, et une liasse de papiers entre leurs mains. Vous les voyez dominer parmi de vils praticiens, à qui ils prêtent à usure, retirant chaque jour une obole et demie de chaque dragme[2] ; fréquenter les tavernes[3], parcourir les lieux où l'on débite le poisson frais ou salé, et consumer ainsi en bonne chère tout le profit qu'ils tirent de cette espèce de trafic[4]. En un mot, ils sont querelleux et difficiles, ont sans cesse la bouche ouverte à la calomnie, ont une voix étourdissante, et qu'ils font retentir[5] dans les marchés et dans les boutiques.

1. Une petite boîte de cuivre fort légère, où les plaideurs mettoient leurs titres et les pièces de leur procès. (*Note de la Bruyère.*) — Casaubon dit « de cuivre ou de terre cuite. » Une scolie grecque qui se trouve dans plusieurs manuscrits de Théophraste dit seulement « de cuivre, » comme la Bruyère.

2. Une obole étoit la sixième partie d'une dragme. (*Note de la Bruyère.*) — La Bruyère écrit partout *dragme*, et non pas *drachme*.

3. Var. (édit. 1-3) : ensuite fréquenter les tavernes.

4. « La Bruyère, dit avec raison Coray, n'a rien compris à ce passage. » Il y a en grec : καὶ τοὺς τόκους ἀπὸ τοῦ ἐμπολήματος εἰς τὴν γνάθον ἐκλέγειν, ce que tous les commentateurs que nous avons vus, aussi bien ceux qui ont précédé la Bruyère que ceux qui l'ont suivi, ont entendu au propre : « il met dans sa bouche (suivant l'usage populaire) les pièces de monnaie que lui rapporte ce trafic. » L'interprétation de la Bruyère nous semble lui appartenir ; il a pris εἰς τὴν γνάθον dans le sens figuré : *in gulam*.

5. Var. (édit. 5) : une voix étourdissante, qu'ils font retentir.

DU GRAND PARLEUR[1].

Ce que quelques-uns appellent *babil* est proprement une intempérance de langue qui ne permet pas à un homme de se taire. « Vous ne contez pas la chose comme elle est, dira quelqu'un de ces grands parleurs à quiconque veut l'entretenir de quelque affaire que ce soit : j'ai tout su, et si vous vous donnez la patience de m'écouter, je vous apprendrai tout; » et si cet autre continue de parler : « Vous avez déjà dit cela; songez, poursuit-il, à ne rien oublier. Fort bien; cela est ainsi, car vous m'avez heureusement remis dans le fait : voyez ce que c'est que de s'entendre les uns les autres; » et ensuite : « Mais que veux-je dire? Ah! j'oubliois une chose! oui, c'est cela même, et je voulois voir si vous tomberiez juste dans tout ce que j'en ai appris. » C'est par de telles ou semblables interruptions qu'il ne donne pas le loisir à celui qui lui parle de respirer; et lorsqu'il a comme assassiné de son *babil* chacun de ceux qui ont voulu lier avec lui quelque entretien, il va se jeter dans un cercle de personnes graves qui traitent ensemble de choses sérieuses, et les met en fuite. De là il entre dans les écoles publiques et dans les lieux des exercices[2], où il amuse les maîtres par de vains discours, et empêche la jeunesse de profiter de leurs leçons. S'il échappe à quelqu'un de dire : « Je m'en vais, » celui-ci se met à le suivre, et il

1. Ou du Babil. (*Note de la Bruyère.*) — Voyez ci-dessus, p. 43, note 3.
2. C'étoit un crime puni de mort à Athènes par une loi de Solon, à laquelle on avoit un peu dérogé au temps de Théophraste. (*Note de la Bruyère.*) — Cette note est tirée du commentaire de Casaubon. « Il paraît, dit J. G. Schweighæuser, que cette loi n'était relative qu'au temps où l'on célébrait dans ces gymnases une fête à Mercure, pendant laquelle la jeunesse était moins surveillée qu'à l'ordinaire. »

ne l'abandonne point qu'il ne l'ait remis jusque dans sa maison. Si par hasard il a appris ce qui aura été dit dans une assemblée de ville, il court dans le même temps le divulguer. Il s'étend merveilleusement sur la fameuse bataille qui s'est donnée sous le gouvernement de l'orateur Aristophon[1], comme sur le combat célèbre[2] que ceux de Lacédémone ont livré aux Athéniens sous la conduite de Lysandre. Il raconte une autre fois quels applaudissements a eus[3] un discours qu'il a fait dans le public, en répète une grande partie, mêle dans ce récit ennuyeux des invectives contre le peuple, pendant que de ceux qui l'écoutent les uns s'endorment, les autres le quittent, et que nul ne se ressouvient d'un seul mot qu'il aura dit. Un grand causeur, en un mot, s'il est sur les tribunaux, ne laisse pas la liberté de juger; il ne permet pas que l'on mange à table; et s'il se trouve au théâtre, il empêche non-seulement d'entendre, mais même de

---

1. C'est-à-dire sur la bataille d'Arbelles et la victoire d'Alexandre, suivies de la mort de Darius, dont les nouvelles vinrent à Athènes lorsqu'Aristophon, célèbre orateur, étoit premier magistrat. (*Note de la Bruyère.*) — La Bruyère adopte la première des explications que propose Casaubon. La nouvelle de la bataille d'Arbelles, qui fut livrée un an avant qu'Aristophon fût archonte, parvint, en effet, à Athènes dans la première année de son archontat. D'après une seconde interprétation, mais qui demanderait, dit Casaubon, un changement dans le texte (celui de τοῦ ῥήτορος en τῶν ῥητόρων), cette « fameuse bataille » serait la lutte judiciaire qui eut lieu entre Eschine et Démosthène, sous l'archontat d'Aristophon, au sujet de la *couronne*. Plusieurs traducteurs ont préféré voir dans cette phrase une allusion à la bataille de Mégalopolis, qui fut perdue par les Lacédémoniens contre Antipater l'an 330 avant J. C., et dans laquelle le roi Agis II fut tué.

2. Il étoit plus ancien que la bataille d'Arbelles, mais trivial et su de tout le peuple. (*Note de la Bruyère.*) — Il s'agit de la bataille navale d'Ægos Potamos, qui fut gagnée par le Spartiate Lysandre, et mit fin, l'an 405 avant J. C., à la guerre du Péloponèse.

3. Les dix premières éditions portent: *a eu*, sans accord.

voir les acteurs. On lui fait avouer ingénument qu'il ne lui est pas possible de se taire, qu'il faut que sa langue se remue dans son palais comme le poisson dans l'eau, et que quand on l'accuseroit d'être plus *babillard* qu'une hirondelle, il faut qu'il parle : aussi écoute-t-il froidement toutes les railleries que l'on fait de lui sur ce sujet; et jusques à ses propres enfants, s'ils commencent à s'abandonner au sommeil : « Faites-nous, lui disent-ils, un conte qui achève de nous endormir. »

DU DÉBIT DES NOUVELLES.

Un nouvelliste ou un conteur de fables est un homme qui arrange, selon son caprice, des discours et des faits[1] remplis de fausseté; qui, lorsqu'il rencontre l'un de ses amis, compose son visage, et lui souriant : « D'où venez-vous ainsi ? lui dit-il; que nous direz-vous de bon? n'y a-t-il rien de nouveau? » Et continuant de l'interroger : « Quoi donc? n'y a-t-il aucune nouvelle? cependant il y a des choses étonnantes à raconter. » Et sans lui donner le loisir de lui répondre : « Que dites-vous donc ? poursuit-il; n'avez-vous rien entendu par la ville? Je vois bien que vous ne savez rien, et que je vais vous régaler de grandes nouveautés. » Alors, ou c'est un soldat, ou le fils d'Astée le joueur de flûte[2], ou Lycon l'ingénieur, tous gens qui arrivent fraîchement de l'armée, de qui il sait toutes choses; car il allègue pour témoins de ce qu'il avance des hommes obscurs qu'on ne peut trouver pour les convaincre de fausseté. Il assure donc que ces

1. Var. (édit. 1-4) : ou des discours ou des faits.
2. L'usage de la flûte, très-ancien dans les troupes. (*Note de la Bruyère.*)

personnes lui ont dit que le Roi[1] et Polysperchon[2] ont gagné la bataille, et que Cassandre, leur ennemi, est tombé vif entre leurs mains[3]. Et lorsque quelqu'un lui dit : « Mais en vérité, cela est-il croyable ? » il lui réplique que cette nouvelle se crie et se répand par toute la ville, que tous s'accordent à dire la même chose, que c'est tout ce qui se raconte du combat, et qu'il y a eu un grand carnage. Il ajoute qu'il a lu cet événement sur le visage de ceux qui gouvernent, qu'il y a un homme caché chez l'un de ces magistrats depuis cinq jours entiers, qui revient de la Macédoine, qui a tout vu et qui lui a tout dit. Ensuite, interrompant le fil de sa narration : « Que pensez-vous de ce succès ? » demande-t-il à ceux qui l'écoutent. « Pauvre Cassandre ! malheureux prince ! s'écrie-t-il d'une manière touchante. Voyez ce que c'est que la fortune ; car enfin Cassandre étoit puissant, et il avoit avec lui de grandes forces. Ce que je vous dis, poursuit-il, est un secret qu'il faut garder pour vous seul, » pendant qu'il court par toute la ville le débiter à qui le veut entendre. Je vous avoue que ces diseurs de nouvelles me donnent de l'admiration, et que je ne conçois pas quelle est la fin qu'ils se proposent ; car pour ne rien dire de la bassesse qu'il y a à toujours mentir, je

---

1. Aridée (*Arrhidée*), frère d'Alexandre le Grand. (*Note de la Bruyère.*) — « Selon l'époque, très-incertaine, dit M. Stiévenart, ou l'on est censé forger cette nouvelle, *le Roi* sera Arrhidée, frère et successeur d'Alexandre le Grand (c'est l'avis de Casaubon), ou, selon Schwartz, Alexandre II, fils du conquérant, ou, d'après Coray, Hercule, un autre de ses fils. »

2. Capitaine du même Alexandre. (*Note de la Bruyère.*) — Cassandre disputait à Polysperchon la tutelle des enfants d'Alexandre. — *Polispercon*, comme ci-dessus (p. 49) *Lisandre*, dans les dix premières éditions.

3. C'étoit un faux bruit ; et Cassandre, fils d'Antipater, disputant à Aridée et à Polysperchon la tutelle des enfants d'Alexandre, avoit eu de l'avantage sur eux. (*Note de la Bruyère.*)

ne vois pas qu'ils puissent recueillir le moindre fruit de cette pratique. Au contraire, il est arrivé à quelques-uns de se laisser voler leurs habits dans un bain public, pendant qu'ils ne songeoient qu'à rassembler autour d'eux une foule de peuple, et à lui conter des nouvelles. Quelques autres, après avoir vaincu sur mer et sur terre dans le Portique[1], ont payé l'amende pour n'avoir pas comparu à une cause appelée. Enfin il s'en est trouvé qui le jour même qu'ils ont pris une ville, du moins par leurs beaux discours, ont manqué de dîner. Je ne crois pas qu'il y ait rien de si misérable que la condition de ces personnes ; car quelle est la boutique, quel est le portique, quel est l'endroit d'un marché public où ils ne passent tout le jour à rendre sourds ceux qui les écoutent, ou à les fatiguer par leurs mensonges ?

DE L'EFFRONTERIE CAUSÉE PAR L'AVARICE.

Pour faire connoître ce vice, il faut dire que c'est un mépris de l'honneur dans la vue d'un vil intérêt. Un homme que l'avarice rend effronté ose emprunter une somme d'argent à celui à qui il en doit déjà, et qu'il lui retient avec injustice. Le jour même qu'il aura sacrifié aux Dieux, au lieu de manger religieusement chez soi une partie des viandes consacrées[2], il les fait saler pour lui servir dans plusieurs repas, et va souper chez l'un de ses amis ; et là, à table, à la vue de tout le monde, il appelle son valet, qu'il veut encore nourrir aux dépens

1. Voyez le chapitre *de la Flatterie*. (*Note de la Bruyère.*) — Ci-dessus, p. 36, note 2.
2. C'étoit la coutume des Grecs. Voyez le chapitre *du Contretemps.* (*Note de la Bruyère.*) — Ci-après, p. 60, note 2.

de son hôte, et lui coupant un morceau de viande qu'il met sur un quartier de pain : « Tenez, mon ami, lui dit-il, faites bonne chère. » Il va lui-même au marché acheter des viandes cuites[1] ; et avant que de convenir du prix, pour avoir une meilleure composition du marchand, il lui fait ressouvenir[2] qu'il lui a autrefois rendu service. Il fait ensuite peser ces viandes, et il en entasse le plus qu'il peut ; s'il en est empêché par celui qui les lui vend, il jette du moins quelque os dans la balance : si elle peut tout contenir, il est satisfait ; sinon, il ramasse sur la table des morceaux de rebut, comme pour se dédommager, sourit, et s'en va. Une autre fois, sur l'argent qu'il aura reçu de quelques étrangers pour leur louer des places au théâtre, il trouve le secret d'avoir sa part franche du spectacle[3], et d'y envoyer le lendemain ses enfants et leur précepteur. Tout lui fait envie : il veut profiter des bons marchés, et demande hardiment au premier venu une chose qu'il ne vient que d'acheter. Se trouve-t-il dans une maison étrangère, il emprunte jusqu'à l'orge[4] et à la paille ; encore faut-il que celui qui les lui prête fasse les frais de les faire porter chez lui[5]. Cet effronté, en un mot, entre sans payer dans un bain public, et là, en présence du baigneur, qui crie inutilement contre lui, prenant le premier vase qu'il

---

1. Comme le menu peuple, qui achetoit son soupé chez les chaircuitiers. (*Note de la Bruyère.*) — On lit *chaircutiers* dans les éditions 1-6. — « Le grec, fait remarquer Schweighæuser, ne dit pas des viandes *cuites*, et la satire ne porte que sur la conduite ridicule que tient cet homme envers son boucher. »

2. Var. (édit. 1-8) : il le fait ressouvenir.

3. Les éditions 8 et 9 portent : « sa place franche du spectacle, » ce qui pourrait bien être une variante due aux imprimeurs, ou tout au moins contient une faute d'impression : *du*, pour *au*.

4. Var. (édit. 1-8) : jusques à l'orge.

5. Var. (édit. 1-8) : de les faire porter jusque chez lui.

rencontre, il le plonge dans une cuve d'airain qui est remplie d'eau, se la répand sur tout le corps[1] : « Me voilà lavé, ajoute-t-il, autant que j'en ai besoin, et sans avoir obligation à personne[2], » remet sa robe et disparoît.

DE L'ÉPARGNE SORDIDE.

Cette espèce d'avarice est dans les hommes une passion de vouloir ménager les plus petites choses sans aucune fin honnête. C'est dans cet esprit que quelques-uns, recevant tous les mois le loyer de leur maison, ne négligent pas d'aller eux-mêmes demander la moitié d'une obole qui manquoit au dernier payement qu'on leur a fait[3]; que d'autres, faisant l'effort de donner à manger chez eux, ne sont occupés pendant le repas qu'à compter le nombre de fois que chacun des conviés demande à boire. Ce sont eux encore dont la portion des prémices des viandes que l'on envoie sur l'autel de Diane[4] est toujours la plus petite. Ils apprécient les choses au-dessous de ce qu'elles valent; et de quelque bon marché qu'un autre, en leur rendant compte, veuille se prévaloir, ils lui soutiennent toujours qu'il a acheté trop cher. Implacables à l'égard d'un valet qui aura laissé tomber un pot de terre, ou cassé par malheur quelque vase d'argile,

---

1. Les plus pauvres se lavoient ainsi pour payer moins. (*Note de la Bruyère.*)
2. Var. (édit. 1-3) : et sans en avoir obligation à personne.
3. Var. (édit. 1-5) : que l'on leur a fait.
4. Les Grecs commençoient par ces offrandes leurs repas publics. (*Note de la Bruyère.*) — « C'est peut-être, dit M. Stiévenart (d'après Coray), une allusion à ces repas que les riches exposaient, à chaque nouvelle lune, dans les carrefours, en l'honneur de Diane-Hécate, et que les pauvres venaient enlever. »

ils lui déduisent cette perte sur sa nourriture ; mais si leurs femmes ont perdu seulement un denier, il faut alors renverser toute une maison, déranger les lits, transporter des coffres, et chercher dans les recoins les plus cachés. Lorsqu'ils vendent, ils n'ont que cette unique chose en vue, qu'il n'y ait qu'à perdre pour celui qui achète. Il n'est permis à personne de cueillir une figue dans leur jardin, de passer au travers de leur champ, de ramasser une petite branche de palmier, ou quelques olives qui seront tombées de l'arbre. Ils vont tous les jours se promener sur leurs terres, en remarquent les bornes, voient si l'on n'y a rien changé et si elles sont toujours les mêmes. Ils tirent intérêt de l'intérêt[1], et ce n'est qu'à cette condition qu'ils donnent du temps à leurs créanciers. S'ils ont invité à dîner quelques-uns de leurs amis, et qui ne sont que des personnes du peuple, ils ne feignent point[2] de leur faire servir un simple hachis[3] ; et on les a vus souvent aller eux-mêmes au marché pour ces repas, y trouver tout trop cher, et en revenir sans rien acheter. « Ne prenez pas l'habitude, disent-ils à leurs femmes, de prêter votre sel, votre orge, votre farine, ni même du cumin[4], de la marjolaine[5], des gâteaux pour l'autel[6], du coton, de la laine; car ces petits détails ne

1. VAR. (édit. 1-6) : de l'intérêt même.
2. « Ils ne feignent point, » c'est-à-dire « ils ne craignent point. » Voyez le *Lexique*.
3. On a relevé dans cette phrase de la Bruyère deux faux sens, auxquels semble l'avoir conduit la version latine de Casaubon qu'il aura mal comprise : *Populares convivio accipiens, minutas apponet carnes*. Stiévenart a traduit ainsi : « Pour régaler sa bourgade, il ne sert les viandes qu'en menus morceaux. »
4. Une sorte d'herbe. (*Note de la Bruyère*.)
5. Elle empêche les viandes de se corrompre, ainsi que le thym et le laurier. (*Note de la Bruyère*.)
6. Faits de farine et de miel, et qui servoient aux sacrifices. (*Note de la Bruyère*.)

laissent pas de monter, à la fin d'une année, à une grosse somme. » Ces avares, en un mot, ont des trousseaux de clefs rouillées, dont ils ne se servent point, des cassettes où leur argent est en dépôt, qu'ils n'ouvrent jamais, et qu'ils laissent moisir dans un coin de leur cabinet ; ils portent des habits qui leur sont trop courts et trop étroits ; les plus petites fioles contiennent plus d'huile qu'il n'en faut pour les oindre ; ils ont la tête rasée jusqu'au cuir, se déchaussent vers le milieu du jour[1] pour épargner leurs souliers, vont trouver les foulons pour obtenir d'eux de ne pas épargner la craie dans la laine qu'ils leur ont donnée à préparer, afin, disent-ils, que leur étoffe se tache moins[2].

DE L'IMPUDENT OU DE CELUI QUI NE ROUGIT DE RIEN.

L'IMPUDENCE[3] est facile à définir : il suffit de dire que c'est une profession ouverte d'une plaisanterie outrée, comme de ce qu'il y a de plus honteux et de plus contraire à la bienséance. Celui-là, par exemple, est impudent, qui voyant venir vers lui une femme de condition[4], feint dans ce moment quelque besoin pour avoir occasion de se montrer à elle d'une manière déshonnête ; qui se

1. Parce que dans cette partie du jour le froid, en toute saison, étoit supportable. (*Note de la Bruyère*.)
2. C'étoit aussi parce que cet apprêt avec de la craie, comme le pire de tous, et qui rendoit les étoffes dures et grossières, étoit celui qui coûtoit le moins. (*Note de la Bruyère*.)
3. La 8ᵉ édition, et toutes les éditions postérieures, celle de M. Destailleur exceptée, portent : « l'impudent, » ce qui est sans aucun doute une faute d'impression.
4. Ce sont les mots γυναιξὶν ἐλευθέραις (femmes de condition libre et honnête) que la Bruyère traduit par « femme de condition. »

plaît à battre des mains au théâtre lorsque tout le monde se tait, ou y siffler[1] les acteurs que les autres voient et écoutent avec plaisir ; qui couché sur le dos, pendant que toute l'assemblée garde un profond silence, fait entendre de sales hoquets qui obligent les spectateurs de tourner la tête et d'interrompre leur attention. Un homme de ce caractère achète en plein marché des noix, des pommes, toute sorte de fruits, les mange, cause debout avec la fruitière, appelle par leurs noms ceux qui passent sans presque les connoître, en arrête d'autres qui courent par la place et qui ont leurs affaires ; et s'il voit venir quelque plaideur, il l'aborde, le raille et le félicite[2] sur une cause importante qu'il vient de perdre[3]. Il va lui-même choisir de la viande, et louer pour un souper des femmes qui jouent de la flûte ; et montrant à ceux qu'il rencontre ce qu'il vient d'acheter, il les convie en riant d'en venir manger. On le voit s'arrêter devant la boutique d'un barbier ou d'un parfumeur[4], et là annoncer qu'il va faire un grand repas et s'enivrer. Si quelquefois il vend du vin, il le fait mêler[5], pour ses amis comme pour les autres sans distinction. Il ne permet pas à ses enfants d'aller à l'amphithéâtre avant que les jeux soient commencés et lorsque l'on paye pour être placé, mais seulement sur la fin du spectacle et quand l'architecte[6] néglige les places et les donne pour rien. Étant envoyé avec quelques au-

1. VAR. (édit. 1-7) : ou à siffler.
2. VAR. (édit. 1-3) : le raille et le congratule.
3. « De plaider, » dans la 8ᵉ édition et dans la 9ᵉ : faute d'impression qui a été reproduite dans les éditions postérieures jusqu'à celle de Coste, et qui a reparu dans plusieurs des éditions modernes.
4. Il y avoit des gens fainéants et désoccupés qui s'assembloient dans leurs boutiques. (*Note de la Bruyère.*)
5. C'est-à-dire : il y fait mettre de l'eau. Voyez le *Lexique*.
6. L'architecte qui avoit bâti l'amphithéâtre, et à qui la République donnoit le louage des places en payement. (*Note de la Bruyère.*)

tres citoyens en ambassade, il laisse chez soi la somme que le public lui a donnée pour faire les frais de son voyage, et emprunte de l'argent de ses collègues; sa coutume alors est de charger son valet de fardeaux au delà de ce qu'il en peut porter, et de lui retrancher cependant de son ordinaire; et comme il arrive souvent que l'on fait dans les villes des présents aux ambassadeurs, il demande sa part pour la vendre. « Vous m'achetez toujours, dit-il au jeune esclave qui le sert dans le bain, une mauvaise huile, et qu'on ne peut supporter : » il se sert[1] ensuite de l'huile d'un autre et épargne la sienne. Il envie à ses propres valets qui le suivent la plus petite pièce de monnoie qu'ils auront ramassée dans les rues, et il ne manque point d'en retenir sa part avec ce mot : *Mercure est commun*[2]. Il fait pis : il distribue à ses domestiques leurs provisions dans une certaine mesure dont le fond, creux par-dessous, s'enfonce en dedans et s'élève comme en pyramide ; et quand elle est pleine, il la rase lui-même[3] avec le rouleau le plus près qu'il peut[4].... De même, s'il paye à quelqu'un trente

1. Var. (édit. 1-3) : et il se sert.
2. Proverbe grec, qui revient à notre *je retiens part*. (*Note de la Bruyère.*)
3. Dans la 9ᵉ édition : « il rase lui-même. »
4. Quelque chose manque ici dans le texte. (*Note de la Bruyère.*) — « Le manuscrit du Vatican.... complète la phrase que la Bruyère n'a point traduite. Il en résulte le sens suivant : « Il abuse de la com-« plaisance de ses amis pour se faire céder à bon marché des objets « qu'il revend ensuite avec profit. » (*Schweighæuser.*) — Dans le manuscrit du Vatican, la seconde moitié de ce chapitre, y compris la phrase que nous venons de citer, fait partie du chapitre : *du Gain sordide*, l'un des deux chapitres que, du temps de la Bruyère, l'on considérait comme perdus (voyez ci-dessus, p. 14). C'est aux mots : *Si quelquefois il vend du vin*, que commence le fragment restitué par les éditeurs modernes au chapitre *du Gain sordide*, conformément au manuscrit du Vatican.

mines[1] qu'il lui doit, il fait si bien qu'il y manque quatre dragmes[2], dont il profite. Mais dans ces grands repas où il faut traiter toute une tribu[3], il fait recueillir par ceux de ses domestiques qui ont soin de la table le reste des viandes qui ont été servies, pour lui en rendre compte[4] : il seroit fâché de leur laisser une rave à demi mangée.

DU CONTRE-TEMPS.

Cette ignorance du temps et de l'occasion est une manière d'aborder les gens ou d'agir avec eux, toujours incommode et embarrassante. Un importun est celui qui choisit le moment que son ami est accablé de ses propres affaires, pour lui parler des siennes ; qui va souper chez sa maîtresse le soir même qu'elle a la fièvre ; qui voyant que quelqu'un vient d'être condamné en justice de payer pour un autre pour qui il s'est obligé, le prie néanmoins de répondre pour lui ; qui comparoît pour servir de témoin dans un procès que l'on vient de juger ; qui prend le temps des noces où il est invité pour se déchaîner

---

1. Mine se doit prendre ici pour une pièce de monnoie. (*Note de la Bruyère.*)

2. *Dragmes*, petites pièces de monnoie, dont il en falloit cent à Athènes pour faire une mine. (*Note de la Bruyère.*)

3. Athènes était partagée en plusieurs tribus. Voyez (*ci-après*, p. 87) le chapitre *de la Médisance*. (*Note de la Bruyère.*) — Il s'agit ici de *phratrie* et non de tribu : la *phratrie* était une section de tribu. La Bruyère n'a traduit ni le mot grec (φράτορας), ni celui que Casaubon y substitue dans son commentaire (*curiales*), mais le terme employé dans la traduction latine placée en regard du texte (*tribules*).

4. La Bruyère a omis ou plutôt il a traduit à contre-sens les mots αἰτεῖν τοῖς αὑτοῦ παισὶν ἐκ τοῦ κοινοῦ ὄψον, « il demande sur le service commun une portion pour ses esclaves, » ou, selon d'autres, « pour ses enfants. »

contre les femmes ; qui entraîne à la promenade des gens à peine arrivés d'un long voyage et qui n'aspirent qu'à se reposer ; fort capable d'amener des marchands pour offrir d'une chose plus qu'elle ne vaut, après qu'elle est vendue ; de se lever au milieu d'une assemblée pour reprendre un fait dès ses commencements, et en instruire à fond ceux qui en ont les oreilles rebattues et qui le savent mieux que lui ; souvent empressé pour engager dans une affaire des personnes qui ne l'affectionnant point[1], n'osent pourtant refuser d'y entrer. S'il arrive que quelqu'un dans la ville doive faire un festin après avoir sacrifié[2], il va lui demander une portion des viandes qu'il a préparées. Une autre fois, s'il voit qu'un maître châtie devant lui son esclave : « J'ai perdu, dit-il, un des miens dans une pareille occasion : je le fis fouetter, il se désespéra et s'alla pendre. » Enfin, il n'est propre qu'à commettre de nouveau deux personnes qui veulent s'accommoder, s'ils l'ont fait arbitre de leur différend. C'est encore une action qui lui convient fort que d'aller prendre au milieu du repas, pour danser[3], un

1. C'est-à-dire n'y ayant pas de goût, ne se souciant pas d'y entrer.
2. Les Grecs, le jour même qu'ils avoient sacrifié, ou soupoient avec leurs amis, ou leur envoyoient à chacun une portion de la victime. C'étoit donc un contre-temps de demander sa part prématurément, et lorsque le festin étoit résolu, auquel on pouvoit même être invité. (*Note de la Bruyère*.)
3. Cela ne se faisoit chez les Grecs qu'après le repas, et lorsque les tables étoient enlevées. (*Note de la Bruyère*.) — « Le grec, ajoute Schweighæuser, dit seulement : « Il est capable de provoquer à la « danse un ami qui n'a encore bu que modérément, » et c'est dans cette circonstance que se trouve l'inconvenance. Cicéron dit (*pro Muræna*, chapitre vi) : « Nemo fere saltat sobrius, nisi forte insanit; neque in « solitudine, neque in convivio moderato atque honesto : tempestivi « convivii, amœni loci, multarum deliciarum comes est extrema « saltatio. » Mais en Grèce l'usage de la danse était plus général,

homme qui est de sang-froid et qui n'a bu que modérément.

DE L'AIR EMPRESSÉ.

Il semble que le trop grand empressement est une recherche importune, ou une vaine affectation de marquer aux autres de la bienveillance par ses paroles et par toute sa conduite. Les manières d'un homme empressé sont de prendre sur soi l'événement d'une affaire qui est au-dessus de ses forces, et dont il ne sauroit sortir avec honneur ; et dans chose que toute une assemblée juge raisonnable, et où il ne se trouve pas la moindre difficulté, d'insister longtemps sur une légère circonstance, pour être ensuite de l'avis des autres ; de faire beaucoup plus apporter de vin dans un repas qu'on n'en peut boire ; d'entrer dans une querelle où il se trouve présent, d'une manière à l'échauffer davantage. Rien n'est aussi plus ordinaire que de le voir s'offrir à servir de guide dans un chemin détourné qu'il ne connoît pas, et dont il ne peut ensuite trouver l'issue ; venir vers son général, et lui demander quand il doit ranger son armée en bataille, quel jour il faudra combattre, et s'il n'a point d'ordres à lui donner pour le lendemain[1] ; une autre fois s'approcher de son père : « Ma mère, lui dit-il mystérieusement, vient de se coucher et ne com-

---

et le poëte Alexis, cité par Athénée (livre IV, chapitre IV), dit que les Athéniens dansaient au milieu de leurs repas, dès qu'ils commençaient à sentir le vin. Nous verrons au chapitre XV (*voyez ci-après, p.* 65) qu'il était peu convenable de se refuser à ce divertissement. »

1. Il y a ici une légère inexactitude, qui n'est pas due à la version latine. Le texte porte : μετὰ τὴν αὔριον (*in perendinum diem*, dans Casaubon), *pour après-demain, le surlendemain.*

mence qu'à s'endormir; » s'il entre enfin dans la chambre d'un malade à qui son médecin a défendu le vin, dire qu'on peut essayer s'il ne lui fera point de mal, et le soutenir doucement pour lui en faire prendre. S'il apprend qu'une femme soit morte dans la ville, il s'ingère de faire son épitaphe; il y fait graver son nom, celui de son mari, de son père, de sa mère, son pays, son origine, avec cet éloge : *Ils avoient tous de la vertu*[1]. S'il est quelquefois obligé de jurer devant des juges qui exigent son serment : « Ce n'est pas, dit-il en perçant la foule pour paroître à l'audience, la première fois que cela m'est arrivé. »

DE LA STUPIDITÉ[2].

La stupidité est en nous une pesanteur d'esprit qui accompagne nos actions et nos discours. Un homme stupide, ayant lui-même calculé avec des jetons une certaine somme, demande à ceux qui le regardent faire à quoi elle se monte. S'il est obligé de paroître dans un jour prescrit devant ses juges pour se défendre dans un

1. Formule d'épitaphe. (*Note de la Bruyère.*) — « Par cela même, dit Schweighæuser après avoir répété cette note, elle n'était d'usage que pour les morts et devait déplaire aux vivants auxquels elle était appliquée. »

2. Le titre grec de ce caractère (περὶ ἀναισθησίας) est sans doute l'un de ceux qui ont mis la Bruyère dans « l'embarras » dont il parle à la fin du *Discours sur Théophraste* (voyez ci-dessus, p. 30 et 31). Il était difficile, en effet, de le « traduire selon le sens le plus proche de la diction grecque, et en même temps selon la plus exacte conformité avec le chapitre. » L'homme « stupide » dont il s'agit n'est, à vrai dire, qu'un distrait; mais cette fois la Bruyère a préféré la traduction littérale. Nous le verrons du reste, dans un de ses *Caractères* (voyez le chapitre *de l'Homme*, n° 7), appliquer à Ménalque (le distrait) cette même épithète de *stupide*.

LES CARACTÈRES DE THEOPHRASTE. 63

procès que l'on lui fait, il l'oublie entièrement et part pour la campagne. Il s'endort à un spectacle, et il ne se réveille[1] que longtemps après qu'il est fini et que le peuple s'est retiré. Après s'être rempli de viandes le soir, il se lève la nuit pour une indigestion, va dans la rue se soulager, où il est mordu d'un chien du voisinage. Il cherche ce qu'on vient de lui donner, et qu'il a mis lui-même dans quelque endroit, où souvent il ne peut le retrouver. Lorsqu'on l'avertit de la mort de l'un de ses amis afin qu'il assiste à ses funérailles, il s'attriste, il pleure, il se désespère, et prenant une façon de parler pour une autre : « A la bonne heure, » ajoute-t-il; ou une pareille sottise. Cette précaution qu'ont les personnes sages de ne pas donner sans témoin[2] de l'argent à leurs créanciers, il l'a pour en recevoir de ses débiteurs. On le voit quereller son valet, dans le plus grand froid de l'hiver, pour ne lui avoir pas acheté des concombres. S'il s'avise un jour de faire exercer ses enfants à la lutte ou à la course, il ne leur permet pas de se retirer qu'ils ne soient tout en sueur et hors d'haleine. Il va cueillir lui-même des lentilles, les fait cuire, et oubliant qu'il y a mis du sel, il les sale une seconde fois, de sorte que personne n'en peut goûter. Dans le temps d'une pluie incommode, et dont tout le monde se plaint, il lui échappera de dire que l'eau du ciel est une chose délicieuse; et si on lui demande par hasard combien il a vu emporter de morts par la porte Sacrée[3] : « Autant,

1. Var. (édit. 1-6): et ne se réveille.
2. Var. (édit. 1-3) : sans témoins. — Les témoins étoient fort en usage chez les Grecs dans les payements et dans tous les actes. (*Note de la Bruyère.*)
3. Pour être enterrés hors de la ville, suivant la loi de Solon. (*Note de la Bruyère.*) — Comme ce n'était point par la porte Sacrée qu'on se rendait au Céramique, où se faisaient les sépultures, les éditeurs modernes ont substitué à l'ancienne leçon, ἱερὰς πύλας, la

répond-il, pensant peut-être à de l'argent ou à des grains, que je voudrois que vous et moi en pussions avoir. »

DE LA BRUTALITÉ.

La brutalité est une certaine dureté, et j'ose dire une férocité qui se rencontre dans nos manières d'agir, et qui passe même jusqu'à nos paroles. Si vous demandez à un homme brutal : « Qu'est devenu un tel ? » il vous répond durement : « Ne me rompez point la tête. » Si vous le saluez, il ne vous fait pas l'honneur de vous rendre le salut. Si quelquefois il met en vente une chose qui lui appartient, il est inutile de lui en demander le prix, il ne vous écoute pas; mais il dit fièrement à celui qui la marchande : « Qu'y trouvez-vous à dire[1] ? » Il se moque de la piété de ceux qui envoient leurs offrandes dans les temples aux jours d'une grande célébrité : « Si leurs prières, dit-il, vont jusques aux Dieux[2], et s'ils en obtiennent les biens qu'ils souhaitent, l'on peut dire qu'ils les ont bien payés, et que ce n'est pas un présent du ciel[3]. » Il est inexorable à celui qui sans dessein l'aura

conjecture de Meursius, déjà mentionnée dans le commentaire de Casaubon, ἠρίας πύλας, « la porte sépulcrale. »

1. La Bruyère fait ici le même contre-sens que Bénévent dans sa traduction française et Casaubon dans sa version latine (*ecquid inveniat damnandum*). Ce dernier, dans son commentaire, donne à choisir entre ce sens et celui-ci, qu'il indique en français : « Que pensez-vous que j'en trouve ? » La vraie signification, comme l'avait fait remarquer Saumaise, dès 1620, est : *quid pretii mereat hæc res*, « que vaut l'objet ? » ou, comme traduit M. Stiévenart : « il demandera combien vous en offrez. »

2. Tel est le texte de presque toutes les éditions. La 7ᵉ et la 8ᵉ donnent : « jusqu'aux Dieux. »

3. Var. (édit. 1-6) : qu'ils les ont bien payés et qu'ils ne leur sont

poussé légèrement, ou lui aura marché sur le pied : c'est une faute qu'il ne pardonne pas. La première chose qu'il dit à un ami qui lui emprunte quelque argent, c'est qu'il ne lui en prêtera point : il va le trouver ensuite, et le lui donne de mauvaise grâce, ajoutant qu'il le compte perdu. Il ne lui arrive jamais de se heurter à une pierre qu'il rencontre en son chemin, sans lui donner de grandes malédictions. Il ne daigne pas attendre personne ; et si l'on diffère un moment à se rendre au lieu dont l'on est convenu avec lui, il se retire. Il se distingue toujours par une grande singularité : il ne veut ni chanter[1] à son tour, ni réciter dans un repas, ni même danser avec les autres[2]. En un mot, on ne le voit guère dans les temples importuner les Dieux, et leur faire des vœux ou des sacrifices.

DE LA SUPERSTITION.

La superstition semble n'être autre chose qu'une crainte mal réglée de la Divinité. Un homme superstitieux, après avoir lavé ses mains et s'être purifié avec de l'eau lustrale[3], sort du temple, et se promène une grande partie

---

pas donnés pour rien. — Ce passage est très-obscur en grec; les éditeurs plus récents l'ont corrigé par une double conjecture.

1. Var. (édit. 1-6) : Il se distingue toujours par une grande singularité, ne veut ni chanter.

2. Les Grecs récitoient à table quelques beaux endroits de leurs poëtes, et dansoient ensemble après le repas. Voyez (ci-dessus, p. 60) le chapitre du Contre-temps. (Note de la Bruyère.)

3. Une eau où l'on avoit éteint un tison ardent, pris sur l'autel où l'on brûloit la victime ; elle étoit dans une chaudière à la porte du temple ; l'on s'en lavoit soi-même, ou l'on s'en faisoit laver par les prêtres. (Note de la Bruyère.) — Cette note est extraite presque littéralement du commentaire de Casaubon.

du jour avec une feuille de laurier dans sa bouche. S'il voit une belette, il s'arrête tout court, et il ne continue pas de marcher que quelqu'un n'ait passé avant lui par le même endroit que cet animal a traversé, ou qu'il n'ait jeté lui-même trois petites pierres dans le chemin, comme pour éloigner de lui ce mauvais présage. En quelque endroit de sa maison qu'il ait aperçu un serpent, il ne diffère pas d'y élever un autel; et dès qu'il remarque dans les carrefours de ces pierres que la dévotion du peuple y a consacrées, il s'en approche, verse dessus toute l'huile de sa fiole, plie les genoux devant elles, et les adore. Si un rat lui a rongé un sac de farine, il court au devin, qui ne manque pas de lui enjoindre d'y faire mettre une pièce[1]; mais bien loin d'être satisfait de sa réponse, effrayé d'une aventure si extraordinaire, il n'ose plus se servir de son sac et s'en défait. Son foible encore est de purifier sans fin la maison qu'il habite, d'éviter de s'asseoir sur un tombeau, comme d'assister à des funérailles, ou d'entrer dans la chambre d'une femme qui est en couche; et lorsqu'il lui arrive d'avoir pendant son sommeil quelque vision, il va trouver les interprètes des songes, les devins et les augures, pour savoir d'eux à quel dieu ou à quelle déesse il doit sacrifier. Il est fort exact à visiter, sur la fin de chaque mois, les prêtres d'Orphée, pour se faire initier dans ses mystères[2]; il y mène sa femme; ou si elle s'en excuse par d'autres soins, il y fait conduire ses enfants par une nourrice. Lorsqu'il marche par la ville, il

---

1. Il y a un souvenir de ce trait de Théophraste au chapitre *de l'Homme*, dans le caractère d'*Irène*, n° 35.
2. Instruire de ses mystères. (*Note de la Bruyère.*) — Il paraît qu'*initier* n'était pas d'un usage très-fréquent. Furetière (1690), bien que l'infinitif se trouve dans plusieurs dictionnaires antérieurs au sien, ne donne que le participe *initié*, qu'il considère comme un adjectif. Voyez le *Lexique*.

ne manque guère de se laver toute la tête avec l'eau des fontaines[1] qui sont dans les places ; quelquefois il a recours à des prêtresses, qui le purifient d'une autre manière, en liant et étendant autour de son corps[2] un petit chien ou de la squille[3]. Enfin, s'il voit un homme frappé d'épilepsie, saisi d'horreur, il crache dans son propre sein, comme pour rejeter le malheur de cette rencontre.

DE L'ESPRIT CHAGRIN.

L'ESPRIT chagrin fait que l'on n'est jamais content de personne, et que l'on fait aux autres mille plaintes sans fondement. Si quelqu'un fait un festin, et qu'il se souvienne d'envoyer un plat[4] à un homme de cette humeur, il ne reçoit de lui pour tout remerciement que le reproche d'avoir été oublié : « Je n'étois pas digne, dit cet esprit querelleux, de boire de son vin, ni de manger à sa table. » Tout lui est suspect, jusques aux caresses que lui fait sa maîtresse : « Je doute fort, lui dit-il, que vous soyez sincère, et que toutes ces démonstrations d'amitié partent du cœur. » Après une grande sécheresse venant[5] à pleuvoir, comme il ne peut se plaindre de la pluie, il s'en

---

1. VAR. (édit. 1-4): avec de l'eau des fontaines.
2. Ici la Bruyère a eu tort de s'écarter du sens de Casaubon, qui traduit περικαθᾶραι par *circumlatione purgare* : « pour redevenir pur, il fait promener autour de son corps un oignon marin ou un petit chien. »
3. Espèce d'oignon marin. *(Note de la Bruyère.)* — A partir de la 6ᵉ édition, on lit le pluriel *oignons marins*, sans doute par suite d'une faute d'impression de la 5ᵉ, qui donne *oignons marin*.
4. Ç'a été la coutume des Juifs et d'autres peuples orientaux, des Grecs et des Romains. *(Note de la Bruyère.)*
5. VAR. (édit. 1-5) : venant enfin.

prend au ciel de ce qu'elle n'a pas commencé plus tôt. Si le hasard lui fait voir une bourse dans son chemin, il s'incline : « Il y a des gens, ajoute-t-il, qui ont du bonheur; pour moi, je n'ai jamais eu celui de trouver un trésor. » Une autre fois, ayant envie d'un esclave, il prie instamment celui à qui il appartient d'y mettre le prix ; et dès que celui-ci, vaincu par ses importunités, le lui a vendu, il se repent de l'avoir acheté : « Ne suis-je pas trompé? demande-t-il, et exigeroit-on si peu d'une chose qui seroit sans défauts? » A ceux qui lui font les compliments ordinaires sur la naissance d'un fils et sur l'augmentation de sa famille : « Ajoutez, leur dit-il, pour ne rien oublier, sur ce que mon bien est diminué de la moitié. » Un homme chagrin, après avoir eu de ses juges ce qu'il demandoit, et l'avoir emporté tout d'une voix sur son adversaire, se plaint encore de celui qui a écrit ou parlé pour lui, de ce qu'il n'a pas touché les meilleurs moyens de sa cause; ou lorsque ses amis ont fait ensemble une certaine somme pour le secourir dans un besoin pressant, si quelqu'un l'en félicite et le convie à mieux espérer de la fortune : « Comment, lui répond-il, puis-je être sensible à la moindre joie, quand je pense que je dois rendre cet argent à chacun de ceux qui me l'ont prêté, et n'être pas encore quitte envers eux de la reconnoissance de leur bienfait? »

DE LA DÉFIANCE.

L'ESPRIT de défiance nous fait croire que tout le monde est capable de nous tromper. Un homme défiant, par exemple, s'il envoie au marché l'un de ses domestiques pour y acheter des provisions, il le fait suivre par un autre qui doit lui rapporter fidèlement combien elles ont coûté. Si quelquefois il porte de l'argent sur soi dans un voyage, il le calcule à chaque stade[1] qu'il fait, pour voir s'il a son compte. Une autre fois, étant couché avec sa femme, il lui demande si elle a remarqué que son coffre-fort fût bien fermé, si sa cassette est toujours scellée, et si on a eu soin[2] de bien fermer la porte du vestibule ; et bien qu'elle assure[3] que tout est en bon état, l'inquiétude le prend, il se lève du lit, va en chemise[4] et les pieds nus, avec la lampe qui brûle dans sa chambre, visiter lui-même tous les endroits de sa maison, et ce n'est qu'avec beaucoup de peine qu'il s'endort après cette recherche. Il mène avec lui des témoins quand il va demander ses arrérages, afin qu'il ne prenne pas un jour envie à ses débiteurs de lui dénier sa dette. Ce n'est point chez le foulon qui passe pour le meilleur ouvrier qu'il envoie teindre sa robe, mais chez celui qui consent de ne point la recevoir sans donner caution. Si quelqu'un se hasarde de lui emprunter quelques vases[5], il les lui refuse souvent ; ou s'il les accorde, *il ne les laisse pas enlever qu'ils ne soient pesés, il fait suivre celui qui les emporte, et envoie dès le lendemain prier qu'on les lui renvoie*[6].

1. Six cents pas. (*Note de la Bruyère.*) — Il eût été plus exact de dire : six cents *pieds* grecs, pas tout à fait six cents des nôtres. Le *pas* (βῆμα) était l'une des mesures itinéraires des Grecs et faisait deux pieds et demi. Le *pied* attique ou olympique (ποῦς) avait environ un demi-pouce de moins que notre ancien pied.
2. Var. (édit. 1-5) : et si l'on a eu soin.
3. Var. (édit. 1-5) : et bien qu'elle l'assure.
4. Le grec dit γυμνός, *nudus*, que Coray et Stiévenart traduisent par « sans chemise. »
5. D'or ou d'argent. (*Note de la Bruyère.*)
6. Ce qui se lit entre les deux étoiles n'est pas dans le grec, où le sens est interrompu, mais il est suppléé par quelques interprètes. (*Note de la Bruyère.*) — Les mots « ou s'il les accorde, » qui précèdent la première étoile, ne sont pas non plus dans le grec ; mais la

A-t-il un esclave qu'il affectionne[1] et qui l'accompagne dans la ville, il le fait marcher devant lui, de peur que s'il le perdoit de vue, il ne lui échappât et ne prît la fuite. A un homme qui emportant de chez lui quelque chose que ce soit, lui diroit : « Estimez cela, et mettez-le sur mon compte, » il répondroit qu'il faut le laisser où on l'a pris, et qu'il a d'autres affaires que celle de courir après son argent[2].

D'UN VILAIN HOMME.

Ce caractère suppose toujours dans un homme une extrême malpropreté, et une négligence pour sa personne qui passe dans l'excès et qui blesse ceux qui s'en aperçoivent. Vous le verrez quelquefois tout couvert de lèpre, avec des ongles longs et malpropres, ne pas laisser de se mêler parmi le monde, et croire en être quitte pour dire que c'est une maladie de famille, et que son père et son aïeul y étoient sujets. Il a aux jambes des ulcères. On lui voit aux mains des poireaux[3] et d'autres saletés, qu'il néglige de faire guérir ; ou s'il pense à y remédier, c'est lorsque le mal, aigri par le temps, est devenu incurable.

Bruyère les a laissés devant l'étoile, parce que les mots du texte μάλιστα μέν demandent nécessairement après eux un *si*, où, comme le voulait Henri Estienne, un *sinon*, εἰ δὲ μή, « s'il ne les refuse pas, s'il les accorde. » Le manuscrit du Vatican comble cette lacune d'une manière assez conforme à l'une des trois conjectures proposées par Casaubon et suivies par la Bruyère, qui, au lieu de choisir entre elles, les a réunies et traduites toutes ensemble, pour parfaire la phrase tronquée de Théophraste.

1. *Qu'il affectionne* est un trait qu'ajoute la Bruyère.
2. Les additions que présente le manuscrit du Vatican ont modifié notablement, sans le rendre bien clair, le sens de cette fin de chapitre.
3. Var. (édit. 1) : des porreaux.

Il est hérissé de poil sous les aisselles et par tout le corps, comme une bête fauve; il a les dents noires, rongées, et telles que son abord ne se peut souffrir. Ce n'est pas tout : il crache ou il se mouche en mangeant; il parle la bouche pleine, fait en buvant des choses contre la bienséance; il ne se sert jamais[1] au bain que d'une huile qui sent mauvais, et ne paroît guère dans une assemblée publique qu'avec une vieille robe et toute tachée. S'il est obligé d'accompagner sa mère chez les devins, il n'ouvre la bouche que pour dire des choses de mauvaise augure[2]. Une autre fois, dans le temple et en faisant des libations[3], il lui échappera des mains une coupe ou quelque autre vase; et il rira ensuite de cette aventure, comme s'il avoit fait quelque chose de merveilleux. Un homme si extraordinaire ne sait point écouter un concert ou d'excellents joueurs de flûtes[4]; il bat des mains avec violence comme pour leur applaudir, ou bien il suit d'une voix désagréable le même air qu'ils jouent; il s'ennuie de la symphonie, et demande si elle ne doit pas bientôt finir. Enfin, si étant assis à table il veut cracher, c'est justement sur celui qui est derrière lui pour donner à boire[5].

1. Var. (édit. 1-6) : .... contre la bienséance, ne se sert jamais.

2. Les anciens avoient un grand égard pour les paroles qui étoient proférées, même par hasard, par ceux qui venoient consulter les devins et les augures, prier ou sacrifier dans les temples. (*Note de la Bruyère.*) — Dans toutes les éditions du dix-septième siècle et dans une partie de celles du dix-huitième, on lit : *de mauvaise augure.* Voyez le *Lexique*, au mot *Augure.*

3. Cérémonies où l'on répandoit du vin ou du lait dans les sacrifices. (*Note de la Bruyère.*)

4. Il y a ainsi *flûtes*, au pluriel, dans les neuf premières éditions.

5. Dans la 9ᵉ édition : « pour lui donner à boire. » — Le grec dit : « Et voulant cracher par-dessus la table (ὑπὲρ τῆς τραπέζης), il crache sur celui qui verse à boire. »

D'UN HOMME INCOMMODE.

Ce qu'on appelle un fâcheux est celui qui, sans faire à quelqu'un un fort grand tort, ne laisse pas de l'embarrasser beaucoup; qui entrant dans la chambre de son ami qui commence à s'endormir, le réveille pour l'entretenir de vains discours; qui se trouvant sur le bord de la mer, sur le point qu'un homme est prêt[1] de partir et de monter dans son vaisseau, l'arrête sans nul besoin, et l'engage[2] insensiblement à se promener avec lui sur le rivage; qui arrachant un petit enfant du sein de sa nourrice pendant qu'il tette, lui fait avaler quelque chose qu'il a mâché, bat des mains devant lui, le caresse, et lui parle d'une voix contrefaite; qui choisit le temps du repas, et que le potage est sur la table, pour dire qu'ayant pris médecine depuis deux jours, il est allé par haut et par bas, et qu'une bile noire et recuite étoit mêlée dans ses déjections[3]; qui, devant toute une assemblée, s'avise de demander à sa mère quel jour elle a accouché de lui; qui ne sachant que dire, apprend que l'eau de sa citerne est fraîche, qu'il croît dans son jardin de bonnes légumes[4], ou que sa maison est ouverte à tout le monde, comme une hôtellerie; qui s'empresse de faire connoître à ses hôtes un parasite[5]

---

1. Il y a *prêt* dans toutes les éditions publiées du vivant de la Bruyère.
2. Dans les éditions 8 et 9 : « l'arrête sans nul besoin, l'engage.... »
3. Notons la répugnance de la Bruyère à rendre certains détails, ici, par exemple, une comparaison entre la couleur de la bile et celle de la sauce servie sur la table.
4. *Bonnes légumes* est ici le texte de toutes les éditions du dix-septième siècle. Voyez le *Lexique*.
5. Mot grec qui signifie celui qui ne mange que chez autrui. (*Note de la Bruyère.*)

qu'il a chez lui ; qui l'invite à table à se mettre en bonne humeur, et à réjouir la compagnie.

―――

DE LA SOTTE VANITÉ.

La sotte vanité semble être une passion inquiète de se faire valoir par les plus petites choses, ou de chercher dans les sujets les plus frivoles du nom et de la distinction. Ainsi un homme vain, s'il se trouve à un repas, affecte toujours de s'asseoir proche de celui qui l'a convié. Il consacre à Apollon la chevelure d'un fils qui lui vient de naître; et dès qu'il est parvenu à l'âge de puberté, il le conduit lui-même à Delphes, lui coupe les cheveux, et les dépose dans le temple comme un monument d'un vœu solennel qu'il a accompli[1]. Il aime à se faire suivre par un More[2]. S'il fait un payement, il

---

1. Le peuple d'Athènes, ou les personnes plus modestes, se contentoient d'assembler leurs parents, de couper en leur présence les cheveux de leur fils parvenu à l'âge de puberté, et de les consacrer ensuite à Hercule ou à quelque autre divinité qui avoit un temple dans la ville. (*Note de la Bruyère.*) — Dans la 6ᵉ édition et dans toutes les éditions postérieures, sans en excepter les plus récentes, on a imprimé : « et de *le* consacrer ; » mais *le*, qu'on a pris à tort pour une variante, est simplement une faute d'impression*, qui, depuis la 6ᵉ édition, a pris place fort mal à propos dans le texte de la note : on peut s'en convaincre en rapprochant cette note soit du texte même de Théophraste, soit du commentaire de Casaubon, auquel la Bruyère l'a empruntée.

2. *Maure*, dans les sept premières éditions ; *More*, dans la 8ᵉ et la 9ᵉ. — Le grec dit : « un Éthiopien. »

* Nous avons sous les yeux un exemplaire de la 5ᵉ édition où l's de *les* est à peine marquée ; dans d'autres exemplaires probablement, elle ne l'est pas du tout : de là sans doute cette faute de la 6ᵉ et des suivantes.

affecte que ce soit dans une monnoie toute neuve, et qui ne vienne que d'être frappée. Après qu'il a immolé un bœuf devant quelque autel, il se fait réserver la peau du front de cet animal, il l'orne de rubans et de fleurs, et l'attache à l'endroit de sa maison le plus exposé à la vue de ceux qui passent, afin que personne du peuple n'ignore qu'il a sacrifié un bœuf. Une autre fois, au retour d'une cavalcade qu'il aura faite avec d'autres citoyens[1], il renvoie chez soi par un valet tout son équipage, et ne garde qu'une riche robe dont il est habillé, et qu'il traîne le reste du jour dans la place publique. S'il lui meurt un petit chien[2], il l'enterre, lui dresse une épitaphe[3] avec ces mots : *Il étoit de race de Malte*[4]. Il consacre un anneau à Esculape, qu'il use à force d'y pendre des couronnes de fleurs. Il se parfume tous les jours. Il remplit avec un grand faste tout le temps de sa magistrature ; et sortant de charge, il rend compte au peuple avec ostentation des sacrifices qu'il a faits, comme du nombre et

---

1. Dans le texte de la Bruyère, le mot *cavalcade* prend le sens de marche pompeuse. Il s'agit en effet d'une pompe telle que la procession des Panathénées. Le grec signifie littéralement : « ayant célébré une pompe avec les cavaliers. »

2. VAR. (édit. 1-3) : le moindre petit chien.

3. Dans les quatre premières éditions : un épitaphe.

4. Cette île portoit de petits chiens fort estimés. (*Note de la Bruyère*.) — Plusieurs passages de Strabon, Pline, Lucien, Athénée et d'autres auteurs témoignent en effet de la célébrité des chiens de Mélite. D'après quelques interprètes, cette île de Mélite serait l'île de Méléda du golfe Adriatique, et non l'île de Malte ; mais nous pensons qu'ils se trompent. En raison même de la place où Strabon mentionne les chiens de l'île de Mélite (*Géographie*, livre VI, chapitre XXXII), l'on ne peut douter qu'il n'entende parler de l'île de Malte ; c'est donc à bon droit que la plupart des érudits du dix-septième siècle ont pu opposer son témoignage à celui de Pline (livre III, chapitre XXX), qui, sur la foi de Callimaque, fait de Mélite l'île de Méléda. Casaubon ne se prononce pas, non plus que Ménage dans son *Diogène Laërce* (1692, tome II, p. 247).

de la qualité des victimes qu'il a immolées. Alors, revêtu d'une robe blanche, et couronné de fleurs, il paroît dans l'assemblée du peuple : « Nous pouvons, dit-il, vous assurer, ô Athéniens, que pendant le temps de notre gouvernement nous avons sacrifié à Cybèle, et que nous lui avons rendu des honneurs tels que les mérite de nous la mère des Dieux : espérez donc toutes choses heureuses de cette déesse. » Après avoir parlé ainsi, il se retire dans sa maison, où il fait un long récit à sa femme de la manière dont tout lui a réussi au delà même de ses souhaits[1].

DE L'AVARICE.

Ce vice est dans l'homme un oubli de l'honneur et de la gloire, quand il s'agit d'éviter la moindre dépense. Si un homme[2] a remporté le prix de la tragédie[3], il consacre à Bacchus des guirlandes ou des bandelettes faites d'écorce de bois[4], et il fait graver son nom sur un présent si magnifique. Quelquefois, dans les temps difficiles, le peuple est obligé de s'assembler pour régler une contribution capable de subvenir aux besoins de la Répu-

1. Var. (édit. 1-3) : de la manière dont toutes choses se sont passées, et comme elles lui ont réussi au delà de ses souhaits.

2. On lit dans les éditions de Coste, et dans toutes celles qui ont suivi, jusqu'à celle de Walckenaer exclusivement : « Si un tel homme. » Il nous paraîtrait plus vraisemblable qu'après la première phrase du chapitre la Bruyère eût écrit : « Si un homme avare. » Quoi qu'il en soit, le mot qui a été omis dans la première édition, s'il y a eu omission, n'a été rétabli dans aucune de celles qui ont été publiées pendant la vie de l'auteur.

3. Qu'il a faite ou récitée. (*Note de la Bruyère*.) — « Ou plutôt, ajoute Schweighæuser, qu'il a fait jouer par des comédiens nourris et instruits à ses frais. »

4. Var. (édit. 1-6) : faites avec de l'écorce de bois.

blique¹ ; alors il se lève et garde le silence², ou le plus souvent il fend la presse et se retire. Lorsqu'il marie sa fille, et qu'il sacrifie selon la coutume, il n'abandonne de la victime que les parties seules qui doivent être brûlées sur l'autel³ : il réserve les autres pour les vendre ; et comme il manque de domestiques pour servir à table et être chargés⁴ du soin des noces, il loue des gens pour tout le temps de la fête, qui se nourrissent à leurs dépens, et à qui il donne une certaine somme. S'il est capitaine de galère, voulant ménager son lit, il se contente de coucher indifféremment avec les autres sur de la natte qu'il emprunte de son pilote. Vous verrez une autre fois cet homme sordide acheter en plein marché des viandes cuites⁵, toutes sortes⁶ d'herbes, et les porter hardiment dans son sein et sous sa robe ; s'il l'a un jour envoyée chez le teinturier pour la détacher, comme il n'en a pas une seconde pour sortir, il est obligé de garder la chambre. Il sait éviter dans la place la rencontre d'un

1. Les éditions 6-8 donnent : « aux desseins de la République, » ce qui pourrait bien être une faute d'impression.
2. Ceux qui vouloient donner se levoient et offroient une somme ; ceux qui ne vouloient rien donner se levoient et se taisoient. (*Note de la Bruyère.*) — « Après que les Prytanes, dit Casaubon (à qui la Bruyère, selon sa coutume, a emprunté cette note), avaient exposé les besoins de la République et invité les citoyens à contribuer. »
3. C'étoit les cuisses et les intestins. (*Note de la Bruyère.*) — On lit *c'étoit*, au singulier, dans toutes les éditions du dix-septième siècle. — La Bruyère, en traduisant τῶν ἱερείων (les éditions les plus modernes donnent τῶν ἱερῶν) par : « les parties qui doivent être brûlées sur l'autel, » a suivi la dernière interprétation proposée par Casaubon dans son commentaire.
4. Dans les deux premières éditions il y a *domestiques* au pluriel et *chargé* au singulier ; dans la 3ᵉ les deux mots sont au singulier.
5. *Cuites* est une addition de la Bruyère ; le texte dit simplement τὰ κρέα, *carnes*. Il est vrai qu'au pluriel, le mot grec a souvent le sens de « viandes apprêtées. »
6. VAR. (édit. 1) : toute sorte d'herbes.

ami pauvre qui pourroit lui demander, comme aux autres, quelque secours[1] ; il se détourne de lui, et reprend le chemin de sa maison. Il ne donne point de servantes à sa femme, content de lui en louer quelques-unes pour l'accompagner à la ville toutes les fois qu'elle sort. Enfin ne pensez pas que ce soit un autre que lui qui balie[2] le matin sa chambre, qui fasse son lit et le nettoie. Il faut ajouter qu'il porte un manteau usé, sale et tout couvert de taches; qu'en ayant honte lui-même, il le retourne quand il est obligé d'aller tenir sa place dans quelque assemblée.

DE L'OSTENTATION.

Je n'estime pas que l'on puisse donner une idée plus juste de l'ostentation, qu'en disant que c'est dans l'homme une passion de faire montre d'un bien ou des avantages qu'il n'a pas. Celui en qui elle domine s'arrête dans l'endroit du Pirée[3] où les marchands étalent, et où se trouve un plus grand nombre d'étrangers ; il entre en matière avec eux, il leur dit qu'il a beaucoup d'argent sur la mer ; il discourt avec eux des avantages de ce commerce, des gains immenses qu'il y a à espérer pour ceux qui y entrent, et de ceux surtout que lui qui leur

1. Par forme de contribution. Voyez (*ci-dessus*, p. 35 *et* 68) les chapitres *de la Dissimulation* et *de l'Esprit chagrin*. (*Note de la Bruyère*.)
2. Le mot est écrit *ballie* dans les éditions du dix-septième siècle. Les formes *balier* (*ballier*) et *balayer* étaient l'une et l'autre en usage du temps de la Bruyère. Voyez le *Lexique*.
3. Port à Athènes fort célèbre. (*Note de la Bruyère*.) — Dans les dix premières éditions : *Pyrée*. — La Bruyère a adopté dans sa traduction, comme ont fait après lui Coray et Stiévenart, la conjecture de Casaubon, qui propose de lire δείγματι, au lieu de διαζεύγματι.

parle¹ y a faits. Il aborde dans un voyage le premier qu'il trouve sur son chemin, lui fait compagnie, et lui dit bientôt qu'il a servi sous Alexandre², quels beaux vases et tout enrichis³ de pierreries il a rapportés de l'Asie, quels excellents ouvriers s'y rencontrent, et combien ceux de l'Europe leur sont inférieurs⁴. Il se vante, dans une autre occasion, d'une lettre qu'il a reçue d'Antipater⁵, qui apprend que lui troisième est entré dans la Macédoine. Il dit une autre fois que bien que les magistrats lui aient permis tels transports de bois⁶ qu'il lui plairoit sans payer de tribut, pour éviter néanmoins l'envie du peuple, il n'a point voulu user de ce privilége. Il ajoute que pendant une grande cherté de vivres, il a distribué aux pauvres citoyens d'Athènes jusqu'à⁷ la somme de cinq talents⁸; et s'il parle à des gens qu'il ne connoît point, et dont il n'est pas mieux connu, il leur

1. Var. (édit. 1) : lui qui parle.
2. A l'imitation de Casaubon et de la plupart des interprètes et des commentateurs, la Bruyère a substitué le nom d'Alexandre à celui d'Évandre, que donnent, paraît-il, tous les manuscrits.
3. Ici toutes les éditions donnent bien : « tout enrichis. » Comparez plus haut, p. 43, note 1, et p. 44, note 2.
4. C'étoit contre l'opinion commune de toute la Grèce. (*Note de la Bruyère.*) — L'idée exprimée dans cette note est contenue implicitement dans le texte même de Théophraste, où on lit : ἀμφισβητῆσαι, que Casaubon traduit par *dissentientibus aliis contendet*.
5. L'un des capitaines d'Alexandre le Grand, et dont la famille régna quelque temps dans la Macédoine. (*Note de la Bruyère.*)
6. Parce que les pins, les sapins, les cyprès et tout autre bois propre à construire des vaisseaux, étoient rares dans le pays attique, l'on n'en permettoit le transport en d'autres pays qu'en payant un fort gros tribut. (*Note de la Bruyère.*)
7. Les huit premières éditions portent : « jusques à. » — Pour les variantes de ce genre, voyez le *Lexique*; nous ne les relèverons plus dans les notes.
8. Un talent attique, dont il s'agit, valoit soixante mines attiques; une mine, cent dragmes; une dragme, six oboles. Le talent attique

fait prendre des jetons, compter le nombre de ceux à qui il a fait[1] ces largesses; et quoiqu'il monte à plus de six cents personnes, il leur donne à tous des noms convenables; et après avoir supputé les sommes particulières qu'il a données à chacun d'eux, il se trouve qu'il en résulte le double de ce qu'il pensoit, et que dix talents y sont employés, « sans compter, poursuit-il, les galères que j'ai armées à mes dépens, et les charges publiques que j'ai exercées à mes frais et sans récompense. » Cet homme fastueux va chez un fameux marchand de chevaux, fait sortir de l'écurie les plus beaux et les meilleurs, fait ses offres, comme s'il vouloit les acheter. De même il visite les foires les plus célèbres, entre sous les tentes des marchands, se fait déployer une riche robe, et qui vaut jusqu'à deux talents; et il sort en querellant son valet de ce qu'il ose le suivre sans porter de l'or sur lui[2] pour les besoins où l'on se trouve. Enfin, s'il habite une maison dont il paye le loyer, il dit hardiment à quelqu'un qui l'ignore que c'est une maison de famille et qu'il a héritée de son père; mais qu'il veut s'en défaire, seule-

---

valoit quelques* six cents écus de notre monnoie. (*Note de la Bruyère.*) — L'estimation de la Bruyère, qui évalue le talent attique, celui dont il était fait le plus fréquent usage, à quelque six cents écus, c'est-à-dire à dix-huit cents livres environ, est fort au-dessous de celle qui est admise de nos jours, et qui en porte la valeur à cinq mille cinq cent soixante francs quatre-vingt-dix centimes, du temps de Périclès. On pense que cette valeur se conserva jusqu'à la fin du troisième siècle avant Jésus-Christ. A cette époque même, le talent représentait encore une somme de beaucoup supérieure à celle que dit la Bruyère: on l'évalue à cinq mille deux cent vingt-deux francs quarante et un centimes.

1. La 9e édition et d'après elle la 10e donnent, par erreur : « il fait, » pour : « il a fait. »

2. Coutume des anciens. (*Note de la Bruyère.*)

* *Quelques* est l'orthographe de toutes les éditions publiées du vivant de l'auteur.

ment parce qu'elle est trop petite pour le grand nombre d'étrangers qu'il retire chez lui[1].

DE L'ORGUEIL.

Il faut définir l'orgueil une passion qui fait que de tout ce qui est au monde l'on n'estime que soi. Un homme fier et superbe n'écoute pas celui qui l'aborde dans la place pour lui parler de quelque affaire; mais sans s'arrêter, et se faisant suivre quelque temps, il lui dit enfin qu'on peut le voir après son souper[2]. Si l'on a reçu de lui le moindre bienfait, il ne veut pas qu'on en perde jamais le souvenir : il le reprochera en pleine rue, à la vue de tout le monde. N'attendez pas de lui qu'en quelque endroit qu'il vous rencontre, il s'approche de vous et qu'il vous parle le premier; de même, au lieu d'expédier sur-le-champ des marchands ou des ouvriers, il ne feint point[3] de les renvoyer au lendemain matin et à l'heure de son lever. Vous le voyez marcher dans les rues de la ville la tête baissée, sans daigner parler à personne de ceux qui vont et viennent. S'il se familiarise quelquefois jusques à inviter ses amis à un repas, il prétexte des raisons pour ne pas se mettre à table et manger avec eux,

---

1. Par droit d'hospitalité. (*Note de la Bruyère.*)

2. Casaubon, par une conjecture fort simple, qui depuis a été généralement adoptée, a proposé de lire ainsi ce passage de Théophraste : ἀπὸ δείπνου ἐντεύξεσθαι φάσκειν ἐν τῷ περιπατεῖν; et il a traduit : « *a cœna se illum conventurum dicet inter ambulandum*, ce qui signifie : « il lui dira qu'ils se rencontreront après souper à la promenade. » On voit que la Bruyère a rattaché les mots ἐν τῷ περιπατεῖν, *inter ambulandum*, à φάσκειν, *dicet*, au lieu de les faire dépendre de ἐντεύξεσθαι, *se illum conventurum*.

3. Voyez plus haut, p. 55, note 2.

et il charge ses principaux domestiques du soin de les régaler. Il ne lui arrive point de rendre visite à personne sans prendre la précaution d'envoyer quelqu'un des siens pour avertir qu'il va venir[1]. On ne le voit point chez lui lorsqu'il mange ou qu'il se parfume[2]. Il ne se donne pas la peine de régler lui-même des parties[3]; mais il dit négligemment à un valet de les calculer, de les arrêter et les passer à compte. Il ne sait point écrire dans une lettre : « Je vous prie de me faire ce plaisir ou de me rendre ce service, » mais : « J'entends que cela soit ainsi ; j'envoie un homme vers vous pour recevoir une telle chose; je ne veux pas que l'affaire se passe autrement ; faites ce que je vous dis promptement et sans différer. » Voilà son style.

DE LA PEUR, OU DU DÉFAUT DE COURAGE.

CETTE crainte est un mouvement de l'âme qui s'ébranle, ou qui cède[4] en vue d'un péril vrai ou imaginaire, et l'homme timide est celui dont je vais faire la peinture. S'il lui arrive d'être sur la mer et s'il aperçoit de loin des dunes ou des promontoires, la peur lui fait croire que c'est le débris de quelques vaisseaux qui ont fait naufrage sur cette côte; aussi tremble-t-il au moindre flot qui s'élève, et il s'informe avec soin si tous ceux qui navigent[5]

1. Voyez (ci-dessus, p. 38) le chapitre *de la Flatterie*. (*Note de la Bruyère.*)
2. Avec des huiles de senteur. (*Note de la Bruyère.*)
3. *Parties* signifie des *comptes*, des *mémoires de fournitures*.
4. VAR. (édit. 1-7) : et qui cède.
5. Il y a bien *navigent*, et à la note suivante *navigeoient*, dans les neuf premières éditions. Voyez le *Lexique*.

avec lui sont initiés[1]. S'il vient à remarquer que le pilote fait une nouvelle manœuvre, ou semble se détourner comme pour éviter un écueil, il l'interroge, il lui demande avec inquiétude s'il ne croit pas s'être écarté de sa route, s'il tient toujours la haute mer, et si les Dieux sont propices[2]. Après cela il se met à raconter une vision qu'il a eue pendant la nuit, dont il est encore tout épouvanté, et qu'il prend pour un mauvais présage. Ensuite ses frayeurs venant à croître, il se déshabille et ôte jusques à sa chemise pour pouvoir mieux se sauver à la nage[3], et après cette précaution, il ne laisse pas de prier les nautoniers de le mettre à terre. Que si cet homme foible, dans une expédition militaire où il s'est engagé, entend dire que les ennemis sont proches, il appelle ses compagnons de guerre, observe leur contenance sur ce bruit qui court, leur dit qu'il est sans fondement, et que les coureurs n'ont pu discerner si ce qu'ils ont découvert à la campagne sont amis ou ennemis; mais si l'on n'en peut plus douter par les clameurs que l'on entend, et s'il a vu lui-même de loin le commencement du combat, et que quelques hommes aient paru tomber à ses yeux[4], alors feignant que la précipitation et le tumulte lui ont fait oublier ses armes, il court les querir

---

1. Les anciens navigeoient rarement avec ceux qui passoient pour impies, et ils se faisoient initier avant de partir, c'est-à-dire instruire des mystères de quelque divinité, pour se la rendre propice dans leurs voyages. Voyez (*ci-dessus*, p. 66) le chapitre *de la Superstition*. (*Note de la Bruyère*.)

2. Ils consultoient les Dieux par les sacrifices ou par les augures, c'est-à-dire par le vol, le chant et le manger des oiseaux, et encore par les entrailles des bêtes. (*Note de la Bruyère*.)

3. La Bruyère passe ici, nous ne savons pourquoi, les mots διδόναι τῷ παιδί, « donne (sa chemise) à son valet. »

4. La 9ᵉ édition porte : *à ses pieds;* mais c'est là une faute d'impression évidente. Il y a en grec ὁρῶν πίπτοντας, sans rien de plus.

dans sa tente, où il cache son épée sous le chevet de son lit, et emploie beaucoup de temps à la chercher, pendant que d'un autre côté son valet va par ses ordres savoir des nouvelles des ennemis, observer quelle route ils ont prise et où en sont les affaires ; et dès qu'il voit apporter au camp quelqu'un tout sanglant d'une blessure qu'il a reçue, il accourt vers lui, le console et l'encourage, étanche le sang qui coule de sa plaie, chasse les mouches qui l'importunent, ne lui refuse aucun secours, et se mêle de tout, excepté de combattre. Si pendant le temps qu'il est dans la chambre[1] du malade, qu'il ne perd pas de vue, il entend la trompette qui sonne la charge : « Ah ! dit-il avec imprécation, puisses-tu être pendu, maudit sonneur qui cornes incessamment, et fais un bruit enragé qui empêche ce pauvre homme de dormir ! » Il arrive même que tout plein d'un sang qui n'est pas le sien, mais qui a rejailli sur lui de la plaie du blessé, il fait accroire à ceux qui reviennent du combat qu'il a couru un grand risque de sa vie pour sauver celle de son ami ; il conduit vers lui ceux qui y prennent intérêt, ou comme ses parents, ou parce qu'ils sont d'un même pays, et là il ne rougit pas de leur raconter quand et de quelle manière il a tiré cet homme des ennemis[2] et l'a apporté dans sa tente.

1. C'est le mot σκηνῇ (*tente*) que la Bruyère traduit ici par *chambre*. Il lui donne son vrai sens de *tente* à la fin du chapitre.
2. VAR. (édit. 1-3) : des mains des ennemis. — Le grec dit : ὡς αὐτὸς αὐτὸν ταῖς αὑτοῦ χερσὶν ἐπὶ σκηνὴν ἐκόμισεν, et Casaubon traduit : *se illum suis ipsius manibus in tentorium portasse*. La Bruyère ajoute un trait : « a tiré des [mains des] ennemis, » et il en omet un autre : « (l'a apporté) de ses propres mains. » On ne peut guère supposer qu'il se soit trompé sur le sens des mots ταῖς αὑτοῦ χερσίν, et nous avons peine à croire qu'il ait retranché, à partir de la 4ᵉ édition, les mots *des mains*, pour rendre cette supposition impossible. Ce retranchement n'est peut-être que du fait de l'imprimeur.

DES GRANDS D'UNE RÉPUBLIQUE[1].

La plus grande passion de ceux qui ont les premières places dans un État populaire n'est pas le desir du gain ou de l'accroissement de leurs revenus, mais une impatience de s'agrandir et de se fonder, s'il se pouvoit, une souveraine puissance sur celle du peuple[2]. S'il s'est assemblé pour délibérer à qui des citoyens il donnera la commission d'aider de ses soins le premier magistrat dans la conduite d'une fête ou d'un spectacle, cet homme ambitieux, et tel que je viens de le définir, se lève, demande cet emploi, et proteste que nul autre ne peut si bien s'en acquitter. Il n'approuve point la domination de plusieurs, et de tous les vers d'Homère il n'a retenu que celui-ci :

> Les peuples sont heureux quand un seul les gouverne[3].

Son langage le plus ordinaire est tel : « Retirons-nous de cette multitude qui nous environne; tenons ensemble un conseil particulier où le peuple ne soit point admis; essayons même de lui fermer le chemin à la magistrature. » Et s'il se laisse prévenir contre une personne d'une condition privée, de qui il croit avoir reçu quelque injure : « Cela, dit-il, ne se peut souffrir, et il faut que lui ou moi abandonnions la ville. » Vous le voyez se promener dans la place, sur le milieu du jour, avec les ongles

---

1. Le titre grec signifie : *de l'Oligarchie*. Casaubon ajoute : *sive de moribus optimatum*, « ou des mœurs des grands. »

2. Var. (édit. 1-3) : sur la ruine de celle du peuple. — N'y aurait-il pas encore là une faute d'impression? — Ce commencement est une très-longue paraphrase du texte grec, tel qu'il a été restitué par Casaubon.

3. Οὐκ ἀγαθὸν πολυκοιρανίη· εἷς κοίρανος ἔστω.
(*Iliade*, livre II, vers 204.)

propres, la barbe et les cheveux en bon ordre, repousser fièrement ceux qui se trouvent sur ses pas, dire avec chagrin aux premiers qu'il rencontre que la ville est un lieu où il n'y a plus moyen de vivre, qu'il ne peut plus tenir contre l'horrible foule des plaideurs, ni supporter plus longtemps les longueurs, les crieries et les mensonges des avocats, qu'il commence à avoir honte de se trouver assis, dans une assemblée publique ou sur les tribunaux, auprès d'un homme mal habillé, sale, et qui dégoûte, et qu'il n'y a pas un seul de ces orateurs dévoués au peuple qui ne lui soit insupportable. Il ajoute que c'est Thésée[1] qu'on peut appeler le premier auteur de tous ces maux ; et il fait de pareils discours aux étrangers qui arrivent dans la ville, comme à ceux avec qui il sympathise de mœurs et de sentiments.

D'UNE TARDIVE INSTRUCTION.

Il s'agit de décrire quelques inconvénients où tombent ceux qui ayant méprisé dans leur jeunesse les sciences et les exercices, veulent réparer cette négligence dans un âge avancé par un travail souvent inutile. Ainsi un vieillard de soixante ans s'avise d'apprendre des vers par cœur, et de les réciter à table dans un festin[2], où la mémoire venant à lui manquer, il a la confusion de demeurer court. Une autre fois il apprend de son propre fils les évolutions qu'il faut faire dans les rangs à droit[3]

---

1. Thésée avoit jeté les fondements de la république d'Athènes en établissant l'égalité entre les citoyens. (*Note de la Bruyère.*)

2. Voyez (*ci-dessus, p.* 65) le chapitre *de la Brutalité*. (*Note de la Bruyère.*)

3. Voyez le *Lexique*.

ou à gauche, le maniement des armes, et quel est l'usage à la guerre de la lance et du bouclier[1]. S'il monte un cheval que l'on lui a prêté, il le presse de l'éperon, veut le manier, et lui faisant faire des voltes ou des caracoles, il tombe lourdement et se casse la tête. On le voit tantôt, pour s'exercer au javelot, le lancer tout un jour contre l'homme de bois[2], tantôt tirer de l'arc et disputer avec son valet lequel des deux donnera mieux dans un blanc avec des flèches, vouloir d'abord apprendre de lui, se mettre ensuite à l'instruire et à le corriger comme s'il étoit le plus habile. Enfin se voyant tout nu au sortir d'un bain[3], il imite les postures d'un lutteur[4], et par le défaut d'habitude, il les fait de mauvaise grâce, et il s'agite d'une manière ridicule[5].

1. Cette phrase suffirait, ce semble, à montrer que la Bruyère avait le texte grec sous les yeux, en même temps que des traductions latines. Le texte donne : καὶ παρὰ τοῦ υἱοῦ μανθάνειν ἐπὶ τὸ δόρυ καὶ ἐπ ἀσπίδα, ce que Casaubon rend ainsi : *Discit a filio quomodo fiat* [*in acie*] *conversio ad dextra, quomodo item ad sinistra*. On tenait la pique de la main droite et l'on portait le bouclier au bras gauche ; de là le sens des expressions ἐπὶ τὸ δόρυ καὶ ἐπ' ἀσπίδα, employées comme termes de tactique : *à droite et à gauche;* tous les traducteurs que nous avons pu voir l'ont fort bien compris. Seul la Bruyère a pensé qu'il y avait lieu de compléter la version de ses devanciers, et il a rendu à sa manière les mots dont, à son insu, paraît-il, sa propre traduction contenait déjà les équivalents.
2. Une grande statue de bois qui étoit dans le lieu des exercices pour apprendre à darder. (*Note de la Bruyère.*)
3. VAR. (édit. 1-3) : au sortir du bain.
4. Ce mot est écrit *luiteur* dans les éditions 1-3.
5. VAR. (édit. 1) : et s'exerce d'une manière ridicule. — C'est plutôt *s'agite* que demande le grec. — Dans les éditions 2-8 : « et s'agite d'une manière ridicule. »

DE LA MÉDISANCE.

Je définis ainsi la médisance : une pente secrète de l'âme à penser mal de tous les hommes, laquelle se manifeste par les paroles; et pour ce qui concerne le médisant, voici ses mœurs. Si on l'interroge sur quelque autre, et que l'on lui demande quel est cet homme, il fait d'abord sa généalogie : « Son père, dit-il, s'appeloit Sosie[1], que l'on a connu dans le service et parmi les troupes sous le nom de Sosistrate; il a été affranchi depuis ce temps, et reçu dans l'une des tribus de la ville[2]; pour sa mère, c'étoit une noble Thracienne[3], car les femmes de Thrace, ajoute-t-il, se piquent la plupart d'une ancienne noblesse : celui-ci, né de si honnêtes gens, est un scélérat et qui ne mérite que le gibet. » Et retournant à la mère de cet homme qu'il peint avec de si belles couleurs : « Elle est, poursuit-il, de ces femmes qui épient sur les grands chemins les jeunes gens au passage[4], et qui pour ainsi dire les enlèvent et les ravissent. » Dans une compagnie où il se trouve quelqu'un qui parle mal d'une personne absente, il relève la conversation : « Je suis, lui dit-il, de votre sentiment : cet homme m'est odieux, et je ne le puis souffrir. Qu'il est insupportable par sa physionomie ! Y a-t-il un plus grand fripon et des manières plus extravagantes ? Savez-vous

---

1. C'étoit chez les Grecs un nom de valet ou d'esclave. (*Note de la Bruyère.*)

2. Le peuple d'Athènes étoit partagé en diverses tribus. (*Note de la Bruyère.*)

3. Cela est dit par dérision des Thraciennes, qui venoient dans la Grèce pour être servantes, et quelque chose de pis. (*Note de la Bruyère.*)

4. Elles tenoient hôtellerie sur les chemins publics, où elles se mêloient d'infâmes commerces. (*Note de la Bruyère.*)

88   LES CARACTÈRES DE THÉOPHRASTE.

combien il donne à sa femme pour la dépense de chaque repas? Trois oboles[1], et rien davantage; et croiriez-vous que dans les rigueurs de l'hiver et au mois de décembre il l'oblige de se laver avec de l'eau froide? » Si alors quelqu'un de ceux qui l'écoutent se lève et se retire, il parle de lui presque dans les mêmes termes. Nul de ses plus familiers[2] n'est épargné; les morts mêmes[3] dans le tombeau ne trouvent pas un asile contre sa mauvaise langue[4].

1. Il y avoit au-dessous de cette monnoie d'autres encore de moindre prix. (*Note de la Bruyère.*) — Le texte grec parle en effet d'une monnaie inférieure à l'obole : τρεῖς χαλκοῦς ; *tres æris nummulos*, traduit Casaubon; il fallait huit de ces pièces de cuivre pour faire une obole, suivant Schweighæuser.

2. Var. (édit. 1-5) : Nul de ses plus familiers amis. — Le mot *amis* pourrait bien avoir été omis par inadvertance dans la 6ᵉ édition.

3. Dans les éditions 1-8 il y a *même*, sans *s*.

4. Il étoit défendu chez les Athéniens de parler mal des morts*, par une loi de Solon, leur législateur. (*Note de la Bruyère.*)

Dans toutes les éditions modernes de la Bruyère, ce chapitre est suivi de deux autres, intitulés : *du Goût qu'on a pour les vicieux*, et : *du Gain sordide*, chapitres dont la traduction n'a pas été faite par la Bruyère : ils n'ont été découverts qu'au siècle dernier (voyez ci-dessus, p. 14, note 2). Comme nous donnons ici une édition de la Bruyère, et non une traduction complète des *Caractères* de Théophraste, nous nous en tenons à ce qu'a traduit notre auteur.

* Var. (édit. 1-4) : de mal parler des morts.

LES CARACTÈRES

ou

LES MOEURS DE CE SIÈCLE

Admonere voluimus, non mordere;
prodesse, non lædere; consulere moribus hominum, non officere.

ÉRASME[1].

---

1. « Notre intention a été d'avertir, non de mordre; d'être utile, non de blesser; de faire du bien aux mœurs, non du tort aux hommes. » — La 4ᵉ édition des *Caractères* est la première qui porte cette épigraphe, tirée d'une lettre qu'Érasme avait écrite à Martin Dorpius pour répondre aux critiques que celui-ci avait faites de l'*Éloge de la Folie* (voyez *Epistolarum Erasmi libri XXXI, Londini,* 1642, livre XXXI, lettre XLII, fol. 2005). Dans la 4ᵉ édition et dans les trois suivantes, l'épigraphe a été placée avant la traduction de Théophraste, au verso du titre général du volume; à partir de la 8ᵉ, elle figure, comme ici, au verso du titre particulier des *Caractères ou mœurs de ce siècle.*

NOTICE.

ÉTIENNE MICHALLET, imprimeur et libraire, obtint le 8 octobre 1687 un privilége pour l'impression d'un ouvrage anonyme qui avait pour titre : *les Caractères de Théophraste, avec les caractères ou les mœurs de ce siècle*. Le nom de l'auteur, qui allait être si rapidement connu de tout le monde, ne se trouvait pas dans le privilége, et ne devait d'ailleurs, pendant sa vie, figurer sur aucune édition. Le 14 octobre, le privilége était enregistré sur le livre de la communauté des imprimeurs et libraires de Paris, et le 26 janvier 1688, depuis plusieurs jours sans doute, Bussy Rabutin avait entre les mains un exemplaire des *Caractères*[1], qu'il avait reçu du marquis de Termes, ami de la Bruyère.

Les *Caractères* toutefois n'étaient pas encore, à cette date, affichés et mis en vente. Au dix-septième siècle, les livres ne se vendaient d'ordinaire que reliés : aussi l'impression achevée, s'écoulait-il toujours, avant qu'ils prissent place aux montres des boutiques, plusieurs semaines, pendant lesquelles les amis de l'auteur et ceux du libraire pouvaient les lire en feuilles[2].

---

1. Bussy écrit de Versailles, le 26 janvier 1688, à la comtesse de Toulongeon : « Je vous porterai des livres nouveaux ; j'ai peur qu'ils ne vous réjouissent plus que mon retour, car rien n'est plus amusant : ce sont les *Églogues* de Fontenelle, qui me ravissent, *les Caractères de Théophraste* par la Bruyère, les ouvrages de Mme Deshoulières, et *la Manière de bien penser sur les ouvrages d'esprit*, par le P. Bouhours. Tout cela vous plaira fort ; et ne pouvant vous donner plus d'esprit que vous en avez, ils vous donneront toute la délicatesse qu'il faut pour juger bien tout ce que vous lirez. » (*Correspondance de Roger de Rabutin, comte de Bussy*, édition de M. Lud. Lalanne, tome VI, p. 121.)

2. On appelait d'ordinaire livres *en blanc* les livres non reliés. Ce

Si Bussy est bien informé, et si de plus la lettre de remercîment qu'il écrivit à M. de Termes porte une date exacte¹, les *Caractères* n'étaient pas encore livrés au public le 10 mars.

sont des exemplaires *en blanc* que le libraire devait à la bibliothèque du Roi, tandis qu'il était d'usage que l'on offrît au chancelier un exemplaire relié à ses armes. Les relieurs seuls avaient le droit de relier les livres, et sans doute il y avait là encore une cause de retard pour la mise en vente des volumes. Les libraires, il est vrai, pouvaient les coudre, plier, brocher, rogner, et couvrir en papier ou en parchemin ; mais, comme nous l'avons dit, il ne circulait que fort peu de livres brochés. Voyez l'*Édit du Roi* pour le règlement des relieurs et doreurs de livres, registré en Parlement le 7 septembre 1686, in-4°.

1. Cette lettre ne se trouvant point parmi celles dont il nous reste des copies de la main de Bussy, nous ne la connaissons que par les éditions si souvent fautives du dix-huitième siècle*. Quelle qu'en soit la date au surplus, cette lettre présente assez d'intérêt pour que nous la reproduisions en entier :

« A Paris, ce 10° mars 1688.

« J'ai lu avec plaisir, Monsieur, la traduction de Théophraste : elle m'a donné une grande idée de ce Grec ; et quoique je n'entende pas sa langue, je crois que M. de la Bruyère a trop de sincérité pour ne l'avoir pas rendu fidèlement. Mais je pense aussi que le Grec ne se plaindroit pas de son traducteur, de la manière dont il l'a fait parler françois.

« Si nous l'avons remercié, comme nous l'avons dû faire, de nous avoir donné cette version, vous jugez bien quelles actions de grâces nous avons à lui rendre d'avoir joint à la peinture des mœurs des anciens celle des mœurs de notre siècle. Mais il faut avouer qu'après nous avoir montré le mérite de Théophraste par sa traduction, il nous l'a un peu obscurci par la suite. Il est entré plus avant que lui dans le cœur de l'homme ; il y est même entré plus délicatement et par des expressions plus fines. Ce ne sont point des portraits de fantaisie qu'il nous a donnés : il a travaillé d'après nature, et il n'y a pas une décision sur laquelle il n'ait eu quelqu'un en vue. Pour moi, qui ai le malheur d'une longue expérience du monde, j'ai trouvé à tous les portraits qu'il m'a faits des ressemblances peut-être aussi

---

* Elle n'est pas non plus dans la première édition des *Lettres de Bussy* (1697) ; elle a paru d'abord dans les *Nouvelles lettres*, publiées en 1709 (2° partie, p. 290).

L'ouvrage mis en vente, le succès ne se fit pas attendre. Une seconde édition, puis une troisième parurent dans la même année 1688, et la quatrième fut publiée au commencement de 1689. A peine la Bruyère avait-il eu le temps de faire quelques retouches dans la seconde et dans la troisième édition ; mais la quatrième, remaniée et augmentée, était presque une œuvre nouvelle. Le livre reçut encore de considérables augmentations dans les quatre éditions qui suivirent, et qui, publiées en 1690, 1691, 1692, 1694, en continuèrent et entretinrent le succès [1].

Il est trois éditions où la Bruyère a pris soin d'indiquer lui-même les additions qu'elles renferment : dans la cinquième, une marque particulière accompagne les réflexions et les caractères inédits, tandis qu'une marque différente y est affectée aux augmentations qu'avait déjà reçues la quatrième ; dans la septième, une table relève les additions nouvelles, et dans la huitième, une main, figurée à la marge, signale les morceaux qui s'y trouvent insérés pour la première fois.

Pourquoi la Bruyère, dans ces trois éditions, désigne-t-il ainsi les réflexions qu'il vient d'ajouter ? Est-ce amour-propre d'auteur ? est-ce désir d'épargner le temps des lecteurs ? Michallet l'avait-il obtenu de lui dans un intérêt de librairie ? La censure l'a-t-elle exigé ?

---

justes que ses propres originaux, et je crois que pour peu qu'on ait vécu, ceux qui liront son livre en pourront faire une galerie.

« Au reste, Monsieur, je suis de votre avis sur la destinée de cet ouvrage, que, dès qu'il paroîtra, il plaira fort aux gens qui ont de l'esprit, mais qu'à la longue il plaira encore davantage. Comme il y a un beau sens enveloppé sous des tours fins, il sautera aux yeux, c'est-à-dire à l'esprit, à la révision. Tout ce que je viens de vous dire vous fait voir combien je vous suis obligé du présent que vous m'avez fait, et m'engage à vous demander ensuite la connoissance de M. de la Bruyère. Quoique tous ceux qui écrivent bien ne soient pas toujours de fort honnêtes gens, celui-ci me paroît avoir dans l'esprit un tour qui m'en donne bonne opinion et qui me fait souhaiter de le connoître. » (*Correspondance de Bussy*, édition de M. Lud. Lalanne, tome VI, p. 122.)

1. Voyez ci-dessus, pour plus de détails sur chacune de ces éditions, la *Notice bibliographique*.

Bien que cette dernière conjecture, la seule que présente Walckenaer, soit généralement adoptée, elle nous paraît la moins vraisemblable. Pour nous rendre compte des arguments qui peuvent être invoqués à l'appui ou à l'encontre de cette hypothèse, nous examinerons une à une les éditions « augmentées, » et cet examen nous permettra de la rejeter.

Dans la quatrième édition, « corrigée et augmentée, » les *Caractères* ont été presque doublés ; mais la cinquième, qui s'annonce comme « augmentée de plusieurs remarques, » est la première où l'auteur ait noté les passages qu'il avait ajoutés à son travail primitif, et lui-même nous donne la raison qui l'y a décidé : il veut que le lecteur « ne soit point obligé de parcourir ce qui est ancien pour passer à ce qu'il y a de nouveau, et qu'il trouve sous ses yeux ce qu'il a seulement envie de lire. » Comme il avait omis, en publiant la quatrième édition, d'indiquer les additions qu'il avait faites, il les marque également, dans cette même cinquième édition, d'un signe particulier, et ce signe, nous dit-il encore, doit servir à montrer au public « le progrès *des Caractères* et à aider son choix dans la lecture qu'il en voudroit faire. » Ces scrupules d'exactitude s'expliquent tout naturellement. Pourquoi supposer ici l'intervention de la censure ?

La Bruyère avait promis, dans cette cinquième édition, de ne plus rien ajouter à son livre ; mais il n'eut point « la force » de ne pas joindre à la sixième les réflexions nouvelles qu'il avait écrites. Est-ce pour les dissimuler aux yeux des censeurs qu'il n'en a pas fait mention sur le titre ? Évidemment non, puisque sa préface contient l'aveu de cette nouvelle augmentation, et en même temps la preuve qu'il lui était permis de ne point la signaler : « Que si quelqu'un, dit-il, m'accuse d'avoir manqué à ma parole, en insérant dans cette sixième édition un très-petit nombre de nouvelles remarques, que j'avoue ingénument n'avoir pas eu la force de supprimer, il verra du moins qu'en les confondant avec les anciennes par la suppression entière de ces différences qui se voient par apostille, j'ai moins pensé à lui faire lire rien de nouveau qu'à laisser peut-être un ouvrage de mœurs plus complet, plus fini et plus régulier, à la postérité. »

Ne semble-t-il pas que la Bruyère, après avoir librement et

ouvertement cédé, dans les éditions précédentes, au plaisir d'augmenter les *Caractères*, se laisse émouvoir enfin par les conseils des amis qui l'engagent à interrompre ce travail incessant sur un même livre[1]? Les uns voulaient qu'il développât indéfiniment son œuvre, les autres qu'il l'abandonnât et qu'il écrivît un livre nouveau. Les premiers, qu'il proclame « des gens sages, » n'avaient pas eu de peine à le persuader; mais peu à peu il se sent, je crois, plus disposé à se rendre au sentiment des seconds, bien que ce ne soit qu'à la neuvième édition qu'il se conforme à leur avis[2]. Ne plus se faire honneur des augmentations sur le titre et s'en excuser dans la préface, n'est-ce pas déjà une sorte de concession? Si à partir de la sixième édition, la Bruyère imprime en caractères plus fins la traduction de Théophraste, s'il évite avec soin de grossir le volume, n'est-ce pas pour échapper aux représentations de ceux qui lui reprochent de ne savoir « qu'augmenter un livre raisonnable? » C'est à leur adresse du moins, nous pouvons affirmer ce point sans témérité, que dorénavant il reproduira dans toutes ses préfaces la déclaration suivante : « J'ai moins pensé à faire lire rien de nouveau qu'à laisser peut-être un ouvrage de mœurs plus complet, plus fini et plus régulier, à la postérité. »

Quand viendra la septième édition, il ne sera question, ni sur le titre, ni dans la préface même, du complément qu'elle aura reçu. Peut-être la Bruyère s'était-il proposé cette fois de le dissimuler entièrement. Il y renonça bientôt, s'il en est ainsi; car l'édition se termine par une liste qui a pour titre : « Table des nouveaux caractères de cette dernière édition, et de quelques anciens auxquels il a été ajouté. » A qui faut-il attribuer l'addition de cette table? Au libraire sans doute, qui dans son propre intérêt devait tenir à montrer que la septième édition n'était pas simplement la reproduction de la sixième, et qui dans celui même des lecteurs, devait conseiller à la Bruyère de rester fidèle au système d'exactitude qu'il avait précédemment adopté. Si ces indications avaient été demandées par la censure, c'est

---

1. Voyez ci-après, p. 108-111.
2. La 9ᵉ édition ne contient, en effet, rien d'inédit; pendant qu'elle s'imprimait, la Bruyère écrivait les *Dialogues sur le quiétisme*.

aussi par son ordre qu'eussent été faites celles de la cinquième édition et celles de la huitième : or nous avons écarté la conjecture de Walckenaer au sujet de la cinquième, et nous l'accepterons encore moins pour la huitième, à laquelle nous arrivons.

Dans la huitième édition, la dernière qui dût être augmentée, et que pour cette raison peut-être l'auteur nous présente résolûment comme telle sur le titre et dans la préface, nous retrouvons l'avis que toutes différences entre les anciennes et les nouvelles remarques ont été supprimées. Quelques pages plus loin cependant, une marque particulière est placée à côté de la première des réflexions inédites que nous rencontrons, et cette marque, que l'on a « exigée » de l'auteur « pendant le cours de l'édition, » nous est-il dit[1], est reproduite en marge de toutes les additions nouvelles. Qui l'a exigée? La censure, ainsi que l'ont dit MM. Walckenaer, Destailleur, et autres éditeurs? ou bien le libraire? C'est encore Michallet, suivant nous, qui contraignit la Bruyère à l'introduire pendant le cours de l'impression. Bien qu'il ait déclaré dans la préface qu'il ne signalerait plus les accroissements de son livre, la Bruyère cède, mais à la condition qu'une note annoncera qu'il y a été forcé : de là une phrase qui trahit quelque impatience, et qu'il n'eût certainement pas écrite, s'il eût obéi dans cette circonstance aux ordres d'une autorité administrative ou judiciaire. La censure en effet, de quelque nom qu'on l'appelle, n'a jamais souffert aisément qu'un auteur fît part au public de ses *exigences*.

Quelle défiance, au surplus, aurait pu inspirer à la censure cette huitième édition? A la différence de toutes celles qui la séparaient de la première, elle paraissait avec un nouveau privilége, qui permettait la réimpression des *Caractères* et l'impression « des augmentations considérables faites par l'auteur : » or si la censure avait ressenti la moindre inquiétude en voyant s'augmenter encore les *Caractères*, elle en eût certainement demandé, obtenu et examiné la copie avant d'accorder le privilége. Puisqu'elle pouvait prendre par avance ses précautions contre l'auteur, elle n'avait aucun intérêt à exiger de lui,

---

1. Voyez ci-après, p. 124, note 2.

ainsi qu'on le prétend, qu'il désignât publiquement les additions sur le livre imprimé.

Si ce n'est elle, c'est Michallet, nous le répétons sous forme de conclusion, qu'il faut accuser d'avoir fait en quelque sorte violence à la Bruyère. Que ce soit l'auteur ou le libraire qui le premier ait eu la pensée de signaler au lecteur les augmentations de la quatrième et de la cinquième édition, un tel appel à la curiosité publique dut plaire particulièrement au libraire. Michallet regretta, j'imagine, qu'au lieu de le renouveler dans la sixième édition, la Bruyère eût pris le parti de ne plus donner de marque distinctive aux alinéa inédits, et il s'efforça de triompher de sa résolution. Obtenir que la septième édition se terminât par une « table des nouveaux Caractères, » ce n'était réussir qu'à moitié : il l'emporta complétement lorsque s'imprima la huitième. Telle est l'explication que nous proposons de substituer à celle qui a cours dans les éditions récentes, et suivant laquelle la censure n'eût permis qu'à certaines conditions la réimpression des *Caractères*.

A l'exemple de MM. Walckenaer et Destailleur, et pour abréger notre dissertation, nous nous sommes servi jusqu'à présent du mot « censure », en lui donnant une acception qu'il n'avait pas au dix-septième siècle. Au moins nous faut-il dire qu'il n'est pas ici question de l'autorité des personnages auxquels le chancelier confiait l'examen des manuscrits que l'on voulait publier, et pour lesquels on lui demandait un privilége. Une fois l'approbation donnée par le littérateur désigné, son rôle était fini : c'est au lieutenant de police et au chancelier qu'appartenait la surveillance des livres imprimés. Nous ne pouvons affirmer que ni l'un ni l'autre n'aient jamais pris alarme des augmentations que faisait la Bruyère, alors que de la quatrième à la septième édition il renouvelait en quelque sorte son œuvre sans demander un nouveau privilége; mais il ne s'en est encore découvert aucune preuve dans la correspondance administrative du temps, non plus que dans le livre lui-même.

C'est à Théophraste que la Bruyère a emprunté son titre, tout en le modifiant heureusement. Le titre grec, qu'on le traduise : *Caractères moraux*, ou moins littéralement, comme l'a fait notre auteur : *Caractères des mœurs*, ne pouvait s'adapter exactement à son livre. Le *caractère*, suivant la définition de M. Littré, est ce qui distingue au moral une personne d'une autre. Par une extension qu'il est facile de comprendre, ce mot est devenu pour la Bruyère le synonyme de portrait, et c'est, dans une certaine mesure, en réunissant une collection de caractères ou de portraits qu'il a voulu décrire les mœurs de son temps[1]; mais aux portraits qu'il a tracés s'entremêlent toutefois de très-nombreuses réflexions ou remarques[2], dont l'ensemble concourt très-utilement à peindre les mœurs du siècle : le nom de *caractère* ne peut convenir à ces réflexions. Aussi est-ce à tort, selon nous, que les éditeurs, pour la plus grande commodité du langage, ont appelé *caractère* chacun des morceaux, portraits ou réflexions qui composent le livre de la Bruyère. Cette confusion a été faite, il est vrai, dans la table des augmentations qui termine la septième édition; mais on peut douter que cette table ait été rédigée par la Bruyère, et bien qu'il ait tour à tour employé les mots *Remarques* ou *Caractères* en parlant de son ouvrage, nous ne voyons nulle part, cette table écartée, qu'il ait indifféremment appliqué l'une ou l'autre expression à chacun des paragraphes en particulier : l'avantage que présentait à ses yeux le sous-titre de *mœurs* était précisément, sans nul doute, d'embrasser à la fois les caractères et les remarques que contenait le volume.

Le mot de *caractères* fut au surplus bientôt à la mode, et recevant en quelque sorte une acception nouvelle, il servit de titre à un grand nombre des ouvrages de morale que fit naître le succès des *Caractères* de la Bruyère.

Hors les chansons et l'article du *Mercure galant* que nous avons mentionnés en racontant l'admission de la Bruyère

---

1. « En termes de théâtre, dit M. Littré, on entend par *mœurs* ou *mœurs générales* les habitudes qui appartiennent à une nation, à une époque, à tel ou tel âge, à telle ou telle condition. Le *caractère*, qu'on appelle aussi quelquefois les mœurs particulières, est plus spécial à chaque personnage. Dans *Iphigénie*, Achille est ardent, Ulysse est rusé : ce sont deux caractères différents ; mais tous les deux doivent représenter les mœurs grecques ou ce que nous consentons à regarder comme ces mœurs. » (*Dictionnaire de la langue française*, au mot CARACTÈRE.)

2. Voyez le *Lexique*, aux mots CARACTÈRE, REMARQUE et RÉFLEXION.

à l'Académie, il ne se produisit aucune attaque publique contre lui pendant sa vie. Mais en 1699 le chartreux dom Bonaventure d'Argonne fit paraître, sous le pseudonyme de Vigneul-Marville, une critique pleine d'amertume et d'injustice[1] ; et aux premiers jours de l'année 1701, Michel Brunet, le libraire du *Mercure galant*, que la Bruyère avait si mal traité, mit en vente un livre où sous ce titre peu exact : *Sentimens critiques sur les Caractères de Théophraste de Monsieur de la Bruyère*, étaient tour à tour critiqués l'ouvrage de la Bruyère et celui d'un de ses imitateurs, *le Théophraste moderne*. L'approbation était signée de Fontenelle, le *Cydias* des *Caractères*.

L'une et l'autre attaque donnèrent lieu à de longues réfutations. L'apologiste que suscita la dissertation de Bonaventure d'Argonne fut Pierre Coste, qui publia en 1702 la *Défense de M. de la Bruyère et de ses Caractères contre les accusations et objections de M. de Vigneul-Marville*; ce lourd plaidoyer a souvent pris place dans les éditions des *Caractères*.

Il avait été répondu plus promptement aux *Sentimens critiques :* dans le courant de l'année 1701 en effet, le libraire Delespine, successeur de Michallet, avait mis en vente l'*Apologie de Monsieur de la Bruyère ou Réponse à la critique des Caractères de Théophraste* : cette réplique, qui paraissait avec une approbation de Pavillon, le poëte que l'Académie avait préféré à la Bruyère en 1691, était anonyme comme l'avait été la critique. L'auteur de l'*Apologie* toutefois ne se cachait pas avec beaucoup de mystère : on sut bientôt qu'il était avocat, se nommait Brillon, et avait composé plusieurs livres de morale, entre autres *le Théophraste moderne*, auquel avait été consacrée la moitié du livre des *Sentimens critiques*. Brillon, dit Walckenaer, « donna un bel exemple, car au lieu de songer à défendre son propre ouvrage, sévèrement critiqué dans le livre qu'il réfutait, il n'en parla pas, et s'occupa uniquement du livre de la Bruyère[2]. » Ne lui sachons pas trop de gré de sa réserve :

---

1. Elle se trouve dans ses *Mélanges d'histoire et de littérature* (Rouen, 1699, 1 vol. in-12, p. 332-354, et 1701, 3 vol. in-12, tome I, p. 342-369). Voyez, sur cette critique et sur les livres mentionnés ci-après, la *Notice bibliographique*.

2. *Étude sur la Bruyère*, p. 42.

La critique du *Théophraste moderne* n'était pas blessante, et comment eût-elle pu l'être? l'auteur était Brillon lui-même. Attaquant les *Caractères* de la Bruyère dans les *Sentimens critiques*, il s'était fait l'honneur d'attaquer en même temps son propre *Théophraste*; après quoi, il s'était empressé de défendre la Bruyère contre les inoffensives puérilités de l'acte d'accusation qu'il avait dressé, négligeant, comme il vient d'être dit, de plaider contre lui-même sa propre cause dans ce nouvel ouvrage anonyme.

Le secret de la supercherie où s'était exercé sans éclat, comme d'ailleurs sans méchanceté, son talent de dialectique, échappa un jour à Brillon, car au milieu des ouvrages que lui attribue le *Dictionnaire historique* de Moréri à partir de l'édition de 1712, nous voyons figurer la *Critique de M. de la Bruyère* et son *Apologie :* témoignage d'autant moins suspect que Brillon lui-même, dans l'article que contient sur sa propre personne son *Dictionnaire des Arrêts*[1], nous renvoie complaisamment à l'article du continuateur de Moréri.

A défaut de cet aveu, le rapprochement des dates qui suivent permettrait encore de convaincre Brillon du double rôle qu'il a joué. Le privilége de l'*Apologie* est daté du 12 mars 1701, et l'impression en a été terminée le 30 juin de la même année; mais dès le 4 octobre 1700, le manuscrit se trouvait entre les mains de Pavillon, car l'approbation porte cette date : or l'impression des *Sentimens critiques*, autorisée par un privilége du 11 mars 1700, ne devait être achevée que le 24 décembre, c'est-à-dire plus de deux mois après le jour où fut signée l'approbation de l'*Apologie*. A moins de s'inscrire en faux contre la date de cette approbation, il faut bien reconnaître que l'auteur seul des *Sentimens critiques* pouvait être l'auteur de l'*Apologie*, qui en était la réfutation page par page, ligne par ligne. Il suffit au surplus, pour rendre à Brillon ce que l'on a inexactement attribué à l'abbé de Villiers ou à d'Argonne[2], de rapprocher les deux ouvrages : ils trahissent la même main.

1. Voyez la seconde édition (1727), au nom *Brillon*.
2. Voyez ci-dessus la *Notice bibliographique*. Nous retrouverons encore Brillon en commentant dans l'*Appendice* la réflexion 64 du chapitre *des Ouvrages de l'esprit*.

Le calme se fit peu à peu autour du nom de la Bruyère. « Pourquoi, écrivait l'abbé d'Olivet en 1729, les *Caractères* de M. de la Bruyère, que nous avons vus si fort en vogue durant quinze ou vingt ans, commencent-ils à n'être plus si recherchés ? Ce n'est pas que le public se lasse enfin de tout, puisqu'aujourd'hui la Fontaine, Racine, Despréaux ne sont pas moins lus qu'autrefois. Pourquoi, dis-je, M. de la Bruyère n'a-t-il pas tout à fait le même avantage? Prenons-nous-en, du moins en partie, à la malignité du cœur humain. Tant qu'on a cru voir dans ce livre les portraits des gens vivants, on l'a dévoré, pour se nourrir du triste plaisir que donne la satire personnelle; mais à mesure que ces gens-là ont disparu, il a cessé de plaire si fort par la matière, et peut-être aussi que la forme n'a pas suffi toute seule pour le sauver, quoiqu'il soit plein de tours admirables et d'expressions heureuses qui n'étoient pas dans notre langue auparavant[1]. »

L'abbé d'Olivet s'est un peu trop hâté : la Bruyère vit encore, et s'il est vrai que pendant une partie du dix-huitième siècle son livre ait été un peu négligé, la liste des éditions que donne notre *Bibliographie* prouve que lecteurs et admirateurs lui sont bientôt revenus, se renouvelant sans cesse jusqu'à nos jours.

Il est superflu de démontrer que le succès de la Bruyère ne tenait pas simplement à la curiosité maligne de ses contemporains ; mais son livre, nous l'avons déjà reconnu, abondait en portraits de « gens vivants. » Aussi, quoique les auteurs de clefs se soient très-souvent trompés, devrons-nous tenir compte de leurs interprétations : nous donnerons ces interprétations dans un *Appendice*, où elles seront discutées et commentées.

Le texte que nous suivons est celui de la neuvième édition, la dernière qui ait été imprimée du vivant de l'auteur. Nous ne le reproduirons toutefois qu'avec une certaine précaution : les fautes d'impression y abondent, plus encore que dans toutes les éditions précédentes, et les omissions ou les variantes qui s'y remarquent proviennent parfois d'une distraction des imprimeurs, et non d'une correction de l'auteur.

1. *Histoire de l'Académie françoise*, par Pellisson et d'Olivet, édition de M. Livet, tome II, p. 319. Voyez aussi Voltaire, au chapitre XXXI du *Siècle de Louis XIV*.

Pour pénétrer la pensée de la Bruyère, il est souvent utile de connaître la date à laquelle il écrit; il est toujours intéressant d'ailleurs de suivre les développements qu'a reçus son œuvre : aussi, comme MM. Walckenaer et Destailleur, placerons-nous à la fin de chaque alinéa la mention de l'édition où il a paru d'abord, nous dispensant toutefois de donner cette indication pour les alinéa que contient la première édition. Les alinéa que ne suit aucune mention forment donc le texte primitif des *Caractères*, celui que donnent les trois premières éditions; les indications éD. (édition) 4, 5, 6, 7, 8, permettront de se rendre compte des accroissements successifs de l'ouvrage.

Les additions si fréquentes que désignent ces indications, les corrections si nombreuses qui ont multiplié les variantes, et aussi les cartons que l'on peut remarquer dans les éditions originales, sont autant de preuves du soin qu'apportait la Bruyère à compléter et à perfectionner son œuvre. La révision à laquelle il a tant de fois soumis les *Caractères* se révèle encore par d'autres marques, par les déplacements qu'il faisait çà et là, soit qu'il transportât des réflexions d'un chapitre à l'autre, soit qu'il disposât dans un ordre nouveau les remarques dont se composaient les chapitres. Les déplacements qui ont fait passer des alinéa d'un chapitre à l'autre seront notés au bas du texte; les autres sont indiqués dans un tableau spécial, que l'on trouvera ci-dessus dans la *Notice bibliographique*. Le même tableau présente les modifications qui ont été introduites dans la division des remarques : il arrivait souvent que tel alinéa, qui dans une édition formait une réflexion isolée et distincte, fût réuni dans la suivante à un alinéa voisin, ou qu'au contraire tel alinéa, d'abord uni au voisin, en fût ensuite séparé.

Dans les éditions originales, la division des remarques, qui souvent comprennent plusieurs alinéa, est indiquée par un signe d'imprimerie de forme archaïque, que l'on nomme *pied de mouche :* au lieu de le reproduire, nous laisserons des blancs entre chaque remarque. Pour rendre plus nette la division et plus faciles les renvois, nous accompagnerons de numéros d'ordre les morceaux dont se compose chaque chapitre, sans toutefois mettre ces numéros en vedette, comme l'a fait Walckenaer; en séparant les caractères ou remarques par des chiffres placés à travers le texte, on détruit, ainsi que l'a justement dit

M. Destailleur, cette « suite insensible des réflexions » dont a parlé la Bruyère dans sa préface.

Les *Caractères* contiennent çà et là des noms imprimés en petites capitales. « Je nomme nettement les personnes que je veux nommer, toujours dans la vue de louer leur vertu ou leur mérite, dit la Bruyère dans la préface de son discours à l'Académie ; j'écris leurs noms en lettres capitales, afin qu'on les voie de loin et que le lecteur ne coure pas risque de les manquer. » Et en effet il a écrit en capitales, non point tous les noms qui ne sont pas imaginaires, car il en est d'historiques qui sont en italique ou en romain, mais tous ceux sur lesquels il veut appeler l'attention d'une façon particulière.

Un nombre plus considérable de noms propres est en italique. Tous les noms de fantaisie, tous les noms « en l'air, » comme eût pu dire Molière, sont imprimés de cette manière dans les premières éditions, où ils sont d'ailleurs assez rares ; plus tard, lorsque ces noms se multiplient, on n'imprime plus qu'une seule fois en italique ceux qui s'introduisent dans les *Caractères* : s'ils reviennent dans le même morceau, ils sont imprimés en romain ; un peu plus tard encore, ceux-là mêmes qui ont figuré dans la première édition sont, comme les nouveaux, soumis à cette règle uniforme : impression en italique lorsqu'ils apparaissent pour la première fois dans un portrait, impression ordinaire quand ils y sont répétés [1].

La Bruyère imprime également en italique les expressions nouvelles, ou du moins prises dans une acception nouvelle, les expressions familières, celles sur lesquelles il veut insister. Certains mots imprimés d'abord en italique ont cessé de l'être à la huitième édition ou quelquefois plus tôt. La raison de ces modifications n'apparaît pas toujours clairement aux yeux du lecteur : sans doute il a pu arriver qu'une expression, employée avec un sens particulier en 1687 ou 1689, entrât assez rapidement avec ce même sens dans le langage commun, pour que

---

[1]. Cette règle a été suivie dans la plupart des éditions modernes des *Caractères*, et nous l'adopterons nous-même : sauf indication contraire, nous reproduirons les dispositions typographiques de la 9ᵉ édition, dans la mesure où le permettent les habitudes de la typographie moderne.

la Bruyère s'abstînt quelques années plus tard de la souligner; mais on ne peut expliquer par des raisons tirées de l'histoire de la langue toutes les modifications de ce genre que contiennent les éditions originales. A-t-il fallu tenir compte de l'embarras où pouvait se trouver une imprimerie dont les casiers étaient peu garnis? Voyant s'accroître le nombre des mots soulignés, Michallet a-t-il obtenu de la Bruyère qu'il restreignît l'usage des italiques, sinon pour éviter aux compositeurs un surcroît de travail, du moins pour ne pas contraindre l'imprimerie à faire graver de nouveaux caractères? Quoi qu'il en soit, en même temps qu'il adoptait pour les noms de fantaisie la règle que nous venons d'indiquer, et qu'il enlevait les italiques aux prénoms, à divers noms de lieux ou de personnages connus, à bon nombre d'expressions primitivement soulignées, la Bruyère usait quelquefois encore de ces mêmes lettres dans les additions qu'il faisait à son livre, et même les employait pour quelques-uns des mots qu'il avait imprimés en lettres ordinaires dans les premières éditions. A l'exception de ceux qui portent sur les noms fictifs et de quelques autres de minime importance, ces divers changements seront relevés au bas des pages : il n'est pas sans intérêt en effet de savoir quels mots la Bruyère a cru devoir souligner dans toutes ses éditions, pour quels autres il a cru pouvoir abandonner à certain moment l'usage des italiques, et enfin pour quelles expressions il a regretté de ne s'en être pas servi tout d'abord.

Peut-être trouvera-t-on que nous notons avec trop d'insistance des minuties bibliographiques; mais s'il est un livre où toute minutie de ce genre doive appeler l'attention d'un éditeur, c'est celui que nous réimprimons. Les preuves abondent que la Bruyère attachait une sérieuse importance aux indications qu'il donnait à l'imprimerie, et que s'il n'était pas plus attentif que la plupart de ses contemporains à corriger les fautes qui se glissaient dans ses épreuves, il ne permettait pas du moins que l'imprimeur disposât son livre d'une manière arbitraire : la surveillance qu'il exerçait à cet égard nous impose le devoir d'étudier en leurs moindres détails les éditions qu'il a publiées lui-même.

LES CARACTÈRES

ou

LES MŒURS DE CE SIÈCLE.

Je[1] rends au public ce qu'il m'a prêté ; j'ai emprunté de lui la matière de cet ouvrage : il est juste que l'ayant achevé avec toute l'attention pour la vérité dont je suis capable, et qu'il mérite de moi, je lui en fasse la restitution. Il peut regarder avec loisir ce portrait que j'ai fait de lui d'après nature, et s'il se connoît quelques-uns des défauts que je touche, s'en corriger[2]. C'est l'unique fin que l'on doit se proposer en écrivant, et le succès aussi que l'on doit moins se promettre ; mais comme les hommes ne se dégoûtent point du vice, il ne faut pas aussi se lasser de leur reprocher[3] : ils seroient

---

1. Dans les trois premières éditions, la préface des *Caractères* se réduit aux deux premières et aux trois dernières phrases de l'introduction qu'on va lire. Remaniée et augmentée dans les éditions suivantes, elle reçut dans la 8ᵉ sa forme définitive. Les retouches successives qu'elle a subies y ont introduit, comme on le pourra voir, quelque confusion. — Nous rappellerons qu'il faut rapprocher de cette préface, pour la compléter, une partie du *Discours sur Théophraste*, et quelques passages de la préface du discours prononcé par la Bruyère à l'Académie française.

2. Après ce début, l'auteur continue ainsi dans les trois premières éditions : « Ce ne sont point des maximes que j'aie voulu écrire : elles sont, etc. » Voyez ci-après, p. 111, note 1.

3. *De le leur reprocher*, dans les éditions de Coste et dans plusieurs

peut-être pires, s'ils venoient à manquer de censeurs ou de critiques ; c'est ce qui fait que l'on prêche et que l'on écrit. L'orateur et l'écrivain ne sauroient vaincre la joie qu'ils ont d'être applaudis; mais ils devroient rougir d'eux-mêmes s'ils n'avoient cherché par leurs discours ou par leurs écrits que des éloges; outre que l'approbation la plus sûre et la moins équivoque est le changement de mœurs et la réformation de ceux qui les lisent ou qui les écoutent. On ne doit parler, on ne doit écrire que pour l'instruction ; et s'il arrive que l'on plaise, il ne faut pas néanmoins s'en repentir, si cela sert à insinuer et à faire recevoir les vérités qui doivent instruire. Quand donc il s'est glissé dans un livre quelques pensées ou quelques réflexions qui n'ont ni le feu, ni le tour, ni la vivacité des autres, bien qu'elles semblent y être admises pour la variété, pour délasser l'esprit, pour le rendre plus présent et plus attentif à ce qui va suivre, à moins que d'ailleurs elles ne soient sensibles, familières, instructives, accommodées au simple peuple, qu'il n'est pas permis de négliger, le lecteur peut les condamner, et l'auteur les doit proscrire : voilà la règle. Il y en a une autre, et que j'ai intérêt que l'on veuille suivre, qui est de ne pas perdre mon titre de vue, et de penser toujours, et dans toute la lecture de cet ouvrage, que ce sont les caractères ou les mœurs de ce siècle que je décris [1] ; car bien que je les tire souvent de la cour de

éditions modernes; mais on lit : *de leur reprocher*, dans toutes les éditions du dix-septième siècle. Voyez le *Lexique*, au mot IL, LE.

1. VAR. (édit. 4) : ou les mœurs du siècle que je décris. Après cette seule précaution, et dont on pénètre assez les conséquences.... (voyez ci-après, p. 107). — (Édit. 5-7) : ou les mœurs *de ce siècle* que je décris. Après cette précaution si nécessaire, et dont on pénètre assez les conséquences.... — Dans les éditions 5-7, la Bruyère fit imprimer en italique les mots *de ce siècle ;* ce n'était pas assez pour

France et des hommes de ma nation, on ne peut pas néanmoins les restreindre à une seule cour, ni les renfermer en un seul pays, sans que mon livre ne perde beaucoup de son étendue et de son utilité, ne s'écarte du plan que je me suis fait d'y peindre les hommes en général, comme des raisons qui entrent dans l'ordre des chapitres et dans une certaine suite insensible des réflexions qui les composent. Après cette précaution si nécessaire [1], et dont on pénètre assez les conséquences, je crois pouvoir protester contre tout chagrin, toute plainte, toute maligne interprétation, toute fausse application et toute censure, contre les froids plaisants et les lecteurs mal intentionnés [2] : il faut savoir lire, et ensuite se taire, ou pouvoir rapporter ce qu'on a lu, et ni

rendre sa pensée complétement claire : aussi la développa-t-il dans la 8ᵉ édition. Neuf ou dix mois avant que parût cette édition, Charpentier, recevant la Bruyère à l'Académie, l'avait comparé à Théophraste dans les termes qui suivent : « Théophraste, lui avait-il dit, a traité la chose d'un air plus philosophique : il n'a envisagé que l'universel ; vous êtes plus descendu dans le particulier. Vous avez fait vos portraits d'après nature ; lui n'a fait les siens que sur une idée générale. Vos portraits ressemblent à de certaines personnes, et souvent on les devine ; les siens ne ressemblent qu'à l'homme. Cela est cause que ses portraits ressembleront toujours ; mais il est à craindre que les vôtres ne perdent quelque chose de ce vif et de ce brillant qu'on y remarque, quand on ne pourra plus les comparer avec ceux sur qui vous les avez tirés. » C'est peut-être en souvenir de ce parallèle désobligeant que la Bruyère revint sur sa phrase pour déclarer bien nettement cette fois qu'il avait peint les mœurs des hommes de son temps en général, et non simplement celles de la cour de France, ou même celles des Français.

1. Var. (édit. 4) : Après cette seule précaution. — Voyez le commencement de la note précédente.
2. Ici se termine le morceau que la Bruyère avait ajouté dans la 4ᵉ édition. Après cette phrase venait la dernière partie de la première préface : « Ce ne sont point au reste des maximes.... » Ce qui suit a été ajouté dans la 5ᵉ édition.

plus ni moins que ce qu'on a lu ; et si on le peut quelquefois, ce n'est pas assez, il faut encore le vouloir faire : sans ces conditions, qu'un auteur exact et scrupuleux est en droit d'exiger de certains esprits pour l'unique récompense de son travail, je doute qu'il doive continuer d'écrire, s'il préfère du moins sa propre satisfaction à l'utilité de plusieurs et au zèle de la vérité. J'avoue d'ailleurs que j'ai balancé dès l'année M.DC.LXXXX, et avant la cinquième édition, entre l'impatience [1] de donner à mon livre plus de rondeur et une meilleure forme par de nouveaux caractères [2], et la crainte de faire dire à quelques-uns : « Ne finiront-ils point, ces *Caractères*, et ne verrons-nous jamais autre chose de cet écrivain? » Des gens sages me disoient d'une part : « La matière est solide, utile, agréable, inépuisable ; vivez longtemps, et traitez-la sans interruption pendant que vous vivrez : que pourriez-vous faire de mieux? il n'y a point d'année que les folies des hommes ne puissent vous fournir un volume. » D'autres, avec beaucoup de raison, me faisoient redouter [3] les caprices de la multitude et la légèreté du public, de qui j'ai néanmoins de si grands sujets d'être content, et ne manquoient pas [4] de me sug-

---

1. VAR. (édit. 5) : J'avoue d'ailleurs que j'ai balancé quelque temps entre l'impatience.... — (Édit. 6) : J'avoue d'ailleurs que j'ai balancé dès l'année dernière, et avant la cinquième édition, entre l'impatience.... — La rédaction qui est restée définitive appartient à la 7e édition. — On a imprimé M.DC.LXXXX, au lieu de M.DC.XC, comme on ferait aujourd'hui, dans toutes les éditions du dix-septième siècle.
2. VAR. (édit. 5) : à mon livre toute sa rondeur et toute sa forme par ces nouveaux et derniers caractères. — (Édit. 6 et 7) : à mon livre plus de rondeur et plus de forme par de nouveaux caractères.
3. VAR. (édit. 5) : m'ont fait redouter.
4. VAR. (édit. 5) : et n'ont pas manqué.

gérer que personne presque depuis trente années n'e
lisant plus que pour lire, il falloit aux hommes, pour
les amuser, de nouveaux chapitres et un nouveau titre;
que cette indolence avoit rempli les boutiques et peuplé
le monde, depuis tout ce temps, de livres froids et ennuyeux, d'un mauvais style et de nulle ressource, sans
règles et sans la moindre justesse, contraires aux mœurs
et aux bienséances, écrits avec précipitation, et lus de
même, seulement par leur nouveauté; et que si je ne
savois qu'augmenter un livre raisonnable, le mieux que
je pouvois faire étoit de me reposer. Je pris alors quelque chose de ces deux avis si opposés, et je gardai un
tempérament qui les rapprochoit : je ne feignis point
d'ajouter[1] quelques nouvelles remarques à celles qui
avoient déjà grossi du double la première édition de mon
ouvrage; mais afin que le public ne fût point obligé de
parcourir ce qui étoit ancien pour passer à ce qu'il y avoit
de nouveau, et qu'il trouvât sous ses yeux ce qu'il avoit
seulement envie de lire, je pris soin[2] de lui désigner
cette seconde augmentation par une marque particulière[3];

1. VAR. (édit. 5) : Je prends quelque chose de ces deux avis si
opposés, et je garde un tempérament qui les rapproche : je ne feins
point d'ajouter ici. — Voyez ci-dessus, p. 55, note 2.

2. VAR. (édit. 5) : mais afin que le public ne soit point obligé de
parcourir ce qui est ancien pour passer à [ce] qu'il y a de nouveau, et
qu'il trouve sous ses yeux ce qu'il a seulement envie de lire, j'ai pris
soin....

3. VAR. (édit. 5) : par une marque particulière et telle qu'elle se
voit par apostille. — Cette marque était un pied de mouche entre de
doubles parenthèses : ((¶)). Elle était placée ici en marge dans la
préface de la 5ᵉ édition et des suivantes, de même que la marque
dont il est parlé plus bas : voyez la note 2 de la page suivante. Un
simple pied de mouche, sans parenthèses, est le signe, comme nous
l'avons dit ci-dessus, p. 102, que la Bruyère avait adopté pour séparer
les *caractères* ou les remarques. Ce signe figure donc dans toutes les
éditions du dix-septième siècle, en tête de chaque morceau distinct,

je crus aussi[1] qu'il ne seroit pas inutile de lui distinguer la première augmentation par une autre plus simple[2], qui servît à lui montrer le progrès de mes *Caractères*, et à aider son choix dans la lecture qu'il en voudroit faire; et comme il pouvoit craindre que ce progrès n'allât à l'infini, j'ajoutois[3] à toutes ces exactitudes une promesse sincère de ne plus rien hasarder en ce genre[4]. Que si quelqu'un m'accuse d'avoir manqué à ma parole, en insérant dans les trois éditions qui ont suivi un assez grand nombre de nouvelles remarques[5], il verra du moins qu'en les confondant avec les anciennes par la suppression entière de ces différences qui se voient par apostille[6], j'ai moins pensé à

---

et l'adjonction de parenthèses indique dans la 5ᵉ les différences dont il est question ici et deux lignes plus loin.

1. VAR. (édit. 5) : j'ai cru aussi.

2. Cette autre marque est un pied de mouche entre de simples parenthèses : (¶).

3. VAR. (édit. 5) : et comme il pourroit craindre que ce progrès n'allât à l'infini, j'ajoute.

4. Ici se termine le morceau que la Bruyère ajouta dans la 5ᵉ édition. La phrase qui suit a paru dans la 6ᵉ.

5. VAR. (édit. 6) : en insérant dans cette sixième édition un très-petit nombre de nouvelles remarques, que j'avoue ingénument n'avoir pas eu la force de supprimer. — (Édit. 7) : en insérant dans une sixième édition un petit nombre de nouvelles remarques, que j'avoue ingénument n'avoir pas eu la force de supprimer.

6. « Par apostille, » c'est-à-dire à la marge. Voyez ci-dessus, p. 109, note 3. — Les signes dont il s'agit n'ont point reparu en effet dans la 6ᵉ édition ; mais dans les 7ᵉ et 8ᵉ éditions, la Bruyère indiqua par d'autres moyens les augmentations qu'il avait faites à chacune d'elles. Une table, placée à la fin de la 7ᵉ, contenait la liste des augmentations qu'elle avait reçues ; une main, figurée en marge, accompagnait dans le cours de la 8ᵉ chacun des alinéa nouveaux qu'elle renfermait. La déclaration que l'on vient de lire était donc inexacte, du moins pour cette dernière édition ; mais au moment où s'imprimait la feuille qui la contient, la Bruyère ne savait pas en-

lui faire lire rien de nouveau qu'à laisser peut-être un ouvrage de mœurs plus complet, plus fini et plus régulier, à la postérité. Ce ne sont point au reste des maximes que j'aie voulu écrire[1] : elles sont comme des lois dans la morale, et j'avoue que je n'ai ni assez d'autorité ni assez de génie pour faire le législateur; je sais même que j'aurois péché contre l'usage des maximes, qui veut qu'à la manière des oracles elles soient courtes et concises. Quelques-unes de ces remarques le sont, quelques autres sont plus étendues : on pense[2] les choses d'une manière différente, et on les explique[3] par un tour aussi tout différent, par une sentence[4], par un raisonnement, par une métaphore ou quelque autre figure, par un parallèle, par une simple comparaison, par un fait tout entier, par un seul trait[5], par une description, par une peinture : de là procède la longueur ou la brièveté de mes réflexions[6]. Ceux enfin[7] qui font des maximes veu-

---

core qu'il n'aurait pas la liberté de confondre l'ancien et le nouveau texte par la suppression de toutes « différences » (voyez ci-dessus, p. 96). A la 9ᵉ édition, qui n'avait pas été augmentée, cette déclaration devint exacte; mais ce rappel de signes qui avaient disparu rendait la préface obscure.

1. Var. (édit. 1-3) : Ce ne sont point des maximes que j'aie voulu écrire. « Que *j'aie* voulu écrire » est le texte de toutes les éditions du dix-septième siècle. — Nous revenons ici à la première préface.
2. Var. (édit. 1-5) : l'on pense.
3. Var. (édit. 1-3) : et on les exprime.
4. Var. (édit. 1-3) : par un tour aussi tout différent, par une définition, par une sentence.
5. Var. (édit. 1-4) : par une simple comparaison, par un trait. — Les mots « par un fait tout entier » ont été ajoutés dans la 5ᵉ édition : l'histoire d'*Émire*, en souvenir de laquelle, sans aucun doute, la Bruyère a fait cette addition, avait paru pour la première fois dans la 3ᵉ (voyez le chapitre *des Femmes*, p. 195, n° 81).
6. Var. (édit. 1-5) : de mes remarques.
7. Var. (édit. 1-4) : Ceux d'ailleurs.

lent être crus : je consens, au contraire, que l'on dise de moi que je n'ai pas quelquefois bien remarqué, pourvu que l'on remarque mieux [1].

[1]. Pour présenter plus clairement la suite des augmentations qu'a reçues, de la 4ᵉ à la 8ᵉ édition, la préface des *Caractères*, nous rappellerons ici les premiers mots des morceaux que la Bruyère a écrits à des dates différentes, en indiquant l'édition dans laquelle chaque fragment a été publié pour la première fois :

Édition 1. Je rends au public.................... (p. 105).
— 4. C'est l'unique fin.................... (p. 105).
— 8. Car bien que je les tire................ (p. 106).
— 4. Après cette précaution................. (p. 107).
— 5. Il faut savoir lire..................... (p. 107).
— 6. Que si quelqu'un..................... (p. 110).
— 1. Ce ne sont point..................... (p. 111).

DES OUVRAGES DE L'ESPRIT.

Tout est dit, et l'on vient trop tard depuis plus de sept mille ans[1] qu'il y a des hommes, et qui pensent[2]. Sur ce qui concerne les mœurs, le plus beau et le meilleur est enlevé; l'on ne fait que glaner après les anciens et les habiles d'entre les modernes[3]. 1.

Il faut chercher seulement à penser et à parler juste, sans vouloir amener les autres à notre goût et à nos sentiments; c'est une trop grande entreprise. 2.

C'est un métier que de faire un livre, comme de faire une pendule : il faut plus que de l'esprit pour être auteur. Un magistrat alloit par son mérite à la première 3.

---

1. Remarquons que la Bruyère n'adopte pas, comme l'avait fait Bossuet sept ans auparavant dans son *Discours sur l'histoire universelle*, la date qu'avait assignée à la création du monde l'Irlandais Usher en 1650 (4004 avant J. C.), non plus que celle qui, imprimée dans la *Chronologie françoise* du P. Labbe (4053 avant J. C.), était sans doute enseignée dans les colléges des Jésuites. Rejetant l'une et l'autre, il s'en tient à celle de Suidas, d'Onuphre Panvino, ou des *Tables alphonsines* (6000 ans ou plus avant J. C.).

2. Sur ce tour, que nous retrouverons ailleurs dans la Bruyère, voyez le *Lexique*, au mot Qui.

3. Tout alinéa, nous le rappelons ici, que n'accompagne aucune indication bibliographique, se trouve dans la 1re édition de la Bruyère. Ceux qui ont paru pour la première fois dans les 4e, 5e, 6e, 7e ou 8e éditions sont suivis de la mention ÉD. 4, 5, 6, 7, ou 8. — Cette mention s'applique uniquement à l'alinéa qu'elle termine; ainsi un peu plus loin, page 120, l'annotation ÉD. 6 signifie que l'alinéa qui commence par les mots *Ces gens*, et non la réflexion 21 tout entière, a pour la première fois été publié dans la 6e édition; l'alinéa précédent (*Bien des gens*, etc.) date de la 1re.

dignité, il étoit homme délié et pratique¹ dans les affaires : il a fait imprimer un ouvrage moral, qui est rare par le ridicule.

4. Il n'est pas si aisé de se faire un nom par un ouvrage parfait, que d'en faire valoir un médiocre par le nom qu'on s'est déjà acquis.

5. Un ouvrage satirique ou qui contient des faits², qui est donné en feuilles sous le manteau aux conditions d'être rendu de même, s'il est médiocre, passe pour merveilleux ; l'impression est l'écueil.

6. Si l'on ôte de beaucoup d'ouvrages de morale l'avertissement au lecteur, l'épître dédicatoire, la préface, la table, les approbations³, il reste à peine assez de pages pour mériter le nom de livre.

7. Il y a de certaines choses dont la médiocrité est insupportable : la poésie⁴, la musique, la peinture, le discours public.

1. Il y a *pratic* dans les huit premières éditions ; ce n'est qu'à la 9ᵉ que l'on a imprimé *pratique*.
2. VAR. (édit. 1 et 2) : ou qui a des faits. — Par le mot *fait*, la Bruyère entend « une anecdote » (voyez le *Lexique*). On pourrait citer les satires de Boileau comme exemple d'un ouvrage satirique, et l'*Histoire amoureuse des Gaules*, de Bussy Rabutin, comme exemple d'ouvrage qui contient des faits ; mais ici l'auteur a en vue, qui pourrait en douter ? des satires et des libelles d'un ordre inférieur, et non les satires de Boileau et le pamphlet de Bussy.
3. Il s'agit des approbations des censeurs.
4. Montaigne a dit (*Essais*, livre II, chapitre XVII) : « On peult faire le sot par tout ailleurs, mais non en la poésie :
Mediocribus esse poetis
Non Di, non homines, non concessere columnæ *.
Pleust à Dieu que cette sentence se trouvast au front des bou-

* Horace, *Art poétique*, vers 372 et 373.

DES OUVRAGES DE L'ESPRIT.

Quel supplice que celui d'entendre déclamer pompeusement un froid discours, ou prononcer de médiocres vers avec[1] toute l'emphase d'un mauvais poëte !

Certains[2] poëtes sont sujets, dans le dramatique, à de longues suites de vers pompeux qui semblent forts, élevés, et remplis de grands sentiments. Le peuple écoute avidement, les yeux élevés et la bouche ouverte, croit que cela lui plaît, et à mesure qu'il y comprend moins, l'admire davantage[3] ; il n'a pas le temps de respirer, il a à peine celui de se récrier et d'applaudir. J'ai cru autrefois, et dans ma première jeunesse, que ces endroits étoient clairs et intelligibles pour les acteurs, pour le parterre et l'amphithéâtre, que leurs auteurs s'entendoient eux-mêmes, et qu'avec toute l'attention que je donnois à leur récit, j'avois tort de n'y rien entendre : je suis détrompé. (ÉD. 5.)

L'on n'a guère vu jusques à présent un chef-d'œuvre d'esprit qui soit l'ouvrage de plusieurs : Homère a fait

8.

9.

---

tiques de touts nos imprimeurs, pour en deffendre l'entrée à tant de versificateurs ! » Voyez aussi Boileau, *Art poétique*, chant IV, vers 29 et suivants.

1. VAR. (édit. 1-3) : Quel supplice que celui d'entendre prononcer de médiocres vers avec, etc.

2. Cette réflexion est la première de celles qui ont été ajoutées dans la 5ᵉ édition ; aussi est-elle, dans cette édition (et dans cette édition seule), précédée du signe ((¶)) et accompagnée de cette note, qui est placée en marge : « Marque qui désigne la seconde et dernière augmentation. » Voyez ci-dessus, p. 109.

3. GÉRONTE. Ah ! que n'ai-je étudié !
JACQUELINE. L'habile homme que v'là !
LUCAS. Oui, ça est si biau que je n'y entends goutte.
(Molière, *le Médecin malgré lui*, acte II, scène IV.)

l'*Iliade*, Virgile l'*Énéide*, Tite Live ses *Décades*, et l'Orateur romain ses *Oraisons*[1].

10. Il y a dans l'art un point de perfection, comme de bonté ou de maturité dans la nature. Celui qui le sent et qui l'aime a le goût parfait ; celui qui ne le sent pas, et qui aime en deçà ou au delà, a le goût défectueux. Il y a donc un bon et un mauvais goût, et l'on dispute des goûts avec fondement.

11. Il y a beaucoup plus de vivacité que de goût parmi les hommes; ou pour mieux dire, il y a peu d'hommes dont l'esprit soit accompagné d'un goût sûr et d'une critique judicieuse.

12. La vie des héros a enrichi l'histoire, et l'histoire a embelli les actions des héros : ainsi je ne sais qui sont plus redevables, ou ceux qui ont écrit l'histoire à ceux qui leur en ont fourni une si noble matière, ou ces grands hommes à leurs historiens.

13. Amas d'épithètes, mauvaises louanges : ce sont les faits qui louent, et la manière de les raconter.

14. Tout l'esprit d'un auteur consiste à bien définir et à bien peindre. Moïse[2], Homère, Platon, Virgile, Horace ne sont au-dessus des autres écrivains que par leurs

---

1. La Bruyère, à l'exemple de la plupart des anciens traducteurs soit de Cicéron soit en général des orateurs (et cette coutume est encore observée par plus d'un au dix-huitième siècle), rend par *oraisons*, dans le sens de *discours*, le mot latin *orationes*.

2. Quand même on ne le considère que comme un homme qui a écrit. (*Note de la Bruyère.*)

expressions et par leurs images[1] : il faut exprimer le vrai pour écrire naturellement, fortement, délicatement.

On a dû faire du style ce qu'on a fait de l'architecture. On a entièrement abandonné l'ordre gothique, que la barbarie avoit introduit pour les palais et pour les temples; on a rappelé le dorique, l'ionique et le corinthien : ce qu'on ne voyoit plus que dans les ruines de l'ancienne Rome et de la vieille Grèce, devenu moderne, éclate dans nos portiques et dans nos péristyles. De même on ne sauroit en écrivant rencontrer le parfait, et s'il se peut, surpasser les anciens que par leur imitation. (ÉD. 5.)

Combien de siècles se sont écoulés avant que les hommes, dans les sciences et dans les arts, aient pu revenir au goût des anciens et reprendre enfin le simple et le naturel !

On se nourrit des anciens et des habiles modernes, on les presse, on en tire le plus que l'on peut, on en renfle ses ouvrages; et quand enfin l'on est auteur, et que l'on croit marcher tout seul, on s'élève contre eux, on les maltraite, semblable[2] à ces enfants drus[3] et forts d'un bon lait qu'ils ont sucé, qui battent leur nourrice. (ÉD. 4.)

Un auteur moderne prouve ordinairement que les anciens nous sont inférieurs en deux manières, par raison et par exemple : il tire la raison de son goût particulier, et l'exemple de ses ouvrages. (ÉD. 4.)

Il avoue que les anciens, quelque inégaux et peu cor-

---

1. VAR. (édit. 1-8) : que par leurs expressions et leurs images.
2. *Semblables*, au pluriel, dans les éditions 4-6. — A la ligne suivante, *sucé*, dans les éditions 4-10.
3. *Drus* est imprimé en italique dans les éditions 4-8.

rects qu'ils soient, ont de beaux traits; il les cite, et ils sont si beaux qu'ils font lire sa critique. (éd. 4.)

Quelques habiles prononcent en faveur des anciens contre les modernes; mais ils sont suspects et semblent juger en leur propre cause, tant leurs ouvrages sont faits sur le goût de l'antiquité : on les récuse. (éd. 4.)

16. L'on devroit aimer à lire ses ouvrages à ceux qui en savent assez pour les corriger et les estimer.

Ne vouloir être ni conseillé ni corrigé sur son ouvrage est un pédantisme. (éd. 4.)

Il faut qu'un auteur reçoive avec une égale modestie les éloges et la critique que l'on fait de ses ouvrages. (éd. 4.)

17. Entre toutes les différentes expressions qui peuvent rendre une seule de nos pensées, il n'y en a qu'une qui soit la bonne. On ne la rencontre pas toujours en parlant ou en écrivant ; il est vrai néanmoins qu'elle existe, que tout ce qui ne l'est point est foible, et ne satisfait point un homme d'esprit qui veut se faire entendre.

Un bon auteur, et qui écrit avec soin, éprouve souvent que l'expression qu'il cherchoit depuis longtemps sans la connoître, et qu'il a enfin trouvée, est celle qui étoit la plus simple, la plus naturelle, qui sembloit devoir se présenter d'abord et sans effort.

Ceux qui écrivent par humeur[1] sont sujets à retoucher à leurs ouvrages : comme elle n'est pas toujours fixe, et qu'elle varie en eux selon les occasions, ils se refroidissent bientôt pour les expressions et les termes qu'ils ont le plus aimés.

1. Voyez plus loin (p. 149, n° 64) un passage où la Bruyère indique d'une manière plus explicite ce qu'il appelle *écrire par humeur*. Les auteurs qui écrivent par humeur, ce sont ceux qui tirent d'eux-mêmes, de leur cœur et de leur esprit, tout ce qu'ils écrivent.

DES OUVRAGES DE L'ESPRIT.

18. La même justesse d'esprit qui nous fait écrire de bonnes choses nous fait appréhender qu'elles ne le soient pas assez pour mériter d'être lues.

Un esprit médiocre croit écrire divinement; un bon esprit croit écrire raisonnablement.

19. « L'on m'a engagé, dit *Ariste*, à lire mes ouvrages à *Zoïle*[1] : je l'ai fait. Ils l'ont saisi d'abord et avant qu'il ait eu le loisir de les trouver mauvais ; il les a loués modestement en ma présence, et il ne les a pas loués depuis devant personne. Je l'excuse, et je n'en demande pas davantage[2] à un auteur ; je le plains même d'avoir écouté de belles choses qu'il n'a point faites. »

Ceux qui par leur condition se trouvent exempts de la jalousie d'auteur, ont ou des passions ou des besoins qui les distraient et les rendent froids sur les conceptions d'autrui : personne presque, par la disposition de son esprit, de son cœur et de sa fortune, n'est en état de se livrer au plaisir que donne la perfection d'un ouvrage.

20. Le plaisir de la critique nous ôte celui d'être vivement touchés de très-belles choses[3].

21. Bien des gens vont jusques à sentir le mérite d'un manuscrit qu'on leur lit, qui ne peuvent se déclarer en sa faveur, jusques à ce qu'ils aient vu le cours qu'il aura dans le monde par l'impression, ou quel sera son sort

---

1. VAR. (édit. 1-4) : à *Zélotes*.
2. VAR. (édit. 1-7) : Je l'excuse, et n'en demande pas davantage.
3. VAR. (édit. 1-4): d'être touchés vivement de très-belles choses.
— « Moquons-nous donc de cette chicane où ils veulent assujettir le goût du public, et ne consultons dans une comédie que l'effet qu'elle fait sur nous. Laissons-nous aller de bonne foi aux choses qui nous prennent par les entrailles, et ne cherchons point de raisonnement pour nous empêcher d'avoir du plaisir. » (Molière, *la Critique de l'École des femmes*, scène VI.)

parmi les habiles : ils ne hasardent point leurs suffrages, et ils veulent être portés par la foule et entraînés par la multitude. Ils disent alors qu'ils ont les premiers approuvé cet ouvrage, et que le public est de leur avis.

Ces gens laissent échapper les plus belles occasions de nous convaincre qu'ils ont de la capacité et des lumières, qu'ils savent juger, trouver bon ce qui est bon, et meilleur ce qui est meilleur. Un bel ouvrage tombe entre leurs mains, c'est un premier ouvrage, l'auteur ne s'est pas encore fait un grand nom, il n'a rien qui prévienne en sa faveur, il ne s'agit point de faire sa cour ou de flatter les grands en applaudissant à ses écrits; on ne vous demande pas, *Zélotes*, de vous récrier : *C'est un chef-d'œuvre de l'esprit; l'humanité ne va pas plus loin; c'est jusqu'où la parole humaine peut s'élever*[1]; *on ne jugera à l'avenir du goût de quelqu'un qu'à proportion qu'il en aura pour cette pièce;* phrases outrées, dégoûtantes, qui sentent la pension ou l'abbaye[2], nuisibles à cela même qui est louable et qu'on veut louer. Que ne disiez-vous seulement : « Voilà un bon livre ? » Vous le dites, il est vrai, avec toute la France, avec les étrangers comme avec vos compatriotes, quand il est imprimé par toute l'Europe et qu'il est traduit en plusieurs langues : il n'est plus temps. (ÉD. 6.)

1. Le membre de phrase « *c'est jusqu'où la parole humaine peut s'élever* » a été inséré pour la première fois dans la 8ᵉ édition. — « La mesure de l'approbation qu'on donne à cette pièce, écrit Mme de Sévigné en racontant l'une des représentations d'*Esther* à Saint-Cyr, c'est celle du goût et de l'attention. » (*Lettre* du 21 février 1689, tome VIII, p. 478.) La réflexion de la Bruyère a été publiée deux ans après la représentation d'*Esther* à Saint-Cyr; mais connaissait-il la lettre de Mme de Sévigné? et s'il la connaissait, est-ce de cette phrase qu'il entendait faire la critique? On en peut douter.

2. C'est-à-dire telles que les doivent faire ceux qui sollicitent une pension ou une abbaye.

DES OUVRAGES DE L'ESPRIT.

Quelques-uns[1] de ceux qui ont lu un ouvrage en rapportent certains traits dont ils n'ont pas compris le sens, et qu'ils altèrent encore par tout ce qu'ils y mettent du leur; et ces traits ainsi corrompus et défigurés, qui ne sont autre chose que leurs propres pensées et leurs expressions, ils les exposent à la censure, soutiennent qu'ils sont mauvais, et tout le monde convient qu'ils sont mauvais; mais l'endroit de l'ouvrage que ces critiques croient citer, et qu'en effet ils ne citent point, n'en est pas pire[2]. (ÉD. 4.)

---

1. Les pages qui précèdent contiennent plusieurs alinéa que la Bruyère a publiés pour la première fois dans la 4ᵉ édition; mais comme aucun d'eux ne forme une réflexion isolée, et par conséquent n'est accompagné d'un *pied de mouche*, ces alinéa n'ont pu recevoir le signe particulier que l'auteur, dans sa 5ᵉ édition, avait promis de placer à côté des remarques insérées pour la première fois en 1689, c'est-à-dire dans la 4ᵉ édition. Cet alinéa-ci est donc le premier qui, dans l'édition de 1690, soit précédé du pied de mouche entre parenthèses (¶). En marge se lit cette note : « Marque qui désigne la première augmentation de l'année 1689. » La marque et la note ont disparu dans la 6ᵉ édition. Voyez ci-dessus, p. 109 et 110.

2. Quintilien l'avait déjà dit : « Modeste tamen et circumspecto « judicio de tantis viris pronuntiandum est, ne, quod plerisque accidit, « damnent quæ non intelligunt. » (*De Institutione oratoria*, livre X, chapitre 1, 26.) Dans la préface d'*Iphigénie* (1675), Racine proposa ce passage aux méditations de Charles Perrault, l'ardent adversaire des anciens; la Bruyère en fait à son tour le commentaire. Plus tard Boileau traduira la même pensée en épigramme :

> D'où vient que Cicéron, Platon, Virgile, Homère,
> Et tous ces grands auteurs que l'univers révère,
> Traduits dans vos écrits nous paroissent si sots?
> P** (*Perrault*), c'est qu'en prêtant à ces esprits sublimes
> Vos façons de parler, vos bassesses, vos rimes,
>   Vous les faites tous des P**.

Si cette épigramme n'a été composée, comme le pensait M. Berriat-Saint-Prix, qu'après la publication du IIIᵉ volume des *Parallèles des anciens et des modernes* (1692), la réflexion de la Bruyère est antérieure de trois ou quatre ans.

23. « Que dites-vous du livre d'*Hermodore?* — Qu'il est mauvais, répond *Anthime.* — Qu'il est mauvais? — Qu'il est tel, continue-t-il, que ce n'est pas un livre, ou qui mérite du moins que le monde en parle. — Mais l'avez-vous lu? — Non, » dit Anthime. Que n'ajoute-t-il que *Fulvie* et *Mélanie* l'ont condamné sans l'avoir lu, et qu'il est ami de Fulvie et de Mélanie¹? (ÉD. 4.)

24. *Arsène*, du plus haut de son esprit, contemple les hommes, et dans l'éloignement d'où il les voit², il est comme effrayé de leur petitesse; loué, exalté, et porté jusqu'aux cieux par de certaines gens qui se sont promis de s'admirer réciproquement, il croit, avec quelque mérite qu'il a, posséder tout celui qu'on peut avoir, et qu'il n'aura jamais; occupé et rempli de ses sublimes idées, il se donne à peine le loisir de prononcer quelques oracles; élevé par son caractère au-dessus des jugements humains, il abandonne aux âmes communes le mérite d'une vie suivie et uniforme, et il n'est responsable de ses inconstances qu'à ce cercle d'amis qui les idolâtrent: eux seuls savent juger, savent penser, savent écrire, doivent écrire; il n'y a point d'autre ouvrage d'esprit si bien reçu dans le monde, et si universellement goûté des honnêtes gens, je ne dis pas qu'il veuille approuver, mais qu'il daigne lire: incapable d'être corrigé par cette peinture, qu'il ne lira point³. (ÉD. 4.)

---

1. Sous une forme nouvelle, c'est la première partie de la scène v de *la Critique de l'École des femmes.*
2. VAR. (édit. 4) : dont il les voit.
3. On peut rapprocher du caractère d'*Arsène* le portrait de Damis dans la scène IV du IIᵉ acte du *Misanthrope:*

    Et les deux bras croisés, du haut de son esprit
    Il regarde en pitié tout ce que chacun dit...;

et celui des personnages « qui s'en font extrêmement accroire »

DES OUVRAGES DE L'ESPRIT.

Théocrine sait des choses assez inutiles ; il a des sentiments toujours singuliers ; il est moins profond que méthodique ; il n'exerce que sa mémoire ; il est abstrait, dédaigneux, et il semble toujours rire en lui-même de ceux qu'il croit ne le valoir pas. Le hasard fait que je lui lis mon ouvrage, il l'écoute. Est-il lu, il me parle du sien. « Et du vôtre, me direz-vous, qu'en pense-t-il ? » — Je vous l'ai déjà dit, il me parle du sien. (ÉD. 6.)

25.

Il n'y a point d'ouvrage si accompli qui ne fondît tout entier au milieu de la critique, si son auteur vouloit en croire tous les censeurs qui ôtent chacun l'endroit qui leur plaît le moins. (ÉD. 4.)

26.

C'est une expérience faite que s'il se trouve dix personnes qui effacent d'un livre une expression ou un sentiment, l'on en fournit aisément un pareil nombre qui les réclame. Ceux-ci s'écrient : « Pourquoi supprimer cette pensée ? elle est neuve, elle est belle, et le tour en est admirable ; » et ceux-là affirment, au contraire, ou qu'ils auroient négligé cette pensée, ou qu'ils lui auroient donné un autre tour. « Il y a un terme, disent les uns, dans votre ouvrage, qui est rencontré et qui peint la chose au naturel ; il y a un mot, disent les autres, qui est hasardé, et qui d'ailleurs ne signifie pas assez ce que vous voulez peut-être faire entendre ; » et c'est du même trait et du même mot que tous ces gens[1] s'expliquent ainsi, et tous sont connoisseurs et passent pour

27.

---

dans le chapitre IV des *Entretiens d'Ariste et d'Eugène* du P. Bouhours (1671).

1. VAR. (édit. 4 et 5) : que ces gens. — « J'ai ouï condamner cette comédie à certaines gens, par les mêmes choses que j'ai vu d'autres estimer le plus. » (Molière, *la Critique de l'École des femmes*, scène v.)

tels. Quel autre parti pour un auteur, que d'oser pour lors être de l'avis de ceux qui l'approuvent? (ÉD. 4.)

28. Un auteur sérieux n'est pas obligé de remplir son esprit de toutes les extravagances, de toutes les saletés, de tous les mauvais mots que l'on peut dire, et de toutes les ineptes applications que l'on peut faire au sujet de quelques endroits de son ouvrage, et encore moins de les supprimer[1]. Il est convaincu que quelque scrupuleuse exactitude que l'on ait dans sa manière d'écrire, la raillerie froide des mauvais plaisants est un mal inévitable, et que les meilleures choses ne leur servent souvent qu'à leur faire rencontrer une sottise. (ÉD. 4.)

29. Si[2] certains esprits vifs et décisifs étoient crus, ce seroit encore trop que les termes pour exprimer les sentiments : il faudroit leur parler par signes, ou sans parler se faire entendre. Quelque soin qu'on apporte à être serré et concis, et quelque réputation qu'on ait d'être tel, ils vous trouvent diffus. Il faut leur laisser tout à suppléer, et n'écrire que pour eux seuls. Ils conçoivent une période par le mot qui la commence, et par une période tout un chapitre : leur avez-vous lu un seul endroit de l'ouvrage, c'est assez, ils sont dans le fait et entendent l'ouvrage. Un tissu d'énigmes leur seroit une lecture divertissante; et c'est une perte pour eux que ce style estropié qui les enlève soit rare, et que peu d'écrivains s'en accommodent. Les comparaisons tirées d'un fleuve

---

1. VAR. (édit. 4 et 5) : au sujet de quelque endroit de son ouvrage, et encore moins de le supprimer.
2. Dans la 8ᵉ édition, en marge de cet alinéa, se voit une main figurée, au-dessous de laquelle on lit cette note : « Marque qu'on a exigée de moi pendant le cours de cette édition. » Voyez ci-dessus, p. 96.

dont le cours, quoique rapide, est égal et uniforme, ou d'un embrasement qui, poussé par les vents, s'épand au loin dans une forêt où il consume les chênes et les pins, ne leur fournissent aucune idée de l'éloquence. Montrez-leur un feu grégeois¹ qui les surprenne, ou un éclair qui les éblouisse, ils vous quittent du bon et du beau. (ÉD. 8.)

30. Quelle prodigieuse distance entre un bel ouvrage et un ouvrage parfait ou régulier ! Je ne sais s'il s'en est encore trouvé de ce dernier genre. Il est peut-être moins difficile aux rares génies de rencontrer le grand et le sublime, que d'éviter toute sorte de fautes. *Le Cid* n'a eu qu'une voix pour lui à sa naissance, qui a été celle de l'admiration ; il s'est vu plus fort que l'autorité et la politique², qui ont tenté vainement de le détruire ; il a réuni en sa faveur des esprits toujours partagés d'opinions et de sentiments, les grands et le peuple : ils s'accordent tous à le savoir de mémoire, et à prévenir au théâtre les acteurs qui le récitent. *Le Cid* enfin est l'un des plus beaux poëmes que l'on puisse faire ; et l'une des meilleures critiques qui ait été faite³ sur aucun sujet est celle du *Cid*. (ÉD. 4.)

31. Quand une lecture vous élève l'esprit, et qu'elle vous inspire des sentiments nobles et courageux, ne cherchez

---

1. *Feu grégeois* n'a ici d'autre sens que celui de feu d'artifice. Scarron emploie souvent cette expression dans le même sens.

2. En vain contre *le Cid* un ministre se ligue,
Tout Paris pour Chimène a les yeux de Rodrigue.
L'Académie en corps a beau le censurer,
Le public révolté s'obstine à l'admirer.
(Boileau, *Satire* IX, vers 231-234.)

3. Le verbe est au singulier dans toutes les éditions qui ont paru du vivant de la Bruyère.

pas une autre règle pour juger de l'ouvrage¹; il est bon, et fait de main d'ouvrier². (ÉD. 8.)

32. *Capys*, qui s'érige en juge du beau style et qui croit écrire comme Bouhours et Rabutin³, résiste à la voix du peuple, et dit tout seul que *Damis* n'est pas un bon auteur⁴. Damis cède à la multitude, et dit ingénument avec le public que Capys est froid écrivain⁵. (ÉD. 4.)

33. Le devoir du nouvelliste est de dire : « Il y a un tel livre qui court, et qui est imprimé chez Cramoisy⁶ en tel caractère, il est bien relié⁷ et en beau papier, il se vend tant; » il doit savoir jusques à l'enseigne du libraire qui le débite : sa folie est d'en vouloir faire la critique⁸. (ÉD. 4.)

Le sublime du nouvelliste est le raisonnement creux sur la politique. (ÉD. 4.)

1. « Tout ce qui est véritablement sublime a cela de propre, quand on l'écoute, qu'il élève l'âme. » (Longin, *Traité du sublime*, chapitre v, traduction de Boileau.)
2. Voyez le *Lexique*.
3. VAR. (édit. 4) : et qui croit écrire comme Bussy. — C'est dans la 5ᵉ édition (1690) que la Bruyère ajouta le nom du P. Bouhours à celui de Bussy Rabutin; en 1689 avaient paru les *Pensées ingénieuses des anciens et des modernes*, dans lesquelles le P. Bouhours citait souvent les *Caractères* avec éloge.
4. VAR. (édit. 4) : que *Damis* n'est pas un bon écrivain.
5. VAR. (édit. 4) : que *Capys* est un froid auteur.
6. Nom d'une famille célèbre dans l'histoire de la librairie. Le seul de ses membres qui fût imprimeur à cette époque se nommait André Cramoisy. Une de ses tantes, veuve de Sébastien Mabre Cramoisy, dirigeait aussi une imprimerie, mais c'était l'imprimerie du Roi.
7. Les livres, même dans leur nouveauté, ne s'achetaient presque jamais que reliés au dix-septième siècle. Voyez ci-dessus, p. 91.
8. Quelques éditeurs, en commentant cette boutade, ont confondu à tort les journalistes et les nouvellistes. C'est de ces derniers qu'il s'agit et non des rédacteurs du *Mercure galant*.

Le nouvelliste se couche le soir tranquillement sur une nouvelle qui se corrompt la nuit, et qu'il est obligé d'abandonner le matin à son réveil. (ÉD. 4.)

Le philosophe consume sa vie à observer les hommes, 34. et il use ses esprits à en démêler les vices et le ridicule ; s'il donne quelque tour à ses pensées, c'est moins par une vanité d'auteur, que pour mettre une vérité qu'il a trouvée dans tout le jour nécessaire pour faire l'impression qui doit servir à son dessein. Quelques lecteurs croient néanmoins[1] le payer avec usure, s'ils disent magistralement qu'ils ont lu son livre, et qu'il y a de l'esprit ; mais il leur renvoie tous leurs éloges, qu'il n'a pas cherchés[2] par son travail et par ses veilles. Il porte plus haut ses projets et agit pour une fin plus relevée : il demande des hommes un plus grand et un plus rare succès que les louanges, et même que les récompenses, qui est de les rendre meilleurs. (ÉD. 4.)

Les sots lisent un livre, et ne l'entendent point ; 35. les esprits médiocres croient l'entendre parfaitement ; les grands esprits ne l'entendent quelquefois pas tout entier : ils trouvent obscur ce qui est obscur, comme ils trouvent clair ce qui est clair ; les beaux esprits veulent trouver obscur ce qui ne l'est point, et ne pas entendre ce qui est fort intelligible. (ÉD. 4.)

Un auteur cherche vainement à se faire admirer 36. par son ouvrage. Les sots admirent quelquefois, mais ce sont des sots. Les personnes d'esprit ont en eux les semences de toutes les vérités et de tous les senti-

1. VAR. (édit. 4) : Quelques lecteurs néanmoins croient.
2. Dans toutes les éditions du dix-septième siècle, le participe *cherché* est sans accord.

ments, rien ne leur est nouveau ; ils admirent peu, ils approuvent. (éd. 4.)

37. Je ne sais si l'on pourra jamais mettre dans des lettres plus d'esprit, plus de tour, plus d'agrément et plus de style que l'on en voit¹ dans celles de BALZAC et de VOITURE; elles sont vides² de sentiments qui n'ont régné que depuis leur temps, et qui doivent aux femmes leur naissance. Ce sexe va plus loin que le nôtre dans ce genre d'écrire. Elles trouvent sous leur plume des tours et des expressions qui souvent en nous ne sont l'effet que d'un long travail et d'une pénible recherche; elles sont heureuses dans le choix des termes, qu'elles placent si juste, que tout connus qu'ils sont³, ils ont le charme de la nouveauté, et semblent être faits seulement pour l'usage où elles les mettent; il n'appartient qu'à elles de faire lire dans un seul mot tout un sentiment, et de rendre délicatement une pensée qui est délicate; elles ont un enchaînement⁴ de discours inimitable, qui se suit naturellement, et qui n'est lié que par le sens. Si les femmes étoient toujours correctes, j'oserois dire que les lettres de quelques-unes d'entre elles seroient peut-être ce que nous avons dans notre langue de mieux écrit. (éd. 4.)

38. Il n'a manqué à TÉRENCE que d'être moins froid : quelle pureté, quelle exactitude, quelle politesse, quelle élégance, quels caractères ! Il n'a manqué à MOLIÈRE que d'éviter le jargon et le barbarisme, et d'écrire⁵ pure-

---

1. VAR. (édit. 4-6) : que l'on n'en voit.
2. *Vuides*, ici et ailleurs, dans les éditions du dix-septième siècle.
3. VAR. (édit. 4 et 5) : que tous connus qu'ils sont.
4. VAR. (édit. 4-7) : elles ont surtout un enchaînement.
5. VAR. (édit. 4-8) : que d'éviter le jargon et d'écrire, etc. — Sur cette réflexion, voyez l'*Appendice*, à la fin du volume.

ment: quel feu, quelle naïveté, quelle source de la bonne plaisanterie, quelle imitation des mœurs, quelles images, et quel fléau du ridicule ! Mais quel homme on auroit pu faire de ces deux comiques ! (ÉD. 4.)

J'ai lu MALHERBE et THÉOPHILE[1]. Ils ont tous deux connu la nature, avec cette différence que le premier, d'un style plein et uniforme, montre tout à la fois ce qu'elle a de plus beau et de plus noble, de plus naïf et de plus simple ; il en fait la peinture ou l'histoire. L'autre, sans choix, sans exactitude, d'une plume libre et inégale, tantôt charge ses descriptions, s'appesantit sur les détails : 39.

1. Théophile Viaud, né à Clérac en 1590, mort à Paris en 1626. Il a composé des tragédies, des élégies, des odes, des sonnets, etc. Il est l'auteur de ces vers que Boileau devait rendre célèbres en les citant en 1701 dans la préface de ses OEuvres :

Ah ! voici le poignard qui du sang de son maître
S'est souillé lâchement ! Il en rougit, le traitre !

Malherbe et Théophile ont vécu à la même époque : de là cette comparaison qui a surpris les critiques. Boileau l'avait faite plus sommairement dans sa neuvième satire (vers 173-175) :

Tous les jours à la cour un sot de qualité
Peut juger de travers avec impunité,
A *Malherbe*, à Racan, préférer *Théophile*....

Théophile, au surplus, avait du talent, et plus d'un contemporain de Boileau parlait de ses ouvrages avec une certaine estime. L'Académie française l'avait placé en 1638 parmi les poëtes qu'elle devait consulter pour la préparation de son *Dictionnaire* : voyez Pellisson, *Histoire de l'Académie françoise*, tome I, p. 105, édition Livet. — Il est superflu de nous étendre sur la plupart des écrivains qu'a nommés la Bruyère dans ses jugements littéraires, et il nous suffira, pour le plus grand nombre, de rappeler dès maintenant, suivant l'ordre chronologique, la date de leur naissance et celle de leur mort : Clément Marot a vécu de 1495 à 1544; Rabelais, de 1483 à 1553; Ronsard, de 1524 à 1585; Montaigne, de 1533 à 1592; Amyot, de 1513 à 1593; Malherbe, de 1555 à 1628; Voiture, de 1598 à 1648; Balzac, de 1594 à 1654; Racan, de 1589 à 1670; Molière, de 1622 à 1673; Corneille, de 1606 à 1684; Racine, de 1639 à 1699.

il fait une anatomie; tantôt il feint, il exagère, il passe le vrai dans la nature : il en fait le roman. (ÉD. 5.)

40. RONSARD et BALZAC ont eu, chacun dans leur genre, assez de bon et de mauvais pour former après eux de très-grands hommes en vers et en prose. (ÉD. 5.)

41. MAROT, par son tour et par son style, semble avoir écrit depuis RONSARD : il n'y a guère, entre ce premier et nous, que la différence de quelques mots. (ÉD. 5.)

42. RONSARD et les auteurs ses contemporains ont plus nui au style qu'ils ne lui ont servi : ils l'ont retardé dans le chemin de la perfection; ils l'ont exposé à la manquer pour toujours et à n'y plus revenir. Il est étonnant que les ouvrages de MAROT, si naturels et si faciles, n'aient su faire de Ronsard, d'ailleurs plein de verve et d'enthousiasme, un plus grand poëte que Ronsard et que Marot; et, au contraire, que Belleau, Jodelle, et du Bartas[1], aient été sitôt suivis d'un RACAN et d'un MALHERBE, et que notre langue, à peine corrompue, se soit vue réparée[2]. (ÉD. 5.)

1. VAR. (édit 5-8) : que Belleau, Jodelle et Saint-Gelais. — Remi Belleau (1528-1577), l'un des poëtes de la *Pléiade*, a traduit les odes d'Anacréon, les *Phénomènes* d'Aratus, l'*Ecclésiaste*, etc. Il est l'auteur d'une jolie pièce, *Avril*, qui est souvent citée. — Jodelle (1532-1573), poëte dramatique, a composé des tragédies imitées des tragédies grecques. — Du Bartas (1544-1590), poëte sans goût qui exagéra le *faste pédantesque* de Ronsard, est l'auteur d'un poëme, jadis très-admiré, qui a pour titre : *la Semaine ou les Sept jours de la création.* — C'est à la 9ᵉ édition que le nom de du Bartas a pris la place de celui de Saint-Gelais. On avait sans doute fait remarquer à la Bruyère que Mellin de Saint-Gelais était de l'école de Marot, et non de celle de Ronsard. Il a vécu de 1491 à 1558.

2. C'est, à peu de chose près, le jugement de Boileau (*Art poétique*, I, vers 123 et suivants). « Ronsard, avait-il dit,

Réglant tout, brouilla tout, fit un art à sa mode,

MAROT et RABELAIS sont inexcusables d'avoir semé 43.
l'ordure dans leurs écrits : tous deux avoient assez de
génie et de naturel pour pouvoir s'en passer, même à
l'égard de ceux qui cherchent moins à admirer qu'à rire
dans un auteur. Rabelais surtout est incompréhensible :
son livre est une énigme, quoi qu'on veuille dire, inexplicable ; c'est une chimère, c'est le visage d'une belle
femme avec des pieds et une queue de serpent, ou de
quelque autre bête plus difforme[1] ; c'est un monstrueux
assemblage d'une morale fine et ingénieuse, et d'une
sale corruption. Où il est mauvais, il passe bien loin au
delà du pire, c'est le charme de la canaille : où il est
bon, il va jusques à l'exquis et à l'excellent, il peut être
le mets des plus délicats. (ÉD. 5.)

Deux écrivains dans leurs ouvrages ont blâmé MON- 44.
TAGNE, que je ne crois pas, aussi bien qu'eux, exempt de
toute sorte de blâme : il paroît que tous deux ne l'ont
estimé en nulle manière. L'un ne pensoit pas assez pour
goûter un auteur qui pense beaucoup ; l'autre pense trop
subtilement pour s'accommoder de pensées qui sont naturelles[2]. (ÉD. 5.)

> Et toutefois longtemps eut un heureux destin.
> Mais sa muse, en françois parlant grec et latin,
> Vit dans l'âge suivant, par un retour grotesque,
> Tomber de ses grands mots le faste pédantesque....
> Enfin Malherbe vint....
> Par ce sage écrivain la langue *réparée*
> N'offrit plus rien de rude à l'oreille épurée. »

1. Souvenir des premiers vers de l'*Art poétique* d'Horace.
2. La Bruyère et ses contemporains écrivent le nom de Montaigne
comme ils le prononcent ; mais l'auteur des *Essais* signait *Montaigne*, et non *Montagne*. — On a voulu reconnaître soit Balzac, soit
Nicole dans l'écrivain qui « ne pensoit pas assez » pour goûter Montaigne ; celui qui « pense trop subtilement » pour s'accommoder de
ses pensées est Malebranche, de l'aveu de tous les commentateurs.
Voyez l'*Appendice*.

45. Un style grave, sérieux, scrupuleux, va fort loin : on lit AMYOT et COEFFETEAU[1]; lequel lit-on de leurs contemporains ? BALZAC, pour les termes et pour l'expression, est moins vieux que VOITURE; mais si ce dernier, pour le tour, pour l'esprit et pour le naturel[2], n'est pas moderne, et ne ressemble en rien à nos écrivains, c'est qu'il leur a été plus facile de le négliger que de l'imiter, et que le petit nombre de ceux qui courent après lui ne peut l'atteindre. (ÉD. 5.)

46. Le H** G**[3] est immédiatement au-dessous de rien[4]. Il y a bien d'autres ouvrages qui lui ressemblent. Il y a autant d'invention à s'enrichir par un sot livre qu'il y a de sottise à l'acheter : c'est ignorer le goût du

---

1. Nicolas Coeffeteau, évêque de Marseille, savant théologien et célèbre prédicateur, auteur d'un grand nombre d'ouvrages. Il est mort en 1623. Son *Histoire romaine* et son *Tableau des passions humaines* (voyez ci-dessus, p. 11, note 1) avaient obtenu un grand succès. — Dans la préface de ses *Remarques sur la langue françoise* (1647), Vaugelas avait fait le même éloge du style d'Amyot et de Coeffeteau.
2. VAR. (édit. 5) : pour le tour, l'esprit et le naturel.
3. VAR. (édit. 6 et 7) : Le M** G**. — Il s'agit du *Mercure galant*, journal, ou plutôt revue qui, depuis 1672, paraissait tous les mois; il était rédigé par Donneau de Visé, qui eut pour collaborateurs Thomas Corneille et Fontenelle. Le *Mercure* donnait les nouvelles de la cour, de l'armée et de la littérature, apprenait le mariage et le décès des personnages importants, et contenait des sonnets, des élégies et des annonces industrielles; il avait pris parti pour Corneille contre Racine, et pour les modernes contre les anciens. — Lorsque la Bruyère désigne le *Mercure galant* par les lettres H** G**, il lui donne sans aucun doute le nom grec de Mercure (H** G**, lisez : *Hermès galant*). Il rendit l'allusion plus claire dans les éditions 6 et 7 en imprimant les initiales M** G**; mais violemment attaqué en 1693 par Donneau de Visé (voyez ci-dessus la *Notice biographique*), il revint à l'initiale H** dans la 8ᵉ édition, celle où il répondit à la diatribe du rédacteur du *Mercure* (voyez la préface du *Discours à l'Académie*).
4. VAR. (édit. 1-8) : au-dessous du rien.

peuple que de ne pas hasarder quelquefois de grandes fadaises.

L'on voit bien que l'*Opéra* est l'ébauche d'un grand spectacle; il en donne l'idée[1].   47.

Je ne sais pas comment l'*Opéra*, avec une musique si parfaite et une dépense toute royale, a pu réussir à m'ennuyer.

Il y a des endroits dans l'*Opéra* qui laissent en desirer[2] d'autres; il échappe quelquefois de souhaiter la fin de tout le spectacle : c'est faute de théâtre[3], d'action, et de choses qui intéressent.

L'*Opéra* jusques à ce jour n'est pas un poëme, ce sont des vers; ni un spectacle, depuis que les machines ont disparu par le bon ménage d'*Amphion* et de sa race[4] : c'est un concert, ou[5] ce sont des voix soutenues par des instruments. C'est prendre le change, et cultiver un mauvais goût[6], que de dire, comme l'on fait, que la machine n'est

1. L'Opéra, fort à la mode à cette époque, eut aussi pour adversaires Boileau et Racine (voyez, dans les OEuvres de Boileau, l'avertissement du *Fragment d'un prologue d'opéra*), la Fontaine (voyez l'*épître à M. de Nyert*, 1677), Saint-Évremond (voyez dans ses OEuvres, édition de 1725, tome III, p. 169, sa dissertation *sur les Opéras*.)

2. VAR. (édit. 3) : qui en laissent desirer.

3. Ici le théâtre signifie les décorations, ou plutôt les machines.

4. Lulli et sa famille. Le marquis de Sourdeac, qui dirigeait une académie de musique avec l'abbé de Perrin, avait perfectionné singulièrement l'art du machiniste, et fait sur son théâtre de très-belles décorations. Il se ruina. Mettant sa ruine à profit, Lulli obtint un privilége, fonda une nouvelle académie, et laissa une part moins grande aux machines et aux décorations.

5. Les éditions 4 et 5 portent *où*, avec un accent, ce qui ne peut guère être qu'une faute typographique.

6. Saint-Évremond était l'un de ceux qui combattaient l'engouement du public pour les machines : « J'oubliois à vous parler des machines, dit-il dans sa dissertation *sur les Opéras*, tant il est facile d'oublier les choses qu'on voudroit qui fussent retranchées. Les machines

qu'un amusement d'enfants, et qui ne convient qu'aux Marionnettes[1]; elle augmente et embellit la fiction, soutient dans les spectateurs cette douce illusion qui est tout le plaisir du théâtre, où elle jette encore le merveilleux. Il ne faut point de vols, ni de chars, ni de changements, aux *Bérénices* et à *Pénélope*[2] : il en faut aux *Opéras*, et le propre de ce spectacle est de tenir les esprits, les yeux et les oreilles dans un égal enchantement. (ÉD. 4.)

48.   Ils ont fait le théâtre, ces empressés[3], les machines,

pourront satisfaire la curiosité des gens ingénieux pour des inventions de mathématiques; mais elles ne plairont guère au théâtre à des personnes de bon goût. Plus elles surprennent, plus elles divertissent l'esprit de son attention au discours; et plus elles sont admirables, et moins l'impression de ce merveilleux laisse à l'âme de tendresse, et du sentiment exquis dont elle a besoin pour être touchée du charme de la musique. » (*OEuvres*, tome III, p. 179.)

1. Le mot *Marionnettes*, qui a cessé d'être imprimé en italique à la 8ᵉ édition, désigne le théâtre des Marionnettes, fondé par Pierre d'Attelin, qui n'est aujourd'hui connu que sous le nom de Brioché.

2. La *Bérénice* de Corneille et celle de Racine, représentées en 1670. — La *Pénélope* de l'abbé Genest, représentée au mois de janvier 1684, avait obtenu peu de succès, car elle n'eut que six représentations. Remise au théâtre au dix-huitième siècle, elle fut mieux accueillie. On peut s'étonner que la Bruyère ait rapproché *Pénélope* des pièces de Corneille et de Racine. Peut-être a-t-il pensé que Bossuet et Malézieu, qui avaient une vive amitié pour l'abbé Genest, rencontreraient avec plaisir cette citation. Il est très-vraisemblable, au surplus, qu'il avait plus d'estime pour cette tragédie que n'en avait montré le public. Bossuet en avait fait l'éloge, « la trouvant si remplie de sentiments de vertu qu'il auroit, dit-il, fort approuvé la comédie, si on n'y eût jamais représenté que de tels ouvrages. » (Lettre de l'abbé d'Olivet, dans l'*Histoire des membres de l'Académie françoise* par d'Alembert, tome III, p. 462.)

3. Au mois d'août 1688, Monsieur le Prince, fils du grand Condé et père de l'élève de la Bruyère, avait offert au Dauphin, dans la terre de Chantilly, une fête qui avait duré huit jours et coûté plus de cent mille écus. « Monsieur le Prince étoit l'homme du monde qui avoit le plus de talent pour imaginer tout ce qui pouvoit la

les ballets, les vers, la musique, tout le spectacle, jusqu'à la salle où s'est donné le spectacle, j'entends le toit et les quatre murs dès leurs fondements. Qui doute que la chasse sur l'eau[1], l'enchantement de la Table[2], la mer-

rendre galante et magnifique, » dit la Fare en parlant de cette fête (voyez ses *Mémoires*, collection Petitot, tome LXV, p. 255). « Personne, écrit Saint-Simon de son côté, n'a jamais porté si loin l'invention, l'exécution, l'industrie, les agréments ni les magnificences des fêtes dont il savoit surprendre et enchanter » (tome VII, p. 139, édition Chéruel, in-8°). Tel était aussi l'avis de la Bruyère, qui crut devoir mettre à profit la publication de la 4e édition de ses *Caractères* (1689), pour y glisser, au milieu de ses considérations sur le théâtre, une flatterie à l'adresse de Monsieur le Prince. On ne sait au juste quels sont les « empressés » qu'il raille. Voyez l'*Appendice*. — On peut consulter sur les détails de cette fête : *la Feste de Chantilly, contenant tout ce qui s'est passé pendant le séjour que Monseigneur le Dauphin y a fait, avec une description du château et des fontaines* (Paris, Mich. Guerout, 1688, in-12, seconde partie du numéro de septembre 1688 du *Mercure galant*); *Lettre en vers à leurs Altesses Royales*, MONSIEUR *et* MADAME, *ou relation de ce qui s'est passé à la fête Dauphine de Chantilly, depuis le 22 août 1648 jusqu'au 30 du même mois*, par le sieur Laurent (Paris, Rafflé, 1688, in-8° de 24 pages); les *Mémoires* de Mme de Caylus, édition Asselineau, 1860, p. 75, et autres Mémoires contemporains; les *Cours galantes*, par M. Desnoiresterres, tome II, chapitre III, etc.

1. La chasse sur l'eau se fit le sixième jour de la fête (28 août). Après une chasse où l'on avait tué cinquante ou soixante cerfs, biches ou sangliers, on jeta dans l'étang de Comelle, au son des hautbois et des trompettes, les bêtes vivantes que l'on avait prises; les dames, placées sur des bateaux couverts de feuillage, arrêtaient les cerfs au moyen de nœuds coulants et les faisaient attacher à la barque. Lorsque, les rames levées, on avait gagné la terre à la remorque des cerfs, elles coupaient la corde et leur rendaient la liberté.

2. Rendez-vous de chasse dans la forêt de Chantilly. (*Note de la Bruyère*) — Le dimanche, 22 août, premier jour de la fête, le Dauphin, qui avait été reçu à l'extrémité de la forêt par Monsieur le Duc, avait été amené par lui au carrefour de la Table, où les attendait Monsieur le Prince. Au milieu de ce carrefour s'élevait, sur une estrade, un édifice de verdure, au milieu duquel une magnifique corbeille d'argent contenait la collation. Après le repas et le concert, on vit passer le cerf dans l'une des allées, et la chasse commença.

veille du Labyrinthe[1] ne soient encore de leur invention? J'en juge par le mouvement qu'ils se donnent, et par l'air content dont ils s'applaudissent sur tout le succès. Si je me trompe, et qu'ils n'aient contribué en rien à cette fête si superbe, si galante, si longtemps soutenue, et où un seul a suffi pour le projet et pour la dépense, j'admire deux choses : la tranquillité et le flegme de celui qui a tout remué, comme l'embarras et l'action de ceux qui n'ont rien fait. (ÉD. 4.)

49. Les connoisseurs, ou ceux qui se croyant tels[2], se donnent voix délibérative et décisive sur les spectacles, se cantonnent aussi, et se divisent en des partis contraires, dont chacun, poussé par un tout autre intérêt que par celui du public ou de l'équité, admire un certain poëme ou une certaine musique, et siffle tout autre[3]. Ils nuisent également, par cette chaleur à défendre leurs préventions, et à la faction opposée et à leur propre cabale; ils découragent par mille contradictions les poëtes et les musiciens, retardent le progrès des sciences et des arts, en leur ôtant le fruit qu'ils pourroient tirer de l'émulation et de la liberté qu'auroient plusieurs ex-

---

1. Collation très-ingénieuse, donnée dans le Labyrinthe de Chantilly. (*Note de la Bruyère.*) — La collation eut lieu le 29 août. Voyez à la Bibliothèque impériale, placé à sa date dans la *Collection des dessins sur l'histoire de France*, le *Dessin de la collation qui fut donnée à Monseigneur par M. le prince de Condé dans le milieu du Labyrinthe à Chantilly*. Ce dessin, gravé par Dolivart, est de Berain.

2. Dans les éditions 8 et 9 : se croient tels. — Nous adoptons le texte des éditions précédentes : la construction de la phrase, abstraction faite du sens, peut sembler meilleure dans les 8ᵉ et 9ᵉ éditions; mais comme, à s'en tenir au sens, la première leçon nous paraît préférable, nous nous permettons d'attribuer la variante à l'imprimeur.

3. Les éditions 8 et 9 ont seules : « toute autre, » au féminin.

cellents maîtres de faire, chacun dans leur genre et selon leur génie, de très-beaux ouvrages. (ÉD. 4.)

D'où vient que l'on rit si librement au théâtre, et que l'on a honte d'y pleurer? Est-il moins dans la nature de s'attendrir sur le pitoyable que d'éclater sur le ridicule? Est-ce l'altération des traits qui nous retient? Elle est plus grande dans un ris immodéré que dans la plus amère douleur, et l'on détourne son visage pour rire comme pour pleurer en la présence des grands et de tous ceux que l'on respecte. Est-ce une peine que l'on sent à laisser voir que l'on est tendre, et à marquer quelque foiblesse, surtout en un sujet faux, et dont il semble que l'on soit la dupe? Mais sans citer les personnes graves ou les esprits forts qui trouvent du foible dans un ris excessif comme dans les pleurs, et qui se les défendent[1] également, qu'attend-on d'une scène tragique? qu'elle fasse rire? Et d'ailleurs la vérité n'y règne-t-elle pas aussi vivement par ses images que dans le comique? l'âme ne va-t-elle pas jusqu'au vrai dans l'un et l'autre genre avant que de s'émouvoir? est-elle même si aisée à contenter? ne lui faut-il pas encore le vraisemblable? Comme donc ce n'est point une chose bizarre d'entendre s'élever de tout un amphithéâtre un ris universel sur quelque endroit d'une comédie, et que cela suppose au contraire qu'il est plaisant et très-naïvement exécuté, aussi l'extrême violence que chacun se fait à contraindre ses larmes, et le mauvais ris dont on veut les couvrir prouvent clairement que l'effet naturel du grand tragique seroit de pleurer tous franchement et de concert à la vue l'un de l'autre, et sans autre embarras que d'essuyer ses larmes, outre qu'après être con-

50.

---

1. VAR. (édit. 4 et 5) : et se les défendent.

venu de s'y abandonner, on éprouveroit encore qu'il y a souvent moins lieu de craindre de pleurer au théâtre que de s'y morfondre. (ÉD. 4.)

51. Le poëme tragique vous serre le cœur dès son commencement, vous laisse à peine dans tout son progrès la liberté de respirer et le temps de vous remettre, ou s'il vous donne quelque relâche, c'est pour vous replonger dans de nouveaux abîmes et dans de nouvelles alarmes. Il vous conduit à la terreur par la pitié, ou réciproquement à la pitié par le terrible, vous mène par les larmes, par les sanglots, par l'incertitude, par l'espérance, par la crainte, par les surprises et par l'horreur jusqu'à la catastrophe. Ce n'est donc pas un tissu de jolis sentiments, de déclarations tendres, d'entretiens galants, de portraits agréables, de mots *doucereux*, ou quelquefois assez plaisants pour faire rire, suivi à la vérité d'une dernière scène où les mutins n'entendent aucune raison[1], et où, pour la bienséance, il y a enfin du sang répandu, et quelque malheureux à qui il en coûte la vie. (ÉD. 6.)

52. Ce n'est point assez que les mœurs du théâtre ne soient point mauvaises, il faut encore qu'elles soient décentes et instructives. Il peut y avoir un ridicule si bas et si grossier, ou même si fade et si indifférent, qu'il n'est ni permis au poëte d'y faire attention, ni possible aux spectateurs de s'en divertir. Le paysan ou l'ivrogne fournit quelques scènes à un farceur; il n'entre qu'à peine dans le vrai comique : comment pourroit-il faire le fond ou l'action principale de la comédie ? « Ces carac-

1. Sédition, dénouement vulgaire des tragédies. (*Note de la Bruyère.*) — Voyez, par exemple, dans les tragédies de Quinault, la *Mort de Cyrus*, *Agrippa*, *Astrate*, *Pausanias*. — Le mot *mutins* est en italique dans les éditions 6 et 7.

tères, dit-on, sont naturels. » Ainsi, par cette règle, on occupera bientôt tout l'amphithéâtre d'un laquais qui siffle, d'un malade dans sa garde-robe, d'un homme ivre qui dort ou qui vomit : y a-t-il rien de plus naturel? C'est le propre d'un efféminé de se lever tard, de passer une partie du jour à sa toilette, de se voir au miroir, de se parfumer, de se mettre des mouches, de recevoir des billets et d'y faire réponse. Mettez ce rôle sur la scène[1]. Plus longtemps vous le ferez durer, un acte, deux actes, plus il sera naturel et conforme à son original; mais plus aussi il sera froid et insipide. (ÉD. 5.)

53. Il semble que le roman et la comédie pourroient être aussi utiles qu'ils sont nuisibles. L'on y voit de si grands exemples de constance, de vertu, de tendresse et de désintéressement, de si beaux et de si parfaits caractères, que quand une jeune personne jette de là sa vue sur tout ce qui l'entoure, ne trouvant que des sujets indignes et fort au-dessous de ce qu'elle vient d'admirer, je m'étonne qu'elle soit capable pour eux de la moindre foiblesse.

54. Corneille ne peut être égalé dans les endroits où il excelle : il a pour lors un caractère original et inimitable; mais il est inégal. Ses premières comédies sont sèches, languissantes, et ne laissoient pas espérer qu'il

1. Il est difficile de dire en quelle mesure les critiques qui précèdent atteignaient Molière. Argan n'est pas tout à fait un malade dans sa garde-robe; l'ivrognerie de Sganarelle ne se montre que discrètement, et si Molière a souvent mis en scène des paysans, du moins n'a-t-il point fait d'un paysan le personnage principal d'une comédie : le bûcheron Sganarelle, qui a su le rudiment, n'est pas un vrai paysan. Mais l'alinéa se termine par une allusion très-évidente à une comédie de l'acteur Baron, à l'adresse duquel, au surplus, il est peut-être entièrement écrit. Le rôle dont il s'agit est celui qu'il avait mis sur la scène dans sa comédie *l'Homme à bonnes fortunes*, pièce où il avait pris plaisir à se peindre lui-même, et qui fut représentée en 1686.

dût ensuite aller si loin; comme ses dernières font qu'on s'étonne qu'il ait pu tomber de si haut. Dans quelques-unes de ses meilleures pièces¹, il y a des fautes inexcusables contre les mœurs², un style de déclamateur qui arrête l'action et la fait languir, des négligences dans les vers et dans l'expression qu'on ne peut comprendre en un si grand homme. Ce qu'il y a eu en lui de plus éminent, c'est l'esprit, qu'il avoit sublime, auquel il a été redevable de certains vers, les plus heureux qu'on ait jamais lus³ ailleurs, de la conduite de son théâtre, qu'il a quelquefois hasardée contre les règles⁴ des anciens, et enfin de ses dénouements; car il ne s'est pas toujours assujetti au goût des Grecs et à leur grande simplicité : il a aimé au contraire à charger la scène d'événements dont il est presque toujours sorti avec succès; admirable surtout par l'extrême variété et le peu de rapport qui se trouve pour le dessein entre un si grand nombre de poëmes qu'il a composés. Il semble qu'il y ait plus de ressemblance dans ceux de RACINE, et qui tendent⁵

1. VAR. (édit. 1-3) : Ses premières comédies sont sèches, languissantes, et ne laissoient pas espérer qu'il dût jamais ensuite aller si loin. Dans quelques-unes de ses meilleures pièces, etc. — Par le mot *comédies*, il faut entendre aussi bien les tragédies que les comédies de Corneille.

2. Baillet, dans les *Jugements des savants sur les principaux ouvrages des auteurs* (tome V, p. 330 et suivantes, édition de 1732), répète après Nicole que les comédies de Corneille, bien qu'il soit « le plus modeste et le plus retenu » de tous nos poëtes comiques, sont souvent contraires à la morale. Ce n'est pas là, bien entendu, ce que veut dire la Bruyère. Il s'agit ici des mœurs et des habitudes qui appartiennent à telle époque, à telle nation, etc.

3. Le participe *lu* est sans accord dans toutes les éditions du dix-septième siècle.

4. Dans les éditions 1 et 2 : « hasardée et contre les règles. »

5. Tel est le texte de toutes les éditions qu'a données la Bruyère. Peut-être faut-il lire : « et qu'ils tendent. » Voyez cependant le *Lexique*, au mot QUI.

DES OUVRAGES DE L'ESPRIT.   141

un peu plus à une même chose ; mais il est égal, soutenu, toujours le même partout, soit pour le dessein et la conduite de ses pièces, qui sont justes, régulières, prises dans le bon sens et dans la nature, soit pour la versification[1], qui est correcte, riche dans ses rimes, élégante, nombreuse, harmonieuse : exact imitateur des anciens, dont il a suivi scrupuleusement la netteté et la simplicité de l'action ; à qui le grand et le merveilleux n'ont pas même manqué, ainsi qu'à Corneille ni le touchant ni le pathétique. Quelle plus grande tendresse que celle qui est répandue dans tout *le Cid*, dans *Polyeucte* et dans *les Horaces*[2] ? Quelle grandeur ne se remarque point en Mithridate, en Porus et en Burrhus[3] ? Ces passions encore favorites des anciens, que les tragiques aimoient à exciter sur les théâtres, et qu'on nomme la terreur et la pitié, ont été connues de ces deux poëtes. Oreste, dans l'*Andromaque* de Racine, et Phèdre du même auteur, comme l'*OEdipe* et *les Horaces*[4]

1. VAR. (édit. 1-3) : soit pour sa versification.
2. Le vrai titre de la pièce est *Horace*, au singulier ; mais Corneille lui-même a employé le pluriel, *les Horaces*, dans l'avis *au Lecteur* de sa *Sophonisbe* (1663). Voyez le *Corneille* de M. Marty-Laveaux, tome VI, p. 464, note 1.
3. Porus, dans l'*Alexandre* de Racine ; Burrhus, dans son *Britannicus*.
4. « C'est une chose étrange, a écrit Voltaire, que le difficile et concis la Bruyère, dans son parallèle de Corneille et de Racine, ait dit *les Horaces* et *OEdipe*; mais il dit aussi *Phèdre* et *Pénélope* (il faut lire : *Bérénice* et *Pénélope*; voyez ci-dessus, p. 134) : voilà comme l'or et le plomb sont confondus souvent. » (*Remarques sur OEdipe*, pièces préliminaires.) — La Bruyère cite la tragédie d'*OEdipe* comme l'une des plus pathétiques de Corneille, et non comme l'une de ses meilleures ; mais elle avait obtenu le plus grand succès auprès du public, et les contemporains la plaçaient parmi les chefs-d'œuvre de l'art dramatique (voyez au tome VI, p. 126 et 129, du *Corneille* de M. Marty-Laveaux l'avis *au Lecteur* et l'*Examen* en tête d'*OEdipe*, la *Gazette de France* du 15 février 1659, la *Muse historique*, de Loret, des 25 janvier et 8 février 1659, Saint-Évremond, *OEuvres*, tome IV, p. 31, etc.). —

de Corneille, en sont la preuve. Si cependant il est permis de faire entre eux quelque comparaison, et les marquer l'un et l'autre par ce qu'ils ont eu de plus propre et par ce qui éclate le plus ordinairement dans leurs ouvrages, peut-être qu'on pourroit parler ainsi : « Corneille nous assujettit à ses caractères et à ses idées, Racine se conforme aux nôtres [1]; celui-là peint les hommes comme ils devroient être, celui-ci les peint tels qu'ils sont. Il y a plus dans le premier de ce que l'on admire, et de ce que l'on doit même imiter; il y a plus dans le second de ce que l'on reconnoît dans les autres, ou de ce que l'on éprouve dans soi-même. L'un élève, étonne, maîtrise, instruit; l'autre plaît, remue, touche, pénètre. Ce qu'il y a de plus beau, de plus noble et de plus impérieux dans la raison, est manié par le premier; et par l'autre, ce qu'il y a de plus flatteur et de plus délicat dans la passion. Ce sont dans celui-là des maximes, des règles, des préceptes; et dans celui-ci, du goût et des sentiments. L'on est plus occupé aux pièces de Corneille; l'on est plus ébranlé et plus attendri à celles de Racine. Corneille est plus moral, Racine plus naturel. Il semble que l'un imite SOPHOCLE, et que l'autre doit plus à EURIPIDE [2]. »

Au surplus, quels que fussent, au moment où il écrivait ce parallèle (1687), les sentiments de la Bruyère sur Œdipe, nous le verrons protester dans son Discours à l'Académie françoise (1693) contre l'enthousiasme que cette pièce avait tout d'abord excité.

1. VAR. (édit. 1-3) : Racine descend jusques aux nôtres.
2. Le même rapprochement avait déjà été fait, en 1686, dans le Parallèle de M. Corneille et de M. Racine, composé par Longepierre à la demande d'Adrien Baillet. « Et pour les comparer aux plus grands hommes que l'antiquité ait produits en ce genre d'écrire pour la tragédie, écrivait Longepierre dans le dernier paragraphe de son Parallèle, disons que M. Corneille approche davantage de Sophocle, et que M. Racine ressemble plus à Euripide. » (Jugements des savants, par Adrien Baillet, tome V, p. 438). — Voyez, à la fin du volume, l'Appendice.

Le peuple appelle éloquence la facilité que quelques-uns ont de parler seuls et longtemps, jointe à l'emportement du geste, à l'éclat de la voix, et à la force des poumons. Les pédants ne l'admettent aussi que dans le discours oratoire, et ne la distinguent pas de l'entassement des figures, de l'usage des grands mots, et de la rondeur des périodes.

55.

Il semble que la logique est l'art de convaincre de quelque vérité; et l'éloquence un don de l'âme, lequel nous rend maîtres du cœur et de l'esprit des autres; qui fait que nous leur inspirons ou que nous leur persuadons tout ce qui nous plaît[1].

L'éloquence peut se trouver dans les entretiens et dans tout genre d'écrire. Elle est rarement où on la cherche, et elle est quelquefois où on ne la cherche point.

L'éloquence est au sublime ce que le tout est à sa partie. (ÉD. 4.)

Qu'est-ce que le sublime? Il ne paroît pas qu'on l'ait défini[2]. Est-ce une figure? Naît-il des figures, ou du

---

1. « Neque vero mihi quidquam.... præstabilius videtur quam « posse dicendo tenere hominum cœtus, mentes allicere, voluntates « impellere quo velit, unde autem velit deducere. » (Cicéron, *de Oratore*, livre I, chapitre VIII.)

2. Boileau avait publié en 1674 le *Traité du sublime ou du merveilleux dans le discours, traduit du grec de Longin*. La critique de la Bruyère s'adressait à la fois sans doute à l'auteur du traité et à son interprète, qui, dans la préface de sa traduction, avait plutôt décrit que défini le sublime. Boileau ne fit aucune allusion à cette remarque dans ce qu'il ajouta en 1701 à sa préface, ni dans les *Réflexions critiques sur quelques passages du rhéteur Longin*, qu'il y joignit en 1713. « Il faut savoir, avait dit Boileau, que par sublime Longin n'entend pas ce que les orateurs appellent le style sublime, mais cet extraordinaire et ce merveilleux qui frappe dans le discours, et qui fait qu'un ouvrage enlève, ravit, transporte. Le style sublime veut toujours de grands mots; mais le sublime se peut trouver dans une seule pensée, dans une seule figure, dans un seul tour de paroles.... Il faut entendre par sublime, dans Longin, l'extraordinaire, le sur-

moins de quelques figures¹? Tout genre d'écrire reçoit-il le sublime, ou s'il n'y a que les grands sujets qui en soient capables? Peut-il briller autre chose dans l'églogue qu'un beau naturel, et dans les lettres familières comme dans les conversations qu'une grande délicatesse? ou plutôt le naturel et le délicat² ne sont-ils pas le sublime des ouvrages dont ils font la perfection? Qu'est-ce que le sublime? Où entre le sublime? (ÉD. 4.)

Les synonymes sont plusieurs dictions ou plusieurs phrases différentes qui signifient une même chose. L'antithèse est une opposition de deux vérités qui se donnent du jour l'une à l'autre³. La métaphore ou la comparai-

prenant, et, comme je l'ai traduit, le merveilleux dans le discours. » — « .... Je ne m'arrêterai point, dit Longin, traduit par Boileau, sur beaucoup de choses qu'il m'eût fallu établir avant que d'entrer en matière, pour montrer que le sublime est en effet ce qui forme l'excellence et la souveraine perfection du discours.... » (Chapitre I.) — « La marque infaillible du sublime, c'est quand nous sentons qu'un discours nous laisse beaucoup à penser; qu'il fait d'abord un effet sur nous auquel il est bien difficile, pour ne pas dire impossible, de résister; et qu'ensuite le souvenir nous en dure et ne s'efface qu'avec peine. En un mot, figurez-vous qu'une chose est véritablement sublime quand vous voyez qu'elle plaît universellement et dans toutes ses parties. » (Chapitre V.) — Voyez encore ci-dessus, p. 126, note 1.

1. « Il y a, pour ainsi dire, cinq sources principales du sublime.... La troisième n'est autre chose que les *figures tournées d'une certaine manière.* » (Longin, *Traité du sublime,* traduction de Boileau, chapitre VI.) — « Il faut maintenant parler des figures,... car, comme j'ai dit, elles ne font pas une des moindres parties du sublime lorsqu'on leur donne le tour qu'elles doivent avoir. Mais ce seroit un ouvrage de trop longue haleine, pour ne pas dire infini, si nous voulions faire ici une exacte recherche de toutes les figures qui peuvent avoir place dans le discours. C'est pourquoi nous nous contenterons d'en parcourir quelques-unes des principales, je veux dire celles qui contribuent le plus au sublime, seulement afin de faire voir que nous n'avançons rien que de vrai.... » (*Ibidem,* chapitre XIV.)

2. VAR. (édit. 4-6) : ou plutôt le naïf et le délicat.

3. « Ceux qui font les antithèses en forçant les mots sont comme

son emprunte d'une chose étrangère une image sensible et naturelle d'une vérité. L'hyperbole exprime au delà de la vérité pour ramener l'esprit à la mieux connoître. Le sublime ne peint que la vérité, mais en un sujet noble; il la peint toute entière, dans sa cause et dans son effet; il est l'expression ou l'image la plus digne de cette vérité. Les esprits médiocres ne trouvent point l'unique expression, et usent de synonymes. Les jeunes gens sont éblouis de l'éclat de l'antithèse, et s'en servent. Les esprits justes, et qui aiment à faire des images qui soient précises, donnent naturellement dans la comparaison et la métaphore. Les esprits vifs, pleins de feu, et qu'une vaste imagination emporte hors des règles et de la justesse, ne peuvent s'assouvir de l'hyperbole. Pour le sublime, il n'y a, même entre les grands génies[1], que les plus élevés qui en soient capables[2]. (ÉD. 4.)

56. Tout écrivain, pour écrire nettement, doit se mettre à la place de ses lecteurs, examiner son propre ouvrage comme quelque chose qui lui est nouveau, qu'il lit pour la première fois, où il n'a nulle part, et que l'auteur auroit soumis à sa critique ; et se persuader ensuite qu'on n'est pas entendu seulement à cause que l'on s'entend soi-même, mais parce qu'on est en effet intelligible. (ÉD. 7.)

57. L'on n'écrit que pour être entendu; mais il faut du

---

ceux qui font de fausses fenêtres pour la symétrie. » (Pascal, *Pensées*, p. 110, édition de M. Havet.)

1. VAR. (édit. 6) : même entre les plus grands génies.
2. « Il n'y a vraisemblablement que ceux qui ont de hautes et de solides pensées qui puissent faire des discours élevés ; et c'est particulièrement aux grands hommes qu'il échappe de dire des choses extraordinaires. » (Longin, *Traité du sublime*, chapitre VII.)

moins en écrivant faire entendre de belles choses. L'on doit avoir une diction pure, et user de termes qui soient propres, il est vrai; mais il faut que ces termes si propres expriment des pensées nobles, vives, solides, et qui renferment un très-beau sens. C'est faire de la pureté et de la clarté du discours un mauvais usage que de les faire servir à une matière aride, infructueuse, qui est sans sel, sans utilité, sans nouveauté. Que sert aux lecteurs de comprendre aisément et sans peine des choses frivoles et puériles, quelquefois fades et communes, et d'être moins incertains de la pensée d'un auteur qu'ennuyés de son ouvrage? (ÉD. 4.)

Si l'on jette quelque profondeur dans certains écrits, si l'on affecte une finesse de tour, et quelquefois une trop grande délicatesse, ce n'est que par la bonne opinion qu'on a de ses lecteurs. (ÉD. 4.)

58. L'on a cette incommodité à essuyer dans la lecture des livres faits par des gens de parti et de cabale, que l'on n'y voit pas toujours la vérité. Les faits y sont déguisés, les raisons réciproques[1] n'y sont point rapportées dans toute leur force, ni avec une entière exactitude; et ce qui use la plus longue patience, il faut lire un grand nombre de termes durs et injurieux que se disent des hommes graves, qui d'un point de doctrine ou d'un fait contesté se font une querelle personnelle[2]. Ces ouvrages ont cela de particulier qu'ils ne méritent ni le cours prodigieux qu'ils ont pendant un certain temps, ni le profond oubli où ils tombent lorsque le feu et la division venant à s'éteindre, ils deviennent des almanachs de l'autre année. (ÉD. 4.)

1. VAR. (édit. 4 et 5) : les objections réciproques.
2. VAR. (édit. 4 et 5) : se sont fait une querelle personnelle.

La gloire ou le mérite de certains hommes est de bien écrire; et de quelques autres, c'est de n'écrire point¹. (ÉD. 7.)

59.

L'on écrit régulièrement depuis vingt années; l'on est esclave de la construction; l'on a enrichi la langue de nouveaux mots, secoué le joug du latinisme, et réduit le style à la phrase purement françoise; l'on a presque retrouvé le nombre que MALHERBE et BALZAC avoient les premiers rencontré, et que tant d'auteurs depuis eux ont laissé perdre; l'on a mis enfin dans le discours tout l'ordre et toute la netteté dont il est capable : cela conduit insensiblement à y mettre de l'esprit². (ÉD. 4.)

60.

Il y a des artisans ou des habiles dont l'esprit est aussi vaste que l'art et la science³ qu'ils professent; ils lui rendent avec avantage, par le génie et par l'invention, ce qu'ils tiennent d'elle et de ses principes; ils sortent de l'art pour l'ennoblir, s'écartent des règles si elles ne les conduisent pas au grand et au sublime; ils marchent seuls et sans compagnie, mais ils vont fort haut et pénètrent fort loin, toujours sûrs et confirmés par le succès des avantages que l'on tire quelquefois de l'irré-

61.

---

1. La Bruyère résume d'un trait la tirade d'Alceste :

> Si l'on peut pardonner l'essor d'un mauvais livre,
> Ce n'est qu'aux malheureux qui composent pour vivre.
> Croyez-moi, résistez à vos tentations,
> Dérobez au public ces occupations,
> Et n'allez point quitter, de quoi que l'on vous somme,
> Le nom que dans la cour vous avez d'honnête homme,
> Pour prendre de la main d'un avide imprimeur
> Celui de ridicule et misérable auteur.
>
> (*Le Misanthrope*, acte I, scène II.)

2. Cette réflexion a reçu diverses interprétations. Voyez l'*Appendice*.

3. VAR. (édit. 4-7). l'art ou la science.

gularité. Les esprits justes, doux, modérés, non-seulement ne les atteignent pas, ne les admirent pas, mais ils ne les comprennent point, et voudroient encore moins les imiter; ils demeurent tranquilles dans l'étendue de leur sphère, vont jusques à un certain point qui fait les bornes de leur capacité et de leurs lumières; ils ne vont pas plus loin, parce qu'ils ne voient rien au delà; ils ne peuvent au plus qu'être les premiers d'une seconde classe, et exceller dans le médiocre. (ÉD. 4.)

62. Il y a des esprits, si je l'ose dire, inférieurs et subalternes, qui ne semblent faits que pour être le recueil, le registre, ou le magasin de toutes les productions des autres génies : ils sont plagiaires, traducteurs, compilateurs; ils ne pensent point, ils disent ce que les auteurs ont pensé[1]; et comme le choix des pensées est invention, ils l'ont mauvais, peu juste, et qui les détermine plutôt à rapporter beaucoup de choses, que d'excellentes choses; ils n'ont rien d'original et qui soit à eux; ils ne savent que ce qu'ils ont appris, et ils n'apprennent que ce que tout le monde veut bien ignorer, une science vaine, aride, dénuée d'agrément et d'utilité, qui ne tombe point dans la conversation, qui est hors de commerce, semblable à une monnoie qui n'a point de cours : on est tout à la fois étonné de leur lecture et ennuyé de leur entretien ou de leurs ouvrages. Ce sont ceux[2] que les grands et le vulgaire confondent avec les savants, et que les sages renvoient au pédantisme. (ÉD. 5.)

63. La critique souvent n'est pas une science; c'est un métier, où il faut plus de santé que d'esprit, plus de

1. « Ils ne pensent point, ils disent, etc. : » ces deux membres de phrase ont été ajoutés dans la 7e édition.
2. VAR. (édit. 5-7) : ce sont eux.

travail que de capacité, plus d'habitude que de génie. Si elle vient d'un homme qui ait moins de discernement que de lecture, et qu'elle s'exerce sur de certains chapitres, elle corrompt et les lecteurs et l'écrivain. (ÉD. 7.)

64. Je conseille à un auteur né copiste, et qui a l'extrême modestie de travailler d'après quelqu'un, de ne se choisir pour exemplaires que ces sortes d'ouvrages où il entre de l'esprit, de l'imagination, ou même de l'érudition : s'il n'atteint pas ses originaux, du moins il en approche, et il se fait lire. Il doit au contraire éviter comme un écueil de vouloir imiter ceux qui écrivent par humeur, que le cœur fait parler, à qui il inspire les termes et les figures, et qui tirent, pour ainsi dire, de leurs entrailles tout ce qu'ils expriment sur le papier : dangereux modèles et tout propres à faire tomber dans le froid, dans le bas et dans le ridicule ceux qui s'ingèrent de les suivre. En effet, je rirois d'un homme qui voudroit sérieusement parler mon ton de voix, ou me ressembler de visage. (ÉD. 6.)

65. Un homme né chrétien et François se trouve contraint dans la satire[1]; les grands sujets lui sont défendus : il les entame quelquefois, et se détourne ensuite sur de petites choses, qu'il relève par la beauté de son génie et de son style.

66. Il faut éviter le style vain et puéril, de peur de ressembler à *Dorilas* et *Handburg*[2] : l'on peut au contraire en une sorte d'écrits hasarder de certaines expressions, user de termes transposés et qui peignent vivement, et

1. VAR. (édit. 1-4) : est embarrassé dans la satire.
2. VAR. (édit. 1-3) : à *Dorilas* et à *Handburg*. — Selon les clefs, le nom de *Dorilas* désigne l'historien Varillas, et celui de *Handburg*

plaindre ceux qui ne sentent pas le plaisir qu'il y a à s'en servir ou à les entendre.

67. Celui qui n'a égard en écrivant qu'au goût de son siècle songe plus à sa personne qu'à ses écrits : il faut toujours tendre à la perfection, et alors cette justice qui nous est quelquefois refusée par nos contemporains, la postérité sait nous la rendre.

68. Il ne faut point mettre un ridicule où il n'y en a point : c'est se gâter le goût, c'est corrompre son jugement et celui des autres ; mais le ridicule qui est quelque part, il faut l'y voir, l'en tirer avec grâce, et d'une manière qui plaise et qui instruise.

69. HORACE ou DESPRÉAUX l'a dit avant vous. — Je le crois sur votre parole ; mais je l'ai dit comme mien. Ne puis-je pas penser après eux une chose vraie [1], et que d'autres encore penseront après moi [2] ?

<small>le P. Mainbourg, auteur d'un grand nombre d'ouvrages d'histoire et de théologie. Ce dernier, dont la Bruyère déguise à peine le nom en le traduisant en allemand, était mort depuis plus d'un an lorsque fut imprimé ce passage. Varillas vivait encore ; son *Histoire des révolutions arrivées dans l'Europe en matière de religion* était en cours de publication.

1. VAR. (édit. 1 et 2) : Ne puis-je pas penser une chose vraie.
2. « La verité et la raison sont communes à un chascun, et ne sont non plus à qui les a dictes premièrement qu'à qui les dict aprez : ce n'est non plus selon Platon que selon moy, puisque luy et moy l'entendons et veoyons de mesme. » (Montaigne, *Essais*, livre I, chapitre xxv.) — « Le malheur des modernes, avait dit Bouhours, est de n'être pas venus les premiers ; et tout leur crime souvent, c'est de penser comme les anciens sans les avoir lus. » (*La manière de bien penser dans les ouvrages d'esprit*, publiée en 1687, édition de 1705, p. 97.) — J. de Cailly a exprimé plusieurs fois la même idée dans ses *Diverses petites poésies*, publiées en 1667 sous le nom de *d'Aceilly*.</small>

DU MÉRITE PERSONNEL.

1\. Qui peut, avec les plus rares talents et le plus excellent mérite, n'être pas convaincu de son inutilité, quand il considère qu'il laisse en mourant un monde qui ne se sent pas de sa perte, et où tant de gens se trouvent pour le remplacer?

2\. De bien des gens il n'y a que le nom qui vale[1] quelque chose. Quand vous les voyez de fort près, c'est moins que rien; de loin ils imposent.

3\. Tout persuadé que je suis[2] que ceux que l'on choisit pour de différents emplois, chacun selon son génie et sa profession, font bien, je me hasarde de dire qu'il se peut faire qu'il y ait au monde plusieurs personnes, connues ou inconnues, que l'on n'emploie pas, qui feroient très-bien; et je suis induit à ce sentiment par le merveilleux succès de certaines gens que le hasard seul a placés, et de qui jusques alors on n'avoit pas attendu de fort grandes choses. (ÉD. 6.)

Combien d'hommes admirables, et qui avoient de très-beaux génies, sont morts sans qu'on en ait parlé! Combien vivent encore dont on ne parle point, et dont on ne parlera jamais!

---

1. « Je n'ai vu que dans la Bruyère *vale* pour *vaille*, dit l'auteur des *Sentimens critiques sur les Caractères* (p. 142) : s'il ne s'en étoit servi qu'une fois, j'attribuerois cette faute à l'imprimeur; mais comme je l'ai trouvée en plusieurs endroits, j'ai lieu de conclure que tel étoit le plaisir de l'auteur des *Caractères*. » Voyez le Lexique.

2. VAR. (édit. 6 et 7) : Tout persuadé que je sois.

4. Quelle horrible peine à un homme qui est sans prôneurs et sans cabale, qui n'est engagé dans aucun corps, mais qui est seul, et qui n'a que beaucoup de mérite pour toute recommandation, de se faire jour à travers l'obscurité où il se trouve, et de venir[1] au niveau d'un fat qui est en crédit !

5. Personne presque ne s'avise de lui-même du mérite d'un autre.

Les hommes sont trop occupés d'eux-mêmes pour avoir le loisir de pénétrer ou de discerner les autres; de là vient qu'avec un grand mérite et une plus grande modestie l'on peut être longtemps ignoré.

6. Le génie et les grands talents manquent souvent, quelquefois aussi les seules occasions : tels peuvent être loués de ce qu'ils ont fait, et tels de ce qu'ils auroient fait[2].

7. Il est moins rare de trouver de l'esprit que des gens qui se servent du leur, ou qui fassent valoir celui des autres et le mettent à quelque usage. (ÉD. 4.)

8. Il y a plus d'outils que d'ouvriers, et de ces derniers plus de mauvais que d'excellents : que pensez-vous de celui qui veut scier avec un rabot, et qui prend sa scie pour raboter ? (ÉD. 6.)

9. Il n'y a point au monde un si pénible métier que celui de se faire un grand nom : la vie s'achève que l'on a à peine ébauché son ouvrage.

1. VAR. (édit. 1 et certains exemplaires de 2) : et venir.
2. « La nature fait le mérite, et la fortune le met en œuvre. » (*La Rochefoucauld*, n° CLIII, édition Duplessis.)

Que faire d'*Égésippe*, qui demande un emploi? Le 10. mettra-t-on dans les finances, ou dans les troupes? Cela est indifférent, et il faut que ce soit l'intérêt seul qui en décide; car il est aussi capable de manier de l'argent, ou de dresser des comptes, que de porter les armes. « Il est propre à tout, » disent ses amis, ce qui signifie toujours qu'il n'a pas plus de talent pour une chose que pour une autre, ou en d'autres termes, qu'il n'est propre à rien. Ainsi la plupart des hommes occupés d'eux seuls dans leur jeunesse, corrompus par la paresse ou par le plaisir, croient faussement dans un âge plus avancé qu'il leur suffit d'être inutiles ou dans l'indigence, afin que la république soit engagée à les placer ou à les secourir; et ils profitent rarement de cette leçon si importante, que les hommes devroient employer les premières années de leur vie à devenir tels par leurs études et par leur travail que la république elle-même eût besoin de leur industrie et de leurs lumières, qu'ils fussent comme une pièce nécessaire à tout son édifice, et qu'elle se trouvât portée par ses propres avantages à faire leur fortune ou à l'embellir. (éd. 5.)

Nous devons travailler à nous rendre très-dignes de quelque emploi : le reste ne nous regarde point, c'est l'affaire des autres. (éd. 5.)

Se faire valoir par des choses qui ne dépendent point 11. des autres, mais de soi seul, ou renoncer à se faire valoir : maxime inestimable et d'une ressource infinie dans la pratique, utile aux foibles, aux vertueux, à ceux qui ont de l'esprit, qu'elle rend maîtres de leur fortune ou de leur repos; pernicieuse pour les grands, qui diminueroit leur cour, ou plutôt le nombre de leurs esclaves, qui feroit tomber leur morgue avec une partie de leur autorité, et les réduiroit presque à leurs entremets et à leurs équipages ; qui les priveroit du plaisir qu'ils sentent à se faire prier, presser, solliciter, à faire attendre ou à refuser, à promettre et à ne pas donner ; qui les traverseroit dans le goût qu'ils ont quelquefois à mettre les sots en vue et à anéantir le mérite quand il leur arrive de le discerner ; qui banniroit des cours les brigues, les cabales, les mauvais offices, la bassesse, la flatterie, la fourberie ; qui feroit d'une cour orageuse, pleine de mouvements et d'intrigues, comme une pièce comique ou même tragique, dont les sages ne seroient que les spectateurs ; qui remettroit de la dignité dans les différentes conditions des hommes, de la sérénité sur leurs visages ; qui étendroit leur liberté ; qui réveilleroit en eux, avec les talents naturels, l'habitude du travail et de l'exercice ; qui les exciteroit à l'émulation, au desir de la gloire, à l'amour de la vertu ; qui, au lieu de courtisans vils, inquiets, inutiles, souvent onéreux à la république, en feroit ou de sages économes, ou d'excellents pères de famille, ou des juges intègres, ou de bons officiers[1], ou de grands capitaines, ou des orateurs, ou des philosophes ; et qui ne leur attireroit à tous nul autre inconvénient, que celui peut-être de laisser à leurs héritiers moins de trésors que de bons exemples. (ÉD. 7.)

12. Il faut en France beaucoup de fermeté et une grande étendue d'esprit pour se passer des charges et des emplois, et consentir ainsi à demeurer chez soi, et à ne rien faire[2]. Personne presque n'a assez de mérite pour jouer ce rôle avec dignité, ni assez de fond pour remplir le vide du temps, sans ce que le vulgaire appelle des affaires. Il ne manque cependant à l'oisiveté du sage qu'un meil-

1. VAR. (édit. 7) : ou des bons officiers.
2. VAR. (édit. 1 et 2) : et ne rien faire.

leur nom, et que méditer, parler, lire, et être tranquille s'appelât travailler.

13. Un homme de mérite, et qui est en place, n'est jamais incommode par sa vanité; il s'étourdit moins du poste qu'il occupe qu'il n'est humilié par un plus grand qu'il ne remplit pas et dont il se croit digne : plus capable d'inquiétude que de fierté ou de mépris pour les autres, il ne pèse qu'à soi-même.

14. Il coûte à un homme de mérite de faire assidûment sa cour, mais par une raison bien opposée à celle que l'on pourroit croire : il n'est point tel sans une grande modestie, qui l'éloigne de penser qu'il fasse le moindre plaisir aux princes s'il se trouve sur leur passage, se poste devant leurs yeux, et leur montre son visage : il est plus proche de se persuader qu'il les importune, et il a besoin de toutes les raisons tirées de l'usage et de son devoir pour se résoudre à se montrer. Celui au contraire qui a bonne opinion de soi, et que le vulgaire appelle un glorieux, a du goût à se faire voir, et il fait sa cour avec d'autant plus de confiance qu'il est incapable de s'imaginer que les grands dont il est vu pensent autrement de sa personne qu'il fait lui-même. (éd. 4.)

15. Un honnête homme se paye par ses mains de l'application qu'il a à son devoir par le plaisir qu'il sent à le faire, et se désintéresse sur les éloges, l'estime et la reconnoissance qui lui manquent quelquefois.

16. Si j'osois faire une comparaison entre deux conditions tout à fait inégales, je dirois qu'un homme de cœur pense à remplir ses devoirs à peu près comme le couvreur songe à couvrir : ni l'un ni l'autre ne cherchent à exposer

leur vie, ni ne sont détournés par le péril; la mort pour eux est un inconvénient dans le métier, et jamais un obstacle. Le premier aussi n'est guère plus vain d'avoir paru à la tranchée, emporté un ouvrage ou forcé un retranchement, que celui-ci d'avoir monté sur de hauts combles ou sur la pointe d'un clocher. Ils ne sont tous deux appliqués qu'à bien faire, pendant que le fanfaron travaille à ce que l'on dise de lui qu'il a bien fait.

17. La modestie est au mérite ce que les ombres sont aux figures dans un tableau : elle lui donne de la force et du relief. (ÉD. 8.)

Un extérieur simple est l'habit des hommes vulgaires, il est taillé pour eux et sur leur mesure; mais c'est une parure pour ceux qui ont rempli leur vie de grandes actions : je les compare à une beauté négligée, mais plus piquante. (ÉD. 8.)

Certains hommes, contents d'eux-mêmes, de quelque action ou de quelque ouvrage qui ne leur a pas mal réussi, et ayant ouï dire que la modestie sied bien aux grands hommes, osent être modestes, contrefont les simples et les naturels : semblables à ces gens d'une taille médiocre qui se baissent aux portes, de peur de se heurter. (ÉD. 8.)

18. Votre fils est bègue : ne le faites pas monter sur la tribune. Votre fille est née pour le monde : ne l'enfermez pas parmi les vestales. *Xanthus*, votre affranchi, est foible et timide : ne différez pas, retirez-le des légions et de la milice. « Je veux l'avancer, » dites-vous. Comblez-le de biens, surchargez-le de terres, de titres et de possessions[1]; servez-vous du temps; nous vivons dans

---

1. VAR. (édit. 6) : de terres et de possessions.

un siècle où elles lui feront plus d'honneur que la vertu. « Il m'en coûteroit trop, » ajoutez-vous. Parlez-vous sérieusement, *Crassus?* Songez-vous que c'est une goutte d'eau que vous puisez du Tibre pour enrichir Xanthus que vous aimez, et pour prévenir les honteuses suites[1] d'un engagement où il n'est pas propre? (éd. 6.)

19. Il ne faut regarder dans ses amis que la seule vertu qui nous attache à eux, sans aucun examen de leur bonne ou de leur mauvaise fortune; et quand on se sent capable de les suivre dans leur disgrâce, il faut les cultiver hardiment et avec confiance jusque dans leur plus grande prospérité. (éd. 4.)

20. S'il est ordinaire d'être vivement touché des choses rares, pourquoi le sommes-nous si peu de la vertu? (éd. 4.)

21. S'il est heureux d'avoir de la naissance, il ne l'est pas moins d'être tel qu'on ne s'informe plus si vous en avez. (éd. 4.)

22. Il apparoît de temps en temps sur la surface de la terre[2] des hommes rares, exquis, qui brillent par leur vertu, et dont les qualités éminentes jettent un éclat prodigieux. Semblables à ces étoiles extraordinaires dont on ignore les causes, et dont on sait encore moins ce qu'elles deviennent après avoir disparu, ils n'ont ni aïeuls ni descendants : ils composent seuls toute leur race. (éd. 5.)

---

1. Var. (édit. 6) : les mauvaises suites.
2. Var. (édit. 5-8) : sur la face de la terre.

23. Le bon esprit nous découvre notre devoir, notre engagement à le faire, et s'il y a du péril, avec péril : il inspire le courage, ou il y supplée. (ÉD. 4.)

24. Quand on excelle dans son art, et qu'on lui donne[1] toute la perfection dont il est capable, l'on en sort en quelque manière, et l'on s'égale à ce qu'il y a de plus noble et de plus relevé. V** est un peintre, C** un musicien, et l'auteur de *Pyrame* est un poëte; mais MIGNARD est MIGNARD, LULLI est LULLI, et CORNEILLE est CORNEILLE[2].

1. VAR. (édit. 1 et certains exemplaires de 2) : et que l'on lui donne.
2. Tous les contemporains ont reconnu l'un des Vignon dans le peintre V**, et Colasse dans le musicien C**. Claude-François Vignon, célèbre peintre du temps, membre de l'Académie de peinture, mourut en 1670, laissant deux fils : l'un, Claude-François Vignon, peintre d'histoire, qui faisait partie de l'Académie depuis plus de vingt années lorsque la Bruyère publia cette réflexion, et l'autre, Philippe, peintre de portraits, qui venait d'y entrer (30 août 1687); le premier mourut en 1703, âgé de soixante-neuf ans; le second en 1701, âgé de cinquante-sept ans. — Pascal Colasse, élève de Lulli (mais non point son gendre, ainsi que l'ont dit Walckenaer et M. Destailleur), venait de faire jouer *Achille et Polyxène* (23 novembre 1687), lorsque fut imprimée la première édition des *Caractères*. Les paroles de cette tragédie lyrique étaient de Campistron; Lulli avait composé l'ouverture et la musique du premier acte. Avant d'achever cet opéra, Colasse avait composé des motets et des cantiques. Il était l'un des maîtres de la musique du Roi depuis 1683. — L'auteur de *Pyrame* est Pradon : à l'époque où la Bruyère parlait ainsi de lui, il avait fait jouer les tragédies de *Pyrame et Thisbé* (1674), *Tamerlan* (1676), *Phèdre et Hippolyte* (3 janvier 1677), la *Troade* et *Statira* (1679). — Lulli était mort depuis quelques mois (22 mars 1687) lorsque parut la première édition des *Caractères*, qui contenait cet alinéa. — Quant à Pierre Mignard, il vivait encore à cette époque. C'est par suite d'une évidente confusion que quelques éditeurs ont assigné la date de 1668 à la mort du Mignard que nomme la Bruyère : il s'agit de Pierre Mignard, qui mourut en 1695, et non de son frère Nicolas, qui mourut en effet dans l'année 1668.

25. Un homme libre, et qui n'a point de femme, s'il a quelque esprit peut s'élever au-dessus de sa fortune, se mêler dans le monde, et aller de pair avec les plus honnêtes gens. Cela est moins facile à celui qui est engagé : il semble que le mariage met tout le monde dans son ordre.

26. Après le mérite personnel, il faut l'avouer, ce sont les éminentes dignités et les grands titres dont les hommes tirent plus de distinction et plus d'éclat; et qui ne sait être un Érasme doit penser à être évêque. Quelques-uns, pour étendre leur renommée, entassent sur leurs personnes des pairies, des colliers d'ordre, des primaties, la pourpre, et ils auroient besoin d'une tiare; mais quel besoin a *Trophime*[1] d'être cardinal? (éd. 4.)

27. L'or éclate, dites-vous, sur les habits de *Philémon*. — Il éclate de même chez les marchands. — Il est habillé des plus belles étoffes. — Le sont-elles moins toutes déployées dans les boutiques et à la pièce? — Mais la broderie et les ornements y ajoutent encore la magnificence. — Je loue donc le travail de l'ouvrier. — Si on lui demande quelle heure il est, il tire une montre qui est un chef-d'œuvre; la garde de son épée est un onyx[2];

---

1. Dans la 10ᵉ édition, dans les éditions du dix-huitième siècle et dans toutes les éditions modernes jusqu'à celle de Walckenaer, le nom de *Trophime* a été remplacé par celui de *Bénigne*, qui désignerait clairement Bossuet. Mais il n'est point certain que la Bruyère ait voulu faire une allusion à l'évêque de Meaux. Les plus anciennes clefs appliquent cette phrase à Étienne le Camus, évêque de Grenoble, qui avait été nommé cardinal en 1686 contre la volonté du Roi. Voyez l'*Appendice*.

2. Agate. (*Note de la Bruyère.*) « Onyce, dit le *Dictionnaire de l'Académie* de 1694, espèce d'agate très-fine, de couleur blanche et brune. » — La 5ᵉ édition porte : *une onix;* l'Académie, dans sa

il a au doigt un gros diamant qu'il fait briller aux yeux, et qui est parfait; il ne lui manque aucune de ces curieuses bagatelles que l'on porte sur soi autant pour la vanité que pour l'usage, et il ne se plaint non plus toute sorte de parure qu'un jeune homme qui a épousé une riche vieille. — Vous m'inspirez enfin de la curiosité; il faut voir du moins des choses si précieuses[1] : envoyez-moi cet habit et ces bijoux de Philémon; je vous quitte de la personne. (ÉD. 5.)

Tu te trompes, Philémon[2], si avec ce carrosse brillant, ce grand nombre de coquins qui te suivent, et ces six bêtes qui te traînent, tu penses que l'on t'en estime davantage : l'on écarte tout cet attirail qui t'est étranger, pour pénétrer jusques à toi, qui n'es qu'un fat.

Ce n'est pas qu'il faut quelquefois pardonner à celui qui, avec un grand cortége, un habit riche et un magnifique équipage, s'en croit plus de naissance et plus d'esprit[3] : il lit cela dans la contenance et dans les yeux de ceux qui lui parlent.

28. Un homme à la cour, et souvent à la ville, qui a un long manteau de soie ou de drap de Hollande[4], une ceinture large et placée haut sur l'estomac, le soulier de

première édition (1694), fait également *onyce* du féminin. Toutes les éditions du dix-septième siècle donnent *onix*, et non *onyx;* dans la note elles ont *agathe*.

1. VAR. (édit. 5): des choses si rares et si précieuses.
2. VAR. (édit. 1-4) : Tu te trompes si, etc. — Cet alinéa et le suivant faisaient partie dans les quatre premières éditions du chapitre *des Biens de fortune*. C'est lorsqu'il les a placés à la suite de l'alinéa précédent, dans la 5ᵉ édition, que l'auteur a introduit ici le nom de *Philémon*.
3. « Plus d'esprit et plus de naissance, » dans les trois premières éditions.
4. La Bruyère avait d'abord écrit, ici et ailleurs, *d'Hollande;* à la 2ᵉ édition il fit imprimer *de Hollande*.

DU MÉRITE PERSONNEL.

maroquin, la calotte de même, d'un beau grain, un collet bien fait et bien empesé, les cheveux arrangés et le teint vermeil, qui avec cela se souvient de quelques distinctions métaphysiques, explique ce que c'est que la lumière de gloire, et sait précisément comment l'on voit Dieu[1], cela s'appelle un docteur. Une personne humble, qui est ensevelie[2] dans le cabinet, qui a médité, cherché, consulté, confronté, lu ou écrit pendant toute sa vie, est un homme docte.

29. Chez nous le soldat est brave, et l'homme de robe est savant; nous n'allons pas plus loin. Chez les Romains l'homme de robe étoit brave, et le soldat étoit savant : un Romain étoit tout ensemble et le soldat et l'homme de robe.

30. Il semble que le héros est d'un seul métier, qui est celui de la guerre, et que le grand homme est de tous les métiers, ou de la robe, ou de l'épée, ou du cabinet, ou de la cour : l'un et l'autre mis ensemble ne pèsent pas un homme de bien.

31. Dans la guerre, la distinction entre le héros et le grand homme est délicate : toutes les vertus militaires font l'un et l'autre. Il semble néanmoins que le premier soit jeune, entreprenant, d'une haute valeur, ferme dans les périls, intrépide; que l'autre excelle par un grand

---

1. « Les théologiens appellent « lumière de gloire », *lumen gloriæ*, un secours que Dieu donne aux âmes des bienheureux, pour les fortifier, afin qu'elles puissent voir Dieu face à face, comme dit saint Paul, ou intuitivement, comme on parle dans l'école; car sans ce secours elles ne pourroient soutenir la présence immédiate de Dieu. » (*Dictionnaire de Trévoux*, au mot LUMIÈRE.)

2. Les cinq premières éditions ont *enseveli*, au masculin. Voyez le *Lexique*.

sens, par une vaste prévoyance, par une haute capacité, et par une longue expérience¹. Peut-être qu'ALEXANDRE n'étoit qu'un héros, et que CÉSAR étoit un grand homme.

32.   *Æmile*² étoit né ce que les plus grands hommes ne deviennent qu'à force de règles, de méditation et d'exercice. Il n'a eu dans ses premières années qu'à remplir des talents qui étoient naturels, et qu'à se livrer à son génie. Il a fait, il a agi, avant que de savoir, ou plutôt il a su ce qu'il n'avoit jamais appris³. Dirai-je que les jeux de son enfance ont été plusieurs victoires? Une vie accompagnée d'un extrême bonheur joint à une longue expérience seroit illustre par les seules actions qu'il avoit achevées dès sa jeunesse⁴. Toutes les occasions de vaincre qui se sont depuis offertes, il les a embrassées; et celles qui n'étoient pas, sa vertu et son étoile les ont fait naître : admirable même et par les choses qu'il a faites, et par celles qu'il auroit pu faire. On l'a regardé comme un homme incapable de céder à l'ennemi, de plier sous le

1. VAR. (édit. 1-5) : par un grand sens, une vaste prévoyance, une haute capacité, et une longue expérience.

2. Le grand Condé. Ce *caractère* parut en 1692; on y retrouve l'imitation de plusieurs traits de l'oraison funèbre de Condé, que Bossuet prononça en 1687.

3. Voiture avait déjà dit dans une lettre qu'il avait adressée en 1643 au prince de Condé, alors duc d'Enghien, au sujet de la bataille de Rocroy : « Vous avez fait voir que l'expérience n'est nécessaire qu'aux âmes ordinaires, que la vertu des héros vient par d'autres chemins, qu'elle ne monte pas par degrés, et que les ouvrages du ciel sont en leur perfection dès leurs commencements. » (*Lettres de Voiture*, p. 300, édition de 1662.) — Condé avait vingt-deux ans lorsqu'il gagna la bataille de Rocroy (1643), bientôt suivie de la victoire de Fribourg (1644), de celle de Nordlingen (1645) et de celle de Lens (1648).

4. « C'en seroit assez pour illustrer une autre vie que la sienne; mais pour lui c'est le premier pas de sa course. » (Bossuet, *Oraison funèbre du prince de Condé*.)

nombre ou sous les obstacles; comme une âme du premier ordre, pleine de ressources et de lumières, et qui voyoit encore où personne ne voyoit plus; comme celui qui, à la tête des légions, étoit pour elles un présage de la victoire, et qui valoit seul plusieurs légions; qui étoit grand dans la prospérité, plus grand quand la fortune lui a été contraire (la levée d'un siége, une retraite, l'ont plus ennobli[1] que ses triomphes; l'on ne met qu'après les batailles gagnées et les villes prises); qui étoit rempli de gloire et de modestie; on lui a entendu dire : *Je fuyois*, avec la même grâce qu'il disoit : *Nous les battîmes;* un homme dévoué à l'État, à sa famille, au chef de sa famille; sincère pour Dieu et pour les hommes, autant admirateur du mérite que s'il lui eût été moins propre et moins familier; un homme vrai, simple, magnanime, à qui il n'a manqué que les moindres vertus. (ÉD. 7.)

Les enfants des Dieux[2], pour ainsi dire, se tirent des

33.

---

1. Toutes les éditions du dix-septième siècle, qui plus haut (p. 147, ligne 17) portent *ennoblir*, donnent ici, et plus loin (p. 186, ligne 26), *annobli*. — La Bruyère fait allusion au siége malheureux de Lérida (1647), que Condé fut obligé de lever. Bossuet avait dit en parlant de la même retraite: « Tout paroissoit sûr sous la conduite du duc d'Enghien; et sans vouloir ici achever le jour à vous marquer seulement ses autres exploits, vous savez, parmi tant de fortes places attaquées, qu'il n'y en eut qu'une seule qui pût échapper ses mains; encore releva-t-elle la gloire du prince. L'Europe, qui admiroit la divine ardeur dont il étoit animé dans les combats, s'étonna qu'il en fût le maître, et dès l'âge de vingt-six ans, aussi capable de ménager ses troupes que de les pousser dans les hasards, et de céder à la fortune que de la faire servir à ses desseins. » (*Oraison funèbre du prince de Condé*, édition originale, 1687, p. 15.)

2. Fils, petit-fils, issus de rois. (*Note de la Bruyère.*) — Le compliment s'adresse donc à tous les membres de la famille royale, à tous les princes du sang. Cette flatterie n'est que la répétition, sous une forme nouvelle, de la phrase qui commence le portrait d'Émile, mais cette fois les fils et petit-fils du grand Condé en prennent leur

règles de la nature, et en sont comme l'exception. Ils n'attendent presque rien du temps et des années. Le mérite chez eux devance l'âge. Ils naissent instruits, et ils sont plus tôt des hommes parfaits que le commun des hommes ne sort de l'enfance.

34. Les vues courtes, je veux dire les esprits bornés et resserrés dans leur petite sphère, ne peuvent comprendre cette universalité de talents que l'on remarque quelquefois dans un même sujet : où ils voient l'agréable, ils en excluent le solide; où ils croient découvrir les grâces du corps, l'agilité, la souplesse, la dextérité, ils ne veulent plus y admettre les dons de l'âme, la profondeur, la réflexion, la sagesse : ils ôtent de l'histoire de SOCRATE qu'il ait dansé. (ÉD. 5.)

part. — Dans la lettre que nous avons citée plus haut, p. 162, note 3, Voiture écrit encore : « Vous vérifiez bien, Monseigneur, ce qui a été dit autrefois, que la vertu vient aux Césars devant le temps, » rappelant sans doute ces vers de l'*Art d'aimer* d'Ovide (livre I, vers 183 et 184) :

Parcite natales, timidi, numerare Deorum :
Cæsaribus virtus contigit ante diem.

La même pensée se retrouve dans les vers que Gomberville adresse en 1646 au jeune Roi, en tête de la *Doctrine des mœurs tirée de la philosophie des stoïques :*

Montre qu'étant du sang des Dieux,
Tu n'es point sujet à l'enfance.

La Bruyère s'est souvenu à son tour de l'adage latin ; mais que ne s'est-il souvenu aussi de la phrase de Mascarille, dans les *Précieuses ridicules :* « Les gens de qualité savent tout sans avoir jamais rien appris ! » Plus tard, l'abbé de Choisy répétera dans ses *Mémoires* (livre VIII, p. 373, collection Petitot) l'hyperbole de la Bruyère, mais il la répétera en souriant : « Le prince de Conti eut le commandement de l'armée de Catalogne, quoiqu'il n'eût jamais servi. Les enfants des rois, comme ceux des Dieux, naissent instruits de tout. » — La Bruyère avait d'abord écrit cette réflexion dans le chapitre *des Jugements;* dans la seconde édition, il l'a transportée à la place qu'elle occupe.

DU MÉRITE PERSONNEL.

Il n'y a guère d'homme si accompli et si nécessaire 35.
aux siens, qu'il n'ait de quoi se faire moins regretter.
(ÉD. 5.)

Un homme d'esprit et d'un caractère simple et droit 36.
peut tomber dans quelque piége ; il ne pense pas que
personne veuille lui en dresser, et le choisir pour être
sa dupe : cette confiance le rend moins précautionné, et
les mauvais plaisants l'entament par cet endroit. Il n'y
a qu'à perdre pour ceux qui en viendroient à une seconde
charge : il n'est trompé qu'une fois.

J'éviterai avec soin d'offenser personne, si je suis équitable ; mais sur toutes choses un homme d'esprit, si j'aime le moins du monde mes intérêts.

Il n'y a rien de si délié, de si simple et de si imperceptible, où il n'entre des manières qui nous décèlent. Un sot 37.
ni n'entre, ni ne sort, ni ne s'assied, ni ne se lève, ni ne
se tait, ni n'est sur ses jambes, comme un homme d'esprit.

Je connois *Mopse* d'une visite qu'il m'a rendue sans 38.
me connoître ; il prie des gens qu'il ne connoît point de
le mener chez d'autres dont il n'est pas connu ; il écrit
à des femmes qu'il connoît de vue. Il s'insinue dans un
cercle de personnes respectables, et qui ne savent quel
il est, et là, sans attendre qu'on l'interroge, ni sans sentir qu'il interrompt, il parle, et souvent, et ridiculement.
Il entre une autre fois dans une assemblée, se place où
il se trouve, sans nulle attention aux autres, ni à soimême ; on l'ôte d'une place destinée à un ministre, il
s'assied à celle du duc et pair ; il est là précisément celui
dont la multitude rit, et qui seul est grave et ne rit point.
Chassez un chien du fauteuil du Roi, il grimpe à la chaire
du prédicateur ; il regarde le monde indifféremment,

sans embarras, sans pudeur; il n'a pas, non plus que le sot, de quoi rougir. (ÉD. 5.)

39. *Celse* est d'un rang médiocre, mais des grands le souffrent; il n'est pas savant, il a relation avec des savants; il a peu de mérite, mais il connoît des gens qui en ont beaucoup; il n'est pas habile, mais il a une langue qui peut servir de truchement, et des pieds qui peuvent le porter d'un lieu à un autre. C'est un homme né pour les allées et venues, pour écouter des propositions et les rapporter, pour en faire d'office, pour aller plus loin que sa commission et en être désavoué, pour réconcilier des gens qui se querellent à leur première entrevue; pour réussir dans une affaire et en manquer mille, pour se donner toute la gloire de la réussite, et pour détourner sur les autres la haine d'un mauvais succès. Il sait les bruits communs, les historiettes de la ville; il ne fait rien, il dit ou il écoute ce que les autres font, il est nouvelliste; il sait même le secret des familles: il entre dans de plus hauts mystères: il vous dit pourquoi celui-ci est exilé, et pourquoi on rappelle cet autre; il connoît le fond et les causes de la brouillerie des deux frères[1], et de la rupture des deux ministres[2]. N'a-t-il pas prédit aux premiers les tristes suites de leur mésintelligence? N'a-t-il pas dit de ceux-ci que leur union ne seroit pas longue?

---

1. Allusion, si l'on en croit les clefs, à une brouillerie qui survint entre Claude le Pelletier, contrôleur général des finances de 1683 à 1689, et l'un de ses frères.

2. La France devait-elle favoriser les tentatives du roi Jacques II, et l'aider à remonter sur le trône d'Angleterre? Louvois et Seignelay ne s'entendaient pas sur ce point. Le second voulait que Louis XIV envoyât des troupes en Irlande, et le premier conseillait de ne point faire la guerre. Seignelay l'emporta, et l'expédition qui se termina par la défaite de la Boyne (10 juillet 1690) fut décidée. C'est, dit-on, à cette querelle des deux ministres qu'il est fait allusion.

N'étoit-il pas présent à de certaines paroles qui furent dites? N'entra-t-il pas dans une espèce de négociation? Le voulut-on croire? fut-il écouté? A qui parlez-vous de ces choses? Qui a eu plus de part que Celse à toutes ces intrigues de cour? Et si cela n'étoit ainsi, s'il ne l'avoit du moins ou rêvé ou imaginé, songeroit-il à vous le faire croire? auroit-il l'air important et mystérieux d'un homme revenu d'une ambassade? (ÉD. 7.)

Ménippe est l'oiseau paré de divers plumages qui ne sont pas à lui. Il ne parle pas, il ne sent pas; il répète des sentiments et des discours, se sert même si naturellement de l'esprit des autres qu'il y est le premier trompé, et qu'il croit souvent dire son goût ou expliquer sa pensée, lorsqu'il n'est que l'écho de quelqu'un qu'il vient de quitter. C'est un homme qui est de mise un quart d'heure de suite, qui le moment d'après baisse, dégénère, perd le peu de lustre qu'un peu de mémoire lui donnoit, et montre la corde. Lui seul ignore combien il est au-dessous du sublime et de l'héroïque; et incapable de savoir jusqu'où l'on peut avoir de l'esprit, il croit naïvement que ce qu'il en a est tout ce que les hommes en sauroient avoir : aussi a-t-il l'air et le maintien de celui qui n'a rien à désirer sur ce chapitre, et qui ne porte envie à personne. Il se parle souvent à soi-même, et il ne s'en cache pas, ceux qui passent le voient, et qu'il semble toujours prendre un parti, ou décider qu'une telle chose est sans réplique[1]. Si vous le saluez quelquefois, c'est le jeter dans l'embarras de savoir s'il doit rendre le salut ou non; et pendant qu'il délibère, vous êtes déjà hors

40.

---

1. Croyant à tort corriger une faute d'impression, MM. Walckenaer et Destailleur ont modifié le texte et changé *qu'il semble* en *il semble*. « Et qu'il semble » est la vraie leçon ; « ceux qui passent voient qu'il se parle, et qu'il semble, etc. »

de portée. Sa vanité l'a fait honnête homme, l'a mis audessus de lui-même, l'a fait devenir ce qu'il n'étoit pas. L'on juge, en le voyant, qu'il n'est occupé que de sa personne; qu'il sait que tout lui sied bien, et que sa parure est assortie; qu'il croit que tous les yeux sont ouverts sur lui, et que les hommes se relayent pour le contempler. (ÉD. 7.)

41. Celui qui logé chez soi dans un palais, avec deux appartements pour les deux saisons, vient coucher au Louvre dans un entre-sol n'en use pas ainsi par modestie[1]; cet autre qui pour conserver une taille fine, s'abstient du vin et ne fait qu'un seul repas n'est ni sobre ni tempérant; et d'un troisième qui importuné d'un ami pauvre, lui donne enfin quelque secours, l'on dit qu'il achète son repos, et nullement qu'il est libéral. Le motif seul fait le mérite des actions des hommes, et le désintéressement y met la perfection. (ÉD. 4.)

42. La fausse grandeur est farouche et inaccessible: comme elle sent son foible, elle se cache, ou du moins ne se montre pas de front, et ne se fait voir qu'autant qu'il faut pour imposer et ne paroître point ce qu'elle est, je veux dire une vraie petitesse. La véritable grandeur est libre, douce, familière, populaire; elle se laisse toucher

1. Comme en 1689 le Roi habitait Versailles, c'est dans les entre-sols et sous les combles du château de Versailles, et non au Louvre, que venaient coucher à cette époque les grands seigneurs qui abandonnaient leur propre palais pour se rapprocher du Roi, soit que leurs fonctions, soit que leur intérêt ou leur plaisir les appelassent à la cour. Un certain nombre d'artistes, dont Germain Brice a donné la liste dans les diverses éditions de sa *Description de Paris*, avaient alors des logements au Louvre; mais ce n'est évidemment point d'eux qu'il est ici question. Il faut donc, par « le Louvre, » entendre le palais qu'habite le Roi.

et manier, elle ne perd rien à être vue de près ; plus on la connoît, plus on l'admire. Elle se courbe par bonté vers ses inférieurs, et revient sans effort dans son naturel ; elle s'abandonne quelquefois, se néglige, se relâche de ses avantages, toujours en pouvoir de les reprendre et de les faire valoir ; elle rit, joue et badine, mais avec dignité ; on l'approche tout ensemble avec liberté et avec retenue. Son caractère est noble et facile, inspire le respect et la confiance, et fait que les princes nous paroissent grands et très-grands, sans nous faire sentir que nous sommes petits. (ÉD. 4.)

43. Le sage guérit de l'ambition par l'ambition même ; il tend à de si grandes choses, qu'il ne peut se borner à ce qu'on appelle des trésors, des postes, la fortune et la faveur : il ne voit rien dans de si foibles avantages qui soit assez bon et assez solide pour remplir son cœur, et pour mériter ses soins et ses desirs ; il a même besoin d'efforts pour ne les pas trop dédaigner. Le seul bien capable de le tenter est cette sorte de gloire qui devroit naître de la vertu toute pure et toute simple ; mais les hommes ne l'accordent guère, et il s'en passe. (ÉD. 4.)

44. Celui-là est bon qui fait du bien aux autres ; s'il souffre pour le bien qu'il fait, il est très-bon ; s'il souffre de ceux à qui il a fait ce bien[1], il a une si grande bonté qu'elle ne peut être augmentée que dans le cas où ses souffrances viendroient à croître ; et s'il en meurt, sa vertu ne sauroit aller plus loin : elle est héroïque, elle est parfaite. (ÉD. 4.)

1. VAR. (édit. 4-6) : à qui il fait ce bien.

DES FEMMES.

1. Les hommes et les femmes conviennent rarement sur le mérite d'une femme : leurs intérêts sont trop différents. Les femmes ne se plaisent point les unes aux autres par les mêmes agréments qu'elles plaisent aux hommes : mille manières qui allument dans ceux-ci les grandes passions, forment entre elles l'aversion et l'antipathie[1].

2. Il y a dans quelques femmes une grandeur artificielle, attachée au mouvement des yeux, à un air de tête, aux façons de marcher, et qui ne va pas plus loin ; un esprit éblouissant qui impose, et que l'on n'estime que parce qu'il n'est pas approfondi. Il y a dans quelques autres une grandeur simple, naturelle, indépendante du geste et de la démarche, qui a sa source dans le cœur, et qui est comme une suite de leur haute naissance ; un mérite paisible, mais solide, accompagné de mille vertus qu'elles ne peuvent couvrir de toute leur modestie, qui échappent, et qui se montrent à ceux qui ont des yeux.

3. J'ai vu souhaiter d'être fille, et une belle fille, depuis treize ans jusques à vingt-deux, et après cet âge, de devenir un homme.

4. Quelques jeunes personnes ne connoissent point assez les avantages d'une heureuse nature, et combien il leur seroit utile de s'y abandonner ; elles affoiblissent ces dons du ciel, si rares et si fragiles, par des manières

---

1. Var. (édit. 1-3) : ou l'antipathie.

affectées et par une mauvaise imitation : leur son de voix et leur démarche sont empruntées[1]; elles se composent, elles se recherchent, regardent dans un miroir si elles s'éloignent assez de leur naturel. Ce n'est pas sans peine qu'elles plaisent moins. (ÉD. 4.)

Se mettre du rouge ou se farder est, je l'avoue, un 5. moindre crime que parler contre sa pensée; c'est quelque chose aussi de moins innocent que le travestissement et la mascarade, où l'on ne se donne point[2] pour

1. Il y a *empruntées*, au féminin, dans toutes les éditions anciennes, y compris celle de Coste de 1740; il semble que la Bruyère, ne tenant pas compte de *son*, ait fait accorder le participe avec l'idée de *voix* et avec *démarche*.

2. VAR. (édit. 7, 8 dans une partie des exemplaires, et 9) : « Chez les femmes se parer et se farder n'est pas, je l'avoue, parler contre sa pensée; c'est plus aussi que le travestissement et la mascarade, où l'on ne se donne point, etc. » — Comme on le voit, la première rédaction, conservée dans une partie des exemplaires de la 8ᵉ édition, a reparu dans la 9ᵉ; tandis que la seconde rédaction, qui est celle que nous avons adoptée, ne se trouve que dans quelques exemplaires de la 8ᵉ édition. Comment a-t-il pu se faire que la variante à laquelle nous avons donné place dans le texte ne se rencontre que dans un certain nombre d'exemplaires de l'édition de 1694 et n'ait pas été reproduite dans celle de 1696? Deux hypothèses se présentent : ou la Bruyère, après avoir modifié sa phrase avant que l'on mit sous presse la 8ᵉ édition, est revenu sur sa correction pendant que l'on tirait la feuille *F*, et l'a fait disparaître avant l'achèvement du tirage; ou c'est au contraire pendant le cours du tirage qu'il a introduit la variante, s'apercevant un peu tard que la phrase manquait de clarté. Cette seconde hypothèse acceptée, et c'est celle qui nous paraît la plus vraisemblable, il serait facile d'admettre que la Bruyère ou Michallet, son éditeur, oubliant qu'il y avait lieu de choisir entre les exemplaires de la 8ᵉ édition, ait pris par mégarde, pour l'envoyer à l'imprimerie en 1696, un exemplaire dont la feuille *F* ne portait pas la variante, et que par suite la 9ᵉ édition ait été imprimée sans que la correction y fût reproduite. Telles étant les conjectures auxquelles nous nous sommes arrêté, nous avons dû rétablir la variante dans notre texte. Le même cas se reproduit un peu

ce que l'on paroît être, mais où l'on pense seulement à se cacher et à se faire ignorer : c'est chercher à imposer aux yeux, et vouloir paroître selon l'extérieur contre la vérité ; c'est une espèce de menterie. (ÉD. 7.)

Il faut juger des femmes depuis la chaussure jusqu'à la coiffure exclusivement, à peu près comme on mesure le poisson entre queue et tête[1]. (ÉD. 7.)

6. Si les femmes veulent seulement être belles à leurs propres yeux et se plaire à elles-mêmes, elles peuvent sans doute, dans la manière de s'embellir, dans le choix des ajustements et de la parure, suivre leur goût et leur caprice; mais si c'est aux hommes qu'elles desirent de plaire, si c'est pour eux qu'elles se fardent ou qu'elles s'enluminent, j'ai recueilli les voix, et je leur prononce, de la part de tous les hommes ou de la plus grande partie, que le blanc et le rouge les rend affreuses et dégoûtantes; que le rouge seul les vieillit et les déguise ; qu'ils haïssent autant à les voir avec de la céruse sur le visage, qu'avec de fausses dents en la bouche, et des boules de cire dans les mâchoires ; qu'ils protestent sérieusement contre tout l'artifice dont elles usent pour se rendre laides ; et que bien loin d'en répondre devant Dieu[2], il semble au contraire qu'il leur ait réservé ce dernier et infaillible moyen de guérir des femmes. (ÉD. 5.)

Si les femmes étoient telles naturellement qu'elles le deviennent par artifice, qu'elles perdissent en un moment

---

plus loin (p. 174, n° 15), et l'on verra de même que la variante contenue dans une partie des exemplaires de la 8ᵉ édition donne une leçon préférable.

1. Les femmes se grandissaient à cette époque par de hauts talons, et surtout par des coiffures élevées. Au chapitre *de la Mode*, n° 12, la Bruyère reviendra sur la mode « qui fait de la tête des femmes la base d'un édifice à plusieurs étages. »

2. VAR. (édit. 5 et 6) : bien loin d'en devoir répondre devant Dieu.

toute la fraîcheur de leur teint, qu'elles eussent le visage aussi allumé et aussi plombé qu'elles se le font[1] par le rouge et par la peinture dont elles se fardent, elles seroient inconsolables. (ÉD. 4.)

7. Une femme coquette ne se rend point sur la passion de plaire, et sur l'opinion qu'elle a de sa beauté : elle regarde le temps et les années comme quelque chose seulement qui ride et qui enlaidit les autres femmes ; elle oublie du moins que l'âge est écrit sur le visage. La même parure qui a autrefois embelli sa jeunesse, défigure enfin sa personne, éclaire les défauts de sa vieillesse. La mignardise et l'affectation l'accompagnent dans la douleur et dans la fièvre : elle meurt parée et en rubans de couleur[2]. (ÉD. 7.)

8. *Lise* entend dire d'une autre coquette qu'elle se moque de se piquer de jeunesse, et de vouloir user d'ajustements qui ne conviennent plus à une femme de quarante ans. Lise les a accomplis ; mais les années pour elle ont moins de douze mois, et ne la vieillissent point : elle le croit ainsi ; et pendant qu'elle se regarde au miroir, qu'elle met du rouge sur son visage et qu'elle place des mouches, elle convient qu'il n'est pas permis à un certain âge de faire la jeune, et que *Clarice* en effet, avec ses mouches et son rouge, est ridicule. (ÉD. 7.)

9. Les femmes se préparent pour leurs amants, si elles les attendent ; mais si elles en sont surprises, elles oublient à leur arrivée l'état où elles se trouvent ; elles ne

---

1. VAR. (édit. 4 et 5) : qu'elles eussent le visage aussi allumé qu'elles se le font, etc.
2. « Le plus dangereux ridicule des vieilles personnes qui ont été aimables, c'est d'oublier qu'elles ne le sont plus. » (*La Rochefoucauld*, n° CCCCVIII.)

se voient plus. Elles ont plus de loisir avec les indifférents ; elles sentent le désordre où elles sont, s'ajustent en leur présence, ou disparoissent un moment, et reviennent parées. (ÉD. 4.)

10. Un beau visage est le plus beau de tous les spectacles; et l'harmonie la plus douce est le son de voix de celle que l'on aime.

11. L'agrément est arbitraire : la beauté est quelque chose de plus réel et de plus indépendant du goût et de l'opinion. (ÉD. 4.)

12. L'on peut être touché de certaines beautés si parfaites et d'un mérite si éclatant, que l'on se borne à les voir et à leur parler.

13. Une belle femme qui a les qualités d'un honnête homme, est ce qu'il y a au monde d'un commerce plus délicieux : l'on trouve en elle tout le mérite des deux sexes.

14. Il échappe à une jeune personne de petites choses qui persuadent beaucoup, et qui flattent sensiblement celui pour qui elles sont faites. Il n'échappe presque rien aux hommes; leurs caresses sont volontaires; ils parlent, ils agissent, ils sont empressés, et persuadent moins.

15. Le caprice est dans les femmes tout proche de la beauté, pour être son contre-poison, et afin qu'elle nuise moins aux hommes, qui n'en guériroient pas sans ce remède[1]. (ÉD. 4.)

1. VAR. (édit. 4-7, 8 dans une partie des exemplaires, et 9) : sans

DES FEMMES.

16. Les femmes s'attachent aux hommes par les faveurs qu'elles leur accordent : les hommes guérissent par ces mêmes faveurs.

17. Une femme oublie d'un homme qu'elle n'aime plus jusques aux faveurs qu'il a reçues d'elle.

18. Une femme qui n'a qu'un galant croit n'être point coquette ; celle qui a plusieurs galants croit n'être que coquette.

Telle femme évite d'être coquette par un ferme attachement à un seul, qui passe pour folle par son mauvais choix.

19. Un ancien galant tient à si peu de chose, qu'il cède à un nouveau mari ; et celui-ci dure si peu, qu'un nouveau galant qui survient lui rend le change. (ÉD. 4.)

Un ancien galant craint ou méprise un nouveau rival, selon le caractère de la personne qu'il sert. (ÉD. 4.)

Il ne manque souvent à un ancien galant, auprès d'une femme qui l'attache, que le nom de mari : c'est beaucoup, et il seroit mille fois perdu sans cette circonstance. (ÉD. 4.)

20. Il semble que la galanterie dans une femme ajoute à la coquetterie. Un homme coquet au contraire est quelque chose de pire qu'un homme galant. L'homme coquet et la femme galante vont assez de pair. (ÉD. 4.)

remède. — Les mêmes raisons qui nous ont fait adopter ci-dessus (voyez p. 171, note 2) la variante que portent quelques exemplaires de la 8ᵉ édition nous font admettre celle-ci, qui se trouve dans les mêmes exemplaires sur la même feuille F. M. Destailleur, qui le premier a signalé l'une et l'autre variante, a rejeté la première (celle de la page 171), et admis la seconde dans le texte de son édition.

21. Il y a peu de galanteries secrètes. Bien des femmes ne sont pas mieux désignées par le nom de leurs maris que par celui de leurs amants.

22. Une femme galante veut qu'on l'aime; il suffit à une coquette d'être trouvée aimable et de passer pour belle. Celle-là cherche à engager; celle-ci se contente de plaire. La première passe successivement d'un engagement à un autre; la seconde a plusieurs amusements tout à la fois. Ce qui domine dans l'une, c'est la passion et le plaisir; et dans l'autre, c'est la vanité et la légèreté. La galanterie est un foible du cœur, ou peut-être un vice de la complexion; la coquetterie est un déréglement de l'esprit. La femme galante se fait craindre, et la coquette se fait haïr. L'on peut tirer de ces deux caractères de quoi en faire un troisième, le pire de tous. (ÉD. 5.)

23. Une femme foible est celle à qui l'on reproche une faute, qui se la reproche à elle-même; dont le cœur combat la raison; qui veut guérir, qui ne guérira point, ou bien tard. (ÉD. 5.)

24. Une femme inconstante est celle qui n'aime plus[1]; une légère, celle qui déjà en aime un autre; une volage, celle qui ne sait si elle aime et ce qu'elle aime; une indifférente, celle qui n'aime rien. (ÉD. 5.)

25. La perfidie, si je l'ose dire, est un mensonge[2] de toute la personne : c'est dans une femme l'art de placer un mot ou une action qui donne le change, et quelquefois de mettre en œuvre des serments et des promesses qui ne lui coûtent pas plus à faire qu'à violer. (ÉD. 5.)

1. VAR. (édit. 5) : qui ne m'aime plus.
2. VAR. (édit. 5-8) : est une menterie.

DES FEMMES.

Une femme infidèle, si elle est connue pour telle de la personne intéressée, n'est qu'infidèle : s'il la croit fidèle, elle est perfide. (ÉD. 5.)

On tire ce bien de la perfidie des femmes, qu'elle guérit de la jalousie. (ÉD. 5.)

26. Quelques femmes ont dans le cours de leur vie un double engagement à soutenir, également difficile à rompre et à dissimuler ; il ne manque à l'un que le contrat, et à l'autre que le cœur.

27. A juger de cette femme par sa beauté, sa jeunesse, sa fierté et ses dédains, il n'y a personne qui doute que ce ne soit un héros qui doive un jour la charmer. Son choix est fait : c'est un petit monstre qui manque d'esprit.

28. Il y a des femmes déjà flétries, qui par leur complexion ou par leur mauvais caractère sont naturellement la ressource des jeunes gens qui n'ont pas assez de bien. Je ne sais qui est plus à plaindre[1], ou d'une femme avancée en âge qui a besoin d'un cavalier, ou d'un cavalier qui a besoin d'une vieille.

29. Le rebut de la cour est reçu à la ville dans une ruelle, où il défait le magistrat, même en cravate et en habit gris[2],

---

1. VAR. (édit. 1-3) : qui est le plus à plaindre.
2. Suivant un édit du mois d'avril 1684 les magistrats devaient, lorsqu'ils n'étaient pas en robe, « porter dans lieux particuliers des habits noirs, avec manteaux et collets » (voyez Isambert, *Recueil des lois*, tome XIX, p. 446) ; mais le plus souvent ils ne se conformaient pas à ce règlement (voyez la *Correspondance administrative sous le règne de Louis XIV*, tome II, p. 301). A certain moment il fut de mode de porter « l'habit gris de campagne, » et au lieu de collet ou rabat, « une cravate tortillée et passée dans la boutonnière » (voyez Saint-Simon, tome V, p. 384, et les gravures du temps).

ainsi que le bourgeois en baudrier¹, les écarte et devient maître de la place : il est écouté, il est aimé; on ne tient guère plus d'un moment contre une écharpe d'or² et une plume blanche, contre un homme qui *parle au Roi et voit les ministres*. Il fait des jaloux et des jalouses; on l'admire, il fait envie : à quatre lieues de là³, il fait pitié. (ÉD. 4.)

30. Un homme de la ville est pour une femme de province ce qu'est pour une femme de ville⁴ un homme de la cour.

31. A un homme vain, indiscret, qui est grand parleur et mauvais plaisant, qui parle de soi avec confiance et des autres avec mépris, impétueux, altier, entreprenant, sans mœurs ni probité, de nul jugement⁵ et d'une imagination très-libre, il ne lui manque plus, pour être adoré de bien des femmes, que de beaux traits et la taille belle.

32. Est-ce en vue du secret, ou par un goût hypocondre, que cette femme aime un valet, cette autre un moine, et *Dorinne* son médecin?

33. *Roscius* entre sur la scène de bonne grâce: oui, *Lélie ;* et j'ajoute encore qu'il a les jambes bien tournées, qu'il joue bien, et de longs rôles, et que pour déclamer parfaitement il ne lui manque, comme on le dit, que de parler avec la bouche; mais est-il le seul qui ait de l'agré-

---

1. Les petits-maîtres bourgeois se paraient alors d'une épée.
2. Ne pouvaient porter des étoffes et des passementeries d'or que les officiers faisant partie de la maison du Roi et les courtisans auxquels le Roi l'avait permis par ordre ou par brevet.
3. C'est-à-dire à quatre lieues de Paris, à Versailles.
4. VAR. (édit. 4 et 5): pour une femme de la ville.
5. VAR. (édit. 1-3): sans mœurs ni probité, d'un esprit borné, de nul jugement, etc.

ment dans ce qu'il fait? et ce qu'il fait, est-ce la chose la plus noble et la plus honnête que l'on puisse faire? Roscius d'ailleurs ne peut être à vous, il est à une autre[1]; et quand cela ne seroit pas ainsi, il est retenu : *Claudie* attend, pour l'avoir, qu'il se soit dégoûté de *Messaline*. Prenez *Bathylle*, Lélie : où trouverez-vous, je ne dis pas dans l'ordre des chevaliers, que vous dédaignez[2], mais même parmi les farceurs, un jeune homme qui s'élève si haut en dansant, et qui passe mieux la capriole[3]? Voudriez-vous le sauteur *Cobus*, qui jetant ses pieds en avant[4], tourne une fois en l'air avant que de tomber à terre? Ignorez-vous qu'il n'est plus jeune? Pour Bathylle, dites-vous, la presse y est trop grande, et il refuse plus de femmes qu'il n'en agrée; mais vous avez *Dracon*, le joueur de flûte : nul autre de son métier n'enfle plus décemment ses joues en soufflant dans le hautbois ou le flageolet, car c'est une chose infinie que le nombre des instruments qu'il fait parler; plaisant d'ailleurs, il fait rire jusqu'aux enfants et aux femmelettes. Qui mange et qui boit mieux que Dracon en un seul repas? Il enivre toute une compagnie, et il se rend le dernier. Vous soupirez, Lélie : est-ce que Dracon auroit fait un choix, ou que malheureusement on vous auroit prévenue[5]? Se seroit-il enfin engagé à *Césonie*, qui l'a tant couru, qui lui a sacrifié une si grande foule d'amants, je dirai même toute la fleur des Romains? à Césonie, qui est d'une famille patricienne, qui est si jeune, si belle, et si sérieuse? Je vous plains, Lélie, si vous avez pris par contagion ce

1. Dans la 7ᵉ édition : « à un autre. » Voyez le *Lexique*, et ci-après, p. 316, note 5.
2. « Que vous dédaignez, » mots ajoutés à la 8ᵉ édition.
3. Voyez le *Lexique*.
4. « Jetant ses pieds en avant, » mots ajoutés à la 8ᵉ édition.
5. Il y a *prévenu*, sans accord, dans les éditions 7-10.

nouveau goût qu'ont tant de femmes romaines pour ce qu'on appelle des hommes publics, et exposés par leur condition à la vue des autres. Que ferez-vous, lorsque le meilleur en ce genre vous est enlevé ? Il reste encore *Bronte*, le questionnaire¹ : le peuple ne parle que de sa force et de son adresse; c'est un jeune homme qui a les épaules larges et la taille ramassée, un nègre d'ailleurs, un homme noir². (ÉD. 7.)

34. Pour les femmes du monde, un jardinier est un jardinier, et un maçon³ est un maçon; pour quelques autres plus retirées, un maçon est un homme, un jardinier est un homme. Tout est tentation à qui la craint.

35. Quelques femmes donnent aux convents⁴ et à leurs amants : galantes et bienfactrices⁵, elles ont jusque dans l'enceinte de l'autel des tribunes et des oratoires où elles

1. Le bourreau.
2. Ce paragraphe, dont il est superflu de faire remarquer la vivacité, parut pour la première fois en 1692, deux ans avant la publication de la satire où Boileau écrivait :

>Voilà le sexe peint d'une noble manière,
>Et Théophraste même, aidé de la Bruyère,
>Ne m'en pourroit pas faire un plus riche tableau.
>(*Satire* X, vers 645-647.)

3. Ce mot est écrit *masson* dans les dix premières éditions.
4. Les éditions 1-6 donnent *couvent;* les suivantes portent *convent*. Cette dernière orthographe était la bonne suivant Vaugelas, bien que l'on dût prononcer *couvent*. On lit en effet *convent* dans la première édition du *Dictionnaire de l'Académie françoise* (1694).
5. « Peu se servent aujourd'hui de ces mots *bienfacteur*, *bienfactrice*, écrit l'auteur des *Sentimens critiques sur les Caractères* (p. 174). Ceux qui se piquent de bien parler prononcent *bienfaiteur*, et l'écrivent. » Quoi qu'en dise le critique de la Bruyère, le P. Bouhours, Patru, et d'autres qui se piquaient de bien parler, tenaient encore pour *bienfacteur* et *bienfactrice*. Chacune des formes *bienfacteur*, *bienfaicteur* et *bienfaiteur* avait ses partisans.

lisent des billets tendres, et où personne ne voit qu'elles ne prient point Dieu.

36. Qu'est-ce qu'une femme que l'on dirige? Est-ce une femme plus complaisante pour son mari, plus douce pour ses domestiques, plus appliquée à sa famille et à ses affaires, plus ardente et plus sincère pour ses amis; qui soit moins esclave de son humeur, moins attachée à ses intérêts; qui aime moins les commodités de la vie; je ne dis pas qui fasse des largesses à ses enfants qui sont déjà riches[1], mais qui opulente elle-même et accablée du superflu, leur fournisse le nécessaire, et leur rende au moins la justice qu'elle leur doit; qui soit plus exempte d'amour de soi-même et d'éloignement pour les autres; qui soit plus libre de tous attachements humains? « Non, dites-vous, ce n'est rien de toutes ces choses. » J'insiste, et je vous demande : « Qu'est-ce donc qu'une femme que l'on dirige? » Je vous entends, c'est une femme qui a un directeur. (ÉD. 7.)

37. Si le confesseur et le directeur ne conviennent point sur une règle de conduite, qui sera le tiers qu'une femme prendra pour sur-arbitre?

38. Le capital pour une femme n'est pas d'avoir un directeur, mais de vivre si uniment qu'elle s'en puisse passer.

39. Si une femme pouvoit dire à son confesseur, avec ses autres foiblesses, celles[2] qu'elle a pour son directeur, et le temps qu'elle perd dans son entretien, peut-être lui seroit-il donné pour pénitence d'y renoncer.

40. Je voudrois qu'il me fût permis de crier de toute ma

1. VAR. (édit. 7) : qui seroient déjà riches.
2. VAR. (édit. 1-4) : celle.

force à ces hommes saints qui ont été autrefois blessés des femmes : « Fuyez les femmes, ne les dirigez point, laissez à d'autres le soin de leur salut. » (éd. 5.)

41. C'est trop contre un mari d'être coquette et dévote; une femme devroit opter.

42. J'ai différé à le dire, et j'en ai souffert; mais enfin il m'échappe, et j'espère même que ma franchise sera utile à celles qui n'ayant pas assez d'un confesseur pour leur conduite, n'usent d'aucun discernement dans le choix de leurs directeurs. Je ne sors pas d'admiration et d'étonnement à la vue de certains personnages que je ne nomme point; j'ouvre de fort grands yeux sur eux; je les contemple : ils parlent, je prête l'oreille; je m'informe, on me dit des faits, je les recueille; et je ne comprends pas comment des gens en qui je crois voir toutes choses diamétralement opposées au bon esprit, au sens droit, à l'expérience des affaires du monde, à la connoissance de l'homme, à la science de la religion et des mœurs, présument que Dieu doive renouveler en nos jours la merveille de l'apostolat, et faire un miracle en leurs personnes, en les rendant capables, tout simples et petits esprits qu'ils sont, du ministère des âmes, celui de tous le plus délicat et le plus sublime ; et si au contraire ils se croient nés pour un emploi si relevé, si difficile, et accordé à si peu de personnes, et qu'ils se persuadent de ne faire en cela qu'exercer leurs talents naturels et suivre une vocation ordinaire, je le comprends encore moins. (éd. 6.)

Je vois bien que le goût qu'il y a à devenir le dépositaire du secret des familles, à se rendre nécessaire pour les réconciliations, à procurer des commissions ou à placer des domestiques, à trouver toutes les portes ouvertes dans les maisons des grands, à manger souvent à de bonnes tables, à se promener en carrosse dans une grande ville, et à faire de délicieuses retraites à la campagne, à voir plusieurs personnes de nom et de distinction s'intéresser à sa vie et à sa santé, et à ménager pour les autres et pour soi-même tous les intérêts humains, je vois bien, encore une fois, que cela seul a fait imaginer le spécieux et irrépréhensible prétexte du soin des âmes, et semé dans le monde cette pépinière intarissable de directeurs. (ÉD. 6.)

43. La dévotion[1] vient à quelques-uns, et surtout aux femmes, comme une passion, ou comme le foible d'un certain âge, ou comme une mode qu'il faut suivre. Elles comptoient autrefois une semaine par les jours de jeu, de spectacle, de concert, de mascarade, ou d'un joli sermon[2] : elles alloient le lundi perdre leur argent chez *Ismène*, le mardi leur temps chez *Climène*, et le mercredi leur réputation chez *Célimène;* elles savoient dès la veille toute la joie qu'elles devoient avoir le jour d'après et le lendemain ; elles jouissoient tout à la fois du plaisir présent et de celui qui ne leur pouvoit manquer ; elles auroient souhaité de les pouvoir rassembler tous en un seul jour : c'étoit alors leur unique inquiétude et tout le sujet de leurs distractions ; et si elles se trouvoient quelquefois à l'*Opéra*, elles y regrettoient la comédie. Autres

1. On lit en note, dans la 6ᵉ édition : *Fausse dévotion*. Ce paragraphe, dans cette édition, se trouve placé au chapitre *de la Mode*, et suit le caractère d'*Onuphre*.
2. VAR. (édit. 6) : par les jours de jeu, de spectacle, de repas, de promenade, de concert, de mascarade, et d'un joli sermon. — Cette énumération correspondait aux sept jours de la semaine. Il n'est pas douteux toutefois que la suppression des mots *de repas, de promenade* ne soit de la Bruyère; la variante : « *ou* d'un joli sermon » suffirait à prouver qu'il n'y a point là d'omission qui soit imputable à l'imprimeur.

temps, autres mœurs : elles outrent l'austérité et la retraite; elles n'ouvrent plus les yeux qui leur sont donnés pour voir; elles ne mettent plus leurs sens à aucun usage; et chose incroyable! elles parlent peu; elles pensent encore, et assez bien d'elles-mêmes, comme assez mal des autres; il y a chez elles une émulation de vertu et de réforme qui tient quelque chose de la jalousie; elles ne haïssent pas de primer dans ce nouveau genre de vie, comme elles faisoient dans celui qu'elles viennent de quitter par politique ou par dégoût. Elles se perdoient gaiement par la galanterie, par la bonne chère et par l'oisiveté; et elles se perdent tristement par la présomption et par l'envie. (ÉD. 6.)

44. Si j'épouse, *Hermas*, une femme avare, elle ne me ruinera point; si une joueuse, elle pourra s'enrichir; si une savante, elle saura m'instruire; si une prude, elle ne sera point emportée; si une emportée, elle exercera ma patience; si une coquette, elle voudra me plaire; si une galante, elle le sera peut-être jusqu'à m'aimer; si une dévote[1], répondez, *Hermas*, que dois-je attendre de celle qui veut tromper Dieu, et qui se trompe elle-même? (ÉD. 7.)

45. Une femme est aisée à gouverner, pourvu que ce soit un homme qui s'en donne la peine. Un seul même en gouverne plusieurs; il cultive leur esprit et leur mémoire, fixe et détermine leur religion; il entreprend même de régler leur cœur. Elles n'approuvent et ne désapprouvent, ne louent et ne condamnent, qu'après avoir consulté ses yeux et son visage. Il est le dépositaire de leurs joies et de leurs chagrins, de leurs desirs, de leurs

1. Fausse dévote (*Note de la Bruyère.*)

jalousies, de leurs haines et de leurs amours; il les fait rompre avec leurs galants; il les brouille et les réconcilie avec leurs maris, et il profite des interrègnes. Il prend soin de leurs affaires, sollicite leurs procès, et voit leurs juges; il leur donne son médecin, son marchand, ses ouvriers; il s'ingère de les loger, de les meubler, et il ordonne de leur équipage[1]. On le voit avec elles dans leurs carrosses, dans les rues d'une ville et aux promenades, ainsi que dans leur banc à un sermon, et dans leur loge à la comédie; il fait avec elles les mêmes visites; il les accompagne au bain, aux eaux, dans les voyages; il a le plus commode appartement chez elles à la campagne. Il vieillit sans déchoir de son autorité : un peu d'esprit et beaucoup de temps à perdre lui suffit pour la conserver; les enfants, les héritiers, la bru, la nièce, les domestiques, tout en dépend. Il a commencé par se faire estimer; il finit par se faire craindre. Cet ami si ancien, si nécessaire, meurt sans qu'on le pleure; et dix femmes dont il étoit le tyran héritent par sa mort de la liberté. (ÉD. 4.)

46. Quelques femmes ont voulu cacher leur conduite sous les dehors de la modestie; et tout ce que chacune a pu gagner par une continuelle affectation, et qui ne s'est jamais démentie, a été de faire dire de soi : *On l'auroit prise pour une vestale.* (ÉD. 5.)

47. C'est dans les femmes une violente preuve[2] d'une réputation bien nette et bien établie, qu'elle ne soit pas même effleurée par la familiarité de quelques-unes qui ne leur ressemblent point[3]; et qu'avec toute la pente qu'on

---

1. VAR. (édit. 4-6) : et ordonne de leur équipage.
2. VAR. (édit. 4-6) : C'est une violente preuve dans les femmes.
3. VAR. (édit. 4) : qui ne leur ressemblent pas.

a aux malignes explications, on ait recours à une toute autre raison de ce commerce qu'à celle de la convenance des mœurs. (ÉD. 4.)

48. Un comique outre sur la scène ses personnages; un poëte charge ses descriptions; un peintre qui fait d'après nature force et exagère une passion, un contraste, des attitudes; et celui qui copie, s'il ne mesure au compas les grandeurs et les proportions, grossit ses figures, donne à toutes les pièces qui entrent dans l'ordonnance de son tableau plus de volume que n'en ont celles de l'original : de même la pruderie est une imitation de la sagesse. (ÉD. 7.)

Il y a une fausse modestie qui est vanité, une fausse gloire qui est légèreté, une fausse grandeur qui est petitesse, une fausse vertu qui est hypocrisie, une fausse sagesse qui est pruderie. (ÉD. 7.)

Une femme prude paye de maintien et de paroles; une femme sage paye de conduite. Celle-là suit son humeur et sa complexion, celle-ci sa raison et son cœur. L'une est sérieuse et austère; l'autre est dans les diverses rencontres précisément ce qu'il faut qu'elle soit. La première cache des foibles sous de plausibles dehors; la seconde couvre un riche fonds[1] sous un air libre et naturel. La pruderie contraint l'esprit, ne cache ni l'âge ni la laideur; souvent elle les suppose : la sagesse au contraire pallie les défauts du corps, ennoblit[2] l'esprit, ne rend la jeunesse que plus piquante, et la beauté que plus périlleuse. (ÉD. 7.)

49. Pourquoi s'en prendre aux hommes de ce que les

---

1. Sur ce mot, que les anciennes éditions écrivent tantôt *fond*, tantôt *fonds* (ici toutes ont l's), voyez le *Lexique*.
2. Voyez ci-dessus, p. 163, note 1.

femmes ne sont pas savantes ? Par quelles lois, par quels édits, par quels rescrits leur a-t-on défendu d'ouvrir les yeux et de lire, de retenir ce qu'elles ont lu, et d'en rendre compte ou dans leur conversation ou par leurs ouvrages ? Ne se sont-elles pas au contraire établies elles-mêmes dans cet usage de ne rien savoir, ou par la foiblesse de leur complexion, ou par la paresse de leur esprit, ou par le soin de leur beauté, ou par une certaine légèreté qui les empêche de suivre une longue étude, ou par le talent et le génie qu'elles ont seulement pour les ouvrages de la main, ou par les distractions que donnent les détails d'un domestique, ou par un éloignement naturel des choses pénibles et sérieuses, ou par une curiosité toute différente de celle qui contente l'esprit, ou par un tout autre goût que celui d'exercer leur mémoire ? Mais à quelque cause[1] que les hommes puissent devoir cette ignorance des femmes, ils sont heureux que les femmes, qui les dominent d'ailleurs par tant d'endroits, aient sur eux cet avantage de moins. (ÉD. 7.)

On regarde une femme savante comme on fait une belle arme : elle est ciselée artistement, d'une polissure admirable et d'un travail fort recherché ; c'est une pièce de cabinet, que l'on montre aux curieux, qui n'est pas d'usage, qui ne sert ni à la guerre ni à la chasse, non plus qu'un cheval de manége, quoique le mieux instruit du monde. (ÉD. 7.)

Si la science et la sagesse se trouvent unies en un même sujet, je ne m'informe plus du sexe, j'admire ; et si vous me dites qu'une femme sage ne songe guère à être savante, ou qu'une femme savante n'est guère sage, vous avez déjà oublié ce que vous venez de lire, que les femmes ne sont détournées des sciences que par de cer-

---

1. Dans la 9ᵉ édition et dans la 10ᵉ : « à quelque chose. »

tains défauts : concluez donc vous-même que moins elles auroient de ces défauts, plus elles seroient sages, et qu'ainsi une femme sage n'en seroit que plus propre à devenir savante, ou qu'une femme savante, n'étant telle que parce qu'elle auroit pu vaincre beaucoup de défauts, n'en est que plus sage[1]. (ÉD. 7.)

50. La neutralité entre des femmes qui nous sont également amies, quoiqu'elles aient rompu pour des intérêts où nous n'avons nulle part, est un point difficile : il faut choisir souvent entre elles, ou les perdre toutes deux[2].

51. Il y a telle femme qui aime mieux son argent que ses amis, et ses amants que son argent.

52. Il est étonnant de voir dans le cœur de certaines femmes quelque chose de plus vif et de plus fort que l'amour pour les hommes, je veux dire l'ambition et le jeu : de telles femmes rendent les hommes chastes; elles n'ont de leur sexe que les habits.

53. Les femmes sont extrêmes : elles sont meilleures ou pires que les hommes.

54. La plupart des femmes n'ont guère de principes : elles se conduisent par le cœur, et dépendent pour leurs mœurs de ceux qu'elles aiment.

---

1. Voyez l'avis de Montaigne sur le même sujet dans ses *Essais*, livre III, chapitre III.

2. Après cette réflexion vient celle-ci dans les trois premières éditions : « Quand l'on a assez fait auprès d'une femme pour devoir l'engager, si cela ne réussit point, il y a encore une ressource, qui est de ne plus rien faire; c'est alors qu'elle vous rappelle. » A la 4ᵉ édition, cette réflexion a disparu du chapitre *des Femmes*, et a pris place, avec quelques modifications, dans le chapitre *du Cœur*. Voyez ci-après, p. 208, n° 54.

55. Les femmes vont plus loin en amour que la plupart des hommes ; mais les hommes l'emportent sur elles en amitié. (ÉD. 4.)

Les hommes sont cause que les femmes ne s'aiment point. (ÉD. 4.)

56. Il y a du péril à contrefaire. *Lise*, déjà vieille, veut rendre une jeune femme ridicule, et elle-même devient difforme; elle me fait peur. Elle use pour l'imiter de grimaces et de contorsions : la voilà aussi laide qu'il faut pour embellir celle dont elle se moque. (ÉD. 5.)

57. On veut à la ville que bien des idiots et des idiotes aient de l'esprit ; on veut à la cour que bien des gens manquent d'esprit qui en ont beaucoup ; et entre les personnes de ce dernier genre[1] une belle femme ne se sauve qu'à peine avec d'autres femmes. (ÉD. 7.)

58. Un homme est plus fidèle au secret d'autrui qu'au sien propre ; une femme au contraire garde mieux son secret que celui d'autrui.

59. Il n'y a point dans le cœur d'une jeune personne un si violent amour auquel l'intérêt ou l'ambition n'ajoute quelque chose.

60. Il y a un temps où les filles les plus riches doivent prendre parti ; elles n'en laissent guère[2] échapper les premières occasions sans se préparer un long repentir : il semble que la réputation des biens diminue en elles avec celle de leur beauté. Tout favorise au contraire une jeune

1. VAR. (édit. 7) : et entre ceux-ci.
2. VAR. (édit. 1-4) : elles ne laissent guère.

personne, jusques à l'opinion des hommes, qui aiment à lui accorder tous les avantages qui peuvent la rendre plus souhaitable.

61. Combien de filles à qui une grande beauté n'a jamais servi qu'à leur faire espérer une grande fortune!

62. Les belles filles sont sujettes à venger ceux de leurs amants qu'elles ont maltraités, ou par de laids, ou par de vieux, ou par d'indignes maris. (ÉD. 7.)

63. La plupart des femmes jugent du mérite et de la bonne mine d'un homme par l'impression qu'ils font sur elles, et n'accordent presque ni l'un ni l'autre à celui pour qui elles ne sentent rien. (ÉD. 4.)

64. Un homme qui seroit en peine de connoître s'il change, s'il commence à vieillir, peut consulter les yeux d'une jeune femme qu'il aborde, et le ton dont elle lui parle : il apprendra ce qu'il craint de savoir. Rude école. (ÉD. 4.)

65. Une femme qui n'a jamais les yeux que sur une même personne, ou qui les en détourne toujours, fait penser d'elle la même chose. (ÉD. 4.)

66. Il coûte peu aux femmes de dire ce qu'elles ne sentent point : il coûte encore moins aux hommes de dire ce qu'ils sentent. (ÉD. 5.)

67. Il arrive quelquefois qu'une femme cache à un homme toute la passion qu'elle sent pour lui, pendant que de son côté il feint pour elle toute celle qu'il ne sent pas.

L'on suppose un homme indifférent, mais qui voudroit 68.
persuader à une femme une passion qu'il ne sent pas; et
l'on demande s'il ne lui seroit pas plus aisé d'imposer à
celle dont il est aimé qu'à celle qui ne l'aime point.

Un homme peut tromper une femme par un feint atta- 69.
chement, pourvu qu'il n'en ait pas ailleurs un véritable.

Un homme éclate contre une femme qui ne l'aime plus, 70.
et se console; une femme fait moins de bruit quand elle
est quittée, et demeure longtemps inconsolable.

Les femmes guérissent de leur paresse par la vanité 71
ou par l'amour.
La paresse au contraire dans les femmes vives est le
présage de l'amour. (ÉD. 4.)

Il est fort sûr qu'une femme qui écrit avec emporte- 72.
ment est emportée; il est moins clair qu'elle soit touchée.
Il semble qu'une passion vive et tendre est morne et
silencieuse; et que le plus pressant intérêt d'une femme
qui n'est plus libre, celui qui l'agite davantage, est moins
de persuader qu'elle aime, que de s'assurer si elle est
aimée. (ÉD. 4.)

Glycère n'aime pas les femmes; elle hait leur com- 73.
merce et leurs visites, se fait celer pour elles, et souvent
pour ses amis, dont le nombre est petit, à qui elle est
sévère, qu'elle resserre dans leur ordre, sans leur permettre rien de ce qui passe l'amitié[1]; elle est distraite avec
eux, leur répond par des monosyllabes, et semble cher-

---

1. VAR. (édit. 7) :..... est petit; elle leur est sévère, les resserre
dans leur ordre, et ne leur permet rien de ce qui passe l'amitié.

cher à s'en défaire; elle est solitaire et farouche dans sa maison; sa porte est mieux gardée et sa chambre plus inaccessible que celles de *Monthoron*[1] et d'*Hémery*[2]. Une seule, *Corinne*, y est attendue, y est reçue, et à toutes les heures; on l'embrasse à plusieurs reprises; on croit l'aimer; on lui parle à l'oreille dans un cabinet où elles sont seules; on a soi-même plus de deux oreilles pour l'écouter; on se plaint à elle de tout autre que d'elle; on lui dit toutes choses, et on ne lui apprend rien : elle a la confiance de tous les deux. L'on voit Glycère en partie carrée au bal, au théâtre, dans les jardins publics, sur le chemin de *Venouze*[3], où l'on mange les premiers fruits; quelquefois seule en litière sur la route du grand faubourg[4], où elle a un verger délicieux, ou à la porte de *Canidie*[5], qui a de si beaux secrets, qui promet aux jeunes femmes de secondes noces, qui en dit le temps et les circonstances. Elle paroît ordinairement avec une coiffure plate et négligée, en simple déshabillé, sans corps[6] et avec des mules : elle est belle en cet équipage,

---

1. Pierre du Puget, sieur de Montauron, des Carles et Caussidière, de la Marche et de la Chevrette, premier président au bureau des finances de Montauban. Son luxe et sa vanité l'ont rendu célèbre. C'est à ce « roi des partisans, » comme le nomme Gui Patin, que Corneille a dédié sa tragédie de *Cinna*. Il mourut à Paris en 1664.

2. Michel Particelli, sieur d'Esmery, surintendant des finances. Il mourut en 1650.

3. *Venouze*, Vincennes.

4. Le « grand faubourg » est sans doute le faubourg Saint-Germain, qui était « le quartier le plus considérable de la ville, » au témoignage de G. Brice, et que l'on appelait encore du nom de faubourg, bien que les portes qui le séparaient de la ville eussent été démolies (voyez la *Description de Paris*, tome III, p. 247, édition de 1725).

5. Le nom de *Canidie*, la sorcière romaine, désigne ici, comme on le voit, une tireuse de cartes.

6. C'est-à-dire sans corset.

et il ne lui manque que de la fraîcheur. On remarque néanmoins sur elle une riche attache, qu'elle dérobe avec soin aux yeux de son mari. Elle le flatte, elle le caresse; elle invente tous les jours pour lui de nouveaux noms; elle n'a pas d'autre lit que celui de ce cher époux, et elle ne veut pas découcher. Le matin, elle se partage entre sa toilette et quelques billets qu'il faut écrire. Un affranchi vient lui parler en secret; c'est *Parmenon*, qui est favori, qu'elle soutient contre l'antipathie du maître et la jalousie des domestiques. Qui à la vérité fait mieux connoître des intentions, et rapporte mieux une réponse que Parmenon? qui parle moins de ce qu'il faut taire? qui sait ouvrir une porte secrète avec moins de bruit? qui conduit plus adroitement par le petit escalier? qui fait mieux sortir par où l'on est entré? (ÉD. 7.)

74. Je ne comprends pas[1] comment un mari qui s'abandonne à son humeur et à sa complexion, qui ne cache aucun de ses défauts, et se montre au contraire par ses mauvais endroits, qui est avare, qui est trop négligé dans son ajustement, brusque dans ses réponses, incivil, froid et taciturne, peut espérer de défendre le cœur d'une jeune femme contre les entreprises de son galant, qui emploie la parure et la magnificence, la complaisance, les soins, l'empressement, les dons, la flatterie.

75. Un mari n'a guère un rival qui ne soit de sa main, et comme un présent qu'il a autrefois fait à sa femme. Il le loue devant elle de ses belles dents et de sa belle tête; il agrée ses soins; il reçoit ses visites; et après ce qui

---

1. VAR. (édit. 1 et une partie des exemplaires de 2) : Je ne comprends point.

lui vient de son cru, rien ne lui paroît de meilleur goût que le gibier et les truffes que cet ami lui envoie. Il donne à souper, et il dit aux conviés : « Goûtez bien cela ; il est de *Léandre*, et il ne me coûte qu'un *grand merci*. » (ÉD. 7.)

76. Il y a telle femme qui anéantit ou qui enterre son mari au point qu'il n'en est fait dans le monde aucune mention : vit-il encore? ne vit-il plus? on en doute. Il ne sert dans sa famille qu'à montrer l'exemple d'un silence timide et d'une parfaite soumission. Il ne lui est dû ni douaire ni conventions[1]; mais à cela près, et qu'il n'accouche pas, il est la femme, et elle le mari[2]. Ils passent les mois entiers dans une même maison sans le moindre danger de se rencontrer; il est vrai seulement qu'ils sont voisins[3]. Monsieur paye le rôtisseur et le cuisinier[4], et c'est toujours chez Madame qu'on a soupé. Ils n'ont souvent rien de commun, ni le lit, ni la table, pas même le nom : ils vivent à la romaine ou à la grecque ; chacun a le sien ; et ce n'est qu'avec le temps, et après qu'on est initié au jargon d'une ville, qu'on sait enfin que M. B... est publiquement depuis vingt années le mari de Mme L...[5]. (ÉD. 6.)

77. Telle autre femme, à qui le désordre manque pour

---

1. Les conventions matrimoniales, que parfois l'on nommait simplement les conventions, étaient faites au profit de la femme.
2. *Et elle est le mari*, dans quelques éditions modernes ; mais c'est là une faute d'impression.
3. *Il est vrai seulement qu'ils sont voisins*, mots ajoutés à la 7e édition.
4. VAR. (édit. 6) : le cuisinier et le rôtisseur. — Les mots *Monsieur* et *Madame* sont en italique dans la 6e édition.
5. Dans la 6e édition, ce paragraphe est placé au chapitre *de Quelques usages*.

mortifier son mari, y revient par sa noblesse et ses alliances, par la riche dot qu'elle a apportée, par les charmes de sa beauté, par son mérite, par ce que quelques-uns appellent vertu. (ÉD. 7.)

78. Il y a peu de femmes si parfaites, qu'elles empêchent un mari de se repentir du moins une fois le jour d'avoir une femme, ou de trouver heureux celui qui n'en a point[1]. (ÉD. 7.)

79. Les douleurs muettes et stupides sont hors d'usage : on pleure, on récite, on répète, on est si touchée[2] de la mort de son mari, qu'on n'en oublie pas la moindre circonstance. (ÉD. 4.)

80. Ne pourroit-on point découvrir l'art de se faire aimer de sa femme?

81. Une femme insensible est celle qui n'a pas encore vu celui qu'elle doit aimer. (ÉD. 4.)

Il y avoit à *Smyrne* une très-belle fille qu'on appeloit *Émire*, et qui étoit moins connue dans toute la ville par sa beauté que par la sévérité de ses mœurs, et surtout par l'indifférence qu'elle conservoit pour tous les hommes, qu'elle voyoit, disoit-elle, sans aucun péril, et sans d'autres dispositions que celles où elle se trouvoit pour ses amies ou pour ses frères. Elle ne croyoit pas la moindre partie de toutes les folies qu'on disoit que l'amour avoit fait faire dans tous les temps; et celles qu'elle avoit vues elle-même, elle ne les pouvoit comprendre : elle ne connoissoit que l'amitié. Une jeune et

1. « Il y a de bons mariages, mais il n'y en a point de délicieux.» (*La Rochefoucauld*, n° CXIII.)

2. *Touché* est au masculin dans la 4ᵉ édition.

charmante personne, à qui elle devoit cette expérience, la lui avoit rendue si douce qu'elle ne pensoit qu'à la faire durer, et n'imaginoit pas par quel autre sentiment elle pourroit jamais se refroidir sur celui de l'estime et de la confiance, dont elle étoit si contente. Elle ne parloit que d'*Euphrosyne :* c'étoit le nom de cette fidèle amie, et tout Smyrne ne parloit que d'elle et d'Euphrosyne : leur amitié passoit en proverbe. Émire avoit deux frères qui étoient jeunes, d'une excellente beauté, et dont toutes les femmes de la ville étoient éprises ; et il est vrai qu'elle les aima toujours comme une sœur aime ses frères. Il y eut un prêtre de *Jupiter*, qui avoit accès dans la maison de son père, à qui elle plut, qui osa le lui déclarer, et ne s'attira que du mépris. Un vieillard, qui se confiant en sa naissance et en ses grands biens, avoit eu la même audace, eut aussi la même aventure. Elle triomphoit cependant ; et c'étoit jusqu'alors au milieu de ses frères, d'un prêtre et d'un vieillard, qu'elle se disoit insensible. Il sembla que le ciel voulut l'exposer à de plus fortes épreuves, qui ne servirent néanmoins qu'à la rendre plus vaine, et qu'à l'affermir dans la réputation d'une fille[1] que l'amour ne pouvoit toucher. De trois amants que ses charmes lui acquirent successivement, et dont elle ne craignit pas de voir toute la passion, le premier[2], dans un transport amoureux, se perça le sein à ses pieds ; le second, plein de désespoir de n'être pas écouté, alla se faire tuer à la guerre de *Crète ;* et le troisième mourut de langueur et d'insomnie. Celui qui les devoit venger n'avoit pas encore paru. Ce

---

1. VAR. (édit. 4) : et qu'à affermir la réputation où elle s'étoit établie, d'une fille, etc.
2. VAR. (édit. 4) : De trois amants que ses charmes lui acquirent malgré toutes ses rigueurs, et qui se succédèrent l'un à l'autre, le premier, etc.

vieillard qui avoit été si malheureux dans ses amours
s'en étoit guéri par des réflexions sur son âge et sur le
caractère de la personne à qui il vouloit plaire : il desira
de continuer de la voir, et elle le souffrit. Il lui amena
un jour son fils, qui étoit jeune, d'une physionomie
agréable, et qui avoit une taille fort noble. Elle le vit
avec intérêt ; et comme il se tut beaucoup en la présence
de son père, elle trouva qu'il n'avoit pas assez d'esprit, et
desira qu'il en eût eu davantage. Il la vit seul, parla assez,
et avec esprit ; mais comme il la regarda peu, et qu'il
parla encore moins d'elle et de sa beauté, elle fut surprise et comme indignée qu'un homme si bien fait et si
spirituel ne fût pas galant. Elle s'entretint de lui avec son
amie, qui voulut le voir. Il n'eut des yeux que pour Euphrosyne, il lui dit qu'elle étoit belle ; et Émire, si indifférente, devenue jalouse, comprit que *Ctésiphon* étoit
persuadé de ce qu'il disoit, et que non-seulement il étoit
galant, mais même qu'il étoit tendre. Elle se trouva depuis ce temps moins libre avec son amie [1]. Elle desira de
les voir ensemble une seconde fois pour être plus
éclaircie ; et une seconde entrevue lui fit voir encore plus
qu'elle ne craignoit de voir, et changea ses soupçons en
certitude. Elle s'éloigne d'Euphrosyne, ne lui connoît
plus le mérite qui l'avoit charmée, perd le goût de sa
conversation ; elle ne l'aime plus ; et ce changement lui
fait sentir que l'amour dans son cœur a pris la place de
l'amitié. Ctésiphon et Euphrosyne se voient tous les jours,
s'aiment, songent à s'épouser, s'épousent. La nouvelle
s'en répand par toute la ville ; et l'on publie que deux
personnes enfin ont eu cette joie si rare de se marier à
ce qu'ils aimoient. Émire l'apprend, et s'en désespère.

---

1. VAR. (édit. 4-6) : avec son amie et avec ce nouvel amant de son amie.

Elle ressent tout son amour : elle recherche Euphrosyne pour le seul plaisir de revoir Ctésiphon ; mais ce jeune mari est encore l'amant de sa femme, et trouve une maîtresse dans une nouvelle épouse ; il ne voit ,dans Émire que l'amie d'une personne qui lui est chère. Cette fille infortunée perd le sommeil, et ne veut plus manger : elle s'affoiblit ; son esprit s'égare ; elle prend son frère pour Ctésiphon, et elle lui parle comme à un amant ; elle se détrompe, rougit de son égarement ; elle retombe bientôt dans de plus grands, et n'en rougit plus ; elle ne les connoît plus. Alors elle craint les hommes, mais trop tard : c'est sa folie. Elle a des intervalles [1] où sa raison lui revient, et où elle gémit de la retrouver. La jeunesse de Smyrne, qui l'a vue si fière et si insensible, trouve que les Dieux l'ont trop punie. (éd. 4.)

1. Var. (édit. 4) : elle retombe bientôt dans de plus grands, et n'en rougit point ; elle ne les connoît point, et tout le monde alors s'en aperçoit ; on la resserre, elle ne paroît plus. Elle a des intervalles, etc.

DU CŒUR.

1. Il y a un goût dans la pure amitié où ne peuvent atteindre ceux qui sont nés médiocres.

2. L'amitié peut subsister entre des gens de différents sexes, exempte même de toute grossièreté. Une femme cependant regarde toujours un homme comme un homme; et réciproquement un homme regarde une femme comme une femme. Cette liaison n'est ni passion ni amitié pure; elle fait une classe à part.

3. L'amour naît brusquement, sans autre réflexion, par tempérament ou par foiblesse : un trait de beauté nous fixe, nous détermine. L'amitié au contraire se forme peu à peu, avec le temps, par la pratique, par un long commerce. Combien d'esprit, de bonté de cœur, d'attachement, de services et de complaisance dans les amis, pour faire en plusieurs années bien moins que ne fait quelquefois en un moment un beau visage ou une belle main!

4. Le temps, qui fortifie les amitiés, affoiblit l'amour. (ÉD. 4.)

5. Tant que l'amour dure, il subsiste de soi-même, et quelquefois par les choses qui semblent le devoir éteindre, par les caprices, par les rigueurs, par l'éloignement, par la jalousie. L'amitié au contraire a besoin de secours : elle périt faute de soins, de confiance et de complaisance. (ÉD. 4.)

6. Il est plus ordinaire de voir un amour extrême qu'une parfaite amitié[1]. (ÉD. 4.)

7. L'amour et l'amitié s'excluent l'un l'autre. (ÉD. 4.)

8. Celui qui a eu l'expérience d'un grand amour néglige l'amitié[2]; et celui qui est épuisé sur l'amitié n'a encore rien fait pour l'amour. (ÉD. 4.)

9. L'amour commence par l'amour; et l'on ne sauroit passer de la plus forte amitié qu'à un amour foible. (ÉD. 4.)

10. Rien ne ressemble mieux à une vive amitié, que ces liaisons que l'intérêt de notre amour nous fait cultiver. (ÉD. 4.)

11. L'on n'aime bien qu'une seule fois : c'est la première; les amours qui suivent sont moins involontaires. (ÉD. 4.)

12. L'amour qui naît subitement est le plus long à guérir. (ÉD. 4.)

13. L'amour qui croît peu à peu et par degrés ressemble trop à l'amitié pour être une passion violente. (ÉD. 4.)

14. Celui qui aime assez pour vouloir aimer un million de

---

1. « Quelque rare que soit le véritable amour, il l'est encore moins que la véritable amitié. » (*La Rochefoucauld*, n° CCCCLXXIII.)

2. « Ce qui fait que la plupart des femmes sont peu touchées de l'amitié, c'est qu'elle est fade quand on a senti de l'amour. » (*La Rochefoucauld*, n° CCCCXL.)

fois plus qu'il ne fait, ne cède en amour qu'à celui qui aime plus qu'il ne voudroit. (ÉD. 4.)

15. Si j'accorde que dans la violence d'une grande passion on peut aimer quelqu'un plus que soi-même, à qui ferai-je plus de plaisir, ou à ceux qui aiment, ou à ceux qui sont aimés? (ÉD. 4.)

16. Les hommes souvent veulent aimer, et ne sauroient y réussir : ils cherchent leur défaite sans pouvoir la rencontrer, et si j'ose ainsi parler, ils sont contraints de demeurer libres.

17. Ceux qui s'aiment d'abord avec la plus violente passion contribuent bientôt chacun de leur part à s'aimer moins, et ensuite à ne s'aimer plus. Qui, d'un homme ou d'une femme, met davantage du sien dans cette rupture, il n'est pas aisé de le décider. Les femmes accusent les hommes d'être volages, et les hommes disent qu'elles sont légères. (ÉD. 4.)

18. Quelque délicat que l'on soit en amour, on pardonne plus de fautes que dans l'amitié. (ÉD. 4.)

19. C'est une vengeance douce à celui qui aime beaucoup de faire, par tout son procédé, d'une personne ingrate une très-ingrate. (ÉD. 4.)

20. Il est triste d'aimer sans une grande fortune, et qui nous donne les moyens de combler ce que l'on aime, et le rendre si heureux qu'il n'ait plus de souhaits à faire. (ÉD. 4.)

21. S'il se trouve une femme pour qui l'on ait eu une

grande passion et qui ait été indifférente, quelques importants services[1] qu'elle nous rende dans la suite de notre vie, l'on court un grand risque d'être ingrat. (ÉD. 4.)

22. Une grande reconnoissance emporte avec soi beaucoup de goût et d'amitié pour la personne qui nous oblige. (ÉD. 4.)

23. Être avec des gens qu'on aime[2], cela suffit; rêver, leur parler, ne leur parler point, penser à eux, penser à des choses plus indifférentes, mais auprès d'eux, tout est égal. (ÉD. 4.)

24. Il n'y a pas si loin de la haine à l'amitié que de l'antipathie. (ÉD. 4.)

25. Il semble qu'il est moins rare de passer de l'antipathie à l'amour qu'à l'amitié. (ÉD. 4.)

26. L'on confie son secret dans l'amitié; mais il échappe dans l'amour. (ÉD. 4.)
L'on peut avoir la confiance de quelqu'un sans en avoir le cœur. Celui qui a le cœur n'a pas besoin[3] de révélation ou de confiance; tout lui est ouvert. (ÉD. 4.)

27. L'on ne voit dans l'amitié que les défauts qui peuvent nuire à nos amis. L'on ne voit en amour de défauts dans ce qu'on aime que ceux dont on souffre soi-même. (ÉD. 4.)

---

1. Dans un certain nombre des éditions du dix-huitième siècle on a imprimé : *quelque important service*, changement qu'ont reproduit plusieurs éditions modernes. Voyez le *Lexique*.
2. VAR. (édit. 4-7) : Être avec les gens qu'on aime.
3. VAR. (édit. 4-7) : n'a plus besoin.

DU COEUR.

28. Il n'y a qu'un premier dépit en amour, comme la première faute dans l'amitié, dont on puisse[1] faire un bon usage.

29. Il semble que s'il y a un soupçon injuste, bizarre et sans fondement, qu'on ait une fois appelé jalousie, cette autre jalousie qui est un sentiment juste, naturel, fondé en raison et sur l'expérience, mériteroit un autre nom. (ÉD. 4.)

Le tempérament a beaucoup de part à la jalousie, et elle ne suppose pas toujours une grande passion[2]. C'est cependant un paradoxe qu'un violent amour sans délicatesse. (ÉD. 4.)

Il arrive souvent que l'on souffre tout seul de la délicatesse. L'on souffre de la jalousie, et l'on fait souffrir les autres. (ÉD. 4.)

Celles qui ne nous ménagent sur rien, et ne nous épargnent nulles occasions de jalousie, ne mériteroient de nous aucune jalousie, si l'on se régloit plus par leurs sentiments et leur conduite que par son cœur[3]. (ÉD. 4.)

30. Les froideurs et les relâchements dans l'amitié ont leurs causes. En amour, il n'y a guère d'autre raison de ne s'aimer plus que de s'être trop aimés. (ÉD. 4.)

31. L'on n'est pas plus maître de toujours aimer qu'on l'a été de ne pas aimer[4]. (ÉD. 4.)

1. VAR. (édit. 1-3) : dont l'on puisse.
2. « Il y a une certaine sorte d'amour dont l'excès empêche la jalousie. » (*La Rochefoucauld*, n° CCCXXXVI.)
3. « Les infidélités devroient éteindre l'amour, et il ne faudroit point être jaloux quand on a sujet de l'être : il n'y a que les personnes qui évitent de donner de la jalousie qui soient dignes qu'on en ait pour elles. » (*La Rochefoucauld*, n° CCCLIX.)
4. La première édition des *Maximes* de la Rochefoucauld (1665,

32. Les amours meurent par le dégoût, et l'oubli les enterre. (éd. 4.)

33. Le commencement et le déclin de l'amour se font sentir par l'embarras où l'on est de se trouver seuls. (éd. 4.)

34. Cesser d'aimer, preuve sensible que l'homme est borné, et que le cœur a ses limites. (éd. 4.)
C'est foiblesse que d'aimer; c'est souvent une autre foiblesse que de guérir. (éd. 4.)
On guérit comme on se console : on n'a pas dans le cœur de quoi toujours pleurer et toujours aimer. (éd. 4.)

35. Il devroit y avoir dans le cœur des sources inépuisables[1] de douleur pour de certaines pertes. Ce n'est guère par vertu ou par force d'esprit que l'on sort d'une grande affliction : l'on pleure amèrement, et l'on est[2] sensiblement touché; mais l'on est ensuite si foible ou si léger que l'on se console[3].

36. Si une laide se fait aimer, ce ne peut être qu'éperdument; car il faut que ce soit ou par une étrange foiblesse de son amant, ou par de plus secrets et de plus invincibles charmes que ceux de la beauté. (éd. 4.)

n° LXXXI) contient une pensée que l'on peut rapprocher de celle-ci : « Comme on n'est jamais en liberté d'aimer ou de cesser d'aimer, l'amant ne peut se plaindre avec justice de l'inconstance de sa maîtresse, ni elle de la légèreté de son amant. »
1. VAR. (édit. 1-3) : des fonds inépuisables.
2. VAR. (édit. 3 et certains exemplaires de 2) : on pleure amèrement, et on est, etc.
3. Dans les trois premières éditions cette réflexion est placée au chapitre *de l'Homme*. La Rochefoucauld avait dit (n° CCCXXV) : « Nous nous consolons souvent par foiblesse des maux dont la raison n'a pas la force de nous consoler. »

L'on est encore longtemps à se voir par habitude, et 37. à se dire de bouche que l'on s'aime, après que les manières disent qu'on ne s'aime plus[1]. (ÉD. 4.)

Vouloir oublier quelqu'un, c'est y penser. L'amour a 38. cela de commun avec les scrupules, qu'il s'aigrit par les réflexions et les retours que l'on fait pour s'en délivrer. Il faut, s'il se peut, ne point songer à sa passion pour l'affoiblir.

L'on veut faire tout le bonheur, ou si cela ne se peut 39. ainsi, tout le malheur de ce qu'on aime. (ÉD. 4.)

Regretter ce que l'on aime est un bien, en comparaison 40. de vivre avec ce que l'on hait.

Quelque désintéressement qu'on ait[2] à l'égard de ceux 41. qu'on aime, il faut quelquefois se contraindre pour eux, et avoir la générosité de recevoir[3]. (ÉD. 4.)
Celui-là peut prendre, qui goûte un plaisir aussi délicat à recevoir que son ami en sent à lui donner. (ÉD. 4.)

Donner, c'est agir : ce n'est pas souffrir de ses bien- 42. faits, ni céder à l'importunité ou à la nécessité de ceux qui nous demandent. (ÉD. 5.)

---

1. « On a bien de la peine à rompre quand on ne s'aime plus. » (*La Rochefoucauld*, n° CCCLI.)
2. Dans la 4ᵉ édition : « qu'on aye. »
3. « Si en l'amitié de quoy ie parle, l'un pouvoit donner à l'aultre, ce seroit celuy qui recevroit le bienfaict qui obligeroit son compaignon ; car cherchant l'un et l'aultre, plus que toute aultre chose, de s'entrebienfaire, celui qui en preste la matière et l'occasion est celuy-là qui faict le liberal, donnant ce contentement à son amy d'effectuer en son endroict ce qu'il desire le plus.... » (Montaigne, *Essais*, livre I, chapitre XXVII.)

43. Si l'on a donné à ceux que l'on aimoit, quelque chose qu'il arrive[1], il n'y a plus d'occasions où l'on doive songer à ses bienfaits. (ÉD. 4.)

44. On a dit en latin qu'il coûte moins cher de haïr que d'aimer, ou si l'on veut, que l'amitié est plus à charge que la haine[2]. Il est vrai qu'on est dispensé de donner à ses ennemis; mais ne coûte-t-il rien de s'en venger? Ou s'il est doux et naturel de faire du mal à ce que l'on hait[3], l'est-il moins de faire du bien à ce qu'on aime? Ne seroit-il pas dur et pénible de ne lui en point faire[4]? (ÉD. 5.)

45. Il y a du plaisir à rencontrer les yeux de celui à qui l'on vient de donner.

46. Je ne sais si un bienfait qui tombe sur un ingrat, et ainsi sur un indigne, ne change pas de nom, et s'il méritoit plus de reconnoissance[5]. (ÉD. 5.)

1. VAR. (édit. 4 et 5) : quelque chose qui arrive.
2. *Discordia fit carior concordia.*
   (*Publius Syrus.*)
3. VAR. (édit. 5 et 6) : à ce qu'on hait.
4. VAR. (édit. 6-9) : de ne leur en point faire. — Nous avons écarté du texte cette leçon, bien qu'elle ait pris place dans les quatre dernières des éditions qu'a revues la Bruyère. Que ce soit la Bruyère lui-même ou le correcteur de l'imprimerie qui ait substitué le mot *leur* au mot *lui*, peut-être l'auteur de la substitution avait-il entendu lire la phrase, au lieu de la lire lui-même, et avait-il dans l'oreille ou dans l'esprit *ceux qu'on aime*, et non *ce qu'on aime*.
5. La Rochefoucauld avait dit au contraire (n° CCCXVII) : « Ce n'est pas un grand malheur d'obliger des ingrats, » ajoutant aussitôt : « mais c'en est un insupportable d'être obligé à un malhonnête homme. » On peut opposer la première partie de la phrase à la réflexion 46 de la Bruyère, et rapprocher la seconde de la réflexion qui est placée plus haut sous le n° 22.

La libéralité consiste moins à donner beaucoup qu'à donner à propos¹. (ÉD. 7.) 47.

S'il est vrai que la pitié ou la compassion soit un retour vers nous-mêmes qui nous met en la place des malheureux, pourquoi tirent-ils de nous si peu de soulagement dans leurs misères? (ÉD. 5.) 48.

Il vaut mieux s'exposer à l'ingratitude que de manquer aux misérables. (ÉD. 5.)

L'expérience confirme que la mollesse ou l'indulgence² pour soi et la dureté pour les autres n'est qu'un seul et même vice. (ÉD. 5.) 49.

Un homme dur au travail et à la peine, inexorable à soi-même, n'est indulgent aux autres que par un excès de raison. (ÉD. 5.) 50.

Quelque désagrément qu'on ait à se trouver chargé d'un indigent, l'on goûte à peine les nouveaux avantages qui le tirent enfin de notre sujétion : de même la joie que l'on reçoit de l'élévation de son ami est un peu balancée par la petite peine qu'on a de le voir au-dessus de nous ou s'égaler à nous. Ainsi l'on s'accorde mal avec soi-même; car l'on veut des dépendants, et qu'il n'en coûte rien; l'on veut aussi le bien de ses amis, et s'il arrive, ce n'est pas toujours par s'en réjouir que l'on commence. (ÉD. 5.) 51.

On convie, on invite, on offre sa maison, sa table, son bien et ses services : rien ne coûte qu'à tenir parole. (ÉD. 7.) 52.

1. « Assez de gens méprisent le bien, mais peu savent le donner. » (*La Rochefoucauld*, n° CCCI.)
2. Il y a ici une faute étrange dans la 8ᵉ édition : « l'ingratitude, » au lieu de « l'indulgence. »

53. C'est assez pour soi d'un fidèle ami; c'est même beaucoup de l'avoir rencontré : on ne peut en avoir trop pour le service des autres. (ÉD. 4.)

54. Quand on a assez fait auprès de certaines personnes pour avoir dû se les acquérir, si cela ne réussit point, il y a encore une ressource, qui est de ne plus rien faire[1]. (ÉD. 4.)

55. Vivre avec ses ennemis comme s'ils devoient un jour être nos amis, et vivre avec nos amis comme s'ils pouvoient devenir nos ennemis[2], n'est ni selon la nature de la haine, ni selon les règles de l'amitié ; ce n'est point une maxime morale, mais politique[3]. (ÉD. 5.)

56. On ne doit pas se faire des ennemis de ceux qui, mieux connus, pourroient avoir rang entre nos amis. On doit faire choix d'amis si sûrs et d'une si exacte probité, que venant à cesser de l'être, ils ne veuillent pas abuser de notre confiance, ni se faire craindre comme ennemis[4]. (ÉD. 5.)

---

1. Nous datons cette réflexion de la 4ᵉ édition : c'est en effet dans cette édition qu'elle a paru, ainsi rédigée, dans le chapitre *du Cœur;* mais dès la 1ʳᵉ édition déjà, elle se trouvait, sous une forme un peu différente, dans le chapitre *des Femmes.* Voyez ci-dessus, p. 188, note 2.

2. « Vivez avec votre ami comme s'il pouvait devenir votre ennemi; » c'est l'une des sentences de Publius Syrus :
Ita amicum habeas, posse inimicum fieri ut putes.

3. « Ce precepte, qui est si abominable en ceste souveraine et maistresse amitié, il est salubre en l'usage des amitiez ordinaires et coustumières, à l'endroict desquelles il fault employer le mot qu'Aristote avoit très-familier : « O mes amys ! il n'y a nul amy. » (Montaigne, *Essais,* livre I, chapitre XXVII.)

4. VAR. (édit. 7 et 8) : comme nos ennemis.

57. Il est doux de voir ses amis par goût et par estime; il est pénible de les cultiver par intérêt : c'est *solliciter*[1]. (ÉD. 4.)

58. Il faut briguer la faveur de ceux à qui l'on veut du bien, plutôt que de ceux de qui l'on espère du bien. (ÉD. 7.)

59. On ne vole point des mêmes ailes pour sa fortune que l'on fait pour des choses frivoles et de fantaisie. Il y a un sentiment de liberté à suivre ses caprices, et tout au contraire de servitude à courir pour son établissement : il est naturel de le souhaiter beaucoup et d'y travailler peu, de se croire digne de le trouver sans l'avoir cherché. (ÉD. 4.)

60. Celui qui sait attendre le bien qu'il souhaite, ne prend pas le chemin de se désespérer s'il ne lui arrive pas; et celui au contraire qui desire une chose avec une grande impatience, y met trop du sien pour en être assez récompensé par le succès. (ÉD. 5.)

61. Il y a de certaines gens qui veulent si ardemment et si déterminément une certaine chose, que de peur de la manquer, ils n'oublient rien de ce qu'il faut faire pour la manquer. (ÉD. 7.)

62. Les choses les plus souhaitées n'arrivent point; ou si elles arrivent, ce n'est ni dans le temps ni dans les circonstances où elles auroient fait un extrême plaisir. (ÉD. 4.)

---

1. Ce n'est qu'à partir de la 6ᵉ édition que le mot *solliciter* a été imprimé en italique.

63. Il faut rire avant que d'être heureux, de peur de mourir sans avoir ri. (ÉD. 4.)

64. La vie est courte, si elle ne mérite ce nom que lorsqu'elle est agréable, puisque si l'on cousoit ensemble toutes les heures que l'on passe avec ce qui plaît, l'on feroit à peine d'un grand nombre d'années une vie de quelques mois.

65. Qu'il est difficile d'être content de quelqu'un !

66. On ne pourroit se défendre de quelque joie à voir périr un méchant homme : l'on jouiroit alors du fruit de sa haine, et l'on tireroit de lui tout ce qu'on en peut espérer, qui est le plaisir de sa perte. Sa mort enfin arrive, mais dans une conjoncture où nos intérêts ne nous permettent pas de nous en réjouir : il meurt trop tôt ou trop tard. (ÉD. 5.)

67. Il est pénible à un homme fier de pardonner à celui qui le surprend en faute, et qui se plaint de lui avec raison : sa fierté ne s'adoucit que lorsqu'il reprend ses avantages, et qu'il met l'autre dans son tort. (ÉD. 4.)

68. Comme nous nous affectionnons de plus en plus aux personnes à qui nous faisons du bien, de même nous haïssons violemment ceux que nous avons beaucoup offensés.

69. Il est également difficile d'étouffer dans les commencements le sentiment des injures, et de le conserver[1] après un certain nombre d'années.

---

1. VAR. (édit. 1 et 2) : les sentiments des injures, et de les conser-

C'est par foiblesse que l'on hait un ennemi, et que l'on songe à s'en venger ; et c'est par paresse que l'on s'apaise, et qu'on ne se venge point[1]. (ÉD. 7.)

70.

Il y a bien autant de paresse que de foiblesse à se laisser gouverner [2]. (ÉD. 5.)

71.

Il ne faut pas penser à gouverner un homme tout d'un coup, et sans autre préparation, dans une affaire importante et qui seroit capitale à lui ou aux siens ; il sentiroit d'abord l'empire et l'ascendant qu'on veut prendre sur son esprit, et il secoueroit le joug par honte ou par caprice : il faut tenter auprès de lui les petites choses, et de là le progrès jusqu'aux plus grandes est immanquable. Tel ne pouvoit au plus dans les commencements qu'entreprendre de le faire partir pour la campagne ou retourner à la ville, qui finit par lui dicter un testament où il réduit son fils à la légitime. (ÉD. 7.)

Pour gouverner quelqu'un longtemps et absolument, il faut avoir la main légère, et ne lui faire sentir que le moins qu'il se peut sa dépendance. (ÉD. 7.)

Tels se laissent gouverner jusqu'à un certain point, qui au delà sont intraitables et ne se gouvernent plus : on perd tout à coup la route de leur cœur et de leur esprit ;

---

ver, etc. — Dans les trois premières éditions cette réflexion se trouve au chapitre *de l'Homme*. — « Les hommes, dit la Rochefoucauld (n° XIV), ne sont pas seulement sujets à perdre le souvenir des bienfaits et des injures ; ils haïssent même ceux qui les ont obligés, et cessent de haïr ceux qui leur ont fait des outrages. L'application à récompenser le bien et à se venger du mal leur paroît une servitude, à laquelle ils ont peine de se soumettre. »

1. « La réconciliation avec nos ennemis n'est qu'un desir de rendre notre condition meilleure, une lassitude de la guerre, et une crainte de quelque mauvais événement. » (*La Rochefoucauld*, n° LXXXII.)

2. Cette phrase, dans la 5ᵉ et dans la 6ᵉ édition, se trouve au chapitre *de l'Homme*.

ni hauteur ni souplesse, ni force ni industrie ne les peuvent dompter : avec cette différence que quelques-uns sont ainsi faits par raison et avec fondement, et quelques autres par tempérament et par humeur. (ÉD. 7.)

Il se trouve des hommes qui n'écoutent ni la raison ni les bons conseils, et qui s'égarent volontairement par la crainte qu'ils ont d'être gouvernés. (ÉD. 7.)

D'autres consentent d'être gouvernés par leurs amis en des choses presque indifférentes, et s'en font un droit de les gouverner à leur tour en des choses graves et de conséquence. (ÉD. 7.)

Drance veut passer pour gouverner son maître, qui n'en croit rien, non plus que le public : parler sans cesse à un grand que l'on sert, en des lieux et en des temps où il convient le moins, lui parler à l'oreille ou en des termes mystérieux, rire jusqu'à éclater en sa présence, lui couper la parole, se mettre entre lui et ceux qui lui parlent, dédaigner ceux qui viennent faire leur cour, ou attendre impatiemment qu'ils se retirent, se mettre proche de lui en une posture trop libre, figurer avec lui le dos appuyé à une cheminée, le tirer par son habit, lui marcher sur les talons, faire le familier, prendre des libertés, marquent mieux un fat qu'un favori. (ÉD. 7.)

Un homme sage ni ne se laisse gouverner, ni ne cherche[1] à gouverner les autres : il veut que la raison gouverne seule, et toujours[2]. (ÉD. 6.)

Je ne haïrois pas d'être livré par la confiance à une personne raisonnable, et d'en être gouverné en toutes choses, et absolument, et toujours : je serois sûr de bien faire, sans avoir le soin de délibérer ; je jouirois de la tranquillité de celui qui est gouverné par la raison. (ÉD. 7.)

---

1. VAR. (édit. 6) : ni cherche.
2. Dans la 6º édition cette phrase est au chapitre *des Jugements*.

Toutes les passions sont menteuses : elles se déguisent 72. autant qu'elles le peuvent aux yeux des autres ; elles se cachent à elles-mêmes. Il n'y a point de vice qui n'ait une fausse ressemblance avec quelque vertu, et qu'il ne s'en aide [1]. (ÉD. 5.)

On ouvre [2] un livre de dévotion, et il touche; on en 73. ouvre un autre qui est galant, et il fait son impression. Oserai-je dire que le cœur seul concilie les choses contraires, et admet les incompatibles? (ÉD. 4.)

Les hommes rougissent moins de leurs crimes que de 74. leurs foiblesses et de leur vanité. Tel est ouvertement injuste, violent, perfide, calomniateur, qui cache son amour ou son ambition, sans autre vue que de la cacher. (ÉD. 5.)

Le cas n'arrive guère où l'on puisse dire : « J'étois ambitieux; » ou on ne l'est point, ou on l'est toujours ; mais 75. le temps vient où l'on avoue que l'on a aimé. (ÉD. 5.)

Les hommes commencent par l'amour, finissent par 76. l'ambition, et ne se trouvent souvent dans une assiette plus tranquille que lorsqu'ils meurent. (ÉD. 5.)

Rien ne coûte moins à la passion que de se mettre au- 77. dessus de la raison : son grand triomphe est de l'emporter sur l'intérêt. (ÉD. 4.)

---

1. « Et qui ne s'en aide, » dans toutes les éditions modernes; mais la leçon que nous rétablissons dans le texte est celle que donnent toutes les éditions publiées sous les yeux de la Bruyère. Il n'y a point là, ce nous semble, une faute d'impression qu'il y ait lieu de corriger.

2. Dans les éditions 8 et 9 : « On trouve. »

78. L'on est plus sociable et d'un meilleur commerce par le cœur que par l'esprit [1].

79. Il y a de certains grands sentiments, de certaines actions nobles et élevées, que nous devons moins à la force de notre esprit qu'à la bonté de notre naturel.

80. Il n'y a guère au monde un plus bel excès que celui de la reconnoissance.

81. Il faut être bien dénué d'esprit, si l'amour, la malignité, la nécessité n'en font pas trouver. (ÉD. 4.)

82. Il y a des lieux que l'on admire : il y en a d'autres qui touchent, et où l'on aimeroit à vivre.
Il me semble que l'on dépend des lieux pour l'esprit, l'humeur, la passion, le goût et les sentiments.

83. Ceux qui font bien mériteroient seuls d'être enviés, s'il n'y avoit encore un meilleur parti à prendre, qui est de faire mieux : c'est une douce vengeance contre ceux qui nous donnent cette jalousie. (ÉD. 4.)

84. Quelques-uns se défendent d'aimer et de faire des vers, comme de deux foibles qu'ils n'osent avouer, l'un du cœur, l'autre de l'esprit.

85. Il y a quelquefois dans le cours de la vie de si chers plaisirs et de si tendres engagements que l'on nous défend, qu'il est naturel de desirer du moins qu'ils fussent permis : de si grands charmes ne peuvent être surpassés que par celui de savoir y renoncer par vertu.

---

1. « La confiance fournit plus à la conversation que l'esprit. » (*La Rochefoucauld*, n° CCCCXXI.)

DE LA SOCIÉTÉ
ET DE LA CONVERSATION.

1. Un caractère bien fade est celui de n'en avoir aucun.

2. C'est le rôle d'un sot d'être importun : un homme habile sent s'il convient ou s'il ennuie ; il sait disparoître le moment qui précède celui où il seroit de trop quelque part.

3. L'on marche sur les mauvais plaisants, et il pleut par tout pays de cette sorte d'insectes. Un bon plaisant est une pièce rare ; à un homme qui est né tel, il est encore fort délicat d'en soutenir longtemps le personnage ; il n'est pas ordinaire que celui qui fait rire se fasse estimer.

4. Il y a beaucoup d'esprits obscènes, encore plus de médisants ou de satiriques, peu de délicats. Pour badiner avec grâce, et rencontrer heureusement sur les plus petits sujets, il faut trop de manières, trop de politesse, et même trop de fécondité : c'est créer que de railler ainsi, et faire quelque chose de rien.

5. Si l'on faisoit une sérieuse attention à tout ce qui se dit de froid, de vain et de puéril dans les entretiens ordinaires, l'on auroit honte de parler ou d'écouter, et l'on se condamneroit peut-être à un silence perpétuel, qui seroit une chose pire dans le commerce que les discours inutiles. Il faut donc s'accommoder à tous les esprits, permettre comme un mal nécessaire le récit des fausses nouvelles, les vagues réflexions sur le gouvernement pré-

sent ou sur l'intérêt des princes, le débit des beaux sentiments, et qui reviennent toujours les mêmes; il faut laisser *Aronce* parler proverbe, et *Mélinde* parler de soi, de ses vapeurs, de ses migraines et de ses insomnies. (éd. 4.)

6. L'on voit des gens qui, dans les conversations ou dans le peu de commerce que l'on a avec eux, vous dégoûtent par leurs ridicules expressions, par la nouveauté, et j'ose dire par l'impropriété des termes dont ils se servent, comme par l'alliance de certains mots qui ne se rencontrent ensemble que dans leur bouche, et à qui ils font signifier des choses que leurs premiers inventeurs n'ont jamais eu intention de leur faire dire. Ils ne suivent en parlant ni la raison ni l'usage, mais leur bizarre génie, que l'envie de toujours plaisanter, et peut-être de briller, tourne insensiblement à un jargon qui leur est propre, et qui devient enfin leur idiome naturel; ils accompagnent un langage si extravagant d'un geste affecté et d'une prononciation qui est contrefaite. Tous sont contents d'eux-mêmes et de l'agrément de leur esprit, et l'on ne peut pas dire qu'ils en soient entièrement dénués; mais on les plaint de ce peu qu'ils en ont; et ce qui est pire, on en souffre. (éd. 4.)

7. Que dites-vous? Comment? Je n'y suis pas; vous plairoit-il de recommencer? J'y suis encore moins. Je devine enfin: vous voulez, *Acis*, me dire qu'il fait froid; que ne disiez-vous: «Il fait froid?» Vous voulez m'apprendre qu'il pleut ou qu'il neige; dites: «Il pleut, il neige.» Vous me trouvez bon visage, et vous desirez de m'en féliciter; dites: « Je vous trouve bon visage. » — Mais, répondez-vous, cela est bien uni et bien clair; et d'ailleurs qui ne pourroit pas en dire autant? — Qu'importe, Acis? Est-ce un

si grand mal¹ d'être entendu quand on parle, et de parler comme tout le monde? Une chose vous manque, Acis, à vous et à vos semblables les diseurs de *phœbus;* vous ne vous en défiez point, et je vais vous jeter dans l'étonnement : une chose vous manque, c'est l'esprit. Ce n'est pas tout : il y a en vous une chose de trop, qui est l'opinion d'en avoir plus que les autres; voilà la source de votre pompeux galimatias, de vos phrases embrouillées, et de vos grands mots qui ne signifient rien. Vous abordez cet homme, ou vous entrez dans cette chambre; je vous tire par votre habit, et vous dis à l'oreille : « Ne songez point à avoir de l'esprit, n'en ayez point, c'est votre rôle; ayez, si vous pouvez, un langage simple, et tel que l'ont ceux en qui vous ne trouvez aucun esprit : peut-être alors croira-t-on que vous en avez. » (ÉD. 5.)

8. Qui peut se promettre d'éviter dans la société des hommes la rencontre de certains esprits vains, légers, familiers, délibérés, qui sont toujours dans une compagnie ceux qui parlent, et qu'il faut que les autres écoutent? On les entend de l'antichambre; on entre impunément et sans crainte de les interrompre : ils continuent leur récit sans la moindre attention pour ceux qui entrent ou qui sortent, comme pour le rang ou le mérite des personnes qui composent le cercle; ils font taire celui qui commence à conter une nouvelle, pour la dire de leur façon, qui est la meilleure : ils la tiennent de *Zamet,* de *Ruccelay,* ou de *Conchini*², qu'ils ne connoissent

---

1. VAR. (édit. 5 et 6) : Est-ce un si grand malheur.
2. Sans dire *Monsieur.* (*Note de la Bruyère.*) —
   Il tutaye en parlant ceux du plus haut étage,
   Et le nom de *Monsieur* est chez lui hors d'usage.
        (Molière, *le Misanthrope,* acte II, scène IV.)
— Les noms que cite la Bruyère sont ceux de trois favoris de

point, à qui ils n'ont jamais parlé, et qu'ils traiteroient de *Monseigneur* s'ils leur parloient ; ils s'approchent quelquefois de l'oreille du plus qualifié de l'assemblée, pour le gratifier d'une circonstance que personne ne sait, et dont ils ne veulent pas que les autres soient instruits ; ils suppriment quelques noms pour déguiser l'histoire qu'ils racontent, et pour détourner les applications ; vous les priez, vous les pressez inutilement : il y a des choses qu'ils ne diront pas, il y a des gens qu'ils ne sauroient nommer, leur parole y est engagée, c'est le dernier secret, c'est un mystère, outre que vous leur demandez l'impossible, car sur ce que vous voulez apprendre d'eux, ils ignorent le fait et les personnes. (ÉD. 4.)

9. *Arrias* a tout lu, a tout vu, il veut le persuader ainsi ; c'est un homme universel, et il se donne pour tel : il aime mieux mentir que de se taire ou de paroître ignorer quelque chose. On parle à la table d'un grand d'une cour du Nord : il prend la parole, et l'ôte à ceux qui alloient dire ce qu'ils en savent ; il s'oriente dans cette région lointaine comme s'il en étoit originaire ; il discourt des mœurs de cette cour, des femmes du pays, de ses lois et de ses coutumes ; il récite des historiettes qui y sont arrivées ; il les trouve plaisantes, et il en rit le premier jusqu'à éclater. Quelqu'un se hasarde de le contredire, et lui prouve nettement qu'il dit des choses qui ne sont pas vraies. Arrias ne se trouble point, prend feu au contraire contre l'interrupteur : « Je n'avance, lui dit-il, je ne raconte rien

---

Marie de Médicis. Zamet, financier italien, joua un rôle fort peu honorable à la cour de France, où il était venu à la suite de Catherine de Médicis ; il mourut en 1614. L'abbé Ruccellaï, gentilhomme florentin, introduit à la cour par Concini, prit part à toutes les intrigues de la régence de Marie de Médicis ; exilé de la cour, il mourut en 1627. Quant à Concini, maréchal d'Ancre, chacun sait sa fortune ; il fut tué dans la cour du Louvre le 24 avril 1617.

que je ne sache d'original : je l'ai appris de *Sethon*, ambassadeur de France dans cette cour, revenu à Paris depuis quelques jours, que je connois familièrement, que j'ai fort interrogé, et qui ne m'a caché aucune circonstance. » Il reprenoit le fil de sa narration avec plus de confiance qu'il ne l'avoit commencée, lorsque l'un des conviés lui dit : « C'est Sethon à qui vous parlez, lui-même, et qui arrive de son ambassade[1]. (éd. 8.)

10. Il y a un parti à prendre dans les entretiens entre une certaine paresse qu'on a de parler, ou quelquefois un esprit abstrait, qui nous jetant loin du sujet de la conversation, nous fait faire ou de mauvaises demandes ou de sottes réponses, et une attention importune qu'on a au moindre mot qui échappe, pour le relever, badiner autour, y trouver un mystère que les autres n'y voient pas, y chercher de la finesse et de la subtilité, seulement pour avoir occasion d'y placer la sienne. (éd. 4.)

11. Être infatué de soi, et s'être fortement persuadé qu'on a beaucoup d'esprit, est un accident qui n'arrive guère qu'à celui qui n'en a point, ou qui en a peu. Malheur pour lors à qui est exposé à l'entretien d'un tel personnage ! combien de jolies phrases lui faudra-t-il essuyer ! combien de ces mots aventuriers qui paroissent subitement, durent un temps, et que bientôt on ne revoit plus ! S'il conte une nouvelle, c'est moins pour l'apprendre à ceux qui l'écoutent, que pour avoir le mérite de la dire, et de la dire bien : elle devient un roman entre ses mains ; il fait penser les gens à sa manière, leur met en la bouche ses petites façons de parler, et les fait toujours parler longtemps ; il tombe ensuite en des paren-

---

1. Var. (édit. 8) : et qui arrive fraîchement de son ambassade.

thèses, qui peuvent passer pour épisodes, mais qui font oublier le gros de l'histoire, et à lui qui vous parle, et à vous qui le supportez. Que seroit-ce de vous et de lui, si quelqu'un ne survenoit heureusement pour déranger le cercle, et faire oublier la narration ? (éd. 4.)

12. J'entends *Théodecte* de l'antichambre ; il grossit sa voix à mesure qu'il s'approche ; le voilà entré : il rit, il crie, il éclate ; on bouche ses oreilles, c'est un tonnerre. Il n'est pas moins redoutable par les choses qu'il dit que par le ton dont il parle. Il ne s'apaise, et il ne revient de ce grand fracas que pour bredouiller des vanités et des sottises. Il a si peu d'égard au temps, aux personnes, aux bienséances, que chacun a son fait sans qu'il ait eu intention de le lui donner ; il n'est pas encore assis qu'il a, à son insu, désobligé toute l'assemblée. A-t-on servi, il se met le premier à table et dans la première place ; les femmes sont à sa droite et à sa gauche. Il mange, il boit, il conte, il plaisante, il interrompt tout à la fois. Il n'a nul discernement des personnes, ni du maître, ni des conviés ; il abuse de la folle déférence qu'on a pour lui. Est-ce lui, est-ce *Euthydème*[1] qui donne le repas ? Il rappelle à soi toute l'autorité de la table ; et il y a un moindre inconvénient à la lui laisser entière qu'à la lui disputer[2]. Le vin et les viandes n'ajoutent rien à son caractère. Si l'on joue, il gagne au jeu ; il veut railler celui qui perd, et il l'offense ; les rieurs sont pour lui : il n'y a sorte de fatuités qu'on ne lui passe. Je cède enfin et je disparois, incapable de souffrir plus longtemps Théodecte, et ceux qui le souffrent. (éd. 5.)

13. *Troïle* est utile à ceux qui ont trop de bien : il leur

1 La Bruyère écrit : *Eutideme*.
2. Var. (édit. 5-7) : qu'à la disputer.

ôte l'embarras du superflu ; il leur sauve la peine d'amasser de l'argent, de faire des contrats, de fermer des coffres, de porter des clefs sur soi et de craindre un vol domestique. Il les aide dans leurs plaisirs, et il devient capable ensuite de les servir dans leurs passions ; bientôt il les règle et les maîtrise dans leur conduite. Il est l'oracle d'une maison, celui dont on attend, que dis-je? dont on prévient, dont on devine les décisions. Il dit de cet esclave : « Il faut le punir, » et on le fouette ; et de cet autre : « Il faut l'affranchir, » et on l'affranchit. L'on voit qu'un parasite ne le fait pas rire ; il peut lui déplaire : il est congédié. Le maître est heureux, si Troïle lui laisse sa femme et ses enfants. Si celui-ci est à table, et qu'il prononce d'un mets qu'il est friand, le maître et les conviés, qui en mangeoient sans réflexion, le trouvent friand, et ne s'en peuvent rassasier ; s'il dit au contraire d'un autre mets qu'il est insipide, ceux qui commençoient à le goûter, n'osant avaler le morceau qu'ils ont à la bouche, ils le jettent à terre : tous ont les yeux sur lui, observent son maintien et son visage avant de prononcer sur le vin ou sur les viandes qui sont servies. Ne le cherchez pas ailleurs que dans la maison de ce riche qu'il gouverne : c'est là qu'il mange, qu'il dort et qu'il fait digestion, qu'il querelle son valet, qu'il reçoit ses ouvriers, et qu'il remet ses créanciers. Il régente, il domine dans une salle[1] ; il y reçoit la cour et les hommages de ceux qui plus fins que les autres ne veulent aller au maître que par Troïle. Si l'on entre par malheur sans avoir une physionomie qui lui agrée, il ride son front et il détourne sa vue ; si on l'aborde, il ne se lève pas ; si l'on s'assied auprès de lui, il s'éloigne ; si on lui parle, il ne répond point ; si l'on continue de parler, il passe dans une autre chambre ; si

1. Var. (édit. 7) : Il prime, il domine dans une salle.

on le suit, il gagne l'escalier; il franchiroit tous les étages, ou il se lanceroit par une fenêtre, plutôt que de se laisser joindre par quelqu'un qui a un visage ou un son de voix[1] qu'il désapprouve. L'un et l'autre sont agréables en Troïle, et il s'en est servi heureusement pour s'insinuer ou pour conquérir. Tout devient, avec le temps, au-dessous de ses soins, comme il est au-dessus de vouloir se soutenir ou continuer de plaire par le moindre des talents qui ont commencé à le faire valoir. C'est beaucoup qu'il sorte quelquefois de ses méditations et de sa taciturnité pour contredire, et que même pour critiquer il daigne une fois le jour avoir de l'esprit. Bien loin d'attendre de lui qu'il défère à vos sentiments, qu'il soit complaisant, qu'il vous loue, vous n'êtes pas sûr qu'il aime toujours votre approbation, ou qu'il souffre votre complaisance. (ÉD. 7.)

14. Il faut laisser parler cet inconnu que le hasard a placé auprès de vous dans une voiture publique, à une fête ou à un spectacle; et il ne vous coûtera bientôt pour le connoître que de l'avoir écouté : vous saurez son nom, sa demeure, son pays, l'état de son bien, son emploi, celui de son père, la famille dont est sa mère, sa parenté, ses alliances, les armes de sa maison; vous comprendrez qu'il est noble, qu'il a un château, de beaux meubles, des valets, et un carrosse[2]. (ÉD. 4.)

15. Il y a des gens qui parlent un moment avant que d'avoir pensé. Il y en a d'autres qui ont une fade attention à ce qu'ils disent, et avec qui l'on souffre dans la

---

1. Dans la 9ᵉ édition. un ton de voix.
2. La Bruyère a emprunté quelques traits de ce caractère à Théophraste. Voyez ci-dessus, *de l'Impertinent ou du Diseur de rien*, p. 39.

conversation de tout le travail de leur esprit ; ils sont comme pétris[1] de phrases et de petits tours d'expression, concertés dans leur geste et dans tout leur maintien ; ils sont *puristes*[2], et ne hasardent pas le moindre mot, quand il devroit faire le plus bel effet du monde ; rien d'heureux ne leur échappe, rien ne coule de source et avec liberté : ils parlent proprement et ennuyeusement.

16. L'esprit de la conversation consiste bien moins à en montrer beaucoup qu'à en faire trouver aux autres : celui qui sort de votre entretien content de soi et de son esprit, l'est de vous parfaitement. Les hommes n'aiment point à vous admirer, ils veulent plaire ; ils cherchent moins à être instruits, et même réjouis, qu'à être goûtés et applaudis ; et le plaisir le plus délicat est de faire celui d'autrui.

17. Il ne faut pas qu'il y ait trop d'imagination dans nos conversations ni dans nos écrits ; elle ne produit souvent que des idées vaines et puériles, qui ne servent point à perfectionner le goût et à nous rendre meilleurs : nos pensées doivent être prises dans le bon sens et la droite raison, et doivent être un effet de notre jugement.

18. C'est une grande misère que de n'avoir pas assez d'esprit pour bien parler, ni assez de jugement pour se taire. Voilà le principe de toute impertinence.

19. Dire d'une chose modestement ou qu'elle est bonne ou qu'elle est mauvaise, et les raisons pourquoi elle est

---

1. Ce mot est écrit *paistris* dans les éditions 1-3 ; dans les suivantes (4-9) : *paîtris*.
2. Gens qui affectent une grande pureté de langage. (*Note de la Bruyère.*)

telle, demande du bon sens et de l'expression : c'est une affaire. Il est plus court de prononcer d'un ton décisif, et qui emporte la preuve de ce qu'on avance, ou qu'elle est exécrable, ou qu'elle est miraculeuse[1]. (éd. 4.)

20. Rien n'est moins selon Dieu et selon le monde que d'appuyer tout ce que l'on dit dans la conversation, jusques aux choses les plus indifférentes, par de longs et de fastidieux serments. Un honnête homme qui dit oui et non mérite d'être cru : son caractère jure pour lui, donne créance à ses paroles, et lui attire toute sorte de confiance.

21. Celui qui dit incessamment qu'il a de l'honneur et de la probité, qu'il ne nuit à personne, qu'il consent que le mal qu'il fait aux autres lui arrive, et qui jure pour le faire croire, ne sait pas même contrefaire l'homme de bien.

Un homme de bien ne sauroit empêcher par toute sa modestie qu'on ne dise de lui ce qu'un malhonnête homme sait dire de soi.

22. *Cléon* parle peu obligeamment ou peu juste, c'est l'un ou l'autre ; mais il ajoute qu'il est fait ainsi, et qu'il dit ce qu'il pense. (éd. 5.)

23. Il y a parler bien, parler aisément, parler juste, parler à propos. C'est pécher contre ce dernier genre que de s'étendre sur un repas magnifique que l'on vient de faire, devant des gens qui sont réduits à épargner leur pain; de dire merveilles de sa santé devant des infirmes ; d'entretenir de ses richesses, de ses revenus et de ses ameu-

---

1. Les mots *exécrable* et *miraculeuse* ont été imprimés en italique dans les éditions 6 et 7.

blements un homme qui n'a ni rentes ni domicile ; en un mot, de parler de son bonheur devant des misérables : cette conversation est trop forte pour eux, et la comparaison qu'ils font alors de leur état au vôtre est odieuse. (ÉD. 5.)

24. « Pour vous, dit *Euthyphron*[1], vous êtes riche, ou vous devez l'être : dix mille livres de rente, et en fonds de terre, cela est beau, cela est doux, et l'on est heureux à moins, » pendant que lui qui parle ainsi a cinquante mille livres de revenu, et qu'il croit n'avoir que la moitié de ce qu'il mérite. Il vous taxe, il vous apprécie, il fixe votre dépense et s'il vous jugeoit digne d'une meilleure fortune, et de celle même où il aspire, il ne manqueroit pas de vous la souhaiter. Il n'est pas le seul qui fasse de si mauvaises estimations ou des comparaisons si désobligeantes[2] : le monde est plein d'Euthyphrons. (ÉD. 7.)

25. Quelqu'un, suivant la pente de la coutume qui veut qu'on loue, et par l'habitude qu'il a à la flatterie et à l'exagération, congratule *Théodème* sur un discours qu'il n'a point entendu, et dont personne n'a pu encore lui rendre compte : il ne laisse pas de lui parler de son génie, de son geste, et surtout de la fidélité de sa mémoire ; et il est vrai que Théodème est demeuré court. (ÉD. 5.)

26. L'on voit des gens brusques, inquiets, *suffisants*, qui bien qu'oisifs et sans aucune affaire qui les appelle ailleurs, vous expédient, pour ainsi dire, en peu de paroles, et ne songent qu'à se dégager de vous ; on leur parle encore, qu'ils sont partis et ont disparu. Ils ne sont pas moins im-

---

1. Dans les anciennes éditions : *Eutiphron*.
2. VAR. (édit. 7) : ou des comparaisons si odieuses.

pertinents que ceux qui vous arrêtent seulement pour vous ennuyer : ils sont peut-être moins incommodes. (éd. 4.)

27. Parler et offenser, pour de certaines gens, est précisément la même chose. Ils sont piquants et amers ; leur style est mêlé de fiel et d'absinthe : la raillerie, l'injure, l'insulte leur découlent des lèvres comme leur salive. Il leur seroit utile d'être nés muets ou stupides : ce qu'ils ont de vivacité et d'esprit leur nuit davantage que ne fait à quelques autres leur sottise. Ils ne se contentent pas toujours de répliquer avec aigreur, ils attaquent souvent avec insolence ; ils frappent sur tout ce qui se trouve sous leur langue, sur les présents, sur les absents ; ils heurtent de front et de côté, comme des béliers : demande-t-on à des béliers qu'ils n'aient pas de cornes ? De même n'espère-t-on pas de réformer par cette peinture des naturels si durs, si farouches, si indociles. Ce que l'on peut faire de mieux, d'aussi loin qu'on les découvre, est de les fuir de toute sa force et sans regarder derrière soi[1]. (éd. 5.)

28. Il y a des gens d'une certaine étoffe ou d'un certain caractère avec qui il ne faut jamais se commettre, de qui l'on ne doit se plaindre que le moins qu'il est possible, contre qui il n'est pas même permis d'avoir raison. (éd. 5.)

29. Entre deux personnes qui ont eu ensemble une violente querelle, dont l'un a raison et l'autre ne l'a pas, ce que la plupart de ceux qui y ont assisté ne manquent jamais de

1. La Bruyère a imité ce trait de Théophraste et emprunté les derniers mots de la phrase à sa propre traduction. Aussi lorsqu'il publia cette réflexion, qui a paru pour la première fois en 1690, prit-il soin d'effacer dans sa traduction les mots qu'il transportait ici. Voyez ci-dessus les *Caractères de Théophraste*, p. 40, note 9.

faire, ou pour se dispenser de juger, ou par un tempérament qui m'a toujours paru hors de sa place, c'est de condamner tous les deux : leçon importante, motif pressant et indispensable de fuir à l'orient quand le fat est à l'occident, pour éviter de partager avec lui le même tort[1]. (ÉD. 5.)

Je n'aime pas un homme que je ne puis aborder le premier[2], ni saluer avant qu'il me salue, sans m'avilir à ses yeux, et sans tremper dans la bonne opinion qu'il a de lui-même. MONTAGNE diroit[3] : *Je veux avoir mes coudées franches, et estre courtois et affable à mon point, sans remords ne consequence*[4]. *Je ne puis du tout estriver contre mon penchant*[5], *et aller*[6] *au rebours de mon naturel, qui m'emmeine vers celuy que je trouve à ma rencontre. Quand il m'est égal, et qu'il ne m'est point ennemy, j'anticipe sur son accueil*[7], *je le questionne sur sa disposition et santé, je luy fais offre de mes offices sans tant marchander sur le plus ou sur le moins, ne estre, comme disent aucuns, sur le qui vive. Celuy-là me*

30.

---

1. La 9ᵉ édition donne : « le même ton, » faute d'impression qu'a reproduite la 10ᵉ. *Dans les Sentiments critiques sur les Caractères* (p. 226 et 227), Brillon a déclaré cette phrase inintelligible, et dans l'*Apologie de M. de la Bruyère* (p. 146 et 147), il a tenté de la défendre, ne s'étant pas aperçu qu'elle était altérée dans l'édition qu'il avait sous les yeux.

2. VAR. (édit. 5) : que je ne puis ni aborder le premier.

3. Imité de Montagne. (*Note de la Bruyère*.) — Cette note a été insérée dans la 7ᵉ édition pour éviter toute méprise, et reproduite dans les suivantes.

4. VAR. (édit. 5-7) : *sans remords ny consequence.*

5. Lutter contre mon penchant. « *Estriver*, dit Furetière (1690), quereller, se choquer ou se débattre de paroles. » — « La philosophie n'*estrive* point contre les voluptés naturelles, pourveu que la mesure y soit ioincte, » a dit Montaigne, livre III, chapitre v.

6. VAR. (édit. 5-7) : *ny aller.*

7. VAR. (édit. 5-8) : *j'anticipe son bon accueil.*

deplaist, qui par la connoissance que j'ay de ses coutumes et façons d'agir, me tire de cette liberté et franchise. Comment me ressouvenir tout à propos, et d'aussi loin que je vois cet homme, d'emprunter une contenance grave et importante, et qui l'avertisse què je crois le valoir bien et au delà? pour cela[1] *de me ramentevoir de mes bonnes qualitez et conditions, et des siennes mauvaises, puis en faire la comparaison? C'est trop de travail pour moy, et ne suis du tout capable de si roide et si subite attention; et quand bien elle m'auroit succedé*[2] *une première fois, je ne laisserois de flechir et me dementir à une seconde tâche : je ne puis me forcer et contraindre pour quelconque a estre fier.* » (ÉD. 5.)

31. Avec de la vertu, de la capacité, et une bonne conduite, l'on peut être insupportable. Les manières, que l'on néglige comme de petites choses, sont souvent ce qui fait que les hommes décident de vous en bien ou en mal : une légère attention à les avoir douces et polies prévient leurs mauvais jugements. Il ne faut presque rien pour être cru fier, incivil, méprisant, désobligeant : il faut encore moins pour être estimé tout le contraire. (ÉD. 4.)

32. La politesse n'inspire pas toujours la bonté, l'équité, la complaisance, la gratitude; elle en donne du moins les apparences, et fait paroître l'homme au dehors comme il devroit être intérieurement. (ÉD. 4.)

L'on peut définir l'esprit de politesse, l'on ne peut en fixer la pratique : elle suit l'usage et les coutumes reçues; elle est attachée aux temps[3], aux lieux, aux personnes, et

---

1. VAR. (édit. 5) : *et pour ce ;* (édit. 6) : *et pour cela.*
2. *Succedé*, réussi.
3. *Au temps*, dans les cinq premières éditions.

n'est point la même dans les deux sexes, ni dans les différentes conditions ; l'esprit tout seul ne la fait pas deviner : il fait qu'on la suit par imitation, et que l'on s'y perfectionne. Il y a des tempéraments qui ne sont susceptibles que de la politesse ; et il y en a d'autres qui ne servent qu'aux grands talents, ou à une vertu solide. Il est vrai que les manières polies donnent cours au mérite, et le rendent agréable ; et qu'il faut avoir de bien éminentes qualités pour se soutenir sans la politesse.

Il me semble que l'esprit de politesse est une certaine attention à faire que par nos paroles et par nos manières les autres soient contents de nous et d'eux-mêmes[1].

33. C'est une faute contre la politesse que de louer immodérément, en présence de ceux que vous faites chanter ou toucher un instrument, quelque autre personne qui a ces mêmes talents ; comme devant ceux qui vous lisent leurs vers, un autre poëte.

34. Dans les repas ou les fêtes que l'on donne aux autres, dans les présents qu'on leur fait, et dans tous les plaisirs qu'on leur procure, il y a faire bien, et faire selon leur goût : le dernier est préférable. (ÉD. 4.)

35. Il y auroit une espèce de férocité à rejeter indifféremment toute sorte de louanges : l'on doit être sensible à celles qui nous viennent des gens de bien, qui louent en nous sincèrement des choses louables.

36. Un homme d'esprit, et qui est né fier, ne perd rien

---

1. « La politesse de l'esprit consiste à penser des choses honnêtes et délicates. » — « La galanterie de l'esprit est de dire des choses flatteuses d'une manière agréable. » (*La Rochefoucauld,* n⁰ˢ xcxix et c.)

de sa fierté et de sa roideur pour se trouver pauvre ; si quelque chose au contraire doit amollir son humeur, le rendre plus doux et plus sociable, c'est un peu de prospérité. (ÉD. 4.)

37. Ne pouvoir supporter tous les mauvais caractères dont le monde est plein n'est pas un fort bon caractère : il faut dans le commerce des pièces d'or et de la monnoie. (ÉD. 4.)

38. Vivre avec des gens qui sont brouillés, et dont il faut écouter de part et d'autre les plaintes réciproques, c'est, pour ainsi dire, ne pas sortir de l'audience, et entendre du matin au soir plaider et parler procès[1]. (ÉD. 4.)

39. L'on sait des gens qui avoient coulé leurs jours dans une union étroite : leurs biens étoient en commun, ils n'avoient qu'une même demeure, ils ne se perdoient pas de vue. Ils se sont aperçus à plus de quatre-vingts ans qu'ils devoient se quitter l'un l'autre et finir leur société ; ils n'avoient plus qu'un jour à vivre, et ils n'ont osé entreprendre de le passer ensemble ; ils se sont dépêchés de rompre avant que de mourir ; ils n'avoient de fonds pour la complaisance que jusque-là. Ils ont trop vécu pour le bon exemple : un moment plus tôt ils mouroient sociables, et laissoient après eux un rare modèle de la persévérance dans l'amitié. (ÉD. 5.)

40. L'intérieur des familles est souvent troublé par les

---

1. « Et parler de procès, » dans la 5ᵉ édition. La Bruyère a corrigé dans la 6ᵉ cette faute d'impression, et pour en éviter le retour et bien marquer que *parler procès* était ce qu'il avait écrit, il a fait imprimer en italique, dans cette édition et dans la suivante, le mot *procès*.

défiances, par les jalousies et par l'antipathie[1], pendant que des dehors contents, paisibles et enjoués nous trompent, et nous y font supposer une paix qui n'y est point : il y en a peu qui gagnent à être approfondies. Cette visite que vous rendez vient de suspendre une querelle domestique, qui n'attend que votre retraite pour recommencer.

41. Dans la société, c'est la raison qui plie la première. Les plus sages sont souvent menés par le plus fou et le plus bizarre : l'on étudie son foible, son humeur, ses caprices, l'on s'y accommode; l'on évite de le heurter, tout le monde lui cède; la moindre sérénité qui paroît sur son visage lui attire des éloges : on lui tient compte de n'être pas toujours insupportable. Il est craint, ménagé, obéi, quelquefois aimé.

42. Il n'y a que ceux qui ont eu de vieux collatéraux, ou qui en ont encore, et dont il s'agit d'hériter, qui puissent dire ce qu'il en coûte. (ÉD. 4.)

43. *Cléante* est un très-honnête homme; il s'est choisi une femme qui est la meilleure personne du monde et la plus raisonnable : chacun, de sa part, fait tout le plaisir et tout l'agrément des sociétés où il se trouve; l'on ne peut voir ailleurs plus de probité, plus de politesse. Ils se quittent demain, et l'acte de leur séparation est tout dressé chez le notaire. Il y a, sans mentir, de certains mérites qui ne sont point faits pour être ensemble, de certaines vertus incompatibles[2].

1 VAR. (édit. 1-7) : par les défiances, les jalousies et l'antipathie.
2. « Il y a quelquefois, dit Plutarque au sujet d'une séparation semblable, de petites hargnes et riottes souvent repetées, procedantes de quelques fascheuses conditions, ou de quelque dissimilitude, ou

44. L'on peut compter sûrement sur la dot, le douaire et les conventions, mais foiblement sur les *nourritures*[1] : elles dépendent d'une union fragile de la belle-mère et de la bru, et qui périt[2] souvent dans l'année du mariage.

45. Un beau-père aime son gendre[3], aime sa bru. Une belle-mère aime son gendre, n'aime point sa bru. Tout est réciproque. (ÉD. 5.)

46. Ce qu'une marâtre aime le moins de tout ce qui est au monde, ce sont les enfants de son mari : plus elle est folle de son mari, plus elle est marâtre. (ÉD. 5.)

Les marâtres font déserter les villes et les bourgades, et ne peuplent pas moins la terre de mendiants, de vagabonds, de domestiques et d'esclaves, que la pauvreté. (ÉD. 5.)

47. G** et H** sont voisins de campagne, et leurs terres sont contiguës ; ils habitent une contrée déserte et solitaire. Eloignés des villes et de tout commerce, il sembloit que la fuite d'une entière solitude ou l'amour de la

---

incompatibilité de nature, que les estrangers ne cognoissent pas, lesquelles par succession de temps engendrent de si grandes alienations de volontez entre des personnes, qu'elles ne peuvent plus vivre ny habiter ensemble. » (*Vie de Paulus Æmilius*, traduction d'Amyot, chapitre III.)

1. Le douaire est la portion de biens que le mari donne à sa femme et dont elle doit jouir en cas de survivance. — On entend par *nourritures* la convention par laquelle il est stipulé que les époux vivront pendant un certain nombre d'années chez les parents de l'un d'eux. Les *nourritures*, comme la dot dont il s'agit ici, ont été promises par les parents du mari. — *Convention* est une expression qui s'applique à tous les articles accordés à une femme par contrat de mariage.

2. VAR. (édit. 1-3) : elles dépendent d'une union fragile, qui périt.

3. Quelques éditeurs ont modifié le texte, qu'ils croyaient altéré, et ont imprimé à tort : « Un beau-père n'aime pas son gendre, » etc.

société eût dû les assujettir à une liaison réciproque ; il est cependant difficile d'exprimer la bagatelle qui les a fait rompre, qui les rend implacables l'un pour l'autre, et qui perpétuera leurs haines[1] dans leurs descendants. Jamais des parents, et même des frères, ne se sont brouillés pour une moindre chose.

Je suppose qu'il n'y ait que deux hommes sur la terre, qui la possèdent seuls, et qui la partagent toute entre eux deux : je suis persuadé qu'il leur naîtra bientôt quelque sujet de rupture, quand ce ne seroit que pour les limites.

48. Il est souvent plus court et plus utile de cadrer aux autres que de faire que les autres s'ajustent à nous[2]. (ÉD. 7.)

49. J'approche d'une petite ville, et je suis déjà sur une hauteur d'où je la découvre. Elle est située à mi-côte ; une rivière baigne ses murs, et coule ensuite dans une belle prairie ; elle a une forêt épaisse qui la couvre des vents froids et de l'aquilon. Je la vois dans un jour si favorable, que je compte ses tours et ses clochers ; elle me paroît peinte sur le penchant de la colline. Je me récrie, et je dis : « Quel plaisir de vivre sous un si beau ciel et dans ce séjour si délicieux ! » Je descends dans la ville, où je n'ai pas couché deux nuits, que je ressemble à ceux qui l'habitent : j'en veux sortir. (ÉD. 5.)

50. Il y a une chose que l'on n'a point vue sous le ciel, et que selon toutes les apparences on ne verra jamais :

---

1. Var. (édit. 1-3) : leur haine.
2. « Un esprit droit a moins de peine à se soumettre aux esprits de travers que de les conduire. » (*La Rochefoucauld*, n° CCCCXLVIII.)

c'est une petite ville qui n'est divisée en aucuns partis ; où les familles sont unies, et où les cousins[1] se voient avec confiance ; où un mariage n'engendre point une guerre civile ; où la querelle des rangs ne se réveille pas à tous moments par l'offrande, l'encens et le pain bénit, par les processions et par les obsèques ; d'où l'on a banni les *caquets*, le mensonge et la médisance ; où l'on voit parler ensemble le bailli et le président, les élus et les assesseurs[2] ; où le doyen vit bien avec ses chanoines ; où les chanoines ne dédaignent pas les chapelains, et où ceux-ci souffrent les chantres. (ÉD. 4.)

51. Les provinciaux et les sots sont toujours prêts à se fâcher, et à croire qu'on se moque d'eux ou qu'on les méprise : il ne faut jamais hasarder la plaisanterie, même la plus douce et la plus permise, qu'avec des gens polis, ou qui ont de l'esprit. (ÉD. 4.)

52. On ne prime point avec les grands, ils se défendent par leur grandeur; ni avec les petits, ils vous repoussent par le *qui vive*. (ÉD. 5.)

53. Tout ce qui est mérite se sent, se discerne, se devine réciproquement : si l'on vouloit être estimé, il faudroit vivre avec des personnes estimables. (ÉD. 5.)

54. Celui qui est d'une éminence au-dessus des autres

---

1. Le mot *cousins* est imprimé en italique jusqu'à la 7ᵉ édition inclusivement.

2. Les *élus* étaient des officiers subalternes, non lettrés, qui jugeaient en première instance les affaires qui avaient rapport aux tailles, aux aides et aux gabelles. — L'*assesseur* était un « officier de justice gradué, créé pour servir de conseil ordinairement à un juge d'épée dans la maréchaussée. » (*Dictionnaire de Furetière.*)

qui le met à couvert de la repartie, ne doit jamais faire une raillerie piquante.

55. Il y a de petits défauts que l'on abandonne volontiers à la censure, et dont nous ne haïssons pas à être raillés : ce sont de pareils défauts que nous devons choisir pour railler les autres.

56. Rire des gens d'esprit, c'est le privilége des sots : ils sont dans le monde ce que les fous sont à la cour, je veux dire sans conséquence. (ÉD. 4.)

57. La moquerie est souvent indigence d'esprit.

58. Vous le croyez votre dupe : s'il feint de l'être, qui est plus dupe de lui ou de vous[1]?

59. Si vous observez avec soin qui sont les gens qui ne peuvent louer, qui blâment toujours, qui ne sont contents de personne, vous reconnoîtrez que ce sont ceux mêmes dont personne n'est content. (ÉD. 4.)

60. Le dédain et le rengorgement dans la société attire[2] précisément le contraire de ce que l'on cherche[3], si c'est à se faire estimer.

61. Le plaisir de la société entre les amis se cultive par une

---

1. « La plus subtile de toutes les finesses est de savoir bien feindre de tomber dans les piéges que l'on nous tend, et on n'est jamais si aisément trompé que quand on songe à tromper les autres. » (*La Rochefoucauld*, n° CXVII.)

2. *Attire* est au singulier dans toutes les éditions publiées du vivant de la Bruyère.

3. VAR. (édit. 1 et 2) : de ce où l'on vise.

ressemblance de goût sur ce qui regarde les mœurs, et par quelque différence d'opinions sur les sciences : par là ou l'on s'affermit dans[1] ses sentiments, ou l'on s'exerce et l'on s'instruit par la dispute.

62. L'on ne peut aller loin dans l'amitié, si l'on n'est pas disposé à se pardonner les uns aux autres les petits défauts.

63. Combien de belles et inutiles raisons à étaler à celui qui est dans une grande adversité, pour essayer de le rendre tranquille! Les choses de dehors, qu'on appelle les événements, sont quelquefois plus fortes que la raison et que la nature. « Mangez, dormez, ne vous laissez point mourir de chagrin, songez à vivre : » harangues froides, et qui réduisent à l'impossible. « Êtes-vous raisonnable de vous tant inquiéter? » n'est-ce pas dire : « Êtes-vous fou d'être malheureux ? »

64. Le conseil, si nécessaire pour les affaires, est quelquefois dans la société nuisible à qui le donne, et inutile à celui à qui il est donné. Sur les mœurs, vous faites remarquer des défauts ou que l'on n'avoue pas, ou que l'on estime des vertus; sur les ouvrages, vous rayez les endroits qui paroissent admirables à leur auteur, où il se complaît davantage, où il croit s'être surpassé lui-même. Vous perdez ainsi la confiance de vos amis, sans les avoir rendus ni meilleurs ni plus habiles.

65. L'on a vu, il n'y a pas longtemps, un cercle de personnes des deux sexes, liées ensemble par la conversation et par un commerce d'esprit. Ils laissoient au vul-

---

1. VAR. (édit. 1-7) : ou l'on s'affermit et l'on se complaît dans, etc.

gaire l'art de parler d'une manière intelligible ; une chose dite entre eux peu clairement en entraînoit une autre encore plus obscure, sur laquelle on enchérissoit par de vraies énigmes, toujours suivies de longs applaudissements : par tout ce qu'ils appeloient délicatesse, sentiments, tour, et finesse d'expression, ils étoient enfin parvenus à n'être plus entendus et à ne s'entendre pas eux-mêmes. Il ne falloit, pour fournir à ces entretiens, ni bon sens, ni jugement, ni mémoire, ni la moindre capacité : il falloit de l'esprit, non pas du meilleur, mais de celui qui est faux, et où l'imagination a trop de part[1].

66. Je le sais, *Théobalde*, vous êtes vieilli ; mais voudriez-vous que je crusse que vous êtes baissé, que vous n'êtes plus poëte ni bel esprit, que vous êtes présentement aussi mauvais juge de tout genre d'ouvrage que méchant auteur, que vous n'avez plus rien de naïf et de délicat dans la conversation ? Votre air libre et présomptueux me rassure, et me persuade tout le contraire. Vous êtes donc aujourd'hui tout ce que vous fûtes jamais, et peut-être meilleur ; car si à votre âge vous êtes si vif et si impétueux, quel nom, Théobalde, falloit-il vous donner dans votre jeunesse, et lorsque vous étiez la *coqueluche* ou l'entêtement de certaines femmes qui ne juroient que par vous et sur votre parole, qui disoient : *Cela est délicieux ; qu'a-t-il dit ?* (ÉD. 6.)

67. L'on parle impétueusement dans les entretiens, souvent par vanité ou par humeur, rarement avec assez d'attention : tout occupé du desir de répondre à ce qu'on n'écoute point[2], l'on suit ses idées, et on les explique

1. Allusion aux conversations de l'hôtel de Rambouillet.
2. VAR. (édit. 1-4) : à ce que l'on ne se donne pas même la peine d'écouter. — « Une des choses qui fait que l'on trouve si peu de

sans le moindre égard pour les raisonnements d'autrui ; l'on est bien éloigné de trouver ensemble la vérité, l'on n'est pas encore convenu de celle que l'on cherche. Qui pourroit écouter ces sortes de conversations et les écrire, feroit voir quelquefois de bonnes choses qui n'ont nulle suite.

68. Il a régné pendant quelque temps une sorte de conversation fade et puérile, qui rouloit toute sur des questions frivoles qui avoient relation au cœur et à ce qu'on appelle passion ou tendresse. La lecture de quelques romans les avoit introduites parmi les plus honnêtes gens de la ville et de la cour; ils s'en sont défaits, et la bourgeoisie les a reçues avec les pointes et les équivoques.

69. Quelques femmes de la ville ont la délicatesse de ne pas savoir ou de n'oser dire le nom des rues, des places, et de quelques endroits publics, qu'elles ne croient pas assez nobles pour être connus. Elles disent : *le Louvre, la place Royale*, mais elles usent de tours et de phrases plutôt que de prononcer de certains noms; et s'ils leur échappent, c'est du moins avec quelque altération du mot, et après quelques façons qui les rassurent : en cela moins naturelles que les femmes de la cour, qui ayant besoin dans le discours des *Halles*, du *Châtelet*, ou de choses semblables, disent : *les Halles, le Châtelet*. (ÉD. 4.)

gens qui paroissent raisonnables et agréables dans la conversation, dit la Rochefoucauld (n° cxxxix), c'est qu'il n'y a presque personne qui ne pense plutôt à ce qu'il veut dire qu'à répondre précisément à ce qu'on lui dit. Les plus habiles et les plus complaisants se contentent de montrer seulement une mine attentive, au même temps que l'on voit dans leurs yeux et dans leur esprit un égarement pour ce qu'on leur dit, et une précipitation pour retourner à ce qu'ils veulent dire.... »

70. Si l'on feint quelquefois de ne se pas souvenir de certains noms que l'on croit obscurs, et si l'on affecte de les corrompre en les prononçant, c'est par la bonne opinion qu'on a du sien [1]. (ÉD. 4.)

71. L'on dit par belle humeur, et dans la liberté de la conversation, de ces choses froides, qu'à la vérité l'on donne pour telles, et que l'on ne trouve bonnes que parce qu'elles sont extrêmement mauvaises. Cette manière basse de plaisanter a passé du peuple, à qui elle appartient, jusque dans une grande partie de la jeunesse de la cour, qu'elle a déjà infectée. Il est vrai qu'il y entre trop de fadeur et de grossièreté pour devoir craindre qu'elle s'étende plus loin, et qu'elle fasse de plus grands progrès dans un pays qui est le centre du bon goût et de la politesse. L'on doit cependant en inspirer le dégoût à ceux qui la pratiquent ; car bien que ce ne soit jamais sérieusement, elle ne laisse pas de tenir la place, dans leur esprit et dans le commerce ordinaire, de quelque chose de meilleur.

72. Entre dire de mauvaises choses, ou en dire de bonnes que tout le monde sait et les donner pour nouvelles, je n'ai pas à choisir. (ÉD. 5.)

73. « *Lucain a dit une jolie chose.... Il y a un beau mot de Claudien.... Il y a cet endroit de Sénèque;* » et là-dessus une longue suite de latin, que l'on cite souvent devant des gens qui ne l'entendent pas, et qui feignent de l'entendre. Le secret seroit d'avoir un grand sens et bien de l'esprit; car ou l'on se passeroit des anciens, ou après les avoir

---

1. Var. (édit. 4) : On feint de ne se pas souvenir de quelques noms que l'on croit obscurs, et on affecte de les corrompre en les prononçant, par la bonne opinion que l'on a du sien.

lus avec soin, l'on sauroit encore choisir les meilleurs, et les citer à propos.

74. *Hermagoras* ne sait pas qui est roi de Hongrie; il s'étonne de n'entendre faire aucune mention du roi de Bohême[1]; ne lui parlez pas des guerres de Flandre et de Hollande[2], dispensez-le du moins de vous répondre : il confond les temps, il ignore quand elles ont commencé, quand elles ont fini; combats, siéges, tout lui est nouveau; mais il est instruit de la guerre des géants, il en raconte le progrès et les moindres détails, rien ne lui est échappé; il débrouille de même l'horrible chaos[3] des deux empires, le Babylonien et l'Assyrien; il connoît à fond les Égyptiens et leurs dynasties. Il n'a jamais vu Versailles[4], il ne le verra point : il a presque vu la tour de Babel, il en compte les degrés, il sait combien d'architectes ont présidé à cet ouvrage, il sait le nom des architectes. Dirai-je qu'il croit Henry IV[5] fils de Henry III[6] ? Il néglige du moins de rien

1. En 1527, Ferdinand, frère de Charles-Quint, avait été couronné successivement roi de Bohême et roi de Hongrie. Depuis lors la Bohême n'avait cessé d'appartenir à la maison d'Autriche que pendant fort peu de temps, dans le premier quart du dix-septième siècle. Quant à la Hongrie, elle n'avait reconnu la domination autrichienne qu'en 1570, sous Maximilien II ; et c'était à la fin d'octobre 1687, un peu moins de trois années avant la publication de ce passage (voyez la note suivante), que les états de Presbourg avaient déclaré la couronne héréditaire dans la maison d'Autriche.
2. C'est-à-dire des guerres entreprises sous le règne de Louis XIV, et qui, suspendues par le traité de Nimègue (1678), venaient de recommencer, et se poursuivaient au temps même où paraissait (mars 1690) la 5e édition de la Bruyère, la première qui contienne ce morceau. Le Roi avait de nouveau déclaré la guerre à la Hollande à la fin de 1688; la victoire de Fleurus est du 1er juillet 1690.
3. Dans les éditions du dix-septième siècle : *cahos*.
4. Var. (édit. 5 et 6) : Il n'a jamais vu *Versailles*, oui *Versailles*.
5. Henry le Grand. (*Note de la Bruyère*.)
6. Var. (édit. 5-8) : fils d'Henry III.

connoître aux maisons de France, d'Autriche et de Ba‑
vière[1] : « Quelles minuties ! » dit-il, pendant qu'il récite
de mémoire toute une liste des rois des Mèdes ou de Baby‑
lone, et que les noms d'Apronal, d'Hérigebal, de Noes‑
nemordach, de Mardokempad, lui sont aussi familiers
qu'à nous ceux de Valois et de Bourbon. Il demande si
l'Empereur a jamais été marié ; mais personne ne lui ap‑
prendra que Ninus a eu deux femmes. On lui dit que le Roi
jouit d'une santé parfaite ; et il se souvient que Thetmosis,
un roi d'Égypte, étoit valétudinaire, et qu'il tenoit cette
complexion de son aïeul Alipharmutosis. Que ne sait-il
point ? Quelle chose lui est cachée de la vénérable anti‑
quité ? Il vous dira que Sémiramis, ou, selon quelques-uns,
Sérimaris, parloit comme son fils Ninyas, qu'on ne les dis‑
tinguoit pas à la parole : si c'étoit parce que la mère avoit
une voix mâle comme son fils, ou le fils une voix efféminée
comme sa mère, qu'il n'ose pas le décider. Il vous révélera
que Nembrot étoit gaucher, et Sésostris ambidextre ; que
c'est une erreur de s'imaginer qu'un Artaxerxe ait été
appelé Longuemain parce que les bras lui tomboient jus‑
qu'aux genoux, et non à cause qu'il avoit une main plus
longue que l'autre ; et il ajoute qu'il y a des auteurs graves
qui affirment que c'étoit la droite, qu'il croit néanmoins
être bien fondé à soutenir que c'est la gauche. (ÉD. 5.)

Ascagne est statuaire, Hégion fondeur, Æschine foulon, 75.
et *Cydias* bel esprit, c'est sa profession. Il a une enseigne,
un atelier, des ouvrages de commande, et des compagnons
qui travaillent sous lui : il ne vous sauroit rendre de plus
d'un mois les stances qu'il vous a promises, s'il ne manque
de parole à *Dosithée*, qui l'a engagé à faire une élégie ; une
idylle est sur le métier, c'est pour *Crantor*, qui le presse,

---

1. Var. (édit. 5-8) : d'Autriche, de Bavière.

et qui lui laisse espérer un riche salaire. Prose, vers, que voulez-vous? Il réussit également en l'un et en l'autre. Demandez-lui des lettres de consolation, ou sur une absence, il les entreprendra; prenez-les toutes faites et entrez dans son magasin, il y a à choisir. Il a un ami qui n'a point d'autre fonction sur la terre que de le promettre longtemps à un certain monde, et de le présenter enfin dans les maisons comme homme rare et d'une exquise conversation; et là, ainsi que le musicien chante et que le joueur de luth touche son luth devant les personnes à qui il a été promis, Cydias, après avoir toussé, relevé sa manchette, étendu la main et ouvert les doigts, débite gravement ses pensées quintessenciées et ses raisonnements sophistiqués. Différent de ceux qui convenant de principes, et connoissant la raison ou la vérité qui est une, s'arrachent la parole l'un à l'autre pour s'accorder sur leurs sentiments, il n'ouvre la bouche que pour contredire : « *Il me semble*, dit-il gracieusement, *que c'est tout le contraire de ce que vous dites;* » ou : « *Je ne saurois être de votre opinion;* » ou bien : « *Ç'a été autrefois mon entêtement, comme il est le vôtre, mais.... Il y a trois choses*, ajoute-t-il, *à considérer...,* » et il en ajoute une quatrième : fade discoureur, qui n'a pas mis plus tôt le pied dans une assemblée, qu'il cherche quelques femmes auprès de qui il puisse s'insinuer, se parer de son bel esprit ou de sa philosophie, et mettre en œuvre ses rares conceptions; car soit qu'il parle ou qu'il écrive, il ne doit pas être soupçonné d'avoir en vue ni le vrai ni le faux, ni le raisonnable ni le ridicule : il évite uniquement de donner dans le sens des autres, et d'être de l'avis de quelqu'un[1];

---

1. Il prend toujours en main l'opinion contraire,
Et penseroit paroître un homme du commun,
Si l'on voyoit qu'il fût de l'avis de quelqu'un.
(Molière, *le Misanthrope*, acte II, scène IV.)

aussi attend-il dans un cercle que chacun se soit expliqué sur le sujet qui s'est offert, ou souvent qu'il a amené lui-même, pour dire dogmatiquement des choses toutes nouvelles, mais à son gré décisives et sans réplique. Cydias s'égale à Lucien et à Sénèque[1], se met au-dessus de Platon, de Virgile et de Théocrite; et son flatteur a soin de le confirmer tous les matins dans cette opinion. Uni de goût et d'intérêt avec les contempteurs d'Homère, il attend paisiblement que les hommes détrompés lui préfèrent les poëtes modernes : il se met en ce cas à la tête de ces derniers, et il sait à qui il adjuge la seconde place. C'est en un mot un composé du pédant et du précieux, fait pour être admiré de la bourgeoisie et de la province, en qui néanmoins on n'aperçoit rien de grand que l'opinion qu'il a de lui-même. (ÉD. 8.)

76. C'est la profonde ignorance qui inspire le ton dogmatique[2]. Celui qui ne sait rien croit enseigner aux autres ce qu'il vient d'apprendre lui-même; celui qui sait beaucoup pense à peine que ce qu'il dit puisse être ignoré, et parle plus indifféremment.

77. Les plus grandes choses n'ont besoin que d'être dites simplement : elles se gâtent par l'emphase. Il faut dire noblement les plus petites : elles ne se soutiennent que par l'expression, le ton et la manière[3].

    1. Philosophe et poëte tragique. (*Note de la Bruyère.*)
    2. VAR. (édit. 1-6) : qui inspire ordinairement le ton dogmatique.
    3. « Le secret, avait dit Mlle de Scudéry en traçant les règles de la conversation, est de parler toujours noblement des choses basses, assez simplement des choses élevées, et fort galamment des choses galantes, sans empressement, sans affectation. » (*Conversations sur divers sujets*, de la Conversation, édition de 1680, Paris, Cl. Barbin, tome I, p. 39.)

78. Il me semble que l'on dit les choses encore plus finement qu'on ne peut les écrire.

79. Il n'y a guère qu'une naissance honnête, ou qu'une bonne éducation, qui rendent[1] les hommes capables de secret.

80. Toute confiance est dangereuse si elle n'est entière : il y a peu de conjonctures où il ne faille tout dire ou tout cacher. On a déjà trop dit de son secret à celui à qui l'on croit devoir en dérober une circonstance. (ÉD. 4.)

81. Des gens vous promettent le secret, et ils le révèlent eux-mêmes, et à leur insu; ils ne remuent pas les lèvres, et on les entend; on lit sur leur front et dans leurs yeux, on voit au travers de leur poitrine, ils sont transparents. D'autres ne disent pas précisément une chose qui leur a été confiée; mais ils parlent et agissent de manière qu'on la découvre de soi-même. Enfin quelques-uns méprisent votre secret, de quelque conséquence qu'il puisse être : *C'est un mystère, un tel m'en a fait part, et m'a défendu de le dire;* et ils le disent[2]. (ÉD. 5.)

Toute révélation d'un secret est la faute de celui qui l'a confié[3]. (ÉD. 8.)

82. *Nicandre* s'entretient avec *Élise* de la manière douce et complaisante dont il a vécu avec sa femme, depuis le jour qu'il en fit le choix jusques à sa mort; il a déjà dit

---

1. VAR. (édit. 1-8) : ou une bonne éducation, qui rende. — Dans les trois premières éditions, cette réflexion est placée au chapitre *de l'Homme.*

2. Dans les éditions 5-7 cette réflexion est placée au chapitre *des Grands.*

3. « Celui qui révèle son secret à un ami indiscret est plus indiscret que l'indiscret même. » (Mlle de Scudéry, *Nouvelles conversations de morale*, de la Confiance, 1688, tome II, p. 750.)

qu'il regrette qu'elle ne lui ait pas laissé des enfants, et il le répète; il parle des maisons qu'il a à la ville, et bientôt d'une terre qu'il a à la campagne : il calcule le revenu qu'elle lui rapporte, il fait le plan des bâtiments, en décrit la situation, exagère la commodité des appartements, ainsi que la richesse et la propreté des meubles; il assure qu'il aime la bonne chère, les équipages; il se plaint que sa femme n'aimoit point assez le jeu et la société. « Vous êtes si riche, lui disoit l'un de ses amis, que n'achetez-vous cette charge? pourquoi ne pas faire cette acquisition qui étendroit votre domaine? On me croit, ajoute-t-il, plus de bien que je n'en possède. » Il n'oublie pas son extraction et ses alliances : *Monsieur le Surintendant, qui est mon cousin; Madame la Chancelière, qui est ma parente;* voilà son style. Il raconte un fait qui prouve le mécontentement qu'il doit avoir de ses plus proches, et de ceux même qui sont ses héritiers : « Ai-je tort? dit-il à Élise; ai-je grand sujet de leur vouloir du bien? » et il l'en fait juge. Il insinue ensuite qu'il a une santé foible et languissante, et il parle de la cave[1] où il doit être enterré. Il est insinuant, flatteur, officieux à l'égard de tous ceux qu'il trouve auprès de la personne à qui il aspire. Mais Élise n'a pas le courage d'être riche en l'épousant. On annonce, au moment qu'il parle, un cavalier, qui de sa seule présence démonte la batterie de l'homme de ville : il se lève déconcerté et chagrin, et va dire ailleurs qu'il veut se remarier. (ÉD. 5.)

Le sage quelquefois évite le monde, de peur d'être ennuyé[2].

1. *Cave*, caveau.
2. Dans les trois premières éditions cette réflexion est placée au chapitre *du Mérite personnel.*

DES BIENS DE FORTUNE.

1. Un homme fort riche peut manger des entremets, faire peindre ses lambris et ses alcôves, jouir d'un palais à la campagne et d'un autre à la ville, avoir un grand équipage, mettre un duc dans sa famille, et faire de son fils un grand seigneur : cela est juste et de son ressort; mais il appartient peut-être à d'autres de vivre contents.

2. Une grande naissance ou une grande fortune annonce le mérite, et le fait plus tôt remarquer.

3. Ce qui disculpe le fat ambitieux de son ambition est le soin que l'on prend, s'il a fait une grande fortune, de lui trouver un mérite qu'il n'a jamais eu, et aussi grand qu'il croit l'avoir. (ÉD. 4.)

4. A mesure que la faveur et les grands biens se retirent d'un homme, ils laissent voir en lui le ridicule qu'ils couvroient, et qui y étoit sans que personne s'en aperçût.

5. Si l'on ne le voyoit de ses yeux, pourroit-on jamais s'imaginer l'étrange disproportion que le plus ou le moins de pièces de monnoie met entre les hommes ?
Ce plus ou ce moins détermine à l'épée, à la robe, ou à l'Église : il n'y a presque point d'autre vocation.

6. Deux marchands étoient voisins et faisoient le même commerce, qui ont eu dans la suite une fortune toute différente. Ils avoient chacun une fille unique; elles ont été nourries ensemble, et ont vécu dans cette familiarité que

donnent un même âge et une même condition : l'une des deux, pour se tirer d'une extrême misère, cherche à se placer; elle entre au service d'une fort grande dame et l'une des premières de la cour, chez sa compagne. (ÉD. 6.)

7. Si le financier manque son coup, les courtisans disent de lui : « C'est un bourgeois, un homme de rien, un malotru; » s'il réussit, ils lui demandent sa fille. (ÉD. 7.)

8. Quelques-uns ont fait dans leur jeunesse l'apprentissage d'un certain métier, pour en exercer un autre, et fort différent, le reste de leur vie[1]. (ÉD. 6.)

9. Un homme est laid, de petite taille, et a peu d'esprit. L'on me dit à l'oreille : « Il a cinquante mille livres de rente. » Cela le concerne tout seul, et il ne m'en fera jamais ni pis ni mieux; si je commence à le regarder avec d'autres yeux, et si je ne suis pas maître de faire autrement, quelle sottise !

10. Un projet assez vain seroit de vouloir tourner un homme fort sot et fort riche[2] en ridicule; les rieurs sont de son côté. (ÉD. 4.)

11. N**, avec un portier rustre, farouche, tirant sur le Suisse, avec un vestibule et une antichambre[3], pour peu qu'il y fasse languir quelqu'un et se morfondre, qu'il paroisse enfin avec une mine grave et une démarche mesurée, qu'il écoute un peu et ne reconduise point : quelque subalterne qu'il soit d'ailleurs, il fera sentir de lui-

1. Voyez ci-après la réflexion 15.
2. VAR. (édit. 4 et 5) : fort riche et fort sot.
3. VAR. (édit. 4 et 5) : et un antichambre.

même quelque chose qui approche de la considération. (ÉD. 4.)

12. Je vais, *Clitiphon*, à votre porte; le besoin que j'ai de vous me chasse de mon lit et de ma chambre : plût aux Dieux que je ne fusse ni votre client ni votre fâcheux ! Vos esclaves me disent que vous êtes enfermé, et que vous ne pouvez m'écouter que d'une heure entière. Je reviens avant le temps qu'ils m'ont marqué, et ils me disent que vous êtes sorti. Que faites-vous, Clitiphon, dans cet endroit le plus reculé de votre appartement, de si laborieux, qui vous empêche de m'entendre? Vous enfilez quelques mémoires, vous collationnez un registre, vous signez, vous parafez. Je n'avois qu'une chose à vous demander, et vous n'aviez qu'un mot à me répondre, oui, ou non. Voulez-vous être rare? Rendez service à ceux qui dépendent de vous : vous le serez davantage par cette conduite que par ne vous pas laisser voir. O homme important et chargé d'affaires, qui à votre tour avez besoin de mes offices, venez dans la solitude de mon cabinet : le philosophe est accessible ; je ne vous remettrai point à un autre jour. Vous me trouverez sur les livres de Platon qui traitent de la spiritualité de l'âme et de sa distinction d'avec le corps, ou la plume à la main pour calculer les distances de Saturne et de Jupiter : j'admire Dieu dans ses ouvrages, et je cherche, par la connoissance de la vérité, à régler mon esprit et devenir meilleur. Entrez, toutes les portes vous sont ouvertes ; mon antichambre n'est pas faite pour s'y ennuyer en m'attendant; passez jusqu'à moi sans me faire avertir. Vous m'apportez quelque chose de plus précieux que l'argent et l'or, si c'est une occasion de vous obliger. Parlez, que voulez-vous que je fasse pour vous? Faut-il quitter mes livres, mes études, mon ouvrage, cette ligne qui est

DES BIENS DE FORTUNE. 249

commencée? Quelle interruption heureuse pour moi que celle qui vous est utile ! Le manieur d'argent, l'homme d'affaires est un ours qu'on ne sauroit apprivoiser ; on ne le voit dans sa loge qu'avec peine : que dis-je? on ne le voit point; car d'abord on ne le voit pas encore, et bientôt on ne le voit plus. L'homme de lettres au contraire est trivial comme une borne au coin des places ; il est vu de tous, et à toute heure, et en tous états, à table, au lit, nu, habillé, sain ou malade : il ne peut être important, et il ne le veut point être[1]. (ÉD. 8.)

13. N'envions point à une sorte de gens leurs grandes richesses ; ils les ont à titre onéreux, et qui ne nous accommoderoit point : ils ont mis leur repos, leur santé, leur honneur et leur conscience pour les avoir ; cela est trop cher, et il n'y a rien à gagner à un tel marché.

14. Les P. T. S.[2] nous font sentir toutes les passions l'une après l'autre : l'on commence par le mépris, à cause de leur obscurité ; on les envie ensuite, on les hait, on les craint, on les estime quelquefois, et on les respecte ; l'on vit assez pour finir à leur égard par la compassion.

15. *Sosie* de la livrée[3] a passé par une petite recette à

---

1. Nous avons cité dans la *Notice biographique* la critique singulière que d'Argonne a faite de ce passage.
2. Les partisans. On appelait ainsi les financiers qui prenaient à ferme les revenus du Roi.
3. Ce n'était point là une exagération. Plus d'un laquais était devenu partisan et grand seigneur à la suite. « Mme Cornuel, écrit Mme de Sévigné le 7 octobre 1676 (tome V, p. 92), étoit l'autre jour chez Berrier, dont elle est maltraitée ; elle attendoit à lui parler dans une antichambre qui étoit pleine de laquais. Il vint une espèce d'honnête homme, qui lui dit qu'elle étoit mal dans ce lieu-là : « Hé-
« las ! dit-elle, j'y suis fort bien : je ne les crains point, tant qu'ils

une sous-ferme; et par les concussions, la violence, et l'abus qu'il a fait de ses *pouvoirs*, il s'est enfin, sur les ruines de plusieurs familles, élevé à quelque grade. Devenu noble par une charge, il ne lui manquoit que d'être homme de bien : une place de marguillier a fait ce prodige.

16. *Arfure* cheminoit seule et à pied vers le grand portique de Saint**, entendoit de loin le sermon d'un carme ou d'un docteur qu'elle ne voyoit qu'obliquement, et dont elle perdoit bien des paroles. Sa vertu étoit obscure, et sa dévotion connue comme sa personne. Son mari est entré dans le *huitième denier*[1] : quelle monstrueuse fortune en moins de six années ! Elle n'arrive à l'église que dans un char; on lui porte une lourde queue; l'orateur s'interrompt pendant qu'elle se place; elle le voit de front, n'en perd pas une seule parole ni le moindre geste. Il y a une brigue entre les prêtres pour la confesser; tous veulent l'absoudre, et le curé l'emporte.

17. L'on porte *Crésus* au cimetière : de toutes ses immenses richesses, que[2] le vol et la concussion lui avoient acquises, et qu'il a épuisées par le luxe et par la bonne chère[3], il ne lui est pas demeuré de quoi se faire enterrer; il est mort insolvable, sans biens, et ainsi privé de tous les se-

« sont laquais. » — Si la Bruyère a donné à son personnage le nom de *Sosie*, c'est « que ce nom, nous a-t-il dit plus haut (p. 87, note 1), « étoit chez les Grecs un nom de valet ou d'esclave. »

1. C'est-à-dire dans la ferme du *huitième denier*. On appelait de ce nom un droit établi en 1672, pendant la guerre de Hollande : en payant le *huitième denier*, les acquéreurs de biens ecclésiastiques étaient confirmés dans leur possession. — Ce n'est qu'à la 6ᵉ édition que les mots *huitième denier* ont été imprimés en italique.
2. VAR. (édit. 1-7) : de toutes ces immenses richesses que, etc.
3. VAR. (édit. 1-3) : par le luxe et la bonne chère.

cours; l'on n'a vu chez lui ni julep, ni cordiaux, ni médecins, ni le moindre docteur qui l'ait assuré de son salut.

Champagne, au sortir d'un long dîner qui lui enfle 18. l'estomac, et dans les douces fumées d'un vin d'Avenay ou de Sillery[1], signe un ordre qu'on lui présente, qui ôteroit le pain à toute une province si l'on n'y remédioit. Il est excusable : quel moyen de comprendre, dans la première heure de la digestion, qu'on puisse quelque part mourir de faim?

Sylvain[2] de ses deniers a acquis de la naissance et un 19. autre nom : il est seigneur de la paroisse où ses aïeuls payoient la taille; il n'auroit pu autrefois entrer page chez *Cléobule*, et il est son gendre. (ÉD. 4.)

Dorus passe en litière par la voie *Appienne*, précédé 20. de ses affranchis et de ses esclaves, qui détournent le peuple et font faire place; il ne lui manque que des licteurs; il entre à *Rome* avec ce cortége, où il semble triompher de la bassesse et de la pauvreté de son père *Sanga*. (ÉD. 4.)

On ne peut mieux user de sa fortune que fait *Périandre* : 21. elle lui donne du rang, du crédit, de l'autorité; déjà on ne le prie plus d'accorder son amitié, on implore sa protection. Il a commencé par dire de soi-même : *un homme de ma sorte;* il passe à dire : *un homme de ma*

---

1. Avenay et Sillery sont en Champagne. Le vin de Champagne, très-célèbre à cette époque, n'était pas encore le vin mousseux que l'on connaît aujourd'hui sous ce nom.
2. Dans la 4ᵉ édition, *Thersite*, et, trois lignes plus loin, *Théramène*, au lieu de *Sylvain* et de *Cléobule*.

qualité; il se donne pour tel, et il n'y a personne de ceux à qui il prête de l'argent, ou qu'il reçoit à sa table, qui est délicate, qui veuille s'y opposer. Sa demeure est superbe : un dorique règne dans tous ses dehors; ce n'est pas une porte, c'est un portique : est-ce la maison d'un particulier? est-ce un temple? le peuple s'y trompe. Il est le seigneur dominant de tout le quartier[1]. C'est lui que l'on envie, et dont on voudroit voir la chute; c'est lui dont la femme, par son collier de perles, s'est fait des ennemies de toutes les dames du voisinage. Tout se soutient dans cet homme; rien encore ne se dément dans cette grandeur[2] qu'il a acquise, dont il ne doit rien, qu'il a payée. Que son père, si vieux et si caduc, n'est-il mort il y a vingt ans et avant qu'il se fît dans le monde aucune mention de Périandre! Comment pourra-t-il soutenir ces odieuses pancartes[3] qui déchiffrent les conditions, et qui souvent font rougir la veuve et les héritiers? Les supprimera-t-il aux yeux de toute une ville jalouse, maligne, clairvoyante, et aux dépens de mille gens qui veulent absolument aller tenir leur rang à des obsèques? Veut-on d'ailleurs qu'il fasse de son père un *Noble homme*, et peut-être un *Honorable homme*, lui qui est *Messire*[4] ? (ÉD. 5.)

22. Combien d'hommes ressemblent à ces arbres déjà forts et avancés que l'on transplante dans les jardins, où ils

---

1. Le seigneur suzerain de qui tout le quartier relève.
2. VAR. (édit. 5 et 6) : de cette grandeur.
3. Billets d'enterrements..(*Note de la Bruyère.*) — Cette note ne se trouve que dans la 8ᵉ et dans la 9ᵉ édition.
4. *Noble homme* était le titre que, dans les contrats, prenaient les bourgeois de quelque importance; *Honorable homme*, celui que prenaient les petits bourgeois, les marchands, les artisans; et *Messire*, celui qui était réservé aux personnes de qualité.

surprennent les yeux de ceux qui les voient placés dans de beaux endroits où ils ne les ont point vus[1] croître, et qui ne connoissent ni leurs commencements ni leurs progrès !.

23. Si certains morts revenoient au monde, et s'ils voyoient leurs grands noms portés, et leurs terres les mieux titrées, avec leurs châteaux et leurs maisons antiques, possédées par des gens dont les pères étoient peut-être leurs métayers[2], quelle opinion pourroient-ils avoir de notre siècle?

24. Rien ne fait mieux comprendre le peu de chose que Dieu croit donner aux hommes, en leur abandonnant les richesses, l'argent, les grands établissements et les autres biens, que la dispensation qu'il en fait, et le genre d'hommes qui en sont le mieux pourvus[3].

25. Si vous entrez dans les cuisines, où l'on voit réduit en art et en méthode le secret de flatter votre goût et de vous faire manger au delà du nécessaire ; si vous examinez en détail tous les apprêts des viandes qui doivent composer le festin que l'on vous prépare ; si vous regardez par quelles mains elles passent, et toutes les formes différentes qu'elles prennent avant de devenir un mets exquis, et d'arriver à cette propreté et à cette élégance qui

1. Il y a *vu*, sans accord, dans toutes les éditions publiées du vivant de la Bruyère.
2. Le mot *métayers* est en italique dans les éditions 6 et 7.
3. « Quand rappelant en mon esprit la mémoire de tous les siècles, je vois si souvent les grandeurs du monde entre les mains des impies,... ah! qu'il m'est aisé de comprendre, s'écrie Bossuet en parlant de Dieu, qu'il fait peu d'état de telles faveurs, et de tous les biens u'il donne pour la vie présente ! » (*Sermon sur la Providence*, 1666, tome XII de l'édition de 1816, p. 416.)

charment vos yeux[1], vous font hésiter sur le choix, et prendre le parti d'essayer de tout; si vous voyez tout le repas ailleurs que sur une table bien servie, quelles saletés! quel dégoût! Si vous allez derrière un théâtre, et si vous nombrez les poids, les roues, les cordages, qui font les vols et les machines; si vous considérez combien de gens entrent dans l'exécution de ces mouvements, quelle force de bras, et quelle extension de nerfs ils y emploient, vous direz : « Sont-ce là les principes et les ressorts de ce spectacle si beau, si naturel, qui paroît animé et agir de soi-même? » vous vous récrierez : « Quels efforts! quelle violence! » De même n'approfondissez pas la fortune des partisans. (ÉD. 5.)

26. Ce garçon si frais, si fleuri et d'une si belle santé est seigneur d'une abbaye et de dix autres bénéfices : tous ensemble lui rapportent six vingt mille livres de revenu, dont il n'est payé qu'en médailles d'or[2]. Il y a ailleurs six vingts familles indigentes qui ne se chauffent point pendant l'hiver, qui n'ont point d'habits pour se couvrir, et qui souvent manquent de pain; leur pauvreté est extrême et honteuse. Quel partage! Et cela ne prouve-t-il pas clairement un avenir?

27. *Chrysippe*, homme nouveau, et le premier noble de sa race, aspiroit, il y a trente années, à se voir un jour deux mille livres de rente pour tout bien : c'étoit là le comble de ses souhaits et sa plus haute ambition; il l'a dit ainsi, et on s'en souvient. Il arrive, je ne sais par quels chemins, jusques à donner en revenu à l'une de

---

1. *Nos yeux*, dans la 5ᵉ édition, ce qui est sans doute une faute.
2. Louis d'or. (*Note de la Bruyère.*) — Cette note ne se trouve que dans les deux premières éditions.

ses filles, pour sa dot, ce qu'il desiroit lui-même d'avoir en fonds pour toute fortune pendant sa vie. Une pareille somme est comptée dans ses coffres pour chacun de ses autres enfants qu'il doit pourvoir, et il a un grand nombre d'enfants; ce n'est qu'en avancement d'hoirie : il y a d'autres biens à espérer après sa mort. Il vit encore, quoique assez avancé en âge, et il use le reste de ses jours à travailler pour s'enrichir. (ÉD. 5.)

28. Laissez faire *Ergaste*, et il exigera un droit de tous ceux qui boivent de l'eau de la rivière, ou qui marchent sur la terre ferme : il sait convertir en or jusques aux roseaux, aux joncs et à l'ortie. Il écoute tous les avis, et propose tous ceux qu'il a écoutés. Le prince ne donne aux autres qu'aux dépens d'Ergaste[1], et ne leur fait de grâces que celles qui lui étoient dues[2]. C'est une faim insatiable d'avoir et de posséder. Il trafiqueroit des arts et des sciences, et mettroit en parti jusques à l'harmonie[3]; il faudroit, s'il en étoit cru, que le peuple, pour avoir le plaisir de le voir riche, de lui voir une meute et une écurie, pût perdre le souvenir de la musique d'*Orphée*, et se contenter de la sienne. (ÉD. 4.)

29. Ne traitez pas avec *Criton*, il n'est touché que de ses seuls avantages. Le piége est tout dressé à ceux à qui sa charge, sa terre, ou ce qu'il possède feront envie : il vous imposera des conditions extravagantes. Il n'y a nul ménagement et nulle composition à attendre d'un homme

---

1. VAR. (édit. 4-6) : qu'à ses dépens.
2. ... L'on ne donne emploi, charge ni bénéfice
   Qu'à tout ce qu'il se croit on ne fasse injustice.
   (Molière, *le Misanthrope*, acte II, scène IV.)
3. Mettrait une taxe jusque sur l'harmonie.

si plein de ses intérêts et si ennemi des vôtres : il lui faut une dupe. (ÉD. 5.)

30. *Brontin*, dit le peuple, fait des retraites, et s'enferme huit jours avec des saints : ils ont leurs méditations, et il a les siennes. (ÉD. 4.)

31. Le peuple souvent a le plaisir de la tragédie : il voit périr sur le théâtre du monde les personnages les plus odieux, qui ont fait le plus de mal dans diverses scènes, et qu'il a le plus haïs.

32. Si l'on partage la vie des P. T. S.[1] en deux portions égales, la première, vive et agissante, est toute[2] occupée à vouloir affliger le peuple, et la seconde, voisine de la mort, à se déceler et à se ruiner les uns les autres. (ÉD. 4.)

33. Cet homme qui a fait la fortune de plusieurs, qui a fait la vôtre, n'a pu soutenir la sienne, ni assurer avant sa mort celle de sa femme et de ses enfants : ils vivent cachés et malheureux. Quelque bien instruit que vous soyez de la misère de leur condition, vous ne pensez pas à l'adoucir ; vous ne le pouvez pas en effet, vous tenez table, vous bâtissez ; mais vous conservez par reconnoissance le portrait de votre bienfacteur[3], qui a passé à la vérité du cabinet à l'antichambre : quels égards ! il pouvoit aller au garde-meuble. (ÉD. 4.)

34. Il y a une dureté de complexion ; il y en a une autre de condition et d'état. L'on tire de celle-ci, comme de

---

1. Partisans. Voyez plus haut, p. 249, note 2.
2. Voyez ci-dessus, p. 43, note 1, et p. 44, note 2.
3. Voyez ci-dessus, p. 180, note 5.

la première, de quoi s'endurcir sur la misère des autres, dirai-je même de quoi ne pas plaindre les malheurs de sa famille? Un bon financier[1] ne pleure ni ses amis, ni sa femme, ni ses enfants. (ÉD. 4.)

35. Fuyez, retirez-vous : vous n'êtes pas assez loin. — Je suis, dites-vous, sous l'autre tropique. — Passez sous le pôle et dans l'autre hémisphère, montez aux étoiles, si vous le pouvez[2]. — M'y voilà. — Fort bien, vous êtes en sûreté. Je découvre sur la terre un homme avide, insatiable, inexorable, qui veut, aux dépens de tout ce qui se trouvera sur son chemin et à sa rencontre, et quoi qu'il en puisse coûter aux autres, pourvoir à lui seul, grossir sa fortune, et regorger de bien. (ÉD. 5.)

36. Faire fortune est une si belle phrase, et qui dit une si bonne chose, qu'elle est d'un usage universel : on la reconnoît dans toutes les langues, elle plaît aux étrangers et aux barbares, elle règne à la cour et à la ville, elle a percé les cloîtres et franchi les murs des abbayes de l'un et de l'autre sexe : il n'y a point de lieux sacrés où elle n'ait pénétré, point de désert ni de solitude où elle soit inconnue[3]. (ÉD. 4.)

37. A force de faire de nouveaux contrats, ou de sentir

---

1. VAR. (édit 4-6): Un bon partisan.
2. VAR. (édit. 5-7): si vous pouvez.
3. VAR. (édit. 4-7) : Faire fortune est une si belle phrase, et qui dit une si bonne chose, qu'elle est d'un usage universel : elle a passé de la cour à la ville, elle a percé les cloîtres et franchi les murs des abbayes de l'un et de l'autre sexe ; il n'y a point de lieux sacrés ou profanes où elle n'ait pénétré ; on la reconnoît dans toutes les langues ; elle plaît aux étrangers, aux barbares ; il suffit d'être homme pour s'en servir.

son argent grossir dans ses coffres, on se croit enfin une bonne tête, et presque capable de gouverner. (ÉD. 7.)

38. Il faut une sorte d'esprit pour faire fortune, et surtout une grande fortune : ce n'est ni le bon ni le bel esprit, ni le grand ni le sublime, ni le fort ni le délicat; je ne sais précisément lequel c'est, et j'attends que quelqu'un veuille m'en instruire.

Il faut moins d'esprit que d'habitude ou d'expérience pour faire sa fortune; l'on y songe trop tard, et quand enfin l'on s'en avise, l'on commence par des fautes que l'on n'a pas toujours le loisir de réparer : de là vient peut-être que les fortunes sont si rares. (ÉD. 5.)

Un homme d'un petit génie peut vouloir s'avancer : il néglige tout, il ne pense du matin au soir, il ne rêve la nuit qu'à une seule chose, qui est de s'avancer. Il a commencé de bonne heure, et dès son adolescence, à se mettre dans les voies de la fortune : s'il trouve une barrière de front qui ferme son passage, il biaise naturellement, et va à droit[1] ou à gauche, selon qu'il y voit de jour et d'apparence, et si de nouveaux obstacles l'arrêtent, il rentre dans le sentier qu'il avoit quitté; il est déterminé, par la nature des difficultés, tantôt à les surmonter, tantôt à les éviter, ou à prendre d'autres mesures : son intérêt, l'usage, les conjonctures le dirigent. Faut-il de si grands talents et une si bonne tête à un voyageur pour suivre d'abord le grand chemin, et s'il est plein et embarrassé, prendre la terre, et aller à travers champs, puis regagner sa première route, la continuer, arriver à son terme? Faut-il tant d'esprit pour aller à ses fins? Est-ce donc un prodige qu'un sot, riche et accrédité? (ÉD. 5.)

---

1. Voyez le *Lexique*.

DES BIENS DE FORTUNE.

Il y a même des stupides, et j'ose dire des imbéciles, qui se placent en de beaux postes, et qui savent mourir dans l'opulence, sans qu'on les doive soupçonner en nulle manière d'y avoir contribué de leur travail ou de la moindre industrie : quelqu'un les a conduits à la source d'un fleuve, ou bien le hasard seul les y a fait rencontrer; on leur a dit : « Voulez-vous de l'eau ? puisez ; » et ils ont puisé. (ÉD. 5.)

39. Quand on est jeune, souvent on est pauvre : ou l'on n'a pas encore fait d'acquisitions, ou les successions ne sont pas échues. L'on devient riche et vieux en même temps : tant il est rare que les hommes puissent réunir tous leurs avantages ! et si cela arrive à quelques-uns, il n'y a pas de quoi leur porter envie : ils ont assez à perdre par la mort pour mériter d'être plaints. (ÉD. 5.)

40. Il faut avoir trente ans pour songer à sa fortune; elle n'est pas faite à cinquante ; l'on bâtit dans sa vieillesse, et l'on meurt quand on en est aux peintres et aux vitriers.

41. Quel est le fruit d'une grande fortune, si ce n'est de jouir de la vanité, de l'industrie, du travail et de la dépense de ceux qui sont venus avant nous, et de travailler nous-mêmes, de planter, de bâtir, d'acquérir pour la postérité? (ÉD. 5.)

42. L'on ouvre et l'on étale tous les matins[1] pour tromper son monde; et l'on ferme le soir[2] après avoir trompé tout le jour.

---

1. VAR. (édit. 1-5): L'on étale tous les matins. — « L'on ouvre » a été ajouté dans la 6ᵉ édition.
2. VAR. (édit. 1-5): et l'on se retire le soir.

43. Le marchand fait des montres[1] pour donner de sa marchandise ce qu'il y a de pire ; il a le cati[2] et les faux jours afin d'en cacher les défauts, et qu'elle paroisse bonne ; il la surfait pour la vendre plus cher qu'elle ne vaut ; il a des marques fausses et mystérieuses, afin qu'on croie n'en donner que son prix, un mauvais aunage pour en livrer le moins qu'il se peut ; et il a un trébuchet, afin que celui à qui il l'a livrée la lui paye en or qui soit de poids. (ÉD. 8.)

44. Dans toutes les conditions, le pauvre est bien proche de l'homme de bien, et l'opulent n'est guère éloigné de la friponnerie. Le savoir-faire et l'habileté ne mènent pas jusques aux énormes richesses.

L'on peut s'enrichir dans quelque art, ou dans quelque commerce que ce soit, par l'ostentation d'une certaine probité.

45. De tous les moyens de faire sa fortune, le plus court et le meilleur est de mettre les gens à voir clairement leurs intérêts à vous faire du bien. (ÉD. 5.)

46. Les hommes, pressés par les besoins de la vie, et quelquefois par le désir du gain ou de la gloire, cultivent des talents profanes, ou s'engagent dans des professions équivoques, et dont ils se cachent longtemps à eux-mêmes le péril et les conséquences ; ils les quittent en-

---

1. « *Montre*, dit Furetière, se dit parmi les marchands de l'exposition de leur marchandise, l'une après l'autre, aux acheteurs.... *Montre* se dit aussi des étoffes ou des marques que les marchands mettent au devant de leurs boutiques, pour enseigner aux passants les choses dont ils font trafic. »

2. *Cati* (*catis* dans la Bruyère), apprêt qui donne du lustre aux étoffes.

DES BIENS DE FORTUNE.

suite par une dévotion discrète, qui ne leur vient jamais qu'après qu'ils ont fait leur récolte, et qu'ils jouissent d'une fortune bien établie.

47. Il y a des misères sur la terre qui saisissent le cœur; il manque à quelques-uns jusqu'aux aliments; ils redoutent l'hiver, ils appréhendent de vivre. L'on mange ailleurs des fruits précoces; l'on force la terre et les saisons pour fournir à sa délicatesse; de simples bourgeois, seulement à cause qu'ils étoient riches, ont eu l'audace d'avaler en un seul morceau la nourriture de cent familles. Tienne qui voudra contre de si grandes extrémités : je ne veux être, si je le puis, ni malheureux ni heureux; je me jette et me réfugie dans la médiocrité. (ÉD. 5.)

48. On sait que les pauvres sont chagrins de ce que tout leur manque, et que personne ne les soulage; mais s'il est vrai que les riches soient colères, c'est de ce que la moindre chose puisse leur manquer, ou que quelqu'un veuille leur résister. (ÉD. 5.)

49. Celui-là est riche, qui reçoit plus qu'il ne consume; celui-là est pauvre, dont la dépense excède la recette. (ÉD. 7.)

Tel, avec deux millions de rente, peut être pauvre chaque année de cinq cent mille livres. (ÉD. 7.)

Il n'y a rien qui se soutienne plus longtemps qu'une médiocre fortune; il n'y a rien dont on voie mieux la fin que d'une grande fortune. (ÉD. 7.)

L'occasion prochaine de la pauvreté, c'est de grandes richesses. (ÉD. 7.)

S'il est vrai que l'on soit riche de tout ce dont on n'a

pas besoin, un homme fort riche, c'est un homme qui est sage[1]. (ÉD. 7.)

S'il est vrai que l'on soit pauvre par toutes les choses que l'on desire, l'ambitieux et l'avare languissent dans une extrême pauvreté. (ÉD. 7.)

50. Les passions tyrannisent l'homme; et l'ambition suspend en lui les autres passions, et lui donne pour un temps les apparences de toutes les vertus. Ce *Tryphon* qui a tous les vices, je l'ai cru sobre, chaste, libéral, humble et même dévot : je le croirois encore, s'il n'eût enfin fait sa fortune. (ÉD. 4.)

51. L'on ne se rend point sur le desir de posséder et de s'agrandir : la bile gagne, et la mort approche, qu'avec un visage flétri, et des jambes déjà foibles, l'on dit : *ma fortune, mon établissement.* (ÉD. 4.)

52. Il n'y a au monde que deux manières de s'élever, ou par sa propre industrie, ou par l'imbécillité des autres. (ÉD. 4.)

53. Les traits découvrent la complexion et les mœurs; mais la mine désigne les biens de fortune : le plus ou le moins de mille livres de rente, se trouve écrit sur les visages.

54. *Chrysante*[2], homme opulent et impertinent, ne veut pas être vu avec *Eugène*, qui est homme de mérite, mais pauvre : il croiroit en être déshonoré. Eugène[3] est pour

---

1. Qui vit content de rien possède toute chose.
(Boileau, *Épître* V, vers 58.)
2. *Crysante*, dans les éditions 4-7.
3. VAR. (édit. 4 et 5) : Celui-ci.

Chrysante dans les mêmes dispositions : ils ne courent pas risque de se heurter. (ÉD. 4.)

Quand je vois de certaines gens, qui me prévenoient autrefois par leurs civilités, attendre au contraire que je les salue, et en être avec moi sur le plus ou sur le moins, je dis en moi-même : « Fort bien, j'en suis ravi, tant mieux pour eux : vous verrez que cet homme-ci est mieux logé, mieux meublé et mieux nourri qu'à l'ordinaire ; qu'il sera entré depuis quelques mois dans quelque affaire, où il aura déjà fait un gain raisonnable. Dieu veuille qu'il en vienne dans peu de temps jusqu'à me mépriser ! » (ÉD. 8.) 55.

Si les pensées, les livres et leurs auteurs dépendoient des riches et de ceux qui ont fait une belle fortune, quelle proscription ! Il n'y auroit plus de rappel[1]. Quel ton, quel ascendant ne prennent-ils pas sur les savants ! Quelle majesté n'observent-ils pas à l'égard de ces hommes *chétifs*, que leur mérite n'a ni placés ni enrichis, et qui en sont encore à penser et à écrire judicieusement ! Il faut l'avouer, le présent est pour les riches, et l'avenir pour les vertueux et les habiles. HOMÈRE est encore et sera toujours : les receveurs de droits, les publicains ne sont plus ; ont-ils été ? leur patrie, leurs noms sont-ils connus ? y a-t-il eu dans la Grèce des partisans ? Que sont devenus ces importants personnages qui méprisoient Homère, qui ne songeoient dans la place qu'à l'éviter, qui ne lui rendoient pas le salut, ou qui le saluoient par son nom[2], qui ne daignoient pas l'associer à leur table, qui le regardoient comme un homme qui n'étoit pas riche et qui faisoit un livre ? Que deviendront les *Fauconnets*[3] ? iront-ils aussi 56.

1. Dans le sens où nous dirions : « il n'y aurait plus d'appel. »
2. VAR. (édit. 5) : ou le saluoient par son nom.
3. Jean Fauconnet, fermier général des domaines de France et

loin dans la postérité que Descartes, né François et *mort en Suède*[1] ? (éd. 5.)

57. Du même fond d'orgueil dontl'on s'élève fièrement au-dessus de ses inférieurs, l'on rampe vilement devant ceux qui sont au-dessus de soi. C'est le propre de ce vice, qui n'est fondé ni sur le mérite personnel ni sur la vertu, mais sur les richesses, les postes, le crédit, et sur de vaines sciences[2], de nous porter également à mépriser ceux qui ont moins que nous de cette espèce de biens, et à estimer trop ceux qui en ont une mesure qui excède la nôtre.

58. Il y a des âmes sales, pétries de boue et d'ordure, éprises du gain et de l'intérêt, comme les belles âmes le sont de la gloire et de la vertu ; capables d'une seule volupté, qui est celle d'acquérir ou de ne point perdre ; curieuses et avides du denier dix ; uniquement occupées de leurs débiteurs ; toujours inquiètes sur le rabais ou sur le décri des monnoies ; enfoncées et comme abîmées dans les contrats, les titres et les parchemins. De telles gens ne sont ni parents, ni amis, ni citoyens, ni chrétiens, ni peut-être des hommes : ils ont de l'argent.

59. Commençons par excepter ces âmes nobles et courageuses, s'il en reste encore sur la terre, secourables, ingénieuses à faire du bien, que nuls besoins, nulle dispropor-

---

autres fermes unies de 1680 à 1687, avait partagé avec des sous-fermiers et des arrière-fermiers les droits qu'il avait pris à bail. Il avait réuni dans ses mains plusieurs fermes jusque-là distinctes.

1. René Descartes, né en Touraine l'an 1596, mourut en 1650 à Stockholm, où l'avait appelé la reine Christine. Ses restes furent rapportés en France en 1667.

2. Var. (édit. 1 et certains exemplaires de 2) : et de vaines sciences.

DES BIENS DE FORTUNE.

tion, nuls artifices ne peuvent séparer de ceux qu'ils se sont une fois choisis pour amis; et après cette précaution, disons hardiment une chose triste et douloureuse à imaginer : il n'y a personne au monde si bien liée[1] avec nous de société et de bienveillance, qui nous aime, qui nous goûte, qui nous fait mille offres de services et qui nous sert quelquefois, qui n'ait en soi, par l'attachement à son intérêt, des dispositions très-proches[2] à rompre avec nous, et à devenir notre ennemi. (ÉD. 6.)

60. Pendant qu'*Oronte* augmente, avec ses années, son fonds et ses revenus, une fille naît dans quelque famille, s'élève, croît, s'embellit, et entre dans sa seizième année. Il se fait prier à cinquante ans pour l'épouser, jeune, belle, spirituelle : cet homme sans naissance, sans esprit et sans le moindre mérite, est préféré à tous ses rivaux.

61. Le mariage, qui devroit être à l'homme une source de tous les biens, lui est souvent, par la disposition de sa fortune, un lourd fardeau sous lequel il succombe : c'est alors qu'une femme et des enfants sont une violente tentation à la fraude, au mensonge et aux gains illicites; il se trouve entre la friponnerie et l'indigence : étrange situation !

Épouser une veuve, en bon françois, signifie faire sa fortune; il n'opère pas toujours ce qu'il signifie. (ÉD. 4.)

62. Celui qui n'a de partage avec ses frères que pour vivre à l'aise bon praticien, veut être officier; le simple officier se fait magistrat[3], et le magistrat veut présider; et ainsi

---

1. *Liée* est au féminin dans toutes les éditions du dix-septième siècle.
2. La 7ᵉ édition a *très-propres*, au lieu de *très-proches*.
3. Un *praticien* était un avocat, un procureur; le simple *officier*,

de toutes les conditions, où les hommes languissent, serrés et indigents, après avoir tenté au delà de leur fortune, et forcé, pour ainsi dire, leur destinée : incapables tout à la fois de ne pas vouloir être riches et de demeurer riches. (ÉD. 4.)

63. Dîne bien, *Cléarque*, soupe le soir, mets du bois au feu, achète un manteau, tapisse ta chambre : tu n'aimes point ton héritier, tu ne le connois point, tu n'en as point. (ÉD. 5.)

64. Jeune, on conserve pour sa vieillesse ; vieux, on épargne pour la mort. L'héritier prodigue paye de superbes funérailles, et dévore le reste. (ÉD. 5.)

65. L'avare dépense plus mort en un seul jour, qu'il ne faisoit vivant en dix années; et son héritier plus en dix mois, qu'il n'a su faire lui-même en toute sa vie. (ÉD. 5.)

66. Ce que l'on prodigue, on l'ôte à son héritier; ce que l'on épargne sordidement, on se l'ôte à soi-même. Le milieu est justice pour soi et pour les autres. (ÉD. 5.)

67. Les enfants peut-être seroient plus chers à leurs pères, et réciproquement les pères à leurs enfants, sans le titre d'héritiers. (ÉD. 5.)

68. Triste condition de l'homme, et qui dégoûte de la vie ! il faut suer, veiller, fléchir, dépendre, pour avoir un peu de fortune, ou la devoir à l'agonie de nos proches. Celui

celui qui avait une charge, un office, dans une cour inférieure; le titre de *magistrat* était réservé d'ordinaire, suivant le *Dictionnaire de Trévoux*, aux « grands officiers, » à ceux qui tenaient « un rang distingué dans l'administration de la justice. »

qui s'empêche de souhaiter que son père y passe bientôt est homme de bien. (éd. 5.)

69. Le caractère de celui qui veut hériter de quelqu'un rentre dans celui du complaisant : nous ne sommes point mieux flattés, mieux obéis, plus suivis, plus entourés, plus cultivés, plus ménagés, plus caressés de personne pendant notre vie[1], que de celui qui croit gagner à notre mort, et qui desire qu'elle arrive. (éd. 5.)

70. Tous les hommes, par les postes différents, par les titres et par les successions, se regardent comme héritiers les uns des autres, et cultivent par cet intérêt, pendant tout le cours de leur vie, un desir secret et enveloppé de la mort d'autrui : le plus heureux dans chaque condition est celui qui a plus de choses à perdre par sa mort, et à laisser à son successeur. (éd. 7.)

71. L'on dit du jeu qu'il égale les conditions; mais elles se trouvent quelquefois si étrangement disproportionnées, et il y a entre telle et telle condition un abîme d'intervalle si immense et si profond, que les yeux souffrent de voir de telles extrémités se rapprocher : c'est comme une musique qui détonne; ce sont comme des couleurs mal assorties, comme des paroles qui jurent et qui offensent l'oreille, comme de ces bruits ou de ces sons qui font frémir; c'est en un mot un renversement de toutes les bienséances. Si l'on m'oppose que c'est la pratique de tout l'Occident, je réponds que c'est peut-être aussi l'une de ces choses qui nous rendent barbares à l'autre partie du monde, et que les Orientaux qui viennent jusqu'à nous

1. Var. (édit. 5-7): on n'est point mieux flatté, mieux obéi, etc.... pendant sa vie.

remportent sur leurs tablettes : je ne doute pas même que cet excès de familiarité ne les rebute davantage que nous ne sommes blessés de leur *zombaye*[1] et de leurs autres prosternations. (ÉD. 6.)

72. Une tenue d'états, ou les chambres assemblées pour une affaire très-capitale, n'offrent point aux yeux rien de si grave et de si sérieux qu'une table de gens qui jouent un grand jeu : une triste sévérité règne sur leurs visages; implacables l'un pour l'autre, et irréconciliables ennemis pendant que la séance dure, ils ne reconnoissent plus ni liaisons, ni alliance, ni naissance, ni distinctions : le hasard seul, aveugle et farouche divinité, préside au cercle, et y décide souverainement ; ils l'honorent tous par un silence profond, et par une attention dont ils sont partout ailleurs fort incapables ; toutes les passions, comme suspendues, cèdent à une seule; le courtisan alors n'est ni doux, ni flatteur, ni complaisant, ni même dévot. (ÉD. 6.)

73. L'on ne reconnoît plus en ceux que le jeu et le gain ont illustrés la moindre trace de leur première condition : ils perdent de vue leurs égaux, et atteignent les plus grands seigneurs. Il est vrai que la fortune du dé ou du lansquenet[2] les remet souvent où elle les a pris.

1. Voyez les relations du royaume de Siam. (*Note de la Bruyère.*) — Le P. Tachard, qui a minutieusement décrit, dans son *Voyage de Siam* (p. 215 et suivantes, édition de 1686), le cérémonial des audiences qu'obtenaient les ambassadeurs auprès du roi de Siam, donne le nom de *zombaye* à une profonde inclination qui devait se faire à genoux. M. de Chaumont, envoyé en ambassade auprès du roi de Siam par Louis XIV en 1685, refusa de faire les prosternations habituelles, et fut le premier ambassadeur qui parut debout et l'épée au côté devant lui, et qui de plus eut la permission de s'asseoir en sa présence.

2. De la 4e à la 7e édition le mot *lansquenet* est imprimé en italique.

DES BIENS DE FORTUNE. 269

74. Je ne m'étonne pas qu'il y ait des brelans publics, comme autant de piéges tendus à l'avarice des hommes, comme des gouffres où l'argent des particuliers tombe et se précipite sans retour, comme d'affreux écueils où les joueurs viennent se briser et se perdre ; qu'il parte de ces lieux des émissaires pour savoir à heure marquée qui a descendu à terre avec un argent frais d'une nouvelle prise, qui a gagné un procès d'où on lui a compté une grosse somme, qui a reçu un don, qui a fait au jeu un gain considérable, quel fils de famille vient de recueillir une riche succession, ou quel commis imprudent veut hasarder sur une carte les deniers de sa caisse. C'est un sale et indigne métier, il est vrai, que de tromper ; mais c'est un métier qui est ancien, connu, pratiqué de tout temps par ce genre d'hommes que j'appelle des brelandiers[1]. L'enseigne est à leur porte, on y liroit presque : *Ici l'on trompe de bonne foi;* car se voudroient-ils donner pour irréprochables ? Qui ne sait pas qu'entrer et perdre dans ces maisons est une même chose ? Qu'ils trouvent donc sous leur main autant de dupes qu'il en faut pour leur subsistance, c'est ce qui me passe. (ÉD. 5.)

75. Mille gens se ruinent au jeu, et vous disent froidement qu'ils ne sauroient se passer de jouer : quelle excuse ! Y a-t-il une passion, quelque violente ou honteuse qu'elle soit, qui ne pût tenir ce même langage ? Seroit-on reçu à dire qu'on ne peut se passer de voler, d'assassiner, de se précipiter[2] ? Un jeu effroyable, continuel, sans retenue, sans bornes, où l'on n'a en vue que la ruine totale de son adversaire, où l'on est transporté du desir du gain, désespéré sur la perte, consumé par l'avarice, où

1. Voyez le *Lexique.*
2. Var. (édit. 5) : d'assassiner et de se précipiter.

l'on expose sur une carte ou à la fortune du dé la sienne propre, celle de sa femme et de ses enfants, est-ce une chose qui soit permise ou dont l'on doive se passer? Ne faut-il pas quelquefois se faire une plus grande violence, lorsque poussé par le jeu jusques à une déroute universelle, il faut même que l'on se passe d'habits et de nourriture, et de les fournir à sa famille? (ÉD. 5.)

Je ne permets à personne d'être fripon; mais je permets à un fripon de jouer un grand jeu : je le défends à un honnête homme. C'est une trop grande puérilité que de s'exposer à une grande perte. (ÉD. 5.)

76. Il n'y a qu'une affliction qui dure, qui est celle qui vient de la perte de biens[1] : le temps, qui adoucit toutes les autres, aigrit celle-ci[2]. Nous sentons à tous moments, pendant le cours de notre vie, où le bien que nous avons perdu nous manque.

77. Il fait bon avec celui qui ne se sert pas de son bien à marier ses filles, à payer ses dettes, ou à faire des contrats, pourvu que l'on ne soit ni ses enfants ni sa femme. (ÉD. 4.)

78. Ni les troubles, *Zénobie*[3], qui agitent votre empire, ni la guerre que vous soutenez virilement contre une nation puissante depuis la mort du roi votre époux, ne diminuent rien de votre magnificence. Vous avez préféré à

---

1. VAR. (édit. 2 en certains exemplaires, 3 et 4) : de la perte des biens.
2. Dans les éditions 2 et 3 : *celles-ci.*
3. Après la mort d'Odenat, son second mari, qui périt assassiné, Zénobie, reine de Palmyre, prit le titre de reine de l'Orient, et déclara la guerre aux Romains (267-272 après Jésus-Christ). Vaincue par l'empereur Aurélien, elle fut emmenée à Rome et parut dans le triomphe qui célébra sa défaite.

toute autre contrée les rives de l'Euphrate pour y élever un superbe édifice : l'air y est sain et tempéré, la situation en est riante ; un bois sacré l'ombrage du côté du couchant ; les dieux de Syrie, qui habitent quelquefois la terre, n'y auroient pu choisir une plus belle demeure. La campagne autour est couverte d'hommes qui taillent et qui coupent, qui vont et qui viennent, qui roulent ou qui charrient le bois du Liban, l'airain et le porphyre ; les grues et les machines gémissent dans l'air, et font espérer à ceux qui voyagent vers l'Arabie de revoir à leur retour en leurs foyers ce palais achevé, et dans cette splendeur où vous desirez de le porter avant de l'habiter, vous et les princes vos enfants. N'y épargnez rien, grande Reine ; employez-y l'or et tout l'art des plus excellents ouvriers ; que les Phidias et les Zeuxis de votre siècle déploient toute leur science sur vos plafonds et sur vos lambris ; tracez-y de vastes et de délicieux jardins, dont l'enchantement soit tel qu'ils ne paroissent pas faits de la main des hommes ; épuisez vos trésors et votre industrie sur cet ouvrage incomparable ; et après que vous y aurez mis, Zénobie, la dernière main, quelqu'un de ces pâtres qui habitent les sables voisins de Palmyre, devenu riche par les péages de vos rivières, achètera un jour à deniers comptants cette royale maison, pour l'embellir, et la rendre plus digne de lui et de sa fortune. (ÉD. 8.)

Ce palais, ces meubles, ces jardins, ces belles eaux vous enchantent et vous font récrier d'une première vue sur une maison si délicieuse, et sur l'extrême bonheur du maître qui la possède. Il n'est plus ; il n'en a pas joui si agréablement ni si tranquillement que vous : il n'y a jamais eu un jour serein, ni une nuit tranquille ; il s'est noyé de dettes pour la porter à ce degré de beauté où elle vous ravit[1]. Ses créanciers l'en ont chassé : il a tourné la tête, et il l'a regardée de loin une dernière fois; et il est mort de saisissement. (ÉD. 4.)

80. L'on ne sauroit s'empêcher de voir dans certaines familles ce qu'on appelle les caprices du hasard ou les jeux de la fortune. Il y a cent ans qu'on ne parloit point de ces familles, qu'elles n'étoient point : le ciel tout d'un coup s'ouvre en leur faveur; les biens, les honneurs, les dignités fondent sur elles à plusieurs reprises; elles nagent dans la prospérité. *Eumolpe*, l'un de ces hommes qui n'ont point de grands-pères, a eu un père du moins qui s'étoit élevé si haut, que tout ce qu'il a pu souhaiter pendant le cours d'une longue vie, ç'a été de l'atteindre; et il l'a atteint. Étoit-ce dans ces deux personnages éminence d'esprit, profonde capacité? étoit-ce les conjonctures? La fortune enfin ne leur rit plus; elle se joue ailleurs, et traite leur postérité comme leurs ancêtres. (ÉD. 5.)

81. La cause la plus immédiate de la ruine et de la déroute des personnes des deux conditions, de la robe et de l'épée, est que l'état seul, et non le bien, règle la dépense. (ÉD. 4.)

82. Si vous n'avez rien oublié pour votre fortune, quel travail! Si vous avez négligé la moindre chose, quel repentir! (ÉD. 4.)

83. *Giton* a le teint frais, le visage plein et les joues pendantes, l'œil fixe et assuré, les épaules larges, l'estomac haut, la démarche ferme et délibérée. Il parle avec con-

---

1. VAR. (édit. 4) : où elle nous ravit.

fiance; il fait répéter celui qui l'entretient, et il ne goûte que médiocrement tout ce qu'il lui dit. Il déploie un ample mouchoir, et se mouche avec grand bruit; il crache fort loin, et il éternue fort haut. Il dort le jour, il dort la nuit, et profondément; il ronfle en compagnie. Il occupe à table et à la promenade plus de place qu'un autre. Il tient le milieu en se promenant avec ses égaux; il s'arrête, et l'on s'arrête; il continue de marcher, et l'on marche : tous se règlent sur lui. Il interrompt, il redresse ceux qui ont la parole : on ne l'interrompt pas, on l'écoute aussi longtemps qu'il veut parler; on est de son avis, on croit les nouvelles qu'il débite. S'il s'assied, vous le voyez s'enfoncer dans un fauteuil, croiser les jambes l'une sur l'autre, froncer le sourcil, abaisser son chapeau sur ses yeux pour ne voir personne, ou le relever ensuite, et découvrir son front par fierté et par audace. Il est enjoué, grand rieur, impatient, présomptueux, colère, libertin[1], politique, mystérieux sur les affaires du temps; il se croit des talents et de l'esprit. Il est riche. (ÉD. 6.)

Phédon a les yeux creux, le teint échauffé, le corps sec et le visage maigre; il dort peu, et d'un sommeil fort léger; il est abstrait, rêveur, et il a avec de l'esprit l'air d'un stupide : il oublie de dire ce qu'il sait, ou de parler d'événements qui lui sont connus; et s'il le fait quelquefois, il s'en tire mal, il croit peser à ceux à qui il parle, il conte brièvement, mais froidement; il ne se fait pas écouter, il ne fait point rire. Il applaudit, il sourit à ce que les autres lui disent, il est de leur avis; il court, il vole pour leur rendre de petits services. Il est complaisant, flatteur, empressé; il est mystérieux sur ses affaires, quelquefois menteur; il est superstitieux,

---

1. *Libertin*, irréligieux. Voyez le *Lexique*.

scrupuleux, timide. Il marche doucement et légèrement, il semble craindre de fouler la terre; il marche les yeux baissés, et il n'ose les lever sur ceux qui passent. Il n'est jamais du nombre de ceux qui forment un cercle pour discourir; il se met derrière celui qui parle, recueille furtivement ce qui se dit, et il se retire si on le regarde. Il n'occupe point de lieu, il ne tient point de place; il va les épaules serrées, le chapeau abaissé sur ses yeux pour n'être point vu; il se replie et se renferme dans son manteau : il n'y a point de rues ni de galeries[1] si embarrassées et si remplies de monde, où il ne trouve moyen de passer sans effort, et de se couler sans être aperçu. Si on le prie de s'asseoir, il se met à peine sur le bord d'un siége; il parle bas dans la conversation, et il articule mal : libre néanmoins avec ses amis[2] sur les affaires publiques, chagrin contre le siècle, médiocrement prévenu des ministres[3] et du ministère. Il n'ouvre la bouche que pour répondre; il tousse, il se mouche sous son chapeau; il crache presque sur soi, et il attend qu'il soit seul pour éternuer, ou si cela lui arrive, c'est à l'insu de la compagnie : il n'en coûte à personne ni salut ni compliment. Il est pauvre. (ÉD. 6.)

1. Var. (édit. 6 et 7) : il n'y a point de rue ni de galerie.
2. Les mots « avec ses amis » ne sont que dans la 6º édition. Nous les avons rétablis, parce qu'ils nous paraissent nécessaires pour le sens. Il est permis de supposer qu'ils ont été oubliés par l'imprimeur dans la 7º édition, et que cette omission a échappé à l'attention de l'auteur, aussi bien dans les éditions suivantes que dans la 7º.
3. Prévenu en faveur des ministres.

DE LA VILLE.

L'on se donne à Paris, sans se parler, comme un rendez-vous public[1], mais fort exact, tous les soirs au Cours[2] ou aux Tuileries, pour se regarder au visage et se désapprouver les uns les autres.

L'on ne peut se passer de ce même monde que l'on n'aime point, et dont l'on se moque.

L'on s'attend au passage réciproquement dans une promenade publique[3]; l'on y passe en revue l'un devant l'autre : carrosse, chevaux, livrées, armoiries, rien n'échappe aux yeux, tout est curieusement ou malignement observé; et selon le plus ou le moins de l'équipage, ou l'on respecte les personnes, ou on les dédaigne. (ÉD. 7.)

Tout le monde connoît cette longue levée[4] qui borne et qui resserre le lit de la Seine, du côté où elle entre

---

1. Var. (édit. 1-4) : comme un rendez-vous général.

2. Le Cours-la-Reine, promenade qui est comprise aujourd'hui dans les Champs-Élysées. « Cette promenade, dit Germain Brice, amène en été tout ce qu'il y a de beau monde à Paris : on y compte souvent jusqu'à sept ou huit cents carrosses, qui se promènent dans le plus bel ordre du monde et sans s'embarrasser les uns dans les autres. » (*Description de Paris*, édition de 1687, tome II, p. 249.)

3. La Bruyère, suivant les clefs, a en vue la promenade de Vincennes. Elle était, paraît-il, fort à la mode au mois de juin : « On est sûr, dit Brillon en parlant des magistrats *petits-maîtres*, de les trouver au Cours dans la saison, à Vincennes dans le mois de juin, aux Tuileries tous les jours. » (*Le Théophraste moderne*, p. 424, édition de 1701.)

4. Le quai Saint-Bernard. — En 1696 fut représentée au Théâtre Italien une comédie qui avait pour titre : *les Bains de la porte Saint-Bernard*, et dont le sujet, comme l'a dit Walckenaer, a pu être emprunté à la réflexion de la Bruyère.

à Paris avec la Marne, qu'elle vient de recevoir : les hommes s'y baignent au pied pendant les chaleurs de la canicule ; on les voit de fort près se jeter dans l'eau ; on les en voit sortir : c'est un amusement. Quand cette saison n'est pas venue, les femmes de la ville ne s'y promènent pas encore; et quand elle est passée, elles ne s'y promènent plus. (ÉD. 5.)

3. Dans ces lieux d'un concours général, où les femmes se rassemblent pour montrer une belle étoffe, et pour recueillir le fruit de leur toilette, on ne se promène pas avec une compagne par la nécessité de la conversation[1]; on se joint ensemble pour se rassurer sur le théâtre, s'apprivoiser avec le public, et se raffermir contre la critique : c'est là précisément qu'on se parle sans se rien dire, ou plutôt qu'on parle pour les passants, pour ceux même en faveur de qui l'on hausse sa voix, l'on gesticule et l'on badine, l'on penche négligemment la tête, l'on passe et l'on repasse. (ÉD. 5.)

4. La ville est partagée en diverses sociétés, qui sont comme autant de petites républiques, qui ont leurs lois, leurs usages, leur jargon, et leurs mots pour rire. Tant que cet assemblage est dans sa force, et que l'entêtement subsiste, l'on ne trouve rien de bien dit ou de bien fait que ce qui part des siens, et l'on est incapable de goûter ce qui vient d'ailleurs : cela va jusques au mépris pour les gens qui ne sont pas initiés dans leurs mystères. L'homme du monde d'un meilleur esprit, que le hasard a porté au milieu d'eux, leur est étranger : il se trouve là comme dans un pays lointain, dont il ne connoît ni

---

1. VAR. (édit. 5-7): pour la nécessité de la conversation. — Il s'agit ici particulièrement, suivant les clefs, du jardin des Tuileries.

les routes, ni la langue, ni les mœurs, ni la coutume ; il voit un peuple qui cause, bourdonne, parle à l'oreille, éclate de rire, et qui retombe ensuite dans un morne silence ; il y perd son maintien, ne trouve pas où placer un seul mot, et n'a pas même de quoi écouter. Il ne manque jamais là un mauvais plaisant qui domine, et qui est comme le héros de la société : celui-ci s'est chargé de la joie des autres, et fait toujours rire avant que d'avoir parlé. Si quelquefois une femme survient qui n'est point de leurs plaisirs, la bande joyeuse ne peut comprendre qu'elle ne sache point rire des choses qu'elle n'entend point[1], et paroisse insensible à des fadaises qu'ils n'entendent eux-mêmes que parce qu'ils les ont faites : ils ne lui pardonnent ni ton de voix, ni son silence, ni sa taille, ni son visage, ni son habillement, ni son entrée, ni la manière dont elle est sortie. Deux années cependant ne passent point sur une même *coterie* : il y a toujours, dès la première année, des semences de division pour rompre dans celle qui doit suivre ; l'intérêt de la beauté, les incidents du jeu, l'extravagance des repas, qui modestes au commencement, dégénèrent bientôt en pyramides de viandes et en banquets somptueux, dérangent la république, et lui portent enfin le coup mortel : il n'est en fort peu de temps non plus parlé de cette nation que des mouches de l'année passée.

5. Il y a dans la ville la grande et la petite robe ; et la première se venge sur l'autre des dédains de la cour, et des petites humiliations qu'elle y essuie. De savoir quelles sont leurs limites, où la grande finit, et où la petite commence, ce n'est pas une chose facile. Il se trouve

---

1. VAR. (édit. 1-5) : qu'elle ne sache point rire de choses qu'elle n'entend pas.

même un corps considérable qui refuse d'être du second ordre, et à qui l'on conteste le premier [1] : il ne se rend pas néanmoins, il cherche au contraire, par la gravité et par la dépense, à s'égaler à la magistrature, où [2] ne lui cède qu'avec peine : on l'entend dire que la noblesse de son emploi, l'indépendance de sa profession, le talent de la parole, et le mérite personnel, balancent au moins les sacs de mille francs que le fils du partisan ou du banquier a su payer pour son office [3]. (ÉD. 4.)

6. Vous moquez-vous de rêver en carrosse, ou peut-être de vous y reposer? *Vite*, prenez votre livre ou vos papiers, lisez, ne saluez qu'à peine ces gens qui passent dans leur équipage; ils vous en croiront plus occupé; ils diront : « Cet homme est laborieux, infatigable; il lit, il travaille jusque dans les rues ou sur la route. » Apprenez du moindre avocat qu'il faut paroître accablé d'affaires, froncer le sourcil, et rêver à rien très-profondément; savoir à propos perdre le boire et le manger; ne faire qu'apparoir [4] dans sa maison, s'évanouir et se perdre

---

1. Les avocats, placés entre la *grande robe*, c'est-à-dire la magistrature, et la *petite robe*, c'est-à-dire les procureurs, siégeaient en certaines circonstances comme juges*, et d'un autre côté faisaient partie de la même confrérie que les procureurs. Ils soulevaient de temps à autre des questions de préséance, que terminaient des arrêts du conseil du Roi ou des arrêts du Parlement.

2. La 9ᵉ édition, au lieu de *ou*, donne *on*, qui est une faute évidente.

3. L'argent seul au Palais peut faire un magistrat,

dit de son côté Boileau (épitre V, vers 88). Si la Bruyère semble ici protester contre la vénalité des offices de judicature, il paraît s'y résigner ailleurs : voyez ci-après le chapitre *du Souverain*, nº 7.

4. *Apparoir*, pour *apparaître*, terme de Palais.

* Voyez Brillon, *Dictionnaire des arrêts*, édition de 1727, au mot *Avocat*, et au mot *Juge*.

comme un fantôme dans le sombre de son cabinet; se cacher au public, éviter le théâtre, le laisser à ceux qui ne courent aucun risque à s'y montrer, qui en ont à peine le loisir, aux GOMONS[1], aux DUHAMELS[2]. (ÉD. 5.)

1. Il s'agit, selon toute vraisemblance, de l'avocat Jean de Gomont, dont la célébrité nous est attestée par Nic.-Joseph Foucault (voyez ses *Mémoires*, édités par M. F. Baudry dans la collection des *Documents inédits sur l'histoire de France*, p. 5 et 8, années 1652 et 1667), le même sans doute qui intervint dans les affaires de la succession de Mazarin, comme fondé de pouvoir du duc et de la duchesse de Mazarin (Bibliothèque impériale, *Mélanges Colbert*, 74, folio 349), et fit partie de la commission qui, nommée par Colbert en 1665 pour procéder à la réforme de la justice, provoqua l'ordonnance civile d'avril 1667, et de celle qui prépara le code maritime (Chéruel, *Histoire de l'administration monarchique*, tome II, p. 245 et 257). Jean de Gomont ne vivait plus alors que la Bruyère lui rendait cet hommage. — Dans la liste qu'il a dressée des avocats, Blanchard cite deux avocats du nom de Gaumont, contemporains de Jean de Gomont, et dont l'un avait le même prénom. Voyez l'*Appendice*.

2. « George du Hamel, qui étoit un des plus habiles avocats de son siècle, fut choisi par Louis XIV pour travailler aux ordonnances générales, et eut jusqu'à sa mort la pension attachée à ces fonctions. N'étant encore, lorsqu'il mourut, que dans la cinquante-septième année de son âge, il s'étoit tellement distingué dans sa profession qu'il avoit été nommé conseiller d'État, place honorable qu'il refusa par une modestie qui l'étoit encore plus. C'est lui qui fit restreindre les priviléges des abbayes de Sainte-Geneviève et de Saint-Germain-des-Prés; et les plaidoyers qu'il fit à ce sujet ont été traduits en latin. On trouve aussi dans le *Journal des Audiences*, année 1667, un plaidoyer de ce même avocat, dans lequel le style, les moyens, les preuves, tout annonce un homme du premier ordre. Il y défend les droits du séminaire que M. le cardinal Grimaldi avait établi à Aix. M. de la Bruyère, dans ses *Caractères*, parle de cet avocat avec éloge. » (*Dictionnaire historique* de Moréri, au nom DU HAMEL (Henri), édition de 1759.) George du Hamel, que Savary dans sa préface du *Parfait négociant* (1675) nomme un « très-fameux avocat, » et qui approuva cet ouvrage en qualité de « membre du conseil de la réforme, » c'est-à-dire en qualité de membre du conseil qui avait préparé l'ordonnance du commerce de 1673, mourut en 1675 ou 1676. Il était frère de du Hamel de Saint-Lambert, membre de l'Académie des sciences. Son fils Henri du Hamel, qui n'avait que sept ans lorsque son

7. Il y a un certain nombre de jeunes magistrats que les grands biens et les plaisirs ont associés à quelques-uns de ceux qu'on nomme à la cour de *petits-maîtres* : ils les imitent, ils se tiennent fort au-dessus de la gravité de la robe, et se croient dispensés par leur âge et par leur fortune d'être sages et modérés. Ils prennent de la cour ce qu'elle a de pire : ils s'approprient la vanité, la mollesse, l'intempérance, le libertinage, comme si tous ces vices leur étoient dus, et affectant ainsi un caractère éloigné de celui qu'ils ont à soutenir, ils deviennent enfin, selon leurs souhaits, des copies fidèles de très-méchants originaux. (ÉD. 4.)

8. Un homme de robe à la ville, et le même à la cour, ce sont deux hommes. Revenu chez soi, il reprend ses mœurs, sa taille et son visage, qu'il y avoit laissés : il n'est plus ni si embarrassé, ni si honnête. (ÉD. 4.)

9. Les *Crispins* se cotisent et rassemblent dans leur famille jusques à six chevaux pour allonger un équipage, qui, avec un essaim de gens de livrées, où ils ont fourni chacun leur part, les fait triompher au Cours ou à Vincennes, et aller de pair avec les nouvelles mariées, avec *Jason*, qui se ruine, et avec *Thrason*, qui veut se marier, et qui a consigné [1]. (ÉD. 4.)

10. J'entends dire des *Sannions* : « Même nom, mêmes armes; la branche aînée, la branche cadette, les cadets

---

père mourut, et qui devint lui-même un avocat très-célèbre (voyez le même *Dictionnaire* et le *Journal* de l'avocat Barbier, *passim*), avait été reçu avocat le 6 juillet 1688, deux années avant la publication de la réflexion de la Bruyère. (*Liste des avocats*, par Blanchard.)

1. Déposé son argent au trésor public pour une grande charge. (*Note de la Bruyère.*)

de la seconde branche ; ceux-là portent les armes pleines, ceux-ci brisent d'un lambel, et les autres d'une bordure dentelée. » Ils ont avec les Bourbons, sur une même couleur, un même métal[1] ; ils portent, comme eux, deux et une[2] : ce ne sont pas des fleurs de lis, mais ils s'en consolent ; peut-être dans leur cœur trouvent-ils leurs pièces aussi honorables, et ils les ont communes avec de grands seigneurs qui en sont contents : on les voit sur les litres[3] et sur les vitrages, sur la porte de leur château, sur le pilier de leur haute-justice, où ils viennent de faire pendre un homme qui méritoit le bannissement ; elles s'offrent aux yeux de toutes parts, elles sont sur les meubles et sur les serrures, elles sont semées sur les carrosses ; leurs livrées ne déshonorent point leurs armoiries. Je dirois volontiers aux Sannions : « Votre folie est prématurée ; attendez du moins que le siècle s'achève sur votre race ; ceux qui ont vu votre grand-père, qui lui ont parlé, sont vieux, et ne sauroient plus vivre longtemps. Qui pourra dire comme eux : « Là il étaloit, et vendoit très-« cher ? » (ÉD. 5.)

Les Sannions et les Crispins veulent encore davantage que l'on dise d'eux qu'ils font une grande dépense, qu'ils n'aiment à la faire. Ils font un récit long et ennuyeux d'une fête ou d'un repas qu'ils ont donné ; ils disent l'ar-

---

1. Var. (édit. 8) : métail.
2. C'est-à-dire : leur écu est chargé de trois pièces d'armoiries, dont deux vers le chef et une vers la pointe, ainsi que sont disposées les trois fleurs de lis des Bourbons.
3. « *Litre*, ceinture funèbre. C'est un droit honorifique qu'ont les seigneurs-patrons fondateurs, ou les seigneurs hauts-justiciers dans les églises qu'ils ont fondées, ou qui sont de leur seigneurie. Il consiste à faire peindre les écussons de leurs armes sur une bande noire en forme d'un lé de velours, autour de l'église, tant par dedans que par dehors. Le droit de *litre* est des premiers droits honoraires. » (*Dictionnaire de Trévoux.*)

gent qu'ils ont perdu au jeu, et ils plaignent fort haut celui qu'ils n'ont pas songé à perdre. Ils parlent jargon et mystère sur de certaines femmes; *ils ont réciproquement cent choses plaisantes à se conter; ils ont fait depuis peu des découvertes;* ils se passent les uns aux autres qu'ils sont gens à belles aventures. L'un d'eux, qui s'est couché tard à la campagne, et qui voudroit dormir, se lève matin, chausse des guêtres, endosse un habit de toile, passe un cordon où pend le fourniment, renoue ses cheveux, prend un fusil : le voilà chasseur, s'il tiroit bien. Il revient de nuit, mouillé et recru[1], sans avoir tué. Il retourne à la chasse le lendemain, et il passe tout le jour à manquer des grives ou des perdrix. (ÉD. 7.)

Un autre, avec quelques mauvais chiens, auroit envie de dire : *Ma meute.* Il sait un rendez-vous de chasse, il s'y trouve; il est au laisser-courre; il entre dans le fort, se mêle avec les piqueurs; il a un cor. Il ne dit pas, comme *Ménalippe*[2] : *Ai-je du plaisir ?* il croit en avoir. Il oublie lois et procédure : c'est un Hippolyte[3]. *Ménandre*, qui le vit hier sur un procès qui est en ses mains, ne reconnoîtroit pas aujourd'hui son rapporteur. Le voyez-vous le lendemain à sa chambre, où l'on va juger une cause grave et capitale? il se fait entourer de ses confrères, il leur raconte comme il n'a point perdu le cerf

---

1. *Recru*, fatigué.
2. Allusion à un mot célèbre de Jérôme de Nouveau, surintendant des postes, mort en 1665. « Ce Nouveau, dit Tallemant des Réaux (tome VI, p. 29), au commencement qu'il eut équipage de chasse, courant un cerf, demanda à son veneur : « Dites-moi, ai-je bien du plaisir « à cette heure ? » Mme de Sévigné, dans sa lettre du 24 mai 1676 (tome IV, p. 461), et Nicole, dans l'un de ses traités de morale (voyez le *Dictionnaire de Trévoux*, au mot *Fatuité*), ont également rappelé cette anecdote.
3. Dans les anciennes éditions : *Hyppolite*.

de meute, comme il s'est étouffé de crier après les chiens qui étoient en défaut, ou après ceux des chasseurs qui prenoient le change, qu'il a vu donner les six chiens. L'heure presse ; il achève de leur parler des abois et de la curée, et il court s'asseoir avec les autres pour juger. (ÉD. 7.)

Quel est l'égarement de certains particuliers, qui riches du négoce de leurs pères, dont ils viennent de recueillir la succession, se moulent sur les princes pour leur garde-robe et pour leur équipage, excitent, par une dépense excessive et par un faste ridicule, les traits et la raillerie de toute une ville, qu'ils croient éblouir, et se ruinent ainsi à se faire moquer de soi ! (ÉD. 5.)

11.

Quelques-uns n'ont pas même le triste avantage de répandre leurs folies plus loin que le quartier où ils habitent : c'est le seul théâtre de leur vanité. L'on ne sait point dans l'Ile[1] qu'*André*[2] brille au Marais, et qu'il y dissipe son patrimoine : du moins, s'il étoit connu dans toute la ville et dans ses faubourgs, il seroit difficile qu'entre un si grand nombre de citoyens qui ne savent pas tous juger sainement[3] de toutes choses, il ne s'en trouvât quelqu'un qui diroit de lui : *Il est magnifique*, et qui lui tiendroit compte des régals qu'il fait à *Xanthe*[4] et à *Ariston*, et des fêtes qu'il donne à *Élamire;* mais il se ruine obscurément : ce n'est qu'en faveur de deux ou

1. Nous ne saurions dire s'il s'agit de l'île de la Cité ou de l'île Saint-Louis. — Les mots *Ile* et *Marais* sont imprimés en italique dans les éditions 5-7.
2. VAR. (édit. 5) : qu'*Onuphre*. — Dans la 6ᵉ édition, la Bruyère attribua au faux dévot le nom d'*Onuphre* (voyez le chapitre *de la Mode*, n° 24), et l'effaça ici, voulant qu'il demeurât désormais attaché à un seul caractère.
3. VAR. (édit. 5) : sûrement.
4. Dans les éditions 6-9 : *Xante*.

trois personnes¹, qui ne l'estiment point, qu'il court à l'indigence, et qu'aujourd'hui en carrosse, il n'aura pas dans six mois le moyen d'aller à pied. (ÉD. 5.)

12. *Narcisse* se lève le matin pour se coucher le soir; il a ses heures de toilette comme une femme; il va tous les jours fort régulièrement à la belle messe aux Feuillants ou aux Minimes²; il est homme d'un bon commerce, et l'on compte sur lui au quartier de** pour un tiers ou pour un cinquième à l'hombre ou au reversi. Là il tient le fauteuil quatre heures de suite chez *Aricie*, où il risque chaque soir cinq pistoles d'or. Il lit exactement la *Gazette de Hollande* et le *Mercure galant*³; il a lu Bergerac⁴, des Marets⁵, Lesclache⁶, les Historiettes de

1. VAR. (édit. 5) : de cinq ou six personnes.
2. Le couvent des Feuillants était situé rue Saint-Honoré, près de la rue qui porte aujourd'hui le nom de *Castiglione*, et celui des Minimes près de la place Royale.
3. Dans la 1ʳᵉ édition : « *la Gazette d'Hollande.* » — Cette gazette, qui se publiait en Hollande et recevait des correspondances de Paris, était lue avec empressement à la cour et à la ville. — Sur le *Mercure galant*, voyez ci-dessus, p. 132, note 3.
4. Cyrano. (*Note de la Bruyère.*) — Savinien Cyrano de Bergerac, auteur de l'*Histoire comique des États de la lune et du soleil*, de la tragédie d'*Agrippine*, de la comédie du *Pédant joué*, etc. Il mourut en 1655.
5. S. Sorlin. (*Note de la Bruyère.*) — Jean des Marets, sieur de Saint-Sorlin, né en 1596, mort en 1676, auteur de plusieurs tragicomédies, de la comédie satirique des *Visionnaires*, du poëme de *Clovis*, de divers romans et de plusieurs ouvrages de dévotion, parmi lesquels est un poëme ridicule qui a pour titre : *les Promenades de Richelieu ou les Vertus chrétiennes*. Ce poëme contient des sermons en vers sur la foi, l'espérance et la charité, suivis de la description du château et de la ville de Richelieu. Saint-Sorlin fut l'un des premiers agresseurs des anciens dans la querelle des anciens et des modernes, et l'un des plus ardents adversaires des jansénistes.
6. Louis de Lesclache, auteur d'un traité intitulé : *les véritables Règles de l'ortografe franceze*, d'un *Cours de philosophie expliquée en tables*, etc. Il mourut en 1671.

Barbin¹, et quelques recueils de poésies. Il se promène avec des femmes à la Plaine ou au Cours², et il est d'une ponctualité religieuse sur les visites. Il fera demain ce qu'il fait aujourd'hui et ce qu'il fit hier; et il meurt ainsi après avoir vécu.

Voilà un homme, dites-vous, que j'ai vu quelque part³: de savoir où, il est difficile; mais son visage m'est familier. — Il l'est à bien d'autres⁴; et je vais, s'il se peut, aider votre mémoire. Est-ce au boulevard⁵ sur un strapontin⁶, ou aux Tuileries dans la grande allée, ou dans le balcon à la comédie? Est-ce au sermon, au bal, à Rambouillet⁷? Où pourriez-vous ne l'avoir point vu? où n'est-il point? S'il y a dans la place une fameuse exécution, ou un feu de joie, il paroît à une fenêtre de l'Hôtel de ville; si l'on

13.

1. Barbin, célèbre libraire chez lequel se vendaient quantité d'*historiettes* que le public nommait des *Barbinades*. Le mot est défiguré dans la 1ʳᵉ édition; elle donne *Rabbin*.
2. Il s'agit sans doute de la plaine des Sablons. — Pour le Cours, voyez ci-dessus, p. 275, note 2.
3. VAR. (édit. 6) : en quelque part.
4. VAR. (édit. 5 et 6) : il l'est bien à d'autres.
5. Au boulevard de la porte Saint-Antoine, qui prenait aussi le nom de nouveau Cours, et qui se remplissait de voitures dans les belles journées.
6. Le strapontin est un siége mobile qui se plaçait aux portières des carrosses.
7. Vaste jardin, qui était situé dans le faubourg Saint-Antoine. Le financier Nicolas de Rambouillet, père du poëte Antoine Rambouillet de la Sablière, l'avait fait planter et dessiner à grands frais. « La principale allée, qui est d'une longueur extraordinaire, dit Sauval, conduit à une terrasse élevée sur le bord de la Seine; celles de traverse se vont perdre dans de petits bois, dans un labyrinthe et autres compartiments : toutes ensemble forment un réduit si agréable qu'on y vient en foule pour s'y divertir. » Sur ce jardin, voyez Sauval, *Antiquités de Paris*, tome II, p. 288; Tallemant des Réaux, tome I, p. 357, et tome II, p. 313, 322; Hurtaut et Magny, *Dictionnaire historique de Paris*, au mot *Rambouillet*, etc.

attend une magnifique entrée, il a sa place sur un échafaud; s'il se fait un carrousel, le voilà entré, et placé sur l'amphithéâtre; si le Roi reçoit des ambassadeurs, il voit leur marche, il assiste à leur audience, il est en haie quand ils reviennent de leur audience. Sa présence est aussi essentielle aux serments des ligues suisses[1] que celle du chancelier et des ligues mêmes. C'est son visage que l'on voit aux almanachs représenter le peuple ou l'assistance[2]. Il y a une chasse publique, une *Saint-Hubert*[3],

1. C'est-à-dire aux cérémonies dans lesquelles était renouvelée l'alliance de la France avec les Suisses. La dernière avait eu lieu à Notre-Dame le 18 novembre 1663. Le chancelier Seguier, qui était alors malade, ne pouvant y assister, ce fut André d'Ormesson que le Roi chargea de remplir les fonctions de chancelier dans cette cérémonie, c'est-à-dire de répondre à la harangue des ambassadeurs des cantons, et de lire la formule des serments que devait prêter chacun des ambassadeurs et que devait répéter Louis XIV. Une médaille d'or fut frappée pour perpétuer le souvenir de cette cérémonie, et le Brun la représenta dans un tableau qui est au musée de Versailles. Voyez sur le renouvellement de cette alliance le *Journal* d'Olivier d'Ormesson, tome II, p. 51-60.
2. « Sous Louis XIV, on publiait chaque année pour almanachs de très-belles et très-grandes estampes, dessinées et gravées par les meilleurs artistes. Là se trouvent représentés par allégorie les événements de l'année passée. Les rois, les princes, les généraux, les grands dignitaires figurent ordinairement dans le champ principal de ces estampes et sont très-ressemblants. Plus bas sont des portraits d'échevins ou de personnages du tiers état, qui regardent le Roi: c'est le *peuple* ou l'*assistance;* sur les côtés, des médaillons représentant les batailles, les fêtes, tous les événements de l'année; et plus bas encore est un espace blanc où l'on collait un calendrier de l'année imprimé. » (Walckenaer, *Remarques et éclaircissements sur la Bruyère*, p. 696.)
3. Tous les ans, le jour de la Saint-Hubert, c'est-à-dire le 5 novembre, le Roi et la cour, ou du moins « les personnes les plus qualifiées de la cour, de l'un et de l'autre sexe, » prenaient part à une chasse qui attirait un grand concours de curieux. Quelquefois le Roi, « pour éviter la grande foule de gens » qui avaient « accoutumé de s'y rencontrer, » maintenait la chasse dans l'enceinte du grand parc de

le voilà à cheval; on parle d'un camp et d'une revue, il est à Ouilles, il est à Achères[1]. Il aime les troupes, la milice, la guerre; il la voit de près, et jusques au fort de Bernardi[2]. CHANLEY sait les marches, JACQUIER les vivres, DU METZ l'artillerie : celui-ci voit[3], il a vieilli sous le har-

Versailles. Mais encore y entrait-il « le monde » qui avait « ordinairement l'honneur d'approcher sa personne » (*Mercure galant*, octobre 1678, p. 125); et le personnage dont il s'agit est de ceux-là. Voyez encore le *Mercure galant*, novembre 1679, p. 259, et autres années, aux mêmes mois.

1. Ouilles, Houilles, département de Seine-et-Oise, arrondissement de Versailles, canton d'Argenteuil. — Achères, même arrondissement, canton de Saint-Germain en Laye. — On faisait souvent, pendant l'été, camper des troupes dans la plaine d'Houilles ou dans celle d'Achères, et de temps à autre le Roi y passait des revues. Les généraux du camp tenaient d'ordinaire table ouverte et « traitoient magnifiquement, » au témoignage du *Mercure galant*, toutes les personnes de qualité qui venaient les visiter, soit de la cour, soit de Paris. Voyez le *Journal* d'Olivier d'Ormesson, tome II, p. 503; les *Lettres de Mme de Sévigné*, tome I, p. 491, et tome V, p. 552 et 556; le *Mercure galant*, août 1679, p. 336, août 1688, p. 280, etc.

2. Bernardi était le directeur de l'une des académies où les jeunes gentilshommes apprenaient le métier des armes. Il faisait tous les ans, vers le mois de septembre, construire un fort dans le voisinage du Luxembourg et du couvent des Chartreux, sur une petite place, que Blondel a figurée dans son plan de Paris de 1676, auprès de la rue qui a pris le nom de Notre-Dame-des-Champs. Pendant deux mois environ, ses élèves venaient de temps à autre répéter les diverses opérations qui accompagnent un siége. Les exercices militaires auxquels ils se livraient en public avec accompagnement de bombes, de mousqueterie, etc., attiraient un grand nombre de curieux. Le siége se terminait, à la fin d'octobre, par la prise du fort, et le *Mercure galant* donnait le récit des combats et de l'assaut, le nom des combattants les plus qualifiés, et parfois même celui des personnages d'importance qui avaient assisté à telle ou telle opération de cette petite guerre. Voyez ci-après l'*Appendice*.

3. VAR. (édit. 5): CHANLEY sait les marches, VAUBAN les siéges : celui-ci voit. — A la 6ᵉ édition, la Bruyère effaça ici le nom de Vauban pour y mettre ceux de Jacquier et de du Metz, morts l'un et l'autre; mais il inséra dans cette même édition une réflexion nouvelle où Vau-

nois¹ en voyant, il est spectateur de profession ; il ne fait rien de ce qu'un homme doit faire, il ne sait rien de ce qu'il doit savoir ; mais il a vu, dit-il, tout ce qu'on peut voir, et il n'aura point regret² de mourir. Quelle perte alors pour toute la ville ! Qui dira après lui : « Le Cours

ban est cité de la manière la plus élogieuse (voyez ci-après, chapitre *des Jugements*, n° 94). — Jules-Louis Bolé, marquis de Chamlay, fils d'un procureur, était maréchal de logis des armées du Roi. Personne ne savait mieux indiquer les chemins que les troupes devaient suivre, les campements qu'elles devaient occuper, les emplacements qu'elles devaient choisir pour le combat. « C'est une carte vivante, » disait de lui le maréchal de Luxembourg. Turenne avait fait connaître son mérite à Louvois, qui trouva dans ses conseils « un grand soulagement pour les dispositions et les marches des troupes qu'il destinoit secrètement aux projets qu'il vouloit exécuter, » dit Saint-Simon. « Cette capacité, ajoute-t-il, jointe à sa probité, à la facilité de son travail, de ses expédients, de ses ressources, le mirent de tout avec le Roi, qui l'employa même en des négociations secrètes et en des voyages inconnus » (*Mémoires*, tome XII, p. 421). Voyez encore les *Mémoires* de l'abbé Legendre, p. 136 ; Dangeau, tome IV, p. 283 (note de M. Dussieux), etc. ; M. Rousset, *Histoire de Louvois*, tome II, p. 172 ; l'*État de la France*, édition de 1687 et suivantes, où une mention spéciale, dans le chapitre du *Lever du Roi*, indique les faveurs particulières dont il jouissait à la cour, etc. Au moment où la Bruyère insérait son nom dans les *Caractères* (1690), Chamlay était sur les rives du Rhin auprès du Dauphin. — Jacquier, munitionnaire des vivres et secrétaire du Roi. « Jacquier étoit unique pour les vivres, » dit dans ses *Mémoires* l'abbé Legendre (p. 136), qui répète cette phrase de Turenne, souvent rappelée par les contemporains : « Qu'on me donne Chamlay, Jacquier, Saint-Hilaire et trente mille hommes de vieilles troupes, il n'y a point de puissance que je ne force à se soumettre. » Jacquier mourut en 1684 (*Mémoires* de Dangeau, tome I, p. 7). — Pierre-Claude Berbier du Metz, lieutenant général d'artillerie, avait été tué le 1ᵉʳ juillet 1690 à la bataille de Fleurus, quelques mois avant l'insertion de son nom dans les *Caractères*. Il avait commandé l'artillerie à presque tous les siéges auxquels le Roi avait assisté. Voyez sur lui le *Dictionnaire des Bienfaits du Roi* (manuscrit de la Bibliothèque impériale, *Fonds français*, n° 7657) ; M. Rousset, *Histoire de Louvois*, *passim*, etc.

1. Les mots « sous le harnois » sont imprimés en italique dans les éditions 5-7.

2. Var. (édit. 5 et 6) : point de regret.

est fermé, on ne s'y promène point; le bourbier de Vincennes est desséché et relevé, on n'y versera plus? » Qui annoncera un concert, un beau salut[1], un prestige de la Foire? Qui vous avertira que Beaumavielle mourut hier[2]; que Rochois[3] est enrhumée, et ne chantera de huit jours? Qui connoîtra comme lui un bourgeois à ses armes et à ses livrées? Qui dira : « *Scapin* porte des fleurs de lis, » et qui en sera plus édifié? Qui prononcera avec plus de vanité et d'emphase le nom d'une simple bourgeoise? Qui sera mieux fourni de vaudevilles? Qui prêtera aux femmes les *Annales galantes* et le *Journal amoureux*[4]? Qui saura comme lui chanter à table tout un dialogue de l'*Opéra*, et les fureurs de Roland[5] dans une ruelle? Enfin, puisqu'il y a à la ville comme ailleurs de fort sottes gens, des gens fades, oisifs, désoccupés, qui pourra aussi parfaitement leur convenir? (ÉD. 5.)

1. Voyez dans le chapitre *de Quelques usages*, n° 19, la définition d'un beau salut.

2. Beaumavielle, célèbre basse-taille de l'Opéra, débuta en 1672 et mourut vers 1688. (Bernard Durey de Noinville, *Histoire du théâtre de l'Opéra*, tome II, p. 54, éditions de 1753 et de 1757.)

3. VAR. (édit. 6 et 7) : et que Rochois. — Marthe le Rochois débuta en 1678 à l'Opéra et se retira en 1697. (*Ibidem*, p. 60.)

4. Les *Annales galantes* étaient, suivant le *Dictionnaire des anonymes* de Barbier, l'ouvrage de Mme de Villedieu. Elle avait publié en 1670 les *Annales galantes*, et en 1687 les *Annales galantes de la Grèce*. — Nous ne savons quel était l'auteur du *Journal amoureux*. Peut-être la Bruyère a-t-il voulu parler du livre qui a été publié en 1685 sous ce titre : *Journal galant, ou histoire du temps*, par M. V., conseiller du Roi en la chambre des comptes de Montpellier. « L'auteur y fait voir par des exemples pathétiques, dit l'abbé de Claustre dans la *Table du Journal des savants*, les maux que cause le déréglement des passions. »

5. *Roland*, opéra de Quinault et de Lulli, avait été joué pour la première fois à Versailles le 8 janvier 1685, et repris au mois de janvier 1690, peu de temps avant la publication de la 5e édition. Mlle le Rochois, qui vient d'être nommée, chantait le rôle d'Angélique.

14. *Théramène*[1] étoit riche et avoit du mérite; il a hérité, il est donc très-riche et d'un très-grand mérite. Voilà toutes les femmes en campagne pour l'avoir pour galant, et toutes les filles pour *épouseur*. Il va de maisons en maisons faire espérer aux mères qu'il épousera. Est-il assis, elles se retirent, pour laisser à leurs filles toute la liberté d'être aimables, et à Théramène de faire ses déclarations. Il tient ici contre le mortier[2]; là il efface le cavalier[3] ou le gentilhomme. Un jeune homme fleuri, vif, enjoué, spirituel n'est pas souhaité plus ardemment ni mieux reçu ; on se l'arrache des mains, on a à peine le loisir de sourire à qui se trouve avec lui dans une même visite[4].

1. Le caractère de Théramène est accompagné à tort dans la 8ᵉ édition du signe affecté aux morceaux inédits.
2. Le *mortier* était la toque de velours que portaient les présidents du Parlement.
3. L'homme d'épée.
4. Var. (édit. 5-7). Voilà toutes les femmes en campagne pour l'avoir pour galant, et toutes les filles pour *épouseur*. Il tient ici contre le mortier ; là il le dispute au cavalier ou au gentilhomme; on se l'arrache des mains; un jeune homme fleuri, vif, enjoué, spirituel ne seroit pas souhaité plus ardemment ni mieux reçu; son char demeuroit aux portes, il entre dans les cours*, tout lui est ouvert. Combien de galants, etc.

* L'entrée des carrosses dans les cours du Louvre était réglée par l'étiquette (voyez l'*État de la France*, tome I, p. 483 et suivantes, édition de 1710, et Tallemant des Réaux, tome IV, p. 25, note 2). Il semble que vers l'époque où la Bruyère écrivit ce caractère (1690), l'usage s'introduisait ailleurs d'accorder ou de refuser l'entrée des carrosses selon l'estime que l'on faisait des gens ou le respect qui leur était dû. « Le chancelier Boucherat, dit Saint-Simon (tome I, p. 288), dès qu'il fut dans cette grande place (c'est-à-dire dès le mois de novembre 1685), ferma sa porte aux carrosses des magistrats, puis des gens de condition sans titre, enfin des prélats. Jamais chancelier n'avoit imaginé cette distinction, et la nouveauté sembla d'autant plus étrange, que les princes du sang n'ont jamais fermé la porte de la cour à aucun carrosse. On cria, on se moqua, mais chacun eut affaire au chancelier, et comme en ces temps-ci rien ne décide plus que les besoins, on subit : *cela forma l'exemple*, et il ne s'en parla plus. » La Bruyère supprima en 1694 ce trait de l'entrée des carrosses dans les cours.

Combien de galants va-t-il mettre en déroute ! quels bons partis ne fera-t-il point manquer! Pourra-t-il suffire[1] à tant d'héritières qui le recherchent? Ce n'est pas seulement la terreur des maris, c'est l'épouvantail de tous ceux qui ont envie de l'être, et qui attendent d'un mariage à remplir le vide de leur consignation[2]. On devroit proscrire de tels personnages si heureux, si pécunieux, d'une ville bien policée, ou condamner le sexe, sous peine de folie ou d'indignité, à ne les traiter pas mieux que s'ils n'avoient que du mérite. (ÉD. 5.)

Paris, pour l'ordinaire le singe de la cour, ne sait pas toujours la contrefaire; il ne l'imite en aucune manière dans ces dehors agréables et caressants que quelques courtisans, et surtout les femmes, y ont naturellement pour un homme de mérite, et qui n'a même que du mérite : elles ne s'informent ni de ses contrats ni de ses ancêtres; elles le trouvent à la cour, cela leur suffit; elles le souffrent, elles l'estiment; elles ne demandent pas s'il est venu en chaise ou à pied, s'il a une charge, une terre ou un équipage : comme elles regorgent de train, de splendeur et de dignités, elles se délassent volontiers avec la philosophie ou la vertu. Une femme de ville entend-elle le bruissement d'un carrosse qui s'arrête à sa porte, elle petille de goût et de complaisance pour quiconque est dedans, sans le connoître; mais si elle a vu de sa fenêtre un bel attelage, beaucoup de livrées, et que plusieurs rangs de clous parfaitement dorés l'aient éblouie[3], quelle impatience n'a-t-elle pas de voir déjà dans sa

15.

---

1. VAR. (édit. 5) : Pourra-t-il suffire seul. — La 6e édition porte à la ligne suivante · *héritiers*, pour *héritières*, faute que reproduit la 7e.
2. Voyez ci-dessus, p. 280, note 1.
3. Les clous dorés formaient un des principaux ornements des carrosses.

chambre le cavalier ou le magistrat! quelle charmante réception ne lui fera-t-elle point! ôtera-t-elle les yeux de dessus lui? Il ne perd rien auprès d'elle : on lui tient compte des doubles soupentes et des ressorts qui le font rouler plus mollement; elle l'en estime davantage, elle l'en aime mieux. (ÉD. 8.)

16. Cette fatuité de quelques femmes de la ville, qui cause en elles une mauvaise imitation de celles de la cour, est quelque chose de pire que la grossièreté des femmes du peuple, et que la rusticité des villageoises : elle a sur toutes deux l'affectation de plus. (ÉD. 4.)

17. La subtile invention, de faire de magnifiques présents de noces qui ne coûtent rien, et qui doivent être rendus en espèce[1]! (ÉD. 4.)

18. L'utile et la louable pratique, de perdre en frais de noces le tiers de la dot qu'une femme apporte[2]! de com-

1. Il y a *espèce*, au singulier, dans toutes les éditions publiées du vivant de la Bruyère. — Un passage du *Théophraste moderne* (p. 661, édition de 1701), où le mot *espèce* est également écrit au singulier dans le même sens, peut servir de commentaire à celui-ci : « Les présents de noces, dit Brillon, sont jugés beaux, le galant est appelé magnifique : il le seroit en effet, s'il avoit eu le cœur de ne point offrir de bijoux qu'il ne fût en état de payer; quelques jours après son mariage, il les rend en espèce au joaillier; il s'y étoit engagé, et tient exactement sa parole. La nouvelle épouse, à qui le secret est confié, aime mieux dire qu'elle a perdu au jeu ses diamants, que de s'avouer la dupe de son mari. »

2. « .... On a maintenant la sotte coutume de dépenser en meubles, présents et frais de noces la moitié de la dot d'une femme, et quelquefois le tout.... » (Furetière, *le Roman bourgeois*, édition de 1666, p. 402.) — « Une dot de cent mille livres étoit employée par nos pères, plus judicieux que nous, en acquisitions; aujourd'hui pareille dot sert à d'autres usages. Le mari en achète les présents et les habits de noces; c'est le moindre inconvénient pour la femme, heu-

mencer par s'appauvrir de concert par l'amas et l'entassement de choses superflues, et de prendre déjà sur son fonds de quoi payer Gaultier[1], les meubles et la toilette! (ÉD. 4.)

Le bel et le judicieux usage que celui qui préférant une sorte d'effronterie aux bienséances et à la pudeur, expose une femme d'une seule nuit sur un lit comme sur un théâtre, pour y faire pendant quelques jours un ridicule personnage, et la livre en cet état à la curiosité des gens de l'un et de l'autre sexe, qui, connus ou inconnus, accourent de toute une ville à ce spectacle pendant qu'il dure[2]! 19.

reuse quand il n'a pas dissipé la dot avant que de la recevoir, et qu'il n'achève pas de ruiner ses espérances par des engagements[*] dont elle ignore la suite. » (*Théophraste moderne*, p. 660.)

1. Gaultier est un célèbre marchand d'étoffes de soie, d'or et d'argent, qui demeurait dans la rue des Bourdonnais. (Abraham du Pradel, *les Adresses de la ville de Paris*, 1692, p. 92.) — « Gaultier ne peut plus se plaindre, écrit Mme de Sévigné le 29 décembre 1679 (tome VI, p. 164) : il aura touché cette année en noces plus d'un million. » Voyez encore tome III, p. 76. — Gaultier, que Saint-Évremond cite également dans sa comédie des *Opéras*, acte I, scène IV, est le marchand qui, à la mort de Molière (1673), fournit à sa veuve les étoffes de deuil. (Eud. Soulié, *Recherches sur la vie de Molière*, p. 291.)

2. « C'est un usage à Paris, est-il dit dans les *Clefs*, que les nouvelles mariées reçoivent, les trois premiers jours, leurs visites sur un lit, où elles sont magnifiquement parées, en compagnie de quelques demoiselles de leurs amies; et tout le monde les va voir, et examine leur fermeté et leur contenance sur une infinité de questions et de quolibets qu'on leur dit dans cette occasion. » — « Cette critique, a dit Mme de Genlis dans les notes de son édition des *Caractères* de la Bruyère (p. 472), n'est pas tout à fait juste. L'usage pouvait être embarrassant pour les nouvelles mariées, mais il n'était établi que pour épargner la fatigue et l'ennui du cérémonial des visites, et il n'était pas uniquement fait pour les jeunes mariées ; il était observé de même par toutes les femmes forcées par d'autres circonstances de recevoir un grand nombre de visites, soit de condoléance,

[*] « Ce qui arrive quand un mari fait obliger sa femme avec lui. »

Que manque-t-il à une telle coutume, pour être entièrement bizarre et incompréhensible, que d'être lue dans quelque relation de la Mingrélie[1] ? (éd. 4.)

20. Pénible coutume, asservissement incommode! se chercher incessamment les unes les autres avec l'impatience

soit de félicitation, etc. Sous le règne de Louis XV, cet usage fut très-modifié : les jeunes mariées ne reçurent plus du tout de visites de cérémonie, on se contenta de leur en faire faire en les menant partout ; les seules princesses du sang, qui se mariaient toujours à Versailles, se mettaient sur un lit, mais toutes parées et avec leurs grands paniers, pour recevoir le Roi, afin d'éviter de le conduire jusqu'à ses appartements : ce qui n'épargnait que la peine de le poursuivre, car un quart d'heure après, elles allaient le remercier de sa visite. Les princesses se mettaient aussi sur leur lit pour recevoir les cardinaux, qui, comme princes de l'Église, avaient la prétention d'être reconduits par elles; d'ailleurs les particulières, pour recevoir des visites de compliments, se mettaient tout habillées sur une chaise longue : usage très-sensé, qui débarrassait de l'ennuyeux cérémonial des reconduites. » — L'usage dont parle la Bruyère est mentionné dans les lettres de Mme de Sévigné (voyez les lettres des 6 et 8 décembre 1679, tome VI, p. 120 et 132), et dans les *Mémoires* de Saint-Simon : « Nous couchâmes dans le grand appartement de l'hôtel de Lorge, dit-il en racontant son propre mariage, qui se fit à Paris en 1695 (tome I, p. 252). Le lendemain, M. d'Auneuil, qui logeoit vis-à-vis, nous donna un grand dîner, après lequel la mariée reçut sur son lit toute la France à l'hôtel de Lorge, où les devoirs de la vie civile et la curiosité attirèrent la foule. » On ne donna qu'un jour à ces visites; le lendemain le duc et la duchesse de Saint-Simon allèrent à Versailles, et le jour suivant Mme de Saint-Simon « reçut toute la cour sur son lit dans l'appartement de la duchesse d'Arpajon. » Le duc de Lauzun remarqua dans l'une de ces visites, « sur le lit de sa sœur, avec plusieurs autres filles à marier, » Mlle de Quintin, seconde fille du maréchal de Lorge, et résolut de l'épouser. Le lendemain de son mariage, Mme de Lauzun « vit le monde sur son lit à l'hôtel de Lorge, » qu'elle devait habiter, et deux jours après, « elle vit (à Versailles) toute la cour sur son lit. » (*Ibidem*, p. 255.) Voyez encore tome II, p. 115, et tome X, p. 339.

1. La Mingrélie, contrée de la Russie, située entre le Caucase, la mer Noire et l'Iméréthrie.

DE LA VILLE.

de ne se point rencontrer; ne se rencontrer que pour se dire des riens, que pour s'apprendre réciproquement des choses dont on est également instruite, et dont il importe peu[1] que l'on soit instruite; n'entrer dans une chambre précisément que pour en sortir; ne sortir de chez soi l'après-dînée que pour y rentrer le soir, fort satisfaite d'avoir vu en cinq petites heures trois suisses, une femme que l'on connoît à peine, et une autre que l'on n'aime guère ! Qui considéreroit bien[2] le prix du temps, et combien sa perte est irréparable, pleureroit amèrement sur de si grandes misères.

On s'élève à la ville dans une indifférence grossière des choses rurales et champêtres; on distingue à peine la plante qui porte le chanvre d'avec celle qui produit le lin, et le blé froment d'avec les seigles, et l'un ou l'autre d'avec le méteil : on se contente de se nourrir et de s'habiller. Ne parlez[3] à un grand nombre de bourgeois ni de guérets, ni de baliveaux, ni de provins, ni de regains, si vous voulez être entendu : ces termes pour eux ne sont pas françois. Parlez aux uns d'aunage, de tarif, ou de sol pour livre, et aux autres de voie d'appel, de requête civile, d'appointement, d'évocation. Ils connoissent le monde, et encore par ce qu'il a de moins beau et de moins spécieux; ils ignorent la nature, ses commencements, ses progrès, ses dons et ses largesses. Leur ignorance souvent est volontaire, et fondée sur l'estime qu'ils ont pour leur profession et pour leurs talents. Il n'y a si vil praticien, qui au fond de son étude sombre et enfumée, et l'esprit occupé d'une plus noire

21.

1. Var. (édit. 1-6): ou dont il importe si peu; — (édit. 7): ou dont il importe peu.
2. Var. (édit. 1-3) : qui connoîtroit bien.
3. Var. (édit. 7 et 8): Ne parlez pas.

chicane, ne se préfère au laboureur, qui jouit du ciel, qui cultive la terre, qui sème à propos, et qui fait de riches moissons; et s'il entend quelquefois parler des premiers hommes ou des patriarches, de leur vie champêtre et de leur économie, il s'étonne qu'on ait pu vivre en de tels temps, où il n'y avoit encore ni offices, ni commissions, ni présidents, ni procureurs; il ne comprend pas qu'on ait jamais pu se passer du greffe, du parquet et de la buvette. (ÉD. 7.)

22. Les empereurs n'ont jamais triomphé à Rome si mollement, si commodément, ni si sûrement même, contre le vent, la pluie, la poudre et le soleil, que le bourgeois sait à Paris se faire mener par toute la ville : quelle distance de cet usage à la mule de leurs ancêtres! Ils ne savoient point encore se priver du nécessaire pour avoir le superflu, ni préférer le faste aux choses utiles. On ne les voyoit point s'éclairer avec des bougies, et se chauffer à un petit feu : la cire étoit pour l'autel et pour le Louvre. Ils ne sortoient point d'un mauvais dîner pour monter dans leur carrosse; ils se persuadoient que l'homme avoit des jambes pour marcher, et ils marchoient. Ils se conservoient propres quand il faisoit sec; et dans un temps humide ils gâtoient leur chaussure, aussi peu embarrassés de franchir les rues et les carrefours, que le chasseur de traverser un guéret, ou le soldat de se mouiller dans une tranchée. On n'avoit pas encore imaginé d'atteler deux hommes à une litière; il y avoit même plusieurs magistrats qui alloient à pied à la chambre ou aux enquêtes[1], d'aussi bonne grâce qu'Au-

1. « Dans la première institution du Parlement il n'y avoit que deux *chambres* et deux sortes de conseillers : l'une étoit la *grand'-chambre* pour les audiences, dont les conseillers s'appeloient *jugeurs*, qui ne faisoient que juger; l'autre *des enquêtes*, dont les conseillers

guste autrefois alloit de son pied au Capitole. L'étain dans ce temps brilloit sur les tables et sur les buffets, comme le fer et le cuivre dans les foyers ; l'argent et l'or étoient dans les coffres. Les femmes se faisoient servir par des femmes ; on mettoit celles-ci jusqu'à la cuisine. Les beaux noms de gouverneurs et de gouvernantes n'étoient pas inconnus à nos pères : ils savoient à qui l'on confioit les enfants des rois et des plus grands princes ; mais ils partageoient le service de leurs domestiques avec leurs enfants, contents de veiller eux-mêmes immédiatement à leur éducation. Ils comptoient en toutes choses avec eux-mêmes : leur dépense étoit proportionnée à leur recette ; leurs livrées, leurs équipages, leurs meubles, leur table, leurs maisons de la ville et de la campagne, tout étoit mesuré sur leurs rentes et sur leur condition. Il y avoit entre eux des distinctions extérieures qui empêchoient qu'on ne prît la femme du praticien pour celle du magistrat, et le roturier ou le simple valet pour le gentilhomme. Moins appliqués à dissiper ou à grossir leur patrimoine qu'à le maintenir, ils le laissoient entier à leurs héritiers, et passoient ainsi d'une vie modérée à une mort tranquille. Ils ne disoient point : *Le siècle est dur, la misère est grande, l'argent est rare ;* ils en avoient moins que nous, et en avoient assez, plus riches par leur économie et par leur modestie que de leurs revenus et de leurs domaines. Enfin l'on étoit alors pénétré de cette maxime, que ce qui est dans les grands splendeur, somptuosité, magnificence, est dissipation, folie, ineptie dans le particulier. (ÉD. 5.)

s'appeloient *rapporteurs*, qui ne faisoient que rapporter les procès par écrit. » (*Dictionnaire de Furetière*, 1690, au mot *Chambre*.)

DE LA COUR.

1. Le reproche en un sens le plus honorable que l'on puisse faire à un homme, c'est de lui dire qu'il ne sait pas la cour : il n'y a sorte de vertus qu'on ne rassemble[1] en lui par ce seul mot.

2. Un homme qui sait la cour est maître de son geste, de ses yeux et de son visage ; il est profond, impénétrable ; il dissimule les mauvais offices, sourit à ses ennemis, contraint son humeur, déguise ses passions, dément son cœur, parle, agit contre ses sentiments. Tout ce grand raffinement n'est qu'un vice, que l'on appelle fausseté, quelquefois aussi inutile au courtisan pour sa fortune, que la franchise, la sincérité et la vertu.

3. Qui peut nommer de certaines couleurs changeantes, et qui sont diverses selon les divers jours dont on les regarde? de même qui peut définir la cour? (éd. 4.)

4. Se dérober à la cour un seul moment, c'est y renoncer : le courtisan qui l'a vue le matin la voit le soir pour la reconnoître le lendemain, ou afin que lui-même y soit connu. (éd. 4.)

5. L'on est petit à la cour, et quelque vanité que l'on ait, on s'y trouve tel; mais le mal est commun, et les grands mêmes y sont petits. (éd. 4.)

6. La province est l'endroit d'où la cour, comme dans

1. Var. (édit. 1-7) : que l'on ne rassemble.

son point de vue, paroît une chose admirable : si l'on s'en approche¹, ses agréments diminuent, comme ceux d'une perspective que l'on voit de trop près.

7. L'on s'accoutume difficilement à une vie qui se passe dans une antichambre, dans des cours, ou sur l'escalier.

8. La cour ne rend pas content; elle empêche qu'on ne le soit ailleurs. (ÉD. 7.)

9. Il faut qu'un honnête homme ait tâté de la cour : il découvre en y entrant comme un nouveau monde qui lui étoit inconnu, où il voit régner également le vice et la politesse, et où tout lui est utile, le bon et le mauvais.

10. La cour est comme un édifice bâti de marbre : je veux dire qu'elle est composée d'hommes fort durs, mais fort polis. (ÉD. 6.)

11. L'on va quelquefois à la cour pour en revenir, et se faire par là respecter du noble de sa province, ou de son diocésain².

12. Le brodeur et le confiseur seroient superflus, et ne feroient qu'une montre inutile, si l'on étoit modeste et sobre : les cours seroient désertes, et les rois presque seuls, si l'on étoit guéri de la vanité et de l'intérêt. Les hommes veulent être esclaves quelque part, et puiser là de quoi dominer ailleurs. Il semble qu'on livre³ en gros

1. VAR. (édit. 6) : si l'on s'approche.
2. *De son diocésain*, de l'évêque de son diocèse. — Ces mots ont été ajoutés dans la 4ᵉ édition.
3. VAR. (édit. 1-7) : que l'on livre.

aux premiers de la cour l'air de hauteur, de fierté et de commandement[1], afin qu'ils le distribuent en détail dans les provinces : ils font précisément comme on leur fait, vrais singes de la royauté.

13. Il n'y a rien qui enlaidisse certains courtisans comme la présence du prince : à peine les puis-je reconnoître à leurs visages ; leurs traits sont altérés, et leur contenance est avilie. Les gens fiers et superbes sont les plus défaits, car ils perdent plus du leur ; celui qui est honnête et modeste s'y soutient mieux : il n'a rien à réformer.

14. L'air de cour est contagieux : il se prend à V**[2], comme l'accent normand à Rouen ou à Falaise ; on l'entrevoit en des fourriers, en de petits contrôleurs, et en des chefs de fruiterie[3] : l'on peut, avec une portée d'esprit fort médiocre, y faire de grands progrès. Un homme d'un génie élevé et d'un mérite solide ne fait pas assez de cas de cette espèce de talent pour faire son capital de l'étudier et se le rendre propre ; il l'acquiert sans réflexion, et il ne pense point à s'en défaire.

15. N** arrive avec grand bruit ; il écarte le monde, se

---

1. Les éditions 7-9 portent : « de fierté et commandement. »
2. A Versailles. — Dans les éditions 1-5 : « il se prend à **. »
3. « En des petits contrôleurs, etc., » dans la 4ᵉ édition. — Les fourriers, placés sous les ordres des maréchaux des logis, marquaient les logis pour le Roi et la cour, quand le Roi voyageait. Les contrôleurs ordonnaient, surveillaient, et vérifiaient les dépenses de bouche de la maison du Roi. Les chefs de fruiterie, qui avaient cessé, depuis le règne de Louis XIII, de fournir le fruit de la table du Roi, disposaient le dessert, fournissaient les bougies des lustres et des girandoles, etc. (*État de la France*, édition de 1710, tome I, p. 124.)

fait faire place ; il gratte, il heurte presque¹ ; il se nomme : on respire, et il n'entre qu'avec la foule². (ÉD. 4.)

16. Il y a dans les cours des apparitions de gens aventuriers et hardis, d'un caractère libre et familier, qui se produisent eux-mêmes³, protestent qu'ils ont dans leur art toute l'habileté qui manque aux autres, et qui sont crus sur leur parole. Ils profitent cependant de l'erreur publique, ou de l'amour qu'ont les hommes pour la nouveauté : ils percent la foule, et parviennent jusqu'à l'oreille du prince, à qui le courtisan les voit parler,

1. Il n'était pas permis de « heurter aux portes de la chambre, de l'antichambre ou des cabinets du Roi, » ni même d'un « grand, » quel qu'il fût ; l'étiquette exigeait que l'on grattât doucement avec les ongles (voyez Furetière, au mot *Gratter*; l'*État de la France*, lever du Roi ; *le Baron de la Crasse*, comédie de R. Poisson (1662), scène II ; Courtin, *Nouveau traité de la civilité qui se pratique en France parmi les honnêtes gens*, 1671, p. 23, etc.). Les *petits-maîtres* grattaient « du peigne » à la porte de la chambre du Roi. (Molière, l'*Impromptu de Versailles*, *Remercîment au Roi*.) — Une étiquette minutieuse déterminait l'ordre dans lequel les courtisans étaient admis au lever de Louis XIV. Les princes, les grands officiers du premier rang et quelques courtisans favorisés pouvaient pénétrer dans sa chambre quand il était encore au lit. A certain moment du lever, les huissiers de la chambre s'emparaient de la porte, et laissaient pénétrer, à mesure qu'ils se présentaient, les hauts dignitaires, puis certain nombre de courtisans. « Selon le discernement qu'ils faisaient des personnes plus ou moins qualifiées, » ils faisaient entrer les seigneurs qu'ils reconnaissaient ou qui se nommaient à la porte, ou transmettaient leur nom au premier gentilhomme, qui prenait les ordres du Roi. Parfois aussi, le nom entendu, ils refusaient l'entrée de leur propre autorité.

2. La scène du *Baron de la Crasse* que nous venons de rappeler, et le *Remercîment au Roi* qui précède l'*Impromptu de Versailles* nous mettent sous les yeux le tableau qu'a rappelé la Bruyère en trois lignes. — « La foule, » à proprement parler, n'entrait pas dans la chambre : avec le baron de la Crasse, elle attendait que le Roi en sortît, et se rangeait sur son passage, chacun cherchant à se faire voir. Voyez ci-dessous, p. 327, n° 71.

3. VAR. (édit. 1-4) : qui se produisent d'eux-mêmes.

pendant qu'il se trouve heureux d'en être vu. Ils ont cela de commode pour les grands, qu'ils en sont soufferts sans conséquence, et congédiés de même : alors ils disparoissent tout[1] à la fois riches et décrédités, et le monde qu'ils viennent de tromper est encore prêt d'être trompé par d'autres.

17. Vous voyez des gens qui entrent sans saluer que légèrement, qui marchent des épaules, et qui se rengorgent[2] comme une femme : ils vous interrogent sans vous regarder; ils parlent[3] d'un ton élevé, et qui marque qu'ils se sentent au-dessus de ceux qui se trouvent présents; ils s'arrêtent, et on les entoure; ils ont la parole, président au cercle, et persistent dans cette hauteur ridicule et contrefaite, jusqu'à ce qu'il survienne un grand, qui la faisant tomber tout d'un coup par sa présence, les réduise à leur naturel, qui est moins mauvais. (ÉD. 4.)

18. Les cours ne sauroient se passer d'une certaine espèce de courtisans, hommes flatteurs, complaisants, insinuants, dévoués aux femmes, dont ils ménagent les plaisirs, étudient les foibles et flattent toutes les passions : ils leur soufflent à l'oreille des grossièretés, leur parlent de leurs maris et de leurs amants dans les termes convenables, devinent leurs chagrins, leurs maladies, et fixent leurs couches[4]; ils font les modes, raffinent sur le luxe et sur la dépense, et apprennent à ce sexe de prompts moyens de consumer de grandes sommes en

1. Les éditions 4-6 ont *tous*, pour *tout*.
2. VAR. (édit. 4-7) : et se rengorgent.
3. VAR. (édit. 4-7) : ils vous interrogent sans vous regarder, parlent, etc.
4. *Ils leur soufflent à l'oreille des grossièretés*, etc., jusqu'à : *fixent leurs couches*, est une addition de la 8⁰ édition.

habits, en meubles et en équipages; ils ont eux-mêmes des habits où brillent l'invention et la richesse, et ils n'habitent d'anciens palais qu'après les avoir renouvelés et embellis; ils mangent délicatement et avec réflexion; il n'y a sorte de volupté qu'ils n'essayent, et dont ils ne puissent rendre compte. Ils doivent à eux-mêmes leur fortune, et ils la soutiennent avec la même adresse qu'ils l'ont élevée. Dédaigneux et fiers, ils n'abordent plus leurs pareils, ils ne les saluent plus; ils parlent où tous les autres se taisent, entrent, pénètrent en des endroits et à des heures où les grands n'osent se faire voir : ceux-ci, avec de longs services, bien des plaies sur le corps, de beaux emplois ou de grandes dignités, ne montrent pas un visage si assuré, ni une contenance si libre. Ces gens ont l'oreille des plus grands princes, sont de tous leurs plaisirs et de toutes leurs fêtes[1], ne sortent pas du Louvre ou du Château[2], où ils marchent et agissent comme chez eux et dans leur domestique, semblent se multiplier en mille endroits, et sont toujours les premiers visages qui frappent les nouveaux venus à une cour; ils embrassent, ils sont embrassés; ils rient, ils éclatent, ils sont plaisants, ils font des contes : personnes commodes, agréables, riches, qui prêtent, et qui sont sans conséquence. (ÉD. 4.)

19. Ne croiroit-on pas de *Cimon* et de *Clitandre* qu'ils sont seuls chargés des détails de tout l'État, et que seuls aussi ils en doivent répondre? L'un a du moins les affaires de terre, et l'autre les maritimes. Qui pourroit les représenter exprimeroit l'empressement, l'inquiétude,

---

1. VAR. (édit. 4-6) : et de toutes les fêtes; (édit. 7) : et toutes les fêtes.
2. Il s'agit du château de Versailles.

la curiosité, l'activité, sauroit peindre le mouvement. On ne les a jamais vus assis, jamais fixes et arrêtés : qui même les a vus[1] marcher? on les voit courir, parler en courant, et vous interroger sans attendre de réponse. Ils ne viennent d'aucun endroit, ils ne vont nulle part· ils passent et ils repassent. Ne les retardez pas dans leur course précipitée, vous démonteriez leur machine; ne leur faites pas de questions, ou donnez-leur du moins le temps de respirer et de se ressouvenir qu'ils n'ont nulle affaire, qu'ils peuvent demeurer avec vous et longtemps, vous suivre même où il vous plaira de les emmener. Ils ne sont pas les *Satellites de Jupiter*, je veux dire ceux qui pressent et qui entourent le prince, mais ils l'annoncent et le précèdent; ils se lancent impétueusement dans la foule des courtisans; tout ce qui se trouve sur leur passage est en péril. Leur profession est d'être vus et revus, et ils ne se couchent jamais sans s'être acquittés d'un emploi si sérieux, et si utile à la république. Ils sont au reste instruits à fond de toutes les nouvelles indifférentes, et ils savent à la cour tout ce que l'on peut y ignorer; il ne leur manque aucun des talents nécessaires pour s'avancer médiocrement. Gens néanmoins éveillés et alertes sur tout ce qu'ils croient leur convenir, un peu entreprenants, légers et précipités. Le dirai-je? ils portent au vent, attelés tous deux au char de la Fortune, et tous deux fort éloignés de s'y voir assis[2]. (ÉD. 5.)

---

1. Ici le participe *vu* est au singulier dans toutes les éditions; à la ligne précédente, les éditions 5 et 6 sont les seules qui le fassent accorder.

2. VAR. (édit. 5 et 6) : ils portent au vent, et sont comme attelés au char de la Fortune, où ils sont tous deux fort éloignés de se voir assis. — *Il porte au vent,* se dit d'un cheval qui porte le nez aussi haut que les oreilles.

Un homme de la cour qui n'a pas un assez beau nom, 20.
doit l'ensevelir sous un meilleur; mais s'il l'a tel qu'il
ose le porter, il doit alors insinuer qu'il est de tous les
noms le plus illustre, comme sa maison de toutes les
maisons la plus ancienne : il doit tenir aux PRINCES LOR-
RAINS, aux ROHANS, aux CHASTILLONS, aux MONTMORENCIS,
et, s'il se peut, aux PRINCES DU SANG; ne parler que de
ducs, de cardinaux et de ministres; faire entrer dans
toutes les conversations ses aïeuls paternels et maternels,
et y trouver place pour l'oriflamme et pour les croisades;
avoir des salles parées d'arbres généalogiques, d'écussons
chargés de seize quartiers, et de tableaux de ses ancêtres
et des alliés de ses ancêtres; se piquer d'avoir un ancien
château à tourelles, à créneaux et à mâchecoulis; dire en
toute rencontre : *ma race, ma branche, mon nom* et *mes
armes;* dire de celui-ci qu'il n'est pas homme de qualité[1];
de celle-là, qu'elle n'est pas demoiselle[2]; ou si on lui dit
qu'*Hyacinthe* a eu le gros lot[3], demander s'il est gentilhomme[4]. Quelques-uns riront de ces contre-temps, mais
il les laissera rire; d'autres en feront des contes, et il leur
permettra de conter : il dira toujours qu'il marche après

1. VAR. (édit. 4 et 5): dire de celui-ci : *il n'est pas gentilhomme;*
— (édit. 6 et 7) : dire de celui-ci : *il n'est pas homme de qualité.*
2. VAR. (édit. 4-7): de celle-là : *elle n'est pas demoiselle.* — Une *demoiselle* était une fille ou une femme née de parents nobles; à l'époque toutefois où la Bruyère écrivait, les bourgeoises de quelque importance prenaient ce titre.
3. La loterie royale ne fut instituée qu'en 1700; mais Louis XIV fit de grandes loteries publiques avant cette époque : voyez l'*Appendice.* Malgré les ordonnances qui les prohibaient, les loteries particulières étaient d'ailleurs fréquentes, et de plus les hôpitaux et les communautés obtenaient souvent la permission de faire des loteries de charité : voyez le *Traité de la police,* par de la Mare, tome I, p. 475-477; et le *Théophraste moderne,* p. 682.
4. VAR. (édit. 4 et 5): demander : *est-il homme de qualité?* — (édit. 6 et 7) : demander : *est-il gentilhomme?*

la maison régnante; et à force de le dire, il sera cru. (ÉD. 4.)

21. C'est une grande simplicité que d'apporter à la cour la moindre roture, et de n'y être pas gentilhomme. (ÉD. 4.)

22. L'on se couche à la cour et l'on se lève sur l'intérêt : c'est ce que l'on digère le matin et le soir, le jour et la nuit; c'est ce qui fait que l'on pense, que l'on parle, que l'on se tait, que l'on agit; c'est dans cet esprit qu'on aborde les uns et qu'on néglige les autres, que l'on monte et que l'on descend; c'est sur cette règle que l'on mesure ses soins, ses complaisances, son estime, son indifférence, son mépris. Quelques pas que quelques-uns fassent par vertu vers la modération et la sagesse, un premier mobile d'ambition les emmène avec les plus avares, les plus violents dans leurs desirs et les plus ambitieux : quel moyen de demeurer immobile où tout marche, où tout se remue, et de ne pas courir où les autres courent? On croit même être responsable à soi-même de son élévation et de sa fortune : celui qui ne l'a point faite à la cour est censé ne l'avoir pas dû faire, on n'en appelle pas. Cependant s'en éloignera-t-on avant d'en avoir tiré le moindre fruit, ou persistera-t-on à y demeurer sans grâces et sans récompenses? question si épineuse, si embarrassée, et d'une si pénible décision, qu'un nombre infini de courtisans vieillissent sur le oui et sur le non, et meurent dans le doute. (ÉD. 6.)

23. Il n'y a rien à la cour de si méprisable et de si indigne qu'un homme qui ne peut contribuer en rien à notre fortune : je m'étonne qu'il ose se montrer. (ÉD. 6.)

24. Celui qui voit loin derrière soi un homme de son temps

et de sa condition, avec qui il est venu à la cour la première fois, s'il croit avoir une raison solide d'être prévenu de son propre mérite et de s'estimer davantage que cet autre qui est demeuré en chemin, ne se souvient plus de ce qu'avant sa faveur il pensoit de soi-même et de ceux qui l'avoient devancé. (ÉD. 4.)

25. C'est beaucoup tirer de notre ami, si ayant monté à une grande faveur, il est encore un homme de notre connoissance.

26. Si celui qui est en faveur ose s'en prévaloir avant qu'elle lui échappe, s'il se sert d'un bon vent qui souffle pour faire son chemin, s'il a les yeux ouverts sur tout ce qui vaque, poste, abbaye, pour les demander et les obtenir, et qu'il soit muni de pensions, de brevets et de survivances, vous lui reprochez son avidité et son ambition ; vous dites que tout le tente, que tout lui est propre, aux siens, à ses créatures, et que par le nombre et la diversité des grâces dont il se trouve comblé, lui seul a fait plusieurs fortunes. Cependant qu'a-t-il dû faire ? Si j'en juge moins par vos discours que par le parti que vous auriez pris vous-même en pareille situation, c'est ce qu'il a fait[1]. (ÉD. 4.)

L'on blâme les gens qui font une grande fortune pendant qu'ils en ont les occasions, parce que l'on désespère, par la médiocrité de la sienne, d'être jamais en état de faire comme eux, et de s'attirer ce reproche. Si l'on étoit à portée de leur succéder, l'on commenceroit à sentir qu'ils ont moins de tort, et l'on seroit plus

---

1. VAR. (édit. 4-8) : c'est précisément ce qu'il a fait. — Peut-être une faute d'impression a-t-elle fait disparaître le mot *précisément* dans la 9ᵉ édition.

retenu, de peur de prononcer d'avance sa condamnation[1]. (ÉD. 4.)

27. Il ne faut rien exagérer, ni dire des cours le mal qui n'y est point : l'on n'y attente rien de pis contre le vrai mérite que de le laisser quelquefois sans récompense; on ne l'y méprise pas toujours, quand on a pu une fois le discerner; on l'oublie, et c'est là où l'on sait parfaitement ne faire rien, ou faire très-peu de chose, pour ceux que l'on estime beaucoup. (ÉD. 4.)

28. Il est difficile à la cour que de toutes les pièces que l'on emploie à l'édifice de sa fortune, il n'y en ait quelqu'une qui porte à faux[2] : l'un de mes amis qui a promis de parler ne parle point; l'autre parle mollement; il échappe à un troisième de parler contre mes intérêts et contre ses intentions; à celui-là manque la bonne volonté, à celui-ci l'habileté et la prudence; tous n'ont pas assez de plaisir à me voir heureux pour contribuer de tout leur pouvoir à me rendre tel. Chacun se souvient assez de tout ce que son établissement lui a coûté à faire, ainsi que des secours qui lui en ont frayé le chemin; on seroit même assez porté à justifier les services qu'on a reçus[3] des uns par ceux qu'en de pareils besoins on rendroit aux autres, si le premier et l'unique soin qu'on a après sa fortune faite n'étoit pas de songer à soi. (ÉD. 5.)

29. Les courtisans n'emploient pas ce qu'ils ont d'esprit, d'adresse et de finesse pour trouver les expédients d'o-

1. Il y a *condemnation*, par un *e*, dans la 4ᵉ édition.
2. VAR. (édit. 5-7) : quelqu'unes qui portent à faux.
3. Le participe *reçu* est au singulier dans les éditions du dix-septième siècle.

bliger ceux de leurs amis qui implorent leur secours, mais seulement pour leur trouver des raisons apparentes, de spécieux prétextes, ou ce qu'ils appellent une impossibilité de le pouvoir faire ; et ils se persuadent d'être quittes par là en leur endroit de tous les devoirs de l'amitié ou de la reconnoissance. (ÉD. 7.)

Personne à la cour ne veut entamer ; on s'offre d'appuyer, parce que jugeant des autres par soi-même, on espère que nul n'entamera, et qu'on sera ainsi dispensé d'appuyer : c'est une manière douce et polie de refuser son crédit, ses offices et sa médiation à qui en a besoin. (ÉD. 6.)

30. Combien de gens vous étouffent de caresses dans le particulier, vous aiment et vous estiment, qui sont embarrassés de vous dans le public, et qui, au lever ou à la messe[1], évitent vos yeux et votre rencontre ! Il n'y a qu'un petit nombre de courtisans qui par grandeur[2], ou par une confiance qu'ils ont d'eux-mêmes, osent honorer devant le monde le mérite qui est seul et dénué de grands établissements.

31. Je vois un homme entouré et suivi ; mais il est en place. J'en vois un autre que tout le monde aborde ; mais il est en faveur. Celui-ci est embrassé et caressé, même des grands ; mais il est riche. Celui-là est regardé de tous avec curiosité, on le montre du doigt ; mais il est savant et éloquent. J'en découvre un que personne n'oublie de saluer ; mais il est méchant. Je veux un homme qui soit bon, qui ne soit rien davantage, et qui soit recherché. (ÉD. 4.)

1. Au lever du Roi ou à la messe de sa chapelle.
2. Dans la 6e édition : « par une grandeur, » ce qui paraît bien être une faute.

32. Vient-on de placer quelqu'un dans un nouveau poste, c'est un débordement de louanges en sa faveur, qui inonde les cours et la chapelle, qui gagne l'escalier, les salles, la galerie, tout l'appartement[1] : on en a au-dessus des yeux, on n'y tient pas. Il n'y a pas deux voix différentes sur ce personnage; l'envie, la jalousie parlent comme l'adulation; tous se laissent entraîner au torrent qui les emporte, qui les force de dire d'un homme ce qu'ils en pensent ou ce qu'ils n'en pensent pas, comme de louer souvent celui qu'ils ne connoissent point. L'homme d'esprit, de mérite ou de valeur devient en un instant un génie du premier ordre, un héros, un demi-dieu. Il est si prodigieusement flatté dans toutes les peintures que l'on fait de lui, qu'il paroît difforme près de ses portraits; il lui est impossible d'arriver jamais jusqu'où la bassesse et la complaisance viennent de le porter : il rougit de sa propre réputation. Commence-t-il à chanceler dans ce poste où on l'avoit mis, tout le monde passe facilement à un autre avis; en est-il entièrement déchu, les machines qui l'avoient guindé si haut par l'applaudissement et les éloges sont encore toutes dressées pour le faire tomber dans le dernier mépris : je veux dire qu'il n'y en a point qui le dédaignent mieux, qui le blâment plus aigrement, et qui en disent plus de mal, que ceux qui s'étoient comme dévoués à la fureur d'en dire du bien[2]. (ÉD. 5.)

1. Cette expression désignait particulièrement à la cour l'appartement du Roi.
2. « Or i'estois sur ce poinct, qu'il ne fault que veoir un homme esleué en dignité : quand nous l'aurions cogneu, trois iours deuant, homme de peu, il coule insensiblement en nos opinions une image de grandeur de suffisance; et nous persuadons que croissant de train et de credit, il est creu de merite; nous jugeons de luy, non selon sa valeur, mais à la mode des iectons, selon la prerogatiue de son reng. Que la chance tourne aussi, qu'il retumbe et se mesle à la

33. Je crois pouvoir dire d'un poste éminent et délicat qu'on y monte plus aisément qu'on ne s'y conserve. (ÉD. 7.)

34. L'on voit des hommes tomber d'une haute fortune par les mêmes défauts qui les y avoient fait monter. (ÉD. 7.)

35. Il y a dans les cours deux manières de ce que l'on appelle congédier son monde ou se défaire des gens : se fâcher contre eux, ou faire si bien qu'ils se fâchent contre vous et s'en dégoûtent. (ÉD. 8.)

36. L'on dit à la cour du bien de quelqu'un pour deux raisons : la première, afin qu'il apprenne que nous disons du bien de lui ; la seconde, afin qu'il en dise de nous. (ÉD. 4.)

37. Il est aussi dangereux à la cour de faire les avances, qu'il est embarrassant de ne les point faire.

38. Il y a des gens à qui ne connoître point le nom et le visage d'un homme est un titre pour en rire et le mépriser. Ils demandent qui est cet homme ; ce n'est ni *Rousseau*[1],

presse, chascun s'enquiert auecques admiration de la cause qui l'auoit guindé si hault : « Est-ce luy? faict-on. N'y sçauoit-il aultre chose « quand il y estoit? Les princes se contentent-ils de si peu? Nous « estions vrayement en bonnes mains ! » C'est chose que i'ay veu souuent de mon temps. » (Montaigne, *Essais*, livre III, chapitre VIII.)

1. Cabaretier fameux, dont le nom se trouve dans les comédies de Dancourt (dans *le Chevalier à la mode* par exemple, de 1687, acte III, scène IV), dans les vers de Coulanges, de Boursault, de Regnard et Seneçay, et dont le cabaret, situé dans la rue d'Avignon, près de la rue Saint-Denis, étoit hanté par les courtisans et par les hommes de lettres. Voyez l'*Histoire des hôtelleries et cabarets*, par Francisque-Michel et Édouard Fournier, tome II, p. 332 et suivantes.

ni un *Fabry*[1], ni *la Couture*[2] : ils ne pourroient le méconnoître.

39. L'on me dit tant de mal de cet homme, et j'y en vois

1. Brûlé il y a vingt ans. (*Note de la Bruyère.*) — A la place de cette note, on lit dans les deux premières éditions : « Puni pour des saletés. » Jacques Pannié, dit Fabry, accusé « de sodomie et d'impiétés exécrables » en même temps que Jacques Chausson, dit des Étangs, Mauger, étudiant de Montaigu, et « plusieurs personnes de qualité et autres, » fut jugé le 4 décembre 1661, par sentence du Châtelet. « Chausson et lui furent condamnés à faire amende honorable devant Notre-Dame, [être] conduits en grève pour être attachés à un poteau, avoir la langue arrachée, et [être] brûlés tout vifs avec le procès, le tout réduit en cendres, jeté au vent, » et enfin « condamnés en seize cents livres de réparation, applicables moitié à l'Hôpital et l'autre moitié à l'Hôtel-Dieu, huit cents livres aux réparations du Châtelet, le surplus de leurs biens confisqués au Roi. » La sentence fut confirmée par arrêt du 29 décembre et l'exécution faite le même jour. L'étudiant de Montaigu, jugé séparément, fut condamné à un emprisonnement de six mois à Saint-Lazare, et il fut décrété contre les « personnes de qualité et autres » qui étaient mêlées à cette honteuse affaire. (*Journal* de Mathieu Marais, année 1723 : voyez la *Revue rétrospective*, 2e série, tome IX, p. 460.) — Les noms de Rousseau et de Fabry, ainsi placés, portent contre la jeunesse de la cour une double accusation que la Bruyère répétera plus loin, p. 327, n° 74. Voyez de plus, à la fin du chapitre *du Souverain*, dans le portrait de Louis XIV, p. 390, la ligne 16.

2. « La Couture, lisons-nous dans les *Clefs*, étoit tailleur d'habits de Madame la Dauphine, lequel étoit devenu fou, et qui sur ce pied demeuroit à la cour, où il faisoit des contes fort extravagants. Il alloit souvent à la toilette de Madame la Dauphine, qui lui faisoit quelque bien. » La Couture était une « espèce de fou sérieux, » est-il dit dans un « Recueil de bons mots » que contient l'un des manuscrits conservés à la bibliothèque de l'Arsenal sous le titre de : *Mémoires de Choisy* (tome I, folio 217). Dans la mascarade qui a pour titre : *le Mariage de la Couture avec la grosse Cathos*, mise en musique par Philidor l'aîné et représentée devant le Dauphin en 1688, il est qualifié du titre de « prince des Petites-Maisons, » et donné comme un personnage qui s'est rendu « recommandable dans tous les cabarets de Paris. » Voyez, parmi les manuscrits de la même bibliothèque, *Sciences et Arts*, le n° 222.

si peu, que je commence à soupçonner qu'il n'ait un mérite importun qui éteigne celui des autres.

Vous êtes homme de bien, vous ne songez ni à plaire ni à déplaire aux favoris, uniquement attaché à votre maître et à votre devoir : vous êtes perdu. 40.

On n'est point effronté par choix, mais par complexion; c'est un vice de l'être, mais naturel : celui qui n'est pas né tel est modeste, et ne passe pas aisément de cette extrémité à l'autre; c'est une leçon assez inutile que de lui dire : « Soyez effronté, et vous réussirez; » une mauvaise imitation ne lui profiteroit pas, et le feroit échouer. Il ne faut rien de moins dans les cours qu'une vraie et naïve impudence pour réussir. (ÉD. 4.) 41.

On cherche, on s'empresse, on brigue, on se tourmente, on demande, on est refusé, on demande et on obtient; « mais, dit-on, sans l'avoir demandé, et dans le temps que l'on n'y pensoit pas, et que l'on songeoit même à toute autre chose : » vieux style, menterie innocente, et qui ne trompe personne. (ÉD. 4.) 42.

On fait sa brigue pour parvenir à un grand poste, on prépare toutes ses machines, toutes les mesures sont bien prises, et l'on doit être servi selon ses souhaits; les uns doivent entamer, les autres appuyer; l'amorce est déjà conduite, et la mine prête à jouer : alors on s'éloigne de la cour. Qui oseroit soupçonner d'*Artemon* qu'il ait pensé à se mettre dans une si belle place, lorsqu'on le tire de sa terre ou de son gouvernement pour l'y faire asseoir? Artifice grossier, finesses usées, et dont le courtisan s'est servi tant de fois, que si je voulois donner le change à tout le public et lui dérober mon ambi- 43.

tion, je me trouverois sous l'œil et sous la main du prince, pour recevoir de lui la grâce que j'aurois recherchée avec le plus d'emportement. (ÉD. 5.)

44. Les hommes ne veulent pas que l'on découvre les vues qu'ils ont sur leur fortune, ni que l'on pénètre qu'ils pensent à une telle dignité, parce que s'ils ne l'obtiennent point, il y a de la honte, se persuadent-ils, à être refusés ; et s'ils y parviennent, il y a plus de gloire pour eux d'en être crus dignes par celui qui la leur accorde, que de s'en juger dignes eux-mêmes par leurs brigues et par leurs cabales : ils se trouvent parés tout à la fois de leur dignité et de leur modestie. (ÉD. 5.)

Quelle plus grande honte y a-t-il d'être refusé d'un poste que l'on mérite, ou d'y être placé sans le mériter? (ÉD. 5.)

Quelques grandes difficultés qu'il y ait à se placer à la cour, il est encore plus âpre et plus difficile de se rendre digne d'être placé. (ÉD. 5.)

Il coûte moins à faire dire de soi : « Pourquoi a-t-il obtenu ce poste? » qu'à faire demander : « Pourquoi ne l'a-t-il pas obtenu[1]? » (ÉD. 5.)

L'on se présente encore pour les charges de ville, l'on postule une place dans l'Académie françoise[2], l'on

---

1. On peut rapprocher de cette réflexion la phrase de Caton le censeur : « J'aime mieux que l'on demande pourquoi l'on n'a pas élevé de statue à Caton, que pourquoi on lui en a élevé une. » — « Conspiciens multorum erigi statuas, *Malim*, inquit, *ut de me quæ-« rant homines quamobrem Catoni non sit posita statua, quam quare sit « posita :* sentiens se malle res præclaras agere, ut olim scientes illum « promeruisse statuam mirentur non esse positam. » (*D. Erasmi Apophthegmatum ex optimis utriusque linguæ scriptoribus collectorum libri octo*, Catonis senioris apophthegmatum libri V, p. 363, Hagæ, 1641.)

2. VAR. (édit. 5-7) : dans l'Académie. — C'est ainsi que le plus

demandoit le consulat : quelle moindre raison y auroit-il de travailler les premières années de sa vie à se rendre capable d'un grand emploi, et de demander ensuite, sans nul mystère et sans nulle intrigue, mais ouvertement et avec confiance, d'y servir sa patrie, son prince[1], la république? (ÉD. 5.)

45. — Je ne vois aucun courtisan à qui le prince vienne d'accorder un bon gouvernement, une place éminente ou une forte pension, qui n'assure par vanité, ou pour marquer son désintéressement, qu'il est bien moins content du don que de la manière dont il lui a été fait[2]. Ce qu'il y a en cela de sûr et d'indubitable, c'est qu'il le dit ainsi. (ÉD. 4.)

C'est rusticité que de donner de mauvaise grâce : le plus fort et le plus pénible est de donner; que coûte-t-il d'y ajouter un sourire[3]? (ÉD. 4.)

Il faut avouer néanmoins qu'il s'est trouvé des hommes qui refusoient plus honnêtement que d'autres ne savoient donner; qu'on a dit de quelques-uns qu'ils se faisoient si longtemps prier, qu'ils donnoient si sèchement, et chargeoient une grâce qu'on leur arrachoit de conditions si désagréables, qu'une plus grande grâce

---

souvent on désignait l'Académie française, la plus ancienne et la plus célèbre des académies.

1. VAR. (édit. 5-8) : le prince.
2. « Mme de la Fayette, écrit Mme de Sévigné le 23 août 1671 (tome II, p. 334), vous aura mandé comme M. de la Rochefoucauld a fait duc le prince son fils, et de quelle façon le Roi a donné une nouvelle pension : enfin la manière vaut mieux que la chose, n'est-il pas vrai? Nous avons quelquefois ri de ce discours commun à tous les courtisans. »
3. On peut rapprocher de cette réflexion et de la suivante ce que Sénèque dit de la manière de donner, au commencement du livre II de son traité *des Bienfaits* : voyez particulièrement le chapitre III.

étoit d'obtenir d'eux d'être dispensés¹ de rien recevoir². (ÉD. 4.)

46. L'on remarque dans les cours des hommes avides qui se revêtent de toutes les conditions pour en avoir les avantages : gouvernement, charge, bénéfice, tout leur convient; ils se sont si bien ajustés, que par leur état ils deviennent capables de toutes les grâces; ils sont *amphibies*, ils vivent³ de l'Église et de l'épée, et auront le secret d'y joindre la robe. Si vous demandez : « Que font ces gens à la cour ? » ils reçoivent, et envient tous ceux à qui l'on donne. (ÉD. 4.)

47. Mille gens à la cour y traînent leur vie à embrasser, serrer et congratuler ceux qui reçoivent, jusqu'à ce qu'ils y meurent sans rien avoir. (ÉD. 8.)

48. *Ménophile*⁴ emprunte ses mœurs d'une profession, et d'une autre⁵ son habit; il masque toute l'année, quoique à visage découvert; il paroît à la cour, à la ville, ailleurs, toujours sous un certain nom et sous le même déguisement. On le reconnoît, et on sait quel il est à son visage⁶. (ÉD. 6.)

---

1. *Dispensés*, au pluriel, dans toutes les éditions publiées du vivant de la Bruyère.
2. Tel donne à pleines mains qui n'oblige personne :
La façon de donner vaut mieux que ce qu'on donne.
(P. Corneille, *le Menteur*, acte I, scène 1.)
3. VAR. (édit. 4 et 5) : ils sont *amphibies*, vivent, etc.
4. VAR. (édit. 6) : N**.
5. On lit : *d'un autre* dans toutes les éditions du dix-septième siècle. Nous avons cru pouvoir adopter la correction : *d'une autre*, qui se trouve dans les éditions de Coste et dans toutes les éditions modernes. Voyez cependant le *Lexique*, au mot *Autre*.
6. VAR. (édit. 6) : On sait quel il est, et on le reconnoît à son visage.

Il y a pour arriver aux dignités ce qu'on appelle ou 49. la grande voie ou le chemin battu ; il y a le chemin détourné ou de traverse, qui est le plus court. (ÉD. 6.)

L'on court les malheureux pour les envisager; l'on se 50. range en haie, ou l'on se place aux fenêtres, pour observer les traits et la contenance[1] d'un homme qui est condamné, et qui sait qu'il va mourir : vaine, maligne, inhumaine curiosité; si les hommes étoient sages, la place publique seroit abandonnée, et il seroit établi qu'il y auroit de l'ignominie seulement à voir de tels spectacles. Si vous êtes si touchés de curiosité, exercez-la du moins en un sujet noble : voyez un heureux, contemplez-le dans le jour même où il a été nommé à un nouveau poste, et qu'il en reçoit les compliments; lisez dans ses yeux, et au travers d'un calme étudié et d'une feinte modestie, combien il est content et pénétré de soi-même; voyez quelle sérénité cet accomplissement de ses desirs répand dans son cœur et sur son visage, comme il ne songe plus qu'à vivre et à avoir de la santé, comme ensuite sa joie lui échappe et ne peut plus se dissimuler, comme il plie sous le poids de son bonheur[2], quel air froid et sérieux il conserve pour ceux qui ne sont plus ses égaux : il ne leur répond pas, il ne les voit pas; les embrassements et les caresses des grands, qu'il ne voit plus de si loin, achèvent de lui nuire; il se déconcerte, il s'étourdit : c'est une courte aliénation. Vous voulez être heureux, vous desirez des grâces; que de choses pour vous à éviter ! (ÉD. 5.)

Un homme qui vient d'être placé ne se sert plus de sa 51.

---

1. VAR. (édit. 5-7) : les traits, le visage et la contenance.
2. VAR. (édit. 5-7) : sous le poids de son propre bonheur.

raison et de son esprit pour régler sa conduite et ses dehors à l'égard des autres ; il emprunte sa règle de son poste et de son état : de là l'oubli, la fierté, l'arrogance, la dureté, l'ingratitude. (ÉD. 6.)

52. *Théonas*, abbé depuis trente ans, se lassoit de l'être. On a moins d'ardeur et d'impatience de se voir habillé de pourpre, qu'il en avoit de porter une croix d'or sur sa poitrine, et parce que les grandes fêtes se passoient toujours sans rien changer à sa fortune, il murmuroit contre le temps présent, trouvoit l'État mal gouverné, et n'en prédisoit rien que de sinistre. Convenant en son cœur que le mérite est dangereux dans les cours à qui veut s'avancer, il avoit enfin pris son parti, et renoncé à la prélature, lorsque quelqu'un accourt lui dire qu'il est nommé à un évêché. Rempli de joie et de confiance sur une nouvelle si peu attendue : « Vous verrez, dit-il, que je n'en demeurerai pas là, et qu'ils me feront archevêque. » (ÉD. 8.)

53. Il faut des fripons à la cour auprès des grands et des ministres, même les mieux intentionnés ; mais l'usage en est délicat, et il faut savoir les mettre en œuvre. Il y a des temps et des occasions où ils ne peuvent être suppléés par d'autres. Honneur, vertu, conscience, qualités toujours respectables, souvent inutiles : que voulez-vous quelquefois que l'on fasse d'un homme de bien[1] ?

1. « L'injuste (l'homme injuste) peut entrer dans tous les desseins, trouver tous les expédients, entrer dans tous les intérêts : à quel usage peut-on mettre cet homme si droit qui ne parle que de son devoir ? Il n'y a rien de si sec, ni de moins flexible, et il y a tant de choses qu'il ne peut pas faire qu'à la fin il est regardé comme un homme qui n'est bon à rien, entièrement inutile. » (Bossuet, 2º Sermon pour le quatrième dimanche de carême, *Sur l'ambition*, tome XII, p. 635 et 636, édition de 1816.)

DE LA COUR.

54. Un vieil auteur, et dont j'ose rapporter ici les propres termes, de peur d'en affoiblir le sens par ma traduction, dit que *s'élongner des petits, voire*[1] *de ses pareils, et iceulx vilainer*[2] *et dépriser ; s'accointer de grands*[3] *et puissans en tous biens et chevances*[4]*, et en cette leur cointise et privauté estre de tous ébats, gabs*[5]*, mommeries, et vilaines besoignes*[6]*; estre eshonté, saffranier*[7] *et sans point de vergogne; endurer brocards et gausseries de tous chacuns, sans pour ce feindre de cheminer en avant, et à tout*[8] *son entregent, engendre*[9] *heur et fortune*[10]. (ÉD. 4.)

55. Jeunesse du prince, source des belles fortunes. (ÉD. 4.)

56. *Timante*, toujours le même, et sans rien perdre de ce mérite qui lui a attiré la première fois de la réputation et des récompenses, ne laissoit pas de dégénérer dans l'esprit des courtisans : ils étoient las de l'estimer; ils le saluoient froidement, ils ne lui souriont plus, ils commençoient à ne le plus joindre, ils ne l'embrassoient plus, ils ne le tiroient plus à l'écart pour lui parler mystérieusement d'une chose indifférente, ils n'avoient plus rien à lui dire. Il lui falloit cette pension ou ce nouveau poste dont il vient d'être honoré pour faire revivre ses

1. *Voire*, même.
2. Dans les éditions 4-6 : *iceux villener* (c'est-à-dire rabaisser).
3. Entrer dans la familiarité des grands.
4. *Biens* et *chevances*, mots synonymes.
5. *Gabs*, tromperies.
6. Dans la 4ᵉ édition : *besongnes*.
7. On appelait de ce nom les banqueroutiers.
8. *A tout*, avec.
9. VAR. (édit. 4 et 5) : *engendrent*.
10. Ce passage, que la Bruyère attribue à « un vieil auteur, » ne serait-il pas un pastiche composé par la Bruyère lui-même, comme celui que nous avons vu ci-dessus, p. 227, n° 30 ? Auger l'a pensé, et sa conjecture est vraisemblable.

vertus à demi effacées de leur mémoire, et en rafraîchir l'idée : ils lui font comme dans les commencements, et encore mieux. (ÉD. 4.)

57. Que d'amis, que de parents naissent en une nuit au nouveau ministre ! Les uns font valoir leurs anciennes liaisons, leur société d'études, les droits du voisinage; les autres feuillettent leur généalogie, remontent jusqu'à un trisaïeul, rappellent le côté paternel et le maternel; l'on veut tenir à cet homme par quelque endroit, et l'on dit plusieurs fois le jour que l'on y tient; on l'imprimeroit volontiers : *C'est mon ami, et je suis fort aise de son élévation; j'y dois prendre part, il m'est assez proche.* Hommes vains et dévoués à la fortune, fades courtisans, parliez-vous ainsi il y a huit jours ? Est-il devenu, depuis ce temps, plus homme de bien, plus digne du choix que le prince en vient de faire ? Attendiez-vous cette circonstance pour le mieux connoître ? (ÉD. 5.)

58. Ce qui me soutient et me rassure contre les petits dédains que j'essuie quelquefois des grands et de mes égaux, c'est que je me dis à moi-même : « Ces gens n'en veulent peut-être qu'à ma fortune, et ils ont raison : elle est bien petite. Ils m'adoreroient sans doute si j'étois ministre. » (ÉD. 5.)

Dois-je bientôt être en place ? le sait-il ? est-ce en lui un pressentiment ? il me prévient, il me salue. (ÉD. 5.)

59. Celui qui dit : *Je dînai hier à Tibur*, ou : *J'y soupe ce soir*, qui le répète, qui fait entrer dix fois le nom de Plancus dans les moindres conversations, qui dit : *Plancus me demandoit.... Je disois à Plancus....* celui-là même apprend dans ce moment que son héros vient d'être enlevé par une mort extraordinaire. Il part de

la main¹, il rassemble le peuple dans les places ou sous² les portiques, accuse le mort, décrie sa conduite, dénigre son consulat, lui ôte jusqu'à la science des détails que la voix publique lui accorde, ne lui passe point une mémoire heureuse, lui refuse l'éloge d'un homme sévère et laborieux, ne lui fait pas l'honneur de lui croire, parmi les ennemis de l'empire, un ennemi. (ÉD. 7.)

60. Un homme de mérite se donne, je crois, un joli spectacle, lorsque la même place à une assemblée, ou à un spectacle, dont il est refusé, il la voit accorder à un homme qui n'a point d'yeux pour voir, ni d'oreilles pour entendre, ni d'esprit pour connoître et pour juger, qui n'est recommandable que par de certaines livrées, que même il ne porte plus. (ÉD. 6.)

61. *Théodote* avec un habit austère a un visage comique, et d'un homme qui entre sur la scène; sa voix, sa démarche, son geste, son attitude accompagnent son visage. Il est fin, *cauteleux*, doucereux, mystérieux; il s'approche de vous, et il vous dit à l'oreille : *Voilà un beau temps; voilà un grand dégel*³. S'il n'a pas les grandes manières, il a du moins toutes les petites, et celles même qui ne conviennent guère qu'à une jeune précieuse. Imaginez-vous l'application d'un enfant à élever un château de carte⁴ ou à se saisir d'un papillon :

---

1. *Il part de la main*, comme fait, en style de manége, un cheval qui se met au galop.
2. Dans la 9ᵉ édition : *sur*, au lieu de *sous*.
3. C'est de la tête aux pieds un homme tout mystère....
De la moindre vétille il fait une merveille,
Et jusques au bonjour il dit tout à l'oreille.
(Molière, *le Misanthrope*, acte II, scène IV.)
4. *Carte* est ainsi au singulier dans les éditions du dix-septième

c'est celle de Théodote pour une affaire de rien, et qui ne mérite pas qu'on s'en remue ; il la traite sérieusement, et comme quelque chose qui est capital ; il agit, il s'empresse, il la fait réussir : le voilà qui respire et qui se repose, et il a raison ; elle lui a coûté beaucoup de peine. L'on voit des gens enivrés, ensorcelés de la faveur ; ils y pensent le jour, ils y rêvent la nuit ; ils montent l'escalier d'un ministre, et ils en descendent ; ils sortent de son antichambre, et ils y rentrent ; ils n'ont rien à lui dire, et ils lui parlent ; ils lui parlent une seconde fois : les voilà contents, ils lui ont parlé. Pressez-les, tordez-les, ils dégouttent l'orgueil, l'arrogance, la présomption ; vous leur adressez la parole, ils ne vous répondent point, ils ne vous connoissent point, ils ont les yeux égarés et l'esprit aliéné : c'est à leurs parents à en prendre soin et à les renfermer, de peur que leur folie ne devienne fureur, et que le monde n'en souffre. Théodote a une plus douce manie : il aime la faveur éperdument, mais sa passion a moins d'éclat ; il lui fait des vœux en secret, il la cultive, il la sert mystérieusement ; il est au guet et à la découverte sur tout ce qui paroît de nouveau avec les livrées de la faveur : ont-ils une prétention, il s'offre à eux, il s'intrigue pour eux, il leur sacrifie sourdement mérite, alliance, amitié, engagement, reconnoissance. Si la place d'un Cassini[1] devenoit vacante, et que le suisse ou le postillon du favori s'avisât de la demander, il appuieroit sa demande, il le jugeroit digne de cette place, il le trouveroit capable d'observer

---

siècle. C'est l'orthographe du temps. Voyez le *Dictionnaire* de Furetière (1690) au mot *Carte*.

1. Jean-Dominique Cassini était directeur de l'Observatoire, fondé en 1666 par Louis XIV. A sa mort (1712), la direction échut à son fils.

et de calculer, de parler de parélies et de parallaxes[1]. Si vous demandiez[2] de Théodote s'il est auteur ou plagiaire, original ou copiste, je vous donnerois ses ouvrages, et je vous dirois : « Lisez, et jugez. » Mais s'il est dévot ou courtisan, qui pourroit le décider sur le portrait que j'en viens de faire? Je prononcerois plus hardiment sur son étoile. Oui, Théodote, j'ai observé le point de votre naissance; vous serez placé, et bientôt; ne veillez plus, n'imprimez plus : le public vous demande quartier. (ÉD. 7.)

62. N'espérez plus de candeur, de franchise, d'équité, de bons offices, de services, de bienveillance, de générosité, de fermeté dans un homme qui s'est depuis quelque temps livré à la cour, et qui secrètement veut sa fortune. Le reconnoissez-vous à son visage, à ses entretiens? Il ne nomme plus chaque chose par son nom; il n'y a plus pour lui de fripons, de fourbes, de sots et d'impertinents : celui dont il lui échapperoit de dire ce qu'il en pense, est celui-là même qui venant à le savoir l'empêcheroit de *cheminer;* pensant mal de tout le monde, il n'en dit de personne; ne voulant du bien qu'à lui seul, il veut persuader qu'il en veut à tous, afin que tous lui en fassent, ou que nul du moins lui soit contraire. Non content de n'être pas sincère, il ne souffre pas que personne le soit; la vérité blesse son oreille : il est froid et indifférent sur les observations que l'on fait sur la cour et sur le courtisan; et parce qu'il les a entendues, il s'en croit complice et responsable. Tyran de la société et martyr de son ambition, il a une triste circonspection dans sa conduite et dans ses discours, une raillerie

---

1. Var. (édit. 7) : de parler des parélies et des parallaxes.
2. Var. (édit. 7) : Si vous demandez.

innocente, mais froide et contrainte, un ris forcé, des caresses contrefaites, une conversation interrompue et des distractions fréquentes. Il a une profusion, le dirai-je? des torrents de louanges pour ce qu'a fait ou ce qu'a dit un homme placé et qui est en faveur, et pour tout autre une sécheresse de pulmonique ; il a des formules de compliments différents pour l'entrée et pour la sortie à l'égard de ceux qu'il visite ou dont il est visité; et il n'y a personne de ceux qui se payent de mines et de façons de parler qui ne sorte d'avec lui fort satisfait. Il vise également à se faire des patrons et des créatures; il est médiateur, confident, entremetteur : il veut gouverner. Il a une ferveur de novice pour toutes les petites pratiques de cour; il sait où il faut se placer pour être vu; il sait vous embrasser, prendre part à votre joie, vous faire coup sur coup des questions empressées sur votre santé, sur vos affaires; et pendant que vous lui répondez, il perd le fil de sa curiosité, vous interrompt, entame un autre sujet; ou s'il survient quelqu'un à qui il doive un discours tout différent, il sait, en achevant de vous congratuler, lui faire un compliment de condoléance : il pleure d'un œil, et il rit de l'autre. Se formant quelquefois sur les ministres ou sur le favori, il parle en public de choses frivoles, du vent, de la gelée; il se tait au contraire, et fait le mystérieux sur ce qu'il sait de plus important, et plus volontiers encore sur ce qu'il ne sait point. (ÉD. 8.)

63. Il y a un pays où les joies sont visibles, mais fausses, et les chagrins cachés, mais réels. Qui croiroit que l'empressement pour les spectacles, que les éclats et les applaudissements aux théâtres de Molière et d'Arlequin [1],

---

1. Le théâtre d'Arlequin était la comédie italienne.

les repas, la chasse, les ballets, les carrousels couvrissent tant d'inquiétudes, de soins et de divers intérêts, tant de craintes et d'espérances, des passions si vives et des affaires si sérieuses[1] ?

La vie de la cour est un jeu sérieux, mélancolique, qui applique : il faut arranger ses pièces et ses batteries, avoir un dessein, le suivre, parer celui de son adversaire, hasarder quelquefois, et jouer de caprice ; et après toutes ses rêveries et toutes ses mesures, on est échec[2], quelquefois mat ; souvent, avec des pions qu'on ménage bien, on va à dame, et l'on gagne la partie : le plus habile l'emporte, ou le plus heureux[3]. (ÉD. 4.)

64.

Les roues, les ressorts, les mouvements sont cachés ; rien ne paroît d'une montre que son aiguille, qui insensiblement s'avance et achève son tour : image du courtisan, d'autant plus parfaite qu'après avoir fait assez de chemin, il revient souvent au même point d'où il est parti. (ÉD. 5.)

65.

« Les deux tiers de ma vie sont écoulés ; pourquoi tant

66.

1. « La cour veut toujours unir les plaisirs avec les affaires. Par un mélange étonnant, il n'y a rien de plus sérieux, ni ensemble de plus enjoué. Enfoncez : vous trouvez partout des intérêts cachés, des jalousies délicates qui causent une extrême sensibilité, et dans une ardente ambition des soins et un sérieux aussi triste qu'il est vain. Tout est couvert d'un air gai, et vous diriez qu'on ne songe qu'à s'y divertir. » (Bossuet, *Oraison funèbre d'Anne de Gonzague*, 1685, tome XIII, p. 434 et 435, édition de 1816.)
2. On lit *échet* dans toutes les éditions du dix-septième siècle.
3. VAR. (édit. 4-6) : et après toutes ses rêveries et toutes ses mesures, on est échet, quelquefois mat : le plus fou l'emporte ou le plus heureux. — « Souvent avec des pions qu'on ménage bien on va à dame et on gagne la partie (*et l'on gagne la partie*, dans les éditions 8 et 9) » : membre de phrase ajouté dans la 7ᵉ édition. Le mot *habile* a été dans la même édition substitué au mot *fou*.

m'inquiéter sur ce qui m'en reste? La plus brillante fortune ne mérite point ni le tourment que je me donne, ni les petitesses où je me surprends, ni les humiliations, ni les hontes que j'essuie; trente années détruiront ces colosses de puissance qu'on ne voyoit bien qu'à force de lever la tête; nous disparoîtrons, moi qui suis si peu de chose, et ceux que je contemplois si avidement, et de qui j'espérois toute ma grandeur; le meilleur de tous les biens, s'il y a des biens, c'est le repos, la retraite et un endroit qui soit son domaine. » N** a pensé cela dans sa disgrâce, et l'a oublié dans la prospérité[1].

67. Un noble, s'il vit chez lui dans sa province, il vit libre, mais sans appui; s'il vit à la cour, il est protégé, mais il est esclave : cela se compense.

68. *Xantippe* au fond de sa province, sous un vieux toit et dans un mauvais lit, a rêvé pendant la nuit qu'il voyoit le prince, qu'il lui parloit, et qu'il en ressentoit une extrême joie; il a été triste[2] à son réveil; il a conté son songe, et il a dit : « Quelles chimères ne tombent point dans l'esprit des hommes pendant qu'ils dorment! » Xantippe a continué de vivre; il est venu à la cour, il a vu le prince, il lui a parlé; et il a été plus loin que son songe, il est favori. (ÉD. 4.)

69. Qui est plus esclave qu'un courtisan assidu, si ce n'est un courtisan plus assidu?

70. L'esclave n'a qu'un maître; l'ambitieux en a autant qu'il y a de gens utiles à sa fortune[3].

---

1. VAR. (édit. 1) : dans sa prospérité.
2. VAR. (édit. 4) : et il a été triste.
3. « L'ambitieux, dit Bourdaloue dans son *Sermon sur l'ambition*,

DE LA COUR.   327

71. Mille gens à peine connus font la foule au lever pour être vus du prince, qui n'en sauroit voir mille à la fois; et s'il ne voit aujourd'hui que ceux qu'il vit hier et qu'il verra demain, combien de malheureux!

72. De tous ceux qui s'empressent auprès des grands et qui leur font la cour[1], un petit nombre les honore dans le cœur, un grand nombre les recherche par des vues d'ambition et d'intérêt, un plus grand nombre par une ridicule vanité, ou par une sotte impatience[2] de se faire voir.

73. Il y a de certaines familles qui, par les lois du monde ou ce qu'on appelle de la bienséance, doivent être irréconciliables. Les voilà réunies; et où la religion a échoué quand elle a voulu l'entreprendre, l'intérêt s'en joue, et le fait sans peine. (ÉD. 7.)

74. L'on parle d'une région où les vieillards sont galants, polis et civils; les jeunes gens au contraire, durs, féroces, sans mœurs ni politesse : ils se trouvent affranchis de la passion des femmes dans un âge où l'on commence ailleurs à la sentir; ils leur préfèrent des repas, des viandes, et des amours ridicules. Celui-là chez eux est sobre et modéré, qui ne s'enivre que de vin : l'usage trop fréquent qu'ils en ont fait le leur a rendu insipide; ils cherchent à réveiller leur goût déjà éteint par des eaux-de-vie, et par toutes les liqueurs les plus violentes; il ne manque à leur débauche que de boire de l'eau-

---

a dans une cour autant de maîtres dont il dépend qu'il y a de gens de toutes conditions dont il espère d'être secondé ou dont il craint d'être desservi. »

1. VAR. (édit. 1-7) : et leur font la cour.
2. VAR. (édit. 1-5) : ou une sotte impatience.

forte. Les femmes du pays précipitent le déclin de leur beauté par des artifices qu'elles croient servir à les rendre belles : leur coutume est de peindre leurs lèvres, leurs joues, leurs sourcils et leurs épaules, qu'elles étalent avec leur gorge, leurs bras et leurs oreilles, comme si elles craignoient de cacher l'endroit par où elles pourroient plaire, ou de ne pas se montrer assez. Ceux qui habitent cette contrée ont une physionomie qui n'est pas nette, mais confuse, embarrassée dans une épaisseur de cheveux étrangers, qu'ils préfèrent aux naturels et dont ils font un long tissu pour couvrir leur tête : il descend à la moitié du corps, change les traits, et empêche[1] qu'on ne connoisse les hommes à leur visage. Ces peuples d'ailleurs ont leur Dieu et leur roi : les grands de la nation s'assemblent tous les jours, à une certaine heure, dans un temple qu'ils nomment église; il y a au fond de ce temple un autel consacré à leur Dieu, où un prêtre célèbre des mystères qu'ils appellent saints, sacrés et redoutables; les grands[2] forment un vaste cercle au pied de cet autel, et paroissent debout, le dos tourné directement au prêtre[3] et aux saints mystères, et les faces élevées vers leur roi, que l'on voit à genoux sur une tribune, et à qui ils semblent avoir tout l'esprit et tout le cœur appliqués[4]. On ne laisse pas de voir dans cet usage une espèce de subordination; car ce peuple paroît adorer le prince, et le prince adorer Dieu. Les gens du pays le nomment***; il est à quelque[5] quarante-huit degrés

1. Var. (édit. 1 et 2) : ils descendent à la moitié du corps, changent les traits, et empêchent.
2. Var. (édit. 1-3) : ces grands.
3. Var. (édit. 1-8) : aux prêtres.
4. Le participe *appliqué* est au singulier dans toutes les éditions du dix-septième siècle.
5. *Quelques* est au pluriel dans toutes les éditions publiées du vivant de la Bruyère, et au singulier dans la 10ᵉ (1699).

d'élévation du pôle, et à plus d'onze cents lieues de mer des Iroquois et des Hurons.

Qui considérera que le visage du prince fait toute la félicité du courtisan, qu'il s'occupe¹ et se remplit pendant toute sa vie de le voir et d'en être vu, comprendra un peu comment voir Dieu peut faire toute la gloire et tout le bonheur des saints. 75.

Les grands seigneurs sont pleins d'égards pour les princes : c'est leur affaire, ils ont des inférieurs. Les petits courtisans se relâchent sur ces devoirs, font les familiers, et vivent comme gens qui n'ont d'exemples à donner à personne. (ÉD. 4.) 76.

Que manque-t-il de nos jours à la jeunesse? Elle peut et elle sait; ou du moins quand elle sauroit autant qu'elle peut, elle ne seroit pas plus décisive. (ÉD. 4.) 77.

Foibles hommes! Un grand dit de *Timagène*, votre ami, qu'il est un sot, et il se trompe. Je ne demande pas que vous répliquiez qu'il est homme d'esprit : osez seulement penser qu'il n'est pas un sot. (ÉD. 4.) 78.

De même il prononce d'*Iphicrate* qu'il manque de cœur; vous lui avez vu faire une belle action : rassurez-vous, je vous dispense de la raconter, pourvu qu'après ce que vous venez d'entendre², vous vous souveniez encore de la lui avoir vu faire. (ÉD. 4.)

Qui sait parler aux rois, c'est peut-être³ où se termine 79.

1. VAR. (édit. 3-7) : qui s'occupe.
2. VAR. (édit. 4-7) : pourvu qu'après ce qu'a dit un prince.
3. La 5ᵉ édition ponctue d'une manière différente : « Qui sait parler aux rois? c'est peut-être, etc. » Nous suivons la ponctuation des éditions 6-9.

toute la prudence et toute la souplesse du courtisan. Une parole échappe, et elle tombe de l'oreille du prince bien avant dans sa mémoire, et quelquefois jusque dans son cœur : il est impossible de la ravoir; tous les soins que l'on prend et toute l'adresse dont on use pour l'expliquer ou pour l'affoiblir, servent à la graver plus profondément et à l'enfoncer davantage. Si ce n'est que contre nous-mêmes que nous ayons parlé, outre que ce malheur n'est pas ordinaire, il y a encore un prompt remède, qui est de nous instruire par notre faute, et de souffrir la peine de notre légèreté; mais si c'est contre quelque autre, quel abattement! quel repentir! Y a-t-il une règle plus utile contre un si dangereux inconvénient, que de parler des autres au souverain, de leurs personnes, de leurs ouvrages, de leurs actions, de leurs mœurs ou de leur conduite, du moins avec l'attention, les précautions et les mesures dont on parle de soi? (ÉD. 5.)

80. « Diseurs de bons mots, mauvais caractère : » je le dirois, s'il n'avoit été dit[1]. Ceux qui nuisent à la réputation ou à la fortune des autres, plutôt que de perdre un bon mot, méritent une peine infamante : cela n'a pas été dit, et je l'ose dire. (ÉD. 4.)

81. Il y a un certain nombre de phrases toutes faites, que

---

1. Voyez les *Pensées* de Pascal (p. 80, édition Havet) : « Diseur de bons mots*, mauvais caractère. » Cette pensée, au surplus, est l'une des sentences que nous a léguées l'antiquité. Publius Syrus a dit :

Lingua est maliloquax indicium malæ mentis :

« Une langue médisante est l'indice d'un mauvais esprit. »

* *Diseur* est au singulier dans les *Pensées* de Pascal, et au pluriel dans les *Caractères* de la Bruyère.

l'on prend comme dans un magasin et dont l'on se sert pour se féliciter les uns les autres sur les événements. Bien qu'elles se disent souvent sans affection, et qu'elles soient reçues sans reconnoissance, il n'est pas permis avec cela de les omettre, parce que du moins elles sont l'image de ce qu'il y a au monde de meilleur, qui est l'amitié, et que les hommes, ne pouvant guère compter les uns sur les autres pour la réalité, semblent être convenus entre eux de se contenter des apparences.

Avec cinq ou six termes de l'art, et rien de plus, l'on se donne pour connoisseur en musique, en tableaux, en bâtiments, et en bonne chère : l'on croit avoir plus de plaisir qu'un autre à entendre, à voir et à manger; l'on impose à ses semblables, et l'on se trompe soi-même. 82.

La cour n'est jamais dénuée d'un certain nombre de gens en qui l'usage du monde, la politesse ou la fortune tiennent lieu d'esprit, et suppléent au mérite. Ils savent entrer et sortir; ils se tirent de la conversation en ne s'y mêlant point; ils plaisent à force de se taire, et se rendent importants par un silence longtemps soutenu, ou tout au plus par quelques monosyllabes; ils payent de mines, d'une inflexion de voix, d'un geste et d'un sourire : ils n'ont pas, si je l'ose dire, deux pouces de profondeur; si vous les enfoncez, vous rencontrez le tuf[1]. (ÉD. 6.) 83.

1. *Tuff* est l'orthographe de toutes les éditions du dix-septième siècle. — « Et pourtant leur est le silence (à ceulx qui nous regissent et commandent) non-seulement contenance de respect et gravité, mais encores souvent de proufit et de mesnage... A combien de sottes âmes, en mon temps, a servy une mine froide et taciturne

84. Il y a des gens à qui la faveur arrive comme un accident : ils en sont[1] les premiers surpris et consternés. Ils se reconnoissent enfin, et se trouvent dignes de leur étoile; et comme si la stupidité et la fortune étoient deux choses incompatibles, ou qu'il fût impossible d'être heureux et sot tout à la fois, ils se croient de l'esprit ; ils hasardent, que dis-je? ils ont la confiance de parler en toute rencontre, et sur quelque matière qui puisse s'offrir, et sans nul discernement des personnes qui les écoutent. Ajouterai-je qu'ils épouvantent ou qu'ils donnent le dernier dégoût par leur fatuité et par leurs fadaises? Il est vrai du moins qu'ils déshonorent sans ressource ceux qui ont quelque part au hasard de leur élévation. (ÉD. 6.)

85. Comment nommerai-je cette sorte de gens qui ne sont fins que pour les sots? Je sais du moins que les habiles les confondent avec ceux qu'ils savent tromper. (ÉD. 4.)

C'est avoir fait un grand pas dans la finesse, que de faire penser de soi que l'on n'est que médiocrement fin[2].

La finesse n'est ni une trop bonne ni une trop mau-

---

de tiltre de prudence et de capacité! » (Montaigne, livre III, chapitre VIII.)

Taciturnitas stulto homini pro sapientia est,

a dit Publius Syrus : « La taciturnité tient lieu d'esprit à un sot. » Et encore :

Stultus tacebit, pro sapiente habebitur :

« Qu'un sot se taise, il passera pour un homme d'esprit. »

1. VAR. (édit. 6 et 7) : Il y a des gens à qui la faveur arrive comme un accident : ils ne l'espéroient point, ils en sont, etc.
2. « C'est une grande habileté que de savoir cacher son habileté. » (*La Rochefoucauld*, n° CCXLV.)

vaise qualité : elle flotte entre le vice et la vertu. Il n'y a point de rencontre où elle ne puisse, et peut-être où elle ne doive être suppléée par la prudence. (ÉD. 4.)

La finesse est l'occasion prochaine de la fourberie; de l'un à l'autre le pas est glissant; le mensonge seul en fait la différence : si on l'ajoute à la finesse, c'est fourberie. (ÉD. 4.)

Avec les gens qui par finesse écoutent tout et parlent peu, parlez encore moins; ou si vous parlez beaucoup, dites peu de chose. (ÉD. 4.)

86. Vous dépendez, dans une affaire qui est juste et importante, du consentement de deux personnes. L'un vous dit : « J'y donne les mains[1] pourvu qu'un tel y condescende; » et ce tel y condescend, et ne desire plus que d'être assuré des intentions de l'autre. Cependant rien n'avance; les mois, les années s'écoulent inutilement : « Je m'y perds, dites-vous, et je n'y comprends rien; il ne s'agit que de faire qu'ils s'abouchent, et qu'ils se parlent. » Je vous dis, moi, que j'y vois clair, et que j'y comprends tout : ils se sont parlé[2]. (ÉD. 5.)

87. Il me semble que qui sollicite pour les autres a la confiance d'un homme qui demande justice; et qu'en parlant ou en agissant pour soi-même, on a l'embarras et la pudeur de celui qui demande grâce. (ÉD. 7.)

88. Si l'on ne se précautionne à la cour contre les piéges que l'on y tend sans cesse pour faire tomber dans le ridi-

1. Les mots : « J'y donne les mains » sont en italique dans les éditions 5-7.
2. « Ils se sont parlés, » avec le participe au pluriel, dans toutes les éditions du dix-septième siècle.

cule, l'on est étonné, avec tout son esprit, de se trouver la dupe de plus sots que soi.

89. Il y a quelques rencontres dans la vie où la vérité et la simplicité sont le meilleur manége du monde [1].

90. Êtes-vous en faveur, tout manége est bon, vous ne faites point de fautes, tous les chemins vous mènent au terme [2] : autrement, tout est faute, rien n'est utile, il n'y a point de sentier qui ne vous égare. (ÉD. 6.)

91. Un homme qui a vécu dans l'intrigue un certain temps ne peut plus s'en passer : toute autre vie pour lui est languissante.

92. Il faut avoir de l'esprit pour être homme de cabale : l'on peut cependant en avoir à un certain point, que l'on est au-dessus de l'intrigue et de la cabale, et que l'on ne sauroit s'y assujettir; l'on va alors à une grande fortune ou à une haute réputation par d'autres chemins [3].

1. « Il est difficile de juger si un procédé net, sincère et honnête est un effet de probité ou d'habileté. » (*La Rochefoucauld*, n° CLXX.)
2. « La fortune tourne tout à l'avantage de ceux qu'elle favorise. » (*La Rochefoucauld*, n° LX.) — « Tout est bon à ceux qui sont heureux, » écrit Mme de Sévigné (lettre du 6 décembre 1679, tome VI, p. 119), et après avoir raconté à la suite de cette réflexion le mariage de Mlle de Vauvineux avec le prince de Guémené, elle termine ainsi son récit : « N'est-il pas vrai, ma fille, que tout tourne à bien pour ceux qui sont heureux? *L'Évangile le dit, il le faut croire.* » (*Ibidem*, p. 121.) Ce n'est point précisément là ce que dit l'Évangile (voyez la note 13 de la lettre dans le *Sévigné* de la collection); mais cette pensée se retrouve dans les sentences de Publius Syrus :

Fortuna quo se, eodem et inclinat favor :

« Où penche la fortune, là penche aussi la faveur. »
3. A la suite de cette réflexion vient celle-ci dans les éditions 1-3 : « Toutes les vues, toutes les maximes et tous les raffinements de la

93. Avec un esprit sublime, une doctrine universelle, une probité à toutes épreuves, et un mérite très-accompli, n'appréhendez pas, ô *Aristide*, de tomber à la cour ou de perdre la faveur des grands, pendant tout le temps qu'ils auront besoin de vous. (ÉD. 4.)

94. Qu'un favori s'observe de fort près ; car s'il me fait moins attendre dans son antichambre qu'à l'ordinaire, s'il a le visage plus ouvert, s'il fronce moins le sourcil, s'il m'écoute plus volontiers, et s'il me reconduit un peu plus loin, je penserai qu'il commence à tomber, et je penserai vrai.

L'homme a bien peu de ressources dans soi-même, puisqu'il lui faut une disgrâce ou une mortification pour le rendre plus humain, plus traitable, moins féroce, plus honnête homme.

95. L'on contemple dans les cours de certaines gens, et l'on voit bien à leurs discours et à toute leur conduite qu'ils ne songent ni à leurs grands-pères ni à leurs petits-fils : le présent est pour eux ; ils n'en jouissent pas, ils en abusent. (ÉD. 5.)

96. *Straton* est né sous deux étoiles : malheureux, heureux dans le même degré. Sa vie est un roman : non, il lui manque le vraisemblable. Il n'a point eu d'aventures ; il a eu de beaux songes, il en a eu de mauvais : que dis-je ? on ne rêve point comme il a vécu. Personne n'a tiré d'une destinée plus qu'il a fait ; l'extrême et le mé-

politique tendent à une seule fin, qui est de n'être point trompé, et de tromper les autres. » A la 4ᵉ édition la Bruyère a transporté cette phrase dans le chapitre *du Souverain et de la République* (tel était dans cette édition le titre du chapitre), et l'a placé à la fin du caractère, jusque-là inédit, du *Plénipotentiaire* (voyez ci-après, p. 377, n° 12).

diocre lui sont connus; il a brillé, il a souffert, il a mené une vie commune : rien ne lui est échappé. Il s'est fait valoir par des vertus qu'il assuroit fort sérieusement qui étoient en lui; il a dit de soi : *J'ai de l'esprit, j'ai du courage;* et tous ont dit après lui : *Il a de l'esprit, il a du courage.* Il a exercé dans l'une et l'autre fortune le génie du courtisan, qui a dit de lui plus de bien peut-être et plus de mal qu'il n'y en avoit. Le joli, l'aimable, le rare, le merveilleux, l'héroïque[1] ont été employés à son éloge; et tout le contraire a servi depuis pour le ravaler : caractère équivoque, mêlé, enveloppé; une énigme, une question presque indécise. (ÉD. 6.)

97. La faveur met l'homme au-dessus de ses égaux; et sa chute[2], au-dessous. (ÉD. 5.)

98. Celui qui un beau jour[3] sait renoncer fermement ou à un grand nom, ou à une grande autorité, ou à une grande fortune, se délivre en un moment de bien des peines, de bien des veilles, et quelquefois de bien des crimes.

99. Dans cent ans le monde subsistera encore en son entier : ce sera le même théâtre[4] et les mêmes décorations, ce ne seront plus les mêmes acteurs. Tout ce qui se réjouit sur une grâce reçue, ou ce qui s'attriste et se désespère sur un refus, tous auront disparu de dessus la scène. Il s'avance déjà sur le théâtre d'autres

---

1. Les mots *joli, aimable, rare, merveilleux, héroïque* sont en italique dans la 6ᵉ édition.
2. VAR. (édit. 5) : et la chute.
3. « A un beau jour, » dans la 6ᵉ édition; mais *a* est sans accent et pourrait bien être une faute d'impression.
4. VAR. (édit. 7) : et ce sera le même théâtre.

hommes qui vont jouer dans une même pièce les mêmes rôles; ils s'évanouiront à leur tour; et ceux qui ne sont pas encore, un jour ne seront plus : de nouveaux acteurs ont pris leur place. Quel fond à faire sur un personnage de comédie! (ÉD. 5.)

100. Qui a vu la cour a vu du monde ce qui est le plus beau, le plus spécieux et le plus orné; qui méprise la cour, après l'avoir vue, méprise le monde. (ÉD. 7.)

101. La ville dégoûte de la province; la cour détrompe de la ville, et guérit de la cour. (ÉD. 6.)

Un esprit sain puise à la cour le goût de la solitude et de la retraite[1].

---

1. Dans les éditions 1-3 le chapitre se termine par trois alinéa qui furent déplacés à la 4ᵉ : le premier de ces alinéa se trouve ci-dessus, p. 301, n° 16; le second est au chapitre *du Souverain ou de la République*, ci-après, p. 378, n° 18; le troisième est le premier alinéa du n° 19, p. 379.

DES GRANDS.

1. La prévention du peuple en faveur des grands est si aveugle, et l'entêtement pour leur geste, leur visage, leur ton de voix et leurs manières si général, que s'ils s'avisoient d'être bons, cela iroit à l'idolâtrie.

2. Si vous êtes né vicieux, ô *Théagène*, je vous plains; si vous le devenez par foiblesse pour ceux qui ont intérêt que vous le soyez, qui ont juré entre eux de vous corrompre, et qui se vantent déjà de pouvoir y réussir, souffrez que je vous méprise. Mais si vous êtes sage, tempérant, modeste, civil, généreux, reconnoissant, laborieux, d'un rang d'ailleurs et d'une naissance à donner des exemples plutôt qu'à les prendre d'autrui, et à faire les règles plutôt qu'à les recevoir, convenez avec cette sorte de gens de suivre par complaisance leurs déréglements, leurs vices et leur folie, quand ils auront, par la déférence qu'ils vous doivent, exercé toutes les vertus que vous chérissez : ironie forte, mais utile, très-propre à mettre vos mœurs en sûreté, à renverser tous leurs projets, et à les jeter dans le parti de continuer d'être ce qu'ils sont, et de vous laisser tel que vous êtes. (éd. 6.)

3. L'avantage des grands sur les autres hommes est immense par un endroit : je leur cède leur bonne chère, leurs riches ameublements, leurs chiens, leurs chevaux, leurs singes, leurs nains, leurs fous et leurs flatteurs; mais je leur envie le bonheur d'avoir à leur service des

gens qui les égalent par le cœur et par l'esprit, et qui les passent quelquefois[1].

Les grands se piquent d'ouvrir une allée dans une forêt, de soutenir des terres par de longues murailles, de dorer des plafonds, de faire venir dix pouces d'eau, de meubler une orangerie; mais de rendre un cœur content, de combler une âme de joie, de prévenir d'extrêmes besoins ou d'y remédier, leur curiosité ne s'étend point jusque-là.

4

On demande si en comparant ensemble les différentes conditions des hommes, leurs peines, leurs avantages, on n'y remarqueroit pas un mélange ou une espèce de compensation de bien et de mal, qui établiroit entre elles l'égalité, ou qui feroit du moins que l'un[2] ne seroit guère plus desirable que l'autre. Celui qui est puissant, riche, et à qui il ne manque rien, peut former cette question ; mais il faut que ce soit un homme pauvre qui la décide. (ÉD. 4.)

5.

Il ne laisse pas d'y avoir comme un charme attaché à chacune des différentes conditions, et qui y demeure jusques à ce que la misère l'en ait ôté. Ainsi les grands se plaisent dans l'excès, et les petits aiment la modération ; ceux-là ont le goût de dominer et de commander, et ceux-ci sentent du plaisir et même de la vanité à les

1. Il est noté dans le *Ménagiana* (tome III, p. 381, édition de 1715) que Cervantes « fait dire la même chose à peu près à don Quichotte dans le chapitre xxxi de la deuxième partie. »

2. VAR. (édit. 4 et 5) : l'une. — La plupart des éditions modernes ont conservé à tort, ce nous semble, la leçon des éditions 4 et 5 : voyez ci-dessus, p. 333, ligne 5. — « Quelque différence qui paroisse entre les fortunes, a dit la Rochefoucauld (n° 141), il y a néanmoins une certaine compensation de biens et de maux qui les rend égales. »

servir et à leur obéir ; les grands sont entourés, salués, respectés ; les petits entourent, saluent, se prosternent ; et tous sont contents. (ÉD. 4.)

6. Il coûte si peu aux grands à ne donner que des paroles, et leur condition les dispense si fort de tenir les belles promesses qu'ils vous ont faites, que c'est modestie à eux de ne promettre pas encore plus largement. (ÉD. 4.)

7. « Il est vieux et usé, dit un grand ; il s'est crevé à me suivre : qu'en faire? » Un autre, plus jeune, enlève ses espérances, et obtient le poste qu'on ne refuse à ce malheureux que parce qu'il l'a trop mérité. (ÉD. 4.)

8. « Je ne sais, dites-vous avec un air froid et dédaigneux, *Philanthe* a du mérite, de l'esprit, de l'agrément, de l'exactitude sur son devoir, de la fidélité et de l'attachement pour son maître, et il en est médiocrement considéré ; il ne plaît pas, il n'est pas goûté. » — Expliquez-vous : est-ce Philanthe, ou le grand qu'il sert, que vous condamnez ? (ÉD. 4.)

9. Il est souvent plus utile de quitter les grands que de s'en plaindre. (ÉD. 6.)

10. Qui peut dire pourquoi quelques-uns ont le gros lot, ou quelques autres la faveur des grands?

11. Les grands sont si heureux, qu'ils n'essuient pas même, dans toute leur vie, l'inconvénient de regretter la perte de leurs meilleurs serviteurs, ou des personnes illustres dans leur genre, et dont ils ont tiré le plus de

plaisir et le plus d'utilité. La première chose que la flatterie sait faire, après la mort de ces hommes uniques, et qui ne se réparent point, est de leur supposer des endroits foibles, dont elle prétend que ceux qui leur succèdent sont très-exempts : elle assure que l'un, avec toute la capacité et toutes les lumières de l'autre, dont il prend la place, n'en a point les défauts ; et ce style sert aux princes à se consoler du grand et de l'excellent par le médiocre. (ÉD. 4.)

12. Les grands dédaignent les gens d'esprit qui n'ont que de l'esprit ; les gens d'esprit méprisent les grands qui n'ont que de la grandeur. Les gens de bien plaignent les uns et les autres, qui ont ou de la grandeur ou de l'esprit, sans nulle vertu.

13. Quand je vois d'une part auprès des grands, à leur table, et quelquefois dans leur familiarité, de ces hommes alertes, empressés, intrigants, aventuriers, esprits dangereux et nuisibles, et que je considère d'autre part quelle peine ont les personnes de mérite à en approcher, je ne suis pas toujours disposé à croire que les méchants soient soufferts par intérêt, ou que les gens de bien soient regardés comme inutiles ; je trouve plus mon compte à me confirmer dans cette pensée, que grandeur et discernement sont deux choses différentes, et l'amour pour la vertu et pour les vertueux une troisième chose. (ÉD. 4.)

14. *Lucile* aime mieux user sa vie à se faire supporter de quelques grands, que d'être réduit à vivre familièrement avec ses égaux.

La règle de voir de plus grands que soi doit avoir ses

restrictions. Il faut quelquefois d'étranges talents pour la réduire en pratique¹.

15. Quelle est l'incurable maladie de *Théophile?* Elle lui dure depuis plus de trente années, il ne guérit point : il a voulu, il veut et il voudra gouverner les grands; la mort seule lui ôtera avec la vie cette soif d'empire et d'ascendant sur les esprits. Est-ce en lui zèle du prochain? est-ce habitude? est-ce une excessive opinion de soi-même? Il n'y a point de palais où il ne s'insinue; ce n'est pas au milieu d'une chambre qu'il s'arrête : il passe à une embrasure ou au cabinet; on attend qu'il ait parlé, et longtemps et avec action, pour avoir audience, pour être vu. Il entre dans le secret des familles; il est de quelque chose dans tout ce qui leur arrive de triste ou d'avantageux; il prévient, il s'offre, il se fait de fête, il faut l'admettre. Ce n'est pas assez pour remplir son temps ou son ambition, que le soin de dix mille âmes dont il répond à Dieu comme de la sienne propre : il y en a d'un plus haut rang et d'une plus grande distinction dont il ne doit aucun compte, et dont il se charge plus volontiers. Il écoute, il veille sur tout ce qui peut servir de pâture à son esprit d'intrigue, de médiation et de manége². A peine un grand est-il débarqué, qu'il l'empoigne et s'en saisit; on entend plus tôt dire à Théophile qu'il le gouverne³, qu'on n'a pu soupçonner qu'il pensoit à le gouverner. (ÉD. 6.)

16. Une froideur ou une incivilité qui vient de ceux qui

---

1. Cette réflexion, composée de deux alinéa, est au chapitre *de l'Homme* dans les éditions 1-3.
2. VAR. (édit. 6-8) : ou de manége.
3. VAR. (édit. 6 et 7) : on entend plus tôt dire à Théophile : *Je le gouverne*.

sont au-dessus de nous, nous les fait haïr[1]; mais un salut ou un sourire nous les réconcilie.

17. Il y a des hommes superbes, que l'élévation de leurs rivaux humilie et apprivoise; ils en viennent, par cette disgrâce, jusqu'à rendre le salut; mais le temps, qui adoucit toutes choses, les remet enfin dans leur naturel. (ÉD. 6.)

18. Le mépris que les grands ont pour le peuple les rend indifférents sur les flatteries ou sur les louanges qu'ils en reçoivent, et tempère leur vanité. De même les princes, loués sans fin et sans relâche des grands ou des courtisans, en seroient plus vains s'ils estimoient davantage ceux qui les louent. (ÉD. 4.)

19. Les grands croient être seuls parfaits, n'admettent qu'à peine dans les autres hommes la droiture d'esprit, l'habileté, la délicatesse, et s'emparent de ces riches talents comme de choses dues à leur naissance. C'est cependant en eux une erreur grossière de se nourrir de si fausses préventions : ce qu'il y a jamais eu de mieux pensé, de mieux dit, de mieux écrit, et peut-être d'une conduite plus délicate, ne nous est pas toujours venu de leur fond. Ils ont de grands domaines et une longue suite d'ancêtres : cela ne leur peut être contesté.

20. Avez-vous de l'esprit, de la grandeur, de l'habileté, du goût, du discernement? en croirai-je la prévention et la flatterie, qui publient hardiment votre mérite? Elles me sont suspectes, et je les récuse. Me laisserai-je éblouir par un air de capacité ou de hauteur qui vous

---

1. VAR. (édit. 1) : nous les rend haïssables.

met au-dessus de tout ce qui se fait, de ce qui se dit et de ce qui s'écrit; qui vous rend sec sur les louanges, et empêche qu'on ne puisse arracher de vous la moindre approbation? Je conclus de là plus naturellement que vous avez de la faveur, du crédit et de grandes richesses. Quel moyen de vous définir, *Téléphon*[1]? on n'approche de vous que comme du feu, et dans une certaine distance, et il faudroit vous développer, vous manier, vous confronter avec vos pareils, pour porter de vous un jugement sain et raisonnable. Votre homme de confiance, qui est dans votre familiarité, dont vous prenez conseil, pour qui vous quittez *Socrate* et *Aristide*[2], avec qui vous riez, et qui rit plus haut que vous, *Dave* enfin, m'est très-connu : seroit-ce assez pour vous bien connoître? (ÉD. 6.)

21. Il y en a de tels, que s'ils pouvoient connoître leurs subalternes et se connoître eux-mêmes, ils auroient honte de primer. (ÉD. 5.)

22. S'il y a peu d'excellents orateurs, y a-t-il bien des gens qui puissent les entendre? S'il n'y a pas assez de bons écrivains, où sont ceux qui savent lire? De même on s'est toujours plaint du petit nombre de personnes capables de conseiller les rois, et de les aider dans l'administration de leurs affaires; mais s'ils naissent enfin, ces hommes habiles et intelligents, s'ils agissent selon leurs vues et leurs lumières, sont-ils aimés, sont-ils estimés autant qu'ils le méritent? Sont-ils loués de ce qu'ils pensent et de ce qu'ils font pour la patrie? Ils vivent, il suffit : on les censure s'ils échouent, et on les envie

1. VAR. (édit. 6 et 7) : *Antiphon*.
2. « Dont vous prenez conseil, pour qui vous quittez *Socrate* et *Aristide* : » membres de phrase ajoutés à la 8ᵉ édition.

s'ils réussissent. Blâmons le peuple où il seroit ridicule de vouloir l'excuser. Son chagrin et sa jalousie, regardés des grands ou des puissants comme inévitables, les ont conduits insensiblement à le compter pour rien, et à négliger ses suffrages dans toutes leurs entreprises, à s'en faire même une règle de politique. (ÉD. 5.)

Les petits se haïssent les uns les autres lorsqu'ils se nuisent réciproquement. Les grands sont odieux aux petits par le mal qu'ils leur font, et par tout le bien qu'ils ne leur font pas : ils leur sont responsables de leur obscurité, de leur pauvreté et de leur infortune, ou du moins ils leur paroissent tels. (ÉD. 5.)

C'est déjà trop d'avoir avec le peuple une même religion et un même Dieu : quel moyen encore de s'appeler *Pierre*, *Jean*, *Jacques*, comme le marchand ou le laboureur? Évitons d'avoir rien de commun avec la multitude; affectons au contraire toutes les distinctions qui nous en séparent. Qu'elle s'approprie les douze apôtres, leurs disciples, les premiers martyrs (telles gens, tels patrons); qu'elle voie avec plaisir revenir, toutes les années, ce jour particulier que chacun célèbre comme sa fête. Pour nous autres grands, ayons recours aux noms profanes; faisons-nous baptiser sous ceux d'*Annibal*, de *César* et de *Pompée* : c'étoient de grands hommes; sous celui de *Lucrèce* : c'étoit une illustre Romaine[1]; sous ceux de *Renaud*, de *Roger*, d'*Olivier* et de *Tancrède*[2] : c'étoient des paladins, et le roman n'a point de héros plus merveilleux; sous ceux d'*Hector*, d'*Achille*, d'*Hercule*, tous

23.

1. VAR.(édit. 5 et 6) : c'étoit une Romaine et une illustre Romaine.
2. Héros du *Roland amoureux* de Boiardo (1495), de celui de Berni (1541), du *Roland furieux* de l'Arioste, et de la *Jérusalem délivrée* du Tasse.

demi-dieux; sous ceux même de *Phébus* et de *Diane*[1];
et qui nous empêchera de nous faire nommer *Jupiter* ou
Mercure, ou *Vénus*, ou *Adonis*? (ÉD. 5.)

24. Pendant que les grands négligent de rien connoître,
je ne dis pas seulement aux intérêts des princes et aux
affaires publiques, mais à leurs propres affaires; qu'ils
ignorent l'économie et la science d'un père de famille,
et qu'ils se louent eux-mêmes de cette ignorance; qu'ils
se laissent appauvrir et maîtriser par des intendants;
qu'ils se contentent d'être gourmets ou *coteaux*[2], d'aller
chez *Thaïs* ou chez *Phryné*, de parler de la meute et de
la vieille meute[3], de dire combien il y a de postes de
Paris à Besançon, ou à Philisbourg, des citoyens s'instruisent
du dedans et du dehors d'un royaume, étudient
le gouvernement, deviennent fins et politiques, savent

1. Les clefs imprimées citent à l'appui de cette réflexion les noms
de César de Vendôme, Annibal d'Estrées, Hercule de Rohan, Achille
de Harlay, Phébus de Foix, Diane de Chastignier.

2. Ce mot, que l'on retrouve dans la satire III de Boileau (vers 107),
et dans une lettre de Mme de Sévigné (tome II, p. 519), était synonyme
des mots *gourmet* et *friand*. Son origine, sur laquelle Ménage,
Bouhours, Boileau, Saint-Évremond se sont tour à tour prononcés,
a donné lieu à diverses interprétations : il a été appliqué, selon les
uns, à certains délicats qui étaient partagés sur l'estime en laquelle
on devait tenir les vins des coteaux de la Champagne; selon d'autres,
à quelques seigneurs qui ne pouvaient boire que le vin d'un coteau
ou au plus de trois coteaux dont l'on disait les noms (Aï, Hautvilliers
et Avenay). On peut consulter sur cette question Tallemant
des Réaux, tome II, p. 412; *les Coteaux*, comédie de Villiers (1665),
réimprimée dans les *Contemporains de Molière*, par M. V. Fournel,
tome I, p. 345 et 347, scène XIII; les *OEuvres* de Boileau, édition
Saint-Marc, tome I, p. 60-62; les *OEuvres* de Saint-Évremond,
tome I, p. LXXXIV et suivantes; la *Correspondance de Boileau Despréaux
avec Brossette*, édition Laverdet, p. 477, etc.

3. « On appelle chiens de *meute* les premiers chiens qu'on donne
au laisser courre; et *vieille meute*, les seconds chiens qu'on donne
après les premiers. » (*Dictionnaire de Furetière*, 1690.)

le fort et le foible de tout un État, songent à se mieux placer, se placent, s'élèvent, deviennent puissants, soulagent le prince d'une partie des soins publics. Les grands, qui les dédaignoient, les révèrent : heureux s'ils deviennent leurs gendres. (ÉD. 7.)

25. Si je compare ensemble les deux conditions des hommes les plus opposées, je veux dire les grands avec le peuple, ce dernier me paroît content du nécessaire, et les autres sont inquiets et pauvres avec le superflu. Un homme du peuple ne sauroit faire aucun mal; un grand ne veut faire aucun bien, et est capable de grands maux. L'un ne se forme et ne s'exerce que dans les choses qui sont utiles; l'autre y joint les pernicieuses. Là se montrent ingénument la grossièreté et la franchise; ici se cache une séve maligne et corrompue sous l'écorce de la politesse. Le peuple n'a guère d'esprit, et les grands n'ont point d'âme : celui-là a un bon fond, et n'a point de dehors; ceux-ci n'ont que des dehors et qu'une simple superficie. Faut-il opter? Je ne balance pas : je veux être peuple[1]. (ÉD. 5.)

26. Quelque profonds[2] que soient les grands de la cour, et quelque art qu'ils aient pour paroître ce qu'ils ne sont pas et pour ne point paroître ce qu'ils sont, ils ne peuvent cacher leur malignité, leur extrême pente à rire aux dépens d'autrui, et à jeter un ridicule souvent où il n'y en peut avoir. Ces beaux talents se découvrent en eux du premier coup d'œil, admirables sans doute pour envelopper une dupe et rendre sot celui qui l'est déjà,

1. Comparez, non pour le sens, mais pour le tour, le *Plebs eris* d'Horace (livre I, épître 1, vers 59). — *Peuple* est en italique dans les éditions 5-7.
2. « Quelques profonds, » dans les éditions 1-7. Voyez le *Lexique*.

mais encore plus propres à leur ôter tout le plaisir qu'ils pourroient tirer d'un homme d'esprit, qui sauroit se tourner et se plier en mille manières agréables et réjouissantes, si le dangereux caractère du courtisan ne l'engageoit pas à une fort grande retenue. Il lui oppose un caractère sérieux[1], dans lequel il se retranche; et il fait si bien que les railleurs, avec des intentions si mauvaises, manquent d'occasions de se jouer de lui.

27. Les aises de la vie, l'abondance, le calme d'une grande prospérité font que les princes ont de la joie de reste pour rire d'un nain, d'un singe, d'un imbécile et d'un mauvais conte : les gens moins heureux ne rient qu'à propos.

28. Un grand aime la Champagne, abhorre la Brie[2]; il s'enivre de meilleur vin que l'homme du peuple : seule différence que la crapule laisse entre les conditions les plus disproportionnées, entre le seigneur et l'estafier. (ÉD. 8.)

29. Il semble d'abord qu'il entre dans les plaisirs des princes un peu de celui d'incommoder les autres. Mais non, les princes ressemblent aux hommes; ils songent à eux-mêmes, suivent leur goût, leurs passions, leur commodité : cela est naturel.

30. Il semble que la première règle des compagnies, des gens en place[3] ou des puissants, est de donner à ceux

1. VAR. (édit. 1 et 2) : ne lui imposoit pas une fort grande retenue. Il ne lui reste que le caractère sérieux. — La 9ᵉ édition a *propose*, au lieu de *oppose;* c'est sans doute une faute.

2. Le vin de la Champagne, le vin de la Brie.

3. « De gens en place, » dans les éditions 8 et 9, ce qui est aussi, sans nul doute, une faute d'impression.

qui dépendent d'eux pour le besoin de leurs affaires toutes les traverses qu'ils en peuvent craindre.

31. Si un grand a quelque degré de bonheur sur les autres hommes, je ne devine pas lequel, si ce n'est peut-être de se trouver souvent dans le pouvoir et dans l'occasion de faire plaisir; et si elle naît, cette conjoncture, il semble qu'il doive s'en servir. Si c'est en faveur d'un homme de bien, il doit appréhender qu'elle ne lui échappe; mais comme c'est en une chose juste, il doit prévenir la sollicitation, et n'être vu que pour être remercié; et si elle est facile, il ne doit pas même la lui faire valoir. S'il la lui refuse, je les plains tous deux. (ÉD. 4.)

32. Il y a des hommes nés inaccessibles, et ce sont précisément ceux de qui les autres ont besoin, de qui ils dépendent. Ils ne sont jamais que sur un pied; mobiles comme le mercure, ils pirouettent, ils gesticulent, ils crient, ils s'agitent; semblables à ces figures de carton qui servent de montre à une fête publique[1], ils jettent feu et flamme, tonnent et foudroient : on n'en approche pas, jusqu'à ce que venant à s'éteindre, ils tombent, et par leur chute deviennent traitables, mais inutiles. (ÉD. 6.)

33. Le suisse, le valet de chambre, l'homme de livrée, s'ils n'ont plus d'esprit que ne porte leur condition, ne jugent plus d'eux-mêmes par leur première bassesse, mais par l'élévation et la fortune des gens qu'ils servent, et mettent tous ceux qui entrent par leur porte, et montent leur escalier, indifféremment au-dessous d'eux

---

1. Il s'agit de pièces d'artifice.

et de leurs maîtres : tant il est vrai qu'on est destiné à souffrir des grands et de ce qui leur appartient. (ÉD. 4.)

34. Un homme en place doit aimer son prince, sa femme, ses enfants[1], et après eux les gens d'esprit; il les doit adopter, il doit s'en fournir et n'en jamais manquer. Il ne sauroit payer, je ne dis pas de trop de pensions et de bienfaits, mais de trop de familiarité et de caresses, les secours et les services qu'il en tire, même sans le savoir[2]. Quels petits bruits ne dissipent-ils pas? quelles histoires ne réduisent-ils pas à la fable et à la fiction? Ne savent-ils pas justifier les mauvais succès par les bonnes intentions, prouver la bonté d'un dessein et la justesse des mesures par le bonheur des événements, s'élever contre la malignité et l'envie pour accorder à de bonnes entreprises de meilleurs motifs, donner des explications favorables à des apparences qui étoient mauvaises, détourner les petits défauts, ne montrer que les vertus, et les mettre dans leur jour, semer en mille occasions des faits et des détails qui soient avantageux, et tourner le ris et la moquerie contre ceux qui oseroient en douter ou avancer des faits contraires[3]? Je sais que les grands ont pour

---

1. VAR. (édit. 4 et 5) : sa femme, ses enfants, son prince.
2. VAR. (édit. 4) : même sans savoir.
3. « Un vrai ami est une chose si avantageuse, même pour les plus grands seigneurs, afin qu'il dise du bien d'eux et qu'il les soutienne en leur absence même, qu'ils doivent tout faire pour en avoir. Mais qu'ils choisissent bien; car s'ils font tous leurs efforts pour des sots, cela leur sera inutile, quelque bien qu'ils disent d'eux; et même ils n'en diront pas du bien s'ils se trouvent les plus foibles, car ils n'ont pas d'autorité; et ainsi ils en médiront par compagnie. » (Pascal, *Pensées*, p. 97.) — Nous rapprochons la réflexion de Pascal de celle de la Bruyère parce que, sous un tour très-différent, l'une et l'autre contiennent la même pensée; mais la Bruyère n'a pu connaître la phrase de Pascal : elle n'est pas dans l'édition des *Pensées* qu'a publiée Port-Royal en 1669.

maxime de laisser parler et de continuer d'agir ; mais je sais aussi qu'il leur arrive en plusieurs rencontres que laisser dire les empêche de faire. (éd. 4.)

35. Sentir le mérite, et quand il est une fois connu, le bien traiter, deux grandes démarches à faire tout de suite, et dont la plupart des grands sont fort incapables. (éd. 4.)

36. Tu es grand, tu es puissant : ce n'est pas assez ; fais que je t'estime, afin que je sois triste d'être déchu de tes bonnes grâces, ou de n'avoir pu les acquérir. (éd. 4.)

37. Vous dites d'un grand ou d'un homme en place qu'il est prévenant, officieux, qu'il aime à faire plaisir ; et vous le confirmez par un long détail de ce qu'il a fait en une affaire où il a su que vous preniez intérêt. Je vous entends : on va pour vous au-devant de la sollicitation, vous avez du crédit, vous êtes connu du ministre, vous êtes bien avec les puissances : desiriez-vous que je susse autre chose? (éd. 4.)

Quelqu'un vous dit : *Je me plains d'un tel, il est fier depuis son élévation, il me dédaigne, il ne me connoît plus.* — *Je n'ai pas, pour moi*, lui répondez-vous, *sujet de m'en plaindre ; au contraire, je m'en loue fort, et il me semble même qu'il est assez civil.* Je crois encore vous entendre : vous voulez qu'on sache qu'un homme en place a de l'attention pour vous, et qu'il vous démêle dans l'antichambre entre mille honnêtes gens de qui il détourne ses yeux, de peur de tomber dans l'inconvénient de leur rendre le salut ou de leur sourire. (éd. 7.)

« Se louer de quelqu'un, se louer d'un grand, » phrase délicate dans son origine, et qui signifie sans doute se louer soi-même, en disant d'un grand tout le bien qu'il nous a fait, ou qu'il n'a pas songé à nous faire. (ÉD. 4.)

On loue les grands pour marquer qu'on les voit de près, rarement par estime ou par gratitude. On ne connoît pas souvent ceux que l'on loue; la vanité ou la légèreté l'emportent quelquefois sur le ressentiment : on est mal content d'eux et on les loue. (ÉD. 4.)

38. S'il est périlleux de tremper dans une affaire suspecte, il l'est encore davantage de s'y trouver complice d'un grand : il s'en tire, et vous laisse payer doublement, pour lui et pour vous. (ÉD. 4.)

39. Le prince n'a point assez de toute sa fortune pour payer une basse complaisance, si l'on en juge par tout ce que celui qu'il veut récompenser y a mis du sien; et il n'a pas trop de toute sa puissance pour le punir, s'il mesure sa vengeance au tort qu'il en a reçu. (ÉD. 5.)

40. La noblesse expose sa vie pour le salut de l'État et pour la gloire du souverain[1]; le magistrat décharge le prince d'une partie du soin de juger les peuples : voilà de part et d'autre des fonctions bien sublimes et d'une merveilleuse utilité; les hommes ne sont guère capables de plus grandes choses, et je ne sais d'où la robe et l'épée ont puisé de quoi se mépriser réciproquement. (ÉD. 4.)

41. S'il est vrai qu'un grand donne plus à la fortune lorsqu'il hasarde une vie destinée à couler dans les ris, le plaisir et l'abondance, qu'un particulier qui ne risque que des jours qui sont misérables, il faut avouer aussi

---

1. VAR. (édit. 4) : pour la gloire du souverain et pour le salut de l'État.

qu'il a un tout autre dédommagement, qui est la gloire et la haute réputation. Le soldat ne sent pas qu'il soit connu ; il meurt obscur et dans la foule : il vivoit de même, à la vérité, mais il vivoit ; et c'est l'une des sources du défaut de courage dans les conditions basses et serviles. Ceux au contraire que la naissance démêle d'avec le peuple et expose aux yeux des hommes, à leur censure et à leurs éloges, sont même capables de sortir par effort de leur tempérament, s'il ne les portoit pas à la vertu ; et cette disposition de cœur et d'esprit, qui passe des aïeuls par les pères dans leurs descendants, est cette bravoure si familière aux personnes nobles, et peut-être la noblesse même. (ÉD. 4.)

Jetez-moi dans les troupes comme un simple soldat, je suis Thersite ; mettez-moi à la tête d'une armée dont j'aie à répondre à toute l'Europe, je suis ACHILLE. (ÉD. 5.)

42. Les princes, sans autre science ni autre règle [1], ont un goût de comparaison : ils sont nés et élevés au milieu et comme dans le centre des meilleures choses, à quoi ils rapportent ce qu'ils lisent, ce qu'ils voient et ce qu'ils entendent. Tout ce qui s'éloigne trop de LULLI, de RACINE et de LE BRUN [2] est condamné.

1. VAR. (édit. 1 et certains exemplaires de 2) : sans d'autre science ni d'autre règle.
2. De ces trois personnages, le premier seul était mort lorsque fut publiée la 1re édition des *Caractères* : Racine vécut jusqu'en 1699 ; Charles le Brun mourut le 12 février 1690. Dans le chapitre *du Mérite personnel* (voyez ci-dessus, p. 158, n° 24), la Bruyère avait nommé, pour leur rendre un hommage du même genre, Mignard, Lulli et Corneille. Lulli n'avait point de rival, et la Bruyère inscrit son nom dans l'un et l'autre passage ; mais ayant cité Mignard et Corneille dans le premier, c'est le Brun et Racine que, par esprit de justice, il a nommés cette fois. Le Brun, presque oublié et profondément attristé de la faveur de P. Mignard, vivait alors dans la retraite.

43. Ne parler aux jeunes princes que du soin de leur rang est un excès de précaution, lorsque toute une cour met son devoir et une partie de sa politesse à les respecter, et qu'ils sont bien moins sujets à ignorer aucun des égards dus à leur naissance[1], qu'à confondre les personnes, et les traiter indifféremment et sans distinction des conditions et des titres. Ils ont une fierté naturelle, qu'ils retrouvent dans les occasions; il ne leur faut des leçons que pour la régler, que pour leur inspirer la bonté, l'honnêteté et l'esprit de discernement.

44. C'est une pure hypocrisie à un homme d'une certaine élévation de ne pas prendre d'abord le rang qui lui est dû, et que tout le monde lui cède : il ne lui coûte rien d'être modeste, de se mêler dans la multitude qui va s'ouvrir pour lui, de prendre dans une assemblée une dernière place, afin que tous l'y voient et s'empressent de l'en ôter. La modestie est d'une pratique plus amère aux hommes d'une condition ordinaire : s'ils se jettent dans la foule, on les écrase; s'ils choisissent un poste incommode, il leur demeure.

45. *Aristarque* se transporte dans la place avec un héraut et un trompette; celui-ci commence : toute la multitude accourt et se rassemble. « Écoutez, peuple, dit le héraut; soyez attentifs; silence, silence! *Aristarque, que vous voyez présent, doit faire demain une bonne action.* » Je dirai plus simplement et sans figure : « Quelqu'un fait bien, veut-il faire mieux? que je ne sache pas qu'il fait bien, ou que je ne le[2] soupçonne pas du moins de me l'avoir appris. » (ÉD. 5.)

---

1. VAR. (édit. 1 et certains exemplaires de 2) : aucun des égards qui sont dus à leur naissance.
2. *Le* a été sauté dans la 5ᵉ édition.

DES GRANDS.   355

Les meilleures actions s'altèrent et s'affoiblissent par
la manière dont on les fait, et laissent même douter des
intentions. Celui qui protége ou qui loue la vertu pour
la vertu, qui corrige ou qui blâme le vice à cause du vice,
agit simplement, naturellement, sans aucun tour, sans
nulle singularité, sans faste, sans affectation ; il n'use
point de réponses graves et sentencieuses, encore moins
de traits piquants et satiriques[1] : ce n'est jamais une
scène qu'il joue pour le public, c'est un bon exemple qu'il
donne, et un devoir dont il s'acquitte ; il ne fournit rien
aux visites des femmes, ni au cabinet[2], ni aux nouvel-

46.

1. « Il n'use point, etc. » Ce membre de phrase a été ajouté dans la 7ᵉ édition.
2. Rendez-vous à Paris de quelques honnêtes gens pour la conversation. (*Note de la Bruyère.*) — « Cette note de la Bruyère, dit Walckenaer (*Remarques et éclaircissements sur la Bruyère*, p. 709), semble démontrer qu'il existait dès lors à Paris un lieu commun de réunion, pareil à nos cercles modernes. Je n'ai pu cependant rien découvrir de pareil sur cette réunion, qui a dû être différente de celles qui avaient lieu alors à certains jours de la semaine, entre les savants et les gens de lettres, chez plusieurs personnages : chez Ménage, cloître Notre-Dame ; Villevaut, maître des requêtes, rue Hautefeuille ; d'Herbelot, rue de Condé ; le marquis de Dangeau, place Royale ; l'abbé Roque, rue Guénégaud, et le chevalier Chassebras du Breau, carrefour Saint-Benoît, faubourg Saint-Germain. (Voyez le *Livre commode*, 1691, p. 41.) » — Avec Walckenaer nous pensons que la Bruyère n'avait pas en vue l'une de ces réunions ; mais contrairement à son avis, nous n'admettrons pas qu'il ait particulièrement voulu désigner tel ou tel « lieu commun de réunion. » Les assemblées de savants, de gens de lettres et de gens du monde étaient fort à la mode en 1691 : c'est à ces assemblées en général qu'il fait allusion. Une assemblée, il est vrai, s'est particulièrement nommée le *cabinet* (voyez ci-après l'*Appendice*, p. 546-549) ; mais elle n'existait plus en 1691, et le mot *cabinet* s'appliquait alors à toutes les conférences où se réunissaient les littérateurs « pour faire une conversation savante et agréable, » suivant la définition du *Dictionnaire* de Trévoux. A l'origine le principal objet des conférences de ce genre était l'échange des nouvelles ; plus tard, les nouvelles y tinrent moins de place ; il suffirait, pour en donner la preuve, de rappeler qu'aux assemblées du

listes; il ne donne point à un homme agréable la matière d'un joli conte. Le bien qu'il vient de faire est un peu moins su, à la vérité; mais il a fait ce bien : que voudroit-il davantage? (ÉD. 6.)

47. Les grands ne doivent point aimer les premiers temps : ils ne leur sont point favorables; il est triste pour eux d'y voir que nous sortions tous du frère et de la sœur. Les hommes composent ensemble une même famille : il n'y a que le plus ou le moins dans le degré de parenté.

48. *Théognis* est recherché dans son ajustement, et il sort paré comme une femme; il n'est pas hors de sa maison, qu'il a déjà ajusté ses yeux et son visage, afin que ce soit une chose faite quand'il sera dans le public, qu'il y paroisse tout concerté, que ceux qui passent[1] le trouvent déjà gracieux et leur souriant, et que nul ne lui échappe. Marche-t-il dans les salles, il se tourne à droit[2], où il y a un grand monde, et à gauche, où il n'y a personne; il salue ceux qui y sont et ceux qui n'y sont pas. Il embrasse un homme qu'il trouve sous sa main, il lui presse la tête contre sa poitrine; il demande ensuite qui est celui qu'il a embrassé. Quelqu'un a besoin de lui dans une affaire qui est facile; il va le trouver, lui fait sa prière : Théognis l'écoute favorablement, il est ravi de lui être bon à quelque chose, il le conjure de faire naître

---

Luxembourg, présidées par l'abbé de Choisy en 1692, on avait cru devoir se mettre en garde contre les nouvellistes : aux termes du règlement, il n'était permis de « parler de nouvelles qu'en entrant ou en sortant » (voyez le Journal de ces assemblées dans les Mémoires manuscrits de Choisy, conservés à la bibliothèque de l'Arsenal, tome I, p. 175).

1. VAR. (édit. 6 et 7) : et que ceux qui passent.
2. *A droit*, à droite : voyez le *Lexique*.

des occasions de lui rendre service ; et comme celui-ci insiste sur son affaire, il lui dit qu'il ne la fera point; il le prie de se mettre en sa place, il l'en fait juge. Le client sort, reconduit, caressé, confus, presque content d'être refusé. (ÉD. 6.)

C'est avoir une très-mauvaise opinion des hommes, et néanmoins les bien connoître, que de croire dans un grand poste leur imposer par des caresses étudiées, par de longs et stériles embrassements.

Pamphile ne s'entretient pas avec les gens qu'il rencontre dans les salles ou dans les cours : si l'on en croit sa gravité et l'élévation de sa voix, il les reçoit, leur donne audience, les congédie[1] ; il a des termes tout à la fois civils et hautains, une honnêteté impérieuse et qu'il emploie sans discernement ; il a une fausse grandeur qui l'abaisse, et qui embarrasse fort ceux qui sont ses amis, et qui ne veulent pas le mépriser[2]. (ÉD. 4.)

Un Pamphile est plein de lui-même, ne se perd pas de vue, ne sort point de l'idée de sa grandeur, de ses alliances, de sa charge, de sa dignité ; il ramasse, pour ainsi dire, toutes ses pièces, s'en enveloppe pour se faire valoir ; il dit : *Mon ordre, mon cordon bleu;* il l'étale ou il le cache par ostentation. Un Pamphile en un mot veut être grand, il croit l'être ; il ne l'est pas, il est d'après un grand. Si quelquefois il sourit à un homme du dernier ordre, à un homme d'esprit, il choisit son temps si juste, qu'il n'est jamais pris sur le fait : aussi la rougeur lui monteroit-elle au visage s'il étoit malheu-

---

1. VAR. (édit. 4) : et les congédie.
2. Le caractère de *Pamphile* faisait partie du chapitre *de la Société et de la Conversation* dans les 4ᵉ et 5ᵉ éditions, où il n'avait que le premier alinéa.

reusement surpris dans la moindre familiarité avec quelqu'un qui n'est ni opulent, ni puissant, ni ami d'un ministre, ni son allié, ni son domestique[1]. Il est sévère et inexorable à qui n'a point encore fait sa fortune. Il vous aperçoit un jour dans une galerie, et il vous fuit; et le lendemain, s'il vous trouve en un endroit moins public, ou s'il est public, en la compagnie d'un grand, il prend courage, il vient à vous, et il vous dit[2] : *Vous ne faisiez pas hier semblant de nous voir.* Tantôt il vous quitte brusquement pour joindre un seigneur ou un premier commis[3]; et tantôt, s'il les trouve avec vous en conversation, il vous coupe et vous les enlève. Vous l'abordez une autre fois, et il ne s'arrête pas; il se fait suivre[4], vous parle si haut que c'est une scène pour ceux qui passent. Aussi les Pamphiles sont-ils toujours comme sur un théâtre : gens nourris dans le faux, et qui ne haïssent rien tant que d'être naturels; vrais personnages de comédie, des *Floridors*, des *Mondoris*[5]. (ÉD. 6.)

On ne tarit point sur les Pamphiles : ils sont bas et timides devant les princes et les ministres; pleins de hauteur et de confiance avec ceux qui n'ont que de la

---

1. Ni attaché à sa maison. Tous ceux qui avaient des emplois auprès d'un grand, fussent-ils des gentilshommes, étaient nommés à cette époque ses domestiques.
2. VAR. (édit. 7) : et vous dit. — La phrase entière : « Il vous aperçoit, etc., » a été ajoutée dans la 7e édition.
3. Le premier commis d'un ministre était un personnage important. Le marquis de Saint-Pouange, qui était cousin germain de Louvois, et dont l'autorité était grande à la cour, avait été le premier commis de Louvois.
4. Ce trait peut être une réminiscence du chapitre *de l'Orgueil* de Théophraste. Voyez ci-dessus les premières lignes de la page 80.
5. Les noms de Floridor et de Mondori, que la Bruyère a cessé à la 8e édition d'écrire en italique, rappelaient deux comédiens célèbres. Le premier, dont le véritable nom était Josias Soulas de Frinefosse, mourut en 1672; le second, en 1651.

vertu; muets et embarrassés avec les savants; vifs, hardis et décisifs avec ceux qui ne savent rien. Ils parlent de guerre à un homme de robe, et de politique à un financier; ils savent l'histoire avec les femmes; ils sont poëtes avec un docteur, et géomètres avec un poëte. De maximes, ils ne s'en chargent pas; de principes, encore moins : ils vivent à l'aventure, poussés et entraînés par le vent de la faveur et par l'attrait des richesses. Ils n'ont point d'opinion qui soit à eux, qui leur soit propre; ils en empruntent à mesure qu'ils en ont besoin; et celui à qui ils ont recours n'est guère un homme sage, ou habile, ou vertueux : c'est un homme à la mode. (ÉD. 7.)

Nous avons pour les grands et pour les gens en place une jalousie stérile ou une haine impuissante, qui ne nous venge point de leur splendeur et de leur élévation, et qui ne fait qu'ajouter à notre propre misère le poids insupportable du bonheur d'autrui. Que faire contre une maladie de l'âme si invétérée et si contagieuse? Contentons-nous de peu, et de moins encore s'il est possible; sachons perdre dans l'occasion : la recette est infaillible, et je consens à l'éprouver[1]. J'évite par là d'apprivoiser un suisse ou de fléchir un commis; d'être repoussé à une porte par la foule innombrable de clients ou de courtisans dont la maison d'un ministre se dégorge[2] plusieurs fois le jour; de languir dans sa salle d'audience; de lui demander en tremblant et en balbutiant une chose juste; d'essuyer sa gravité, son ris amer

51.

---

1. Dans la 6ᵉ édition : « le prouver. » C'est sans nulle doute une faute d'impression; elle a été corrigée à la main dans les divers exemplaires que nous avons pu voir : voyez la *Notice bibliographique*.
2. C'est la même figure que dans ce vers de Virgile (*Géorgiques*, livre II, vers 462) :

Mane salutantum totis vomit ædibus undam.

et son *laconisme*[1]. Alors je ne le hais plus, je ne lui porte plus d'envie; il ne me fait aucune prière, je ne lui en fais pas; nous sommes égaux, si ce n'est peut-être qu'il n'est pas tranquille, et que je le suis. (ÉD. 6.)

52. Si les grands ont les occasions de nous faire du bien, ils en ont rarement la volonté; et s'ils desirent de nous faire du mal, ils n'en trouvent pas toujours les occasions. Ainsi l'on peut être trompé dans l'espèce de culte qu'on leur rend[2], s'il n'est fondé que sur l'espérance ou sur la crainte; et une longue vie se termine quelquefois sans qu'il arrive de dépendre d'eux pour le moindre intérêt, ou qu'on leur doive[3] sa bonne ou sa mauvaise fortune. Nous devons les honorer, parce qu'ils sont grands et que nous sommes petits, et qu'il y en a d'autres plus petits que nous qui nous honorent.

53. A la cour, à la ville, mêmes passions, mêmes foiblesses, mêmes petitesses, mêmes travers d'esprit, mêmes brouilleries dans les familles et entre les proches, mêmes envies, mêmes antipathies. Partout des brus et des belles-mères, des maris et des femmes, des divorces, des ruptures, et de mauvais raccommodements; partout des humeurs, des colères, des partialités, des rapports, et ce qu'on appelle de mauvais discours. Avec de bons yeux on voit sans peine la petite ville, la rue Saint-Denis, comme transportées à V** ou à F**[4]. Ici l'on croit se haïr avec plus de fierté et de hauteur, et peut-être avec plus de dignité : on se nuit réciproquement avec plus d'habileté et de finesse; les colères sont

1. VAR. (édit. 6 et 7) : d'essuyer sa gravité et son *laconisme*.
2. VAR. (édit. 1-3) : que l'on leur rend.
3. VAR. (édit. 1-3) : ou que l'on leur doive.
4. A Versailles ou à Fontainebleau.

plus éloquentes, et l'on se dit des injures plus poliment et en meilleurs termes; l'on n'y blesse point la pureté de la langue; l'on n'y offense que les hommes ou que leur réputation : tous les dehors du vice y sont spécieux; mais le fond, encore une fois, y est le même que dans les conditions les plus ravalées; tout le bas, tout le foible et tout l'indigne s'y trouvent. Ces hommes si grands ou par leur naissance, ou par leur faveur, ou par leurs dignités, ces têtes si fortes et si habiles, ces femmes si polies et si spirituelles, tous méprisent le peuple, et ils sont peuple[1]. (ÉD. 6.)

Qui dit le peuple dit plus d'une chose : c'est une vaste expression, et l'on s'étonneroit de voir ce qu'elle embrasse, et jusques où elle s'étend. Il y a le peuple qui est opposé aux grands : c'est la populace et la multitude; il y a le peuple qui est opposé aux sages, aux habiles et aux vertueux : ce sont les grands comme les petits. (ÉD. 4.)

54. Les grands se gouvernent par sentiment, âmes oisives sur lesquelles tout fait d'abord une vive impression. Une chose arrive, ils en parlent trop; bientôt ils en parlent peu; ensuite ils n'en parlent plus, et ils n'en

---

1. *Peuple* est en italique dans les éditions 6 et 7. — Ce dernier trait rappelle, pour le sens, comme pour le tour, le mot d'Horace déjà cité, *Plebs eris* (épître 1 du livre I, vers 59). Voyez ci-dessus, p. 347, note 1. « Les grands et les petits, avait dit Pascal, ont mêmes accidents, et mêmes fâcheries, et mêmes passions; mais l'un est au haut de la roue, et l'autre près du centre, et ainsi moins agité par les mêmes mouvements.... — On croit n'être pas tout à fait dans les vices du commun des hommes quand on se voit dans les vices de ces grands hommes; et cependant on ne prend pas garde qu'ils sont en cela du commun des hommes. On tient à eux par le bout par où ils tiennent au peuple; car quelque élevés qu'ils soient, si sont-ils unis aux moindres des hommes par quelque endroit. » (*Pensées*, article VI, n°s 28 et 30, p. 84 et 85.)

parleront plus. Action, conduite, ouvrage, événement, tout est oublié; ne leur demandez ni correction, ni prévoyance, ni réflexion, ni reconnoissance, ni récompense. (ÉD. 6.)

55. L'on se porte aux extrémités opposées à l'égard de certains personnages. La satire après leur mort court parmi le peuple, pendant que les voûtes des temples retentissent de leurs éloges. Ils ne méritent quelquefois ni libelles ni discours funèbres[1]; quelquefois aussi ils sont dignes de tous les deux.

56. L'on doit se taire sur les puissants : il y a presque toujours de la flatterie à en dire du bien; il y a du péril à en dire du mal pendant qu'ils vivent, et de la lâcheté quand ils sont morts.

1. *Discours funèbre*, au singulier, dans les éditions 1-5.

DU SOUVERAIN

OU DE LA RÉPUBLIQUE[1].

Quand l'on parcourt, sans la prévention de son pays, toutes les formes de gouvernement, l'on ne sait à laquelle se tenir : il y a dans toutes le moins bon et le moins mauvais. Ce qu'il y a de plus raisonnable et de plus sûr, c'est d'estimer[2] celle où l'on est né la meilleure de toutes, et de s'y soumettre[3].

1.

Il ne faut ni art ni science pour exercer la tyrannie, et la politique qui ne consiste qu'à répandre le sang est fort bornée et de nul raffinement ; elle inspire de tuer ceux dont la vie est un obstacle à notre ambition : un homme né cruel fait cela sans peine. C'est la manière la

2.

---

1. Var. (édit. 1-3) : du souverain. — (Édit. 4) : du souverain et de la république. — C'est dans la 5ᵉ édition que la Bruyère a donné au titre sa forme définitive.
2. Var. (édit. 1-3) : est d'estimer.
3. « Non par opinion, mais en verité, l'excellente et meilleure police est, à chascune nation, celle soubs laquelle elle s'est maintenue : sa forme et commodité essentielle despend de l'usage. Nous nous desplaisons volontiers de la condition presente ; mais ie tiens pourtant que d'aller desirant le commandement de peu en un Estat populaire, ou en la monarchie une aultre espece de gouuernement, c'est vice et folie.

> « Aime l'Estat, tel que tu le veois estre :
> S'il est royal, aime la royauté ;
> S'il est de peu ou bien communauté,
> Aime l'aussy, car Dieu t'y a faict naistre. »

Ainsi en parloit le bon Monsieur de Pibrac*, que nous venons de perdre. » (Montaigne, livre III, chapitre ix.)

* *Quatrains contenant preceptes et enseignemens utiles pour la vie de l'homme* (n° cix).

plus horrible et la plus grossière de se maintenir ou de s'agrandir.

3. C'est une politique sûre et ancienne dans les républiques que d'y laisser le peuple s'endormir dans les fêtes, dans les spectacles, dans le luxe, dans le faste, dans les plaisirs, dans la vanité et la mollesse ; le laisser se remplir du vide et savourer la bagatelle : quelles grandes démarches ne fait-on pas au despotique par cette indulgence[1]! (éd. 4.)

4. Il n'y a point de patrie dans le despotique ; d'autres choses y suppléent : l'intérêt, la gloire, le service du prince. (éd. 7.)

5. Quand on veut changer et innover dans une république, c'est moins les choses que le temps que l'on considère. Il y a des conjonctures où l'on sent bien qu'on ne sauroit[2] trop attenter contre le peuple ; et il y en a d'autres où il est clair qu'on ne peut[3] trop le ménager. Vous pouvez aujourd'hui ôter à cette ville ses franchises, ses droits, ses priviléges ; mais demain ne songez pas même à réformer ses enseignes[4]. (éd. 4.)

1. Étienne de la Boëtie avait exprimé la même pensée dans son traité *de la Servitude volontaire*, en l'appuyant par des exemples. Voyez l'édition qu'en a donnée M. J. V. Leclerc à la suite des *Essais* de Montaigne, tome II, p. 690.
2. Var. (édit. 4 et 5) : que l'on ne sauroit.
3. Var. (édit. 4 et 5) : que l'on ne peut.
4. Un arrêt du 19 novembre 1666 avait déterminé la hauteur à laquelle devaient être posées les enseignes, qui à cette époque étaient placées en saillie sur les rues. Cette réglementation ayant paru insuffisante, le lieutenant de police de la Reynie voulut obtenir en 1669 qu'au lieu de s'avancer au-dessus de la tête des passants, les enseignes fussent appliquées contre le mur : sur la façade de chaque boutique eût été préparé un emplacement de même dimension pour

Quand le peuple est en mouvement, on ne comprend pas par où le calme peut y rentrer¹ ; et quand il est paisible, on ne voit pas par où le calme peut en sortir². (ÉD. 4.)

6.

Il y a de certains maux dans la république qui y sont soufferts, parce qu'ils préviennent ou empêchent de plus grands maux. Il y a d'autres maux qui sont tels seulement par leur établissement, et qui étant dans leur origine un abus ou un mauvais usage, sont moins pernicieux dans leurs suites et dans la pratique qu'une loi plus juste ou une coutume plus raisonnable³. L'on voit une

7.

recevoir le tableau du marchand qui l'occupait. Mais vainement on essaya de faire goûter aux marchands de Paris les avantages d'une mesure qui eût facilité l'éclairage des rues, et diminué les frais d'une installation ou d'un déménagement. « Les six corps de marchands, dit de la Mare, insistèrent sur les enseignes saillantes comme plus avantageuses au négoce, et se soumirent à la réduction, avec promesse de donner l'exemple aux autres. » Il fallut céder, et une ordonnance régla simplement les dimensions auxquelles devaient être réduites les enseignes saillantes. Bientôt une nouvelle agitation se produisit : les enseignes réformées, l'agent voyer réclama auprès des marchands le droit de voirie qui lui était dû toutes les fois qu'une enseigne était posée ou remplacée, soutenant que les tableaux avaient été « rétablis, dit encore de la Mare, à cause de la caducité. Mais comme cette réforme générale, ajoute-t-il, avoit été faite par commandement et pour la décoration de la ville, Sa Majesté, par arrêt du 21 avril 1670, fit défenses d'exiger aucune chose, et ordonna que le commis voyer restitueroit les deniers qu'il avoit reçus des marchands, soit qu'ils eussent été volontairement payés ou autrement. » Voyez le *Traité de la police* par de la Mare, tome IV, p. 332, 336 et 337.

1. VAR. (édit. 4-6) : par où le calme y peut rentrer.
2. VAR. (édit. 4-6) : par où le calme en peut sortir.
3. « Il y a grand doubte s'il se peult trouuer si euident proufit au changement d'une loy receue, telle qu'elle soit, qu'il y a du mal à la remuer. » (Montaigne, livre I, chapitre XXII). — Montaigne est revenu sur le même sujet dans le chapitre dont nous avons cité un fragment page 363, note 3.

espèce de maux que l'on peut corriger par le changement ou la nouveauté, qui est un mal, et fort dangereux. Il y en a d'autres cachés et enfoncés comme des ordures dans un cloaque, je veux dire ensevelis sous la honte, sous le secret et dans l'obscurité : on ne peut les fouiller et les remuer qu'ils n'exhalent le poison et l'infamie; les plus sages doutent quelquefois s'il est mieux de connoître ces maux que de les ignorer[1]. L'on tolère quelquefois dans un État un assez grand mal, mais qui détourne un million de petits maux ou d'inconvénients, qui tous seroient inévitables et irrémédiables. Il se trouve des maux dont chaque particulier gémit, et qui deviennent néanmoins un bien public, quoique le public ne soit autre chose que tous les particuliers. Il y a des maux personnels qui concourent au bien et à l'avantage de chaque famille. Il y en a qui affligent, ruinent ou déshonorent les familles, mais qui tendent au bien et à la conservation de la machine de l'État et du gouvernement. D'autres maux renversent des États, et sur leurs ruines en élèvent de nouveaux. On en a vu enfin qui ont sapé par les fondements de grands empires, et qui les ont fait évanouir de dessus la terre, pour varier et renouveler la face de l'univers. (ÉD. 4.)

8. Qu'importe à l'État qu'*Ergaste* soit riche, qu'il ait des chiens qui arrêtent bien, qu'il crée les modes sur les équipages et sur les habits, qu'il abonde en superfluités? Où il s'agit de l'intérêt et des commodités de tout le public, le particulier est-il compté? La consolation des peuples dans les choses qui lui pèsent un peu est de savoir qu'ils soulagent le prince, ou qu'ils n'enrichissent

---

1. La phrase : « Il y en a d'autres cachés, etc., » a été ajoutée dans la 5ᵉ édition.

que lui : ils ne se croient point redevables à Ergaste de l'embellissement de sa fortune. (ÉD. 8.)

La guerre a pour elle l'antiquité; elle a été dans tous les siècles : on l'a toujours vue remplir le monde de veuves et d'orphelins, épuiser les familles d'héritiers, et faire périr les frères à une même bataille. Jeune SOYE-COUR[1]! je regrette ta vertu, ta pudeur, ton esprit déjà mûr, pénétrant, élevé, sociable; je plains cette mort prématurée qui te joint à ton intrépide frère, et t'enlève à une cour où tu n'as fait que te montrer : malheur déplorable, mais ordinaire! De tout temps les hommes, pour quelque morceau de terre de plus ou de moins, sont convenus entre eux de se dépouiller, se brûler, se tuer, s'égorger les uns les autres[2]; et pour le faire plus ingénieusement et avec plus de sûreté, ils ont inventé de belles règles qu'on appelle l'art militaire; ils ont attaché à la pratique de ces règles la gloire ou la plus solide réputation; et ils ont depuis enchéri de siècle en siècle sur la manière de se détruire réciproquement. De

9.

---

1. Adolphe de Belleforière, chevalier de Soyecourt, capitaine-lieutenant des gendarmes-Dauphin, blessé à la bataille de Fleurus le 1er juillet 1690, mort le 3 juillet. Son frère aîné, Jean-Maximilien de Belleforière, marquis de Soyecourt, colonel du régiment de Vermandois, avait été tué sur le champ de bataille, dans cette même journée de Fleurus. — « J'ai Mme de Saucourt* à la tête, écrit Mme de Sévigné le 12 juillet 1690 (tome IX, p. 537) : la voilà sans garçons, avec deux gendres. » — C'est à la 6e édition (1691) que la Bruyère, ami de la famille Soyecourt (voyez la *Notice biographique*), inséra cette apostrophe et la phrase qui la précède; dans la 4e et dans la 5e édition ce paragraphe commençait ainsi : « La guerre a pour elle l'antiquité; elle a été dans tous les siècles : de tout temps les hommes, etc. »

2. VAR. (édit. 4 et 5) : de se dépouiller, brûler, tuer, égorger les uns les autres.

* Le nom de *Soyecourt* se prononce *Saucourt*.

l'injustice des premiers hommes, comme de son unique source, est venue la guerre, ainsi que la nécessité où ils se sont trouvés de se donner des maîtres qui fixassent leurs droits et leurs prétentions. Si, content du sien, on eût pu s'abstenir du bien de ses voisins, on avoit pour toujours la paix et la liberté. (éd. 4.)

10. Le peuple paisible dans ses foyers, au milieu des siens, et dans le sein d'une grande ville où il n'a rien à craindre ni pour ses biens ni pour sa vie, respire le feu et le sang, s'occupe de guerres, de ruines, d'embrasements et de massacres, souffre impatiemment que des armées qui tiennent la campagne ne viennent point à se rencontrer, ou si elles sont une fois en présence, qu'elles ne combattent point, ou si elles se mêlent, que le combat ne soit pas sanglant et qu'il y ait moins de dix mille hommes sur la place. Il va même souvent jusques à oublier ses intérêts les plus chers, le repos et la sûreté, par l'amour qu'il a pour le changement, et par le goût de la nouveauté ou des choses extraordinaires. Quelques-uns consentiroient à voir une autre fois les ennemis aux portes de Dijon ou de Corbie[1], à voir tendre des chaînes et faire des barricades, pour le seul plaisir d'en dire ou d'en apprendre la nouvelle. (éd. 4.)

11. *Démophile*, à ma droite, se lamente et s'écrie : « Tout est perdu, c'est fait de l'État; il est du moins sur le pen-

---

1. Sous le règne de François Ier, la ville de Dijon, assiégée le 7 septembre 1513 par trente mille Suisses, Allemands et Francs-Comtois, eût sans doute succombé, si Louis de la Trémoille, qui était chargé de la défense de la Bourgogne, n'eût stipulé un traité qui ne fut pas ratifié par le Roi, mais qui sauva Dijon et la France. — La ville de Corbie fut prise le 15 août 1636 par les Espagnols, qui la conservèrent trois mois.

chant de sa ruine. Comment résister à une si forte et si générale conjuration¹ ? Quel moyen, je ne dis pas d'être supérieur, mais de suffire seul à tant et de si puissants ennemis ? Cela est sans exemple dans la monarchie. Un héros, un ACHILLE y succomberoit. On a fait, ajoute-t-il, de lourdes fautes : je sais bien ce que je dis, je suis du métier, j'ai vu la guerre, et l'histoire m'en a beaucoup appris. » Il parle là-dessus avec admiration d'Olivier le Daim et de Jacques Cœur² : « C'étoient là des hommes, dit-il, c'étoient des ministres. » Il débite ses nouvelles, qui sont toutes les plus tristes et les plus désavantageuses que l'on pourroit feindre : tantôt un parti des nôtres a été attiré dans une embuscade et taillé en pièces; tantôt quelques troupes renfermées dans un château se sont rendues aux ennemis à discrétion, et ont passé par le fil de l'épée; et si vous lui dites que ce bruit est faux et qu'il ne se confirme point³, il ne vous écoute pas, il ajoute qu'un tel général a été tué; et bien qu'il soit vrai qu'il n'a reçu qu'une légère blessure, et que vous l'en assuriez, il déplore sa mort, il plaint sa veuve, ses enfants, l'État; il se plaint lui-même : *il a perdu un bon ami et une grande protection.* Il dit que la cavalerie alle-

1. *Conjuration* a le sens de coalition. Cet alinéa parut en 1691, pendant la guerre que soutenait Louis XIV contre la ligue d'Augsbourg, c'est-à-dire contre l'Empire, l'Espagne, la Hollande, l'Angleterre, la Suède, la Savoie, etc.
2. Ni l'un ni l'autre, à vrai dire, n'ont été ministres. En associant à cette place le nom de Jacques Cœur, l'argentier de Charles VII, à celui du barbier et confident de Louis XI, la Bruyère fait injure à la mémoire du premier. Olivier le Daim eût été un mauvais ministre, comme il a été mauvais conseiller et mauvais diplomate; mais Jacques Cœur, que les historiens, ce nous semble, ont relevé des accusations qui ont été portées contre lui, se fût sans doute montré aussi habile ministre qu'il fut habile négociant et habile diplomate.
3. VAR. (édit. 6 et 7) : que ce bruit est faux et ne se confirme point.

mande est invincible; il pâlit au seul nom des cuirassiers de l'Empereur. « Si l'on attaque cette place, continue-t-il, on lèvera le siége. Ou l'on demeurera sur la défensive sans livrer de combat; ou si on le livre, on le doit perdre; et si on le perd, voilà l'ennemi sur la frontière. » Et comme Démophile le fait voler, le voilà dans le cœur du royaume : il entend déjà sonner le beffroi des villes, et crier à l'alarme; il songe à son bien et à ses terres : où conduira-t-il son argent, ses meubles, sa famille? où se réfugiera-t-il? en Suisse ou à Venise? (ÉD. 6.)

Mais, à ma gauche, *Basilide* met tout d'un coup sur pied une armée de trois cent mille hommes; il n'en rabattroit pas une seule brigade : il a la liste des escadrons et des bataillons, des généraux et des officiers; il n'oublie pas l'artillerie ni le bagage. Il dispose absolument de toutes ces troupes : il en envoie tant en Allemagne et tant en Flandre; il réserve un certain nombre pour les Alpes, un peu moins pour les Pyrénées, et il fait passer la mer à ce qui lui reste. Il connoît les marches de ces armées, il sait ce qu'elles feront et ce qu'elles ne feront pas; vous diriez qu'il ait l'oreille du prince ou le secret du ministre. Si les ennemis viennent de perdre une bataille où il soit demeuré sur la place quelques[1] neuf à dix mille hommes des leurs, il en compte jusqu'à trente mille, ni plus ni moins; car ses nombres sont toujours fixes et certains, comme de celui qui est bien informé. S'il apprend le matin que nous avons perdu une bicoque, non-seulement il envoie s'excuser à ses amis qu'il a la veille conviés[2] à dîner, mais même ce jour-là il ne dîne point, et s'il soupe, c'est sans appétit. Si les nôtres as-

1. Le mot est écrit ainsi dans les neuf premières éditions. La 10ᵉ porte *quelque*, au singulier. Voyez le *Lexique*.
2. Le participe est sans accord dans toutes les éditions du dix-septième siècle.

siégent une place très-forte, très-régulière, pourvue de vivres et de munitions, qui a une bonne garnison, commandée par un homme d'un grand courage, il dit que la ville a des endroits foibles et mal fortifiés, qu'elle manque de poudre, que son gouverneur manque d'expérience, et qu'elle capitulera après huit jours de tranchée ouverte. Une autre fois il accourt tout hors d'haleine, et après avoir respiré un peu : « Voilà, s'écrie-t-il, une grande nouvelle ; ils sont défaits, et à plate couture ; le général, les chefs, du moins une bonne partie, tout est tué, tout a péri. Voilà, continue-t-il, un grand massacre¹, et il faut convenir que nous jouons d'un grand bonheur. » Il s'assit², il souffle, après avoir débité sa nouvelle, à laquelle il ne manque qu'une circonstance, qui est qu'il est certain qu'il n'y a point eu de bataille³. Il assure d'ailleurs qu'un tel prince renonce à la ligue et quitte ses confédérés, qu'un autre se dispose à prendre le même parti ; il croit fermement avec la populace qu'un troisième est mort⁴ : il nomme le lieu où il est enterré ; et quand on est détrompé aux halles et aux fau-

1. Var. (édit. 6 et 7) : Voilà un grand massacre.
2. *Il s'assit*, dans toutes les éditions du dix-septième siècle. La Bruyère écrit tantôt *s'assit*, tantôt *s'assied*. Voyez le *Lexique*.
3. On lit dans la 10ᵉ édition et dans celles de Coste : « qui est qu'il y ait eu une bataille ; » mais aucune des éditions imprimées du vivant de l'auteur ne contient cette variante. Serait-ce sur une indication laissée par la Bruyère que l'imprimerie Michallet l'aurait introduit dans l'édition de 1699 ?
4. Le bruit s'était répandu à Paris, dans les derniers jours de juillet 1690, que le nouveau roi d'Angleterre, Guillaume d'Orange, était mort des blessures qu'il avait reçues le 10 juillet, veille de la bataille de la Boyne. Sur cette fausse nouvelle, on fit des feux de joie, on dressa des tables dans les rues, on but à la ronde, on força tous les passants à boire, et « les plus grands seigneurs, dit une note de Saint-Simon, subissoient comme les autres cette folie, qui étoit tournée en fureur.... et que la police eut grand'peine à faire

bourgs, il parie encore pour l'affirmative. Il sait, par une voie indubitable, que T. K. L.[1] fait de grands progrès contre l'Empereur[2]; que le Grand Seigneur arme *puissamment*, ne veut point de paix, et que son vizir va se montrer une autre fois aux portes de Vienne[3]. Il frappe des mains, et il tressaille sur cet événement, dont il ne doute plus. La triple alliance[4] chez lui est un Cerbère, et les ennemis autant de monstres à assommer. Il ne parle que de lauriers, que de palmes, que de triomphes et que de trophées. Il dit dans le discours familier : *Notre auguste Héros, notre grand Potentat, notre invincible Monarque*. Réduisez-le, si vous pouvez, à dire simplement : *Le Roi a beaucoup d'ennemis, ils sont puissants, ils sont unis, ils sont aigris : il les a vaincus, j'espère toujours qu'il les pourra vaincre*. Ce style, trop ferme et trop décisif pour Démophile, n'est pour Basilide ni assez pompeux ni assez exagéré; il a bien d'autres expressions en tête : il travaille aux inscriptions des arcs et des pyramides qui doivent orner la ville capitale un jour d'entrée; et dès qu'il entend dire que les armées sont en présence, ou qu'une place est investie, il fait déplier sa robe et la mettre à l'air, afin qu'elle soit toute prête pour la cérémonie de la cathédrale. (ÉD. 6.)

---

cesser. » Voyez les *Mémoires* de Dangeau, tome III, p. 183; la *Gazette* du 29 juillet; le *Siècle de Louis XIV*, de Voltaire, chapitre xv, etc.

1. Le Hongrois Tekeli, qui dirigeait une insurrection contre l'empereur d'Autriche, et qui avait remporté une victoire sur les troupes impériales le 21 août 1690. Il était l'allié des Turcs.

2. VAR. (édit. 6) : contre l'Empire.

3. Allusion au siége de Vienne par le grand vizir Kara-Mustapha, en 1683.

4. On a successivement donné le nom de *triple alliance* aux deux ligues qui se sont formées à la Haye contre la France, la première le 23 janvier 1668, entre la Hollande, l'Angleterre et la Suède, la seconde, le 30 août 1673, entre l'Empire, l'Espagne et la Hollande.

Il faut que le capital d'une affaire qui assemble dans une ville les plénipotentiaires ou les agents des couronnes et des républiques, soit d'une longue et extraordinaire discussion, si elle leur coûte plus de temps, je ne dis pas que les seuls préliminaires, mais que le simple règlement des rangs, des préséances et des autres cérémonies. (ÉD. 4.)

Le ministre ou le plénipotentiaire est un caméléon, est un Protée[1]. Semblable quelquefois à un joueur habile, il ne montre ni humeur ni complexion, soit pour ne point donner lieu aux conjectures ou se laisser pénétrer, soit pour ne rien laisser échapper de son secret par passion ou par foiblesse. Quelquefois aussi il sait feindre le caractère le plus conforme aux vues qu'il a et aux besoins où il se trouve, et paroître tel qu'il a intérêt que les autres croient qu'il est en effet. Ainsi dans une grande puissance, ou dans une grande foiblesse qu'il veut dissimuler, il est ferme et inflexible, pour ôter l'envie de beaucoup obtenir; ou il est facile, pour fournir aux autres les occasions de lui demander, et se donner la même licence. Une autre fois, ou il est profond et dissimulé, pour cacher une vérité en l'annonçant, parce qu'il lui importe qu'il l'ait dite, et qu'elle ne soit pas crue ; ou il est franc et ouvert, afin que lorsqu'il dissimule ce qui ne doit pas être su, l'on croie néanmoins qu'on n'ignore rien de ce que l'on veut savoir, et que l'on se persuade qu'il a tout dit. De même, ou il est vif et grand parleur, pour faire parler les autres, pour empêcher qu'on ne lui parle de ce qu'il ne veut pas ou de ce qu'il ne doit pas savoir, pour dire plusieurs choses différentes[2] qui se mo-

---

1. Ce mot est écrit *Prothée* dans toutes les anciennes éditions.
2. *Indifférentes*, dans la 5ᵉ édition et dans les suivantes. La 4ᵉ, où ce caractère a paru pour la première fois, donne seule la leçon *différentes*, qu'à l'imitation de MM. Walckenaer et Destailleur nous croyons devoir adopter.

difient ou qui se détruisent les unes les autres, qui confondent dans les esprits la crainte et la confiance, pour se défendre d'une ouverture qui lui est échappée par une autre qu'il aura faite; ou il est froid et taciturne, pour jeter les autres dans l'engagement de parler, pour écouter longtemps, pour être écouté quand il parle, pour parler avec ascendant et avec poids, pour faire des promesses ou des menaces qui portent un grand coup et qui ébranlent. Il s'ouvre et parle le premier, pour en découvrant les oppositions, les contradictions, les brigues et les cabales des ministres étrangers sur les propositions qu'il aura avancées, prendre ses mesures et avoir la réplique; et dans une autre rencontre[1], il parle le dernier, pour ne point parler en vain, pour être précis, pour connoître parfaitement les choses sur quoi il est permis de faire fond pour lui ou pour ses alliés, pour savoir ce qu'il doit demander et ce qu'il peut obtenir. Il sait parler en termes clairs et formels; il sait encore mieux parler ambigument, d'une manière enveloppée, user de tours ou de mots équivoques, qu'il peut faire valoir ou diminuer dans les occasions, et selon ses intérêts. Il demande peu quand il ne veut pas donner beaucoup; il demande beaucoup pour avoir peu, et l'avoir plus sûrement. Il exige d'abord de petites choses, qu'il prétend ensuite lui devoir être comptées pour rien, et qui ne l'excluent pas d'en demander une plus grande; et il évite au contraire de commencer par obtenir un point important, s'il l'empêche d'en gagner plusieurs autres de moindre conséquence, mais qui tous ensemble l'emportent sur le premier. Il demande trop, pour être refusé, mais dans le dessein de se faire un droit ou une bienséance de refuser lui-même ce qu'il sait bien qu'il lui sera demandé,

1. *Un autre rencontre,* dans les éditions 5 et 6.

et qu'il ne veut pas octroyer : aussi soigneux alors d'exagérer l'énormité de la demande, et de faire convenir, s'il se peut, des raisons qu'il a de n'y pas entendre, que d'affoiblir celles qu'on prétend avoir de ne lui pas accorder ce qu'il sollicite avec instance; également appliqué à faire sonner haut et à grossir dans l'idée des autres le peu qu'il offre, et à mépriser ouvertement le peu que l'on consent de lui donner. Il fait de fausses offres, mais extraordinaires, qui donnent de la défiance, et obligent de rejeter ce que l'on accepteroit inutilement; qui lui sont cependant une occasion de faire des demandes exorbitantes, et mettent dans leur tort ceux qui les lui refusent[1]. Il accorde plus qu'on ne lui demande, pour avoir encore plus qu'il ne doit donner. Il se fait longtemps prier, presser, importuner sur une chose médiocre, pour éteindre les espérances et ôter la pensée d'exiger de lui rien de plus fort; ou s'il se laisse fléchir jusques à l'abandonner, c'est toujours avec des conditions qui lui font partager le gain et les avantages avec ceux qui reçoivent. Il prend directement ou indirectement l'intérêt d'un allié, s'il y trouve son utilité et l'avancement de ses prétentions. Il ne parle que de paix, que d'alliances, que de tranquillité publique, que d'intérêt public; et en effet il ne songe qu'aux siens, c'est-à-dire à ceux de son maître ou de sa république. Tantôt il réunit quelques-uns qui étoient contraires les uns aux autres, et tantôt il divise quelques autres qui étoient unis. Il intimide les forts et les puissants, il encourage les foibles. Il unit

---

1. VAR. (édit. 4) : Il fait de fausses offres, mais extraordinaires, qui jettent dans la défiance, et obligent de rejeter ce que l'on accepteroit inutilement, qui lui donnent cependant une occasion de faire des demandes exorbitantes, et jettent dans leur tort, etc. — « *Jettent* dans leur tort » a été corrigé à la main en « mettent dans leur tort, » dans nos divers exemplaires de la 4ᵉ édition.

d'abord d'intérêt plusieurs foibles contre un plus puissant, pour rendre la balance égale ; il se joint ensuite aux premiers pour la faire pencher, et il leur vend cher sa protection et son alliance. Il sait intéresser ceux avec qui il traite ; et par un adroit manége, par de fins et de subtils détours, il leur fait sentir leurs avantages particuliers, les biens et les honneurs qu'ils peuvent espérer par une certaine facilité, qui ne choque point leur commission ni les intentions de leurs maîtres. Il ne veut pas aussi être cru imprenable par cet endroit ; il laisse voir en lui quelque peu de sensibilité pour sa fortune : il s'attire par là des propositions qui lui découvrent les vues des autres les plus secrètes, leurs desseins les plus profonds et leur dernière ressource ; et il en profite. Si quelquefois il est lésé dans quelques chefs qui ont enfin été réglés, il crie haut ; si c'est le contraire, il crie plus haut, et jette ceux qui perdent sur la justification et la défensive. Il a son fait digéré par la cour, toutes ses démarches sont mesurées, les moindres avances qu'il fait lui sont prescrites ; et il agit néanmoins, dans les points difficiles et dans les articles contestés, comme s'il se relâchoit de lui-même sur-le-champ, et comme par un esprit d'accommodement ; il ose même promettre à l'assemblée qu'il fera goûter la proposition, et qu'il n'en sera pas désavoué. Il fait courir un bruit faux des choses seulement dont il est chargé, muni d'ailleurs de pouvoirs particuliers, qu'il ne découvre jamais qu'à l'extrémité, et dans les moments où il lui seroit pernicieux de ne les pas mettre en usage. Il tend surtout par ses intrigues au solide et à l'essentiel, toujours prêt de leur sacrifier les minuties et les points d'honneur[1] imaginaires. Il a du

1. La 4ᵉ édition a *pointes d'honneurs*, au lieu de *points d'honneur;* la 5ᵉ, la 6ᵉ et la 7ᵉ ont : *points d'honneurs;* les deux fautes ont été corrigées dans la 8ᵉ.

flegme, il s'arme de courage et de patience, il ne se lasse point, il fatigue les autres, et les pousse jusqu'au découragement[1]. Il se précautionne et s'endurcit contre les lenteurs et les remises, contre les reproches, les soupçons, les défiances, contre les difficultés et les obstacles, persuadé que le temps seul et les conjonctures amènent les choses et conduisent les esprits au point où on les souhaite. Il va jusques à feindre un intérêt secret à la rupture de la négociation, lorsqu'il desire le plus ardemment qu'elle soit continuée; et si au contraire il a des ordres précis de faire les derniers efforts pour la rompre, il croit devoir, pour y réussir, en presser la continuation et la fin. S'il survient un grand événement, il se roidit ou il se relâche selon qu'il lui est utile ou préjudiciable; et si par une grande prudence il sait le prévoir[2], il presse et il temporise selon que l'État pour qui il travaille en doit craindre ou espérer; et il règle sur ses besoins ses conditions. Il prend conseil du temps, du lieu, des occasions, de sa puissance ou de sa foiblesse, du génie des nations avec qui il traite, du tempérament et du caractère des personnes avec qui il négocie. Toutes ses vues, toutes ses maximes, tous les raffinements de sa politique tendent à une seule fin, qui est de n'être point trompé, et de tromper les autres[3]. (ÉD. 4.)

13. Le caractère des François demande du sérieux dans le souverain.

14. L'un des malheurs du prince est d'être souvent trop

1. VAR. (édit. 4) : et les jette dans le découragement.
2. VAR. (édit. 4-7) : il le sait prévoir.
3. Cette dernière phrase est une réflexion qui faisait partie du chapitre *de la Cour* dans les trois premières éditions; à la 4ᵉ, elle a été transportée ici, et appliquée particulièrement au plénipotentiaire. Voyez ci-dessus, p. 334, note 3.

plein de son secret, par le péril qu'il y a à le répandre : son bonheur est de rencontrer une personne sûre qui l'en décharge.

15. Il ne manque rien à un roi que les douceurs d'une vie privée; il ne peut être consolé d'une si grande perte que par le charme de l'amitié, et par la fidélité de ses amis.

16. Le plaisir d'un roi qui mérite de l'être[1] est de l'être moins quelquefois[2], de sortir du théâtre, de quitter le bas de saye[3] et les brodequins, et de jouer avec une personne de confiance un rôle plus familier[4].

17. Rien ne fait plus d'honneur au prince que la modestie de son favori.

18. Le favori n'a point de suite[5]; il est sans engagement et

1. VAR. (édit. 1 et 2) : Le plaisir d'un roi qui est digne de l'être.
2. VAR (édit. 1-6) : est d'être moins roi quelquefois.
3. Le *bas de saye*, sorte de jupe plissée s'arrêtant aux genoux, représentait dans le costume des acteurs tragiques la partie inférieure du saye (*sagum*) romain. Les acteurs s'en revêtaient lorsqu'ils représentaient « des rois, des héros, » dit une note de Coste.
4. « .... Ce sont delices aux princes, dit Montaigne (livre I, chapitre XLII), c'est leur feste de se pouuoir quelques fois trauestir et desmettre à la façon de viure basse et populaire :

Plerumque gratæ principibus vices,
Mundæque parvo sub lare pauperum
Cœnæ, sine aulæis et ostro,
Sollicitam explicuere frontem. »

« Les princes et les rois jouent quelquefois, à dit de son côté Pascal (*Pensées*, p. 92). Ils ne sont pas toujours sur leurs trônes; ils s'y ennuient. La grandeur a besoin d'être quittée pour être sentie. »
5. *Suites*, au pluriel, dans les éditions 1-3.

* Horace, livre III, ode XXIX, vers 13-16. — Au vers 13, il y a dans Horace *divitibus*, au lieu de *principibus*.

sans liaisons ; il peut être entouré de parents et de créatures, mais il n'y tient pas ; il est détaché de tout, et comme isolé[1].

Une belle ressource pour celui qui est tombé dans la disgrâce du prince[2], c'est la retraite. Il lui est avantageux de disparoître, plutôt que de traîner dans le monde[3] le débris d'une faveur qu'il a perdue, et d'y faire[4] un nouveau personnage si différent du premier qu'il a soutenu. Il conserve au contraire le merveilleux de sa vie dans la solitude ; et mourant pour ainsi dire avant la caducité, il ne laisse de soi qu'une brillante idée[5] et une mémoire agréable[6].

Une plus belle ressource pour le favori disgracié que de se perdre dans la solitude et ne faire plus parler de soi, c'est d'en faire parler magnifiquement, et de se jeter,

19.

---

1. Dans les trois premières éditions cette réflexion, et la suivante, qui n'avait alors que le premier alinéa, faisaient partie du chapitre *de la Cour* (voyez ci-dessus, p. 337, note 1) ; à la 4e, la Bruyère les transporta ici, en augmentant d'un alinéa la réflexion 19 ; puis à la 6e cette dernière réflexion fut supprimée. Selon toute vraisemblance, elle n'avait pas cessé d'être juste aux yeux de l'auteur ; mais elle pouvait aller directement à l'adresse de courtisans très-connus, et peut-être blesser l'un d'eux ou déplaire au Roi (voyez l'*Appendice*) : de là le sacrifice qu'en fit la Bruyère. S'il est vrai que ces deux alinéa, après avoir figuré l'un dans cinq, l'autre dans deux éditions, aient disparu devant des considérations de temps et de personnes, ne doit-on pas les rétablir dans le texte pour avoir l'œuvre entière de la Bruyère ? Ainsi l'ont pensé MM. Walckenaer, Hémardinquer et Mancel, qui les ont replacés dans le texte même, tandis que M. Destailleur les a simplement donnés dans une note. Nous suivons l'exemple des premiers.
2. Var. (édit. 1-3) : Une grande parure pour le favori disgracié.
3. Var. (édit. 1-3) : que de traîner dans la ville.
4. Var. (édit. 1-3) : et de faire.
5. Var. (édit. 1-3) : qu'une belle idée.
6. Cet alinéa et le suivant ne se trouvent pas dans les éditions 6-9 : voyez ci-dessus la note 1.

s'il se peut, dans quelque haute et généreuse entreprise, qui relève ou confirme du moins son caractère, et rende raison de son ancienne faveur; qui fasse qu'on le plaigne dans sa chute, et qu'on en rejette une partie sur son étoile. (ÉD. 4.)

20. Je ne doute point qu'un favori, s'il a quelque force et quelque élévation, ne se trouve souvent confus et déconcerté des bassesses, des petitesses, de la flatterie, des soins superflus et des attentions frivoles de ceux qui le courent, qui le suivent, et qui s'attachent à lui comme ses viles créatures; et qu'il ne se dédommage dans le particulier d'une si grande servitude par le ris et la moquerie. (ÉD. 6.)

21. Hommes en place, ministres, favoris, me permettrez-vous de le dire? ne vous reposez point sur vos descendants pour le soin de votre mémoire et pour la durée de votre nom : les titres passent, la faveur s'évanouit, les dignités se perdent, les richesses se dissipent, et le mérite dégénère. Vous avez des enfants, il est vrai, dignes de vous, j'ajoute même capables de soutenir toute votre fortune; mais qui peut vous en promettre autant de vos petits-fils? Ne m'en croyez pas, regardez cette unique fois de certains hommes que vous ne regardez jamais, que vous dédaignez : ils ont des aïeuls, à qui, tout grands que vous êtes, vous ne faites que succéder. Ayez de la vertu et de l'humanité; et si vous me dites : « Qu'aurons-nous de plus ? » je vous répondrai : « De l'humanité et de la vertu. » Maîtres alors de l'avenir, et indépendants d'une postérité, vous êtes sûrs de durer autant que la monarchie; et dans le temps que l'on montrera les ruines de vos châteaux, et peut-être la seule place où

ils étoient construits[1], l'idée de vos louables actions sera encore fraîche dans l'esprit des peuples; ils considéreront avidement vos portraits et vos médailles; ils diront : « Cet homme dont vous regardez la peinture a parlé à son maître avec force et avec liberté, et a plus craint de lui nuire que de lui déplaire; il lui a permis d'être bon et bienfaisant, de dire de ses villes[2] : *Ma bonne ville*, et de son peuple : *Mon peuple*. Cet autre dont vous voyez l'image[3], et en qui l'on remarque une physionomie forte, jointe à un air grave, austère et majestueux, augmente d'année à autre de réputation : les plus grands politiques souffrent de lui être comparés. Son grand dessein a été d'affermir l'autorité du prince et la sûreté des peuples par l'abaissement des grands : ni les partis, ni les conjurations, ni les trahisons, ni le péril de la mort, ni ses infirmités n'ont pu l'en détourner. Il a eu du temps de reste pour entamer un ouvrage, continué ensuite et achevé par l'un de nos plus grands et de nos meilleurs princes, l'extinction de l'hérésie[4]. » (éd. 6.)

22. Le panneau le plus délié et le plus spécieux qui dans tous les temps ait été tendu aux grands par leurs gens d'affaires, et aux rois par leurs ministres, est la leçon qu'ils leur font de s'acquitter et de s'enrichir. Excellent conseil! maxime utile, fructueuse, une mine d'or, un Pérou, du moins pour ceux qui ont su jusqu'à présent l'inspirer à leurs maîtres. (éd. 8.)

23. C'est un extrême bonheur pour les peuples quand le

---

1. Var. (édit. 6) : et peut-être la place seule où ils étoient construits.
2. Var. (édit. 6 et 7) : et de dire de ses villes. — Ce passage contient l'éloge du cardinal d'Amboise, ministre de Louis XII.
3. Le cardinal de Richelieu.
4. Allusion à la révocation de l'édit de Nantes (1685).

prince admet dans sa confiance et choisit pour le ministère ceux mêmes qu'ils auroient voulu lui donner, s'ils en avoient été les maîtres. (ÉD. 4.)

24. La science des détails, ou une diligente attention aux moindres besoins de la république, est une partie essentielle au bon gouvernement, trop négligée à la vérité dans les derniers temps par les rois ou par les ministres, mais qu'on ne peut trop souhaiter dans le souverain qui l'ignore, ni assez estimer dans celui qui la possède[1]. Que sert en effet au bien des peuples et à la douceur de leurs jours, que le prince place les bornes de son empire au delà des terres de ses ennemis, qu'il fasse de leurs souverainetés des provinces de son royaume; qu'il leur soit également supérieur par les siéges et par les batailles,

---

1. Le chapitre *du Souverain* contient un certain nombre d'allusions que l'auteur ne cherche pas à dissimuler : ce sont les louanges qu'il adresse à Louis XIV. Il a rendu une sorte d'hommage à sa gravité (voyez ci-dessus, p. 377, n° 13); il a parlé avec respect de son affection pour Mme de Maintenon (voyez ci-dessus, p. 377 et 378, n°s 14 et 15) : voici maintenant un alinéa dont chaque trait contient une louange, et qui, joint à celui qui termine le chapitre, forme le tribut d'admiration que devait alors à la majesté royale quiconque prononçait un discours ou publiait un livre, et surtout un livre moral ou satirique. — On peut rapprocher du début de ce morceau le passage suivant de Saint-Simon sur Louis XIV (tome XII, p. 400) : « Son esprit, naturellement porté au petit, se plut en toutes sortes de détails.... Ces pertes de temps, qui paroissoient au Roi avec tout le mérite d'une application continuelle, étoient le triomphe de ses ministres, qui, avec un peu d'art et d'expérience à le tourner, faisoient venir comme de lui ce qu'ils vouloient eux-mêmes, et qui conduisoient le grand selon leurs vues, et trop souvent selon leur intérêt, tandis qu'ils s'applaudissoient de le voir se noyer dans ces détails. » Et ailleurs (*ibidem*, p. 388) : « Il vouloit régner par lui-même. Sa jalousie là-dessus alla sans cesse jusqu'à la foiblesse. Il régna en effet dans le petit; dans le grand il ne put y atteindre; et jusque dans le petit il fut souvent gouverné. » Fénelon relève la même disposition d'esprit dans Idoménée : voyez le livre XVIII de *Télémaque*.

et qu'ils ne soient devant lui en sûreté ni dans les plaines ni dans les plus forts bastions; que les nations s'appellent les unes les autres, se liguent ensemble pour se défendre et pour l'arrêter; qu'elles se liguent en vain, qu'il marche toujours et qu'il triomphe toujours; que leurs dernières espérances soient tombées par le raffermissement d'une santé[1] qui donnera au monarque le plaisir de voir les princes ses petits-fils soutenir ou accroître ses destinées, se mettre en campagne, s'emparer de redoutables forteresses, et conquérir de nouveaux États; commander de vieux et expérimentés capitaines, moins par leur rang et leur naissance que par leur génie et leur sagesse; suivre les traces augustes de leur victorieux père; imiter sa bonté, sa docilité[2], son équité, sa vigilance, son intrépidité? Que me serviroit en un mot, comme à tout le peuple, que le prince fût heureux et comblé de gloire par lui-même et par les siens, que ma patrie fût puissante et formidable, si, triste et inquiet, j'y vivois dans l'oppression ou dans l'indigence; si, à couvert des courses de l'ennemi, je me trouvois exposé dans les places ou dans les rues d'une ville au fer d'un assassin, et que je craignisse moins dans l'horreur de la nuit d'être pillé ou massacré dans d'épaisses forêts que dans ses carrefours; si la sûreté, l'ordre et la propreté ne rendoient pas le séjour des villes si délicieux, et n'y avoient pas amené, avec l'abondance, la douceur de la société; si, foible et seul de mon parti, j'avois à souffrir dans ma métairie du voisinage d'un grand, et si l'on avoit moins pourvu à me faire justice de ses entreprises; si je n'avois pas sous ma main autant de maîtres, et d'excellents maîtres, pour élever mes enfants dans les

1. Le Roi avait été opéré de la fistule en novembre 1686.
2. *Docilité* s'entend particulièrement, à cette époque, de la soumission aux enseignements de l'Église.

sciences ou dans les arts qui feront un jour leur établissement ; si, par la facilité du commerce, il m'étoit moins ordinaire de m'habiller de bonnes étoffes [1], et de me nourrir de viandes saines, et de les acheter peu ; si enfin, par les soins du prince, je n'étois pas aussi content de ma fortune, qu'il doit lui-même par ses vertus l'être de la sienne? (ÉD. 4.)

25. Les huit ou les dix mille hommes sont au souverain comme une monnoie dont il achète une place ou une victoire : s'il fait qu'il lui en coûte moins, s'il épargne les hommes, il ressemble à celui qui marchande et qui connoît mieux qu'un autre le prix de l'argent. (ÉD. 7.)

26. Tout prospère dans une monarchie où l'on confond les intérêts de l'État avec ceux du prince. (ÉD. 7.)

27. Nommer un roi PÈRE DU PEUPLE est moins faire son éloge que l'appeler par son nom, ou faire sa définition. (ÉD. 7.)

28. Il y a un commerce ou un retour de devoirs du souverain à ses sujets, et de ceux-ci au souverain : quels sont les plus assujettissants et les plus pénibles, je ne le déciderai pas. Il s'agit de juger, d'un côté, entre les étroits engagements du respect, des secours, des services, de l'obéissance, de la dépendance ; et d'un autre,

---

1. « Depuis l'an 1663 jusqu'en 1672, chaque année.... fut marquée par l'établissement de quelque manufacture. Les draps fins, qu'on tiroit auparavant d'Angleterre, de Hollande, furent fabriqués dans Abbeville. Le Roi avançait au manufacturier deux mille livres par chaque métier battant, outre des gratifications considérables.... Les fabriques de draps de Sedan, dégénérées et tombées, furent rétablies.... » (Voltaire, *Siècle de Louis XIV*, chapitre XXIX.)

les obligations indispensables de bonté, de justice, de soins, de défense, de protection. Dire qu'un prince est arbitre de la vie des hommes, c'est dire seulement que les hommes par leurs crimes deviennent naturellement soumis aux lois et à la justice, dont le prince est le dépositaire : ajouter qu'il est maître absolu de tous les biens de ses sujets, sans égards, sans compte ni discussion, c'est le langage de la flatterie, c'est l'opinion d'un favori qui se dédira à l'agonie. (ÉD. 7.)

Quand vous voyez quelquefois un nombreux troupeau, qui répandu sur une colline vers le déclin d'un beau jour, paît tranquillement le thym et le serpolet, ou qui broute dans une prairie une herbe menue et tendre qui a échappé à la faux du moissonneur, le berger, soigneux et attentif, est debout auprès de ses brebis; il ne les perd pas de vue, il les suit, il les conduit, il les change de pâturage; si elles se dispersent, il les rassemble; si un loup avide paroît, il lâche son chien, qui le met en fuite; il les nourrit, il les défend; l'aurore le trouve déjà en pleine campagne, d'où il ne se retire qu'avec le soleil : quels soins ! quelle vigilance ! quelle servitude ! Quelle condition vous paroît la plus délicieuse et la plus libre, ou du berger ou des brebis? le troupeau est-il fait pour le berger, ou le berger pour le troupeau? Image naïve des peuples et du prince qui les gouverne, s'il est bon prince. (ÉD. 7.)

Le faste et le luxe dans un souverain[1], c'est le berger

1. Peut-être la Bruyère se souvient-il de la réforme à laquelle les charges de la guerre de 1688 déterminèrent le Roi en décembre 1689, alors que « tant de précieux meubles d'argent massif qui faisoient l'ornement de la galerie et des grands et petits appartements de Versailles et l'étonnement des étrangers, furent envoyés à la Monnoie, jusqu'au trône d'argent, » comme le dit avec regret Saint-Simon, qui déplore la « perte inestimable de ces admirables façons, plus chères

habillé d'or et de pierreries, la houlette d'or en ses mains; son chien a un collier d'or, il est attaché avec une laisse d'or et de soie. Que sert tant d'or à son troupeau ou contre les loups? (ÉD. 7.)

30. Quelle heureuse place que celle qui fournit dans tous les instants l'occasion à un homme de faire du bien à tant de milliers d'hommes! Quel dangereux poste que celui qui expose à tous moments un homme à nuire à un million d'hommes! (ÉD. 7.)

31. Si les hommes ne sont point capables sur la terre d'une joie plus naturelle, plus flatteuse et plus sensible, que de connoître qu'ils sont aimés, et si les rois sont hommes, peuvent-ils jamais trop acheter le cœur de leurs peuples? (ÉD. 7.)

que la matière » (tome VII, p. 224). Quoi qu'il en soit, la réflexion devait plaire à Louis XIV, dont Saint-Simon dépeint le costume en ces termes (tome XIII, p. 100 et 101) : « Il étoit toujours vêtu de couleur plus ou moins brune, avec une légère broderie, jamais sur les tailles, quelquefois rien qu'un bouton d'or, quelquefois du velours noir. Toujours une veste de drap ou de satin rouge, ou bleue ou verte, fort brodée. Jamais de bague, et jamais des pierreries qu'à ses boucles de souliers, de jarretières, et de chapeau toujours bordé de point d'Espagne avec un plumet blanc. Toujours le cordon bleu dessous, excepté des noces ou autres fêtes pareilles, qu'il le portoit par-dessus, fort long, avec pour huit ou dix millions de pierreries. » Mais ce même prince qui s'habillait simplement et qui proscrivait par ses ordonnances les broderies d'argent et d'or, encourageait le luxe des courtisans. « Il aima en tout, dit Saint-Simon (tome XII, p. 465), la splendeur, la magnificence, la profusion. Ce goût, il le tourna en maxime par politique, et l'inspira en tout à sa cour. C'étoit lui plaire que de s'y jeter en tables, en habits, en équipages, en bâtiments, en jeu. C'étoient des occasions pour qu'il parlât aux gens. Le fond étoit qu'il tendoit et parvint par là à épuiser tout le monde en mettant le luxe en honneur, et pour certaines parties en nécessité, et réduisit ainsi peu à peu tout le monde à dépendre entièrement de ses bienfaits pour subsister. »

OU DE LA RÉPUBLIQUE.

Il y a peu de règles générales et de mesures certaines pour bien gouverner; l'on suit le temps et les conjonctures, et cela roule sur la prudence et sur les vues de ceux qui règnent : aussi le chef-d'œuvre de l'esprit, c'est le parfait gouvernement; et ce ne seroit peut-être pas une chose possible, si les peuples, par l'habitude où ils sont de la dépendance et de la soumission[1], ne faisoient la moitié de l'ouvrage.

32.

Sous un très-grand roi, ceux qui tiennent les premières places n'ont que des devoirs faciles, et que l'on remplit sans nulle peine : tout coule de source; l'autorité et le génie du prince leur aplanissent les chemins, leur épargnent les difficultés, et font tout prospérer au delà de leur attente : ils ont le mérite de subalternes.

33.

Si c'est trop de se trouver chargé d'une seule famille, si c'est assez d'avoir à répondre de soi seul, quel poids, quel accablement, que celui de tout un royaume ! Un souverain est-il payé de ses peines par le plaisir que semble donner une puissance absolue, par toutes les prosternations des courtisans[2]? Je songe aux pénibles, douteux et dangereux chemins qu'il est quelquefois obligé de suivre pour arriver à la tranquillité publique; je repasse les moyens extrêmes, mais nécessaires, dont il use souvent pour une bonne fin; je sais qu'il doit répondre à Dieu même de la félicité de ses peuples, que le bien et le mal est en ses mains, et que toute ignorance ne l'excuse pas; et je me dis à moi-même : « Voudrois-je régner? » Un homme un peu heureux dans une condi-

34.

1. Ce trait n'est-il pas un souvenir du traité *de la Servitude volontaire* ou *Contr'un* de la Boëtie?
2. VAR. (édit. 5 et 6) : du courtisan.

tion privée devroit-il y renoncer pour une monarchie? N'est-ce pas beaucoup, pour celui qui se trouve en place par un droit héréditaire, de supporter d'être né roi? (ÉD. 5.)

35. Que de dons du ciel ne faut-il pas[1] pour bien régner! Une naissance auguste, un air d'empire et d'autorité, un visage qui remplisse la curiosité des peuples empressés de voir le prince, et qui conserve le respect dans le courtisan[2]; une parfaite égalité d'humeur; un grand éloignement pour la raillerie piquante, ou assez de raison pour ne se la permettre point; ne faire jamais ni menaces ni reproches; ne point céder à la colère[3], et être toujours obéi; l'esprit facile, insinuant; le cœur

1. VAR. (éd. 1-5) : ne faut-il point.
2. « Rien, dit Saint-Simon en parlant de Louis XIV (tome XII, p. 463 et 464), n'étoit pareil à lui, aux revues, aux fêtes, et partout où un air de galanterie pouvoit avoir lieu par la présence des dames. On l'a déjà dit, il l'avoit puisée à la cour de la Reine sa mère, et chez la comtesse de Soissons; la compagnie de ses maîtresses l'y avoit accoutumé de plus en plus; mais toujours majestueuse, quoique quelquefois avec de la gaieté, et jamais devant le monde rien de déplacé ni de hasardé; mais jusqu'au moindre geste, son marcher, son port, toute sa contenance, tout mesuré, tout décent, noble, grand, majestueux, et toutefois très-naturel, à quoi l'habitude et l'avantage incomparable et unique de toute sa figure donnoit une grande facilité. Aussi dans les choses sérieuses, les audiences d'ambassadeurs, les cérémonies, jamais homme n'a tant imposé; et il falloit commencer par s'accoutumer à le voir, si en le haranguant on ne vouloit s'exposer à demeurer court.... Le respect.... qu'apportoit sa présence en quelque lieu qu'il fût imposoit un silence et jusqu'à une sorte de frayeur. »
3. « Jamais il ne lui échappa de dire rien de désobligeant à personne; et s'il avoit à reprendre, à réprimander ou à corriger, ce qui étoit fort rare, c'étoit toujours avec un air plus ou moins de bonté, presque jamais avec sécheresse, jamais avec colère, si on excepte l'unique aventure de Courtenvaux,... quoiqu'il ne fût pas exempt de colère, quelquefois avec un air de sévérité. » (Saint-Simon, tome XII, p. 461.) — Louis XIV toutefois ne réprimait pas toujours sa colère, et les *Mémoires* de Saint-Simon en donnent plus d'une preuve.

ouvert, sincère, et dont on croit voir le fond, et ainsi très-propre à se faire des amis, des créatures et des alliés; être secret toutefois, profond et impénétrable dans ses motifs et dans ses projets[1]; du sérieux et de la gravité dans le public; de la brièveté, jointe à beaucoup de justesse et de dignité, soit dans les réponses aux ambassadeurs des princes[2], soit dans les conseils; une manière de faire des grâces qui est comme un second bienfait[3]; le choix des personnes que l'on gratifie; le discernement des esprits, des talents et des complexions pour la distribution des postes et des emplois; le choix des généraux et des ministres; un jugement ferme, solide, décisif dans les affaires, qui fait que l'on connoît le meilleur parti et le plus juste; un esprit de droiture et d'équité qui fait qu'on le suit jusques à prononcer quelquefois contre soi-même[4] en faveur du peuple, des alliés, des ennemis; une mémoire heureuse et très-présente, qui rappelle les besoins des sujets, leurs visages, leurs

---

1. « Jamais rien ne coûta moins au Roi que de se taire profondément et de dissimuler de même. Ce dernier talent, il le poussa souvent jusqu'à la fausseté; mais avec cela, jamais de mensonge, et il se piquoit de tenir parole : aussi ne la donnoit-il presque jamais. » (Saint-Simon, tome XII, p. 459 et 460.)

2. « Ses réponses en ces occasions (*les audiences des ambassadeurs et autres cérémonies*) étoient toujours courtes, justes, pleines, et très-rarement sans quelque chose d'obligeant, quelquefois même de flatteur, quand le discours le méritoit. » (*Ibidem*, p. 464.)

3. « Jamais personne ne donna de meilleure grâce, et n'augmenta tant par là le prix de ses bienfaits. » (Saint-Simon, tome XII, p. 461.)
— Rapprochez de la louange qu'adresse la Bruyère à Louis XIV le 1er alinéa de la réflexion 45 du chapitre *de la Cour* (ci-dessus, p. 315).

4. Voltaire a rappelé de Louis XIV « deux jugements célèbres, dans lesquels sa voix décida contre lui-même : » l'un en 1680, au sujet « d'un procès entre lui et des particuliers de Paris qui avaient bâti sur son fonds; » l'autre au profit d'un Persan « dont les marchandises avaient été saisies par les commis de ses fermes en 1687. » (Voyez *le Siècle de Louis XIV*, chapitre xxix.)

noms, leurs requêtes¹ ; une vaste capacité, qui s'étende non-seulement aux affaires de dehors, au commerce, aux maximes d'État, aux vues de la politique, au reculement des frontières par la conquête de nouvelles provinces, et à leur sûreté par un grand nombre de forteresses inaccessibles ; mais qui sache aussi se renfermer au dedans, et comme dans les détails de tout un royaume ; qui en bannisse un culte faux, suspect et ennemi de la souveraineté, s'il s'y rencontre² ; qui abolisse des usages cruels et impies, s'ils y règnent³ ; qui réforme les lois et les coutumes, si elles étoient remplies d'abus⁴ ; qui donne aux villes plus de sûreté et plus de commodités par le renouvellement d'une exacte police, plus d'éclat et plus de majesté par des édifices somptueux ; punir sévèrement les vices scandaleux ; donner par son autorité et par son exemple du crédit à la piété et à la vertu ; protéger l'Église, ses ministres, ses droits, ses libertés⁵ ; ménager ses peuples comme ses enfants ; être toujours occupé de la pensée de les soulager, de⁶ rendre les subsides légers, et tels qu'ils se lèvent sur les provinces sans les appauvrir ; de grands talents pour la guerre ; être vigilant, appliqué, laborieux ; avoir des armées nombreuses, les commander en personne ; être froid dans le péril, ne ménager sa vie que pour le bien de son État ;

1. Var. (édit. 1-3) : qui rappelle les besoins des sujets, leurs noms, leurs requêtes.
2. Nouvel éloge de la révocation de l'édit de Nantes.
3. Allusion aux ordonnances que Louis XIV a rendues contre le duel (1651, 1670, 1679, etc.).
4. Six codes avaient paru de 1667 à 1685 : l'ordonnance civile, celle des eaux et forêts, l'ordonnance d'instruction criminelle, celle du commerce, celle de la marine et des colonies, et enfin le code noir pour les colonies.
5. Allusion à la déclaration de 1682 sur les libertés gallicanes.
6. *De* est omis dans la 7ᵉ édition.

OU DE LA RÉPUBLIQUE. 391

aimer le bien de son État et sa gloire plus que sa vie; une puissance très-absolue, qui ne laisse point d'occasion[1] aux brigues, à l'intrigue et à la cabale; qui ôte cette distance infinie qui est quelquefois entre les grands et les petits, qui les rapproche, et sous laquelle tous plient également; une étendue de connoissance[2] qui fait que le prince voit tout par ses yeux[3], qu'il agit immédiatement et par lui-même, que ses généraux[4] ne sont, quoique éloignés de lui, que ses lieutenants, et les ministres que ses ministres[5]; une profonde sagesse, qui sait déclarer la guerre, qui sait vaincre et user de la victoire; qui sait faire la paix, qui sait la rompre; qui sait quelquefois, et selon les divers intérêts, contraindre les ennemis à la recevoir; qui donne des règles à une vaste ambition, et sait jusques où l'on doit conquérir[6]; au

---

1. *Occasions*, au pluriel, dans les éditions 1-6.
2. Il y a ainsi *connoissance*, au singulier, dans les éditions imprimées du vivant de la Bruyère.
3. VAR. (édit. 1-4) : Une puissance très-absolue, qui ôte cette distance infinie qui est quelquefois entre les grands et les petits, qui les rapproche, et sous qui tous plient également; qui ne laisse point d'occasions aux brigues, à l'intrigue et à la cabale; qui fait que le prince voit tout par ses yeux, etc. — L'interversion des deux membres de phrase s'est faite à la 5ᵉ édition; les mots : « une étendue de connoissance, » ont été ajoutés dans la 2ᵉ édition.
4. VAR. (édit. 1 et certains exemplaires de 2) : qui fait que ses généraux.
5. Cet éloge est l'un de ceux qui devaient particulièrement plaire à Louis XIV. Saint-Simon a plus d'une fois insisté sur la répugnance qu'il avait à partager son autorité avec ses ministres ou ses généraux. « Il s'applaudissoit, dit-il en parlant de ces derniers (tome XII, p. 428), de les conduire de son cabinet; il vouloit qu'on crût que de son cabinet il commandoit toutes ses armées. »
6. En 1669 Boileau disait au Roi dans sa première *épître*, dont plus d'un trait pourrait être rapproché de cet alinéa :

Ne t'avons-nous pas vu dans les plaines belgiques,
Quand l'ennemi vaincu, désertant ses remparts,

milieu d'ennemis couverts ou déclarés, se procurer le loisir des jeux, des fêtes, des spectacles; cultiver les arts et les sciences; former et exécuter des projets d'édifices surprenants; un génie enfin supérieur et puissant, qui se fait aimer et révérer des siens, craindre des étrangers; qui fait d'une cour, et même de tout un royaume, comme une seule famille, unie parfaitement sous un même chef, dont l'union et la bonne intelligence est redoutable au reste du monde : ces admirables vertus me semblent renfermées dans l'idée du souverain[1]; il est vrai qu'il est rare de les voir réunies dans un même sujet[2] : il faut que trop de choses concourent à la fois, l'esprit, le cœur, les dehors, le tempérament; et il me paroît qu'un monarque[3] qui les rassemble toutes en sa personne est bien digne du nom de Grand[4].

> Au-devant de ton joug couroit de toutes parts,
> Toi-même te borner au fort de ta victoire,
> Et chercher dans la paix une plus juste gloire? (Vers 118-122.)

1. Var. (édit. 1-7) : dans l'idée d'un souverain.
2. Var. (édit. 1 et certains exemplaires de 2). de les voir ensemble dans un même sujet.
3. Var. (édit. 1-3) : de là vient que le monarque.
4. Var. (édit. 1-3) : ne mérite rien de moins que le nom de Grand.

APPENDICE

AUX

CARACTERES OU MOEURS DE CE SIÈCLE

―――

CLEFS ET COMMENTAIRES

NOTICE.

« Quelle digue élèverai-je contre ce déluge d'explications qui inonde la ville et qui bientôt va gagner la cour? » s'écrie la Bruyère dans la *Préface* de son *Discours à l'Académie*. De ces clefs dont le déluge inondait la ville en 1694, il ne nous est parvenu que la copie d'un bien petit nombre, s'il faut admettre sur la foi de notre auteur qu'elles étaient « presque toutes différentes entre elles, » et de plus qu'il s'en fabriquait « à Romorantin, à Mortaigne et à Belesme, » tout comme à Paris. Il y a quelques variantes dans celles qui nous ont été conservées; mais le fond en est commun : à peine semble-t-il que trois ou quatre personnes se soient ingéniées à retrouver par elles-mêmes les originaux des *Caractères*. A dire vrai, je doute qu'il y ait jamais eu beaucoup de clefs « différentes entre elles. » Répondant à ceux qui prétendent reconnaître avec certitude les modèles de ses portraits, la Bruyère oppose très-légitimement la diversité des interprétations; mais il force un peu l'argument, j'imagine.

Quelques contemporains ont pu, sans tenter de rencontrer la pensée de l'auteur, faire à des ennemis ou à des amis l'application de traits qui paraissaient leur convenir, et noter çà et là des noms, au gré de leur fantaisie, sur les marges des volumes; mais les commentateurs de ce genre sont les moins nombreux. Ce que veulent savoir la plupart des lecteurs, ce n'est pas à qui les caractères sont applicables, c'est à qui la Bruyère les applique. Avant tout l'on cherche dans ce livre de morale des allusions satiriques, et l'on veut connaître le nom des personnages que l'auteur a « peints d'après nature, » suivant l'expression de la *Préface* du *Discours à l'Académie*. De cette curiosité même vient l'uniformité des clefs, qu'on se passe de main en main, car chacun transcrit scrupuleusement celle qu'il emprunte du voisin, dans la pensée qu'elle peut contenir le secret de la Bruyère. Nul examen, nulle critique. A-t-on plusieurs clefs sous les yeux, on réunit dans sa copie les noms divers que donne chacune d'elles : rarement on choisit; plus rarement encore l'on substitue à une interprétation sans vraisemblance une interprétation meilleure.

Vers 1692 commença le déluge des clefs manuscrites. La réception de la Bruyère à l'Académie multiplia rapidement les copies des « longues listes » dont il se plaint : des exemplaires de la 7ᵉ édition (1692) nous sont parvenus avec des annotations manuscrites, annotations que l'on répéta sur un plus grand nombre d'exemplaires encore des 8ᵉ et 9ᵉ éditions.

Peut-être quelques libraires, désireux de stimuler la curiosité du public, ont-ils mis en vente des volumes annotés à la main. L'écriture des clefs marginales semble parfois en effet celle d'un copiste inexpérimenté, d'un jeune commis de librairie, par exemple. On pourrait encore en attribuer quelques-unes, sans trop de témérité, à des valets de chambre que leurs maîtres, suivant le conseil qu'en donne l'abbé Fleury[1], auraient employés pendant les heures de loisir à faire des copies.

Nous nous servirons peu des clefs manuscrites qui se trouvent sur les marges des exemplaires : elles se reproduisent presque toujours exactement, et la plupart des variantes en sont dues à l'inintelligence des copistes. Quelques volumes annotés méritent cependant qu'on les consulte avec soin. Nous citerons quelquefois, par exemple, le volume de la 7ᵉ édition qui est placé dans la *Réserve* de la Bibliothèque impériale sous le numéro R 2810, 7, et un volume de la 8ᵉ édition, qui, après

---

1. Voyez le *Traité des Devoirs des Maîtres et des Domestiques*, publié en 1688. Un assez grand nombre de laquais savaient écrire à cette époque, ainsi qu'on peut le constater par les signatures qui accompagnent les inventaires après décès. Sur quatre laquais que nous voyons servir les divers membres de la famille la Bruyère, deux seulement savent écrire (du moins signent-ils très-régulièrement); mais si le domestique qu'avait la Bruyère au moment de sa mort ne signe pas, en revanche sa servante signe fort bien ; et de même le cocher qui le servit quelque temps, après avoir été le cocher de son oncle, et que nous n'avons pas compté parmi les laquais de la famille.

avoir fait partie de la bibliothèque de M. J. d'Ortigue, appartient aujourd'hui à M. le docteur Danyau : c'est ce dernier exemplaire qui donne sur une séance de l'Académie un renseignement que nous avons rappelé dans notre *Notice biographique*.

Les marges des volumes ne pouvaient guère recevoir que des noms, et c'est sur les listes écrites à part qu'il faut chercher les commentaires étendus. Comme ces dernières listes sont les sources auxquelles ont été puisées les annotations marginales des volumes, et tout aussi bien celles des clefs imprimées, il serait intéressant d'en consulter un certain nombre; mais nous n'avons pu en trouver que deux, qui appartiennent l'une et l'autre à la bibliothèque de l'Arsenal[1].

La plus ancienne nous a été obligeamment communiquée par M. Paul Lacroix, conservateur de la bibliothèque, bien qu'elle fasse partie des débris de la collection de Trallage, qui ne sont pas encore classés et catalogués. Elle se compose de quatre pages cotées 55 à 58, et elle a pour titre : « Clef des *Caractères de Théophraste*, 7ᵉ édition, Michallet, 1692. » L'annotation suivante la termine : « Ces remarques ont été faites sur le livre intitulé *les Caractères de Théophraste, traduits du grec, avec les Caractères ou les Mœurs de ce siècle*, 7ᵉ édition, revue et corrigée, imprimée à Paris, 1692, in-12. Ce livre est de M. de la Bruyère. »

Cette clef a été copiée, ou écrite sous une dictée, par un scribe peu lettré; mais le titre et la note finale sont d'une main plus savante, qui a corrigé la plupart des fautes, rectifié les noms et ajouté quelques mots. Postérieure à la 7ᵉ édition, qui a paru en 1692 (ainsi qu'au troisième volume des *Parallèles des anciens avec les modernes*, imprimé au mois de septembre de la même année), antérieure, selon toute vraisemblance, à la 8ᵉ, qui a été publiée dans le courant de 1694, elle a été faite dans les trois derniers mois de 1692 au plus tôt, et sans doute dans les premiers de 1694 au plus tard. Nous pourrons donc lui assigner dans les notes qui suivent la date de 1693.

La seconde clef manuscrite, plus étendue et plus impor-

---

[1]. Une clef manuscrite des *Caractères* est portée sur les catalogues de la bibliothèque Mazarine; mais malgré les recherches les plus consciencieuses, elle n'a pu être retrouvée.

tante, forme un cahier relié de soixante et un feuillets in-4°, et se trouve dans la section *Sciences et arts* de la bibliothèque de l'Arsenal, sous le numéro 7. Ce manuscrit appartenait, dans la seconde partie du dix-huitième siècle, au fondateur de l'hôpital Cochin, c'est-à-dire à Denis-Jean Cochin, curé de la paroisse de Saint-Jacques du Haut-Pas de 1756 à 1783. En tête se lit cette note :

« Clef des *Caractères de Théophraste*, par Mre Jean de la Bruyère, mort subitement à Versailles l'onzième mai 1696, à une heure après minuit, *non sine suspicione veneni*, garçon, âgé de cinquante-cinq ans ou environ, gentilhomme de S. A. Mgr le Prince, de l'Académie françoise. Huitième édition. La neuvième a paru trois semaines ou un mois après sa mort. Il est enterré en la paroisse de Versailles. »

A la fin, au folio 58, se trouve la note qui suit : « Cette clef fut dressée sur la 8e édition des *Caractères de Théophraste*, par le sieur de la Bruyère, qui mourut peu de temps après, comme il se voit au commencement de cette clef; mais comme il a paru depuis ce temps deux nouvelles éditions desdits *Caractères*, l'on a ajusté cette clef de manière à s'en pouvoir servir sur toutes les trois, de sorte que les premiers chiffres qui sont en marge servent pour la huitième, les seconds au-dessous des dictions pour la dixième[1], et ceux qui seront entre les articles serviront pour la neuvième[2]. »

A lire le titre et l'avis que nous venons de reproduire, on pourrait croire que le texte est la simple reproduction d'une liste composée sur l'édition de 1694. Il n'en est rien. Le copiste avait sous les yeux des listes de dates différentes, et il a entremêlé les emprunts qu'il a faits à chacune d'elles. Une annotation est datée du mois de décembre 1696 (voyez ci-après, p. 506, note XXXIX); d'autres lui sont de beaucoup postérieures (voyez, par exemple, p. 513 et suivantes, la note VI). Comme nous ignorons l'époque de la dernière des augmentations qu'a reçues cette clef, nous ne pourrons la désigner par une date, même approximative ; le nom du dépôt où elle se trouve ne peut non plus nous servir à la distinguer de la pré-

---

1. Le copiste, par une erreur manifeste, a écrit *deuxième*.
2. Les renvois à la 9° édition n'ont pas été faits.

cédente, l'une et l'autre appartenant à la même bibliothèque : nous lui donnerons, pour éviter toute inexactitude, le nom de l'abbé Cochin, qui l'a marquée de ses armes et de son *ex libris*. Au surplus, nous ne la citerons pas souvent; car elle a été publiée, d'après une autre copie et avec quelques variantes, dans des éditions du dix-huitième siècle, auxquelles nous renverrons.

La première clef imprimée parut après la mort de la Bruyère, si la première est bien, comme nous le pensons, un petit cahier in-8° de 22 pages qui a pour titre : « Clef du livre intitulé *les Caractères ou les Mœurs de ce siècle*, 9⁰ et dernière édition, par Mr. de la Bruyère, de l'Académie françoise[1]. »

Publié pour faire suite aux 9ᵉˢ éditions de Paris et de Lyon, ce cahier porte en marge des renvois à l'une et à l'autre. Nous citerons en leur lieu les indications de cette clef, que nous daterons de 1697. Peut-être a-t-elle été imprimée un peu plus tard, mais à coup sûr elle ne l'a pas été plus tôt, car elle mentionne les quatre volumes des *Parallèles des anciens*, et le quatrième, qui porte la date de 1697, ne fut achevé d'imprimer que le 27 novembre 1696.

Après la publication de la 10ᵉ édition, en 1699 au plus tôt, cette clef fut réimprimée page par page, ligne par ligne, avec quelques fautes. Le mot *dixième* remplaça le mot *neuvième* dans le titre; mais l'imposition étant la même dans les 9ᵉ et 10ᵉ éditions de Paris et de Lyon, les mêmes renvois furent répétés[2].

Après cette clef nous citerons la clef des éditions de 1697 et de 1700, imprimée en marge et de plus disposée par ordre

---

1. La clef est suivie de cette note, p. 22 : « Monsieur JEAN DE « LA BRUYÈRE étoit gentilhomme de Monsieur le Prince, et l'un « des quarante de l'Académie françoise. Il mourut subitement le « 10 mai 1696, à dix heures du soir, âgé de cinquante-sept ans. » — Un exemplaire de cette clef, inconnue de Walckenaer, est conservé à la Bibliothèque impériale (R 2813, 3).

2. Je dois la connaissance de cette réimpression à M. Charles Alleaume, qui en possède un exemplaire, placé à la fin d'un volume qui appartient à une édition contrefaite sur la 10ᵉ édition de Michallet. Cette contrefaçon, qui est datée de Paris, 1699, et se présente sous le nom de Michallet, porte également la rubrique « 10ᵉ édition; » mais les renvois de la clef ne s'accordant pas avec sa pagination, le relieur les a mal à propos assemblés. La même méprise s'est

alphabétique au commencement de chacun des deux volumes dont se composent ces éditions[1]; la clef de l'édition des frères Wetsteins, publiée en 1720 et réimprimée dans les éditions de David Mortier (1724) et de Michel-Étienne David (1726); et enfin la clef qui accompagne presque toutes les éditions de Coste, c'est-à-dire les éditions de 1739, de 1740, de 1759, etc.

Ce sont la clef de l'édition Wetsteins, et celle des éditions Coste surtout qui reproduisent les commentaires de la seconde des clefs de l'Arsenal ci-dessus mentionnées : les éditeurs de Hollande en répètent les révélations avec empressement; les éditeurs de Paris, forcément plus circonspects, en retranchent les détails qui rappellent les indiscrétions de Tallemant des Réaux. La publication des clefs telles qu'on les pouvait lire dans les éditions de Paris ne manquait pas toutefois d'une certaine hardiesse, et bien des familles durent se plaindre. Il en est une dont le nom disparut tout à coup des clefs : c'est celle des Berrier, dont l'on effaça toute mention dès qu'un Berrier devint lieutenant de police.

En résumé, les clefs que nous citerons dans nos commentaires sont : la clef manuscrite de l'Arsenal qui fut faite sur la 7e édition, et que nous appelons la *clef de 1693* ; la clef manuscrite de l'Arsenal qui fut rédigée plus tard, d'après diverses listes, et que nous nommons la *clef Cochin;* la clef imprimée séparément vers 1697; la clef faisant corps avec l'édition de 1697[2]; la *clef de* 1720; et enfin celle des éditions Coste[3].

renouvelée plus d'une fois, car j'ai vu un autre exemplaire de la même édition suivi de la même clef. — Cette clef a été également réimprimée à la Haye, avec des renvois à la 9e édition de Paris, et aux éditions de 1696 et de 1698 de la Haye.

1. Les éditions de 1700 ont été signalées par Walckenaer comme les premières qui aient été accompagnées d'une clef imprimée; mais celle de 1697, comme elles datée de Paris, et comme elles indûment accompagnée du nom de Michallet, avait paru avec la même clef. Cette dernière édition a-t-elle été publiée avant ou après la clef imprimée séparément dont nous venons de parler? nous ne saurions le dire.

2. Pour distinguer cette clef de la précédente, que nous nommons la *clef de* 1697, nous l'appellerons la *clef de l'édition de* 1697. Elle sera d'ailleurs très-rarement citée.

3. Ce sont les clefs imprimées de l'édition de 1720 et des éditions

Pour juger de la vraisemblance de chacune des interprétations des commentateurs, il est important d'en rapprocher la date à laquelle parut le passage de la Bruyère qui en est l'objet. Aussi, à la suite des premiers mots de chacun des alinéa commentés dans les clefs, avons-nous mis l'année de sa publication. Bien que la 1re édition porte le millésime de 1688, nous donnons aux morceaux qu'elle contient la date de 1687 : c'est à la fin de 1687, en effet, qu'ils ont été imprimés.

Il est superflu d'insister une fois de plus sur la réserve avec laquelle doivent être acceptés les commentaires des *Caractères*. L'absurdité de certaines interprétations apparaît d'elle-même, sans qu'il soit nécessaire de la démontrer. Mais souvent aussi les clefs nous présenteront de judicieuses interprétations, qu'il sera intéressant de rapprocher du texte.

Coste, et la clef manuscrite de l'abbé Cochin, que nous désignerons collectivement par l'expression : *clefs du dix-huitième siècle*. Lorsqu'il s'agira seulement des clefs imprimées, nous l'indiquerons. La rédaction de la clef de 1720 et celle de la clef des éditions Coste n'est pas la même ; nous citerons ordinairement cette dernière, qui est la plus complète, sans nous astreindre à noter les variantes insignifiantes. — Quant aux clefs qui sont écrites à la main sur les marges des exemplaires des *Caractères*, nous les appellerons *clefs marginales* ou simplement *clefs manuscrites*.

DES OUVRAGES DE L'ESPRIT.

I

Page 113, n° 3. — *C'est un métier que de faire un livre.... Un magistrat....* (1687).

Suivant toutes les clefs, le « magistrat » dont il s'agit est « M. Poncet de la Rivière, mort doyen des conseillers d'État, qui prétendoit être chancelier, et qui avoit fait un mauvais livre, *des Avantages de la vieillesse.* » Ce livre, « qui n'eut pas cours, » suivant la clef Cochin, fut imprimé, ajoute la clef de 1697, « sous le nom du baron de Prelle. »

Il avait en effet paru en 1677, chez Sébastien Cramoisy, sous le titre suivant : « *Considérations sur les avantages de la vieillesse dans la vie chrétienne, politique, civile, économique et solitaire*, par le baron de Prelle. » S'il faut en croire une note de J. B. Michault[1], c'est le P. Bouhours qui en fut l'éditeur, et qui le « retoucha. » Quoi qu'il en soit, il suffit de jeter les yeux sur le « tissu de cet ouvrage, » c'est ainsi que l'auteur nomme la table des matières, pour être assuré que la Bruyère ne l'a pas jugé trop sévèrement[2].

L'auteur de ce petit volume est, non pas « Mathias Poncet de la Rivière, conseiller au Parlement, » comme l'a dit Walckenaer, mais son père, Pierre Poncet, avec lequel il a été souvent confondu. Baillet, Placcius, Barbier et Quérard ont gardé le silence sur son prénom; mais le titre de conseiller d'État que lui donnent toutes les

---

1. *Lettres choisies de M. de la Rivière*, 1751, tome II, p. 263.
2. Voici, par exemple, le sommaire de trois chapitres : « V. Empêchemens à la prolongation de la vie par trois officières subalternes de la Providence : par la Nature, par la Fortune, par la Fatalité. — VI. Du péril ordinaire à l'abord de la vieillesse ; de la vertu des nombres sept et neuf joints ensemble à l'égard du corps humain. — VII. De la vertu des mêmes nombres sept et neuf joints ensemble à l'égard des corps politiques, etc. » — Un appendice contient les « pièces, non encore imprimées, dont mention est faite » dans l'ouvrage. Ce sont des documents, empruntés aux registres de la chambre des comptes, sur l'hôtel Saint-Paul, sur les priviléges accordés aux rois de France par les papes, sur l'affranchissement des serfs par Louis Hutin, sur les remontrances que fit la chambre des comptes de Paris au sujet de priviléges accordés à la chambre des comptes de Montpellier, etc.

clefs, J. B. Michault et Quérard, suffit à empêcher toute méprise. Pierre Poncet, qui est mort en effet doyen des conseillers d'État, ainsi que l'indiquent justement toutes nos clefs, sauf celles de 1693 et de 1697, est d'ailleurs le seul membre de la famille qui ait pris le titre de baron de Presles, dont il est qualifié dans l'*Histoire généalogique du Parlement*, conservée à la bibliothèque du Louvre (manuscrit in-folio, F 761, tome II, p. 1581), et dans *la France législative, ministérielle, judiciaire et administrative*, par M. V**** (tome II, p. 55). Nous doutons que ce titre, qu'il avait inscrit en tête de son livre, et dont n'hérita point son fils, lui appartînt véritablement. Du moins le cachait-il aussi bien qu'eût fait un pseudonyme, car les signataires des approbations qui accompagnent son ouvrage expriment le regret que le « grand homme » qui l'a composé ait été contraint de dissimuler son « illustre nom. »

Pierre Poncet de la Rivière, comte d'Ablys, d'abord avocat au Parlement (1619), puis auditeur à la chambre des comptes (1629), dont son père Mathias Poncet avait fait partie, fut nommé successivement maître des requêtes (16 janvier 1642), maître des requêtes honoraire (1663), conseiller d'État, et devint en 1673 membre du conseil royal des finances. « Patelin, esprit souple et adroit, suivant aveuglément les volontés de M. le chancelier (*Seguier*) dont la protection a fait sa fortune : » tel il est peint dans les *Portraits des maîtres des requêtes*[1], et tel il se montra dans le procès de Foucquet.

C'est à la fin du mois d'août 1677 que fut achevée l'impression de ses *Considérations sur les avantages de la vieillesse :* un mois après, le 25 octobre, mourut le chancelier d'Aligre; il fut remplacé le 28 octobre par Michel le Tellier. Si Pierre Poncet eut jamais l'ambition d'être nommé chancelier, ce fut à cette époque : son livre ne pouvait donc paraître plus malencontreusement.

Mais cette première dignité à laquelle il « alloit par son mérite, » ne serait-ce pas la première présidence du Parlement, plutôt que la chancellerie? Le premier président de Lamoignon était mort le 10 décembre 1677, et le Roi ne savait quel successeur lui donner : « J'ai dans la tête, écrivait Bussy le 1er février 1678, que ce pourroit être M. de Poncet[2]. » Il ne fut pas nommé, et la présidence échut à M. de Novion le 13 juin 1678. Cette fois, la place était restée six mois vacante; l'attention publique s'était longtemps arrêtée sur les candidats, et puisque Pierre Poncet se trouvait être l'un d'eux, il est

---

1. Voyez les *Historiettes* de Tallemant des Réaux, tome V, p. 283. — Poncet était très-riche : voyez la *Correspondance administrative sous Louis XIV*, tome II, p. 50.

2. *Correspondance de Bussy*, édition de M. Lud. Lalanne, tome IV, p. 25.

permis de se demander si ce n'est point de cette déception que veut parler la Bruyère.

Deux ans plus tard, parut le recueil suivant, dont nous pouvons attribuer la publication sans hésiter à Pierre Poncet : « *Harangues faites en l'assemblée du clergé en* 1675, suivant l'ordre du Roi, prononcées par M. Poncet, conseiller d'État ordinaire et au conseil royal des finances, l'un des commissaires députés à cet effet par S. M., omises au procès-verbal qui en a été dressé (Paris, Cramoisy, 1679). »

C'est encore lui, pensons-nous, qui fut l'auteur des *Considérations sur la régale et autres droits de souveraineté à l'égard des coadjuteurs* (1654), généralement attribuées, selon le P. Lelong, à « Mathias Poncet, conseiller d'État. »

Pierre Poncet mourut en 1681, âgé de quatre-vingt-un ans; alors qu'il était doyen des conseillers d'État ordinaires et doyen du conseil royal des finances [1].

II

Page 114, n° 6. — *Si l'on ôte de beaucoup d'ouvrages....* (1687).

Un certain nombre de lecteurs du dix-septième siècle ont écrit en marge de cette réflexion le nom de Bossuet et le titre de son *Explication de l'Apocalypse*. Cet ouvrage n'a été publié que dans le courant de 1689, plus d'un an après la 1re édition des *Caractères*, qui contient la réflexion dont il s'agit [2] : nous pouvons donc laisser de côté les raisons qui, à défaut de cet argument décisif, fourni par le rapprochement des dates, nous eussent permis de protester contre une telle annotation.

S'il fallait citer un livre auquel cette réflexion pût convenir, on pourrait nommer le traité, « rare par le ridicule, » dont il a été question dans la note précédente : les *Considérations sur les avantages de la vieillesse*. Les approbations, le « tissu » (c'est-à-dire la table), et les pièces inédites, placées en appendice, occupent près du quart

---

1. Mathias Poncet de la Rivière, comte d'Ablys, que nous dépouillons des titres littéraires que lui concèdent les biographies et les bibliographies, fut conseiller au Parlement (1658), maître des requêtes (1665), intendant en Alsace (1671), à Metz (1673), à Bourges (1676) et à Limoges (1682-1684). Il était président au grand conseil depuis la fin de l'année 1676. Il mourut à Paris en 1693, à l'âge de cinquante-sept ans.

2. Ce traité se compose d'une longue préface, de l'Apocalypse, de l'abrégé de l'Apocalypse, d'un avertissement aux protestants sur les prophéties, d'une « récapitulation » de l'ouvrage, avec « éclaircissement et confirmation » des preuves, et enfin d'une table des matières qui remplit trente pages. De là ce rapprochement que n'avait pu prévoir la Bruyère.

du volume. Mais sans chercher d'application particulière, rappelons que la Bruyère venait « presque journellement » s'asseoir chez Michallet, et y feuilleter les nouveautés; or la plupart des livres que Michallet a publiés sont des traités de dévotion et de morale : si avec l'aide des registres de la communauté des libraires conservés à la Bibliothèque impériale on recherchait et l'on examinait ceux qu'il a édités vers cette époque, on en trouverait sans doute « beaucoup » qui justifieraient la remarque de la Bruyère.

III

Page 115, n° 8. — *Certains poëtes sont sujets....* (1690).

Clefs du dix-huitième siècle : « Corneille le jeune, dans sa *Bérénice*, dont les quatre premiers vers sont un pur galimatias[1]. »

Voltaire a sans doute beaucoup mieux compris la pensée de la Bruyère en faisant au grand Corneille, et non pas à son frère, l'application de cette remarque. Pour en démontrer la justesse, il citait des fragments de *Pompée*, d'*Andromède* et de *la Toison d'or*. Voyez le *Dictionnaire philosophique*, au mot *Esprit*, section IV, et de plus la lettre de Voltaire à Thiriot du 8 mars 1738, où il est question du galimatias qui règne dans *Héraclius*.

Boileau se plaignait aussi de l'obscurité de Corneille ; et qui sait si la Bruyère n'a pas écrit ces lignes à la suite d'un entretien avec lui? « M. Despréaux, dit Cizeron-Rival d'après l'autorité de Brossette[2], distinguoit ordinairement deux sortes de galimatias : le *galimatias simple* et le *galimatias double*. Il appeloit galimatias simple celui où l'auteur entendoit ce qu'il vouloit dire, mais où les autres n'entendoient rien ; et galimatias double, celui où l'auteur ni les lecteurs ne pouvoient rien comprendre.... Il citoit pour exemple (*de galimatias double*) ces quatre vers de *Tite et Bérénice* du grand Corneille :

> Faut-il mourir, Madame? et si proche du terme,
> Votre illustre inconstance est-elle encor si ferme,

---

[1]. *Bérénice* est devenue *Stratonice* dans plusieurs clefs. Toutes citent très-inexactement les premiers vers de *Bérénice*; les voici tels qu'ils sont publiés dans le *Théâtre* de Thomas Corneille, 1692 :

LE ROI.

Quoi que dans ce conseil tu trouves de contraire
À l'orgueil d'un espoir excusable en un père,
Ouvre les yeux, Araxe, et moins aveugle voi
Le seul zèle d'ami l'inspirer à ton roi.

[2]. *Récréations littéraires ou Anecdotes et remarques sur différents sujets*, recueillies par M. C. R***, Paris et Lyon, 1765, in-12, p. 67.

CLEFS ET COMMENTAIRES. 407

> Que les restes d'un feu que j'avois cru si fort
> Puissent dans quatre jours se promettre ma mort[1] ?

L'acteur Baron, chargé du rôle de Domitian, dans lequel se trouvent ces vers, en demanda vainement l'explication à Molière, puis à Corneille lui-même, ajoute Cizeron-Rival : « Je ne les entends pas trop bien non plus, répondit Corneille après les avoir examinés quelque temps ; mais récitez-les toujours : tel qui ne les entendra pas les admirera[2]. »

Le reproche qu'adresse la Bruyère à « certains poëtes » était l'un de ceux que renvoyaient tour à tour à Corneille et à Racine les partisans de l'un et de l'autre. Lorsque le *Mercure galant*, dans le numéro de janvier-mars 1677, vantait « la netteté admirable du style de Corneille » et prenait plaisir à opposer « ces sortes d'expressions simples et achevées » que l'on trouve dans ses vers « au style pompeux qui approche fort du galimatias, » ce « style pompeux », chacun le savait bien, était celui de Racine, qui venait de donner *Phèdre*[3]. Mais en 1690 la Bruyère, qui avait certainement oublié que pareille critique eût jamais été adressée à Racine, n'avait pas à craindre que l'on se méprît sur sa pensée : l'obscurité de certains vers de Corneille était une sorte de lieu commun dans les conversations littéraires du temps.

IV

Page 115, n° 9. — *L'on n'a guère vu jusques à présent un chef-d'œuvre d'esprit....* (1687).

Annotation de toutes les clefs, moins celle de 1693 : « Le *Dictionnaire de l'Académie françoise*, qui a paru enfin en 1694, après avoir été attendu plus de quarante ans. »

---

1. Acte I, scène II, vers 159-162. — Voyez encore, dans la *Lettre* de Fénelon *sur les occupations de l'Académie françoise*, § VI, les plaisanteries de Boileau sur les premiers vers de *Cinna*, tels que les donnaient les premières éditions.
2. On peut encore rapprocher de la réflexion de la Bruyère ce passage de *la Manière de penser*, du P. Bouhours, qui a paru en 1687 : « J'ai ouï dire.... que le fameux évêque du Bellay, Jean-Pierre Camus, étant en Espagne, et ne pouvant entendre un sonnet de Lope de Végue qui vivoit alors, pria ce poëte de le lui expliquer ; mais que Lope ayant lu et relu plusieurs fois son sonnet, avoua sincèrement qu'il ne l'entendoit pas lui-même. » (IVe dialogue, p. 483, édition de 1691.)
3. Mme Deshoulières disait de son côté :

> Dans un fauteuil doré, Phèdre, tremblante et blême,
> Dit des vers où d'abord personne n'entend rien....

Un dictionnaire peut être un chef-d'œuvre d'érudition, mais peut-il être un chef-d'œuvre d'esprit ? Dans la langue du dix-septième siècle, où l'on disait *ouvrage d'esprit*, *chef-d'œuvre d'esprit*, en des phrases où nous dirions simplement *ouvrage* et *chef-d'œuvre*, l'expression *chef-d'œuvre d'esprit* n'offre rien en elle-même, croyons-nous, qui puisse s'opposer à l'interprétation que contiennent les clefs. Il serait donc possible à la rigueur que par cette réflexion la Bruyère eût voulu juger à l'avance le *Dictionnaire de l'Académie :* il eût pu l'écrire, s'il en était ainsi, à la suite de la lecture des *Factums* de Furetière, ou encore d'une conversation avec Racine. Mais ne vaut-il pas mieux y chercher une allusion aux œuvres qu'avait produites sous ses yeux la collaboration d'écrivains de génie ou de talent ? Sans doute la pensée de la Bruyère ne remontait point jusqu'à la collaboration des cinq auteurs qui, sous l'inspiration de Richelieu, écrivaient en un mois des pièces dont chacun composait un acte ; mais il avait pu entendre la tragédie-ballet de *Psyché* (1671), à laquelle avaient travaillé Pierre Corneille et Molière, en même temps que Quinault et Lulli lui-même ; il pouvait savoir que Racine et Boileau, associés déjà par leur titre d'historiographes, avaient commencé en 1680 la composition d'un opéra presque aussitôt abandonné ; plus récemment il avait entendu l'*Idylle sur la Paix* et l'*Églogue de Versailles* (1685), dont les vers étaient dus à Quinault, à Racine et à Molière. Et, au-dessous de ces noms, que d'auteurs tragiques ou comiques s'associant par une collaboration secrète ou avouée !

Pages 115 et 116. — *Homère a fait l'*Iliade....

Au moment où la Bruyère écrivait ces mots, l'attribution de l'*Iliade* à Homère, et à Homère seul, n'était pas encore publiquement contestée en France. Quelques lignes d'Isaac Casaubon l'avaient déjà mise en doute ; mais le passage n'avait pas été relevé par la critique, et le manuscrit des *Conjectures académiques* d'Hédelin d'Aubignac était encore inédit. Bien que Baillet eût noté dans ses *Jugements des savants*, publiés en 1685, que des critiques étrangers se préparaient à nier l'existence d'Homère, les questions relatives à la composition des poëmes homériques ne furent vraiment posées devant le public qu'en 1693, alors que Charles Perrault reproduisit dans son troisième volume des *Parallèles des anciens et des modernes* les idées de d'Aubignac. La discussion engagée, la Bruyère n'eut pas à revenir sur ce qu'il avait imprimé en 1687 : sans nul doute il pensait avec Boileau que le paradoxe de Perrault était une « extravagance. »

V

Page 116, n° 13. — *Amas d'épithètes, mauvaises louanges...*, (1687).

Si la Bruyère n'eût pas terminé la remarque par ces mots : « et la manière de les raconter, » on serait tenté d'y voir une allusion aux « inscriptions fastueuses dont Charpentier, de l'Académie française, avait chargé, dit Voltaire, les tableaux de Lebrun dans la galerie de Versailles : l'*incroyable passage du Rhin*, la *merveilleuse prise de Valenciennes*, etc.[1]. »

VI

Page 117, n° 15. — *On se nourrit des anciens...* (1689).

Clefs imprimées du dix-huitième siècle : « M. de Fontenelle, académicien, auteur des *Dialogues des morts.* »

L'application peut être juste, mais à la condition que l'on ne voudra point chercher dans la première partie de la phrase, comme on le fait généralement, une allusion aux *Dialogues des morts* que Fontenelle publia en 1683 : il ne s'agit point en effet de l'emprunt qu'il fit à Lucien de la forme et du titre de son premier ouvrage. Ce que la Bruyère, s'il a eu Fontenelle en vue, a voulu opposer aux sentiments qui ont animé Fontenelle dans la querelle des anciens et des modernes, à la polémique qu'il a précisément commencée dans ces *Dialogues* et qu'il a continuée en 1688 dans son *Discours sur la nature de l'Églogue* et dans sa *Digression sur les anciens et les modernes*, c'est assurément la brillante éducation qu'il avait reçue chez les jésuites. Un partisan des anciens n'avait-il pas le droit de rappeler que les études classiques développèrent en Fontenelle le talent qu'il tourna plus tard contre les auteurs classiques? *Adolescens omnibus partibus absolutus et inter discipulos princeps*, disaient de lui les jésuites quand il était au collége. Ses vers latins (aussi beaux que ceux de Virgile, s'écriait-il lui-même en plaisantant, « car ils en étoient ») avaient fait du jeune Fontenelle un écolier célèbre : à treize ans, il composa un poëme latin qui faillit remporter un prix au concours des palinods de Rouen.

Dans cette réflexion de la Bruyère, Walckenaer a voulu trouver, en même temps qu'une allusion à Fontenelle, ou pour mieux dire à l'imitation qu'il avait faite de Lucien, une allusion à Saint-Évremond, qui se porta juge entre les anciens et les modernes dans une lettre en prose et dans une lettre en vers, l'une et l'autre adressées

---

1. *Le Siècle de Louis XIV*, chapitre XXVIII. « Le Roi, ajoute Voltaire en louant le bon goût de Louis XIV qui fit supprimer ces inscriptions, sentit que *la prise de Valenciennes, le passage du Rhin* disaient davantage. »

à la duchesse de Mazarin (*OEuvres de Saint-Évremond*, tome V, p. 247, édition de 1725); mais ces lettres ne furent écrites qu'en 1692, c'est-à-dire trois ans après la publication du passage de la Bruyère : voyez la *Vie de Saint-Évremond* par Desmaizeaux dans les *OEuvres de Saint-Évremond*, tome I, p. ccri.

Un auteur moderne.... (1689). — *Il avoue que les anciens....* (1689).

Allusion, selon toutes les clefs, à Charles Perrault, de l'Académie française, et à ses *Parallèles des anciens et des modernes* (4 vol. in-8, et non 3 vol. comme il est dit dans la plupart des clefs, 1688-1697).

Le premier alinéa (*Un auteur*, etc.) peut s'appliquer parfaitement à Perrault, que nomment seul toutes les clefs, mais à combien d'autres en même temps! Si l'on veut placer ici des noms, pourquoi n'y point placer d'abord celui de Fontenelle, qui en 1688, lorsqu'il publia ses *Poésies pastorales*, accompagnées d'un *Discours sur la nature de l'Églogue* et d'une *Digression sur les anciens et les modernes*, fit leur procès à Théocrite et à Virgile, et tira de ses propres églogues les règles de la poésie pastorale? Pourquoi ne pas reconnaître aussi bien l'auteur naïvement vaniteux du poëme de *Clovis*, Desmarest de Saint-Sorlin, qui résistait si mal à la tentation de mettre ses propres vers au-dessus de ceux d'Homère et de Virgile[1], et qui, dans les dissertations où il prétendait juger les anciens, « se donnait à la fois deux plaisirs chers à la plupart des poëtes, dit H. Rigault[2], l'un d'ajuster une théorie à ses œuvres et de tirer de son propre goût la philosophie de l'art, et l'autre d'attaquer ses adversaires ? »

Les commentateurs qui ont également appliqué le second alinéa (*Il avoue que les anciens*, etc.) au même Perrault, et avec eux Walckenaer, ont évidemment pensé qu'avant de l'écrire, la Bruyère avait dû lire le second volume des *Parallèles*, à la fin duquel l'auteur a cité « quelques morceaux des plus belles pièces d'éloquence des anciens et des modernes pour avoir le plaisir, dit-il, d'en faire la comparaison[3]. » Mais lorsque ce second volume parut, l'alinéa de

---

1. Voyez son *Traité pour juger les poëtes grecs, latins et françois* (1670), et le Discours qui précède l'édition de *Clovis* de 1673.
2. *Histoire de la querelle des anciens et des modernes*, dans ses *OEuvres complètes*, tome I, p. 91.
3. Ce sont, pour les anciens, un fragment de l'oraison funèbre de Périclès rapportée par Thucydide, traduction de d'Ablancourt; un fragment du *Panégyrique de Trajan*, traduction de l'abbé Esprit; des fragments de l'oraison funèbre prononcée par Lysias, et quelques passages de lettres de Pline le jeune et de Cicéron. Pour les modernes, ce sont des fragments de Bossuet (*Oraison funèbre de la reine d'Angleterre*), de Fléchier (*Oraison funèbre de Turenne*),

la Bruyère était déjà imprimé[1]. Dans le premier volume, il est vrai, publié quelques mois avant que la Bruyère fît paraître cet alinéa[2], Perrault cite à l'appui de sa thèse quelques phrases de Cicéron, quelques vers d'Horace, et une épigramme de Martial, en invoquant l'autorité de ces trois anciens contre ses adversaires; mais il est douteux que ces courtes citations aient suffi à provoquer la réflexion de la Bruyère.

Il y a quelque témérité, ajouterons-nous, à l'appliquer particulièrement à qui que ce soit, à Perrault, Fontenelle, ou tout autre. L'auteur dont il serait le plus juste d'en rapprocher le nom, si l'on voulait à toute force nommer ici quelqu'un, serait l'Italien Tassoni[3]; mais la Bruyère l'avait-il jamais lu?

Page 118. — *Quelques habiles prononcent en faveur des anciens....* (1689).

Ces « habiles » sont Boileau et Racine, selon toutes les clefs[4].

de Bourdaloue (*Oraison funèbre de Condé*), et des lettres de Voiture et de Balzac.

1. Walckenaer pensait que les deux premiers volumes avaient paru en même temps en 1688; mais l'impression du second volume n'a été achevée que le 15 février 1690. Le troisième volume a été imprimé en 1692 : l'Achevé d'imprimer est du 20 septembre. Le quatrième volume, achevé d'imprimer le 27 novembre 1696, est daté de 1697.

2. Le privilége de ce premier volume est du 23 septembre 1688; l'Achevé d'imprimer du 30 octobre.

3. *Varieta di pensieri*, 1612 et 1820, in-4°. Voyez sur ce livre H. Rigault, qui le premier en a parlé parmi ceux qui se sont occupés de la querelle des anciens et des modernes. (*Histoire de la querelle des anciens et des modernes*, 1re partie, chapitre VI.)

4. La clef Cochin contient cette note, qui a été à peu près répétée dans les clefs suivantes : « M. Racine, qui a fait des comédies et qui travaille actuellement à l'histoire du Roi. — M. Boileau Despréaux, satirique, aussi historien du Roi. — Racine a été gentilhomme ordinaire de la chambre du Roi, et depuis 1696 secrétaire du Roi, qui lui donna dans ce temps la survivance de sa charge (*de gentilhomme ordinaire de la chambre*) pour son fils (*Jean-Baptiste*). Il est de la Ferté-Milon, fils d'un contrôleur au grenier à sel de cette ville, qui est sa patrie et celle de ses ancêtres. Un poëte, qu'on dit être Linière, a dit de lui :

Racine sans Apollon
Seroit encore à la Ferté-Milon. »

VII

Page 119, n° 21. — *Bien des gens vont....* (1687).

Clefs du dix-huitième siècle : « *Un bel ouvrage....* Le présent livre des *Caractères.* » — Suivant les mêmes clefs, et aussi suivant la clef de l'édition de 1697, la réflexion est particulièrement à l'adresse de l'abbé de Dangeau, de l'Académie française, frère du marquis de Dangeau. La Bruyère avait-il lu son manuscrit à l'abbé de Dangeau? L'auteur de la clef de l'Arsenal connaissait-il quelque anecdote qui ne nous est point parvenue? — Un peu plus loin, p. 123, n° 25, la Bruyère adresse à *Théocrine* un reproche du même genre que celui qu'il fait à *Zélotes :* or on a cru devoir reconnaître l'abbé de Dangeau dans le caractère de *Théocrine ;* l'analogie que l'on a remarquée dans les deux passages est peut-être la seule raison qui a fait placer le nom de Dangeau à côté de celui de *Zélotes.*

VIII

Page 121, n° 22. — *Quelques-uns de ceux qui ont lu....* (1689).

Défendant contre les épigrammes de Boileau l'*Alceste* de Quinault, Charles Perrault avait pris à partie l'*Alceste* d'Euripide. Par malheur sa critique contenait plusieurs méprises : c'est ainsi qu'il avait mis dans la bouche d'Admète des paroles qu'Euripide a placées dans celle d'Alceste et dans celle de Caron [1]. Racine avait immédiatement relevé les erreurs de Perrault dans la *Préface* d'*Iphigénie*, lui reprochant d'avoir mal lu l'ouvrage qu'il condamnait, et citant à cette occasion la phrase de Quintilien que nous avons reproduite [2].

Cet incident de la querelle des anciens et des modernes, l'un de ceux, j'imagine, que les amis de Racine se plaisaient à rappeler, peut être rapproché de la réflexion de la Bruyère; mais cette réflexion avait dû venir tout naturellement à sa pensée, et s'appliquait à presque tous les adversaires des anciens.

IX

Page 122, n° 24. — *Arsène, du plus haut de son esprit....* (1689).

Clef Cochin : « M. Perrault, de l'Académie françoise, chef d'un

---

1. Voyez le *Recueil de divers ouvrages en prose et en vers*, de Perrault, dédié à S. A. Mgr le prince de Conti, Paris, édition de 1676, p. 278 et 279.
2. Cette phrase était au surplus l'une de celles que l'on citait volontiers à cette époque : voyez par exemple la fin de l'*Avertissement* de la *Comparaison de Démosthène et de Cicéron* du P. Rapin (1670).

parti nommé *les Théobaldes*, dont il est parlé par l'auteur de ces *Caractères* dans son *Discours à l'Académie*. » — Clef de 1697 : « l'abbé de Choisy. » — Clef de l'édition de 1697 : « le comte de Tréville. » — Les clefs postérieures répètent le nom de *Choisy*, et y joignent souvent celui de *Tréville*, laissant le choix au lecteur.

Écartons sans hésiter le nom de Charles Perrault, auquel ne conviennent ni le caractère d'*Arsène*, ni le titre de chef des *Théobaldes*. Malgré quelques traits de ressemblance, ce caractère ne peut non plus s'appliquer à l'abbé de Choisy, ami de la Bruyère. *Arsène* est le comte de Tréville; et l'étude que M. Sainte-Beuve a consacrée à ce personnage dans ses *Causeries du lundi* (tome IX, p. 226-232) suffirait à dissiper toute incertitude.

Ce n'est pas la première fois que le caractère d'Henri-Joseph de Peyre, comte de Troisvilles ou Tréville, était livré à la publicité. Alors que la dévotion nouvelle de Tréville était encore le sujet de toutes les conversations, le 13 décembre 1671, Bourdaloue avait prononcé, sur la *Sévérité évangélique*, un sermon où il s'était proposé de prémunir ses auditeurs contre « cette corruption de l'amour-propre, cette tentation délicate de la propre estime, qui fait qu'après s'être préservé de tout le reste, on a tant de peine à se préserver de soi-même. » Sous les traits des pharisiens, il avait dépeint avec insistance ces « esprits superbes.... qui se regardoient et se faisoient un secret plaisir d'être regardés comme les *justes*, comme les *parfaits*, comme les *irrépréhensibles*;... qui de là prétendoient avoir droit de mépriser tout le genre humain, ne trouvant que chez eux la sainteté et la perfection, et n'en pouvant goûter d'autre; .... qui, dans cette vue, ne rougissoient point, non-seulement de l'insolente distinction, mais de l'extravagante singularité dont ils se flattoient, jusqu'à rendre des actions de grâces à Dieu de ce qu'ils n'étoient pas comme le reste des humains [1]. »

On ne pouvait, paraît-il, mieux désigner Tréville : « il n'y manquoit que le nom, écrit Mme de Sévigné (25 décembre 1671, tome II, p. 448 et 449), mais il n'en étoit pas besoin. » Chacun de ces traits, en effet, semble parfaitement applicable au personnage que représente *Arsène*, et l'on pourrait en citer bien d'autres encore que les contemporains, une fois en voie d'interprétation, durent lui attribuer [2].

1. Voyez dans le second Avent de Bourdaloue, la 2ᵉ partie du sermon du IIIᵉ dimanche, au tome I de ses *OEuvres*, p. 239 et suivantes, édition de 1823.

2. Dans ce paragraphe notamment, qu'on lit un peu plus loin dans le même sermon : « On veut pratiquer le christianisme dans sa sévérité, mais on en veut avoir l'honneur. On se retire du monde, mais on est bien aise que le monde le sache.... On ne se soucie plus de sa beauté, mais on est entêté de son esprit et de son propre jugement. »

Saint-Simon, de son côté, a fait de Tréville le portrait qui suit (tome IV, p. 282 et suivante) :

« Troisvilles, que l'usage fait prononcer Tréville,... étoit un gentilhomme de Béarn, de beaucoup d'esprit et de lecture, fort agréable et fort galant. Il débuta très-heureusement dans le monde, où il fut fort recherché et fort accueilli par des dames du plus haut parage, et de beaucoup d'esprit et même de gloire, avec qui il fut longtemps plus que très-bien. Il ne se trouva pas si bien de la guerre que de la cour : les fatigues ne convenoient pas à sa paresse, ni le bruit des armes à la délicatesse de ses goûts. Sa valeur fut accusée. Quoi qu'il en fût, il se dégoûta promptement d'un métier qu'il ne trouvoit pas fait pour lui. Il ne put être supérieur à l'effet que produisit cette conduite; il se jeta dans la dévotion, abdiqua la cour, se sépara du monde [1]. Le genre de piété du fameux Port-Royal étoit celui des gens instruits, d'esprit et de bon goût. Il tourna donc de ce côté-là, se retira tout à fait, et persévéra dans la solitude et la grande dévotion plusieurs années. Il étoit facile et léger. La diversion le tenta; il s'en alla en son pays, il s'y dissipa; revenu à Paris, il s'y livra aux devoirs pour soulager sa foiblesse, il fréquenta les toilettes, le pied lui glissa, de dévot il devint philosophe; il se remit peu à peu à donner des repas recherchés, à exceller en tout par un goût difficile à atteindre; en un mot il se fit soupçonner d'être devenu grossièrement épicurien. Ses anciens amis de Port-Royal, alarmés de cette vie et des jolis vers auxquels il s'étoit remis, dont la galanterie et la délicatesse étoient charmantes, le rappelèrent enfin à lui-même et à ce qu'il avoit été ; mais il leur échappa encore, et sa vie dégénéra en un haut et bas de haute dévotion, et de mollesse et de liberté, qui se succédèrent par quartiers, et en une sorte de problème qui, sans l'esprit qui le soutenoit et le faisoit desirer, l'eût tout à fait déshonoré et rendu parfaitement ridicule. Ses dernières années furent plus suivies dans la régularité et la pénitence, et répondirent mieux aux commencements de sa dévotion. »

Nous savons maintenant quelles ont été *les inconstances d'Arsène*. « Il n'y a jamais eu un esprit si lumineux que le sien, » dit de Tréville Mme de Coulanges (*Lettres de Mme de Sévigné*, tome X, p. 263 [2]), et ce jugement est confirmé par tous les témoignages con-

---

1. Boileau attribue sa retraite à l'impatience qu'il éprouva des dispositions peu bienveillantes du Roi (voyez la *Correspondance de Brossette avec Boileau*, édition de M. Laverdet, p. 544); et la Fare, à la douleur qu'il ressentit de la mort d'Henriette d'Angleterre (voyez ses *Mémoires*, p. 180, collection Petitot). Voyez encore sur cette conversion la *Correspondance de Bussy Rabutin*, tome II, p. 145 et 154, et tome III, p. 276.

2. Voyez en outre, même volume, p. 289.

temporains. Boileau, qui le cite parmi les « esprits du premier ordre » dans sa lettre à Perrault, loue en Tréville « une justesse d'esprit admirable; » ses discours lui semblent « d'une exactitude qu'on ne trouve point ailleurs [1]. » Quant à ses amis, ils lui trouvent plus d'esprit qu'à Pascal. Nul avis ne l'emporte d'ordinaire sur le sien, lorsqu'au milieu des Saci, des Bossuet, des Sainte-Marthe, discutant la version nouvelle du Nouveau Testament, il donne son sentiment sur « le choix des mots, le tour des phrases, ou la force ou la justesse de la traduction [2]. »

« La Bruyère, en parlant de Tréville d'une manière si serrée et si incisive, semble, a dit M. Sainte-Beuve, avoir quelque chose de particulier à venger sur lui; on dirait qu'il a appris que ce juge dégoûté des ouvrages de l'esprit a ouvert un jour une des premières éditions de la Bruyère et a jeté le livre, après en avoir lu quelque page, en disant : « N'est-ce que cela ? » Il y a je ne sais quoi de l'auteur piqué chez la Bruyère. »

Tout en obéissant peut-être à une rancune personnelle, la Bruyère a pu servir et caresser en même temps par ces lignes la rancune d'un autre personnage, de Louis XIV lui-même, si toutefois Louis XIV les a connues et s'il a su quel était l'original du portrait. M. de Tréville, écrit Brossette (p. 544), « a été élevé auprès de la personne du roi Louis XIV avec M. le chevalier prince de Rohan, qui a eu la tête tranchée, M. de Guiche et le comte de Saulx de Lesdiguières. Ces jeunes seigneurs, ne trouvant pas dans le Roi toute la vivacité qu'ils avoient eux-mêmes, s'imaginoient que le Roi n'avoit pas beaucoup d'esprit. Cette pensée leur donna une espèce de mépris pour le jeune roi, qui s'en aperçut bientôt. Dès lors il commença à les haïr, et il a toujours conservé ce ressentiment contre eux. »

La « fine satire » que Tréville, suivant le témoignage de Saint-Simon (tome IV, p. 283), se permettait au sujet de tout ce qui se passait à la cour, et « son attachement à Port-Royal » ajoutaient encore au mécontentement du Roi. Aussi refusa-t-il en 1704 d'approuver l'élection de Tréville à l'Académie.

Tréville mourut en 1708, âgé de soixante-six ans [3].

1. *Correspondance de Brossette avec Boileau*, p. 544.
2. *Histoire littéraire de Port-Royal*, de Clémencet, fragment cité par M. Daremberg dans le *Journal des Débats*, 17 septembre 1862.
3. Voyez encore sur Tréville les *Mémoires* de Saint-Simon, tome VI, p. 421; le *Mercure galant* de septembre 1708; l'*Essai sur Malebranche* de M. l'abbé Blampignon, p. 53 et suivantes, etc. — Dans le *Livre des Adresses* d'Abraham du Pradel, 1692, p. 62, il est noté comme amateur de beaux livres.

X

Page 123, n° 25. — *Théocrine sait des choses....* (1691).

Toutes les clefs placent ici le nom de l'abbé de Dangeau, frère du marquis de Dangeau. Les clefs du dix-huitième siècle nomment, en outre, on ne sait pourquoi, de Brie, traducteur de quelques odes d'Horace, et auteur d'une comédie (*le Lourdeau*), de deux tragédies, et d'un roman (*le Duc de Guise le Balafré*, 1693). Cet écrivain, que plusieurs clefs présentent comme le fils d'un chapelier, mourut vers 1715.

L'abbé de Dangeau, dit Saint-Simon (tome XVIII, p. 64), « avoit plus d'esprit que son aîné, et quoiqu'il eût assez de belles-lettres qu'il professa toute sa vie, il n'eut ni moins de fadeur ni moins de futilité que lui; il parvint de bonne heure à être des Académies[1]. Les bagatelles de l'orthographe et de ce qu'on entend par la matière des rudiments et du Despautère furent l'occupation et le travail sérieux de toute sa vie. Il eut plusieurs bénéfices, vit force gens de lettres et d'autre assez bonne compagnie, honnête homme, bon et doux dans le commerce, et fort uni avec son frère.... Il avoit .... acheté une des deux charges de lecteur du Roi pour en conserver les entrées, et y venoit de temps en temps à la cour. »

L'abbé de Dangeau, dit de son côté Mathieu Marais (janvier 1723), « n'a jamais écrit rien de bon; c'étoit un difficultueux ridicule sur la pureté de la langue.... » (*Journal et Mémoires*, tome II, p. 399, édition de M. de Lescure). — Il est mort en 1723.

XI

Page 126, n° 32. — *Capys, qui s'érige en juge.... Damis....* (1689).

Suivant toutes les clefs, *Capys* est Boursault[2], et *Damis* Boileau.

Boileau avait attaqué Boursault dans la satire IX (vers 98), et Boursault pour se venger avait publié une comédie intitulée : *la Satire des satires*. Mais au mois d'août 1687, plus d'un an avant la publication de cet alinéa, ils s'étaient raccommodés à Bourbon (voyez la lettre de Boileau à Racine du 19 août 1687), et Boileau avait dans la suite enlevé de ses satires le nom de Boursault.

Bouhours et Rabutin....

Bussy était seul nommé dans la 4ᵉ édition.

---

1. Il avait été nommé à l'Académie française en 1682.
2. « Boursault ou Campistron, » écrit toutefois l'annotateur de l'exemplaire de M. Danyau.

Le principal titre littéraire de Roger de Rabutin, comte de Bussy, académicien depuis l'année 1665, était l'*Histoire amoureuse des Gaules*, le seul de ses ouvrages qui eût encore été imprimé, si l'on ne tient pas compte des *Maximes d'amour*, et de quelques fragments de peu d'importance ; mais l'*Histoire amoureuse des Gaules*, cause ou prétexte de la disgrâce de son auteur, n'était pas un ouvrage qu'il fût permis de louer, même après le pardon qu'avait en apparence et de guerre lasse accordé le Roi[1]. Ce ne sont pas non plus, sans doute, les vers de Bussy, ni ses traductions inédites qui lui valurent le compliment de la Bruyère ; mais Bussy communiquait volontiers la copie de ses *Mémoires* et de certaines parties de sa correspondance ; peut-être la Bruyère l'avait-il vue entre les mains du P. Bouhours.

L'un des premiers à la cour, Bussy avait prédit le succès des *Caractères*[2] : la Bruyère loua son talent d'écrivain dans les premières augmentations qu'il fit à son livre. Bouhours fut dans le monde littéraire l'un des premiers qui applaudit publiquement au succès des *Caractères*; le remercîment ne se fit pas attendre non plus : dans la 5ᵉ édition, c'est-à-dire dans celle qui suivit la publication des *Pensées ingénieuses* où il s'était vu cité avec éloge, la Bruyère associa le nom de Bouhours à celui de son correspondant et ami Bussy Rabutin[3].

Puisque nous faisons ces rapprochements, il est juste de noter que Perrault, qui avant le P. Bouhours avait imprimé un compliment à l'adresse de la Bruyère, et proclamé sa supériorité sur Théophraste, n'obtint de remercîment dans aucune des éditions des *Caractères*.

---

1. Emprisonné en 1665, exilé en 1666, Bussy obtint en 1682 la permission de revenir à la cour ; mais il sentit bientôt que le Roi lui gardait rancune, et il repartit pour la Bourgogne. Bien que Louis XIV lui trouvât de l'esprit, il y avait quelque courage à le louer hautement. La Bruyère toutefois n'était pas le premier qui l'eût fait. Le P. Bouhours, qui l'a cité fréquemment dans ses *Pensées ingénieuses des anciens et des modernes* (dont l'Achevé d'imprimer est du 1ᵉʳ octobre 1689), avait déjà, deux ans auparavant, dans sa *Manière de bien penser dans les ouvrages d'esprit* (l'Achevé d'imprimer est du dernier octobre 1687), donné pour exemple une phrase de son *Portrait du Roi*; et le P. Rapin, dans son éloge du prince de Condé (*le Magnanime, ou Éloge de Louis de Bourbon, prince de Condé*), imprimé vers le mois d'août 1687, avait cité deux fois ses *Mémoires* encore manuscrits. Voyez dans les *Lettres de Mme de Sévigné*, au tome VIII, p. 132 et 142, les lettres de Bussy du 19 novembre et du 2 décembre 1687 ; et au tome IX, p. 398, une lettre de Corbinelli du 6 janvier 1690.

2. On a vu ci-dessus, p. 91 et 92, qu'un exemplaire de la 1ʳᵉ édition lui avait été envoyé avant qu'elle fût en vente.

3. Le P. Bouhours avait déjà publié à cette époque la plupart de ses ouvrages. Les dialogues sur *la Manière de bien penser dans les ouvrages d'esprit* sont, comme nous venons de le dire, de 1687.

XII

Page 127, n° 34. — *Le philosophe consume sa vie....* (1689).

Clefs du dix-huitième siècle : « La Bruyère, auteur du présent ouvrage. »

XIII

Page 128, n° 37. — *Je ne sais si l'on pourra....* (1689).

« Voyez, écrit en marge l'annotateur de l'exemplaire de M. Danyau, les Lettres de la religieuse portugaise, de Mme Delamet, et de Mme Ferrand. » — Les *Lettres portugaises*, de Marianna Alcaforada, avaient paru en 1669, et obtenu, dès leur publication, un très-grand succès. — La correspondance de la comtesse de Bussy Lameth, née de Rouci, avec le marquis d'Albret, a sans doute été imprimée au mois d'octobre 1678; du moins, si elle ne l'a pas été, en circulait-il des copies[1]. Le marquis d'Albret, qui était son amant, avait été surpris dans un rendez-vous et tué par les gens de son mari, au mois d'août 1678 ; cet assassinat fut suivi d'un procès criminel contre le comte de Lameth : voyez le *Chansonnier Maurepas*, tome IV, p. 479 ; les *Lettres de Mme de Sévigné*, tome V, p. 468 et 483 ; la *Correspondance de Bussy Rabutin*, tome IV, p. 188 et 417. Mme de Lameth mourut à Paris, au mois de juillet 1692 (Dangeau, tome IV, p. 131). — Quant à Mme Ferrand, était-elle la femme de Michel Ferrand, qui après avoir été conseiller au Châtelet, puis lieutenant particulier, était devenu président aux requêtes du Parlement en 1683 ? Nous ne savons : le nom de Ferrand se rencontre fréquemment à cette époque. La présidente Ferrand vivait encore en 1718 ; elle fut impliquée cette même année dans une affaire dont Dangeau parle en termes mystérieux (tome XVII, p. 396).

Peut-être aussi la Bruyère avait-il lu quelques lettres de Mme de Sévigné et de Mme de Scudéry, ne fût-ce que dans la *Correspondance de Bussy Rabutin*[2]; peut-être encore rendait-il un hommage direct aux femmes avec lesquelles il avait échangé des lettres, à celle de ses amies, par exemple, qui avait assez d'esprit pour qu'on ait pu lui attribuer la meilleure partie des *Caractères*. Parmi les femmes dont l'on veut reconnaître les portraits dans les *Caractères*, il en est

---

1. « Je vous enverrai, écrit le 25 octobre 1678 Mme de Rabutin à Bussy (tome IV, p. 228), les lettres de Mme de Lameth au marquis d'Albret, par le messager d'Autun.... »
2. C'est à la même époque qu'il fait l'éloge du style épistolaire des femmes et celui du style de Bussy (voyez la note XI, p. 417).

une qui écrivait d'une manière remarquable : c'est Catherine de Turgot Saint-Clair, femme de Gilles d'Aligre de Boislandry (voyez dans l'*Appendice* du second volume le commentaire consacré au n° 28 du chapitre *des Jugements*). Nous ne savons si la Bruyère entra jamais en correspondance avec elle.

XIV

Page 128, n° 38. — *Il n'a manqué à Térence.... Il n'a manqué à Molière....* (1689).

Dans sa *Lettre sur les occupations de l'Académie françoise* (1714), Fénelon, comparant Molière à Térence, reconnaît « qu'il a enfoncé plus avant » que le poëte latin « dans certains caractères, » et proclame qu'il a « ouvert un chemin tout nouveau; » puis il ajoute : « Encore une fois, je le trouve grand; mais ne puis-je pas parler en toute liberté sur ses défauts?... J'aime bien mieux sa prose que ses vers. Par exemple, *l'Avare* est moins mal écrit que les pièces qui sont en vers. Il est vrai que la versification françoise l'a gêné; il est vrai même qu'il a mieux réussi pour les vers dans l'*Amphitryon*, où il a pris la liberté de faire des vers irréguliers. Mais en général il me paroît, jusque dans sa prose, ne parler point assez simplement pour exprimer toutes les passions. » — Vauvenargues, qui comme Fénelon paraît préférer la prose de Molière à ses vers, se montrera plus rigoureux encore : « On trouve dans Molière tant de négligences et d'expressions bizarres et impropres, qu'il y a peu de poëtes, si j'ose le dire, moins corrects et moins purs que lui. » (*OEuvres*, p. 238, édition de M. D. L. Gilbert.)

La Bruyère devance peut-être la sévérité de ces jugements, lorsqu'il déclare qu'il a « manqué à Molière.... d'écrire purement. » Mais a-t-il donc voulu dire que Molière ait si mal étudié la langue qu'il n'ait pu éviter le *jargon* et le *barbarisme?* Ainsi l'ont compris les critiques, et particulièrement M. Génin[1]. On peut, ce nous semble, interpréter d'une manière différente la pensée de la Bruyère. Plus loin (voyez p. 138, n° 52), il blâmera les auteurs comiques qui introduisent des *paysans* dans leurs pièces : au « farceur » seul il reconnaît le droit de les mettre en scène. Le *jargon* et le *barbarisme* dont il se plaint ne se trouveraient-ils pas dans le langage de Jacqueline, de Lucas, de divers personnages du *Festin de pierre*, de *Monsieur de Pourceaugnac*, etc., dans ce langage que Molière a fidèlement transporté des champs au théâtre? S'il lui répugnait d'entendre les paysans de Mo-

---

1. Voyez la *Vie de Molière*, chapitre VIII, en tête du *Lexique comparé de la langue de Molière et des écrivains du dix-septième siècle*, par F. Génin.

lière parler comme à la campagne, ne serait-ce point là le sentiment qu'il a voulu exprimer ici, et qu'il a exprimé en termes un peu obscurs? Et s'il a cru devoir, pour rendre sa pensée plus claire, ajouter au texte primitif, dans la 9e édition, les mots : « et le barbarisme, » ne serait-ce pas qu'on s'était mépris autour de lui sur sa pensée, comme on l'a fait de nos jours? Où est le barbarisme en effet dans son théâtre, sinon dans les phrases des paysans[1]?

XV

Page 131, n° 44. — *Deux écrivains dans leurs ouvrages ont blâmé Montaigne.... L'un ne pensoit pas assez...; l'autre pense trop subtilement....* (1690).

Clef Cochin : « La Mothe le Vayer, et M. Nicole de Port-Royal. » — Clef de 1697 : « *L'un ne pensoit pas assez* : la Mothe le Vayer ; . *l'autre pense trop subtilement* : le P. Malebranche, dans son livre de *la Recherche de la vérité.* » — Clefs de 1720 et suivantes : « Le P. Malebranche, *qui pense trop subtilement*; M. Nicole, *qui ne pensoit pas assez.* »

Le nom de la Mothe le Vayer se retrouve dans un certain nombre de clefs marginales, opposé le plus souvent à celui de Nicole; mais la Mothe le Vayer a-t-il jamais blâmé Montaigne? A voir l'estime qu'il faisait de Charron, l'on doit supposer qu'il savait goûter l'auteur des *Essais* : je ne connais dans ses œuvres aucun passage qui permette d'en douter.

Nicole, au contraire, que la plupart des clefs désignent comme l'écrivain « qui ne pensoit pas assez, » a prouvé qu'il n'estimait en aucune manière Montaigne : il partageait à son égard les sentiments de Port-Royal, et les a vivement exprimés dans ses *Essais de Morale* (voyez tome VI, p. 214 et 215, édition de 1714); mais, comme l'a fait remarquer M. Sainte-Beuve dans son *Histoire de Port-Royal*[2], la page des *Essais* où Nicole a blâmé Montaigne n'a point paru assez tôt pour que la Bruyère ait pu la lire : ce n'est donc point d'elle qu'il

---

[1]. La clef Cochin et les clefs des éditions Coste donnent sur Molière la note suivante : « Molière se mit d'abord dans la troupe des comédiens de Monsieur, et parut sur le théâtre au Petit-Bourbon. Il réussit si mal la première fois qu'il parut à la tragédie d'*Héraclius*, dont il faisait le principal personnage, qu'on lui jeta des pommes cuites qui se vendoient à la porte, et il fut obligé de quitter. Depuis ce temps-là, il n'a plus paru au sérieux, et s'est donné tout au comique, où il réussissoit assez bien (*fort bien*, dans les clefs imprimées). Mais comme il ne paroissoit qu'en ses propres pièces, il faisoit toujours un personnage exprès pour lui. Il est mort presque sur le théâtre, à la représentation du *Malade imaginaire.* »

2. Tome II, p. 390, note 1.

peut être question. Serait-ce de quelque passage de *la Logique* ou de *l'Art de penser*[1]? « Il y aurait eu en ce cas sous ce mot : *ne pensoit pas assez*, une double épigramme, » fait remarquer M. Sainte-Beuve[2].

Ne s'arrêtant pas toutefois à cette hypothèse, M. Sainte-Beuve a proposé de mettre le nom de Balzac à la place de celui de Nicole. Du moins Balzac ne vivait-il plus, et l'imparfait qu'a employé la Bruyère (*ne pensoit pas*) se trouverait-il justifié. Mais les xviii⁰ et xxv⁰ *Entretiens*, que Balzac a consacrés à Montaigne, démontrent-ils qu'il ne l'estimait *en nulle manière?* Cette objection, présentée par M. Sainte-Beuve lui-même dans la note deux fois citée de son *Histoire de Port-Royal*, ne lui a point semblé grave, car dans un article plus récent[3] il a déclaré ce trait applicable à Balzac plutôt qu'à Nicole.

C'est dans *la Recherche de la vérité*, livre II, 3ᵉ partie, chapitre v, que Malebranche, l'écrivain qui « pense trop subtilement, » suivant toutes les clefs imprimées, a parlé de Montaigne.

Dès la 1ʳᵉ édition (1670), les *Pensées* de Pascal contiennent un jugement sévère sur Montaigne (voyez les paragraphes xxviii et xxix); mais les expressions de la Bruyère ne peuvent lui être appliquées.

XVI

Page 132, n° 45. — *Un style grave, sérieux....* (1690).

Voici le passage de la *Préface* de Vaugelas (§ x) auquel il est fait allusion dans la note 1 : « .... C'est la destinée de toutes les langues vivantes d'être sujettes au changement; mais ce changement n'arrive pas si à coup et n'est pas si notable, que les auteurs qui excellent aujourd'hui en la langue ne soient encore infiniment estimés d'ici à vingt-cinq ou trente ans, comme nous en avons un exemple illustre en M. Coëffeteau, qui conserve toujours le rang glorieux qu'il s'est acquis par sa traduction de Florus, et par son *Histoire romaine*, quoiqu'il y ait quelques mots et quelques façons de parler qui florissoient alors et qui depuis sont tombées comme les feuilles des arbres. Et quelle gloire n'a point encore Amyot depuis tant d'années, quoiqu'il y ait un si grand changement dans le langage?... » Suit l'éloge du style d'Amyot.

---

1. Voyez le premier *Discours* qui est attribué à Nicole, et les chapitres xx de la IIIᵉ partie et xiv de la IVᵉ.
2. *Histoire de Port-Royal*, tome II, p. 390, note 1, et *Portraits littéraires*, 1862, tome I, p. 403.
3. *Portraits littéraires*, tome I, p. 403.

XVII

Page 133, n° 47. — *L'on voit bien que l'Opéra....* (1687). — *L'Opéra jusques à ce jour.... Le bon ménage d'Amphion et de sa race....* (1689).

Clef Cochin : « Lulli, Florentin, qui étoit originairement laquais, ensuite violon, a porté la musique à sa dernière perfection et a donné les plus beaux opéras. Il est mort en 1686. Il avoit supprimé la plus grande partie des machines des premiers opéras, faites par le marquis de Sourdeac, de la maison de Rieux en Bretagne. »

Les clefs du dix-huitième siècle placent à côté du nom de Lulli celui de Francine, son gendre. « Je ferai remarquer, dit à ce sujet Walckenaer, que ces mots : *et de sa race*, ne s'appliquent pas au gendre de Lulli, mais à ses fils Louis Lulli et Jean-Louis Lulli, qui ont composé la musique de *Zéphire et Flore*, représenté en 1688 ; de l'opéra d'*Orphée et Euridice*, représenté en 1690 ; et d'*Alcide*, représenté en 1693. » Walckenaer se trompe à notre avis. C'est à Francine, maître du Roi et intendant des eaux et fontaines des maisons royales, et non à ses beaux-frères, que fut donnée, après la mort de Lulli, la direction de l'Opéra : il faut donc maintenir le nom de Francine.

L'abbé Perrin, qui obtint en 1669 le privilége des représentations de *tragédies en musique*, avait associé à son privilége Alexandre de Rieux, marquis de Sourdeac, baron de Neufbourg, en qui ses contemporains s'accordaient à reconnaître le génie des machines. Le marquis fit de telles avances qu'il se ruina, comme nous l'avons déjà dit, et par ses intrigues bien conduites l'habile Lulli parvint à le déposséder de la part qu'il avait dans le privilége (1672). Lulli fit construire une salle de spectacle dans le jeu de paume du Bel-Air, rue de Vaugirard, ne voulant pas se servir de celle qu'avaient élevée les associés de Perrin dans le jeu de paume de la Bouteille, rue Mazarine, et il ouvrit son académie de musique avec le concours d'un machiniste qui n'avait pas le talent si souvent célébré de Sourdeac[1].

Lorsqu'il se produisait quelque critique contre les opéras de Lulli et de Quinault, leurs amis accusaient de mauvais vouloir et de partialité les amis du marquis de Sourdeac[2]. La Bruyère était-il de ces derniers ? Il est du moins vraisemblable qu'en blâmant *le bon ménage d'Amphion et de sa race*, il a voulu venger le marquis de Sourdeac des méchants procédés qui avaient achevé sa ruine.

1. Voyez la *Muse historique* de Loret, 12 février 1661 ; l'*Histoire de l'Opéra* (par Bernard Durey de Noinville), p. 23 ; et dans Tallemant des Réaux, tome VII, p. 379, la note v, où sont cités les passages de Loret et de Durey de Noinville.
2. Voyez Charles Perrault, critique de l'opéra d'*Alceste*, dans le *Recueil des ouvrages en prose et en vers*, in-12, p. 278.

L'opéra était alors fort à la mode, et les questions d'art et de littérature que soulevait « la fantaisie des opéras de musique dont le peuple et même les honnêtes gens » s'étaient « laissé entêter, » suivant l'expression du P. Rapin, reviennent souvent dans les ouvrages du temps : voyez le P. Rapin, *Réflexions sur la poétique*, chapitre XXIII ; l'*épître* de la Fontaine *à M. de Nyert* citée ci-dessus, p. 133 ; la dissertation sur les opéras et la comédie, de Saint-Évremond, *le Coquet trompé*, de Baron, acte II, scène IX, etc.

XVIII

Page 134, n° 48. — *Ils ont fait le théâtre, ces empressés....* (1689).

Allusion à « M. Manse, architecte du Roi, qui a prétendu avoir donné l'idée de la belle fête donnée à Chantilly, » suivant la clef Cochin ; à « M. Manie, » suivant la clef tirée à part de 1697 ; à « Mance, » suivant la clef de l'édition de 1697. — Les imprimeurs des clefs du dix-huitième siècle ont repris la phrase que nous avons citée d'après le manuscrit Cochin, et changé le nom de Manse en celui de Mansard.

Mêmes incertitudes dans les clefs marginales des exemplaires que nous avons vus : les noms de Manse ou Mance, Manie et Mansard s'y retrouvent tour à tour.

L'auteur « désigne, dit un annotateur anonyme qui nous semble en général bien informé, M. Manse, qui s'empressoit et se faisoit honneur à cette fête. » C'est bien ce nom qu'il faut lire. Il était, paraît-il, fort peu connu, puisque, si souvent altéré, il a fait place dans un grand nombre de clefs à celui de Mansard. Manse était l'ingénieur qui avait construit la pompe des hautes eaux de Chantilly, car le pavillon qui l'enfermait s'appelait le « pavillon de Manse (voyez Mérigot, *Promenade ou itinéraire des jardins de Chantilly*, 1791, in-4°, p. 48, et le *Mercure galant*, septembre 1688, 2ᵉ partie, p. 201). » C'est encore lui qui établit en 1670 l'une des deux pompes sur le pont Notre-Dame (voyez G. Brice, *Description de Paris*, tome IV, p. 358, édition de 1725).

Le premier qui inscrivit à côté de ce passage le nom que chacun a répété plus ou moins exactement était-il dans la confidence de la Bruyère? Avait-il assisté à la fête? Manse ne figure point parmi les auxiliaires que donnent à Monsieur le Prince les récits du *Mercure*. Ce sont : Jean Berain, dessinateur des menus plaisirs du Roi, qui avait construit la salle de spectacle dans l'orangerie, élevé l'édifice du labyrinthe, etc. ; le Camus et Bréaar, qui avaient dirigé le service des tables ; le plus jeune des fils de Lulli, surintendant de la musique du Roi, qui avait conduit l'orchestre ; Pécour et Lestang, danseurs de l'Opéra, qui avaient préparé les entrées de l'opéra représenté; le duc de Nevers et l'académicien le Clerc, qui en avaient fait les vers; Lorenzani, qui en avait composé la musique; le secrétaire des commandements du grand prieur, du Boulay, auteur de diverses pièces de vers.

En notant la part que Berain avait prise aux préparatifs de la fête, le *Mercure* loue en lui un « génie universel. » Cet éloge, l'activité qu'il avait mise au service de Monsieur le Prince, la publication qu'il fit du « dessin de la collation » préparée par lui (voyez ci-dessus, p. 136, note 1), auraient permis peut-être de placer Berain à la tête des personnages dont le zèle indiscret avait blessé la Bruyère, si les clefs n'eussent nommé personne.

XIX

Page 136, n° 49. — *Les connoisseurs....* (1689).

Cette remarque contient une allusion, suivant les clefs imprimées du dix-huitième siècle, à l'engouement excité par les poëmes de « M. Quinault, auditeur des comptes, qui a fait les plus beaux vers de plusieurs opéras. »

XX

Page 138, n° 51. — *Le poëme tragique....* (1691).

Clefs imprimées du dix-huitième siècle : « Il parle contre l'opéra. » C'est là une erreur. La Bruyère parle des tragédies du temps, et particulièrement de celles de Quinault.

XXI

Page 138, n° 52. — *Ce n'est point assez que les mœurs du théâtre....* (1690).

Les auteurs de toutes les clefs, sauf celle du manuscrit Cochin, ont reconnu dans la fin de ce paragraphe une allusion à l'acteur Baron et à sa comédie de *l'Homme à bonnes fortunes*, dans laquelle il a pris plaisir à se peindre lui-même. La comédie de *l'Homme à bonnes fortunes* a été jouée pour la première fois le 30 janvier 1686; elle eut un grand succès et fut imprimée quelques semaines plus tard. Représentée à la cour le 8 février, elle y fut trouvée « fort jolie et fort divertissante » (Dangeau, *Journal*, tome I, p. 293); mais elle y fut rejouée le 30 janvier 1688 (*ibidem*, tome II, p. 101), et le Roi, qui la voyait pour la première fois, ne la trouva point « trop à son gré. »

Suivant plusieurs clefs marginales, ce paragraphe, dirigé particulièrement à la fin contre *l'Homme à bonnes fortunes*, s'applique tout entier « aux comédies de Baron. » Cette interprétation est très-vraisemblable. *Les Enlèvements* nous montrent un paysan; *la Coquette* un ivrogne[1]. Peut-être la comédie qui avait pour titre *le Débauché*, et qui, jouée à Versailles le 12 décembre 1689, y fut trouvée « très-mauvaise » au témoignage de Dangeau (tome III, p. 38), a-t-elle aussi pour sa part donné lieu à cette critique du théâtre de Baron, publiée au commencement de 1690. La pièce *le Débauché* n'a pas été imprimée.

XXII

Page 139, n° 53. — *Il semble que le roman et la comédie....* (1687).

Pascal a exprimé un sentiment contraire à celui que renferme ce passage : « Tous les grands divertissements sont dangereux pour la vie chrétienne; mais entre tous ceux que le monde a inventés, il n'y en a point qui soit plus à craindre que la comédie. C'est une représentation si naturelle et si délicate des passions, qu'elle les émeut et les fait naître dans notre cœur, et surtout celle de l'amour, principalement lorsqu'on le représente fort chaste et fort honnête; car plus il paroît innocent aux âmes innocentes, plus elles sont capables d'en être touchées. Sa violence plaît à notre amour-propre, qui forme aussitôt un desir de causer les mêmes effets que l'on voit si bien représentés; et l'on se fait en même temps une conscience fondée sur l'honnêteté des sentiments qu'on y voit, qui éteint la crainte des âmes pures, lesquelles s'imaginent que ce n'est pas blesser la pureté, d'aimer d'un amour qui leur semble si sage. Ainsi l'on s'en va de la comédie le cœur si rempli de toutes les beautés et de toutes les douceurs de l'amour, l'âme et l'esprit si persuadés de son innocence, qu'on est tout préparé à recevoir ses premières impressions, ou plutôt à chercher l'occasion de les faire naître dans le cœur de quelqu'un, pour recevoir les mêmes plaisirs et les mêmes sacrifices que l'on a vus si bien dépeints dans la comédie. »(*Pensées*, p. 339 et 340, édition de M. Havet.)

Ce morceau n'a pas été publié dans l'édition de Port-Royal, la seule qu'ait connue la Bruyère; mais il résume fort bien les arguments principaux des moralistes qui attaquaient le roman et la comédie. La Bruyère ne veut point se séparer d'eux : « le roman et la comédie pourroient être aussi utiles qu'ils *sont nuisibles;* » et cepen-

---

1. Les scènes d'ivrognes étaient au surplus très-fréquentes dans le répertoire de l'époque. L'acteur qui en était particulièrement chargé au Théâtre-Français était Jean de Villiers, qui mourut en 1701.

dant sa réflexion contient un argument dont le P. Caffaro se fût sans doute emparé dans sa lettre sur la comédie, s'il s'en fût souvenu. En 1687, la controverse n'était pas encore publiquement engagée sur les dangers du théâtre. La lettre du P. Caffaro, écrite vers 1690 et imprimée en 1694, suscita aussitôt de très-vives réfutations, où fut reprise l'argumentation du prince de Conti, auteur du *Traité de la Comédie* (1667). Il est tout simple que Bossuet n'ait pas fait mention de l'avis de la Bruyère; mais je m'étonne qu'il ait échappé à l'attention des écrivains qui se mirent en quête de tout ce qui avait été dit sur ce sujet.

XXIII

Page 139, n° 54. — *Corneille ne peut être égalé....* (1687).

Dans son parallèle entre Corneille et Racine, la Bruyère a réuni sous une forme originale les jugements des contemporains, tout en y mêlant des traits qui n'appartiennent qu'à lui. Le trait final n'est point le seul qu'il ait emprunté à Longepierre (voyez p. 142, note 2). Les inégalités de Corneille, son habileté dans la « conduite de son théâtre, » ses négligences, etc., ce sont là, il est vrai, autant de lieux communs où devaient se rencontrer les critiques et que l'on trouve naturellement dans tous les parallèles; mais voici, ce nous semble, une autre réminiscence de Longepierre : « Corneille, dit la Bruyère dans une phrase très-souvent citée, nous assujettit à ses caractères et à ses idées, Racine se conforme aux nôtres; celui-là peint les hommes comme ils devroient être, celui-ci les peint tels qu'ils sont[1].... » — « M. Corneille, avait dit Longepierre, a un talent extraordinaire pour peindre. On diroit qu'il tient la nature au-dessous de lui, et que méprisant les idées qu'elle peut lui offrir, il ne veuille puiser que dans son génie, qui lui fournit en abondance ces traits singuliers et plus grands que nature. Ce qui fait que ses portraits sont toujours merveilleux, et ne sont pas toujours ressemblants, et qu'ils brillent et se font admirer par ce qu'ils ont de rare et d'extraordinaire.... » Vient ensuite l'éloge de Racine, que l'on montre consultant religieusement la nature, etc.

Boileau, qui ne devait parler un peu longuement de Corneille que huit ans plus tard, s'est montré sur divers points en parfaite conformité de sentiments avec la Bruyère. « ....Corneille, écrit-il en 1694 dans la viie de ses *Réflexions critiques sur Longin*, est celui de tous nos poëtes qui a fait le plus d'éclat en notre temps; et on ne croyoit pas qu'il pût jamais y avoir en France un poëte digne de lui

---

1. Cette phrase a suscité une longue réfutation de Tafignon : voyez ci-dessus la *Notice bibliographique*.

être égalé. Il n'y en a point en effet qui ait eu plus d'élévation de génie, ni qui ait plus composé. Tout son mérite pourtant, à l'heure qu'il est, ayant été mis par le temps comme dans un creuset, se réduit à huit ou neuf pièces de théâtre qu'on admire, et qui sont, s'il faut ainsi parler, comme le midi de sa poésie, dont l'orient et l'occident n'ont rien valu. Encore dans ce petit nombre de bonnes pièces, outre les fautes de langue, qui y sont assez fréquentes, on commence à s'apercevoir de beaucoup d'endroits de déclamation qu'on n'y voyoit point autrefois. Ainsi non-seulement on ne trouve point mauvais qu'on lui compare aujourd'hui M. Racine, mais il se trouve même quantité de gens qui le lui préfèrent. » Puis, revenant à la thèse qui fait le sujet de sa *Réflexion*, Boileau ajoute, en souvenir peut-être du parallèle de la Bruyère : « La postérité jugera qui vaut le mieux des deux, car je suis persuadé que les écrits de l'un et de l'autre passeront aux siècles suivants. Mais jusque-là ni l'un ni l'autre ne doit être mis en parallèle avec Euripide et avec Sophocle, puisque leurs ouvrages n'ont point encore le sceau qu'ont les ouvrages d'Euripide et de Sophocle, je veux dire l'approbation de plusieurs siècles. » Boileau, qui cependant a comparé lui-même Racine aux tragiques grecs, l'a rapproché tout aussi bien de Sophocle que d'Euripide : voyez le vers 41 de la VIIe épître, et les vers « pour mettre au bas du portrait de Racine. »

XXIV

Page 146, n° 58. — *L'on a cette incommodité....* (1689).

Annotation de toutes les clefs : « Les jésuites et les jansénistes. »

XXV

Page 147, n° 60. — *L'on écrit régulièrement....* (1689).

Clefs imprimées du dix-huitième siècle : « Le P. Bouhours et le P. Bourdaloue, tous deux jésuites. » C'est là une application contestable. Bourdaloue, et encore moins Bouhours, ne se sont point particulièrement préoccupés de mettre de l'esprit dans le discours.

Cette réflexion, comme nous l'avons dit, a été diversement interprétée par les critiques.

Voici le commentaire qu'en a fait M. Génin au chapitre VIII de la *Vie de Molière*, en tête de son *Lexique* (p. LXII et LXIII) :

« On sent au fond de cette apologie la satisfaction d'une bonne conscience ; mais la sincérité n'exclut pas l'erreur. Il paraît un peu dur de prétendre qu'on n'écrivait pas régulièrement avant 1667, et de reléguer ainsi, parmi les ouvrages d'un style irrégulier, les

Lettres provinciales, *l'École des maris*, *l'École des femmes*, *Don Juan*, et même *Tartufe*, dont les trois premiers actes furent joués en 1664. La langue française étant une transformation de la latine, ne peut abjurer le génie de sa mère sans anéantir le sien. Ces mots : *réduire le style à la phrase purement françoise*, n'offrent donc point de sens; et cela est si vrai, que Bossuet, Fénelon et Racine sont remplis de latinismes. *On est esclave de la construction*, cela signifie qu'on emploie des constructions beaucoup moins variées; que l'inversion, par exemple, a été supprimée, dont nos vieux écrivains savaient tirer de si grands avantages. C'est ce que la Bruyère appelle l'ordre et la netteté du discours, qui conduisent insensiblement à y mettre *de l'esprit*. Ce dernier trait est vraiment admirable. Avant 1667, il n'y avait dans le discours ni ordre, ni netteté, ni par conséquent d'esprit; les écrivains n'ont commencé d'avoir de l'esprit que depuis 1667.

« Relisez maintenant cet éloge, et vous verrez qu'il ne s'applique exactement qu'au style d'un seul écrivain : c'est la Bruyère. Il n'en est pas un trait qui convienne aux quatre grands modèles, Pascal, Molière, la Fontaine et Bossuet. Il semble plutôt que ce soit une attaque voilée contre leur manière. Tout en paraissant louer son époque, la Bruyère ne loue en effet que les allures sèches et uniformes du style de la Bruyère. »

On peut s'étonner que M. Génin ait ainsi compris le passage qu'il attaquait. Est-il nécessaire de prouver que la Bruyère ne prétend pas déprécier la manière de Pascal, Molière, la Fontaine et Bossuet? Il ne se propose pas davantage de louer ici la correction de son propre style; et si d'ailleurs il avait eu la pensée de le faire, il se serait fort mal jugé lui-même, car il avait très-incomplétement secoué le *joug du latinisme*; et peut-on dire qu'il fût *esclave de la construction?*

Est-ce à dire, à l'inverse, que cette réflexion soit purement ironique? Non, à notre avis; mais un judicieux critique, M. Hémardinquer, l'a pensé : « Ce passage est ironique, écrit-il page 38 de son édition, note 3. On sait que l'auteur regrettait comme Fénelon beaucoup de vieux mots et d'anciennes tournures. Personne n'est moins que lui esclave de la construction, et on lui en a fait de grands reproches. Ce passage semble une allusion aux écrivains comme Perrault et Lamotte[1], qui sont corrects sans originalité, mais non toujours sans esprit. »

A ces deux interprétations contradictoires nous opposerons celle de M. Sainte-Beuve : la Bruyère, dit-il, « nous a tracé une courte his-

[1]. La Motte n'avait encore rien écrit lorsque parut le passage de la Bruyère.

toire de la prose française en ces termes : « L'on écrit réguliè-
« rement, etc.¹. »

Telle doit être, en effet, la juste appréciation de cet alinéa : il contient l'histoire de la prose française à cette époque.

Dans ce résumé de l'histoire de la langue au dix-septième siècle, la Bruyère loue-t-il sans réserve chacune des modifications qu'il constate? Que l'on ait « enrichi la langue de nouveaux mots, » que l'on ait « presque retrouvé le nombre que Malherbe et Balzac avaient les premiers rencontré, » assurément il s'en félicite. Mais tout en applaudissant à certains progrès de la langue, ne signale-t-il pas avec une sorte de regret plus ou moins dissimulé certaines exigences un peu tyranniques des disciples de Vaugelas? Cette expression : « *esclave* de la construction » permettrait peut-être de le conjecturer².

Quoi qu'il en soit, que signifie en fin de compte cette conclusion, que les procédés nouveaux conduisent « insensiblement à mettre de l'esprit dans le discours? » Ne serait-ce pas que la Bruyère luimême, ayant mis de l'esprit partout, en rendra responsables en quelque sorte les législateurs de la langue si quelqu'un le lui reproche? Ne donnerait-il pas à entendre qu'on est insensiblement conduit à écrire avec prétention, avec esprit du moins, lorsqu'on n'a plus la liberté d'écrire avec l'abandon de Montaigne, et que c'est là comme une compensation par laquelle on se dédommage de ce que l'on perd d'ailleurs? Dans les *Caractères*, où le travail et l'art se trahissent à chaque ligne, tout vise à l'effet : l'auteur l'aurait-il senti lui-même, ou le lui aurait-on fait remarquer? et cette déclaration, insérée pour la première fois dans la 4ᵉ édition, serait-elle

---

1. « Cet esprit, reprend M. Sainte-Beuve après avoir cité le passage que nous commentons, cet esprit que la Bruyère ne trouvait pas assez avant lui dans le style, dont Bussy, Pellisson, Fléchier, Bouhours lui offraient bien des exemples, mais sans assez de continuité, de consistance ou d'originalité, il voulut donc l'y introduire. Après Pascal et la Rochefoucauld, il s'agissait pour lui d'avoir une grande, une délicate manière, et de ne pas leur ressembler. Boileau, comme moraliste et comme critique, avait exprimé bien des vérités en vers avec une certaine perfection. La Bruyère voulut faire dans la prose quelque chose d'analogue, et comme il le disait peut-être tout bas, quelque chose de mieux et de plus fin.... » Voyez le passage entier dans les *Portraits littéraires*, tome I, p. 406 et 407.

2. On a dit souvent, et nous-même nous l'avons répété dans une autre publication, que la Bruyère a protesté dans la Remarque 66 (p. 149), cette fois bien ouvertement, contre la réforme qui, par excès de régularité, bannirait toute inversion. Mais ce n'est pas d'inversion qu'il s'agit lorsque la Bruyère parle de « termes *transposés* et qui peignent vivement. » Évidemment il est question de mots transposés quant au sens, c'est-à-dire métaphoriques.

un essai d'apologie, une explication après coup? On pourrait être tenté de le croire, lorsqu'on rapproche de cette remarque les n°s 34 et 57 (2e alinéa) de ce chapitre (p. 127 et 146), et le n° 76 du chapitre *des Jugements* dans le second volume, qui, écrits à la même date, paraissent répondre à une même préoccupation ; mais deux raisons doivent, ce semble, écarter cette interprétation de la pensée du lecteur. D'une part le dix-septième siècle ne donne jamais au mot *esprit* le sens restreint où l'emploient le dix-septième et le dix-huitième, et qu'a fort bien défini Voltaire dans son *Dictionnaire philosophique*. L'*esprit* n'est pas encore, en effet, cet art de jeter des mots inattendus et de faire des rapprochements imprévus « entre deux idées peu communes, » cette manière fine et délicate de présenter des idées ingénieuses, cette imagination, ce genre d'*esprit* enfin que l'on remarque si souvent dans la Bruyère. D'autre part, ce ne peuvent être précisément *l'ordre* et *la netteté* qui conduisent à mettre dans le discours cette sorte d'esprit. Sont-ce bien les écrivains les plus amis de ces deux qualités, et particulièrement de la seconde, les Xénophon, les Fénelon, par exemple, qui sèment le plus dans leurs ouvrages ce que nous appelons de l'esprit? Il nous paraît donc que le mot *esprit* a dans la réflexion de la Bruyère une signification plus étendue ; et, à notre avis, sa conclusion, en somme, est que la révolution qui s'est faite dans la langue a produit, pour la pensée même, les plus heureux effets.

XXVI

Page 148, n° 62. — *Il y a des esprits, si je l'ose dire, inférieurs et subalternes....* (1690).

Clef de 1697 : « Du Ryer, l'abbé Bordelon et tant d'autres. » — Diverses clefs manuscrites, et clefs imprimées du dix-huitième siècle : « M. Ménage. »

Pierre du Ryer, membre de l'Académie française, auteur de traductions et de tragédies qui avaient eu du succès, était mort depuis trente-deux ans lorsque parut ce caractère. Son nom n'était pas encore oublié en 1690 ; mais pourquoi le placer ici?

L'abbé Bordelon avait déjà publié une partie de ses ouvrages à cette époque. Cinq semaines environ avant que parût le passage de la Bruyère, avaient été mises en vente ses *Remarques ou Réflexions critiques, morales et historiques, sur les plus belles et les plus agréables pensées qui se trouvent dans les auteurs anciens et modernes*[1]. Aussi cette

---

1. Paris, 1690, in-12. L'Achevé d'imprimer est du 15 février ; celui de la 5e édition des *Caractères* est du 24 mars.

phrase : « et comme le choix des pensées est invention, etc., » pouvait-elle lui être appliquée. A la fin de 1691, entre la 6e édition des *Caractères* et la 7e, à laquelle la Bruyère ajouta un membre de phrase, Bordelon imprima ses *Caractères naturels des hommes en cent dialogues* (1692) : ce titre, imité de celui de la Bruyère, fut sans doute l'une des raisons qui firent placer ou maintenir son nom dans les clefs.

Bordelon toutefois n'était pas un « pédant » qu'il fût juste de rappeler à plus d'humilité. Il confessait lui-même, paraît-il, la faiblesse de ses ouvrages, qu'il appelait « ses péchés mortels, » ajoutant que le public en faisait la pénitence. « Je sais que je suis un mauvais auteur, lui fait-on dire encore, mais du moins je suis un honnête homme. »

Né à Bourges en 1653, il mourut à Paris en 1730.

Ménage, que nomment encore les clefs, était-il l'un des pédants que la Bruyère avait en vue? Ménage ne le pensa point : « Dans les *Caractères* de ce siècle, disait-il, je n'ai pas encore trouvé le mien. » (*Menagiana*, tome III, p. 245, édition de 1725.) C'est vers l'époque où parut ce caractère qu'il entra en relation avec la Bruyère, si nous en croyons l'annotation que porte la lettre que lui écrivit notre auteur (voyez cette lettre dans notre tome II).

XXVII

Page 149, n° 64. — *Je conseille à un auteur né copiste....* (1691).

Clefs imprimées du dix-huitième siècle : « L'abbé de Villiers, qui a été autrefois chez les jésuites [1]. »

L'abbé de Villiers avait publié en 1682 un poëme en quatre chants, *l'Art de prêcher*, dans lequel il s'était proposé d'imiter l'*Art poétique* de Boileau, et en 1690 des *Réflexions sur les défauts d'autrui* (Paris, Barbin, in-12), qui eurent assez de succès pour que l'on ait cru pouvoir saluer en lui un « digne imitateur » de la Bruyère [2].

Si c'est particulièrement à l'abbé de Villiers que s'adresse la réprimande de la Bruyère, notons qu'elle ne le découragea point, car cinq ans plus tard il faisait paraître de *Nouvelles réflexions sur les défauts d'autrui et sur les fruits que chacun peut en retirer pour sa conduite* (Paris, Barbin, 1697, 2 volumes in-12), tandis que l'on réimprimait pour la troisième fois ses premières *Réflexions*.

A côté de l'abbé de Villiers, « qui a fait un livre des *Réflexions sur les défauts d'autrui*, semblable à celui-ci, » l'une de nos clefs marginales nomme le P. Bouhours. C'est sans doute son ouvrage sur

---

1. Il était entré chez les jésuites en 1666 et en était sorti en 1689.
2. *Sentiments critiques sur les Caractères de M. de la Bruyère*, p. 13.

les *Pensées ingénieuses des anciens et des modernes* (1689) qui fit donner à son nom cette place imméritée [1].

Mais bien mieux encore que l'abbé de Villiers et que tout autre, l'auteur *né copiste* auquel s'adresse la Bruyère ne serait-il pas Jacques Brillon, l'auteur des *Portraits sérieux, galants ou critiques*, de l'*Ouvrage nouveau dans le goût des Caractères de Théophraste, et des Pensées de Pascal*, et du livre qui avait pour titre : *le Théophraste moderne ou nouveaux Caractères des mœurs*[2]? Ces trois ouvrages parurent de 1696 à 1700, c'est-à-dire après la mort de la Bruyère; mais peut-être en a-t-il entendu lire des fragments, ainsi que l'auteur l'a formellement affirmé pour le dernier. L'*Ouvrage dans le goût des Caractères de Théophraste*, publié en 1698, contient des passages qui sont évidemment écrits entre la 8e et la 9e édition des *Caractères*, c'est-à-dire dans l'une des deux dernières années de la vie de la Bruyère, et il se peut que les deux autres volumes aient été commencés également à la même époque [3].

C'est dans la *Préface* du *Théophraste moderne*, celui de ses ouvrages où l'imitation de la Bruyère est le plus flagrante, que Brillon dit avoir connu la Bruyère et reçu ses conseils : « Je ne l'ai fait, dit-il en s'excusant de la témérité qui lui est venue de composer des *Caractères*, je ne l'ai fait que de l'aveu de cet illustre moderne : il m'aimoit assez pour me conseiller ouvertement, et il n'étoit point si idolâtre de ses productions, qu'il ne tombât d'accord qu'on pouvoit ajouter à ce qu'il avoit dit. Je ne pousse pas mes vues si loin, et je n'ai pas prétendu enchérir sur ce qu'il nous a laissé. Touché de la beauté de ses *Caractères*, que je lisois avec étude, ils me fournissoient des réflexions particulières; elles ne m'échappoient point que je ne les soumisse à son jugement. Soit qu'il reconnût ses portraits dans les miens, soit qu'il y trouvât du nouveau, ou qu'il me marquât de la complaisance, j'ai eu quelquefois la gloire d'être approuvé d'un homme dont on sait que le goût étoit exquis.... Mon ouvrage, ajoute-t-il plus loin, seroit plus parfait si M. de la Bruyère eût assez vécu pour employer en le lisant toute l'exactitude qu'il a apportée à

---

1. Voyez dans le *Menagiana*, tome I, p. 234, l'épigramme que l'on fit sur ce livre.
2. Voyez sur ces ouvrages notre *Notice bibliographique*.
3. Dans une même année, Brillon se faisait recevoir avocat, publiait les *Portraits galants*, préparait le *Nouveau Dictionnaire civil et canonique de droit et de pratique* (Paris, 1697, in-4°), et peut-être déjà son *Dictionnaire des arrêts, ou Jurisprudence universelle des parlements et autres tribunaux* (Paris, 1711, 3 volumes in-folio), dont la première édition lui coûta, paraît-il, quinze années de travail. On comprend aisément qu'avec de telles occupations Brillon ait apporté quelque lenteur dans l'achèvement de ses livres de morale.

finir ses *Caractères*. Tel que mon travail l'a produit, tel que l'a réformé un homme habile, je l'expose à la curiosité publique; ce qu'on y trouvera de bon, l'on sait à qui l'attribuer; ce qu'il y aura de foible, je dois dire qu'il est de moi seul. »

Brillon nous est suspect, et à bon droit: il écrit à la fois la *Critique* de la Bruyère et l'*Apologie* de la Bruyère; il attaque lui-même son *Théophraste moderne*, pour avoir le plaisir de se louer çà et là, et surtout sans doute pour jeter dans le public un livre où la Bruyère et Brillon, un instant rapprochés, soient soumis au même examen[1]; enfin il dit lui-même quelque part, badinage que l'on est tenté de prendre pour une confession : « Sans la comédie du *Menteur*, on m'auroit vu, je crois, le plus audacieux fanfaron de Paris[2]. » Malgré tout cependant je me fie cette fois à la parole de Brillon, et je crois qu'il a connu la Bruyère. La comédie du *Menteur*, à vrai dire, ne l'a que très-incomplétement corrigé ; mais encore n'a-t-il pas été malhonnête homme. Ses supercheries littéraires, péchés de jeunesse, ne l'empêchèrent pas en effet d'être plus tard un magistrat honorable[3]. Or se parer mensongèrement du témoignage de la Bruyère après sa mort eût été une imposture odieuse, et j'hésite à l'en accuser. C'est lui d'ailleurs, et lui seul, qui nous donne sur le nombre des années que la Bruyère a consacrées à la composition des *Caractères* un renseignement qui semble prouver qu'il en a reçu quelque confidence, un jour peut-être que la Bruyère essayait de le détourner par son propre exemple de la voie où il le voyait témérairement s'engager[4].

En 1691, date du passage que nous commentons, Brillon avait vingt ans. Entreprenant, vaniteux, un peu « fanfaron », c'est lui qui l'a dit, pourquoi ne serait-il pas allé quelque jour, au sortir de l'étude de notaire où il travaillait, trouver l'auteur des *Caractères* un manuscrit sous le bras ? A Versailles ou à Paris la chambre de la Bruyère est toujours accessible. Bonaventure d'Argonne et la Bruyère lui-même en sont garants. « Entrez, toutes les portes vous sont ouvertes.... Vous m'apportez quelque chose de plus précieux que l'argent et l'or, si c'est une occasion de vous obliger. Parlez, que

---

1. Voyez ci-dessus, p. 99 et 100.
2. Voyez *le Pour et le Contre de la comédie*, dans l'*Ouvrage nouveau dans le goût des Caractères*, etc.
3. Il fut substitut du procureur général du grand conseil, puis avocat général pendant huit années près de la même cour. On le nomma échevin de la ville de Paris en 1710, et après son échevinage il devint intendant général du duc du Maine et conseiller au conseil souverain de Dombes. Voyez les *Vies des plus célèbres jurisconsultes*, par Taisand (avec les additions de Ferrière), 1737, p. 606.
4. Voyez la *Notice biographique*.

voulez-vous que je fasse pour vous? Faut-il quitter mes livres?...
Quelle interruption heureuse pour moi que celle qui vous est utile! »
Ainsi parle la Bruyère dans ses *Caractères* (p. 248); ainsi dut-il
parler à Brillon lui-même la première fois qu'il reçut sa visite. A
l'une des visites suivantes sans doute il lui tint le discours d'Alceste à
Oronte; mais plus poli qu'Alceste, il ne sut pas se faire comprendre,
j'imagine, et Brillon, toujours plein de confiance en lui-même, se
crut plus encouragé qu'il ne l'était. Prit-il du moins pour lui le
conseil qu'en 1690 la Bruyère adressait aux écrivains *nés copistes* ?
Peut-être les *Sentiments critiques sur les Caractères de M. de la Bruyère*,
suivis sitôt de l'*Apologie de M. de la Bruyère*, sont-ils la vengeance
d'un esprit modéré qui ne veut se venger qu'à demi. Le *Théophraste
moderne*, quoi qu'il en soit, contient à l'adresse de la Bruyère quelques traits d'une malice assez mal aiguisée [1]. La rude leçon de la
Bruyère toutefois n'arrêta point Brillon, non plus qu'elle n'avait arrêté
son ami l'abbé de Villiers. Dans le *Théophraste moderne* non-seulement Brillon commente, paraphrase et copie la Bruyère, mais encore
il y reproduit la disposition typographique des *Caractères*. Comme
la Bruyère il augmente son ouvrage, et avec plus de soin que son
modèle il indique les réflexions, voire même les phrases qu'il ajoute
à une nouvelle édition. Plus soigneux mille fois de ses intérêts et de
sa célébrité, il veille lui-même, si je ne me trompe, à la contrefaçon
de son livre à l'étranger; je crois même que par une habileté raffinée
il écrit de sa propre main une clef de son *Théophraste*, voyant que
personne ne pense à le faire.

Quel auteur du temps mieux que Brillon, l'infatigable imitateur
de ceux qui écrivent par humeur, eût pu s'appliquer la réflexion de
la Bruyère ? « Sans la crainte d'effrayer mes lecteurs, dit-il modestement dans la préface de la suite qu'il a donnée aux *Pensées* de
Pascal et aux *Caractères* de la Bruyère, je n'aurois pas manqué de
l'illustrer encore du nom de M. de Saint-Évremond et du P. Rapin.
La plupart des applications que je fais, mes remarques sur Tacite,
mon traité de la Comédie, quelques autres chapitres entrent assez
dans leur manière d'écrire.... » N'est-ce pas d'un homme qui s'étudie bien consciencieusement à *parler le ton* des gens? L'âge n'éteignit
pas chez lui cette « passion d'écrire » qu'il a si souvent raillée chez
les autres, car il a travaillé jusqu'à sa mort, paraît-il, à divers « ouvrages de littérature qui n'ont point été donnés au public [2]. »

1. Voyez l'édition de 1701, p. 51, 52, etc.
2. Ferrière, ouvrage cité page 433, note 3.

XXVIII

Page 149, n° 65. — *Un homme né chrétien et François....* (1687).

Clef Cochin : « Le Noble, natif de Troyes, ci-devant procureur général au parlement de Metz, auteur des *Pasquinades* et autres ouvrages d'esprit et d'érudition, comme *l'Esprit de Gerson*, qui a été mis à l'Index à Rome. Il se sauva de la Conciergerie, où il étoit prisonnier, le 16 mai 1695, par un trou qu'il fit derrière son tableau.» — Cette ridicule interprétation est répétée par la clef de 1720 et les clefs suivantes[1].

Les auteurs de clefs ont fait à Eustache le Noble un honneur qu'il ne méritait point, en lui appliquant la réflexion de la Bruyère. Il ne semble pas d'ailleurs qu'il eût encore publié d'écrit satirique en 1687 : le premier des dialogues que l'on réunit sous le titre de *Pasquinades*, ou plutôt sous celui de *la Pierre de touche politique*, ne parut au plus tôt qu'à la fin de 1688 ; *le Bouclier de la France* ou *l'Esprit de Gerson*, ouvrage souvent réimprimé sous divers titres, fut publié pour la première fois en 1691.

Le nom de le Noble toutefois est souvent écrit en marge de ce n° 65 dans les exemplaires annotés par les contemporains. Le nom qui aurait pu se présenter le plus aisément à l'esprit de tous, celui de Boileau, y est plus rarement inscrit. Le doute cependant n'est point possible, et nous adoptons sans hésiter les conclusions de la dissertation qu'a publiée sur cette pensée M. Havet dans la *Correspondance littéraire* (1re année, mars 1857, p. 106) :

« On a supposé, dit-il, qu'il y avait là une allusion à la Bruyère lui-même et à son ouvrage, et qu'il nous faisait pénétrer dans les sous-entendus de sa pensée. On a cru que ces quelques mots nous révélaient des regrets intérieurs et des doutes profonds[2]. Mais je crois qu'il faut renoncer à cette interprétation.

« 1° La Bruyère ne comprenait certainement pas ses *Caractères* dans le genre qu'on appelle la satire. Il avait prétendu faire un livre de philosophie morale comme Théophraste, et non autre chose.

« 2° Il faut remarquer que cette pensée se trouvait déjà dans la

---

1. La dernière phrase y est remplacée par celle-ci : « Il a été détenu plusieurs années en prison, d'où il est enfin sorti, après avoir fait amende honorable. »
2. M. Havet nous renvoie à l'édition de M. Hémardinquer, p. 467 et 468, à l'*Histoire de la littérature française* de M. Demogeot, p. 41, à l'étude de M. Taine sur la Bruyère, publiée dans la *Revue de l'instruction publique*, 1er février 1855, p. 675-678, et réimprimée dans ses *Nouveaux essais de critique et d'histoire*.

première édition des *Caractères*, qui différait totalement, comme on sait, soit par l'étendue, soit par la composition, de l'ouvrage tel que nous le lisons aujourd'hui. C'était un tout petit livre, composé de simples *pensées*, de remarques courtes et générales, sans aucun de ces portraits qu'il y mit plus tard; et rien ne ressemblait moins à ce que tout le monde entendait quand on disait : *la satire*.

« 3° La Bruyère ne s'est pas du tout interdit les grands sujets, et ne s'est pas contenté non plus de les entamer quelquefois. Quels plus grands sujets que ceux qui sont le fond même de tant de chapitres, *des Biens de fortune, de la Cour, des Grands, du Souverain ou de la République, de l'Homme, des Esprits forts*, ce dernier qui aborde la plus haute philosophie religieuse? Tout le livre est plein de vues élevées et hardies, soit sur ce qui regarde la société, soit sur ce qui tient à l'Église. Cette hardiesse, qu'il a pu se permettre comme *moraliste*, quoique Français et chrétien, il reconnaît qu'elle n'est pas possible à la satire, et s'en plaint pour elle.

« 4° Pour que la Bruyère, qui paraît si libre, se trouvât contraint, il eût fallu que sa pensée allât bien loin, aussi loin que celle du dix-huitième siècle, qu'il fût révolutionnaire en politique et incrédule en religion. Mais ce précepteur d'un prince, qui a tracé le magnifique portrait de *Louis le Grand*, qui a loué si pompeusement jusqu'à *Monseigneur*, qui poursuit Guillaume III, comme usurpateur, d'une invective si violente et si amère; cet ami de Bossuet, qui célèbre la révocation de l'édit de Nantes, et qui a écrit le chapitre *des Esprits forts*, n'était sans doute rien de tout cela.

« 5° Quoique la Bruyère sût ce qu'il valait, et ne craignît même pas de le dire, il ne se serait pas vanté pourtant si crûment, et cela à sa première édition, de relever les petites choses par la beauté de son génie. Ce n'est pas de lui qu'il a parlé....

« .... Bien certainement ce que la Bruyère a mis dans cette pensée, c'est son jugement sur Boileau.

« 1° C'était nommer Boileau que de nommer la satire.

« 2° Boileau ne traite pas les grands sujets. C'est tout au plus s'il les entame quelquefois, comme dans les satires *sur l'Homme* ou *sur la Noblesse*, où il n'y a rien de bien poussé ni de bien fort. Il revient vite à Cotin. Il rime *les Embarras de Paris*, ou *le Repas ridicule*.

« 3° Boileau dit tout, choses communes ou petites choses, excellemment et en vers achevés.

« Voilà pour les faits. Si je recherche maintenant quelle a été l'intention de la Bruyère, je pense qu'il a voulu faire une critique, mais aussi ménagée et aussi enveloppée que possible. Il me paraît que ce penseur, d'un esprit si avancé et si décisif, estimait que la satire de Boileau manquait d'originalité et d'audace. Ce qu'il admirait dans Boileau, c'était la verve de l'écrivain, et le relief de ses vers ; il le flatte uniquement par là dans son *Discours à l'Académie françoise.* Il a voulu dire cela, et le dire sans manquer de respect envers un personnage si considérable, son ami et son patron, chef reconnu du parti littéraire auquel il appartenait lui-même. Il s'en est pris, de ce qui lui paraissait manquer à Boileau, à la contrainte où se trouve dans la satire un *homme né chrétien et François....* »

XXIX

Page 149, n° 66. — *Il faut éviter le style vain et puéril....* (1687).

Les noms de Varillas et de Maimbourg se trouvent dans toutes les clefs. « L'*Histoire des Croisades* est fort belle, dit Mme de Sévigné au sujet de ce dernier (14 septembre 1675, tome IV, p. 134); mais le style du P. Maimbourg me déplaît fort; il a ramassé le délicat des mauvaises ruelles. » — « Il eut d'abord trop de vogue, a dit Voltaire du P. Maimbourg, dans la *Liste des écrivains*, en tête du *Siècle de Louis XIV*, et on l'a trop négligé ensuite. » Bayle, qui a été son adversaire, le jugeait avec moins de sévérité que la Bruyère : « Je crois pouvoir dire, écrit-il dans son *Dictionnaire* (article MAIMBOURG), qu'il avoit un talent particulier pour les ouvrages historiques. Il y répandoit beaucoup d'agrément et plusieurs traits vifs et quantité d'instructions incidentes. Il y a peu d'historiens, parmi même ceux qui écrivent mieux que lui et qui ont plus de savoir et d'exactitude que lui, qui aient l'adresse d'attacher le lecteur autant qu'il fait. » — D'après une note de Walckenaer (p. 665), Varillas serait mort en 1686 et Maimbourg en 1696 : Maimbourg, au contraire, mourut en 1686; et c'est Varillas qui mourut la même année que la Bruyère, après lui avoir survécu quelques semaines.

Sur ce membre de phrase : « user de termes transposés, et qui peignent vivement, » voyez ci-dessus, p. 429, note 2.

XXX

Page 150, n° 69. — *Horace ou Despréaux l'a dit avant vous....* (1687).

Prévoyant une critique du même genre, Pascal avait fait par avance la réponse suivante, que la Bruyère n'a point connue (l'édition de Port-Royal ne la contient pas) : « Qu'on ne dise pas que je n'ai rien dit de nouveau : la disposition des matières est nouvelle. Quand on joue à la paume, c'est une même balle dont on joue l'un et l'autre; mais l'un la place mieux. » (*Pensées*, p. 105.)

DU MÉRITE PERSONNEL.

I

Page 155, n° 16. — *Si j'osois faire une comparaison entre deux conditions....* (1687).

Ne serait-ce pas le souvenir d'une pensée de Pascal qui aurait conduit la Bruyère à comparer le couvreur et l'homme de guerre? « La chose la plus importante à toute la vie, écrit Pascal, c'est le choix du métier : le hasard en dispose. La coutume fait les maçons, soldats, couvreurs. « C'est un excellent couvreur, » dit-on; et en parlant des soldats : « Ils sont bien fous, » dit-on. Et les autres, au contraire : « Il n'y a rien de grand que la guerre; le reste des « hommes sont des coquins. » A force d'ouïr louer en l'enfance ces métiers, et mépriser tous les autres, on choisit.... Tant est grande la force de la coutume, que de ceux que la nature n'a faits qu'hommes, on fait toutes les conditions des hommes.... Hommes naturellement couvreurs, et de toutes vocations, hormis en chambre. » (*Pensées*, p. 38.)

II

Page 156, n° 18. — *Votre fils est bègue....* (1691).

Selon toutes les clefs, ce « fils bègue » est Achille de Harlay, fils d'Achille de Harlay, premier président au Parlement. Au mois de novembre 1690, un an après sa nomination à la première présidence, de Harlay avait obtenu pour son fils, depuis peu substitut du procureur général, la place d'avocat général au Parlement, et ce dernier avait été reçu en cette qualité le 12 janvier 1691. C'est donc quelques mois après que fut imprimée la phrase où l'on vit une allusion à sa nomination.

Était-il vraiment bègue? Non sans doute, mais incapable et indolent. « S'acquittant fort mal de cette importante charge (*d'avocat général*), est-il dit dans une note du *Chansonnier Maurepas* (tome IX, p. 212), il fut pourvu en 1697 d'une place de conseiller d'État, et cela par le crédit de son père, bien qu'il n'eût que vingt-neuf ans, de manière que c'étoit proprement récompenser l'incapacité et la paresse. » Saint-Simon, qui en fait un portrait peu flatté, le présente comme « le fléau de son père, » auquel il le compare en ces termes : « Le fils, avec bien moins d'esprit et une ambition démesurée nourrie par la plus folle vanité, avoit un esprit méchant, guindé, pédant, précieux, qui vouloit primer partout, qui couroit également après les sentences, qui toutefois ne couloient pas de source, et les bons mots de son père, qu'il rappeloit tristement. C'étoit le plus étrange composé de l'austère écorce de l'ancienne magistrature et du petit-maître de ces temps-ci, avec tous les dégoûts de l'un et tous les ridicules de l'autre. Son ton de voix, sa démarche, son attitude, tout étoit d'un mauvais comédien forcé; gros joueur par air, chasseur par faste, magnifique en singe de grand seigneur. Il se ruina autant qu'il le put avec un extérieur austère, un fond triste et sombre, une humeur insupportable, et pourtant aussi parfaitement débauché et aussi ouvertement qu'un jeune académiste. » Il mourut en 1717, étant simplement conseiller d'État « sans nulle commission extraordinaire. » (Voyez les *Mémoires* de Saint-Simon, tome XV, p. 27 et 28.) — « Le fils avoit tout le mauvais du père, dit ailleurs Saint-Simon (tome V, p. 385), et n'en avoit pas le bon; un composé du petit-maître le plus écervelé et du magistrat le plus grave, le plus austère et le plus compassé, une manière de fou, étrangement dissipateur et débauché. »

Votre fille est née pour le monde....

Clef de 1697 et clefs du dix-huitième siècle · « Mlle de Harlay, fille du premier président, religieuse à Sainte-Élisabeth, où elle a été mise à cause de l'inclination qu'elle avoit pour M. du Mesnil, chanteur de l'Opéra. »

Mlle de Harlay avait pris l'habit de religieuse en juillet 1686, alors que son père était procureur général. Voyez à la Bibliothèque impériale le *Dictionnaire des Bienfaits du Roi*, manuscrit du fonds français, n° 7557, f° 168 v°.

Dumesnil, acteur « d'une très-belle représentation et avec le jeu le plus noble et le plus juste, » dit Durey de Noinville, chantait en 1686 le rôle de Renaud dans l'opéra d'*Armide*, de Quinault et de Lulli, représenté pour la première fois le 15 février 1686. — Il avait été en 1674 cuisinier de Foucault, qui était alors intendant à Montauban. Il débuta en 1677 et mourut en 1715.

Pages 156 et 157. — *Xanthus, votre affranchi....*

Toutes les clefs font de *Xanthus* « M. de Courtenvaux [1], » et de *Crassus* « M. de Louvois, » son père.

« Courtenvaux, dit Saint-Simon (tome V, p. 65), étoit un fort petit homme obscurément débauché, avec une voix ridicule, qui avoit peu et mal servi, méprisé et compté pour rien dans sa famille,

1. Celle de 1693 exceptée, qui ne donne aucun nom pour *Xanthus*.

et à la cour, où il ne fréquentoit personne; avare et taquin, ... fort colère, ... en tout un fort sot homme.... » Fils aîné de Louvois, il avait reçu la survivance de sa charge de secrétaire d'État; mais en la lui donnant, son père avait exigé qu'il lui remît sa démission à l'avance, afin de pouvoir la lui retirer plus aisément si par la suite il ne se montrait pas propre à lui succéder. C'est en effet ce qui arriva[1]; Courtenvaux perdit cette survivance en 1685 (voyez le *Journal* de Dangeau, tome I, p. 237).

Il fit la campagne de 1686 en qualité de volontaire, acheta en 1688 le régiment de la Reine, et prit part aux campagnes des années suivantes. Au moment où la Bruyère adressait cette apostrophe à *Crassus*, chacun savait donc à quoi s'en tenir sur les mérites militaires de Courtenvaux. Louvois lui-même n'avait pas tardé à s'apercevoir que son fils était un fort mauvais capitaine : voyez dans l'*Histoire de Louvois*, par M. C. Rousset, tome IV, p. 185 et 186, les reproches qu'il lui adressa pendant la campagne de 1689, en le menaçant de lui ôter sa charge et ses régiments.

Dans une chanson du temps sur Maurice le Tellier, archevêque de Reims, frère de Louvois, et sur Louvois et ses enfants, citée par Walckenaer dans son édition (p. 666), se trouve ce couplet :

> Maurice disoit à Louvois :
> « Mon frère, vous n'êtes pas sage.
> De quatre enfants que je vous vois,
> Vous négligez l'avantage (*sic*). »
> Louvois répond avec soupirs :
> « Il faut modérer ses desirs :
> Barbezieux réglera l'État,
> Souvré remplacera Turenne,
> L'abbé vise au cardinalat;
> Pour Courtenvaux, j'en suis en peine,
> Il est sot et de mauvais air :
> Nous n'en ferons qu'un duc et pair. »

III

Page 157, n° 22. — *Il apparoît de temps en temps....* (1690).

Clefs du dix-huitième siècle : « Le cardinal de Richelieu. »

---

1. « M. le marquis de Courtenvaux, dit Gourville en parlant de la survivance qui lui avait été donnée, me paroissoit avoir le mérite de son père, mais me sembloit n'être pas tout à fait tourné à la destination qu'il en faisoit. » (*Mémoires*, p. 125, collection Petitot.)

IV

Page 158, n° 24. — *Quand on excelle dans son art....* (1687).

Mignard, Lulli, Corneille.... Racine et Lebrun ont reçu ailleurs un hommage égal à celui qui est rendu ici à Corneille et à Mignard : voyez dans le chapitre *des Grands*, p. 353, l'alinéa 42, publié comme celui-ci dans la 1re édition.

V

Page 159, n° 26. — *Après le mérite personnel....* (1689).

En regard de cette réflexion, la clef de 1693 nomme simplement « M. de Harlay, archevêque de Paris. » A M. de Harlay les deux clefs de 1697 substituent « l'archevêque de Reims (*le Tellier*), » que la première nomme à côté de ces mots : « Après le mérite personnel, ... ce sont les éminentes dignités et les grands titres.... », et la seconde à côté de ceux-ci : « Quelques-uns, pour étendre leur renommée...; » l'une et l'autre appliquent le dernier trait au « cardinal le Camus, évêque de Grenoble, » qui, suivant elles, est *Trophime*.

Les clefs du dix-huitième siècle ont recueilli les deux premiers noms, avec la distinction suivante : « *Après le mérite personnel....* l'archevêque de Reims, frère de M. de Louvois, élu proviseur de Sorbonne après la mort de M. de Harlay, archevêque de Paris. — *Quelques-uns....* Feu M. de Harlay, archevêque de Paris. »

Quant au nom de *Trophime* ou *Bénigne*, il désigne le même le Camus suivant la clef Cochin et la clef de 1720, les seules clefs du dix-huitième siècle où il soit annoté.

Ces commentaires, comme on le voit, présentent quelque confusion, et nous ne nous flattons pas de pouvoir les éclaircir.

Charles-Maurice le Tellier, auquel les clefs ont appliqué tantôt la première phrase de cette réflexion, tantôt la première partie de la seconde phrase, était archevêque-duc de Reims, premier pair de France, légat né du Saint-Siége apostolique, primat de la Gaule Belgique, commandeur des ordres du Roi, conseiller d'État ordinaire, docteur de la maison de Sorbonne, maître de la chapelle de musique du Roi, abbé de Saint-Rémi de Reims, de Saint-Étienne de Caen, de Lagny, de Breteuil.

François de Harlay de Chanvallon était archevêque de Paris et proviseur de Sorbonne depuis 1671, commandeur du Saint-Esprit depuis 1662, duc et pair depuis 1674, proviseur de Navarre depuis 1684. Il était de plus « nommé au cardinalat, » et abbé de Jumiéges. C'est lui qui avait présidé les assemblées du clergé en 1681 et 1682.

A ces deux noms l'on eût pu en ajouter bien d'autres, si l'on cherchait des exemples de gens *qui ne savaient être des Érasmes*, ou de prélats chargés de dignités ; mais il est d'un médiocre intérêt d'annoter ces divers membres de phrase. Le seul trait où la Bruyère ait manifestement voulu faire une allusion est celui-ci : « quel besoin a Trophime d'être cardinal ? »

Qui est *Trophime ?*

Est-ce Bossuet, dont la Bruyère était l'admirateur et l'ami ? L'application de cette phrase à l'évêque de Meaux parut si naturelle aux éditeurs, que *Bénigne*, prénom de Bossuet, prit la place de *Trophime* dans toutes les éditions imprimées de 1699 à 1845, hors les contrefaçons étrangères de 1700, et l'édition de 1715, pour laquelle nous avons omis, p. 159, note 1, de faire une exception.

La Bruyère, en effet, avait dû voir avec une légitime impatience que celui qui était l'honneur et la gloire de l'épiscopat n'eût pas encore été nommé cardinal. Les premiers lecteurs des *Caractères* avaient cependant interprété d'une manière différente sa pensée. Suivant les plus anciennes clefs, ainsi qu'on l'a vu plus haut, et suivant la plupart des annotations que les contemporains ont placées sur leurs exemplaires, c'est le cardinal le Camus, évêque de Grenoble, qu'il faut reconnaître dans *Trophime ;* ainsi comprise, la phrase ferait encore allusion à la plus récente nomination de cardinaux, mais elle aurait un sens différent.

Après avoir été « débauché à l'excès, » le mot est de Saint-Simon, le Camus était devenu le plus pieux et le plus austère des évêques dès sa nomination à l'évêché de Grenoble, c'est-à-dire dès 1671. Sa promotion au cardinalat, qui eut lieu en 1686, et qui lui valut la disgrâce du Roi, avait eu un grand retentissement. « L'embarras, dit en ses *Mémoires* l'abbé Legendre (livre II, p. 69) au sujet du chapeau que le pape voulait donner à la France sans toutefois consulter le Roi, l'embarras étoit de choisir parmi tant de sujets françois qui étoient dignes de la pourpre. Monsieur de Paris (*de Harlay*) la méritoit plus qu'un autre, mais le pape l'avoit en horreur. Il n'y avoit pas d'apparence qu'il pensât non plus à Monsieur de Reims (*le Tellier*), ni à M. Bossuet, évêque de Meaux, depuis qu'ils avoient été, quoique malgré eux, les principaux acteurs de l'assemblée du clergé en 1682. Le pape cherchoit un homme qui fît honneur à son choix, et dont le choix fût en même temps désagréable à la cour, qu'il vouloit mortifier. Les dévots proposoient l'abbé de la Trappe, les jansénistes M. l'abbé Arnault.... » C'est le Camus qui fut préféré à Bossuet, et à l'archevêque de Paris, qui eût été le candidat favorisé par Louis XIV si le pape l'avait consulté[1]. Ce choix étonna la cour et irrita le Roi.

---

1. Les austérités de le Camus cachaient, nous disent plusieurs contemporains, beaucoup d'ambition : voyez une note de Saint-Simon dans les *Mémoires*

Aussi bien *quel besoin avait* le Camus *d'être cardinal?* Une exclamation de ce genre put échapper à plus d'un courtisan, prêt à la fois à rendre hommage aux vertus épiscopales de le Camus[1] et à blâmer son ambition. Mais est-ce bien ce double sentiment qu'a voulu exprimer la Bruyère? Ne serait-ce pas, au contraire, pour protester contre l'interprétation des premiers annotateurs, et marquer d'une manière plus claire l'intention de l'auteur, que Michallet aurait introduit dans le texte le nom de *Bénigne?*

Quoi qu'il en soit, nous verrions moins volontiers un cardinal dans *Trophime* que l'un des prélats écartés du cardinalat par le pape; et s'il faut nous prononcer entre Bossuet et l'un de ses concurrents, entre Bossuet et de Harlay par exemple, celui d'entre eux qui désira le plus vivement la pourpre sans jamais l'obtenir, nous n'hésitons pas, Bossuet est *Trophime:* quel qu'ait été le mérite personnel de l'archevêque de Paris, il ne peut entrer en comparaison avec celui de l'évêque de Meaux[2]. Bossuet, au surplus, aimait peu de Harlay, et la Bruyère, l'un des plus familiers amis du premier, devait tenir le second en médiocre estime.

de Dangeau, tome I, p. 385; les *Mémoires* de l'abbé Choisy, p. 352; les *Mémoires* d'Amelot de la Houssaye, tome II, p. 270, édition de 1737; le *Chansonnier Maurepas*, tome IX, p. 102, et les *Mémoires* de Legendre, p. 71 et suivantes. Ce sont ses manœuvres habiles, si l'on croit ce dernier, qui, aidées des sollicitations des Chartreux de Rome, préparèrent sa nomination. « Bien des gens, ajoute-t-il, murmurèrent de ce qu'on le préféroit à ses concurrents, qui valoient, disait-on, beaucoup mieux que lui. » Ces murmures, entretenus par la mauvaise humeur de l'archevêque de Paris, n'étaient pas encore apaisés en 1689, puisque, à tort ou à raison, l'on cherchait dans une remarque datée de cette époque une allusion à cette promotion.

1. « C'est l'homme du monde dont j'ai les plus grandes idées, écrit en parlant de lui Mme de Sévigné, et que je serois le plus aise de voir. » (*Lettre* du 15 mai 1691, tome X, p. 21.) — Voyez encore son éloge dans l'épître XXIV de la Fontaine.

2. A l'appui de l'interprétation qui ferait de la phrase de la Bruyère une consolation à l'adresse de l'archevêque de Harlay, on pourrait prétendre qu'en inscrivant son nom seul en marge de la phrase entière, divers annotateurs lui font l'application, non point de la première partie de la phrase, mais du trait final, et ajouter que si *Bénigne* était pour eux Bossuet, et non de Harlay, ils n'auraient pas omis de le dire. *Bénigne,* il est vrai, ne désignait pas Bossuet pour tout le monde, et l'on en peut voir la preuve dans la clef de 1720, qui place le nom de le Camus à côté de celui de *Bénigne;* mais quelle qu'ait été la pensée des auteurs des clefs du dix-huitième siècle, la Bruyère n'avait-il pas toute raison de faire en l'honneur de Bossuet plutôt qu'en celui de Harlay la réflexion dont il s'agit?

VI

Page 159, n° 27. — *L'or éclate, dites-vous, sur les habits de Philémon....* (1690).

Clefs de 1697 : « Milord Staford. » — Clefs du dix-huitième siècle, moins celle de 1720, qui ne nomme que Stafford : « M. le comte d'Aubigni, frère de Mme de Maintenon, ou Mylord Stafford, Anglois d'une grande dépense en habits, mais très-pauvre d'esprit, et qui a toujours un magnifique équipage. »

« Une espèce d'imbécile, a dit Saint-Simon de Stafford,... catholique, depuis bien des années en France, fort extraordinaire et en obscure compagnie, vieux et assez riche, à qui on avoit donné le sobriquet de *Milord Caca*.... Il étoit Howard, cadet de la maison des ducs de Norfolk. » (*Notes* sur Dangeau, tome I, p. 272; tome IV, p. 471; tome V, p. 50). Il épousa, en 1694, une fille du comte de Gramont. Il avait, disait-on, cinquante mille livres de rente en Angleterre, et les dépensait à Paris. Quelque temps après son mariage, il retourna en Angleterre.

Sur d'Aubigny, ou plutôt d'Aubigné, dont le nom seul est inscrit à côté de celui de *Philémon* dans les annotations d'un certain nombre d'exemplaires du temps, voyez plus loin, p. 466 et 467, note IV.

Page 160. — *Ce n'est pas qu'il faut....* (1687).

Clefs du dix-huitième siècle : « M. de Mennevillette, qui a été receveur général du clergé, où il a gagné son bien. Il a fait son fils président à mortier [1], qui a épousé Mlle de Harlay, petite-fille de M. Boucherat, chancelier. Sa fille a épousé le comte de Clermont-Tonnerre (*en* 1676). Il avoit commencé par être receveur des deniers à Abbeville. »

Peut-être le nom de l'un des membres de la famille de Mennevillette, qui était attachée depuis longtemps à la maison du duc d'Orléans [2], et qui s'était fort enrichie, aura-t-il été placé sur quelque exemplaire du temps en regard du nom de *Philémon*, et descendu par des copistes en regard de cet alinéa, qu'il était pour le moins superflu d'annoter.

1. Adrien-Alexandre de Hanyvel, marquis de Crèvecœur, seigneur de Mennevillette, devint président à mortier en 1693, après avoir rempli diverses charges.
2. Voyez Dangeau, tome I, p. 67, et tome II, p. 73 et 74.

VII

Page 160, n° 28. — *Un homme à la cour, et souvent à la ville....* (1687).

Clef de 1697 : « Feu M. Robert, chanoine de Notre-Dame, grand pénitencier de l'Église de Paris. » — Clefs du dix-huitième siècle : « L'abbé Boileau, fameux prédicateur. »

Robert, pénitencier de Notre-Dame et professeur en théologie, était l'un des pensionnaires du clergé : il « avoit mille francs de pension pour écrire l'histoire de ce que Louis XIV avoit fait en faveur de la religion. » (*Mémoires* de Legendre, livre III, p. 99.)

L'abbé Charles Boileau, qu'il ne faut pas confondre avec l'abbé Jacques Boileau, frère de Boileau Despréaux, avait prêché le carême de 1686 à la cour, où il prêcha souvent par la suite. Il obtint en 1693 l'abbaye de Beaulieu en Touraine, fut nommé membre de l'Académie française en 1694, et mourut en 1704. « C'étoit, dit Saint-Simon (tome IV, p. 280), un gros homme, grossier, assez désagréable, fort homme de bien et d'honneur, qui ne se mêloit de rien, qui prêchoit partout assez bien [1], et qui parut à la cour plusieurs avents et carêmes, et qui, avec toute la protection de Bontemps, dont il étoit ami intime, ne put parvenir à l'épiscopat. »

Quelques clefs manuscrites désignent assez mal à propos, ce nous semble, le Tellier, archevêque de Reims, comme le docteur que représente la Bruyère.

Page 161. — *Une personne humble....*

Toutes les clefs imprimées s'accordent à reconnaître le P. Mabillon dans l'homme *docte* que la Bruyère oppose au *docteur*. Il n'est pas un mot de la phrase, en effet, qui ne s'applique fort bien à l'illustre érudit. A cette époque, il avait déjà publié le célèbre traité *de Re diplomatica* (1681), le traité *de Liturgia gallicana* (1685), le recueil *Vetera analecta* (1675-1685), les premiers volumes de l'ouvrage *Acta sanctorum ordinis S. Benedicti*, etc., etc. Il ne fit partie de l'Académie des inscriptions qu'en 1701.

Quelques clefs manuscrites ajoutent à son nom celui de le Camus, évêque de Grenoble (voyez ci-dessus, p. 442 et 443, note V), celui du célèbre abbé de la Trappe, le Bouthilier de Rancé, et enfin celui de l'oratorien Thomassin, auteur de *Mémoires sur la grâce*, qui avaient excité un grand émoi dans le clergé, et de divers ouvrages historiques

---

[1]. Tel n'était pas tout à fait le sentiment de Racine : voyez la lettre qu'il écrivit à Boileau le 3 octobre 1695, et de plus, dans le tome I du *Racine* de M. Mesnard, les *Mémoires sur la vie de J. Racine*, par Louis Racine, p. 297.

et théologiques, qui l'avaient mis en grande réputation. Thomassin mourut en 1695.

VIII

Pages 162 et 163, n° 32. — *Æmile*.... (1692).

La clef de 1693 et les deux clefs de 1697 reconnaissent à juste titre le grand Condé dans *Æmile*. « On nomme » aussi « M. de Turenne, » ajoute la clef Cochin, et cette interprétation de quelques lecteurs mal inspirés, ce nous semble, se retrouve dans la clef de 1720, où l'on fait deux parts du caractère d'*Æmile :* la première applicable à Condé, la seconde (*on lui a entendu dire*) à Turenne. Cette scission du caractère est inacceptable : *Æmile* est le grand Condé d'un bout à l'autre, et l'on s'étonne que la clef des éditions Coste ait omis son nom, mal à propos remplacé par celui de Turenne, qu'elle inscrit à côté des mots : *On l'a regardé*, etc.

IX

Page 165, n° 38. — *Je connois Mopse*.... (1690).

Selon toutes les clefs, *Mopse* est Charles Castel, « abbé de Saint-Pierre, premier aumônier de la duchesse d'Orléans et frère de son confesseur. » Il fut nommé de l'Académie française en 1695, et il en fut exclu, comme on sait, par ordre du Régent, en 1718, à la suite de la publication de la *Polysynodie*.

« Il étoit, dit Saint-Simon (tome XV, p. 329),... fort rempli de lui-même, bon homme et honnête homme pourtant, grand faiseur de livres, de projets et de réformations dans la politique et dans le gouvernement en faveur du bien public. »

X

Page 166, n° 39. — *Celse est d'un rang médiocre*.... (1692).

D'après toutes les clefs (moins celle de 1720, qui, par erreur sans doute, imprime : « M. le marquis de Villebré »), *Celse* est le baron de Breteuil, qui a été envoyé auprès du duc de Mantoue. »

Louis-Nicolas de Breteuil, septième fils de Louis le Tonnelier de Breteuil, conseiller d'État, eut la charge de lecteur de la chambre et du cabinet du Roi en 1677, se rendit en janvier 1682 à Mantoue en qualité d'envoyé extraordinaire du Roi, porta au mois d'octobre de la même année au duc de Parme et au duc de Modène la nouvelle de la naissance du duc de Bourgogne, fut remplacé à Mantoue par Gombault, et revint en France en août 1684. « Il avoit fait à Mantoue, est-il dit dans la clef Cochin, des avances qui furent désavouées. » Saint-Simon a tracé de « Breteuil, qui, pour être né à Montpellier pendant l'intendance de son père, se faisoit appeler le baron de Breteuil, » le portrait suivant (tome II, p. 223 et 224) : « C'étoit un homme qui ne manquoit pas d'esprit, mais qui avoit la rage de la cour, des ministres, des gens en place ou à la mode, et surtout de gagner de l'argent dans les partis en promettant sa protection. On le souffroit et on s'en moquoit. Il avoit été lecteur du Roi, et il étoit frère de Breteuil conseiller d'État et intendant des finances. Il se fourroit fort chez M. de Pontchartrain [1], où Caumartin, son ami et son parent, l'avoit introduit. Il faisoit volontiers le capable, quoique respectueux, et on se plaisoit à le tourmenter. Un jour, à dîner chez M. de Pontchartrain, où il y avoit toujours grand monde, il se mit à parler et à décider fort hasardeusement. Mme de Pontchartrain le disputa, et pour fin lui dit qu'avec tout son savoir elle parioit qu'il ne savoit pas qui avoit fait le *Pater*. Voilà Breteuil à rire et à plaisanter, Mme de Pontchartrain à pousser sa pointe, et toujours à le défier et à le ramener au fait. Il se défendit toujours comme il put, et gagna ainsi la sortie de table. Caumartin, qui vit son embarras, le suit en rentrant dans la chambre, et avec bonté lui souffle : « Moïse. » Le baron, qui ne savoit plus où il en étoit, se trouva bien fort, et au café remet le *Pater* sur le tapis, et triomphe. Mme de Pontchartrain alors n'eut plus de peine à le pousser à bout, et Breteuil, après beaucoup de reproches du doute qu'elle affectoit, et de la honte qu'il avoit d'être obligé à dire une chose si triviale, prononça magistralement que c'étoit Moïse qui avoit fait le *Pater*. L'éclat de rire fut universel. Le pauvre baron confondu ne trouvoit plus la porte pour sortir. Chacun lui dit son mot sur sa rare suffisance. Il en fut brouillé longtemps avec Caumartin, et ce *Pater* lui fut longtemps reproché. »

Il connoît le fond et les causes de la brouillerie des deux frères, et de la rupture des deux ministres.

La brouillerie des deux frères, selon la clef de 1697 et les meilleures clefs manuscrites, est celle de « MM. Pelletier. »

Il y avait alors trois « MM. Pelletier » : le premier, Claude le Pelletier, seigneur de Montméliant et de Morfontaine, d'abord conseiller au Châtelet, puis au Parlement, plus tard président de la quatrième chambre des enquêtes, prévôt des marchands en 1668, contrôleur général et ministre d'État en 1683, président à mortier en 1686, etc.; le second, Michel le Pelletier de Sousy, d'abord avo-

---

[1]. La Bruyère, comme on sait, était fort bien accueilli chez Pontchartrain.

cat du Roi au Châtelet, puis conseiller au Parlement, intendant de Flandres en 1679, conseiller d'État et intendant des finances en 1684; le troisième, l'abbé Jérôme le Pelletier, qui fut conseiller au Châtelet, puis au Parlement, et conseiller d'État.

Cette brouillerie entre deux des frères le Pelletier eut-elle pour origine ou pour prétexte une question de préséance soulevée en 1685? « M. l'abbé Pelletier, conseiller de la grande chambre, dit Dangeau sous la date du 20 janvier 1685 (tome I, p. 110), fut nommé conseiller d'État de semestre, et le Roi n'a point voulu nommer les deux autres, afin que celui-ci eût le pas devant M. le contrôleur général (*Claude le Pelletier*) et M. Pelletier, l'intendant des finances. Ces deux frères sont aussi conseillers d'État, et ils se voient tous trois ensemble dans le Conseil, après s'être vus longtemps tous trois dans le Parlement. » Ce règlement de préséance et la qualification de *fort rustre* que Jérôme le Pelletier reçoit de Saint-Simon (tome I, p. 401) pourraient donner lieu de croire que c'est lui qui s'est brouillé avec ses frères ou avec l'un d'eux; mais il est vraisemblable que la brouillerie se fit entre Claude et Michel, ainsi que l'indique une clef manuscrite. Ils vivaient depuis longtemps d'ailleurs en mauvaise intelligence : « Il y a quelque jalousie entre les frères, » est-il dit à leur sujet dans les *Notes secrètes* sur le personnel des Parlements qui sont publiées dans la *Correspondance administrative sous le règne de Louis XIV*, tome II, p. 44. Cette jalousie, qui sans doute était surtout ressentie par Michel, dut prendre chez lui un caractère plus grave en 1697, alors que Claude se démit de ses fonctions de contrôleur général. Le Roi avait proposé à Claude de lui donner Michel pour successeur. « Celui-ci, dit Saint-Simon (tome II, p. 46), avoit bien plus de lumières et de monde, mais son frère ne crut pas le devoir exposer aux tentations d'une place qu'il ne tient qu'à celui qui la remplit de rendre aussi lucrative qu'il veut, et il supplia le Roi de n'y point penser. » A cette époque Jérôme ne vivait plus. Il était mort l'année précédente, frappé d'apoplexie un jour qu'il dînait chez Claude. Claude le Pelletier mourut en 1711; le Pelletier de Sousy en 1725. Ce dernier était doyen du conseil royal des finances, et avait fait partie du conseil de régence.

Quant à la *rupture des deux ministres*, il s'agit, selon les mêmes clefs, de « la brouillerie qui survint entre MM. de Louvois et de Seignelay, au sujet de la protection à donner au roi Jacques, que M. de Louvois, piqué secrètement contre lui pour lui avoir refusé sa nomination au chapeau de cardinal pour l'archevêque de Reims, son frère, vouloit faire abandonner, et ne point charger la France de cette guerre qui ne pouvoit être que très-longue et très-onéreuse. M. de Seignelay, au contraire, soutenoit que le Roi ne pouvoit se dispenser de cette protection qui lui étoit glorieuse et nécessaire;

CLEFS ET COMMENTAIRES. 449

et le Roi approuva cet avis, qu'éluda cependant M. de Louvois en envoyant en Irlande peu de troupes pour le rétablissement de ce prince, et M. de Cavois (*lisez* : « *M. de Lauzun* ») pour y passer avec elles ; mais ne s'y étant pas trouvé le plus fort, il ne put empêcher que le prince d'Orange ne passât la Boyne, où il y eut un grand combat le 10 juillet 1690, dans lequel le roi Jacques ayant été abandonné par les Anglois et Irlandois, fut obligé de se sauver à Dublin, et de repasser en France. Ce fut dans ce combat que le maréchal de Schomberg fut tué d'un coup de sabre et de pistolet, par deux François, gardes du roi Jacques, qui passèrent exprès les rangs pour l'attaquer, et qui furent tués sur-le-champ[1]. Le prince d'Orange fut si surpris de cette mort, que la tête lui en tourna, et qu'il devint invisible quelques jours, ce qui donna lieu au bruit qui courut de sa mort, dont la nouvelle répandue en France causa pendant trois jours des joies fort extravagantes, et qui à peine cessèrent par les nouvelles du rétablissement de sa santé, et du siége de Limerick, où il se trouva en personne. Depuis ce combat, le roi Jacques n'a pu se rétablir, et toutes les places qui étoient en son obéissance se sont soumises au prince d'Orange. »

Ce dissentiment, dont il est question dans les *Mémoires* de Berwick (p. 353, collection Petitot) et ailleurs, n'est pas le seul qu'aient noté les contemporains entre les deux ministres. Louvois poursuivait en Seignelay le fils de Colbert, et Saint-Simon accuse la jalousie qu'il éprouvait à l'égard du père et du fils d'avoir perdu la marine (voyez ses *Mémoires*, tome XII, p. 409). Foucault avait de son côté consigné dans un passage de ses *Mémoires*, cités par M. Chéruel à l'appui de l'avis de Saint-Simon (*ibidem*, p. 502), l'un des effets de la jalousie de Louvois, « ennemi juré de M. Seignelay : » la démolition de la citadelle de Cherbourg, qu'il obtint du Roi « pour donner du chagrin à M. de Seignelay plutôt que pour le bien de la place. »

La clef de 1697 est la seule clef imprimée où l'on distingue les *deux frères* MM. Pelletier et les *deux ministres* MM. de Louvois et Seignelay. Dans toutes les autres, les deux querelles n'en font qu'une : « Rupture, y lit-on, qui arriva entre M. Pelletier et MM. de Louvois et Seignelay, etc. »

Cette confusion, qui a commencé dès 1693, s'est maintenue dans toutes les éditions jusqu'aux plus récentes.

---

1. Voyez une version différente dans les *Lettres de Mme de Sévigné*, tome IX, p. 568.

APPENDICE.

XI

Page 167, n° 40. — *Ménippe est l'oiseau paré*.... (1692).

Ménippe est « M. le maréchal de Villeroy, » dans toutes les clefs [1]. La clef Cochin ajoute : « ou le duc de Caraye, » nom mal lu sans doute, qui a vraisemblablement pris la place de celui du marquis de Cavoye, inscrit dans quelques clefs manuscrites.

En regard du portrait de *Ménippe*, il faut citer celui que Saint-Simon nous a laissé du maréchal de Villeroy (tome XII, p. 145 et suivantes) : « C'étoit un grand homme bien fait, avec un visage fort agréable, fort vigoureux, sain, qui sans s'incommoder faisoit tout ce qu'il vouloit de son corps.... Toute sa vie nourri et vivant dans le plus grand monde; fils du gouverneur du Roi, élevé avec lui dans sa familiarité dès leur première jeunesse, galant de profession, parfaitement au fait des intrigues galantes de la cour et de la ville, dont il savoit amuser le Roi, qu'il connoissoit à fond, et des foiblesses duquel il sut profiter, et se maintenir en osier de cour dans les contretemps qu'il essuya avant que je fusse dans le monde. Il étoit magnifique en tout, fort noble dans toutes ses manières, grand et beau joueur sans se soucier du jeu, point méchant gratuitement, tout le langage et les façons d'un grand seigneur et d'un homme pétri de la cour; glorieux à l'excès par nature, bas aussi à l'excès pour peu qu'il en eût besoin, et à l'égard du Roi et de Mme de Maintenon valet à tout faire.... Il avoit cet esprit de cour et du monde que le grand usage donne, et que les intrigues et les vues aiguisent, avec ce jargon qu'on y apprend, qui n'a que le tuf, mais qui éblouit les sots, et que l'habitude de la familiarité du Roi, de la faveur, des distinctions, du commandement, rendoit plus brillant, et dont la fatuité suprême faisoit tout le fond. C'étoit un homme fait exprès pour présider à un bal, pour être le juge d'un carrousel, et s'il avoit eu de la voix, pour chanter à l'Opéra les rôles de rois et de héros; fort propre encore à donner les modes et à rien du tout au delà. Il ne se connoissoit ni en gens ni en choses, pas même en celles de plaisir, et parloit et agissoit sur parole; grand admirateur de qui lui imposoit, et conséquemment dupe parfaite, comme il le fut toute sa vie de Vaudemont, de Mme des Ursins et des personnages éclatants; incapable de bon conseil...; incapable encore de toute affaire, même d'en rien comprendre par delà l'écorce, au point que, lorsqu'il fut dans le conseil, le Roi étoit peiné de cette ineptie, au point d'en baisser la tête, d'en rougir et de perdre sa peine à le redresser, et à tâcher de lui faire comprendre le point dont il s'agissoit.... Il se piquoit néanmoins d'être

---

1. La clef de 1697 ne donne que les initiales : « M. l. m. d. V. »

CLEFS ET COMMENTAIRES.   451

fort honnête homme; mais comme il n'avoit point de sens, il montroit la corde fort aisément, aux occasions même peu délicates, où son peu de cervelle le trahissoit, peu retenu d'ailleurs quand ses vues, ses espérances et son intérêt, même l'envie de plaire et de flatter, ne s'accordoient pas avec la probité. C'étoit toujours, hors des choses communes, un embarras et une confiance dont le mélange devenoit ridicule. On distinguoit l'un d'avec l'autre, on voyoit qu'il ne savoit où il en étoit; quelque *sproposito* prononcé avec autorité, étayé de ses grands airs, étoit ordinairement sa ressource. Il étoit brave de sa personne; pour la capacité militaire on en a vu les funestes fruits. Sa politesse avoit une hauteur qui repoussoit; et ses manières étoient par elles-mêmes insultantes quand il se croyoit affranchi de la politesse par le caractère des gens. Aussi étoit-ce l'homme du monde le moins aimé, et dont le commerce étoit le plus insupportable, parce qu'on n'y trouvoit qu'un tissu de fatuité, de recherche et d'applaudissement de soi, de montre de faveur et de grandeur de fortune, un tissu de questions qui en interrompoient les réponses, qui souvent ne les attendoient pas, et qui toujours étoient sans aucun rapport ensemble. D'ailleurs nulle chose que des contes de cour, d'aventures, de galanteries; nulle lecture, nulle instruction, ignorance crasse sur tout, plates plaisanteries, force vent et parfait vide. Il traitoit avec l'empire le plus dur les personnes de sa dépendance.... Enfin la fausseté, et la plus grande et la plus pleine opinion de soi en tout genre, mettent la dernière main à la perfection de ce trop véritable tableau. »

Saint-Simon, qui n'eut jamais d'encens ni de compliment « pour ce veau d'or, » revient souvent sur Villeroy, et toujours dans les mêmes termes, insistant volontiers sur « le peu de suite et les ressauts de sa conversation. » — « Son esprit étoit court sans être pourtant bête,... il étoit plein de vent, » dit-il encore (tome XII, p. 144).

Plus d'un trait noté par Saint-Simon convient à *Ménippe*, et l'unanimité des clefs rend l'application très-vraisemblable. Nous devons ajouter qu'au moment où la Bruyère publiait ce portrait, l'on ne connaissait encore de Villeroy que l'homme de cour. Quelques années plus tard, son incapacité militaire le rendit odieux, et les sentiments qu'il inspira se traduisent librement dans les couplets du temps et dans les clefs.

Voici une note que contient sur lui la clef Cochin, et que reproduisent intégralement, et avec quelques additions biographiques, les clefs des éditions Coste imprimées en Hollande :

« Ce maréchal est fils du duc de Villeroy, gouverneur de Louis XIV, qui l'étoit de M. d'Alincourt[1], gouverneur de Lyon, fils de M. de

---

1. Toutes les clefs imprimées portent *Daluceau*, mauvaise lecture du nom de

Villeroy, secrétaire d'État de la Ligue, dans lequel poste, ayant ménagé les intérêts d'Henri IV, il fut conservé par ce prince après la Ligue éteinte. Il étoit fils d'un nommé Legendre, bon laboureur, qui, ayant acheté la terre de Neuville, en prit le nom et les armes qu'il a transmises à sa famille. Depuis douze ans («trente ans » *dans les clefs imprimées*), un des descendants du frère dudit Legendre qui avoit fait fortune étant mort, M. de Villeroy s'en porta héritier et justifia de sa généalogie. Il a été mis à la tête des troupes de Flandre après la mort de M. le duc de Luxembourg, et a laissé en 1695 reprendre Namur à la tête de cent mille hommes, et depuis a fait de si grosses fautes dans tous les lieux où il a commandé que la France s'en repentira à jamais. »

Le marquis de Cavoye, également nommé par quelques clefs, était Louis Oger de Cavoye, que ses duels avaient fait nommer *le brave Cavoye*. Saint-Simon en fait ainsi le portrait (tome I, p. 312-314) : « Il y a dans les cours des personnages singuliers, qui sans esprit, sans naissance distinguée, et sans entours ni services, percent dans la familiarité de ce qui y est le plus brillant, et font enfin, on ne sait pourquoi, compter le monde avec eux. Tel y fut Cavoye toute sa vie, très-petit gentilhomme tout au plus, dont le nom étoit Oger. Il étoit grand maréchal des logis de la maison du Roi (*depuis 1677*).... Cavoye étoit un des hommes de France le mieux faits et de la meilleure mine, et qui se mettoit le mieux. Il en profita auprès des dames.... » Et après avoir dit comment « son amitié intime » avec Seignelay lui valut les mauvais services de Louvois, après avoir raconté le roman qui précéda son mariage et fit sa fortune, Saint-Simon ajoute : « Lié toute sa vie avec le plus brillant de la cour, *il* s'étoit érigé chez lui une espèce de tribunal auquel il ne falloit pas déplaire, compté et ménagé jusque des ministres, mais d'ailleurs bon homme, et un fort honnête homme, à qui on se pouvoit fier de tout. »

XII

Page 168, n° 42. — *La fausse grandeur.... La véritable grandeur....* (1689).

La clef de 1720 et les clefs de Coste appliquent à Turenne l'image de *la véritable grandeur*, et les dernières celle de *la fausse* au maréchal de Villeroy. Plusieurs traits de l'*Oraison funèbre du prince de Condé*, par Bossuet, pourraient être rapprochés de la peinture que fait la Bruyère de *la véritable grandeur;* mais il serait pour le moins

d'Alincourt. Le copiste qui a écrit la clef Cochin n'a pas mieux lu : il a lu d'*Halmionnet*.

téméraire d'assurer qu'il empruntait la peinture tout entière au souvenir que lui avait laissé Condé.

Quelques lecteurs contemporains ont placé le nom de Louis XIV à côté de la description de *la véritable grandeur*.

DES FEMMES.

I

Page 173, n° 7. — *Une femme coquette....* (1692).

Clef de 1697 : « Mme d'Olonne. » — Le nom de Mme d'Olonne, qui n'est ici placé que par la clef de 1697, reparaîtra ci-après, note VI.

Il n'était permis qu'aux jeunes femmes de porter des rubans de couleur. Mademoiselle de Montpensier raconte en ses *Mémoires* (tome IV, p. 466, édition de M. Chéruel) la conversation suivante, qu'elle eut avec Lauzun en 1682, alors qu'elle avait cinquante-cinq ans. « Il dit : « J'ai été étonné de voir la Reine[1] toute pleine de rubans de cou- « leur à sa tête. — Vous trouvez donc bien étrange que j'en aie, moi « qui suis plus vieille? » Il ne dit rien. Je lui appris que la qualité faisoit que l'on en portoit plus longtemps que les autres; que je n'en prenois qu'à la campagne et en robe de chambre. »

II

Page 173, n° 8. — *Lise entend dire....* (1692).

Les clefs des éditions Coste font de *Lise* « la présidente d'Ons-en-Bray, femme de M. Bocquemare, président en la seconde des enquêtes du Palais. » Voyez plus loin sur cette même présidente les notes XIII et XIV. — Des clefs manuscrites nomment la duchesse d'Olonne (voyez ci-après, note VI).

III

Page 177, n° 27. — *A juger de cette femme....* (1687).

Clefs du dix-huitième siècle : « Mlle de Loines, sœur de M. (Fran-

---

[1]. Elle avait quarante-quatre ans.

çois) de Loine, correcteur des comptes, [qui s'amouracha du nommé Thibert, frère du notaire, qui étoit petit et bossu et qui en abusa. Elle a depuis épousé Letellier, conseiller à la cour des Monnoies, nommé de Quincy[1].] »

IV

Page 177, n° 29. — *Le rebut de la cour....* (1689).

Clefs de 1697 et clefs du dix-huitième siècle : « Le comte d'Aubigné, » frère de Mme de Maintenon.

« Le comte d'Aubigné, est-il dit dans les *Nouveaux Caractères de la famille royale et des principales personnes de la cour* (1703, Villefranche, in-12, p. 98), est un fat dans toutes les règles. Il se persuade, à cause du règne de sa sœur, qu'il est la troisième personne du royaume. Il a passé sa vie dans la débauche et consume ses rentes dans les sanctuaires de Vénus. On l'a contraint d'embrasser le parti de la dévotion, dont il porte le masque d'assez mauvaise grâce. Il a quelquefois d'heureuses saillies. A travers ses défauts on découvre quelques rayons de grandeur, mais fort mal ménagée. » — Nous reviendrons plus loin sur ce personnage. (Voyez p. 466.)

Page 178. — *Le bourgeois en baudrier....*

Dans une dissertation sur la Bruyère, M. Rœderer (voyez ses *OEuvres*, tome V, p. 330) a pris « le bourgeois en baudrier » pour un officier d'infanterie. Le passage suivant du *Théophraste moderne* démontre qu'il est simplement question du « petit-maître bourgeois, » qui affectait des airs cavaliers : « L'hiver et l'automne confondent le petit-maître bourgeois avec le petit-maître de guerre. A la faveur d'une grande épée et d'une physionomie revêche, on croit d'armée tous ceux qui n'en sont point. Les deux autres saisons arrêtent ce déguisement; le printemps et l'été démêlent la confusion. Pendant que l'officier est en campagne, l'homme sans titre bat les promenades et se montre dans les places. Il fait partout le brave, excite des querelles, et livre de petits combats, dont le succès le loge au Fort-l'Évêque, et le mène quelquefois plus loin. » (*Théophraste moderne*, chapitre *des Petits-Maîtres*, p. 424, édition de 1701.)

Pascal, de son côté, avait remarqué que les femmes de la ville préféraient l'amour des gens de la cour à celui des bourgeois de Paris, et dans un fragment que n'a point connu la Bruyère, il en donnait cette raison : « Les âmes propres à l'amour demandent une vie d'action qui éclate en événements nouveaux. Comme le dedans est mou-

---

1. Nous mettons entre crochets les phrases ou membres de phrase que ne contiennent pas les clefs imprimées en France.

vement, il faut aussi que le dehors le soit, et cette manière de vivre est un merveilleux acheminement à la passion. C'est de là que ceux de la cour sont mieux reçus dans l'amour que ceux de la ville, parce que les uns sont tout de feu, et que les autres mènent une vie dont l'uniformité n'a rien qui frappe : la vie de tempête surprend, frappe et pénètre. » (*Discours sur les passions de l'amour*, édition des *Pensées* de Pascal, de M. Havet, p. 515 et 516.)

V

Page 178, n° 32. — *Est-ce en vue du secret....* (1687).

Clefs du dix-huitième siècle : « Mlle de la Ferrière, femme du maître des requêtes, [qui aimoit son laquais, ce qui a fait grand bruit.] » Voyez plus loin, sur Mme de la Ferrière, p. 459 et 492.

Et Dorinne son médecin.

Dorinne, selon les mêmes clefs, est « Mlle Foucaut, fille de M. Foucaut, conseiller aux requêtes du Palais, qui aimoit Moreau[1], médecin. » — J. B. Moreau était médecin de la Dauphine. Quelques exemplaires donnent le nom de Petit, médecin de la Dauphine.

Walckenaer fait de cette demoiselle Foucault la sœur du célèbre intendant Nicolas-Joseph Foucault, dont les *Mémoires* ont été récemment publiés dans la collection des *Documents inédits sur l'histoire de France* par M. F. Baudry. Mais Joseph Foucault, père de l'intendant, n'a jamais été conseiller au Parlement. Si Mlle Foucault avait pour père un conseiller au Parlement, il s'agit d'une fille de Claude Foucault, conseiller à la première chambre des requêtes, qui vivait encore à cette époque[2], et de Mlle Villeserin.

On pourrait trouver toutefois un point de rapprochement entre la jeune fille que désignent les clefs et Catherine-Angélique Foucault, la seule des sœurs de l'intendant dont il puisse être question : la première, suivant quelques clefs, *aimait* le médecin Petit ; la seconde a failli épouser en 1691 le fils du médecin Petit (*Mémoires* de N. J. Foucault, p. 86). Peut-être l'annotateur qui, le premier, écrivit le

---

1. Et non *Mercanson*, comme il a été imprimé dans les éditions de Hollande et dans l'édition Walckenaer, p. 671.

2. Voyez l'*État de la France*, édition de 1692, tome II, p. 533, et la *Correspondance administrative sous Louis XIV*, tome II, p. 67. — Joseph Foucault, avec lequel il a été confondu, a successivement épousé Marie Métezeau, et Mlle Bossuet, sœur de l'évêque de Meaux. Leurs mariages respectifs eussent donc pu faire distinguer l'un de l'autre, lors même qu'ils auraient été conseillers au Parlement tous les deux.

nom de Mlle Foucault et celui de Petit dans une clef s'est-il doublement mépris, en confondant d'une part les familles Foucault, et d'autre part le médecin Petit et son fils, auditeur aux comptes. — Catherine-Angélique Foucault avait vingt-cinq ans en 1687 ; elle épousa en 1691 le marquis d'Avaray.

VI

Page 178, n° 33. — *Roscius entre....* (1692).

Roscius est le célèbre acteur Baron[1], selon toutes les clefs jusqu'à celle de 1720. Serait-ce lui qui obtint la suppression de son nom dans les clefs qu'on imprima par la suite ? Il s'était retiré du théâtre en 1691, pour n'y plus reparaître qu'en 1720.

Oui, Lélie....

Lélie, sur laquelle les clefs antérieures gardent le silence, est, selon la clef de 1720, « la fille du président Briou, » dont le nom est devenu *Brisu* dans les clefs suivantes ; mais le nom de Mlle de Briou n'aurait pu être inscrit à cette place que par inadvertance, s'il faut la reconnaître plus loin sous le nom de *Césonie*.

Page 179. — *Claudie attend.... qu'il se soit dégoûté de Messaline....*

Selon les premières clefs, *Claudie* est la duchesse de Bouillon, et *Messaline* la maréchale de la Ferté[2]. Les clefs des éditions Coste offrent le choix entre la duchesse de Bouillon et la duchesse de la Ferté pour le personnage de *Claudie*, et remplacent le nom de cette dernière par celui de Mme d'Olonne pour le personnage de *Messaline*.

Marie-Anne Mancini, duchesse de Bouillon, qui fut l'amie de la Fontaine, était, au témoignage de Saint-Simon, malgré sa conduite peu régulière, « une sorte de personnage dans Paris, et un tribunal avec lequel il falloit compter ; je dis dans Paris, où elle étoit une espèce de reine, car à la cour, elle n'y couchoit jamais, et n'y alloit qu'aux occasions.... Elle traitoit ses enfants, et souvent aussi ses amis et ses compagnies, avec empire ; elle l'usurpoit sur les frères et les neveux de son mari et sur les siens, sur M. le prince de Conti et sur

---

1. Quelques exemplaires portent en marge : « Baron le père, » mais il s'agit évidemment du fils, Michel Boyron, dit Baron, né en 1653, mort en 1729, auteur de *l'Homme à bonnes fortunes*.
2. La clef de 1697 imprime leurs noms en toutes lettres ; celle de 1720 ne donne que les initiales.

Monsieur le Duc même, tout féroce qu'il étoit, et qui à Paris ne bougeoit de chez elle. » (Tome XI, p. 109.)

« Cette dernière particularité, dit Walckenaer (p. 671), après avoir cité ce passage de Saint-Simon, nous assure que la Bruyère n'a jamais pu avoir en vue la duchesse de Bouillon. »

Question singulièrement délicate que celle de savoir si la Bruyère, dans le secret de son cabinet, avait ou n'avait pas en vue la duchesse de Bouillon quand il écrivait le nom de *Messaline*. Est-il faux que la chronique scandaleuse du temps l'ait accusée d'aimer un acteur? C'est là ce qu'il faudrait d'abord éclaircir[1]. Quoi qu'il en soit, on peut reconnaître avec Walckenaer que les caractères de *Claudie* et de *Messaline* s'appliquent fort bien à la maréchale de la Ferté et à la comtesse d'Olonne, sa sœur, dont les désordres sont célèbres. « Leur beauté et le débordement de leur vie, dit Saint-Simon (tome XI, p. 55), fit grand bruit. Aucune femme, même des plus décriées pour la galanterie, n'osoit les voir ni paroître nulle part avec elles. On en étoit là alors.... Quand elles furent vieilles, et que personne n'en voulut plus, elles tâchèrent de devenir dévotes. » Elles moururent l'une et l'autre en 1714.

Au moment où parut ce morceau, Mme d'Olonne avait cinquante-cinq ans au plus; Baron en avait trente-neuf. — Sur Catherine-Henriette d'Angennes de la Loupe, duchesse d'Olonne, voyez l'*Histoire amoureuse des Gaules*, « qui, pour ce qui la concerne, dit Walckenaer, n'a rien exagéré » (livre I, et particulièrement page 4, note 1, dans l'édition de M. Paul Boiteau, collection elzévirienne).

Prenez Bathylle.... Voudriez-vous le sauteur Cobus...?

Les clefs nomment ici le Basque, et Pécourt ou Beauchamps[2], danseurs de l'Opéra.

Vous avez Dracon.... Se seroit-il enfin engagé à Césonie?...

Dracon est, suivant toutes les clefs, Philibert ou Philbert, « joueur

---

1. « Plusieurs dames, est-il dit dans une des notes de l'exemplaire déjà cité de la Bibliothèque impériale, se sont amourachées de divers comédiens et gens d'opéra, comme Madeleine d'Angennes de la Loupe, maréchale de la Ferté Senneterre, Marie-Anne de Mancini, duchesse de Bouillon, etc. » Cela se répétait dans les chansons, et l'annotateur du *Chansonnier Maurepas* accuse particulièrement la duchesse de la Ferté d'avoir aimé Baron.

2. Clefs de 1693 et de 1697 : *Bathylle*, le Basque; *Cobus*, Pécourt. — Cle Cochin : *Bathylle*, Pécourt; *Cobus*, le Basque. — Autres clefs : *Bathylle*, le Basque ou Pécourt; *Cobus*, Beauchamp.

de flûte allemande [dont la femme avait empoisonné son premier mari pour l'épouser, et fut pendue et brûlée en la place de Grève]. »

Le nom de *Césonie* est accompagné dans les clefs de la note suivante : « Mlle de Briou, fille du président en la cour des aides[1]. Elle a épousé le marquis de Constantin, qui ne vécut que trois ans avec elle. [Depuis son veuvage elle s'étoit absolument déclarée pour Philbert, et a fait sur ce chapitre des extravagances fort grandes. Elle est morte étant fille (*c'est-à-dire veuve*). Elle étoit fort retirée. Ce fut une demoiselle qu'on lui donna qui lui inspira l'envie de se mettre dans le monde, ce qu'elle fit avec beaucoup d'emportement. Elle fréquentoit souvent Mlle Aubry, à présent Mme la marquise de Montpipeau.] »

VII

Page 180, n° 35. — *Quelques femmes....* (1687).

Clefs du dix-huitième siècle : « Mme la duchesse d'Aumont, fille de Mme la maréchale de la Mothe, et Mme la maréchale de la Ferté. »

Sur Françoise-Angélique de la Mothe Houdancourt, seconde femme du duc d'Aumont, qui est seule nommée par la clef de 1697, voyez Saint-Simon, tome IX, p. 99 : « C'étoit une grande et grosse femme, qui avoit eu plus de grande mine que de beauté; impérieuse, méchante, difficile à vivre, grande joueuse, grande dévote à directeurs. » Elle avoit eu des galanteries, est-il dit dans une note du *Chansonnier Maurepas* (tome VII, p. 530); mais encore ne semble-t-il pas qu'elle ait mérité les accusations graves que s'était attirées la duchesse de la Ferté. (Voyez plus haut, p. 457.)

La duchesse d'Aumont mourut en 1711, âgée de soixante et un ans.

VIII

Page 181, n° 36. — *Qu'est-ce qu'une femme que l'on dirige?...* (1692).

Clef de 1693 : « La Ducherré. » — Clef de 1697 : « La Decherré. » — Ce nom est écrit sous l'une et l'autre forme sur les exemplaires du temps.

Mme de Cherré ou du Cherré n'était sans doute pas beaucoup plus connue de ses contemporains qu'elle ne l'est de nous. Son nom, mal lu, est devenu dans la clef de l'édition de 1697 et dans toutes les clefs du dix-huitième siècle: « Mme la Duchesse. » Mais qui a

---

1. Claude de Briou, qui était l'un des deux présidents de la première chambre de la cour des aides, avait de plus un fils, qui, de son côté, occupa de lui la cour et la ville. Sur son aventure et sur son mariage avec Mlle de la Force, voyez Walckenaer, *Histoire de la vie et des ouvrages de la Fontaine*, 3ᵉ édition, p. 505.

jamais représenté la duchesse de Bourbon, femme de l'élève de la Bruyère, comme une dévote dirigée par un directeur?

Une clef manuscrite nomme « Mme de Livoy. »

IX

Page 183, n° 43. — *La dévotion vient à quelques-uns, et surtout aux femmes....* (1691).

La clef de 1697 nomme ici la duchesse de Lesdiguières, à laquelle les clefs suivantes ajoutent la duchesse d'Aumont, dont nous avons déjà parlé (voyez ci-dessus, p. 458, note VII).

Marguerite-Françoise de Gondy, duchesse de Lesdiguières, amie de M. de Harlay, archevêque de Paris, passait tous les jours plusieurs heures avec lui, soit chez elle, soit chez lui. (Voyez Saint-Simon, tome I, p. 290.) Elle mourut en 1716. (*Ibidem*, tome XIII, p. 330.)

X

Page 185, n° 46. — *Quelques femmes....* (1690).

Comme pour le caractère qui plus haut (note VII) commence par les mêmes mots, la clef de 1720 et les suivantes nomment la duchesse d'Aumont.

XI

Page 190, n° 61. — *Combien de filles...!* (1687).

Clefs du dix-huitième siècle : « Mlles Baré, Bolot et Amelin. » — Une clef manuscrite ajoute le nom de « Mlle de Razac. »

XII

Page 191, n° 73. — *Glycère....* (1692).

Clefs du dix-huitième siècle . « Mme de la Ferrière, petite-fille du président de Novion. »

M. de la Ferrière, maître des requêtes, était fils de Berrier, le fameux commis de Colbert. Si l'on en croit une note que nous publierons plus loin (p. 492), le premier président de Novion se fit payer cent mille francs son consentement au mariage de sa petite-fille. « Ce mariage, y est-il dit, a depuis été bien traversé, et la jeune dame en a fait bien accroire à son mari. »

Page 192. — *A la porte de Canidie....*

Clefs du dix-huitième siècle : « *Canidie*, la Voisin, fameuse empoisonneuse qui a été pendue et brûlée en la place de Grève (1680). »

XIII

Page 193, n° 74. — *Je ne comprends pas comment un mari....* (1687).

Toutes les clefs font méchamment l'application de cette remarque à Nicolas de Bauquemare[1] sieur d'Ons-en-Bray, président de la seconde chambre des requêtes au Palais (et non « des enquêtes, » comme le disent à tort les clefs imprimées), qui était entré au Parlement en 1654.

Mme de Bauquemare, ou plutôt Mme d'Ons-en-Bray (voyez la note suivante, où nous la retrouverons), était « une très-jolie femme, » au dire de Bussy Rabutin (*Correspondance*, tome III, p. 187). L'annotateur du recueil de Maurepas avait sans doute contre elle quelque sujet de rancune; il est bien forcé de reconnaître qu'elle avait « d'assez beaux yeux[2], » mais cette concession lui coûte : « Elle ne fut jamais ni belle ni agréable, » a-t-il commencé par dire; et encore : « Elle parloit avec vivacité, et souvent trop, mais peu sensément, comme font d'ordinaire les femmes.... Elle étoit vive et plaisante pour ceux qui n'avoient pas grande délicatesse. D'autres l'auroient trouvée fade et plate[3]. »

Du moins étoit-elle coquette; sa correspondance le démontre. Bussy d'ailleurs le dit nettement à ses lecteurs : « Je lui avois rendu quelques visites, dans lesquelles elle plaisantoit toujours sur l'envie qu'elle feignoit d'avoir de me mettre au nombre de ses amants » (*ibidem*, p. 187); et il le lui disait tout aussi nettement à elle-même : « J'avois quelque dessein de vous aimer, Madame; il m'a même paru que vous ne seriez pas fâchée que je grossisse le nombre de vos amants. » (*Ibidem*, p. 188.) Mais elle avait le renom d'une personne sage, et c'est là ce qui a découragé Bussy : « Vous avez la mine de vous contenter du plaisir d'être aimée, et de ne vous pas donner

---

1. Il mourut en février 1697. On écrit souvent son nom *Bocquemare*, mais à tort : il signait *Bauquemare*. Il avait un frère jumeau, qui était gouverneur de Bergues. Les deux frères se ressembloient tellement qu'on les distinguait à peine, et l'on se plut à remarquer la simultanéité de leur mort, de même qu'on avait précédemment remarqué la coïncidence de leurs maladies. Voyez Dangeau, tome VI, p. 65.
2. Tome IV, p. 267.

   Mais tout en vous a le secret de plaire,
   Vos yeux brillants, votre air, votre enjouement,

est-il dit dans un rondeau qui lui est adressé en 1675 (*Ibidem.*)
3. Voyez Maurepas, tome IV, p. 263-269.

celui d'aimer, » lui écrit-il le 26 octobre 1676 (tome III, p. 188).
Il le lui reproche en vers comme en prose :

> De mille amants ayant fait le destin,
> La médisance avec son noir venin
> A votre honneur n'a fait aucun dommage.
> Trop, on le sait, vous n'êtes que trop sage.

L'annotateur du recueil de Maurepas, qui n'accorde pas qu'elle ait été « ni belle ni agréable, » déclare qu'il y a dans ce rondeau, cité par lui (tome IV, p. 263), « plus de galanterie que de vérité.... Elle put avoir quelques amants, ajoute-t-il, mais pour mille, qui se prend toujours pour un grand nombre, cela ne peut être. » De ces mille galants, Bussy n'était pas sans doute le plus dangereux, non plus que ce vieil amoureux qui en 1679 lui faisait don d'un tableau de six cents louis (*Correspondance de Bussy*, tome IV, p. 287). En lisant la réflexion de la Bruyère, elle put faire un retour sur la défense qu'elle avait opposée, selon toute apparence, à leurs entreprises, et se complaire à y trouver un hommage rendu à sa vertu. Elle avait alors trente-cinq ans, si toutefois elle est en 1692 l'une des femmes de quarante ans qui auraient pu se reconnaître dans le portrait de *Lise* (voyez ci-dessus la note II, p. 453).

Le président de Bauquemare ressemblait-il, de son côté, au mari qui nous est ici représenté? Il est bien possible. En 1678, sa femme avait quelque influence sur lui, et lui recommandait utilement les procès de ses amis [1] ; mais quoi qu'en ait dit Saint-Simon [2], la mésintelligence entra un jour dans le ménage : du moins, en 1693, la présidente est-elle obligée de demander judiciairement les autorisations que lui refuse son mari [3].

La fortune du ménage, si toutefois il était riche, provenait évidemment de la famille de Mme d'Ons-en-Bray, née Catherine Voisin, car le père de Nicolas de Bauquemare, président aux requêtes du Palais (mort en 1671), « étoit médiocrement accommodé. » (*Correspondance administrative sous le règne de Louis XIV*, tome II, p. 68.)

---

1. *Correspondance de Bussy*, tome IV, p. 203 et 209.
2. Voyez ci-après, p. 462, la note XIV.
3. Voyez aux Archives les Sentences des requêtes de l'Hôtel, 5, 15 et 16 septembre, 16 décembre 1693, etc., l'autorisation accordée par justice, sur le refus de son mari, à Catherine Voysin, femme de Bauquemare, de demander la délivrance des legs à elle faits par Pierre Chevrier, prêtre, et la procédure qui s'en est suivie. — Voici la note qui concerne Bauquemare dans le mémoire secret que s'était fait remettre Foucquet sur les membres du Parlement : « Bauquemare a bien du feu et va fort vite ; a un peu trop de bonne opinion de soi-même. » (*Correspondance administrative sous Louis XIV*, tome II, p. 65.)

XIV

Page 194, n° 76. — *Il y a telle femme....* (1691).
M. B...., est publiquement...., le mari de Mme L....

Toutes les clefs donnent ici pour exemple le ménage de M. le président de Bauquemare et de Mme la présidente d'Ons-en-Bray. Ce dernier nom se prononçait *d'Osembray*, et c'est ainsi qu'il est écrit le plus souvent. — Quelques clefs manuscrites portent : « Losembray, » en raison de l'initiale imprimée dans les *Caractères*.

Que la Bruyère ait voulu ou non faire particulièrement allusion à M. et Mme de Bauquemare, sa remarque leur est applicable, du moins en partie. Mme de Bauquemare s'appelle partout *Mme d'Ons-en-Bray*; elle donne ce même nom à son mari, et ses amis l'imitent (voyez la *Correspondance de Bussy*, tome IV, p. 203, 209, etc.); mais il ne signe jamais que *Bauquemare* sur les sentences des requêtes de l'Hôtel.

Le président et la présidente vivaient-ils en très-bon accord? Les clefs disent non, et le recours à la justice dont il a été question dans la note précédente prouve du moins qu'ils n'étaient pas toujours du même avis. Saint-Simon a pu se tromper en déclarant, dans le passage suivant, que la présidente vivait très-bien avec son mari. Au moins ils logeaient et mangeaient ensemble : Saint-Simon a dû être exactement informé sur ces deux points, au sujet desquels les curieux avaient pu se renseigner plus aisément. Voici la note que Saint-Simon consacre à Mme d'Ons-en-Bray (*Mémoires* de Dangeau, tome VI, p. 64) : « Le président avoit une femme extrêmement du monde de Paris, et joueuse à outrance, qui vivoit très-bien d'ailleurs avec lui, logeant et mangeant ensemble, mais qui n'avoit voulu jamais porter son nom, et qui s'appeloit la présidente d'Onsenbray, sans aucune autre raison que sa fantaisie. La bonne compagnie de la ville alloit fort chez elle. Elle est morte à quatre-vingt-huit ou quatre-vingt-dix ans, dans une santé et une gaieté entière jusqu'à sa dernière maladie de pure vieillesse, perçant (*sic*) les jours et plus encore les nuits au jeu jusqu'à la fin. »

Au dire de Saint-Simon, d'Ons-en-Bray était un nom de fantaisie; suivant les clefs d'autre part, la présidente aurait « conservé son nom *d'Osambray* [1] : » il y a là deux inexactitudes. Ce nom, qui n'était pas un nom de fantaisie, appartenait à la famille Bauquemare, où l'avait

---

1. La clef des éditions Coste a transporté cette annotation à côté de la réflexion 51, qui commence par les mêmes mots que la réflexion 76; mais elle appartient, sans nul doute, à cette dernière, et c'est selon toute apparence par un double emploi que la clef répète le nom de Mme de Bauquemare en regard de l'une et de l'autre.

introduit le mariage de Jean de Bauquemare, grand-père de celui qui nous occupe, avec Anne de Hacqueville, dame d'Ons-en-Bray. (*Histoire généalogique du Parlement*, bibliothèque du Louvre, ms. in-folio F 761.) Il est donc faux que Mme d'Ons-en-Bray ait conservé soit l'un des noms de sa famille, soit le nom d'un premier mari, comme le dit une clef manuscrite.

XV

Page 195, n° 81. — *Une femme insensible....*
Il y avoit à Smyrne.... (1689).

Aucune des clefs manuscrites ni imprimées n'a donné le nom de l'héroïne de ce petit roman, dont le fond doit être emprunté à quelque anecdote du temps. Le trait de l'amant désespéré qui va *se faire tuer à la guerre de Crète* est-il un souvenir qui remonte à l'expédition de Candie, l'ancienne Crète, c'est-à-dire à 1669? La même année, un autre amant *dans un transport amoureux se perça le sein.* « Un écuyer du comte de Cursol (*sans doute Crussol*) se poignarda dans Paris, en 1669, en présence de sa maîtresse, qui ne répondoit pas à son amour. » Nous trouvons ce renseignement sur la marge de l'exemplaire de la Bibliothèque impériale auquel nous avons fait plus d'un emprunt. Rapproché de la date de l'expédition de Candie, ne permettrait-il pas de supposer que la Bruyère nous expose un roman qui s'était passé sous ses yeux pendant sa jeunesse? En 1669, il avait vingt-neuf ans.

DU COEUR.

I

Page 212, n° 71. — *Drance veut passer....* (1692).

Drance est, suivant toutes les clefs, « le comte de Clermont-Tonnerre, premier gentilhomme de la chambre de Monsieur. »

Le comte de Tonnerre avait acheté l'une des deux charges de gentilhomme de Monsieur en 1684, et il la conserva jusqu'en 1694. Il épousa en 1687 Mlle de Mennevillette, et le duc d'Orléans, qui voulut assister à la cérémonie du mariage, « honneur qu'il a toujours fait aux premiers gentilshommes de sa chambre, » dit Dangeau (tome II,

p. 70), lui donna quatre mille livres de pension. « On croit pourtant, ajoute Dangeau (tome II, p. 74), qu'il n'est pas content de lui, et qu'il a fait ce présent-là plus en considération des Mennevillette, qui ont toujours été attachés à lui. » Ne semble-t-il pas que, de son côté, le circonspect Dangeau tienne à bien établir que Tonnerre n'est pas aussi aimé du duc d'Orléans qu'il veut le donner à penser?

Dans le courant de l'année où la Bruyère publia le caractère de *Drance*, Tonnerre obtint encore la lieutenance des gendarmes de Monsieur; mais deux ans plus tard il se voyoit en quelque sorte obligé de vendre sa charge de premier gentilhomme.

Le comte de « Tonnerre, dit Saint-Simon (tome I, p. 220), avoit beaucoup d'esprit, mais c'étoit tout; il en partoit souvent des traits extrêmement plaisants et salés, mais qui lui attiroient des aventures qu'il ne soutenoit pas, et qui ne purent le corriger de ne se rien refuser, et il étoit parvenu enfin à cet état, qu'il eût été honteux d'avoir une querelle avec lui; aussi ne se contraignoit-on point sur ce qu'on vouloit lui répondre ou lui dire. Il étoit depuis longtemps fort mal dans sa petite cour par ses bons mots. Il lui avoit échappé (*en* 1687) de dire qu'il ne savoit ce qu'il faisoit de demeurer en cette boutique; que Monsieur étoit la plus sotte femme du monde, et Madame le plus sot homme qu'il eût jamais vu. L'un et l'autre le surent, et en furent très-offensés. Il n'en fut pourtant autre chose; mais le mélange des brocards sur chacun et du mépris extrême qu'il avoit acquis, le chassèrent à la fin pour mener une vie fort pitoyable [1]. »

Voici la note que donne la clef Cochin sur ce personnage, et que répètent, à quelques mots près, les clefs suivantes : « Le comte de Tonnerre, premier gentilhomme de la chambre de feu Monsieur, de la maison des comtes de Tonnerre-Clermont. Ils portoient autrefois pour armes un soleil au-dessus d'une montagne. Mais depuis que, l'an 1123, un comte de cette maison rétablit le pape Calixte II sur son trône, ce pape a donné pour armes à cette maison deux clefs d'argent en sautoir, qu'elle porte présentement; et quand un comte de cette maison se trouve à Rome lors de quelque couronnement de pape, au lieu que tout le monde va lui baiser les pieds, lui se met à côté, tire son épée, et dit : *Et si omnes, ego non*[2] ! Cette maison est fort illustre et fort ancienne, et ceux qui en sont présentement sont très-fiers, et traitent les autres de petite noblesse et de bourgeoisie. L'évêque de Noyon, qui en est, ayant traité sur ce pied

---

1. Voyez encore Saint-Simon, tome V, p. 68.
2. « Ceci n'est pas une fable, » dit entre parenthèses la clef de 1720. — « Ceci est une pure fable, » dit au contraire la clef des éditions Coste.

la famille de Harlay de bourgeois, et étant allé pour dîner chez Monsieur le premier président, qui l'avoit su, il le refusa en lui disant qu'il n'appartenoit pas à un petit bourgeois de traiter un homme de sa qualité; et comme cet évêque lui répondit qu'il avoit renvoyé son carrosse, Monsieur le premier président fit mettre les chevaux au sien, et le renvoya ainsi, dont on a bien ri à la cour. Après la mort de M. de Harlay, archevêque de Paris, il a eu le cordon bleu. Depuis, le clergé l'ayant prié d'en vouloir faire l'oraison funèbre aux Grands-Augustins, où l'on devoit faire un service solennel, il s'en excusa, disant : « La matière est incommode, et l'orateur est incommodé. » D'autres disent qu'il trouvoit ce sujet stérile, dont le Roi étant averti, le renvoya dans son diocèse. Ce fut l'évêque de Vabres (*Louis de Baradas*) qui la fit, et qui n'y réussit pas. — L'abbé de Tonnerre, de la même maison, a été fait évêque de Langres, à Noël 1695. C'est un fort bon sujet, rempli de bonnes qualités, et qui n'a pas les hauteurs de ses frères. »

DE LA SOCIÉTÉ ET DE LA CONVERSATION.

I

Pages 215 et 216, n° 5. — *Si l'on faisoit....* (1689).

Clefs du dix-huitième siècle : « *Aronce*, M. Perrault. »

II

Page 216, n° 6. — *L'on voit des gens...* (1689).

Clefs imprimées du dix-huitième siècle : « Contre les précieuses. »

III

Page 218, n° 9. — *Arrias a tout lu....* (1694).

Clefs du dix-huitième siècle : « M. Robert de Châtillon, fils de M. Robert, procureur du Roi au Châtelet, où il est lui-même conseiller. Cette aventure lui est arrivée. »

Il avait été nommé conseiller au Châtelet vers 1690.

APPENDICE.

IV

Page 220, n° 12. — *J'entends Théodecte de l'antichambre....* (1690).

Clefs du dix-huitième siècle : « *Théodecte*, le comte d'Aubigné. »
La clef Cochin contient sur lui la note suivante, nouveau témoignage de l'hostilité des contemporains : « Le comte d'Aubigné, frère de Mme de Maintenon, gouverneur de Berry, fils de M. d'Aubigné qui se sauva de la prison de la Rochelle, où il couroit risque de perdre la tête, par l'intrigue de la fille du geôlier qui lui en donna le moyen. Il se retira avec elle aux îles de l'Amérique, où il l'épousa. Il en eut encore une fille. Après sa mort, sa veuve revint en France et maria ensuite sa fille à M. Scarron, dit *Cul-de-jatte*, et connu par ses ouvrages comiques. Après sa mort, sa veuve resta sans beaucoup de bien; mais s'étant insinuée auprès de Mme Colbert, qui avoit soin de l'éducation des enfants du Roi et de Mme de Montespan, elle y fut placée comme gouvernante, d'où elle s'est fait connoître au Roi, et a fait par ce moyen, à l'âge de cinquante-trois ans, la plus haute fortune que femme ait pu faire. Elle est née en 1631. Elle a obligation de sa fortune à M. le duc de Richelieu, qui, après la mort de Scarron, lui donna moyen de subsister, et ensuite l'introduisit chez lui, dont sa femme étant devenue jalouse, chercha à la placer. Elle le fit chez Mme Colbert, où elle avoit beaucoup d'habitudes et qui l'a élevée dans la suite au poste où elle est maintenant. Mme de Monchevreuil y a aussi beaucoup contribué. Elle a en de la reconnoissance pour la dernière, et peut-être aussi pour la première. Son premier douaire avec M. Scarron étoit de trois cents livres; mais faute de fonds, il fut réduit à cent cinquante livres par an à prendre sur la métairie de Fougères, située à Varenne d'Amboise, paroisse de Limeray, relevant des Arpentils, appartenant à M. Nau, lieutenant général de Tours, pour le payement duquel douaire elle est opposante à la direction des biens du sieur Scarron, qui se tient chez M. le Camus de Pontcarré. »

Cette note contient diverses inexactitudes : Françoise d'Aubigné est née en 1635; sa mère, qui était fille de Pierre de Cardillac, seigneur de Lalane, gouverneur de Château-Trompette, et de Louise de Montalembert, avait épousé Constant d'Aubigné à Bordeaux, en 1627. De plus, les chiffres relatifs au douaire de Mme de Maintenon ne semblent pas s'accorder avec ceux que donne une lettre publiée par M. H. Bonhomme dans le *Bulletin du bouquiniste* (avril 1862). Mais c'est du comte d'Aubigné qu'il s'agit, ou plutôt de *Théodecte*.

Les lignes qui suivent, empruntées au portrait qu'en a fait Saint-Simon (tome II, p. 53 et 54), expliquent assez bien que le nom de d'Aubigné soit venu se placer à côté de celui de *Théodecte* : « Mme de

Maintenon, dans ce prodige incroyable d'élévation où sa bassesse étoit si miraculeusement parvenue, ne laissoit pas d'avoir ses peines. Son frère n'étoit pas une des moindres par ses incartades continuelles. On le nommoit le comte d'Aubigné.... C'étoit un panier percé, fou à enfermer, mais plaisant avec de l'esprit et des saillies et des reparties auxquelles on ne se pouvoit attendre. Avec cela bon homme et honnête homme, poli, et sans rien de ce que la vanité de la situation de sa sœur eût pu mêler d'impertinent ; mais d'ailleurs il l'étoit à merveille, et c'étoit un plaisir qu'on avoit souvent avec lui de l'entendre sur les temps de Scarron et de l'hôtel d'Albret, quelquefois sur des temps antérieurs, et surtout ne se pas contraindre sur les aventures et les galanteries de sa sœur, en faire le parallèle avec sa dévotion et sa situation présente, et s'émerveiller d'une si prodigieuse fortune[1]. Avec le divertissant, il y avoit beaucoup d'embarrassant à écouter tous ces propos qu'on n'arrêtoit pas où on vouloit, et qu'il ne faisoit pas entre deux ou trois amis, mais à table devant tout le monde, sur un banc des Tuileries, et fort librement encore dans la galerie de Versailles, où il ne se contraignoit pas non plus qu'ailleurs de prendre un ton goguenard, et de dire très-ordinairement *le beau-frère*, lorsqu'il vouloit parler du Roi. J'ai entendu tout cela plusieurs fois, surtout chez mon père, où il venoit plus souvent qu'il ne desiroit, et dîner aussi, et je riois souvent sous cape de l'embarras extrême de mon père et de ma mère, qui fort souvent ne savoient où se mettre. »

V

Page 222, n° 14. — *Il faut laisser parler cet inconnu....* (1689).

Clefs du dix-huitième siècle : « l'abbé de Vassé. »
Dans les *Notes sur les tableaux vendus, pillés, saccagés ou sauvés de mon pauvre château de la Goupillière* (p. 73 et 74), Mme du Prat donne raison aux auteurs des clefs, et reconnaît ici « son vieil ami et défunt cousin, » l'abbé de Vassé. « Il a laissé dans la famille, écrit-elle, la ridicule réputation d'un bavard à outrance et d'un vaniteux excessif.... A cela près, qui compose une grande foiblesse, ajoute la marquise du Prat après avoir cité le passage de la Bruyère, l'abbé de Vassé étoit la bonté et la vertu mêmes. » — « C'étoit, avait dit de son côté Saint-Simon (tome X, p. 180), un grand homme de bien depuis toute sa vie, qui ne s'étoit jamais soucié que de l'être, mais qui ne laissoit pas de voir bonne compagnie et d'en être fort considéré. »
Il était prieur de l'abbaye de Saint-Aubin d'Angers. Nommé

---

1. Conférez la *Vie de Mme de Maintenon*, par M. le duc de Noailles, tome II, p. 13.

en 1712 à l'évêché du Mans, il obtint du Roi la permission de ne point accepter. Il mourut en 1716, âgé de soixante-cinq ans environ.

VI

Page 224, n° 22. — *Cléon parle peu obligeamment....* (1690).

Clefs du dix-huitième siècle : « Monnerot de Sèvre. »
La famille Monnerot avait à Sèvres (dont le nom s'écrivait indifféremment *Sève* ou *Sèvre*) une maison dont il est question dans Tallemant des Réaux, tome IV, p. 433 et 446, dans la *Vie de Colbert* (par Sandras de Courtilz), 1695, p. 34, et dans la *Nouvelle école politique ou l'art de voler sans ailes*, Cologne, 1708. — Voyez sur les Monnerot, p. 484 et 485, note XI.

VII

Page 225, n° 24. — *Pour vous, dit Euthyphron....* (1692).

Les clefs du dix-huitième siècle, plaçant très-mal à propos sans doute un nom à côté de celui d'*Euthyphron*, désignent du Buisson, intendant des finances. Nous retrouverons ce personnage plus loin, p. 503, note XXXIV.

VIII

Page 225, n° 25. — *Quelqu'un, suivant la pente de la coutume....* (1690).

Clef de 1697 : « *Théodème*, l'abbé de Rubec, qui demeure court en prêchant devant le Roi. » — Clef de l'édition de 1697 : « l'abbé de Robé. » — Clef Cochin : « l'abbé Nobé. » — Clef de 1720 : « l'abbé de Robbé. » — Clefs suivantes : « l'abbé de Robbe. » — Peut-être sous ces divers noms faut-il lire le même nom « de Drubec, » diversement altéré : voyez plus loin, p. 469, note X.
Dans l'exemplaire de la Bibliothèque impériale, *Théodème* est l'abbé Bertier, sans doute David-Nicolas de Berthier, qui fut en 1697 le premier évêque de Blois.

IX

Page 225, n° 26. — *L'on voit des gens brusques, inquiets, suffisants....* (1689).

Clef de 1697 : « l'abbé de Rébé. » — Clefs suivantes : « M. de Harlay, premier président[1]. »

1. Voyez p. 544-546, notes IX, X et XI.

X

Page 226, n° 27. — *Parler et offenser, pour de certaines gens....* (1690).

Clef de 1693 : « l'abbé Drubec. » — Clef de 1697 : « M. de Harlay, premier président. » — Clefs du dix-huitième siècle : « C'est la manière de l'abbé de Rubec, neveu de défunt l'évêque de Tournai. »

« L'abbé de Drubec (*et non pas de Rubec, ainsi que le nom est écrit dans la plupart des clefs*) se nomme François Mallet de Graville, fils du comte de Drubec et de la sœur du maréchal du Plessis-Praslin. » Cette note, empruntée au *Dictionnaire des Bienfaits du Roi*, démontre que l'abbé de Rubec et l'abbé de Drubec ne sont qu'un même personnage. Son nom, altéré ici, est peut-être celui qu'il faut lire page 468, notes VIII et IX. — L'abbé de Drubec était en effet neveu de Gilbert de Choiseul du Plessis-Praslin, qui, alors qu'il était évêque de Comminges, se démit en sa faveur de l'abbaye de Boulancour, et qui mourut évêque de Tournai en 1689. L'abbé de Drubec devint par la suite abbé de Bassefontaine, de Saint-Pierre de Melun, etc.

Il sera question plus loin, p. 544 et suivantes, du président de Harlay.

XI

Page 230, n° 39. — *L'on sait des gens....* (1690).

Toutes les clefs sans exception voient en ce paragraphe une allusion à la rupture de Courtin et de Saint-Romain, l'un et l'autre conseillers d'État : « intimes amis très-longtemps, et enfin devenus ennemis. »

« Saint-Romain et Courtin, dit Saint-Simon (*Journal* de Dangeau, tome V, p. 45), tous deux conseillers d'État, l'un d'épée, l'autre de robe, l'un garçon, l'autre veuf, tous deux pleins d'honneur et de vertu, tous deux fort considérés, et ayant beaucoup d'amis, tous deux fort employés dans les ambassades et les négociations avec capacité et réputation, étoient tellement amis qu'ils logeoient ensemble, et qu'ils passèrent un grand nombre d'années dans cette union ; à la fin ils s'en lassèrent, et par leur séparation, quoique demeurés amis, ils firent honte à l'humanité. »

Cette note rectifie les clefs sur un point : les deux amis ne devinrent pas ennemis en se séparant. A cela près, elle semble écrite en souvenir du passage de la Bruyère. L'interprétation des clefs toutefois a été acceptée avec trop de confiance par tous les éditeurs. « Il faut, dit Walckenaer (p. 677), que la rupture de ces deux amis ait eu lieu après les premières éditions du livre de notre auteur, ou peu avant la publication de la 5ᵉ édition ; car ce caractère est un de ceux qui furent ajoutés à cette édition. » Une lettre de l'abbé de Choisy vient à l'encontre de cette conjecture, et démontre que la publication de la 5ᵉ édition, dont l'impression fut achevée le 24 mars 1690, est antérieure de plus d'une année à la date de la séparation de MM. Courtin et de Saint-Romain : « M. Courtin et M. de Saint-Romain, écrit-il à Bussy le 22 août 1691, après trente ans de société, se séparent et font ménage à part. » Et Bussy répond le 1ᵉʳ septembre : « Je croyois que ce ne seroit que la mort de Saint-Romain qui le sépareroit d'avec son ami ; on voit par là que rien n'est durable ici-bas[1]. »

La Bruyère n'a donc pu faire l'allusion qu'on lui prête, et s'il faut rapprocher de sa réflexion les noms de Melchior Harod de Saint-Romain et d'Honoré Courtin, ce ne peut être que pour constater qu'elle ne put les empêcher de se désunir.

Une autre association fut également célèbre et eut la même destinée : Mlle d'Armentières et la duchesse d'Orval vécurent longtemps ensemble, mais « elles ne laissèrent pas de se séparer d'habitation sur la fin, dit Saint-Simon [2], comme Saint-Romain et Courtin. » L'association d'Henriette de Conflans d'Armentières et d'Anne d'Harville, duchesse d'Orval [3], semble remonter au delà de l'année 1666[4]; nous n'avons aucun renseignement sur la date de la séparation.

---

1. *Correspondance de Bussy*, tome VI, p. 502 et 504. — Melchior de Harod de Senevas, marquis de Saint-Romain, abbé de Préaux et de Corbigny, avait apporté dans la communauté, entre autres revenus, ceux de ses abbayes, « dont l'une lui valoit vingt mille livres de rente et l'autre douze mille. » Il mourut en 1694, trois ans après la séparation, âgé de quatre-vingts ans. Voyez le *Journal* de Dangeau, tome V, p. 44; les *Lettres de Mme de Sévigné*, 20 juillet 1694, tome X, p. 171, etc. — Honoré Courtin mourut à Paris, âgé de soixante-dix-sept ans, le 27 décembre 1703 (et non 1713, comme il est imprimé dans l'édition Walckenaer). Il était doyen du conseil. Voyez sur lui Saint-Simon, tome I, p. 393 et 394. Veuf, comme le dit Saint-Simon dans le passage qui est ci-dessus reproduit, il avait eu de son mariage avec Mlle le Gras un fils et deux filles.

2. Voyez le tome X de ses *Mémoires*, p. 180 et 181. — « C'étoit, dit-il en parlant de Mlle d'Armentières, une fille de beaucoup de mérite, d'esprit et de vertu, qui avoit été longtemps fort pauvre.... Elle avoit été recueillie jeune et pauvre chez la duchesse d'Orval,... chez qui elle logea la plus grande partie de sa vie, et à qui à son tour elle fut fort utile quand elle la vit tombée dans la pauvreté. »

3. Fille d'Antoine, marquis de Palaiseau, seconde femme de François de Béthune, duc d'Orval, premier écuyer de la Reine.

4. Voyez dans la *Correspondance de Bussy Rabutin*, tomes I et II, les lettres qu'échangèrent Mlle d'Armentières et Bussy de 1666 à 1674. — Mlle d'Armentières, qui était fort riche, laissa « quatre mille francs de pension viagère à .... son amie. » (*Journal* de Dangeau, tome XIV, p. 127.) Elle mourut en 1712,

CLEFS ET COMMENTAIRES. 471

Les associations de cette nature, au surplus, n'étaient point rares. Il s'en était formé une semblable entre deux veuves, dont l'une, si l'on en croit une note du *Chansonnier Maurepas* (tome II, p. 513, année 1666), avait pour amant ce même Honoré Courtin, qui de son côté vivait en communauté avec Saint-Romain.

XII

Page 231, n° 43. — *Cléante est un très-honnête homme....* (1687).

Clefs du dix-huitième siècle : « M. Loiseau, ci-devant receveur à Nantes, qui a épousé Mlle de Soleure (*Solenne* dans la clef de 1720), de Beauce, assez jolie personne et séparée d'avec lui. »
La clef de l'exemplaire de M. Danyau cite en exemple « M. Belot; » une autre : « Gaspard de l'Escalopier, conseiller au Parlement (*de* 1667 *à* 1694), l'un des maris que l'on chansonnoit. »

XIII

Page 232, n° 47. — *G** et H** sont voisins de campagne....* (1687).

Selon la plupart des clefs, ces initiales sont celles de François Vedeau de Grammont et de Charles Hervé; selon quelques clefs manuscrites, celles de Philippe Genoud de Guiberville, beau-père du premier, et d'Hervé. La *bagatelle* qui fit *rompre* ces personnages est une querelle, paraît-il, qui survint au sujet de la pêche d'un ruisseau. Voici la note que donnent les clefs du dix-huitième siècle : « Vedeau de Grammont, conseiller de la cour en la seconde des enquêtes, a eu un très-grand procès avec M. Hervé, qui étoit doyen du Parlement, au sujet d'un droit de pêche. Ce procès, qui a commencé pour une bagatelle, a donné lieu à une inscription en faux contre les titres de noblesse dudit Vedeau, qui vouloit faire recevoir un de ses fils chevalier de Malte; et cette affaire a été si loin qu'il a été dégradé publiquement, sa robe de Palais déchirée, et condamné à un bannissement perpétuel, depuis converti à une prison à Pierre-Encise, où il est, ce qui a ruiné absolument ledit Vedeau, qui étoit fort riche. Il avoit épousé Mlle Genoud, fille de M. Genoud, conseiller en la grand'chambre. »
Ce procès de pêche eut-il lieu entre Hervé et Vedeau de Grammont, comme le prétendent les clefs imprimées, ou bien entre Hervé et Genoud, beau-père de Vedeau, comme l'indiquent plusieurs clefs

à l'âge de quatre-vingts ans. Mme d'Orval, un peu plus âgée, lui survécut de quatre ans. (*Ibidem*, tome XVI, p. 491.)

marginales ? S'agit-il d'un procès entamé et soutenu, ou simplement d'une « querelle pour la pêche, » suivant l'annotation de diverses clefs? Est-ce bien cette querelle enfin qui a « causé la perte totale de Vedeau de Grammont, et celle d'Hervé, obligé dans la suite de se défaire de sa charge, quoiqu'il fût doyen du Parlement? » Je ne sais. Simple querelle ou procès, cette brouille remontait pour le moins à l'année 1685. A cette époque Vedeau est accusé d'avoir arraché plusieurs feuilles d'un registre du Parlement, et de les avoir remplacées criminellement par d'autres. Cette affaire de faux, à laquelle se trouvent mêlés un notaire de Lyon et un chanoine de Fourvières, se complique bientôt de mille incidents. Vedeau, entouré de sa famille et de ses gens, soutient dans sa maison, le 29 février 1692, un premier siége contre un huissier et des archers; l'un des archers est blessé à mort. Une seconde entreprise, dirigée contre lui dans la nuit du 1er au 2 février 1693, est moins funeste : il blesse un archer, qui n'en meurt pas. Malgré sa résistance, Vedeau est emprisonné, et le 14 avril 1693, condamné au bannissement perpétuel [1].

Le rédacteur anonyme des notes secrètes sur le Parlement déclare que Vedeau est homme « de peu d'expérience [2]. » Il semble que sa vie donne raison à ce jugement. Une première imprudence, si ce fut lui qui commença les actes de procédure, était de s'attaquer à Hervé, conseiller fort bien apparenté [3]. Est-ce à dire toutefois qu'Hervé ou les siens se soient montrés « implacables » envers Vedeau? qu'ils aient sollicité la poursuite du procès criminel ? Aucun indice d'une pareille animosité ne nous est parvenu, et les clefs seules semblent en accuser la famille Hervé. Peut-être, au surplus, lorsque commença la querelle des deux familles, Hervé avait-il déjà, par ses embarras de fortune, perdu en partie le crédit qui en avait fait pendant quelque temps l'un des membres les plus importants du Parlement (voyez ci-après, p. 500, note XXXIII). Quoi qu'il en soit, il est peu vraisemblable que la haine des Vedeau ait obligé Hervé à donner plus tard sa démission.

1. Mention est faite de ce procès par Dangeau, à la date du 5 février 1693 : voyez tome IV, p. 231, où le nom est imprimé par erreur : « *Redau* de Grammont. » Dangeau met à son compte la mort d'un sergent en 1692, et celle d'un archer en 1693 : c'est trop d'une, je crois. Le second siége eut lieu dans une maison que possédait Vedeau dans le faubourg Saint-Marceau, au champ de l'Alouette. Les détails de ce procès, encore inédits, sont exposés tout au long dans les registres du Parlement. — Les histoires généalogiques du Parlement se taisent sur cette affaire : il y est simplement dit que Vedeau *quitta* en 1693.
2. *Correspondance administrative sous Louis XIV*, tome II, p. 50.
3. *Ibidem.*

XIV

Page 233, n° 49. — *J'approche d'une petite ville....* (1690).

Clefs de 1720 et suivantes : « La ville de Richelieu. »

Pourquoi Richelieu ? Simplement sans doute parce que Richelieu, malgré l'aspect grandiose que lui donnaient le château et les constructions ordonnées par le cardinal de Richelieu, avait le renom d'une ville ennuyeuse et déserte. La description de la Bruyère cependant ne lui convient pas en tout point.

Une clef marginale indique Saint-Germain-en-Laye, ville fort peu animée depuis l'abandon qu'en avait fait la cour de France, et où la présence de la cour du roi Jacques d'Angleterre devait apporter peu de mouvement ; mais Saint-Germain ne répond pas non plus à la description de la Bruyère.

Cet alinéa donne-t-il donc simplement l'impression qu'a produite sur la Bruyère telle ou telle ville qu'il s'agit de deviner ? ne contient-il qu'une sorte d'énigme proposée aux lecteurs ? Ainsi l'ont compris les commentateurs du dix-septième siècle ; mais au lieu de voir dans cette remarque une allusion à telle ville en particulier, ne vaut-il pas mieux y chercher la peinture de la *petite ville* en général, et une marque nouvelle de l'aversion de la Bruyère, plusieurs fois exprimée par lui, pour la vie de province, ou plutôt pour les provinciaux ? Si cette interprétation est la meilleure, et tel est notre avis, la description de la *petite ville*, selon toute apparence, n'en serait pas moins prise sur nature. Mais à quelle ville de la province, parmi celles qu'a traversées la Bruyère, appliquer cette description ?

XV

Page 234, n° 54. — *Celui qui est d'une éminence....* (1687).

Clefs marginales : « le R. » (*le Roi*).

XVI

Page 237, n° 66. — *Je le sais, Théobalde, vous êtes vieilli....* (1691).

Clef de 1697 : « Boursault, ou plutôt Benserade. » — Clef Cochin : « Perrault. » — Clefs du dix-huitième siècle : « Boursault. » — Clefs manuscrites : « Benserade, Boursault, ou Thomas Corneille. »

C'est le nom de Benserade que répètent le plus souvent les clefs marginales, et son nom est seul de mise. L'abbé Trublet nous est d'ailleurs garant de l'exactitude de cette attribution : « On peut voir, dit-il, le portrait de Benserade dans la Bruyère, sous le nom de

Théobalde, chapitre *de la Société et de la conversation*. C'est Benserade vieilli, et très-ressemblant, malgré la *charge* ordinaire au peintre [1]. » (*Mémoires sur la vie et les ouvrages de Fontenelle*, édition de 1759, p. 239.)

On peut rapprocher de cette réflexion un couplet d'une chanson du temps, faite la même année 1691 sur la séance où Fontenelle fut reçu à l'Académie. Benserade y lut des vers, et l'auteur, ami comme la Bruyère des *anciens* et adversaire des *modernes*, s'exprime de la sorte sur cette lecture :

> Touchant les vers de Benserade,
> On a fort longtemps balancé
> Si c'est louange ou pasquinade.
> Mais le bon homme est fort *baissé*.
> Il est passé,
> Il est passé.
> Que l'on lui chante en sérénade :
> *Requiescat in pace* [2] *!*

Benserade avait soixante-dix-huit ans lorsque parut ce caractère. Il mourut quelques mois après, dans sa maison de Chantilly, où il s'était retiré depuis plusieurs années.

XVII

Page 240, n° 74. — *Hermagoras ne sait pas....* (1690).

Annotation de toutes les clefs : « Le P. Paul Pezron, bénédictin, auteur de l'*Antiquité des temps rétablie et défendue contre les juifs et les nouveaux chronologistes* (1687). »

XVIII

Page 241, n° 75. — *Ascagne est statuaire..., et Cydias bel esprit....* (1694).

Qui est l'original du portrait de *Cydias ?* Les auteurs des premières clefs ont cherché, et n'ont pas trouvé. Quelqu'un ayant pris au hasard, parmi les noms des adversaires de la Bruyère, celui de Charles

---

1. « Benserade, dit Walckenaer après avoir cité ce passage (p. 679), s'opposa à l'admission de la Bruyère à l'Académie, lorsqu'il s'y présenta pour la première fois en 1691, et fit préférer Pavillon. La Bruyère, pour se venger, inséra le caractère de *Théobalde* dans sa 6ᵉ édition, qui parut cette même année. » Un point seul est exact : c'est dans la 6ᵉ édition qu'a paru ce caractère; mais cette édition fut imprimée plusieurs mois avant l'élection dont il s'agit, et c'est Benserade lui-même que remplaça Pavillon à l'Académie.

2. *Chansonnier Maurepas*, tome VII, p. 137.

Perrault, il a été répété dans toutes les clefs jusqu'à l'édition Walckenaer. « M. Perrault, de l'Académie françoise, s'étoit opposé à la Bruyère pour être reçu académicien, ce qui fait qu'il le drape partout où il le rencontre. » Cette phrase, écrite pour la première fois dans la clef Cochin, est fidèlement répétée dans toutes les clefs du dix-huitième siècle.

Avec le nom de Perrault l'on faisait fausse route, mais l'original du portrait se garda de réclamer : Fontenelle ne s'y était point trompé; il s'était reconnu tout le premier, et son neveu l'abbé Trublet date de ce portrait la rancune qu'il garda toute sa vie contre l'auteur des *Caractères*.

Quelques lecteurs clairvoyants avaient inscrit son nom sur la marge de leur exemplaire, mais il ne parut dans aucune clef imprimée, et Walckenaer est le premier éditeur qui, s'autorisant du témoignage de l'abbé Trublet [1], lui ait rendu la place qui lui appartenait.

A défaut du témoignage direct qu'apporte l'abbé Trublet dans les lignes citées en note, il eût suffi de rapprocher du caractère de *Cydias* trois ou quatre pages de ses *Mémoires sur Fontenelle* pour avoir le droit d'affirmer qu'en écrivant ce portrait la Bruyère avait les yeux sur Fontenelle.

1. « Sous le nom de *Cydias*, M. de la Bruyère paroît avoir voulu peindre M. de Fontenelle, et c'est vraisemblablement d'après ce portrait que Rousseau fit son épigramme. Je dois pourtant dire que je n'ai trouvé le nom de M. de Fontenelle dans aucune des clefs du livre des *Caractères*, pendant qu'on y trouve une foule d'autres aussi respectables, et surtout bien plus redoutables que celui de M. de Fontenelle, qui ne l'étoit point du tout. Mais je ne me prévaudrai point du silence des clefs pour jeter du doute sur le véritable original du portrait; la charge, pour être forte, n'en ôte pas la ressemblance.... J'aimois beaucoup le premier (*M. de Fontenelle*), ajoute l'abbé Trublet, mais j'estime beaucoup le second (*la Bruyère*). Je trouve même qu'on ne l'estime pas assez aujourd'hui, et, pour tout dire, je n'étois pas absolument content de M. de Fontenelle sur cet article. Il est vrai qu'il avoit été cruellement offensé par le portrait. » (*Mémoires sur la vie et les ouvrages de Fontenelle*, p. 185.)

Voici l'épigramme de J. B. Rousseau, écrite beaucoup plus tard, dont parle l'abbé Trublet :

> Depuis trente ans un vieux berger normand
> Aux beaux esprits s'est donné pour modèle;
> Il leur enseigne à traiter galamment
> Les grands sujets en style de ruelle.
> Ce n'est pas tout : chez l'espèce femelle
> Il brille encor, malgré son poil grison;
> Il n'est caillette en honnête maison
> Qui ne se pâme à sa douce faconde.
> En vérité caillettes ont raison :
> C'est le pédant le plus joli du monde.

Comment ne pas reconnaître dans ce bel esprit de profession qui a une enseigne, un atelier, des ouvrages de commande, etc., l'auteur qui pour Thomas Corneille avait fait la plus grande partie de *Psyché* (1678) et de *Bellérophon* (1679) [1]; pour Donneau de Visé, la comédie de *la Comète* (1681); pour Beauval, l'éloge de Perrault, publié en novembre 1688 dans l'*Histoire des ouvrages des savants;* pour Catherine Bernard, la plus grande partie de la tragédie de *Brutus* (1691), des chapitres de divers romans, et bon nombre de petites pièces en prose et en vers?

Fontenelle lut ce caractère en 1694, s'en fâcha, mais ne ferma point son atelier. L'année suivante, en 1695, il fait, sous le nom et au profit de son ami Brunel [2], un discours qui remporte le prix à l'Académie française, et qui donne ainsi à l'auteur le plaisir de se couronner lui-même [3]; en 1696, il compose la préface que le marquis de l'Hôpital place en tête de son *Analyse des infiniment petits,* et enfin, dans mainte occasion, il prépare les discours des magistrats qui s'a-

1. Fontenelle lui-même l'a avoué, du moins pour *Bellérophon,* dans une lettre qu'il a fait insérer en 1741 dans le *Journal des savants,* et qui se trouve dans ses *OEuvres complètes.*

2. Voyez sur Brunel les *Mémoires* de Mme Staal Delaunay; c'est à lui qu'elle devait la connaissance de Fontenelle. — Quel était, en 1690, cet ami « qui n'avoit d'autre fonction sur la terre que de le présenter dans les maisons? » Serait-ce déjà ce Brunel? serait-ce de Visé, le rédacteur du *Mercure galant?*

3. « M. de Fontenelle avoit prêté sa plume à bien d'autres qu'à M. le Haguais, dit l'abbé Trublet; mais ce n'est que dans les derniers temps de sa vie qu'il en est convenu, ou du moins qu'il a nommé quelques-uns de ceux pour lesquels il avoit travaillé, et qui ne vivoient plus. Il ne parloit même de ces ouvrages de *commande* que pour dire quelque fait singulier, ou quelque trait plaisant dont ils avoient été l'occasion. Il ne se vantoit pas; il contoit, et contoit très-bien, surtout en très-peu de mots. Il jouoit même ses contes; en voici un, par exemple, qu'il faisoit très-plaisamment : Il avoit composé un discours pour un jeune magistrat d'un nom célèbre dans les fastes de Thémis (*M. Bignon*). Il connoissoit fort le père de ce magistrat, et dînoit quelquefois chez lui. Le fils, bien sûr du secret, s'étoit donné à son père comme auteur de la pièce, et lui en avoit laissé copie. Un jour, mais longtemps après, le magistrat père, qui avoit donné à dîner à M. de Fontenelle, lui dit qu'il vouloit lui lire une bagatelle de son fils, qui sûrement lui feroit plaisir. M. de Fontenelle avoit totalement oublié qu'il avoit fait ce discours; mais il se le rappela dès les premières lignes, et par une sorte de pudeur il ne donna à la pièce que fort peu de louanges, et très-foibles, et d'un ton et d'un air qui les affoiblissoient encore. La tendresse ou la vanité paternelle en furent piquées, et la lecture ne fut point achevée. « Je vois bien, dit le magistrat, que cela n'est pas de votre goût. « C'est un style aisé, naturel, pas trop correct peut-être, un style d'homme du « monde; mais à vous autres, Messieurs de l'Académie, il faut de la grammaire « et des phrases. » (*Mémoires sur Fontenelle,* p. 45.)

dressent à lui, ceux de son ami le Haguais entre autres, qui était avocat général à la cour des aides, et chez lequel il demeura quelque temps.

N'est-ce pas encore Fontenelle qui s'égale à Lucien, auquel il dédie ses *Dialogues des morts*; à Sénèque, comme lui philosophe et poëte tragique? N'est-ce pas Fontenelle qui par ses *Entretiens sur la pluralité des mondes*, ses *Doutes sur le système physique des causes occasionnelles*, surpasse Platon? par ses *Églogues* Virgile et Théocrite, qu'il a jugés dans son *Discours sur la nature de l'Églogue?*

Est-il vrai que Fontenelle, comme *Cydias*, cherchait « à se parer de son bel esprit ou de sa philosophie » auprès des femmes? « Oui, répondra l'abbé Trublet, pourvu qu'elles eussent de l'esprit [1]. »

De tous les traits dont se compose le caractère de *Cydias*, un seul nous semble convenir peu au Fontenelle de la tradition. *Cydias* « n'ouvre la bouche que pour contredire. » Est-ce là le Fontenelle qui fuyait la polémique, et qui devait ses amis innombrables à deux axiomes, disait-il : *Tout est possible* et *Tout le monde a raison?* Peut-être ce Fontenelle qui n'aime pas à contredire est-il un Fontenelle un peu vieilli ; peut-être encore Fontenelle n'a-t-il jamais volontiers contredit qu'un seul interlocuteur, la Bruyère, qui ne l'aura pas oublié.

Fontenelle avait trente-trois ans au moment où la Bruyère publiait son portrait.

DES BIENS DE FORTUNE.

I

Page 246, n° 1. — *Un homme fort riche....* (1687).

Il est puéril d'attacher un nom propre à cette réflexion. Les auteurs de clefs veulent cependant qu'elle contienne une allusion soit à Louvois, soit à Colbert, soit à Frémont.

Nous devons noter, tout en protestant contre cette recherche intempestive de personnalités, que ces trois personnages étaient fort riches [2]; que Louvois eut pour gendre le duc de la Rocheguyon

---

1. « ....On a pourtant dit qu'il parloit volontiers de philosophie aux jolies femmes. Oui, pourvu qu'elles eussent de l'esprit. » (*Mémoires sur Fontenelle*, p. 185.)

2. Nicolas de Frémont passait pour l'homme le plus riche de France (Dangeau,

en 1679 [1], que Colbert devint le beau-père de trois ducs et pairs, les ducs de Chevreuse, de Beauvilliers et de Mortemart; et enfin que Nicolas de Frémont, garde du trésor royal, avait marié sa fille (*une fille de laquais,* a dit Bussy Rabutin) au maréchal duc de Lorges, qui eut, lui-même, pour gendres le duc de Saint-Simon et le duc de Lauzun.

Le fils de Nicolas de Frémont, qui prit le titre de seigneur d'Auneuil, devint maître des requêtes en 1690.

II

Page 246, n° 6. — *Deux marchands....* (1691).

Clef des éditions Coste : « Un marchand à Paris, qui avoit pour enseigne *les Rats,* a marié sa fille à M. d'Armenonville. »

Ce marchand, qui vendait du drap ou de la toile, se nommait Gilbert (et non *Brillon*, comme il est dit dans les clefs), et demeurait près des Saints-Innocents. Le mariage de Jeanne Gilbert et de Fleuriau d'Armenonville avait fait grand bruit (voyez le *Chansonnier Maurepas*, tome VII, p. 43, 275, etc.). — Joseph-Jean-Baptiste Fleuriau d'Armenonville fut nommé conseiller d'État ordinaire, intendant des finances au mois de février 1690, acheta une charge de directeur des finances en 1701, devint garde des sceaux en 1722, et mourut en 1727 au château de Madrid. Il avait vendu à la duchesse de Berri, fille du Régent, le château de la Muette. — Sa femme mourut en 1716, âgée de cinquante-six ans.

III

Page 247, n° 8. — *Quelques-uns ont fait dans leur jeunesse....* (1691).

Clefs manuscrites : « Les partisans. »

IV

Page 247, n° 9. — *Un homme est laid....* (1687).

Clef de 1697 : « Le marquis de Gouverney ou le duc de Venta-

---

tome V, p. 468). En 1686, il était grand audiencier de France. Il acheta en 1689, au prix de quatre-vingt mille livres, l'une des deux charges de garde du trésor royal, qu'il revendit un million en 1692. Son hôtel était situé à côté de l'hôtel de Lorges (rue Neuve-Saint-Augustin).

1. Trois ans après la mort de Louvois, en 1694, le duc de Villeroy épousa une autre de ses filles.

dour. » — Les clefs du dix-huitième siècle ne nomment que ce dernier.

Le marquis de Gouvernet épousa en juillet 1691 Mlle de la Roche-Allard, à laquelle s'intéressait Mme de Maintenon (Dangeau, tome III, p. 358). Nous ne savons s'il était homme de « peu d'esprit, » mais il est certain que le duc de Ventadour en avait beaucoup.

Louis-Charles de Lévy, duc de Ventadour, pair de France, était, il est vrai, d'une laideur proverbiale, et il avait quarante mille livres de rente, sinon cinquante. « C'étoit, dit Saint-Simon (tome XV, p. 65), un homme fort laid et fort contrefait[1], qui, avec beaucoup d'esprit et de valeur, avoit toujours mené la vie la plus obscure et la plus débauchée. » Il avait épousé en 1671 Mlle d'Houdancourt (seconde fille de la maréchale de la Mothe), fort jolie personne dont il se sépara dans les dernières années de sa vie. Il avait abandonné tous ses biens à son gendre le prince de Rohan, moyennant quarante mille livres de rente. Il mourut en 1717.

V

Page 247, n° 11. — *N**, avec un portier rustre....* (1689).

Clefs du dix-huitième siècle : « M. de Saint-Pouange. »

Gilbert Colbert, marquis de Saint-Pouange, parent de Colbert, de le Tellier et de Louvois, et tout dévoué aux derniers, secrétaire des commandements de la Reine de 1678 à 1681, fut par la suite secrétaire du cabinet du Roi et commis sous Louvois. Ses fonctions de secrétaire du cabinet du Roi lui donnaient peu d'importance, car Rose était le seul secrétaire du cabinet qui eût « la plume; » mais grâce à celle de commis principal, qu'il remplit sous Louvois et plus tard sous Barbezieux, il eut, dit Saint-Simon (tome III, p. 58), « le plus intime secret » des deux ministres, « et souvent par là celui du Roi sur les choses de la guerre, avec lequel même il avoit eu souvent occasion de travailler. » — Il « travailla toute sa vie sous M. de Louvois, dont il fut le premier de tous les commis, dit ailleurs Saint-Simon (*Journal* de Dangeau, tome III, p. 373), mais avec une autorité et une distinction qui le rendit un échappé de ministre, avec lequel tout militaire, quel qu'il fût, avoit à compter. C'étoit un bon homme, obligeant, sûr et bon ami, de peu d'esprit, et d'une gloire insupportable en tout genre, qui lui sortoit de partout, fort bien fait et fort débauché aussi.... » — Nous retrouverons plus loin le marquis de Saint-Pouange.

---

[1]. Voyez encore sur sa laideur le *Chansonnier Maurepas*, tome IX, p. 90, et tome XXVII, p. 171.

Plusieurs clefs marginales ajoutent à son nom celui du riche partisan Monnerot.

VI

Page 248, n° 12. — *Je vais, Clitiphon, à votre porte....* (1694).

Clefs manuscrites : « *Clitiphon*, le Camus. » —Clefs du dix-huitième siècle : « *Clitiphon*, MM. le Camus, le lieutenant civil, le premier président de la cour des aides, le cardinal le Camus, et le Camus nommé Mongerolle, maître des comptes. »

Les *Clitiphons* n'étaient pas rares, et la liste serait longue des personnages auxquels eût pu être adressée l'apostrophe de la Bruyère. Mais celui qui le premier inscrivit dans une clef le nom du lieutenant civil le Camus, auquel est venue se joindre dans la suite l'énumération de tous les le Camus, a peut-être été bien inspiré. Ses affaires de tutelle et de curatelle avaient pu amener plus d'une fois la Bruyère à la porte du lieutenant civil.

« C'étoit, dit Saint-Simon en parlant de lui (tome VIII, p. 415), la plus belle représentation du monde de magistrat : il l'étoit bon aussi et honnête homme, obligeant, et avoit beaucoup d'amis ; mais il étoit glorieux à un point qu'on en rioit et qu'on en avoit pitié. Il étoit frère du premier président de la cour des aides et du cardinal le Camus ; et quand il disoit *mon frère le cardinal*, il se rengorgeoit que c'étoit un plaisir. »

Les clefs imprimées en Hollande contiennent cette note sur la famille le Camus : « M. le Camus, lieutenant civil, le premier président de la cour des aides, le cardinal le Camus, et le Camus, maître des comptes, sont petits-fils de Nicolas le Camus, marchand de la rue Saint-Denis, qui avoit pour enseigne *le Pélican*, que ces messieurs ont pris pour leurs armes, ce qui a fait dire à M. le Noble, dans sa comédie du *Fourbe* :

> Va-t-on chercher si loin d'où les gens sont venus?
> Et ne voyez-vous pas les fils du vieux Cadmus
> Étaler à nos yeux sur un char magnifique
> L'enseigne que leur père avoit à sa boutique?

« Ce Nicolas le Camus avoit été garçon de boutique. Après la mort du maître, il épousa la veuve, et continua le commerce. Cette veuve morte, il épousa une Colbert, de Troyes, grand'tante de M. Colbert, depuis contrôleur général. Cette seconde communauté ne lui fut pas heureuse ; il fit banqueroute et se retira en Italie, où il fut commissaire des marchands françois, dans lequel parti il amassa du bien. Pendant son séjour en Italie, il s'appliqua aussi à l'architecture, où il réussit beaucoup, en sorte que, de retour en France, il s'y adonna, et fut un des principaux entrepreneurs de la place Royale (au Marais), où il gagna beaucoup de bien. Il se fit secrétaire du Roi, et Louis XIII, pour le récompenser du succès de son entreprise, lui accorda de porter une fleur de lis dans ses armes. »

Les le Camus portaient de gueules au pélican d'argent, au chef cousu d'or, chargé d'une fleur de lis d'or.

VII

Page 249, n° 13. — *N'envions point à une sorte de gens....* (1687).

Clefs manuscrites : « Les partisans. »

VIII

Page 249, n° 15. — *Sosie, de la livrée....* (1687).

Clef de 1697 : « D'Apougni ou Delpech, fermiers généraux. Portrait de la plupart des partisans. » — Clef Cochin : « Delpech, fermier général et économe de l'abbaye de Saint-Denys. Il a fait son fils conseiller de la cour (*Jean Delpech, conseiller au Parlement en* 1691), et un autre avocat général en la cour des aides (*Pierre Delpèche, avocat général en* 1693). » — Clef de 1720 : « M. Berrier. » — La clef des éditions Coste répète l'annotation de la clef Cochin, tout en plaçant maladroitement le nom de Berrier à la suite de celui de Delpech ou Delpèche : « M. Delpèche, ou Berrier, fermier général et économe, etc. » C'est attribuer à Berrier des fonctions qu'il ne remplit jamais. Cette annotation, au surplus, ne se trouve que dans les clefs qui ont été imprimées avant que Nicolas-René Berrier devînt lieutenant de police. Dès 1647 elle disparaît. Nous retrouverons Berrier ci-après, p. 491, note XX. — Diverses clefs marginales nomment ici « Messieurs de Révol, le Normand, Bourvalais, secrétaires du Roi et fermiers[1]. » — Claude Révol, le Normand et Bourvalais, secrétaires du Roi comme Claude d'Apougny et Pierre Delpech, étaient comme eux de riches partisans.

Une clef nous donne Révol et d'Apougny comme marguilliers à Saint-Jean, sans doute Saint-Jean en Grève. Nous ne savons si les autres étaient également marguilliers.

Parmi les partisans qui avaient porté la livrée, on citait le trésorier de l'Épargne, la Bazinière, qui mourut vers 1643. « Il étoit fils, dit Tallemant des Réaux (tome IV, p. 425), d'un paysan d'Anjou, et à son avénement à Paris il fut laquais chez le président Gayan :

---

1. Une clef nomme encore « Mouchi, secrétaire du Roi, laquais de M. Tallemant. »

c'étoit même un fort sot garçon ; mais il falloit qu'il fût né aux finances. Après il fut clerc chez un procureur, ensuite commis, et insensiblement il parvint à être trésorier de l'Épargne. » Son fils aîné, Macé Bertrand, seigneur de la Bazinière, fut également trésorier de l'Épargne. « Bazinière, dit Tallemant en parlant de lui (p. 433), fit « mettre des couronnes à son carrosse, du temps qu'elles étoient moins communes qu'elles ne sont ; ce fut en se mariant. Depuis quelqu'un, en parlant de la multitude des manteaux de duc qu'on voyoit, dit devant Mademoiselle : « Je ne désespère pas que Bazinière n'en « mette un. — Non, dit-elle, il ne mettra qu'une mandille. » La mandille était le manteau court des laquais.

Jean Herault de Gourville, qui avait tout d'abord porté la livrée du duc de la Rochefoucauld, et qui offrait l'exemple le plus frappant de la fortune à laquelle pouvait aspirer un *Sosie*, s'était enrichi dans les finances. Il avait été intendant des vivres de l'armée de Catalogne, puis, grâce à la bienveillance de Foucquet, receveur général de la Guyenne, et il avait acheté une charge de secrétaire du conseil. Sa fortune toutefois se fit plus rapidement et surtout avec plus d'éclat que celle du *Sosie* de la Bruyère.

Il y a plus de conformité peut-être entre *Sosie* et Paul Poisson de Bourvalais, que nous avons nommé plus haut.

Fils d'un paysan de Rennes, il fut successivement laquais chez le fermier général Thévenin, facteur chez un marchand de bois, huissier dans un village ; puis s'élevant peu à peu, grâce à la protection de Pontchartrain, il devint l'un des financiers les plus riches et les plus courtisés.

IX

Page 250, n° 16. — *Arfure cheminoit seule....* (1687).

Clef de 1697 : « Mme de Belizani. » — Clefs du dix-huitième siècle : « Mme Belisani ou de Courchamp. » — Clefs marginales : « Mme Benoist, Mme Belizani, Mme Milieu. »

Bellizani ou Bellinzani, employé d'abord dans la maison de Mazarin, plus tard dans l'administration de Colbert, avait rempli les fonctions d'inspecteur général des manufactures (1669), de directeur des Compagnies des Indes orientales, du Nord et du Levant, et de directeur de la chambre de commerce de Paris (*Lettres de Colbert*, publiées par M. P. Clément, tome I, p. 369 ; tome II, p. 560 et 640). Poursuivi pour concussion après la mort de Colbert, il mourut en prison le 13 mai 1684, au moment où on allait lui faire son procès (Dangeau, tome I, p. 13).

Courchamp et Benoît étaient deux financiers intéressés dans le bail Fauconnet (voyez ci-après, p. 497 et 498, note XXX). Le fermier général Courchamp demeurait en 1692 au cloître Saint-Merri (*Livre commode*, 1692, p. 6). Il avait deux fils, dont l'un était conseiller au Parlement, l'autre maître d'hôtel du Roi [1].

Mme Milieu est sans doute Marguerite-Agathe Voisin, femme, suivant une note du *Chansonnier Maurepas* (tome V, p. 343), d'un receveur ou trésorier des parties casuelles, nommé Milieu (peut-être Philippe Milieu, qui était receveur des tailles de l'élection de Paris, et intéressé dans la ferme du Mans[2]). « Elle étoit laide et méchante, » est-il dit dans la note.

X

Page 250, n° 17. — *L'on porte Crésus au cimetière....* (1687).

Clef Cochin : « Aubert, fameux partisan du temps de M. Fouquet, que l'on tenoit riche de plus de trois millions. Il a été taxé à la chambre de justice en 1666 [3], et enfin est mort malheureux dans un grenier. Il avoit bâti l'*hôtel salé* au Marais, où a logé l'ambassadeur de Venise et où est aujourd'hui M. le maréchal de Villeroy. »

Clef de 1697 : « Raymond, partisan. » — Clef de 1720 : « Guénégaud ou Aubert, fameux partisan, etc., » comme dans la note de 1694, jusqu'aux mots *où a logé*, etc. — Dans les clefs suivantes le nom d'*Aubert* est omis, et l'on attribue mal à propos à Guénégaud la construction de l'*hôtel salé*; de plus, le chiffre de *trois millions* y a été remplacé par celui de *quatre millions*.

C'est en effet le financier Aubert qui bâtit en 1656, rue de Thorigny, l'hôtel que l'on appela, dit-on, *hôtel salé*, parce que l'impôt sur le sel avait enrichi son premier propriétaire. Connu plus tard sous le nom d'*hôtel Juigné*, il a été occupé par l'École centrale des arts et manufactures. Voyez le *Guide alphabétique des rues et monuments de Paris*, par M. F. Lock, p. 423, édition de 1855.

Claude du Plessis Guénégaud, trésorier de l'Épargne, fut éga-

---

[1]. C'est sans doute le même Courchamp qui fut taxé par la chambre de justice, en 1662 ou 1663, à vingt mille trois cent trente-trois livres. (Voyez à la Bibliothèque impériale, département des imprimés, le recueil in-4° Z 2284, z + g, f. 30. Ce recueil, qui contient, p. 634 et suivantes, la liste des gens d'affaires taxés par la chambre de justice en 1662 et 1663, est celui qu'a cité M. P. Clément dans son *Histoire de Colbert*, 1846, p. 104 et 105, sous la cote F 2953.)

[2]. Telles sont les qualifications que lui donnent divers factums imprimés contre lui. (Recueil de la Bibliothèque impériale, in-4° Z 2284, z + g, f. 92.)

[3]. Il est inscrit, sous le nom d'Aubert des Gabelles, pour une somme de trois millions six cent mille livres, sur la liste des taxes de 1662 et 1663.

lement condamné à la restitution d'une somme considérable par la chambre de justice[1]. Il mourut à Paris le 12 décembre 1686. « Il avoit nettoyé, dit Dangeau (tome I, p. 427), tous les comptes qu'il avoit à rendre, avant que de mourir[2]. » Il était frère d'Henri de Guénégaud, secrétaire d'État (mort en 1676).

Raymond, autre partisan qu'on appelait *le Diable*, le même sans doute qui fut taxé en 1662 ou 1663 à cent trente-trois mille deux cent quatre-vingt-quinze livres, était intéressé dans le bail Fauconnet (voyez ci-après la note XXX). Il eut un fils qui fut introducteur des ambassadeurs sous la Régence (*Mémoires* de Mathieu Marais, tome I, p. 283).

Diverses clefs manuscrites ajoutent le nom de « M. Villette, seigneur de la Ronce, homme d'affaires qui mourut pauvre. »

XI

Page 251, n° 18. — *Champagne, au sortir d'un long dîner....* (1687).

Clefs du dix-huitième siècle : « Monnerot, fameux partisan, dont le fils est conseiller au Châtelet[3], et grand donneur d'avis à M. Pontchartrain. Ledit Monnerot est mort prisonnier au petit Châtelet, et n'a pas voulu payer la taxe de deux millions qu'il avoit été condamné de payer par la chambre de justice en 1666. Comme il avoit son bien en argent comptant, il en jouissoit et faisoit grande dépense au petit Châtelet. Il a laissé à ses enfants de grands biens, qu'ils cachent encore. »

Nicolas Monnerot fut receveur général des finances à Lyon, secrétaire du Roi de 1654 à 1657, époque où il résigna sa charge.

Les *Mémoires* de Daniel de Cosnac contiennent sur ce personnage l'anecdote suivante (tome II, p. 29 et 30) :

« On n'a jamais vu dans un si petit endroit, dit Cosnac en parlant des splendeurs du mariage de Louis XIV, tant de diamants, de pierreries, d'or et de broderies que l'on en voyoit dans une grande bibliothèque de Récollets, au milieu du port de Saint-Jean-de-Luz, où l'on avoit étalé tous les meubles et habits qui étoient préparés pour le Roi et pour son équipage. Je m'y trouvai un jour que Sa Majesté vint elle-même voir ce spectacle dont Elle étoit ravie ; et

---

1. Il figure pour une somme de cinq cent soixante-treize mille cinq cent quarante livres sur la liste indiquée ci-dessus (p. 483, note 1). Une liste voisine (p. 654 du recueil de la Bibliothèque) porte une autre taxe de quinze cent mille francs.
2. Voyez le *Journal* d'Olivier d'Ormesson, tome II, p. 123.
3. Pierre Monnerot, reçu en 1661.

M. le duc de Roquelaure étant à sa suite, le Roi lui demanda qu'est-ce qu'il disoit de tout ce qui paroissoit dans ce lieu. Roquelaure, avec son accent gascon, répondit : « Parbleu, Sire, il me semble que « Monnerot se marie ! » Monnerot passoit alors pour le plus riche partisan du royaume, et celui qui avoit le plus profité des avances qu'il avoit faites dans le temps de la guerre, contre lequel il y avoit beaucoup de plaintes, et qu'on regardoit comme ayant levé des droits fort à la charge du peuple ; il pouvoit bien se faire que M. de Roquelaure n'eût pas sujet d'en être content. Cette réponse fit rire toute la compagnie et rendit le Roi un peu pensif. Je ne sais si cette raillerie fit quelque effet sur Sa Majesté ; mais dans la recherche qui fut faite quelques années après sur les partisans, Monnerot fut un des plus exactement recherchés et taxés, si bien qu'il mourut en prison, n'ayant voulu ou pu payer sa taxe. »

Deux partisans du nom de Monnerot figurent sur la liste des gens d'affaires taxés par la chambre de justice en 1662 et en 1663 : L. Monnerot, condamné à restituer huit cent trois mille six cent six livres ; L. G. Monnerot, condamné à en restituer cinq cent cinq mille trois cents. Ces deux personnages étaient sans doute les « deux vieux garçons riches, » du nom de Monnerot, qui vivaient encore en 1698 et payaient cent dix mille livres la location viagère d'une terre voisine de Paris, somme qui représentait à peu près la valeur de la propriété même de la terre (Dangeau, tome VI, p. 346). Peut-être étaient-ils frères de Nicolas Monnerot.

XII

Page 251, n° 19. — *Sylvain de ses deniers....* (1689).

Le nom de George (ou Gorge) se trouve ici dans toutes les clefs : « George, fameux partisan, qui a acheté le marquisat d'Entragues, dont il a pris le nom, est-il dit dans celles du dix-huitième siècle. Il est natif de Nantes, a fait fortune au tabac, en Bretagne, sous M. Fouquet, a de grands biens, et enfin a épousé Mlle de Valençay, fille du marquis de ce nom. »

George fut receveur général des aides de Paris durant le bail de François Legendre, de 1668 jusqu'à 1674 (Brossette, *Correspondance de Boileau avec Brossette*, édition Laverdet, p. 514). En 1670 il s'intéressa au bail de Dufresnoy (Dangeau, tome II, p. 332). Pour s'anoblir, il avait acheté une charge de secrétaire du Roi. Son mariage avec Mlle de Valençay, nièce du maréchal de Luxembourg et de la duchesse de Meckelbourg, fit quelque bruit, et c'est ce mariage qu'avait principalement en vue Boileau, voisin et ami de George, lorsqu'il écrivait les vers suivants (465-469) dans la satire *sur les Femmes* (1693) :

> Savez-vous que l'épouse avec qui je me lie
> Compte entre ses parents des princes d'Italie,
> Sort d'aïeux dont les noms...? — Je t'entends, et je voi
> D'où vient que tu t'es fait secrétaire du Roi :
> Il falloit de ce titre appuyer ta naissance.

« On prétend, dit Brossette, auquel nous empruntons une partie des détails qui précèdent, que George est dans les *Caractères* de la Bruyère sous le nom de *Sylvain*. »

Sa femme, devenue veuve, épousa le duc de Béthune (Saint-Simon, dans le *Journal* de Dangeau, tome I, p. 48).

XIII

Page 251, n° 20. — *Dorus passe en litière....* (1689).

Clefs du dix-huitième siècle : « M. de Guénégaud. » — Cette annotation ne semble pas justifiable ; nous ne connaissons pas de Guénégaud qui ait pu « triompher de la bassesse et de la pauvreté de son père. » Des clefs manuscrites portent « Dacquin le fils. » Cette annotation ne se comprend pas mieux. En 1689, Daquin le père était encore en faveur : il tirait plus de quarante-cinq mille livres de sa charge, sans compter les autres profits ; il n'avait donc rien de la pauvreté de *Sanga*[1].

XIV

Page 251, n° 21. — *On ne peut mieux user de sa fortune que fait Périandre....* (1690).

Clefs de 1693 et de 1697 : « M. de Langlée[2]. » Clefs du dix-huitième siècle : « M. de Langlée, qui a gagné beaucoup de bien au jeu ; il est maréchal des camps et armées du Roi ; — ou M. Pussort, conseiller d'État, oncle de feu M. Colbert. »

---

1. Voyez le *Dictionnaire des Bienfaits du Roi*. L'un de ses fils, d'Aquin Châteaurenard, conseiller honoraire au Parlement, secrétaire du cabinet, etc., avait épousé une femme fort riche, Mlle de l'Isle (voyez ci-après, p. 493, la note XXIV).

2. Il est des clefs manuscrites qui portent ici, en place de *Langlée*, soit *Langtois*, soit *Langlois d'Imbercourt*. Aucun Langlois, je crois, n'a eu assez de fortune ni de crédit pour jouer le rôle de *Périandre* (le plus connu était maître d'hôtel du Roi). C'est donc de Langlée, selon toute vraisemblance, qu'on a voulu parler. Quant au nom *Langlois d'Imbercourt*, il y a méprise : c'est Laugeois qui se faisait appeler d'Imbercourt : voyez ci-après la note XVI.

CLEFS ET COMMENTAIRES.   487

Beaucoup de traits du caractère de *Périandre* conviennent à Langlée. Il était riche, son hôtel somptueux, sa table délicate ; il prêtait « de bonne grâce, » attendait de « meilleure grâce encore, » dit Saint-Simon (tome II, p. 385), et tout « homme de rien » qu'il fût, s'était fait une situation particulière à la cour, où il avait le plus grand crédit. Mais il n'était pas marié ; son père, déjà riche lui-même, avait acheté une charge de maréchal des logis et ne pouvait le faire « rougir. » Sa mère avait été femme de chambre de la Reine mère, mais ce souvenir n'était nullement « odieux » à la cour[1]. — Le caractère 18 du chapitre *de la Cour* offrira un portrait beaucoup plus exact de Langlée, et le fera mieux connaître (voyez ci-après, p. 521, note III).

Quant à Henri Pussort, il ressemblait beaucoup moins encore à *Périandre*. Il « avoit, dit de lui Saint-Simon[2], le premier vol au conseil et aux commissions extraordinaires, mais dur et glorieux à l'excès. » — « M. Colbert l'avoit fait ce qu'il étoit, écrit-il encore dans ses *Mémoires* (tome I, p. 411) ; son mérite l'avoit bien soutenu. Il étoit frère de la mère de M. Colbert, et fut toute sa vie le dictateur, et pour ainsi dire l'arbitre et le maître de toute cette famille si unie. Il n'avoit jamais été marié, étoit fort riche et fort avare, chagrin, difficile, glorieux, avec une mine de chat fâché qui annonçoit tout ce qu'il étoit, et dont l'austérité faisoit peur et souvent beaucoup de mal, avec une malignité qui lui étoit naturelle. Parmi tout cela, beaucoup de probité, une grande capacité, beaucoup de lumières, extrêmement laborieux, et toujours à la tête de toutes les grandes commissions du conseil et de toutes les affaires importantes du dedans du royaume. C'étoit un grand homme sec, d'aucune société, de dur et de difficile accès, un fagot d'épines, sans amusement et sans délassement aucun, qui vouloit être maître partout, et qui l'étoit parce qu'il se faisoit craindre, qui étoit dangereux et insolent, et qui fut fort peu regretté. »

Pussort était *glorieux*, ce point lui est commun avec *Périandre* ; mais ce n'est pas à « sa fortune, » c'est-à-dire à sa richesse, qu'il devait sa situation à la cour ; c'est à ses emplois, au crédit de sa famille, « et bien autant à son mérite, » ainsi que le fait remarquer l'abbé Legendre, confirmant Saint-Simon sur ce point (*Mémoires*, livre III, p. 120). Si exigeant qu'il se montrât sur les égards qui lui étaient dus, il ne semble pas qu'il se soit jamais donné pour un homme de qualité, et son avarice devait l'empêcher d'user de sa fortune comme

1. Elle était la « bonne amie » de Lauzun, dit Mademoiselle dans ses *Mémoires* (tome IV, p. 462), et Mme de Grignan la recevait à dîner (*Lettres de Mme de Sévigné*, tome VIII, p. 417).
2. *Mémoires* de Dangeau, tome I, p. 242. — Pussort était conseiller d'État et membre du conseil des finances.

le fait *Périandre*. Son père, il est vrai, était simplement un marchand de Reims : les contemporains ont malignement noté cette modeste origine, en la rapprochant de ses emplois; mais en 1690 il avait sans doute perdu son père depuis longtemps : il avait lui-même soixante-quinze ans. Il mourut en 1697, sans avoir été marié.

XV

Page 252, n° 22. — *Combien d'hommes....* (1687).

Clefs manuscrites : « Les partisans. »

XVI

Page 253, n° 23. — *Si certains morts revenoient au monde....* (1687).

Clef de 1697 et clefs du dix-huitième siècle : « M. Laugeois (fils de M. Laugeois, receveur des consignations du Châtelet), qui a acheté la seigneurie d'Imbercourt, dont il porte le nom. »

Sur ce Laugeois, qui était fermier général, voyez ci-après, note XVIII. Il était à cette époque fermier général et secrétaire du Roi.

XVII

Page 254, n° 26. — *Ce garçon si frais, si fleuri....* (1687).

« M. le Tellier, archevêque de Reims, » dans toutes les clefs.

Avant et après sa nomination à l'archevêché de Reims (1671), Charles-Maurice le Tellier obtint un nombre considérable d'abbayes, et c'est là ce qui fit inscrire son nom à côté de cet alinéa. Il eut les abbayes (déjà énumérées en partie ci-dessus, p. 441) de Breteuil, de Lagny, de Saint-Bénigne de Dijon (1661), de Saint-Étienne de Caen (1668), de Saint-Rémi de Reims (1680), de Bonnefontaine (1682).

Il avait quarante-cinq ans en 1687.

XVIII

Page 254, n° 27. — *Chrysippe, homme nouveau....* (1690).

Laugeois, suivant toutes les clefs imprimées et presque toutes les clefs manuscrites.

« M. Laugeois, fermier général, dont le fils a épousé la fille du président Croizet, cousine de M. de Pontchartrain, et la fille le fils de M. le maréchal de Tourville, qui est devenu fort amoureux de sa belle-sœur et fut un jour obligé de se sauver par la fenêtre. » Telle est la note de la clef Cochin, qui est répétée dans les clefs du dix-huitième siècle, moins le dernier membre de phrase, et le nom de Croizet, président de chambre au Parlement, qui est remplacé par celui de Cousin, président à la chambre des monnaies.

Nous y signalerons une inexactitude. Ce n'est point le fils du maréchal de Tourville, mais le maréchal lui-même[1], Anne-Hilarion de Costentin, comte de Tourville, qui épousa le 15 janvier 1690 Louise-Françoise Laugeois, veuve de Jacques Darot, marquis de la Poplinière, et fille de Jacques Laugeois, seigneur d'Imbercourt, secrétaire du Roi, et de Françoise Gosseau.

« Elle n'étoit rien, dit Saint-Simon en parlant de Mme de Tourville, veuve de la Poplinière, homme d'affaires et riche. Quoiqu'elle en eût des enfants, elle étoit assez riche pour que Tourville eût envie de l'épouser. Laugeois, homme d'affaires, fort riche, donna beaucoup à sa fille pour ce mariage et les logea. » (*Mémoires*, tome VI, p. 125.) — « Outre ce qu'elle avoit eu à son premier mariage, » Mme de la Poplinière, dit Dangeau (tome III, p. 53), « a encore eu (*à l'occasion de son second mariage*) deux cent mille francs de M. de Laugeois son père; elle a outre cela cinquante mille écus qu'elle a épargnés sur ses revenus; on assure ces trois cent cinquante mille livres-là aux enfants qui viendront de ce mariage-ci. »

La 5ᵉ édition, dans laquelle parut le caractère de *Chrysippe*, fut publiée quelques mois après ce mariage, qui ne fut pas heureux.

Dans quelques clefs manuscrites, le nom de *Langlois*, par suite sans doute d'une mauvaise lecture, remplace celui de *Laugeois*, et il est accompagné du nom de « M. de Turmenies. »

Turmenies de Nointel était trésorier de l'extraordinaire des guerres. Il vendit cette charge en 1696 à Berthelot de Pleneuf, et acheta, au prix d'un million, celle de garde du trésor royal. Son administration dans ses premières fonctions fut soupçonnée d'irrégularité (Dangeau, tome IV, p. 207, et tome V, p. 309). — Voyez sur lui le *Chansonnier Maurepas* (tome XXVIII, p. 100 et 101). Il était père d'un intendant qui ne portait que le nom de Nointel, et sans doute aussi de Jean de Turmenies de Nointel, qui devint en 1690 conseiller de la première chambre des requêtes au Parlement.

XIX

Page 255, n° 28. — *Laissez faire Ergaste....* (1689).

L'imagination des chercheurs d'*affaires extraordinaires* qui entouraient les ministres était inépuisable. « Ces déplorables moyens, dit M. Pierre Clément en parlant des affaires extraordinaires, inventés

---

[1]. Il ne l'était pas encore en 1690. Il a été nommé maréchal de France en 1693.

pour fournir aux dépenses de la guerre, se multiplièrent surtout de 1672 à 1675. Rien malheureusement n'était plus aisé. Le contrôleur général, un traitant plus ou moins ingénieux, un intendant de province, avisait une matière imposable à laquelle on n'avait pas encore songé. L'affaire était mise aux enchères, adjugée au plus offrant et immédiatement exploitée. Le trésor n'avait plus qu'à recevoir. Abusant malgré eux de cette funeste ressource, les contrôleurs généraux de la seconde moitié du règne, Pontchartrain, Chamillart et Desmarets, épuisèrent le pays et le réduisirent à cet état de misère dont Boisguilbert et Vauban on tracé un si affligeant tableau [1]. »

Ergaste, dans la pensée de la Bruyère, est sans doute un traitant. Les auteurs des clefs en font unanimement un personnage de la cour, le baron de Beauvais, capitaine des chasses des environs de Paris [2].

Il avait obtenu en 1684 un privilége pour établir des voitures de louage qui devaient suivre la cour (*Dictionnaire des Bienfaits du Roi*),

--

1. *Lettres, instructions et mémoires de Colbert*, tome II, 1ʳᵉ partie, p. LXXXIV. — Les *donneurs d'avis* étaient depuis longtemps bien accueillis. Voyez le *Donneur d'avis aux partisans, sortant du cabinet des idées*, 1649, et *la Misère au temps de la Fronde*, par M. A. Feillet, p. 457.

2. Le baron de Beauvais, après avoir été maître d'hôtel du Roi (charge qu'il vendit cent cinq mille livres en 1684), acheta en 1685, moyennant cinquante-cinq mille écus, la charge de capitaine du bois de Boulogne, et obtint du Roi un brevet de retenue pour pareille somme. « Cette charge, est-il dit dans le *Dictionnaire des Bienfaits du Roi*, vaut sept mille livres du Roi, cinq mille livres de casuel, car il vend les charges de garde six cents écus, celle de portier quatre mille livres. » Plus tard, desservi auprès de Louis XIV par un contrôleur de la bouche, et accusé de vendre le gibier qu'il aurait dû envoyer à la table du Roi, il se vit obligé de se défaire de sa capitainerie : voyez Saint-Simon, tome IX, p. 31. Son portrait se trouve dans le premier volume des *Mémoires*, p. 112. « Il avoit été élevé, au subalterne près, avec le Roi.... Soutenu par sa mère et par un goût personnel du Roi, il avoit tenu son coin, mêlé avec l'élite de la cour, et depuis traité du Roi toute sa vie avec une distinction qui le faisoit craindre et rechercher. Il étoit fin courtisan et gâté.... » — Voici la note que contiennent, sur le baron de Beauvais, les clefs des éditions Coste imprimées en Hollande : « Le baron de Beauvais, grand donneur d'avis. Il a épousé Mlle Berthelot, fille de Berthelot des poudres, fermier général. Sa naissance est assez équivoque. On veut qu'il y ait de la pourpre et des lys mêlés. D'autres assurent qu'il n'y a rien que l'ordinaire. Sa mère étoit de la confidence particulière de la feue Reine mère, et le bruit est que ce fut elle qui fut la première à assurer la Reine que le Roi, qui dans sa jeunesse paroissoit fort indifférent pour les dames, étoit très-sûrement propre au mariage, *liberis procreandis aptissimum*. L'on veut que Mme de Richelieu soit de la même famille. Son père étoit marchand de rubans au Palais, et sa mère s'appeloit *Cateau la Borgnesse* ; par ses libéralités, elle a fait M. Fromenteau comte de la Vauguyon, cordon bleu. » — Voyez sur la Vauguyon et Mme de Beauvais les *Mémoires* de Saint-Simon, tome I, p. 111 et 112.

CLEFS ET COMMENTAIRES.   491

et l'avait fait confirmer en 1685, à la suite d'un procès qu'il gagna, et dont le gain lui valut une augmentation de revenu de douze mille livres (Dangeau, tome I, p. 204); mais ce ne peut être en souvenir de ce privilége qu'il mérita d'être reconnu dans le caractère d'*Ergaste*. Cette concession, que le baron de Beauvais avait achetée moyennant la somme annuelle de douze mille livres, payables à la recette du domaine royal, n'avait rien de commun, en effet, avec les affaires extraordinaires qu'imagine *Ergaste*.

Une de nos clefs marginales porte cette note : « Francine, ou le baron de Beauvais, auquel le Roi a donné les ronces et les épines qui croissent sur le chemin de Versailles. » Si le baron de Beauvais a vraiment obtenu cette concession d'épines, ce que nous ignorons, il y serait fait allusion dans ce membre de phrase : « il sait convertir en or jusques aux roseaux, aux joncs et à l'ortie. »

Quant au nom de *Francine*, il vient ici mal à propos. Il s'agit de Pierre Francine, maître d'hôtel ordinaire du Roi, intendant des eaux et fontaines des maisons royales[1], mort au mois d'avril 1686. « C'est lui qui a fait l'établissement des chaises roulantes, » est-il dit dans le *Dictionnaire des Bienfaits du Roi*, et telle est la raison qui a fait inscrire son nom à côté de celui d'*Ergaste*.

La même clef nomme Lulli à propos d'*Orphée*. Il est possible que la Bruyère pense à Lulli en disant *Orphée*; quoi qu'il en soit, ce n'est pas d'un opéra intitulé *Orphée* qu'il s'agit. J. B. Lulli n'a pas fait d'opéra qui ait ce titre, et l'opéra d'*Orphée*, composé par ses fils Louis et Jean-Baptiste, n'a été représenté qu'en 1690, un an après la publication de ce caractère.

XX

Page 255, n° 29. — *Ne traitez pas avec Criton....* (1690).

Clefs du dix-huitième siècle, jusqu'à l'édition de 1740 inclusivement : « Feu Berrier[2], le commis de Colbert. Il étoit Manceau, simple sergent de bois[3]. Il se fit connoître à M. Colbert du temps de la réforme des forêts de Normandie, et s'en fit si bien écouter qu'il gagna sa confidence, au moyen de laquelle il lui a donné une infinité d'avis, qui lui ont fait acquérir de grands biens[4]. Il a laissé plusieurs

---

1. C'est son fils qui a épousé la fille de Lulli.

2. La clef Cochin dit par erreur : « feu M. de la Ferrière. » La note dont elle accompagne ce nom ne peut convenir qu'à Berrier le père.

3. Quelques-uns prétendaient même qu'il avait été tout d'abord marqueur de jeu de paume.

4. Louis Berrier a été nommé successivement directeur de la Compagnie des Indes orientales (1665), secrétaire du conseil (1666), commissaire pour la vi-

enfants, dont un est maître des requêtes, appelé M. de la Ferrière, qui a épousé la petite-fille de M. de Novion, premier président, qui pour consentir à cette alliance reçut cent dix mille livres; ce mariage a depuis été fort traversé, et la jeune dame en a bien fait accroire à son mari. [Il fut greffier de la commission pour faire le procès à M. Foucquet, auquel de concert avec M. Colbert on vouloit faire perdre la vie, dans laquelle commission il fit plusieurs faussetés, dont craignant, après l'arrêt rendu de M. Foucquet, d'être recherché, il feignit d'avoir perdu l'esprit et se retira aux Enfants-Trouvés de la porte Saint-Antoine, par laquelle ruse, à la faveur de M. Colbert, il évita la peine de ses faussetés[1].] » Ce qui est placé entre crochets ne se trouve que dans le manuscrit Cochin; les éditions françaises ont de plus supprimé le membre de phrase : *et la jeune dame*, etc. Berrier mourut en 1686, quatre ans avant la publication de ce caractère, et dans les dernières années de sa vie, il vécut assez loin du monde et des affaires pour que le caractère de *Criton* eût cessé de lui être applicable.

XXI

Page 256, n° 30. — *Brontin, dit le peuple....* (1689).

Clef de 1697 : « Berrier, partisan. » — Clefs des éditions de 1697 et de 1720 : « MM. Berrier, dont on fait courir les *Méditations*. » — Clefs des éditions Coste, jusqu'à 1740 inclusivement: « M. de Pontchartrain, à l'institution des Pères de l'Oratoire, ou Berrier, dont on a fait courir les *Méditations*. » Dès l'édition de 1759, le nom de Berrier disparaît de toutes les listes, et c'est Pontchartrain qui, par suite de la suppression de ce nom, est indiqué comme l'auteur présumé des *Méditations*.

Berrier le père, dont il s'agit évidemment, était mort depuis trois

---

site des ports de Normandie, commissaire pour les affaires du domaine, membre de la commission chargée de juger Foucquet (1672), secrétaire des commandements de Marie-Thérèse avec la survivance de la charge pour son fils aîné, M. de la Ferrière. En 1681, il donna sa démission de secrétaire du conseil et fut remplacé par celui de ses fils qui avait épousé Mlle de la Rochefontaine. — « Peu de temps avant la mort de Berrier, dit Walckenaer, p. 686, on avait parlé de lui imposer de grosses taxes, ainsi qu'à Béchameil; et Louis XIV avait nommé des commissaires à cet effet (conférez les *Mémoires* du marquis de Sourches, tome II, p. 179). » — Cette affaire suivit son cours : au mois d'août 1688, MM. Berrier furent taxés à un million, Béchamel à deux cent quarante mille livres (Dangeau, tome II, p. 159).

1. Conférez les *Lettres de Guy Patin* du 4 décembre 1663, tome III, p. 447, édition de M. Réveillé-Parise, et les *Lettres de Mme de Sévigné*, tome I, p. 448.

ans. Pourquoi le nommer ici? quelles sont ces *Méditations* qu'on lui attribue[1]? Une clef manuscrite donne *Bernier*, au lieu de *Berrier :* faute de lecture sans doute.

Quant à Pontchartrain, il était intendant des finances au moment où parut cet alinéa. Il avait « beaucoup de piété, » dit Saint-Simon (tome II, p. 305), et faisait ses retraites de dévotion à l'Oratoire; de là l'inscription de son nom à cette place.

XXII

Page 256, n° 34. — *Il y a une dureté de complexion....* (1689).

Clefs du dix-huitième siècle : « M. Pelletier de Sousy. » Voyez sur ce personnage, p. 447 et 448.

XXIII

Page 25, n° 35. — *Fuyez.... Je découvre sur la terre un homme avide....* (1690).

Clef Cochin et clef de 1720 : « M. de Louvois. » — Clefs des éditions Coste : « M. de Pontchartrain. »

Il est superflu de le faire remarquer, cet alinéa, comme le précédent, comme bien d'autres, s'applique d'une manière générale aux fermiers, aux partisans, nullement à tel ou tel d'entre eux.

XXIV

Page 258, n° 38. — *Un homme d'un petit génie....* (1690).

Clefs du dix-huitième siècle : « MM. Thomé, de Lisle et Tirman[2]. »

Un Thomé est fermier général dans les premières années du dix-huitième siècle (voyez l'*Almanach royal* de 1709). Le nom *de Lisle* se retrouve sur les listes des gens d'affaires taxés par la chambre de justice. Un secrétaire du Roi, nommé de Lisle, avait fait sa fortune étant agent des Suisses; il était, vers 1686, propriétaire de toutes les brasseries de Paris. Il avait marié sa fille à

---

1. Sa retraite à l'hôpital des Enfants-Trouvés a-t-elle donné lieu à quelque libelle faussement publié sous son nom? — Quoi qu'il en soit cette retraite n'avait rien de commun avec la retraite de « huit jours » de *Brontin*.

2. On lit dans la plupart des clefs imprimées : « Thomé de Lisse et Tirman ; » mais il s'agit de trois personnages, et non de deux; de plus le second nom est *de Lisle* dans la clef imprimée de 1725 et dans les meilleures clefs manuscrites.

Antoine d'Aquin, fils du médecin. (*Dictionnaire des Bienfaits du Roi*, au nom *Aquin*.)

Page 259. — *Il y a même des stupides, et j'ose dire des imbéciles....* (1690).

Clef Cochin et clefs du dix-huitième siècle : « M. Nicole, sieur d'Orville, fils de Mlle Nicole (*dans les clefs imprimées :* M. Nicolas d'Orville, fils de Mme Nicole), qui étoit dans la confidence des amours du Roi avec Mlle de la Vallière. Il étoit trésorier de France à Orléans ; de si peu d'esprit qu'un jour étant interrogé qui étoit le premier empereur romain, il répondit que c'étoit Vespasien. Il n'a pas laissé que d'amasser du bien à deux filles qui ont été mariées : l'une à Salomon de Gueneuf (*dans les clefs imprimées :* Guneuf), trésorier de France à Orléans ; l'autre au sieur de Montoron (*dans les clefs imprimées :* au sieur Bailli de Montorond). Ce d'Orville étoit receveur des gabelles à Orléans. »

Clef de 1697 : « M. Boucherat, chancelier de France. »

« Qui eût voulu faire exprès un chancelier de cire, dit Saint-Simon (tome II, p. 297), l'eût pris sur M. Boucherat. Jamais figure n'a été si faite exprès ; la vérité est qu'il n'y falloit pas trop chercher autre chose, et il est difficile de comprendre comment M. de Turenne s'en coiffa, et comment ce magistrat soutint les emplois, quoique fort ordinaires, par lesquels il passa. » — « M. Boucherat, écrit de son côté l'abbé Legendre (livre III, p. 113), homme en réputation avant qu'il fût chancelier, et si peu depuis qu'il le fut qu'il ne put jamais parvenir à être ministre ; grand discoureur, pointilleux sur le cérémonial, du reste un assez bon homme, qui aimoit à faire plaisir. Il devoit son élévation au bonheur de s'être trouvé le plus fort et le plus vigoureux des vieillards du conseil. »

« Les emplois fort ordinaires » par lesquels passa Louis Boucherat sont les suivants : correcteur à la chambre des comptes, conseiller aux requêtes du Palais, maître des requêtes (1640), intendant à Paris, en Champagne, en Guyenne, en Languedoc ; commissaire de la chambre de justice (1662), conseiller d'État ordinaire (1662), commissaire aux états de Bretagne de 1657 à 1679 (moins les années 1663 et 1665), commissaire pour les usurpations de titres de noblesse, président de la chambre des poisons et de celle de Saint-Lazare (1673), l'un des commissaires chargés de juger souverainement le procès des accusés de crimes contre l'État, chef de la commission pour le procès des trésoriers provinciaux des guerres, conseiller au conseil royal des finances (1681), conseiller d'honneur au Parlement, chancelier de France (1685). (*Dictionnaire des Bienfaits du Roi.*) — Né en 1616, il mourut en 1699.

XXV

Page 259, n° 41. — *Quel est le fruit d'une grande fortune....* (1690).

Clefs du dix-huitième siècle : « Boucherat, chancelier de France. » Annotation ridicule. Les éditeurs du dix-huitième siècle ont placé par inadvertance, à côté de cette réflexion, le nom que diverses clefs antérieures mettaient en regard du quatrième alinéa de la réflexion 38 : voyez la note précédente.

XXVI

Page 260, n° 43. — *Le marchand fait des montres....* (1694).

Clefs du dix-huitième siècle : « Boutet, *A la Tête Noire*, rue des Bourdonnois. Son père a acheté le marquisat de Franconville-sans-pareil, près Paris, qui lui a attiré une infinité de procès pour les droits honorifiques, et qui s'est ruiné à les soutenir. »

XXVII

Page 260, n° 46. — *Les hommes, pressés par les besoins....* (1687).

Clefs du dix-huitième siècle : « Feu M. Racine. »
Il est douteux que la Bruyère, admirateur et ami de Racine, ait prévu cette application; et si Louis Racine l'eût connue lorsqu'il a écrit ses mémoires sur son père, il aurait sans aucun doute pris le soin de la combattre. Il est tout naturel cependant que la malignité ait tourné cette réflexion contre Racine, abandonnant le théâtre après *Phèdre* (1677). Mais Racine avait-il donc fait une récolte de gain comme une récolte de gloire? Tel n'est point le sentiment de son fils Louis Racine, qui dit que son père laissa « plus de gloire que de richesses. » Le public toutefois s'y trompait :

Ces illustres du temps, Racine et Despréaux,
Sont du mont Hélicon les fermiers généraux,

avait écrit le duc de Nevers, cité par M. Paul Mesnard dans sa *Notice biographique sur Jean Racine* (*OEuvres de Racine*, tome I, p. 117, note 1). Rappelons encore ces vers, également cités par M. Mesnard (p. 97), et tirés des *Diversités curieuses* (Amsterdam, 1699), dans lesquels est raillée la résolution qui enlevait Racine au théâtre :

Plein des dons de la cour, sur le point de vieillir,
Il méprise un métier qui vient de l'anoblir.

Le satirique anonyme est ici plus juste que ne l'eût été la Bruyère appliquant sa réflexion à Racine. Le théâtre n'avait pas enrichi Racine, mais il l'avait *anobli*, de quelque façon qu'on l'entende : par l'illustration littéraire qu'il lui valut, il l'avait *ennobli*, comme nous écrivons aujourd'hui ; il l'avait également *anobli* si l'on veut, puisque, en raison de cette illustration, le Roi lui avait donné une charge de trésorier de France, et que cette charge conférait la noblesse.

Une clef manuscrite fait ici de Racine le fils d'une blanchisseuse de gros linge.

Une autre ajoute au nom de Racine le nom peu connu de « M. Soulet, secrétaire du Roi. » Nicolas Soullet avait acheté le titre de secrétaire du Roi en 1680. Il résigna ses fonctions en 1701, et obtint des lettres d'honneur.

XXVIII

Page 261, n° 47. — *Il y a des misères.... L'on mange ailleurs des fruits précoces....* (1690).

Clef de 1697 : « M. de Seignelay. »

Il est possible qu'un annotateur, voulant à toute force mettre un nom à côté de cette réflexion générale, ait choisi celui de Seignelay, qui faisait d'immenses dépenses tant à Paris que dans sa maison à Sceaux ; mais on peut supposer également que le rédacteur de la clef de 1697 a déplacé par mégarde le nom de *Seignelay*, inscrit un peu plus bas par presque toutes les clefs. Voyez la note XXIX, qui suit.

XXIX

Page 261, n° 49. — *Celui-là est riche.... Tel, avec deux millions de rente....* (1692).

Clefs du dix-huitième siècle : « M. de Seignelay. »

Jean-Baptiste Colbert, marquis de Seignelay, ministre et secrétaire d'État, était mort en novembre 1690. En annonçant sa mort à Bussy, le 13 novembre 1690, Mme de Sévigné écrivait la réflexion que fait ici la Bruyère : « Ce qui nous a surpris, c'est qu'on dit que Mme de Seignelay renonce à la communauté, parce que son mari doit cinq millions. Cela fait voir que les grands revenus sont inutiles quand on en dépense deux ou trois fois autant. » (Tome IX, p. 583.) Si Bussy est bien informé, Seignelay laissait au contraire une assez belle fortune : « .... Il a donné, répond Bussy à sa cousine le 19, deux cent mille francs par testament à sa femme, et cent mille écus à son dernier fils, et.... toutes dettes payées, il laisse quatre cent mille livres de rente. » (*Ibidem*, p. 584 et 585.)

*Il n'y a rien qui se soutienne...; il n'y a rien dont on voie mieux
la fin....* (1692).

Les clefs du dix-huitième siècle impriment ici les noms peu connus, et pris au hasard sans doute parmi les gens d'affaires, de « MM. le Noir, André le Vieux, Doublet, » noms que diverses clefs marginales placent un peu plus loin, en regard de la réflexion 58. C'est là peut-être qu'ils étaient primitivement inscrits. Il ne semble pas en effet que ces personnages aient attiré l'attention par une ruine éclatante, qui eût justifié leur inscription à côté du troisième alinéa de la réflexion 49 ; tandis qu'il suffisait qu'ils fussent partisans, pour qu'un annotateur écrivit leurs noms en marge de la réflexion 58. Les noms de le Noir, le Vieux, Doublet figurent sur les listes des gens d'affaires condamnés à restitution par la chambre de justice en 1662 et 1663. En 1692, se trouvent inscrits sur la liste des secrétaires du Roi un Simon le Noir et un Nicolas Doublet; sur celle des conseillers du Parlement, un Nicolas Doublet; sur celle des conseillers des aides, un André Georges le Vieux.

XXX

Page 263, n° 56. — *Si les pensées, les livres et leurs auteurs....* (1690).

Clefs de 1693 : « Les *Fauconnets*, financiers du dernier bail. » — Clef de 1697 : « Fauconnet, financier du dernier bail des fermes unies. » — Clefs du dix-huitième siècle : « Les *Fauconnets*, les Berthelots, parce que ce fut sous le bail des Fauconnets que Berthelot et ses parents gagnèrent leur bien. »

Jean Fauconnet, bourgeois de Paris, avait réuni dans ses mains trois fermes jusque-là distinctes : 1° celle des domaines de France ; 2° celle des domaines des nouvelles conquêtes de Flandre, des villes et places cédées par le traité de Nimègue; 3° celle des gabelles, aides, entrées, et cinq grosses fermes[1]. Ces trois fermes avaient été précédemment adjugées, la première, par un bail daté du 31 décembre 1675, à Jacques Buisson; la seconde, par un bail daté du 20 mai 1679, à Bernard du Sault; la troisième, par un bail daté

---

1. Les *cinq grosses fermes*, suivant la définition de Forbonnais, se composaient des droits suivants : 1° droits de sortie sur toutes denrées et marchandises ; 2° droits d'entrée sur les drogueries et épiceries; 3° subside de cinq sous par muid de vin dans les villes et lieux y assujettis des généralités de Normandie et de celles d'Amiens, Châlons et Soissons ; 4° droits des *traites domaniales* sur certaines denrées et marchandises; 5° droits d'entrée des grosses denrées et marchandises, indépendamment de divers droits réunis auxdites fermes.

du 27 juin 1680, à Claude Boutet. Quand on mit aux enchères le bail des domaines en 1681, Fauconnet offrit, moyennant une surenchère d'un million huit cent mille livres, si je ne me trompe, de se rendre adjudicataire à la fois, et par un même bail, des domaines et des gabelles. Le bail Boutet fut rompu à son profit, et un bail, daté du 26 juillet 1681, lui livra les fermes-unies pour six années : elles devaient commencer, pour les gabelles, les cinq fermes, etc., le 1er octobre 1681, et pour les domaines, le 1er janvier 1682. Sans parler des frais accessoires d'expédition, enregistrement, etc., Fauconnet s'engageait à payer pour la première année cinquante-six millions six cent soixante-dix mille livres ; ce prix devait s'augmenter de cent mille livres pendant les quatre années suivantes, et s'arrêter, pour les deux dernières, à la somme de cinquante-sept millions soixante-dix mille livres [1].

Nous avons dit qui était Jean Fauconnet; mais quels sont *les Fauconnets* dont veut parler la Bruyère ? Ce ne sont pas, à notre avis, les Berthelot, ni tels autres hommes d'affaires en particulier; ce sont tous les partisans, tous les *manieurs d'argent* en général, quels qu'ils soient.

Les Berthelot, d'ailleurs, n'avaient pris aucune part au bail Fauconnet : ils ne figurent jamais parmi les financiers dont Fauconnet est le prête-nom. Ils ne paraissent que dans les fermes postérieures. C'est un Berthelot, en effet, qui, sous le nom de Pierre Domergue, obtint la ferme des gabelles et des cinq grosses fermes, quand fut terminé le bail Fauconnet [2]; Dangeau le fait figurer parmi les nou-

[1]. Voici les sommes pour lesquelles figurait chaque ferme dans cette somme totale : gabelles, dix-sept millions sept cent cinquante mille livres pour la première année, avec augmentation de cent mille livres pour chacune des quatre années suivantes; aides et entrées, vingt-deux millions; cinq grosses fermes et autres fermes et droits en dépendant, onze millions trois cent quatre-vingt mille francs; domaines, cinq millions cinq cent quarante mille francs. Voyez sur ce bail l'arrêt du conseil d'État en date du 21 juillet 1681, dans le *Recueil des édits et ordonnances du Roi concernant les droits et domaines de la couronne*, avec les commentaires de Carondas le Caron, tome II, p. 572 et suivantes, édition de 1735; l'arrêt du conseil royal des finances du 1er juillet 1681, et celui du conseil d'État du 5 juillet 1681, dans le Recueil Saint-Genis, à la bibliothèque du Louvre; et surtout le *Bail des gabelles de France et droits y joints des gabelles et évêchés de Metz, Toul et Verdun*, etc., etc., fait à Me Jean Fauconnet le 26 juillet 1681 (Paris, veuve Saugrain et P. Prault, 1726, in-4° de 218 pages). Un exemplaire de ce bail est conservé dans le *Supplément au Recueil des édits*, etc., *concernant les domaines* (Paris, 1726), que possède la bibliothèque du Louvre (B 674 in-4°, tome I).

[2]. A l'expiration du bail Fauconnet, on fit deux parts de cette ferme générale : les gabelles et les cinq fermes furent données à Pierre Domergue,

veaux intéressés, et non parmi les anciens. Le prête-nom des Berthelot est donc Domergue : les annotateurs ont confondu le bail de ce nom, qui, commencé en l'année 1687 pour six années, durait encore quand la Bruyère inséra dans ses *Caractères* le nom générique des *Fauconnets*, et le bail Fauconnet, qui l'avait précédé.

XXXI

Page 264, n° 58. — *Il y a des âmes sales....* (1687).

Clef de 1697 : « Berthelot père. »

Berthelot père est François Berthelot, fournisseur de l'armée et commissaire général des poudres en 1672, trésorier de la maison de la Dauphine (moyennant trois cent mille livres) en 1680, secrétaire de ses commandements (moyennant quatre cent soixante mille livres) en 1681, nommé conseiller d'État la même année, avec une pension de trois mille livres [1]. Il y a eu plusieurs Berthelot ; mais c'est François Berthelot, si je ne me trompe, qui afferma les gabelles et les cinq grosses fermes en 1687 (voyez la note précédente).

Le Roi avait meilleure opinion de Berthelot que les annotateurs des *Caractères*, car il voyait en lui « l'homme d'affaires le plus capable de faire les recouvrements sans tourmenter les peuples. » (Dangeau, tome II, p. 36.) — Une clef manuscrite a nommé ici d'autres personnages : voyez ci-dessus, p. 497, la note XXIX.

XXXII

Page 265, n° 60. — *Pendant qu'Oronte....* (1687).

« M. de la Ravoye, maître des comptes, homme de fortune, qui a épousé Mlle Valière, fille d'un intéressé, très-jolie personne : » telle est l'annotation des clefs du dix-huitième siècle. La clef Cochin porte : « M. Neret, seigneur de Ravoye, » sans ajouter le titre de

ou plutôt à Berthelot, pour trente-six millions, et non trente-sept, comme le dit Dangeau ; les aides et les domaines à Christophle Charrière pour vingt-sept millions (aides, vingt et un millions ; domaines, six millions : voyez Dangeau, tome II, p. 35 et 36, et le *Recueil des édits* précédemment cité, tome II, p. 257 et suivantes, édit du 18 mars 1687). — Dangeau ne nomme pas Domergue, mais c'est sous son nom que fut fait le bail des gabelles et des cinq fermes.

1. Son fils aîné était conseiller au Parlement ; son second fils avait la survivance de la charge de secrétaire des commandements de la Dauphine. Ses filles épousèrent, l'une le petit-fils du premier président de Novion, l'autre le comte Gacé de Matignon. La première avait reçu de son père une dot de cinq cent mille livres, la seconde une dot de six cent mille.

maître des comptes ; la clef de l'édition de 1697 le qualifie simplement de « partisan dans les finances du Roi. »

Dans l'*Almanach royal* de 1692, il est fait mention d'un M. de la Ravoye, receveur pour la généralité de Poitiers, demeurant rue d'Anjou, au Marais, et d'un M. Valière, receveur pour la généralité de Tours, demeurant rue Saint-Antoine. M. de la Ravoye ne devint maître des comptes que beaucoup plus tard, si toutefois il le devint jamais. Peut-être l'a-t-on confondu avec Gervais-François Neret, qui entra à la chambre des comptes en 1704. — Sur M. et Mme de la Ravoye, on peut consulter le *Chansonnier Maurepas*, tome XXIX, p. 155, 199, etc.

XXXIII

Page 265, n° 61. — *Le mariage....* (1687).

Clefs du dix-huitième siècle : « MM. Doujat, Hervé, de Grammont. »

Il y a là les noms de trois personnages différents, bien qu'on lise dans presque toutes les clefs : « M. Doujat Hervé de Grammont. Ces trois personnages nous semblent être des conseillers du Parlement.

Jean Doujat, nommé conseiller à la deuxième chambre des enquêtes du parlement de Paris en 1647, puis conseiller de la grand'chambre en 1682, est ainsi jugé par l'auteur des notes secrètes sur le parlement de Paris : « Doujat, présomptueux, se croyant habile au delà de ce qu'il est ; contredisant, plein de boutades, joueur ruiné et séparé de sa femme. » (*Correspondance administrative sous Louis XIV*, tome II, p. 48.)

Hervé doit être le conseiller de ce nom, doyen du Parlement, qui reçut du Roi le 10 avril 1690 « l'ordre de se défaire de sa charge, parce qu'il se servoit de son pouvoir pour ne point payer ses créanciers. » (Dangeau, tome III, p. 96.) Nous ne savons s'il s'était déjà signalé à l'attention publique par quelque friponnerie en 1687. Nous l'avons nommé en parlant des infortunes du conseiller Vedeau de Grammont (voyez ci-dessus, p. 471, note XIII). Il mourut en 1690.

Il est également vraisemblable que « M. de Grammont » est le conseiller Vedeau de Grammont, accusé en 1685 d'avoir falsifié son contrat de mariage et un registre du Parlement (voyez la même note).

Une clef manuscrite ajoute les noms de Godard, de Queslin, Canaye, trois autres conseillers du Parlement : Jean-Jacques Godard était conseiller depuis 1667, Nicolas de Queslin depuis 1659, Étienne Canaye, sieur de Montreau, depuis 1685. — Sur Godard, voyez le *Chansonnier Maurepas*, tome XXVII, p. 267.

Épouser une veuve.... (1689).

Clef de 1697 : « Le duc d'Estrées, le comte de Marsan. » — Clefs du dix-huitième siècle : « Le duc d'Atri, le comte de Marsan. »

Le duc François-Annibal d'Estrées, maréchal de France, avait eu pour seconde femme Anne Habert de Montmor, fille de Jean Habert, trésorier des guerres, et veuve de Charles de Thémines, sieur de Lauzières. Il l'avait épousée en 1634, elle était morte en 1661, et lui-même ne vivait plus depuis 1670. Il est le seul d'Estrées de cette époque qui ait épousé une veuve, et ce serait un souvenir bien lointain que celui qui eût amené son nom ici. Sans doute on aura lu par erreur d'*Estrées*, au lieu d'*Atri*.

Louis Saladin d'Anglure-Bourlemont, duc d'Atri, grand d'Espagne, frère du cardinal Aquaviva, et neveu d'un autre cardinal du même nom, d'abord lieutenant de Roi de Champagne au département de Reims et de Réthel (1686), puis capitaine des gardes du corps et de la compagnie Italienne, épousa en 1682 Antoinette Colbert, veuve du président de la chambre des comptes la Cour. — Voyez sur d'Atri les *Mémoires* de Dangeau, tome IV, p. 454, etc.

Le nom du comte de Marsan nous montre clairement que c'est la première partie de la phrase (*épouser une veuve.... signifie faire sa fortune*) que les commentateurs appliquent aux personnages qu'ils nomment ici : Charles de Lorraine, comte de Marsan, dernier fils du comte d'Harcourt, épousa successivement deux veuves pour s'enrichir.

A vingt-sept ans, il avait déjà tenté de *faire fortune* en épousant Catherine Scarron de Vaures, veuve, depuis 1669, du maréchal Antoine d'Aumont, et âgée de soixante-cinq ans. « Elle voulut l'épouser, dit Saint-Simon (tome VI, p. 430), et lui donner tout son bien en le dénaturant. Un fils la fit mettre dans un couvent, par ordre du Roi, et bien garder. » Ceci se passait à la fin de 1675. « Le petit Marsan, écrit Mme de Sévigné le 24 novembre de la même année (tome IV, p. 246), a fait, en son espèce, la même faute que Lauzun, c'est-à-dire de différer, et de donner de l'air à une trop bonne affaire. Cette maréchale d'Aumont lui donnoit cinq cent mille écus ; mais M. le Tellier ne le veut pas, et le Roi l'a défendu. On me mande pourtant que la maréchale a parlé à Sa Majesté, et qu'elle n'a point paru folle, et que M. de Marsan a dit au Roi : « Sire, comme j'ai vu « que mes services ne méritoient aucune récompense auprès de vous [1],

---

[1]. Il était à cette époque aide de camp du Roi. C'est peut-être à la suite de ce discours que le Roi lui donna une pension de dix mille livres sur l'évêché de Cahors, puis une pension de neuf mille livres. (*Dictionnaire des Bienfaits du Roi.*)

« j'avois tâché de me mettre en état de vous les rendre à avenir sans
« vous importuner de ma misérable fortune[1]. »

Sa première femme fut Marie, fille unique du maréchal d'Albret, veuve de Charles-Amanieu d'Albret, sire de Pons, appelé le marquis d'Albret. « Elle étoit franche héritière, dit Saint-Simon (tome XI, p. 52), c'est-à-dire riche, laide et maussade. Le marquis d'Albret, jeune, galant, bien fait, étourdi.... n'en fit pas grand cas, et se fit tuer malheureusement pour une galanterie, à la première fleur de son âge. Sa veuve demeura sans enfants avec sa belle-mère (*Mme de Richelieu*), qui la fit faire dame du palais de la Reine, aux premières que le Roi lui donna. Le comte de Marsan, jeune, avide et gueux, qui avoit accoutumé de vivre d'industrie, et qui avoit ruiné la maréchale d'Aumont, fit si bien sa cour à la marquise d'Albret, qui n'avoit pas accoutumé d'être courtisée, qu'elle l'épousa (*le 22 décembre 1682*) en lui donnant tout son bien par le contrat de mariage, sans que la duchesse de Richelieu en sût rien que lorsqu'il fallut s'épouser[2]. Elle en fut la dupe. M. de Marsan la laissa dans un coin de sa maison, avec le dernier mépris et dans la dernière indigence, tandis qu'il se réjouissoit de son bien. Elle mourut[3] dans ce malheur, sans enfants. »

Après la mort de sa femme le comte de Marsan eut à soutenir un procès contre ses héritiers; il le gagna et conserva la terre de Pons, Mortagne, le marquisat d'Ambleville, et sans doute aussi des terres en Béarn. Voyez Dangeau, tome IV, p. 241.

En février 1696, il épousa Catherine de Matignon, veuve de Seignelay. Il avait alors cinquante mille livres de rente, auxquelles le Roi, un an plus tard, ajouta une nouvelle pension de onze mille francs. Mme de Seignelay possédait soixante-cinq mille livres de rente. Il lui en laissa vingt pour ses habits et ses menus plaisirs, et lui assura vingt mille francs de douaire pour le cas où elle n'aurait pas d'enfants, douze mille pour celui où elle en aurait (Dangeau, tome V, p. 366, et tome VI, p. 123).

Il la perdit en 1699. Quant à lui, il mourut en 1708, âgé de

---

1. Le 27 novembre, Mme de Sévigné revient sur ce sujet (p. 252) : « Le mariage du joli prince n'est pas tout à fait rompu; mais on dit que tous les trésors dont on a parlé seront réduits à cent mille écus : ah! pour cent mille écus, je ne voudrois pas coucher avec cette sorcière ! »

2. « M. de Marsan épousa hier Mme d'Albret, écrit Mme de Sévigné le 23 décembre 1682 (tome VII, p. 200); je pense que l'amour n'étoit pas de cette fête. » Et Bussy de répondre sur le même ton (*ibidem*, p. 203). Ce mariage, désapprouvé par le Roi, fit perdre à Mme de Marsan sa place de dame du palais.

3. Le 14 juin 1692.

soixante ou soixante-deux ans. Saint-Simon a exprimé plus d'une fois le mépris que lui inspirait le comte de Marsan. « C'étoit, dit-il (tome VI, p. 430-432), un extrêmement petit homme, trapu, qui n'avoit que de la valeur, du monde, beaucoup de politesse et du jargon de femmes, aux dépens desquelles il vécut tant qu'il put. Ce qu'il tira de la maréchale d'Aumont est incroyable.... *Il* étoit l'homme de la cour le plus bassement prostitué à la faveur et aux places, ministres, maîtresses, valets, et le plus lâchement avide à tirer de l'argent à toutes mains,... homme si bas et si avide, qui toute sa vie avoit vécu des dépouilles de l'Église, des femmes, de la veuve et de l'orphelin, surtout du sang du peuple. »

XXXIV

Page 266, n° 63. — *Dîne bien, Cléarque....* (1690).

Clef de 1697 et clefs suivantes : « M. du Buisson, intendant des finances. »

Constantin Heudebert du Buisson, fils d'un trésorier de Normandie, originaire du Mans, parent éloigné du chancelier le Tellier, a été successivement nommé maître des comptes, maître des requêtes (1679), juge de l'Arsenal pour juger en dernier ressort tous les procès civils et criminels des trésoriers provinciaux des guerres, et enfin intendant des finances (1690). C'est l'année même où il fut nommé intendant des finances que parurent les deux caractères où l'on prétendit le reconnaître. Voyez ci-dessus, p. 468, note VII.

XXXV

Page 266, n° 65. — *L'avare dépense plus mort....* (1690).

Clefs du dix-huitième siècle : « M. de Morstein, qui avoit été grand trésorier de Pologne, et qui étoit venu s'établir à Paris, où il est mort (*en* 1693). Il étoit fort avare. »

M. de Morstein, grand trésorier de Pologne, puis ambassadeur de Pologne en France, « avoit été fort accusé de malversations » dans son pays, et l'avait abandonné « par la peur qu'il eut d'être poussé, » dit Saint-Simon (tome I, p. 278 et note sur Dangeau; tome IV, p. 219).

Il était donc venu s'établir en France « avec sa femme, *son* fils unique et quantité de richesses, » et « y avoit acheté de grosses terres » (voyez Saint-Simon, tome I, p. 278, et Dangeau, tome IV, p. 219).
— « Il passa le reste de sa vie en France, avec sa femme, fort peu considérés, dit encore Saint-Simon (note sur Dangeau, tome IV,

p. 219). Son fils (*le marquis de Châteauvillain*), qui avoit beaucoup d'esprit, de savoir, de valeur, et d'envie de faire, » fut tué au siége de Namur en 1695, alors qu'il était colonel d'infanterie. Il avait épousé une fille du duc de Chevreuse.

XXXVI

Page 266, n° 68. — *Triste condition de l'homme....* (1690).

Clefs du dix-huitième siècle : « M. Banse le fils. »

Un homme d'affaires de ce nom avait été taxé par la chambre de justice en 1662 ou 1663. Était-il le père du Banse fils dont il s'agit, et ce Banse le fils est-il le personnage qui entra au Parlement dans les premières années du dix-huitième siècle?

XXXVII

Page 268, n° 73. — *L'on ne reconnoît plus en ceux que le jeu et le gain ont illustrés....* (1687).

Clef Cochin, et clefs des éditions Coste imprimées en Hollande : « M. de Courcillon de Dangeau, ou Morin [1]. Dangeau, de simple gentilhomme, s'est fait par le jeu gouverneur de Touraine, cordon bleu et vicaire général de l'ordre de Saint-Lazare au commencement de l'année 1696. Il a été fait conseiller d'État d'épée. — Morin avoit fait en Angleterre une grande fortune au jeu, d'où il est revenu avec plus de douze cent mille livres, qu'il a perdues depuis. Il est à présent fort petit compagnon, au lieu que dans sa fortune il fréquentoit les plus grands seigneurs. »

La clef de l'édition de 1697 et celle de 1720 ne nomment que Morin; les clefs des éditions Coste imprimées en France ont supprimé la note qui concerne Dangeau, tout en conservant son nom.

Le marquis de Dangeau, dont nous parlerons plus longuement ci-après (p. 549 et suivantes, note XIII), dut en effet une partie de son crédit à son très-remarquable talent de joueur; mais il y aurait quelque injustice à dire qu'il dut au jeu tous ses titres. C'est en 1666 que le Roi lui donna le gouvernement d'Anjou. Il l'acheta trois cent soixante-quinze mille livres du duc de Saint-Aignan, et reçut du Roi un brevet de retenue de cent cinquante mille livres. Il obtint plus tard une pension de six mille livres, et fut chargé de diverses commissions ou ambassades, etc.

[1]. La clef de 1697 place le nom de « Morin le joueur » en regard de la réflexion 74.

CLEFS ET COMMENTAIRES.

Morin, né à Béziers, était un joueur célèbre, qui gagna et perdit tour à tour des sommes considérables. Forcé de fuir ses créanciers, il alla se réfugier à Londres, et l'accueil qu'il y reçut auprès de la duchesse de Mazarin, dont il devint le tailleur de bassette, place à chaque instant son nom dans les vers de Saint-Évremond. (Voyez tome III, p. 139 et suivantes, 311 et suivantes, etc.) — Il ne faut pas le confondre avec Morin *le Juif*, beau-père du maréchal d'Estrées, du marquis de Dangeau, et de M. de Montmort.

XXXVIII

Page 269, n° 75. — *Mille gens se ruinent au jeu....* (1690).

Les clefs nomment unanimement le président Robert, et celles du dix-huitième siècle contiennent la note suivante : « Le président des comptes, Robert, qui avoit apporté beaucoup d'argent de son intendance de Flandres, qu'il a presque tout perdu au jeu, en sorte qu'il est fort mal dans ses affaires, et a été obligé de réformer sa table et la dépense qu'il faisoit, et se réduire au petit pied. Encore ne se peut-il passer de jouer. »

Au mois d'août 1686, le président Robert perdit dix mille pistoles chez le duc de Lauzun[1]. Il les paya au prince Philippe de Savoie, qui les gagnait, « sans vouloir de composition. » En décembre 1690, peu de mois après la publication de ce passage de la Bruyère, il donnoit sa démission pour payer ses dettes. Voyez Dangeau, tome I, p. 370, et tome III, p. 263.

Louis Robert, seigneur de Fortille, qui était frère de l'abbé Robert, conseiller au Parlement, et parent du chancelier le Tellier, avait épousé une fille de Lépine, des bâtiments du Roi. Il fut successivement intendant des troupes que Louis XIV envoya à Candie en 1660, des troupes qui allèrent en Hongrie (1664), de l'armée du maréchal d'Aumont en Flandre (1667), intendant à Dunkerque (1669), intendant de l'armée du prince de Condé (1672), puis intendant de toutes les places conquises sur les Hollandois, et enfin intendant de l'armée du maréchal de Luxembourg (1678). Il devint président en 1679.

On peut voir, par les extraits de sa correspondance qu'a publiés M. C. Rousset dans son *Histoire de Louvois*, tome I, p. 435, avec quel zèle il a rempli ses fonctions en Hollande, « digne auxiliaire de l'implacable duc de Luxembourg, » et « ministre rigoureux des cruautés de son parent Louvois. »

---

1. Lauzun, qui aimait le gros jeu, allait de son côté souvent jouer chez Robert en 1684. Voyez les *Mémoires* de Mademoiselle de Montpensier, tome IV, p. 505.

XXXIX

Pages 270 et 271, n° 78. — *Ni les troubles, Zénobie....*
Quelqu'un de ces pâtres.... (1694).

Clefs du dix-huitième siècle : « M. de Gourville, intendant de feu M. le Prince, qui, non content du château de Saint-Maur, quelque beau qu'il fût, et dont M. le Prince s'étoit contenté, a fait beaucoup de dépense pour l'embellir. »

La clef Cochin ajoute : « Il est malade à l'extrémité, au mois de décembre 1696. » Il ne mourut cependant qu'en 1703.

A cette époque où tant de partisans devenus riches achetaient des châteaux, cette apostrophe pouvait aller à l'adresse de bien des gens; mais l'application particulière qu'en ont faite les commentateurs est contestable. Gourville n'avait pas acheté Saint-Maur, et c'est par suite d'un engagement contracté envers le prince de Condé qu'il l'embellissait.

Le prince de Condé lui avait donné la jouissance de la capitainerie de Saint-Maur, sa vie durant, avec douze mille livres de rente, à la condition qu'il emploierait deux cent quarante mille livres à l'achèvement du château. Lorsque Gourville rendit Saint-Maur en 1697, il y avait dépensé près de quatre cent mille livres (voyez les *Mémoires* de Gourville, collection Petitot, p. 454 et 456). Un accommodement le dédommagea de sa jouissance interrompue (Dangeau, tome VI, p. 144).

XL

Page 271, n° 79. — *Ce palais, ces meubles, ces jardins....* (1689).

Clefs du dix-huitième siècle : « M. Bordier de Raincy. »

Le château du Raincy a été construit par Jacques Bordier, sieur du Raincy et de Bondy, intendant des finances, secrétaire du Roi, mort en 1660. « Il a fait aux Raincys, dit de lui Tallemant des Réaux (tome IV, p. 376), une des plus grandes folies qu'on puisse faire; cela l'incommodera à la fin, car il faut bien de l'argent pour entretenir cette maison. Il est vrai que le lieu est fort agréable, et que malgré le peu d'eau, le terrain fâcheux pour cela et pour les terrasses, et toutes les fautes qu'il y a à l'architecture, c'est une maison fort agréable. On dit qu'elle lui coûte plus d'un million [1]. » Jacques Bordier possédait encore son château à sa mort (1660); mais il fallut

---

[1]. « On assure, est-il dit au sujet de ce château dans le *Dictionnaire historique de la ville de Paris*, de Hurtaut et Magny (tome III, p. 412), que la construction a coûté quatre millions cinq cent mille livres. »

bientôt le vendre, quoiqu'il ne soit pas rigoureusement exact que la famille Bordier en ait été chassée par des créanciers. Jacques Bordier, le constructeur du château, eut pour fils Hilaire Bordier, conseiller au Parlement en 1644, président de la cour des aides en 1676, mort en 1691, et Jacques Bordier, sieur de Raincy, conseiller du Roi, mort en 1666. « Bordier, dit Tallemant en parlant de l'aîné (*ibidem*, p. 378), a été contraint de vendre sa charge (*de conseiller au Parlement*); le jeu et les femmes l'ont incommodé, et on doute que le père soit à son aise.... » Cette gêne ne dura point, car Tallemant ajoute plus loin (p. 381) : « Bordier l'aîné n'a pas laissé de demeurer à son aise; il a quatre cent mille livres de bien, et s'est fait président de la cour des aides[1]. » C'est la famille Sanguin de Livry qui acheta le château du Raincy.

XLI

Page 272, n° 80. — *L'on ne sauroit s'empêcher....*
Eumolpe, l'un de ces hommes.... (1690).

Clef de 1697 et clefs du dix-huitième siècle : « *Eumolpe*, feu M. de Seignelay. »

L'impression de l'édition qui la première contient cet alinéa fut achevée en mars 1690 : or Seignelay vivait encore, car il mourut le 5 novembre 1690, âgé de trente ans. *Eumolpe* au contraire n'existe plus; il est mort après « une longue vie, » et déjà l'on peut parler de sa postérité. Comme *Eumolpe* du moins, Seignelay avait eu d'humbles ancêtres; son père, Colbert, avait été ministre, et lui-même l'était devenu : ce sont là les traits communs qui ont fait placer très-mal à propos le nom de Seignelay à côté de celui d'*Eumolpe*.

XLII

Page 272, n° 83. — *Giton a le teint frais....* (1691).

Clefs du dix-huitième siècle : « Barbezieux. »

« C'étoit, dit Saint-Simon (tome III, p. 54 et 55), en parlant du marquis de Barbezieux, fils de Louvois, un homme d'une figure frappante, extrêmement agréable, fort mâle, avec un visage gracieux et aimable, et une physionomie forte.... Personne n'avoit autant l'air du monde, les manières d'un grand seigneur, tel qu'il eût bien voulu être, les façons les plus polies et, quand il lui plaisoit, les plus respectueuses, la galanterie la plus naturelle et la plus fine, et des grâces

---

1. Il le devint en 1676, et mourut en 1691.

répandues partout. Aussi quand il vouloit plaire, il charmoit; .... mais orgueilleux à l'excès, entreprenant, hardi, insolent, vindicatif au dernier point, facile à se blesser des moindres choses, et très-difficile à en revenir. Son humeur étoit terrible et fréquente; il la connoissoit, il s'en plaignoit, il ne la pouvoit vaincre;... il devenoit alors brutal et capable de toutes les insultes et de tous les emportements imaginables. »

Comme on le voit, Barbezieux avait quelques traits de ressemblance avec *Giton*; mais ce portrait est l'un de ceux auxquels il ne fallait pas attacher de nom. Il y avait plus d'un *Giton* à la cour et à la ville.

DE LA VILLE.

I

Page 277, n° 5. — *Il y a dans la ville la grande et la petite robe*[1].... (1689).

La délimitation entre les magistrats et les avocats n'était pas toujours « une chose facile » en effet. Les substituts des procureurs généraux par exemple, qui étaient des avocats appelés par les procureurs généraux pour les assister dans leurs fonctions, et qui conservaient le droit d'exercer leur ministère d'avocat dans les causes où le Roi n'était pas intéressé, appartenaient-ils à la « grande » ou à la « petite robe? » Un édit de juin 1597 avait reconnu qu'ils faisaient partie du Parlement; mais s'ils s'étaient inscrits, suivant leur droit, sur le tableau des avocats, ils ne prenaient rang dans les cérémonies publiques qu'à la suite des avocats plus anciens. Cette question de préséance avait été réglée en 1662 et 1663 (voyez l'*Histoire du barreau de Paris*, par M. Gaudry, tome I, p. 409, 410 et 482); mais elle revint en 1689, à l'occasion d'un substitut du procureur du Roi de Fontainebleau, qui était en même temps avocat et procureur postulant; peu de temps après la publication de la réflexion de la Bruyère, un arrêt du Parlement confirma les prétentions des avocats : voyez l'*Arrêt de la cour du Parlement du 18° mars 1689, servant de règlement pour la préséance des avocats sur les substituts des procureurs*

---

1. « Les présidents et les conseillers; les avocats et les procureurs, » écrivent en marge divers annotateurs; « les officiers et les avocats, » écrivent d'autres.

CLEFS ET COMMENTAIRES. 509

du Roi (Charpentier, in-4°; un exemplaire en est conservé à la bibliothèque du Louvre dans le Recueil Saint-Genis, à sa date). Notons d'un autre côté que les avocats au Parlement, qui, suivant la Bruyère, refusaient « d'être du second ordre, » étaient membres de la même confrérie ou communauté que les procureurs. Il n'y avait pas toujours, au surplus, entente parfaite entre les deux corps. A cette époque, il appartenait aux avocats aussi bien qu'aux procureurs de faire des écritures judiciaires : de là des conflits, auxquels mit fin un arrêt du 17 juillet 1693 : voyez l'*Histoire du barreau de Paris*, tome I, p. 431 et suivantes.

Un avocat Robert avait-il engagé une lutte de préséance contre un magistrat, ou soutenu que « la noblesse de son emploi » faisait de lui l'égal d'un magistrat? Les clefs du dix-huitième siècle et quantité de clefs marginales placent à côté de la seconde partie de l'alinéa de la Bruyère le nom de « M⁰ Robert, avocat, » ou quelquefois de « Robert de Saint-Martin. » Nous ne savons de la vie de Louis Robert, le plus célèbre des avocats de ce nom vers le milieu du dix-septième siècle[1], rien qui nous explique cette annotation. Son père, Anne Robert, avocat plus célèbre encore, avait défendu jadis les prérogatives du barreau contre le Parlement; mais le débat, qui d'ailleurs remontait à une époque éloignée, n'avait rien de commun avec le sentiment que la Bruyère prête aux avocats. Voyez l'*Histoire du barreau de Paris*, tome I, p. 491.

II

Page 278, n° 6. — *Vous moquez-vous de rêver en carrosse....* (1690).

Clef de 1697 : « M. de la Briffe, procureur général. » — Clef de l'édition de 1697 : « M. de Saint-Pouange. » — Clefs suivantes : « M. de Saint-Pouange ou M. de la Briffe. »

Peu de temps avant l'impression de cette réflexion, au mois de septembre 1689, Arnauld de la Briffe, maître des requêtes, avait été nommé procureur général du parlement de Paris.

« La Briffe, maître des requêtes, si brillant[2], écrit Saint-Simon (tome I, p. 146), se trouvoit accablé du poids de cette grande charge (*celle de procureur général*), et n'y fut pas longtemps sans perdre la réputation qui l'y avoit placé. » — Il mourut en 1700, dit-il ailleurs

---

1. Il était père de Claude Robert le procureur du Roi au Châtelet, et de Robert de Châtillon (voyez ci-dessus, p. 465, note III).
2. Voyez sur lui les vers de la Fontaine, dans sa dernière lettre au prince de Conti (édition Walckenaer, tome VI, p. 580).

(tome II, p. 427), « d'une longue maladie, du chagrin dans lequel il vécut dans cette charge, des dégoûts et des brocards dont le premier président Harlay l'accabla. »

La Briffe avait été conseiller au Châtelet de Paris, maître des requêtes, président au grand conseil, intendant, conseiller au Parlement, puis conseiller d'honneur, et enfin procureur général.

Sur Saint-Pouange, voyez plus haut, p. 479, note V.

Page 279. — *Aux Gomons, aux Duhamels.*

Un Jean Gomont, petit-fils d'Antoine Laval et de Marie Laval, et fils de Charles Gomont et de Guillemette Forest, fut reçu avocat le 12 avril 1631. Non loin de lui figure sur la liste des avocats de Blanchard, Jean de Gaumont, reçu le 27 novembre 1636[1]. Auquel s'applique l'allusion de la Bruyère? Au premier sans doute. Blanchard prend soin de nous renseigner minutieusement sur la famille de Jean Gomont, nous donnant jusqu'au nom des parents de sa mère, fille d'Édouard Forest, lieutenant civil et criminel à Reims, et de *N.* de Rolland : eût-il relevé ces détails pour un avocat obscur? Dans les documents cités par M. Chéruel, dans les actes de la succession Mazarin, dans Foucault, le nom est d'ailleurs écrit *Gomont,* et dans la Bruyère *Gomon.* Bien que la manière dont s'écrivent les noms propres soit un faible argument pour cette époque, encore semble-t-elle ici devoir nous tirer d'indécision. Blanchard, il est vrai, ne donne pas au nom de Gomont la particule *de,* qu'il reçoit dans les *Mémoires* de Foucault et ailleurs; mais c'est là une différence insignifiante.

L'avocat Gomont, quel qu'il soit, ne plaidait plus en 1688, car le tableau imprimé de cette année ne nomme personne de ce nom, et un avocat célèbre n'était point de ceux que l'on pût oublier. Les dates d'admission que nous avons données permettent de supposer qu'il ne vivait plus, et les expressions de Foucault : « ancien et célèbre avocat, » rendent également vraisemblable cette conjecture.

Le nom *Duhamel* se rencontre fréquemment sur la liste des avocats de cette époque : Léon Duhamel, reçu le 28 avril 1633 ; Pierre Duhamel, reçu le 9 mars 1634 ; Georges du Hamel, celui de la Bruyère, reçu le 5 décembre 1639 ; Jacques Duhamel, reçu le 11 août 1643 ; Charles-Nicolas Duhamel, reçu le 4 mars 1655. Dès le seizième

---

1. Nous laissons de côté Gabriel de Gaumont, reçu le 24 novembre 1636, puisque nous savons que *Jean* est le prénom de l'avocat le plus célèbre parmi ceux qui ont porté le nom de Gomont ou Gaumont. Il y eut des Gomont et des Gaumont dans la magistrature, la diplomatie, les offices de finance, etc.; mais le *Gomon* dont il s'agit est sans aucun doute un avocat comme Duhamel.

siècle ce nom avait été porté avec honneur au barreau par Nicolas Duhamel, mort en 1611 : voyez les *Opuscules* de Loisel, *passim*, et la liste manuscrite des avocats de G. Blanchard, p. 141 et 196 de la copie de la Bibliothèque des avocats. Nous ne savons quels liens de parenté pouvaient unir à ces divers personnages l'avocat dont la Bruyère veut particulièrement parler.

III

Page 280, n° 7. — *Il y a un certain nombre de jeunes magistrats....* (1689).

« M. le président de Mesmes et autres, » est-il dit dans toutes les clefs. La clef Cochin et les clefs des éditions Coste imprimées en Hollande ajoutent : « M. de Mesmes, fils du président à mortier, a épousé au mois de mars 1695 la fille de M. Fedeau de Brou, président au grand conseil, dont il a eu en dot trois cent cinquante mille livres [1]. On veut que la mère lui ait encore assuré deux cent mille livres après sa mort. [La demoiselle est petite, un peu boiteuse, passablement belle et toute jeune.] »

Jean-Antoine de Mesmes, qui se nommait M. de Neufchâtel du vivant de son père, était fils de Jean-Jacques de Mesmes, président à mortier, membre de l'Académie française. Il n'avait que vingt-sept ans, et n'était conseiller que depuis trois mois, lorsque mourut son père (janvier 1688). Pour maintenir la charge dans sa famille, il fut question de la donner à son oncle M. d'Avaux, qui la lui eût remise quand il aurait atteint « l'âge pour la remplir ; » mais le jeune conseiller obtint la charge pour lui-même, à la condition de ne l'exercer et de ne prendre son rang de président qu'à l'âge de trente ans. Cette condition ne fut pas exécutée, car il fut reçu président à la chambre des vacations à la fin de septembre 1689. (Dangeau, tomes II, p. 92, et III, p. 2.) Il devint premier président au Parlement en 1712.

Le long portrait qu'en a fait Saint-Simon (tome X, p. 57-60), et que nous citerons en partie, permet d'affirmer qu'il était l'un des jeunes magistrats dont parle la Bruyère : « C'étoit un grand et gros homme, de figure colossale, trop marqué de petite vérole, mais dont toute la figure, jusqu'au visage, avoit beaucoup de grâces comme ses manières, et avec l'âge quelque chose de majestueux. Toute son étude fut celle du grand monde, à qui il plut, et fut mêlé dans les meilleures compagnies de la cour et dans les plus gaillardes. D'ail-

---

1. La dot était de trois cent cinquante mille livres en argent comptant et cinquante mille francs « en autres effets. » Le mariage, annoncé en mars, n'eut lieu qu'en mai ; il fallut attendre une dispense de Rome. (Dangeau, tome V, p. 173, 204, 209.)

leurs il n'apprit rien, et fut extrêmement débauché.... Cette vie libertine le lia avec la jeunesse la plus distinguée, qu'il recherchoit avec soin, et ne voyoit que le moins qu'il pouvoit de Palais et de gens de robe. Devenu président à mortier par la mort de son père, il ne changea guère de vie; mais il se persuada qu'il étoit un seigneur, et vécut à la grande.... Dailleurs d'excellente compagnie, charmant convive, un goût exquis en meubles, en bijoux, en fêtes, en festins, et en tout ce qu'aime le monde; grand brocanteur et panier percé sans s'embarrasser jamais de ses profusions, avec les mains toujours ouvertes, mais pour le gros, et l'imagination fertile à s'en procurer; poli, affable, accueillant avec distinction, et suprêmement glorieux, quoique avec un air de respect pour la véritable seigneurie, et les plus bas ménagements pour les ministres et pour tout ce qui tenoit à la cour.... C'en est assez maintenant sur ce magistrat, qui à toute force vouloit être un homme de qualité et de cour, et qui se faisoit souvent moquer de lui par ceux qui l'étoient en effet, et avec qui il vivoit tant qu'il pouvoit [1]. »

La clef marginale de l'exemplaire R 2810, 7, de la *Réserve* de la Bibliothèque impériale nous donne également le nom de « M. le Fèvre de la Faluère, conseiller au Châtelet, » frère sans doute de le Fèvre de la Faluère qui devint plus tard conseiller aux enquêtes du Parlement, et qui était fils du premier président au parlement de Rennes. Claude le Fèvre, après avoir été substitut du procureur général au Parlement et bailli de Saint-Germain-des-Prés, était devenu conseiller au Châtelet en 1674.

IV

Page 280, n° 8. — *Un homme de robe....* (1689).

Clef Cochin : « Feu (*Jean-Jacques*) de Mesmes, président à mortier, lecteur du Roi (*mort en* 1689). » — Clefs de 1697, 1720, etc. : « M. le premier président de Harlay. » — Les clefs de 1739 et suivantes ajoutent : « ou M. Talon. » — Il s'agit de Denis Talon, avocat général au Parlement de 1652, reçu président à mortier en janvier 1691, qui mourut en 1698.

1. Ces divers traits du caractère du président de Mesmes étaient bien connus, et ils sont consignés dans le *Chansonnier Maurepas* (tome IX, p. 104) : « Il fréquentoit fort les jeunes gens à la cour et les princes du sang.... Il n'aimoit pas qu'on l'appelât du nom de président, et pour lui faire plaisir il falloit l'appeler simplement M. de Mesmes. Il faisoit fort grande chère chez lui, et donnoit souvent à souper en gras pendant le carême, ce qui paroissoit extraordinaire, pour ne pas dire ridicule, en la personne d'un magistrat de cette importance, qui doit être réglé dans sa conduite. »

CLEFS ET COMMENTAIRES.   513

V

Page 280, n° 9. — *Les Crispins se cotisent....* (1689).

La plupart des clefs donnent les noms de : « MM. Charpentier ou Mallot. » La clef de l'édition de 1697, qui, comme la clef imprimée séparément en 1697, ne nomme que MM. Mallot, ajoute cette désignation : « officiers de robe. » — Suivant la clef de 1720, MM. « Malo » et Charpentier « sont trois frères, » comme MM. le Pelletier.

Le nom *Malot* figure sur les listes des gens d'affaires en 1662 ou 1663. Un Malot, demeurant rue Neuve-Saint-Eustache, est inscrit parmi les « fameux curieux en ouvrages magnifiques, » dans le *Livre commode* de 1692. — Un Philippe Charpentier était à cette époque conseiller au Parlement [1].

VI

Page 280, n° 10. — *J'entends dire des Sannions....* (1690).

Voici l'une des interprétations où se sont rencontrés tous les commentateurs, ou pour mieux dire tous les lecteurs contemporains de la Bruyère.

Les *Sannions* sont les Leclerc de Lesseville : toutes les clefs répètent leur nom, et nous le retrouvons en marge de l'une des copies du *Mémoire sur les véritables origines de Messieurs du Parlement* qu'écrivit Ch. R. d'Hozier, sur la demande du Roi, en 1706 : « Voyez, est-il écrit à côté du nom Leclerc de Lesseville, les railleries que fait la Bruyère de cette prétendue noblesse dans ses *Caractères*, chapitre *de la Ville* [2]. » Et de même pour l'auteur des *Notes sur les tableaux vendus, pillés, saccagés et sauvés de mon pauvre château de la Goupillière* (p. 83), écrites en 1698, par Mme du Prat, les Leclerc de Lesseville sont également, et sans aucun doute, les personnages « que la Bruyère a si joliment peints et si malignement traités » sous le surnom de *Sannions*.

Voici la note que donne la clef Cochin, et que répètent les clefs de 1739 et suivantes, les clefs des éditions d'Amsterdam la reproduisant complétement, celles des éditions de Paris s'arrêtant après la phrase : « M. Leclerc de la Neuville est de cette famille. »

« MM. de Lesseville, descendus d'un tanneur de Meulan, mort fort riche, et qui a laissé deux enfants : l'un conseiller aux requêtes

---

1. Suivant une clef marginale, l'un des Charpentier était maître des requêtes. La liste des maîtres des requêtes que j'ai sous les yeux ne le mentionne pas.
2. Cette note se trouve sur la copie qui est à la bibliothèque du Louvre (in-folio F 760), p. 78. — Voyez encore le *Chansonnier Maurepas*, tome XXVIII, p. 105.

du Palais, et l'autre au grand conseil, dont il est mort doyen, et qui ne voulut se rendre à Mantes en 1652, quand le grand conseil s'y rendit du temps de la Fronde, de crainte que l'on n'approfondît dans son voisinage son extraction. De ces deux branches sont venus MM. de Lesseville, qui sont dans presque toutes les cours souveraines, y en ayant un maître des requêtes[1], un autre conseiller au Parlement[2], l'autre au grand conseil[3], et l'autre en la chambre des comptes[4]. Ils vivent tous de fort bonne intelligence, portant les mêmes livrées, qu'ils renouvellent tous ensemble. Ils ont pour armes trois croissants d'or en champ d'azur. La branche cadette a chargé son écu d'un lambel. M. Leclerc de la Neuville est de cette famille. [L'on veut qu'après la bataille d'Ivry, en 1590, Henri IV s'étant retiré du côté de Mantes et manquant d'argent, ayant appris que ledit Leclerc et Pelletier, qui étoient deux riches tanneurs, le dernier de Mantes, pouvoient lui en prêter, les manda à cet effet, et tira d'eux deux cent mille livres (*clefs imprimées* : « *vingt mille écus* »), dont il voulut leur donner son billet; mais que Pelletier lui ayant représenté qu'il falloit donc créer un huissier exprès pour faire payer le Roi, ils se contentèrent de sa parole. Il leur donna ensuite des titres de noblesse, dont s'est servi depuis le Pelletier, ayant quitté son négoce, et non Leclerc.] » — « Le Pelletier, ajoute la clef de 1739, est aïeul de MM. Pelletier d'aujourd'hui, dont il y en a eu un premier président, et son fils est à présent président à mortier[5]. »

Tallemant des Réaux a consacré quelques lignes de ses *Historiettes* (voyez tome I, p. 396 et 397, édition de MM. Monmerqué et Paulin Paris) à la famille le Clerc de Lesseville : « Il y avoit en ce temps un tanneur à Meulan, qui devint aussi prodigieusement riche sans prendre aucune ferme du Roi, car il ne se mêla jamais que de son métier et de vendre des bestiaux. Il se nommoit Nicolas le Clerc, et quoiqu'il

1. Charles-Nicolas le Clerc de Lesseville, maître des requêtes en 1711.
2. Charles-Bertrand le Clerc de Lesseville, conseiller au Parlement en 1711, ou peut-être N. le Clerc de Lesseville, conseiller en 1735.
3. Nous ne savons à quelle date un le Clerc de Lesseville est entré au grand conseil.
4. Eustache-Auguste le Clerc de Lesseville, conseiller maître en 1724.
5. Le premier président dont il s'agit, petit-fils de Claude le Pelletier, contrôleur général des finances, est Louis le Pelletier, seigneur de Rosambo, qui fut reçu en 1736, se démit en 1743, et mourut en 1770. Son père, Louis le Pelletier, seigneur de Montméliant et de Morfontaine, premier président de 1707 à 1717, s'était démis à cette époque et était mort en 1730. Son fils Louis le Pelletier, seigneur de Rosambo et baron de Poussé, était président à mortier depuis 1736. Il mourut en 1670. (Voyez sur ces deux personnages, Saint-Simon, tome X, p. 53.) Ce passage relatif à la famille le Pelletier fut l'un de ceux que l'on retrancha des clefs imprimées en France pour les éditions Coste.

se fût fait enfin secrétaire du Roi, on ne l'appela jamais autrement. »
Il avait acheté la terre de Lesseville, auprès de Meulan : son fils, qui était maître des comptes à Paris et qui avait soixante mille livres de rente, en prit le nom.

Le *Mémoire* de d'Hozier, que nous avons déjà cité, permet de rectifier à la fois la note des clefs et les dires de Tallemant sur l'histoire de la famille de Lesseville. Ce n'est pas le tanneur lui-même, comme l'écrit Tallemant, qui devint secrétaire du Roi, mais son fils, marchand bourgeois de Paris, et Nicolas, qui mourut doyen de la chambre des comptes en 1601, était ainsi le petit-fils, et non le fils, du tanneur de Meulan. Si Tallemant oublie un degré dans la généalogie de la famille, les clefs en suppriment deux.

Le *Mémoire* de d'Hozier ne fait pas descendre les le Pelletier, comme les le Clerc, d'un tanneur de Meulan, mais d'un bailli du Maine, qui vivait en 1508.

Page 282. — *Un autre, avec quelques mauvais chiens....* (1692).

Clefs du dix-huitième siècle : « Le feu président le Coigneux, qui aimoit beaucoup la chasse, dont il avoit un gros équipage à sa terre de Mort-Fontaine, où il alloit quand le Palais le lui pouvoit permettre. Il n'étoit pas riche. Son aïeul étoit procureur au Parlement : l'on trouve encore des expéditions signées de lui. Il épousa en secondes noces la veuve de Galand, fameux partisan, qui lui apporta de grands biens, dont il stipula l'usufruit par son contrat de mariage : ce qui l'a fait subsister. Il ne s'étoit pas même mis en dépense d'une robe de chambre neuve pour ce mariage ; en sorte qu'étant obligé, selon l'usage de Paris, de se rendre à la toilette de sa nouvelle femme, qu'il apprit être des plus magnifiques, il fut obligé, par l'avis de son valet de chambre, d'y aller en robe de cérémonie (*ou robe du Palais*), et en robe rouge fourrée, supposant qu'il ne pouvoit rien montrer de plus agréable aux yeux d'une dame qui ne l'avoit épousé que pour sa dignité, que la robe qui en faisoit la marque : ce qui fit rire l'assemblée. Il a épousé en troisièmes noces Mlle de Navaille [1], dont il a eu un fils, qui, bien qu'unique, ne sera pas riche. — Ou Jacquier, sieur de Rieux-Montirel, conseiller de la cour, fils de Jacqui des vivres (*voyez ci-dessus*, p. 287 *et note* 3), fort entêté de la chasse. »

Jacques le Coigneux, marquis de Plailly, de Mont-Auliand et de Mort-Fontaine (fils de Jacques le Coigneux, président à mortier, mort en 1651), fut conseiller au Parlement en 1644, président aux enquêtes en 1648, président à mortier en 1651, et mourut le 24 avril 1686. Il était frère de François le Coigneux de Bachaumont, l'un des

1. Et non *Neuville*, comme il est souvent imprimé dans les clefs.

auteurs du *Voyage en Provence*. Voyez sur lui et les siens Tallemant des Réaux, tome IV, p. 1 et suivantes.

François Jacquier était conseiller au Parlement depuis 1681.

Quelques clefs marginales placent, je ne sais pourquoi, le nom de Terrat, chancelier du duc d'Orléans, à côté du nom de *Ménandre*.

VII

Page 283, n° 11. — *Quel est l'égarement de certains particuliers...!* (1690).

Clef de 1697 : « M. le président Gilbert. » — Clefs du dix-huitième siècle : « M. le président de Saint-Vallier. »

Louis-Charles Gilbert, fils du marchand de toile Gilbert (voyez plus haut, p. 478, note II), et frère de Mme Fleuriau d'Armenonville, était président de la chambre des comptes depuis 1691.

Le président de Saint-Vallier est sans doute Melchior Cochet de Saint-Vallier, qui devint président de la deuxième chambre des enquêtes du Palais en 1695.

Quelques-uns.... L'on ne sait point dans l'Ile[1] qu'André brille au Marais.... (1690).

Clef de 1697 : « M. de Pineresse. » — Clefs du dix-huitième siècle: « M. Noblet, fils du sieur Noblet, commis de M. Jeannin de Castille, qui a mangé plus de trente mille écus en dépenses sourdes [et ridicules auprès de Mlle Guyot de Boisval, qui étoit en même temps maîtresse des sieurs le Fèvre et Mazure, qui en ont profité]. Ce Noblet étoit maître d'hôtel de Monsieur. Il a vendu sa charge, et pour lui donner de quoi vivre, sa mère a été obligée de lui substituer son bien. » — « Ou M. de Peinville, » ajoutent les clefs des éditions Coste. — Diverses clefs marginales donnent ce dernier nom, que l'on écrit tantôt « d'Épinville, » tantôt « de Painville. » — « De Pineresse » ne serait-il pas le même nom mal lu? — Quoi qu'il en soit, nous ne savons dire quel est le personnage dont il s'agit. Serait-ce François Glué d'Épinville, nommé conseiller au grand conseil en 1668, et alors conseiller honoraire? ou encore le Poinville dont parle Tallemant des Réaux, c'est-à-dire Gallyot Gallard, seigneur de Poinville, maître des requêtes en 1656, que l'auteur des *Portraits des maîtres des requêtes* nous présente comme « assez honnête

---

1. Nous avons eu tort d'hésiter, p. 283, note 1, entre l'île Notre-Dame, aujourd'hui Saint-Louis, et l'île de la Cité. C'est toujours, paraît-il, à la première que Tallemant des Réaux, Mme de Sévigné, et leurs contemporains appliquent la dénomination *l'Ile*.

homme, autant, ajoute-t-il, que sa naissance le peut permettre, » et qui mourut en 1695? (Voyez Tallemant, tome V, p. 103, 115, etc.)

VIII

Page 284, n° 12. — *Narcisse se lève le matin....* (1687).

Clef de 1697 : « L'abbé de Villars. » — Clefs du dix-huitième siècle : « M. Garnier, seigneur de Montereau, frère de Mme de Brancas, président à mortier au parlement de Metz, fils de M. Garnier, trésorier des parties casuelles, qui avoit laissé huit enfants, qui héritèrent chacun d'un million. Ils furent tous taxés à la chambre de justice à cent mille écus chacun, qu'ils payèrent. »

Henri-Félix de Villars, abbé de Moutier en Argonne, agent du clergé de 1685 à 1690, mourut à Florence en 1691, au retour d'un voyage à Rome. Il avait une abbaye importante en Champagne. Il était fils du marquis de Villars, ambassadeur en Espagne, en Danemark, etc.

IX

Page 285, n° 13. — *Voilà un homme....* (1690).

Clefs de 1697 et suivantes : « Le prince de Meckelbourg. »
Louis-Christian, duc de Meckelbourg-Schwerin, chevalier du Saint-Esprit, passa une partie de sa vie à Paris. Le Roi le fit enfermer quelques mois à la Bastille, en 1684, pour inexécution d'un traité. Il mourut en 1692, à la Haye. Sa femme, « qui a fait tant de bruit par sa beauté, ses galanteries et ses intrigues, » comme le dit Saint-Simon, était sœur du maréchal de Luxembourg et avait épousé en premières noces le duc de Châtillon, tué à Charenton en 1649. (Voyez les *Mémoires* de Dangeau, tome V, p. 143.)

Après l'explication qu'il a donnée (et que nous avons reproduite p. 286, note 2) de la phrase : « c'est son visage que l'on voit aux almanachs, » etc..., Walckenaer ajoute (p. 696) : « Il y a une belle collection (incomplète pourtant) de ces almanachs, exécutés sous Louis XIV, à la Bibliothèque royale. Plusieurs sont d'un grand intérêt sous le rapport de l'art et par la fidélité des portraits; celui de l'année 1689, qui est précisément l'époque à laquelle la Bruyère écrivait le caractère 13 du chapitre VII, *de la Ville*, est d'une belle exécution. Cet almanach, dont la description tiendrait plusieurs pages, est accompagné de vers, d'emblèmes et d'allégories, et abonde en beaux portraits. C'est une virulente diatribe contre Guillaume, stathouder de Hollande et roi d'Angleterre; il est intitulé : « Couronnement d'un usurpateur, fondé sur les pernicieuses maximes de Machiavel, et appuyé des exemples des plus détestables tyrans de l'antiquité. » — Les almanachs de la bibliothèque de la rue Richelieu ont été disséminés à leur date, depuis que ces lignes sont écrites, dans la collection des *Dessins sur l'histoire de France*. — Sur les almanachs de cette époque, voyez le *Mercure galant* de décembre 1692, p. 276 et suivantes.

Page 287. — *Et jusques au fort de Bernardi....*

Il nous semble qu'au moment où la Bruyère publiait ces lignes (1690), l'académie de Bernardi avait cessé de faire faire à ses élèves les exercices à feu qui, suivant les récits bien payés sans doute du *Mercure*, avaient souvent pour témoins un certain nombre de personnes de qualité et attiraient parfois jusqu'à six mille curieux. Le *Mercure* nous donne pour la dernière fois en janvier 1685 les détails d'un siége ; et la « place du Fort, » qui appartint encore quelque temps à l'académie, ne paraît plus servir après cette année qu'à des carrousels. L'époque la plus brillante de l'académie fut celle de la direction de Jacques Bernardi, écuyer du Roi, qui avait pour associé de Châteauneuf-Carbonnel, chargé d'enseigner l'histoire, la géographie et le blason. Jacques Bernardi mourut dans les derniers mois de 1681, laissant sa maison à un neveu. Comme les quatre autres académies sans doute, l'académie Bernardi déclina peu à peu, et en 1692, lorsque toutes les académies furent réduites à deux et se partagèrent les pensionnaires en nombre égal, elle quitta la rue de Condé pour se transporter au carrefour Saint-Benoît.

Ce qui nous intéresse le plus dans son histoire, c'est que l'académie Bernardi eut pour élève le chevalier de Belleforière de Soyecourt, l'un des jeunes amis de la Bruyère (voyez ci-dessus, p. 367). Il était l'un des pensionnaires que « plusieurs dames d'un rang distingué » venaient voir monter à cheval au mois de novembre 1680 ; et il prenait part dans les derniers mois de l'année suivante à une petite guerre qui eut un jour pour témoins « Mme de**, ambassadrice charmante, » et « Mlle de S. » Cette dernière serait-elle Mlle de Soyecourt, sa sœur ? Nous en doutons, car Mlle de S. est une personne « qui ne quitte jamais » Mme de**. Quoi qu'il en soit, il se pourrait que la Bruyère fût allé, soit seul, soit avec Mme de Soyecourt, « jusques au fort de Bernardi, » pour y voir combattre le chevalier de Soyecourt. — Pour plus de détails sur l'académie de Bernardi, voyez le *Mercure galant* des mois d'octobre 1677, novembre 1678, 1679, 1680, mai, novembre et décembre 1681, décembre 1683, novembre 1684, janvier 1685, mai 1688; et le *Livre des Adresses* d'Abraham du Pradel, édition de 1691, p. 8, et édition de 1692, p. 72.

Page 289. — *Scapin porte des fleurs de lis....*

Clefs du dix-huitième siècle : « M. d'Alogny, maréchal de Rochefort, porte trois fleurs de lis d'argent en champ de gueules. M. le comte d'Estaing porte trois fleurs de lis d'or dans un champ d'azur au chef d'or. Le sieur de Saint-Mesmin à Orléans porte quatre fleurs de lis d'or en champ d'azur, et M. de Goulaine de Bretagne, mi-partie de France et d'Angleterre, ce qui fut accordé à cette race pour avoir négocié l'accommodement des deux couronnes à la satisfaction des deux rois, qui lui donnèrent pour récompense chacun la moitié de leurs écus, dont il composa ses armes. »

Les clefs eussent pu citer beaucoup d'autres exemples. Voyez sur ces familles et sur ces armoiries les *Recherches sur les fleurs de lys et sur les villes, les maisons et les familles qui portent des fleurs de lys dans leurs armes*, insérées dans le *Dictionnaire généalogique* de la Chesnaye-des-Bois, tome III, 1re édition (1757), in-8.

X

Page 290, n° 14. — *Théramène étoit riche....* (1690).

Clef de 1697 et suivantes : « M. de Terrat, chancelier de Monsieur. »

Après avoir été secrétaire des commandements de Monsieur, Gaston-Jean-Baptiste Terrat devint au mois de février 1688 son chancelier moyennant cinquante mille écus, puis en 1703 le surintendant de ses bâtiments. A cette dernière charge étaient attachés des appointements de neuf mille francs et une pension de six mille : il « a prié Monsieur le duc d'Orléans, dit Dangeau (tome IX, p. 183), de ne lui donner ni les appointements ni la pension..., lui disant qu'il étoit assez riche pour n'en avoir pas besoin, et que n'ayant point d'enfants, il ne lui faut que l'estime et les bonnes grâces de son maître pour le rendre heureux. »

Nous ne savons à quelle époque il devint riche; mais il l'était, et Saint-Simon le répète après Dangeau, en notant sa mort à l'année 1719. « Il étoit, dit-il (tome XVII, p. 151), fort vieux et fort riche, fort homme d'honneur et fort désintéressé.... Il vivoit fort honorablement et n'étoit déplacé en rien ; il étoit généralement aimé et estimé, et ne laissa point d'enfants. Je n'ai point su qui il étoit; je crois que c'étoit peu de chose; aussi étoit-il fort éloigné de s'en faire accroire. »

APPENDICE.

DE LA COUR.

I

Page 300, n° 15. — *N** arrive avec grand bruit....* (1689).

Clef de 1697 : « M. de Barete. » — Clefs du dix-huitième siècle : « M. d'Aubigni, frère de Mme de Maintenon. »
Sur d'Aubigné, voyez ci-dessus, p. 466 et 467, note IV.

II

Page 301, n° 16. — *Il y a dans les cours des apparitions de gens aventuriers et hardis....* (1687).

Clefs du dix-huitième siècle : « Le marquis de Caretti, médecin empirique. »

Il est vraisemblable en effet que la Bruyère a en vue ce personnage, que nous retrouverons ailleurs, et particulièrement au chapitre *de Quelques usages*, n° 68, où l'allusion sera plus marquée.

L'extrait suivant des *Mémoires* de Saint-Simon (tome II, p. 135-137, année 1698) contient toute la biographie de Caretti : « Un événement singulier, que le grand-duc manda à Monsieur, surprit extrêmement tout ce qui à Paris et à la cour avoit connu Caretti. C'étoit un Italien, qui s'y étoit arrêté longtemps, et qui gagnoit de l'argent en faisant l'empirique. Ses remèdes eurent quelque succès. Les médecins, jaloux à leur ordinaire, lui firent toutes sortes de querelles, puis de tours, pour le faire échouer, et s'avantagèrent tant qu'ils purent des mauvais succès qui lui arrivoient. Les meilleurs remèdes et les plus habiles échouent à bien des maladies ; à plus forte raison ces sortes de gens qui donnent le même remède, tout au plus déguisé, à toutes sortes de maux, et qui, à tout hasard, entreprennent les plus désespérés, et des gens à l'agonie à qui les médecins ne peuvent plus rien faire, dans l'espérance que si ces malades viennent à réchapper, on criera au miracle du remède, et qu'on courra après eux, et que s'ils ne réussissent pas, ils auront une excuse bien légitime par l'extrémité que ces malades ont attendue avant de les appeler. Caretti vécut ainsi assez longtemps, et n'avoit d'autre subsistance que son industrie. Il avoit de l'esprit, du langage, de la conduite ; il réussit assez pour se mettre en quelque réputation. Caderousse, alors fort du monde, et depuis longtemps désespéré de la poitrine, se mit entre ses mains, et guérit parfaitement. Cela le mit sur un grand pied, qui fut soutenu par d'autres fort belles cures.

CLEFS ET COMMENTAIRES. 521

« La plus singulière fut celle de M. de la Feuillade, abandonné solennellement des médecins, qui le signèrent, et que Caretti ne voulut pas entreprendre sans cette formalité.... Caretti le guérit parfaitement et en peu de temps[1]. Il étoit fort cher pour ces sortes d'entreprises, et faisoit consigner gros.

« Enrichi et en honneur, en dépit des médecins, et avec des amis considérables, il se mit à faire l'homme de qualité, et à se dire de la maison Caretti, héritier de la maison Savoli; que d'autres héritiers plus puissants que son père lui avoient enlevé cette riche succession et son propre bien, et l'avoient réduit à la misère et au métier qu'il faisoit pour vivre. On se moqua de lui, et ses protecteurs mêmes; personne n'en voulut rien croire; il le maintint toujours, et se trouvant enfin assez à son aise, il dit qu'il s'en alloit tâcher de faire voir qu'il avoit raison, et il obtint de Monsieur une recommandation de sa personne et de ses intérêts pour le grand-duc. Il fit après quelques voyages à Bruxelles et quelques cures aux Pays-Bas, et repassa ici, allant effectivement en Italie. Au bout de quatre ou cinq ans, il gagna son procès à Florence, et le grand-duc manda à Monsieur que sa naissance et son droit avoient été reconnus, qu'il lui avoit été adjugé cent mille livres de rente dans l'État ecclésiastique, et qu'il croyoit que le pape l'en alloit faire mettre en possession. En effet, cet empirique vécut encore longtemps grand seigneur. »

Au moment où la Bruyère écrivait cette réflexion sur les charlatans, Caret, Carette, Caretto ou Caretti était fort à la mode, bien que la mort de deux de ses malades, Mlle de Monlouet et le jeune de Bréauté, eût porté peut-être une légère atteinte à sa réputation, « jusque-là si bien établie » (voyez les *Mémoires* du marquis de Sourches, tome I, p. 314, et ceux de Dangeau, tome I, p. 152). Il devait encore séjourner plusieurs années en France, et il partit pour l'Italie, avant d'être « congédié » ni complétement « décrédité. » Aux premiers jours de janvier 1685 il donnait encore ses remèdes au duc de Luxembourg, qui mourut malgré ses pronostics (Dangeau, tome V, p. 129 et 131). Voyez encore les *Lettres de Mme de Sévigné*, année 1694, tome X, p. 162, 166, 168, 174, 175, etc.

III

Page 302, n° 18. — *Les cours ne sauroient se passer d'une certaine espèce de courtisans....* (1689).

Toutes les clefs, à partir de 1697, nomment Langlée, et il est en effet impossible de ne le point reconnaître dans ce caractère.

---

1. C'est en mai 1684 que Caretti donna ses soins au duc de la Feuillade. La guérison du duc de Caderousse est antérieure.

Voici le portrait que de son côté Saint-Simon nous donne de cette
« espèce d'homme fort singulier dans une cour : » « C'étoit un
homme de rien, de vers Mortagne au Perche, dont le père s'étoit
enrichi et la mère encore plus. L'un avoit acheté une charge de maréchal des logis de l'armée pour se décorer, qu'il n'avoit jamais faite;
l'autre avoit été femme de chambre de la Reine mère, fort bien
avec elle, intrigante qui s'étoit fait de la considération et des amis,
et qui avoit produit son fils de bonne heure parmi le grand monde,
où il s'étoit mis dans le jeu. Il y fut doublement heureux, car il y
gagna un bien immense, et ne fut jamais soupçonné de la moindre
infidélité. Avec très-peu ou point d'esprit, mais une grande connoissance du monde, il sut prêter de bonne grâce, attendre de meilleure grâce encore, se faire beaucoup d'amis et de la réputation
à force de bons procédés. Il fut des plus grosses parties du Roi du
temps de ses maîtresses. La conformité de goût l'attacha particulièrement à Monsieur, mais sans dépendance et sans perdre le Roi
de vue, et il se trouva insensiblement de tout à la cour de ce qui
n'étoit qu'agréments et futile, et qui n'en est pas une des moindres
parties à qui sait bien en profiter. Il fut donc de tous les voyages,
de toutes les parties, de toutes les fêtes de la cour, ensuite de tous
les Marlys et lié avec toutes les maîtresses, puis avec toutes les filles
du Roi, et tellement familier avec elles, qu'il leur disoit fort souvent
leurs vérités. Il étoit fort bien avec tous les princes du sang, qui
mangeoient très-souvent à Paris chez lui, où abondoit la plus grande
et la meilleure compagnie. Il régentoit au Palais-Royal, chez Monsieur
le Grand et chez ses frères, chez le maréchal de Villeroy, enfin chez
tous les gens en première place. Il s'étoit rendu maître des modes,
des fêtes, des goûts, à tel point, que personne n'en donnoit que
sous sa direction, à commencer par les princes et les princesses
du sang, et qu'il ne se bâtissoit ou ne s'achetoit point de maison
qu'il ne présidât à la manière de la monter, de l'orner et de la
meubler.

« Il avoit été sur ce pied-là avec M. de Louvois, avec M. de Seignelay, avec le maréchal d'Humières; il y étoit avec Mme de Bouillon, avec la duchesse du Lude, en un mot avec tout ce qui étoit le
plus distingué et qui recevoit le plus de monde. Point de mariages
dont les habits et les présents n'eussent son choix, ou au moins son
approbation. Le Roi le souffroit, cela n'alloit pas à plus; tout le
reste lui étoit soumis, et il abusoit souvent de l'empire qu'il usurpoit. A Monsieur, aux filles du Roi, à quantité de femmes, il leur
disoit des ordures horribles, et cela chez elles, à Saint-Cloud, dans
le salon de Marly. Il entroit encore, et étoit entré toute sa vie dans
quantité de secrets de galanterie. Son commerce étoit sûr, et il n'a-
voit rien de méchant, étoit obligeant même et toujours porté à servir

de sa bourse ou de ses amis, et n'étoit mal avec personne. Il étoit assez vêtu et coiffé comme Monsieur, il en avoit aussi fort la taille et le maintien; mais il n'étoit pas, comme de raison, à beaucoup près si paré, et moins gros. Il étoit fort bien et fort familier avec Monseigneur.... Une espèce comme celle-là dans une cour y est assez bien ; pour deux c'en seroit beaucoup trop. Finalement les personnes les plus sérieuses et les plus importantes, et les moins en commerce avec lui, et celles-là étoient en petit nombre, le ménageoient, et il n'y avoit qui que ce fût qui se voulût attirer Langlée. » (*Mémoires*, tome II, p. 385-387.)

« Langlée mourut, dit encore Saint-Simon à la date de l'année 1708 (tome VI, p. 179), ... sans avoir jamais été marié.... Le monde y perdit du jeu, des fêtes et des modes, et les femmes beaucoup d'ordures. Il laissa plus de quarante mille livres de rente, sa belle maison meublée et d'autres effets à Mlle de Guiscard, fille unique de sa sœur. »

« Langlée est fier et familier au possible, écrit Mme de Sévigné, qui nous fournit aussi plus d'un trait sur ce personnage. Il jouoit cet été avec le comte de Gramont; en jouant au brelan, le comte lui dit sur quelque manière un peu libre : « Monsieur de Langlée, gardez ces « familiarités-là pour quand vous jouerez avec le Roi. » (*Lettre* du 5 janvier 1672, tome II, p. 456.) Voyez encore la lettre des 5 et 6 novembre 1676 (tome V, p. 134), où Mme de Sévigné raconte comment Langlée offrit une robe de brocart d'or à Mme de Montespan.

On lit dans plusieurs clefs : « Langlée et autres, » et quelques-unes nomment Dangeau en même temps que lui. Bien que divers traits conviennent à Dangeau, c'est Langlée seul, ce nous semble, que l'on peut reconnaître dans chaque ligne de cet alinéa. Comme le dit Saint-Simon, il n'y avait qu'un Langlée à la cour.

IV

Page 305, n° 20. — *Un homme de la cour....* (1689).

Allusion, suivant les clefs de 1697 et les clefs suivantes, au « duc de Bouillon et à son château de Sedan. » Il y a là une erreur: Sedan n'appartenait plus à la famille de Bouillon. S'il y avait ici une allusion à l'orgueil et aux prétentions des Bouillon, il faudrait rappeler que le cardinal et le duc de Bouillon avaient voulu « ensevelir » leur nom de famille « de la Tour » sous celui d'« Auvergne, » faire prendre à un neveu le titre de prince-dauphin d'Auvergne [1], etc. ; mais il ne s'agit pas ici de si grands personnages.

1. Voyez Saint-Simon, tome I, p. 218; tome V, p. 320, 321, etc.

Mais s'il l'a tel qu'il ose le porter, il doit alors insinuer....

Clefs des éditions Coste : « Monsieur de Tonnerre, évêque de Noyon. »

« Je passai à Noyon, dit Saint-Simon (tome I, p. 107), chez l'évêque, qui étoit un Clermont-Tonnerre, parent et ami de mon père, célèbre par sa vanité et les faits et dits qui en ont été les fruits. Toute sa maison étoit remplie de ses armes jusqu'aux plafonds et aux planchers ; des manteaux de comte et pair dans tous les lambris, sans chapeau d'évêque ; des clefs partout, qui sont ses armes, jusque sur le tabernacle de sa chapelle ; ses armes sur sa cheminée, en tableau avec tout ce qui se peut imaginer d'ornements, tiare, armures, chapeaux, etc., et toutes les marques des offices de la couronne ; dans sa galerie une carte que j'aurois prise pour un concile, sans deux religieuses aux deux bouts : c'étoient les premiers et les successeurs de sa maison ; et deux autres grandes cartes généalogiques avec ce titre de *Descente de la très-auguste maison de Clermont-Tonnerre, des empereurs d'Orient*, et à l'autre, *des empereurs d'Occident*. Il me montra ces merveilles, que j'admirai à la hâte dans un autre sens que lui. »

On sait comment ce vaniteux personnage fut nommé à l'Académie sur le désir qu'en avait exprimé Louis XIV, et comment l'abbé Caumartin, chargé de le recevoir, divertit le public à ses dépens. Voyez Saint-Simon, tome I, p. 213-217.

Si on lui dit qu'Hyacinthe a eu le gros lot, demander s'il est gentilhomme....

Une grande loterie fut tirée à Marly le 5 mars 1687. « Ce fut un épicier de Paris, dit Dangeau (tome II, p. 33), qui gagna le gros lot. » Ne serait-ce pas le souvenir de cette loterie, tirée au milieu de l'élite des courtisans pour le plus grand profit d'un épicier, qui revient ici à la Bruyère ? « Vous savez, lit-on dans le *Mercure* de mars 1687 (1ʳᵉ partie, p. 343), que la grande loterie du Roi a été tirée. MM. Bernard et Tranchepain, marchands à Paris, qui y avoient mis ensemble dix louis, ont eu le gros lot, qui étoit de cinquante mille livres. Ils allèrent à Marly pour le retirer, et le Roi, qui le sut, voulut bien leur faire l'honneur de les voir. Sa Majesté les reçut parfaitement bien. »

V

Page 310, n° 32. — *Vient-on de placer quelqu'un dans un nouveau poste....* (1690).

Clefs du dix-huitième siècle : « Cela est arrivé à M. de Luxembourg, quand il entra dans le commandement des armées. »

CLEFS ET COMMENTAIRES. 525

François de Montmorency, duc de Luxembourg, reçut en 1686 et les années suivantes le commandement de divers corps d'armée ; mais ce ne fut qu'après être devenu maréchal de France qu'il put obtenir le commandement en chef d'une armée : il remplaça Condé en 1675 à la tête de l'armée de Flandre, et commanda encore en chef les années suivantes.

En 1679 survint l'affaire des poisons, c'est-à-dire le procès de la Brinvilliers, qui le mit en disgrâce et le fit partir pour un exil dont il ne revint qu'en juin 1681.

VI

Pages 311 et 312, n° 38. — *Il y a des gens.... Ce n'est ni Rousseau, ni un Fabry, ni la Couture....* (1687).

Rousseau le cabaretier n'est pas le seul Rousseau dont les gens de la cour connaissaient à cette époque le nom et le visage. Il y avait par exemple, Rousseau, l'huissier de la chambre du Roi, redoutable personnage dont les courtisans devaient se concilier les bonnes grâces, et dont l'insolence était odieuse à Racine. « Pour moi, il ne me saluoit plus, et avoit toujours envie de me fermer la porte au nez lorsque je venois chez le Roi, » écrit-il à son fils aîné, le 25 avril 1698, en lui apprenant l'arrestation de Rousseau, accusé de menées quiétistes. Il y avait encore Rousseau, le maître d'armes de la cour : depuis longtemps déjà une famille Rousseau était de père en fils en possession d'apprendre les armes aux enfants de France. Ces deux Rousseau étaient assez connus pour qu'on puisse les nommer à côté du cabaretier Rousseau ; mais nous n'hésitons pas à reconnaître ce dernier dans le Rousseau que nomme la Bruyère. La célébrité de son cabaret devait empêcher à cette époque toute méprise, au théâtre et ailleurs. La Bruyère, au surplus, reprochera encore plus loin aux jeunes gens de la cour et aux grands en général leur amour du vin. (Voyez p. 327, n° 74, et p. 348, n° 28.)

Chacun comprenait tout aussi bien ce que signifiait l'expression *un Fabry*. Le procès de Fabry avait eu un tel retentissement qu'en 1679 Locke, le célèbre philosophe, en entendait encore faire le récit pendant un séjour à Paris et le notait sur son carnet de voyage : « Pomey and Chauson were burnt at Paris about the year 64, for « keeping a bawdy house of catemites. » (*The life of John Locke* by lord King, London, 1830, tome II, p. 154.) Mathieu Marais et Locke, ou du moins son éditeur, donnent différemment, comme l'on voit, le vrai nom de Fabry.

Dans les notes qu'il avait écrites sur les *Caractères*, M. Rœderer, commentant l'un des passages où la Bruyère fait une allusion du même genre aux vices du temps (voyez ci-dessus, p. 327, n° 74), en rapprochait les témoignages de Saint-Simon et de la princesse Palatine, dans leurs *Mémoires*, de Bourdaloue, dans le *Sermon de la Nativité*, prêché en 1687 devant le Roi, et de l'auteur du pamphlet : *la France devenue italienne*. (OEuvres du comte P. L. Rœderer, tome V, p. 341.)

VII

Page 313, n° 43. — *On fait sa brigue.... Qui oseroit soupçonner d'Artemon...?* (1690).

Clef de 1697 et clefs suivantes : « M. le marquis de Vardes, qui, au retour de son exil de vingt années, avoit fait une grosse brigue pour être gouverneur de Monseigneur le duc de Bourgogne; à quoi cependant il auroit réussi sans sa mort arrivée dans ce temps-là, qui a fait mettre en sa place M. le duc de Beauvilliers. »

François-René du Bec, marquis de Vardes, gouverneur d'Aigues-Mortes, capitaine des cent-suisses de la garde du Roi, chevalier de l'ordre du Saint-Esprit, perdit les bonnes grâces du Roi en 1665, lorsque Madame eut révélé à Louis XIV le complot qu'il avait formé avec la comtesse de Soissons pour perdre Mme de la Vallière en 1662. « Il lui en coûta sa charge, dit Saint-Simon, et plus de vingt-cinq ans d'exil[1] en Languedoc; il en revint si rouillé qu'il en surprit tout le monde et conserva toujours du provincial. Le Roi ne revint jamais qu'à l'extérieur, et encore fort médiocre, quoiqu'il lui rendit enfin un logement et ses entrées. » (Voyez les *Mémoires* de Dangeau, tome II, p. 164 et 165). — Il mourut le 3 septembre 1688, à la suite d'une longue maladie. Il était à ce moment « un de ceux qu'on nommoit pour être gouverneur de Monsieur le duc de Bourgogne, » dit Dangeau, donnant sur ce point raison aux clefs ; mais, outre qu'il n'eut pas cette place, il ne s'était retiré ni dans sa terre ni dans son gouvernement, comme le fait *d'Artemon* après avoir préparé « toutes ses machines. »

Ce ne fut qu'en août 1689 que le duc de Beauvilliers fut nommé gouverneur du duc de Bourgogne.

La clef de 1697 et les clefs suivantes mettent le nom du duc de Beauvilliers à côté de celui de *d'Artemon*, tout en inscrivant celui de Vardes en marge de l'alinéa. C'est à la marge de l'alinéa suivant que diverses clefs marginales donnent le nom de *Beauvilliers*, et par distraction sans doute les éditeurs l'auront déplacé.

---

1. Il revint en 1685. Son exil ne dura que vingt ans.

VIII.

Page 314, n° 44. — *Les hommes ne veulent pas....* (1690).

Clefs marginales manuscrites : « Le duc de Beauvilliers. »

On conçoit que la modestie et le désintéressement du duc de Beauvilliers aient reçu de la part de quelques-uns cette interprétation maligne, qui nous paraît une calomnie.

A la mort du maréchal de Villeroy (28 novembre 1685), les personnages les plus considérables, le duc de Montausier, le duc de Créqui, le duc de Saint-Aignan et d'autres, sollicitèrent la charge de chef du conseil des finances, qui valoit près de cinquante mille livres de rente. « Le Roi, dit Saint-Simon (tome XI, p. 193 et 194), leur préféra le duc de Beauvilliers, qui avoit trente-sept ans, et qui n'avoit garde d'y songer. Il en étoit si éloigné que la délicatesse de sa conscience, alarmée de tout ce qui sentoit les finances, ne put se résoudre à l'accepter lorsque le Roi la lui donna. La surprise du Roi d'un refus de ce qui faisoit l'ambition des plus importants de sa cour ne servit qu'à le confirmer dans son choix. Il insista et il obligea le duc à consulter des personnes en qui il pouvoit prendre confiance, et de tirer parole de lui qu'il le feroit de bonne foi, avec une droite indifférence, et qu'il se rendroit à leur avis s'il alloit à le faire accepter.... Au bout de sept ou huit jours, le Roi lui en demanda des nouvelles, et le poussa jusqu'à lui faire avouer qu'il avoit trouvé tous les avis de ceux qu'il avoit consultés pour qu'il ne refusât pas davantage. Le Roi en fut fort aise, le somma de sa parole, et le déclara deux heures après, au grand étonnement de sa cour.... En 1689, le Roi lui demanda s'il feroit autant de difficultés pour être gouverneur de Monseigneur le duc de Bourgogne.... qu'il en avoit apporté pour la place de chef du conseil des finances. Il n'en fit aucune et l'accepta. » — Voyez tout au long dans le même volume (p. 188 et suivantes) l'éloge qu'a fait Saint-Simon du duc de Beauvilliers, ce courtisan « doux, modeste, égal,... sincèrement humble;... et si détaché de tout, ajoute Saint-Simon,... que je ne crois pas que les plus saints moines l'aient été davantage. » Malgré toutes ses vertus, Beauvilliers n'était pas aimé de tous, et Saint-Simon en fait l'aveu : de son « attention continuelle sur lui-même.... naissoit un contraint, un concentré, dirai-je même un pincé, qui éloignoit de lui. »

IX

Page 315, n° 45. — *Je ne vois aucun courtisan....* (1689).

Ni les plaisanteries de Mme de Sévigné, ni la réflexion de la Bruyère n'ont empêché les courtisans de répéter ce même « discours » qui leur était « commun, » et Bussy lui-même, qui en avait « quelquefois ri » avec Mme de Sévigné (voyez ci-dessus, p. 315, note 2), le répétera plus d'une fois pour son compte : voyez sa *Correspondance*, année 1691 (tome VI, p. 508, 511, 513 et 514).

Il faut avouer néanmoins qu'il s'est trouvé des hommes.... (1689).

Clef des éditions Coste : « Différente manière d'agir du cardinal de Richelieu et du cardinal Mazarin [1]. Le premier savoit refuser sans déplaire. Le second faisoit plaisir de mauvaise grâce. »
La Bruyère n'allait pas chercher si loin ses modèles.

X

Page 316, n° 46. — *L'on remarque dans les cours des hommes avides....* (1689).

Clefs de 1697 et suivantes : « Feu M. de Villeroy, archevêque de Lyon, qui en étoit également gouverneur. » — Les clefs des éditions Coste ajoutent le nom du « chevalier de Hautefeuille, ambassadeur de Malte. »
Camille de Neuville de Villeroy était archevêque de Lyon, primat des Gaules, commandeur des ordres du Roi, abbé d'Ainay, de l'Ile-Barbe et de Foigny, lieutenant général au gouvernement de Lyonnais, Forez et Beaujolais. Il mourut en juin 1693.
Frère Étienne Texier de Hautefeuille, chevalier de Saint-Jean de Jérusalem, grand prieur d'Aquitaine, ambassadeur extraordinaire de la religion de Malte, lieutenant général des armées du Roi, commandeur des commanderies de la Croix en Brie, de Pézenas en Languedoc, Châlons et Vitry en Champagne, la Roche et Villedieu en Poitou, abbé commendataire de l'abbaye du Mont-Saint-Michel, mourut à Paris, le 3 mai, à soixante-dix-sept ans.

« C'étoit un vieillard, dit Saint-Simon (tome IV, p. 117), qui avoit fort servi et avec valeur, qui ne ressembloit pas mal à un spectre, et qui avoit usurpé et conservé quelque familiarité avec le Roi, qui lui marqua toujours de la bonté. Il étoit farci d'abbayes et de commanderies, de vaisselle et de beaux meubles, surtout de beaucoup de beaux tableaux, fort riche et fort avare. » — Voyez sur le bailli de Hautefeuille le *Dictionnaire des Bienfaits du Roi*, la *Table de la Gazette de France*, etc.

La clef marginale de l'exemplaire déjà cité de la Bibliothèque im-

---

1. « Le cardinal Mazarin, dit Montglat, ne pouvoit obliger de bonne grâce, et il offensoit en donnant. » (*Mémoires*, collection Petitot, p. 112.)

périale nomme après le bailli de Hautefeuille et de Villeroy : « le marquis de Saint-Romain, conseiller d'État d'épée, qui avoit deux abbayes ; et les grands prieurs de l'ordre de Saint-Lazare[1]. »

Nous avons déjà rencontré Saint-Romain dans ces notes : voyez ci-dessus, p. 469 et 470, note XI. Saint-Simon lui fait l'application de l'expression de la Bruyère : « *amphibie* de beaucoup de mérite.... conseiller d'État sans être d'épée, avec des abbayes sans être d'Église. »

Il faut remplacer dans la note marginale les mots « grands prieurs de Saint-Lazare » par les mots « grands maîtres. » Dangeau, que diverses clefs manuscrites qualifient, en marge de cet alinéa, du titre de « grand prieur de Saint-Lazare, » était « grand maître des ordres de Notre-Dame du Mont-Carmel, et de Saint-Lazare de Jérusalem, Nazareth et Béthléem tant deçà que delà les mers. » (Voyez ses *Mémoires*, tome IV, p. 408.) Il fut nommé le 9 décembre 1693, trois ans après la publication de cet alinéa. Son prédécesseur était Philippe de Nérestang, capitaine des gardes de Henri IV.

« Les chevaliers de Saint-Lazare, est-il dit dans le *Dictionnaire de Trévoux*, peuvent se marier, et avoir néanmoins des pensions sur les bénéfices. »

XI

Page 316, n° 48. — *Ménophile emprunte ses mœurs....* (1691).

Clef de 1697 et clefs imprimées du dix-huitième siècle : « le P. de la Chaise, jésuite, le confesseur du Roi. » Des clefs manuscrites lui adjoignent « feu le P. Joseph, capucin, » le célèbre confident de Richelieu, mort en 1638, auquel la Bruyère assurément ne pensait guère. La phrase ne semble pas mieux s'appliquer au P. de la Chaise.

XII

Page 317, n° 50. — *L'on court les malheureux....*
Voyez un heureux.... (1690).

Clefs du dix-huitième siècle : « M. Boucherat, chancelier de France. »

Boucherat, après avoir été conseiller à la chambre des comptes, conseiller aux requêtes du Palais, et maître des requêtes (1643), fut fait chancelier en 1685. Son mérite était fort au-dessous de sa for-

---

1. On eût encore pu citer de Marsan, « qui vécut de l'Église, deux fois bigame, sans l'avoir jamais servie, » dit Saint-Simon (voyez les *Mémoires* de Dangeau, tome XII, p. 263), faisant allusion sans doute à la pension de dix mille francs qu'avait Marsan sur l'évêché de Cahors (voyez ci-après, p. 543 et 544, note VII).

tune. Il est possible qu'à sa nomination sa joie ait été grande et sa vanité fort surexcitée : on sait que, dès qu'il fut chancelier, il « ferma sa porte aux carrosses des magistrats, puis des gens de condition sans titre, enfin des prélats. » (Voyez les *Mémoires* de Saint-Simon, tome I, p. 288.) Mais pourquoi attacher son nom à ce passage, applicable à tant d'autres ? Il y avait d'ailleurs près de six ans que Boucherat était chancelier lorsque cet alinéa fut publié.

XIII

Page 317, n° 51. — *Un homme qui vient d'être placé....* (1691).

Les clefs des éditions Coste imprimées en Hollande appliquent cette réflexion, l'une de celles qu'il fallait se garder d'annoter, à Pontchartrain, qui avait été nommé contrôleur général des finances en septembre 1689 et secrétaire d'État en novembre 1690. Celles des éditions Coste imprimées en France ont remplacé ce nom par celui de « M. de la Rivière. »

XIV

Page 318, n° 53. — *Il faut des fripons à la cour....* (1687).

Les clefs du dix-huitième siècle nomment « Deschiens, Monnerot, Salaberri, Villette, Brunet, Bourvalais, etc., » autant de partisans que leur fortune désignait à la haine publique.

XV

Page 319, n° 56. — *Timante, toujours le même....* (1689).

Clef de 1697 : « M. de Pomponne. » — Clefs suivantes : « M. de Luxembourg et M. de Pomponne. » — Clefs du dix-huitième siècle : « M. de Pomponne, disgracié depuis la paix de Nimègue, et privé de sa charge de secrétaire d'État, qu'on a depuis appelé et fait ministre d'État (1679), fort considéré ; ou M. de Luxembourg, disgracié lors de l'affaire des poisons (1679-1680), et depuis revenu en faveur et à la tête des armées, mort le 6 janvier 1695. »

Simon Arnauld de Pomponne, qui s'était démis en 1679 de sa charge de ministre et secrétaire d'État pour les affaires étrangères, rentra au conseil du Roi et reprit le titre de ministre d'État le 24 juillet 1691. C'est donc à tort que l'on a vu dans le caractère de *Timante*, publié deux ans plus tôt, une allusion à son rappel. — Sur le maréchal de Luxembourg, que nomment aussi les clefs, voyez ci-dessus, p. 524 et 525, note V.

XVI

Page 320, n° 57. — *Que d'amis, que de parents...!*
C'est mon ami.... (1690).

Clef de l'édition de 1697 et clefs suivantes : « Discours de M. le duc, à présent maréchal de Villeroy [1], lors de l'élévation de M. le Pelletier au contrôle général des finances (1683). Il s'écria qu'il en étoit ravi parce qu'ils étoient parents, bien que ce ne fût pas vrai. »

Saint-Simon insiste à diverses reprises sur la bassesse et la souplesse de Villeroy : « Il avoit cet esprit de cour et du monde que l grand usage donne, et que les intrigues et les vues aiguisent, etc., etc. » (*Mémoires*, tome XII, p. 146.) Son père, Nicolas de Neuville, maréchal de Villeroy, qui fut gouverneur de Louis XIV, avait plus d'esprit, mais n'avait pas moins de « bassesse, » je répète le mot de Saint-Simon. « On lui demandoit.... pendant la régence, écrit ailleurs Saint-Simon, qui succéderoit à Bullion, surintendant des finances, qui venoit de mourir. « Je n'en sais rien, dit-il, mais je sais bien « que je suis très-humble serviteur de celui qui sera surintendant. » .... C'étoit encore lui qui disoit qu'il falloit toujours tenir le pot de chambre aux ministres tant qu'ils l'étoient, et quand le pied venoit à leur glisser, le leur verser sur la tête. » (Voyez les *Mémoires* de Dangeau, tome I, p. 259.) Et cependant il eût vivement repris son fils, s'il l'eût entendu se glorifier d'être parent des le Pelletier, lui qui disoit, si l'on en croit la même note de Saint-Simon, « qu'il aimeroit toujours mieux avoir affaire à un ministre homme de qualité, son ennemi, qu'à un ministre bourgeois, son ami. »

Lorsque Boucherat devint chancelier (novembre 1685), Bussy Rabutin écrivit par deux fois à Mme de Sévigné que le chancelier était « son allié et son bon ami. » (Voyez les *Lettres de Mme de Sévigné*, tome VII, p. 472 et 482.)

XVII

Page 320, n° 59. — *Celui qui dit : Je dînai hier à Tibur....* (1692).

Annotations de toutes les clefs : « *Tibur*, Meudon, maison que M. de Louvois avoit fait bâtir. — *Plancus*, M. de Louvois. »

Louvois était mort le 16 juillet 1691, quelques mois avant la pu-

---

[1]. Le duc de Villeroy fut nommé maréchal en 1693. — La note que nous avons reproduite (p. 451) sur les Villeroy est placée à la suite de cette phrase dans les clefs du dix-huitième siècle.

blication de cet alinéa. « Pareilles choses arrivèrent après sa mort, » est-il écrit sur les marges de quelques exemplaires.

XVIII

Page 321, n° 61. — *Théodote avec un habit austère....* (1692).

Suivant toutes les clefs, *Théodote* est l'abbé de Choisy.

Plusieurs traits de ce caractère semblent convenir à l'abbé de Choisy; mais nous avons dit que l'abbé de Choisy était l'ami de la Bruyère, et d'ailleurs la fin de la réflexion montre assez qu'on ne peut la lui appliquer. Voyez, au surplus, l'éloge que la Bruyère fait de l'abbé de Choisy dans son *Discours à l'Académie*.

XIX

Pages 325 et 326, n° 66. — *Les deux tiers de ma vie.... N** a pensé cela....* (1687).

Clefs manuscrites marginales : « Emmanuel-Théodore de Bouillon, cardinal. »

C'est encore là une application faite après coup. La première disgrâce du cardinal de Bouillon eut lieu en 1685; mais son exil dura cinq ans, car il ne cessa qu'en août 1690, au retour de son voyage à Rome, où le Roi l'avait envoyé en août 1689. Voyez sur cette disgrâce les *Mémoires* de Dangeau, tome I, p. 143, 202; tome II, p. 162, 196, 452; tome III, p. 204, etc.; les *Mémoires* de Saint-Simon, tome XII, p. 24.

XX

Page 326, n° 68. — *Xantippe au fond de sa province....* (1689).

Clefs de 1697 et suivantes : « M. de Bontemps [1]. »
Interprétation inexacte de la pensée de la Bruyère. Bontemps, petit-fils d'un chirurgien de Louis XIII, et fils de l'un des premiers

---

1. Clefs du dix-huitième siècle : « M. Bontemps, fils de M. Bontemps, premier chirurgien du Roi, est gouverneur de Versailles et premier valet de chambre. Son fils est gouverneur de Vannes, et sa fille a épousé le fils de M. Lambert de Torigni, président de la chambre des comptes [auquel elle a donné tant de chagrin, qu'elle lui a fait tourner l'esprit. Le duc d'Elbeuf d'à présent en a été très-amoureux, et elle de lui. Il lui a mangé toutes ses pierreries, ce qui a commencé ses chagrins]. » — Ce qui est entre crochets n'a été imprimé que dans les éditions de Hollande. — Voyez sur Bontemps, petit-fils et non fils d'un chirurgien, les *Mémoires* de Saint-Simon, tome III, p. 64-66, et ceux de Dangeau, tome VIII, p. 15-18. Il mourut en 1701.

valets de chambre du Roi, élevé par conséquent auprès de la cour, ne peut être *Xantippe*. Si grand d'ailleurs qu'ait été son crédit auprès du Roi, l'on ne peut dire qu'il fut *favori*.

XXI

Page 327, n° 74. — *L'on parle d'une région.... Les grands de la nation s'assemblent tous les jours, à une certaine heure, dans un temple qu'ils nomment église....* (1687).

Louis XIV communiait parfois dans l'église de la paroisse de Versailles, c'est-à-dire dans l'église Notre-Dame; mais c'est dans la chapelle du château qu'il entendait tous les jours la messe, et les dimanches le salut. — La construction de la chapelle que nous voyons aujourd'hui n'a été commencée qu'en 1699; mais le château eut toujours une chapelle.

XXII

Page 330, n° 80. — *Diseurs de bons mots....* (1689).

Des clefs manuscrites donnent ici les noms des *diseurs de bons mots* de ce temps : « Philibert comte de Gramont; Gaston Jean-Baptiste duc de Roquelaure ; Antonin Nompar de Caumont duc de Lauzun ; Roger de Rabutin comte de Bussy ; Mme Cornuel, etc. »

XXIII

Page 331, n° 83. — *La cour n'est jamais dénuée....* (1691).

Les clefs du dix-huitième siècle citent en exemple Bontemps et le marquis de Dangeau.

XXIV

Page 332, n° 84. — *Il y a des gens....* (1691).

Clefs du dix-huitième siècle : « le comte d'Aubigné. » — Voyez ci-dessus, p. 466, note IV.

Les auteurs des clefs marginales manuscrites inscrivent au hasard les noms de gens qui, sans grand mérite, ont été élevés à de grands emplois, à de hautes dignités : l'abbé Jérôme le Pelletier, conseiller d'État et conseiller d'honneur au Parlement, mort en 1690 ; l'archevêque de Reims le Tellier; l'archevêque de Rouen Colbert; le chancelier Boucherat.

XXV

Page 335, n° 93. — *Avec un esprit sublime.... ô Aristide....* (1689).

La clef Cochin met cette apostrophe à l'adresse de Pomponne, qui fut disgracié de 1679 à 1691. Les clefs imprimées du dix-huitième siècle ajoutent à son nom celui du cardinal d'Estrées, qui fut toujours en faveur.

XXVI

Page 335, n° 96. — *Straton est né sous deux étoiles....* (1691).

Les clefs nomment d'un commun accord le duc de Lauzun[1], et c'est justice. « Il a été, dit Saint-Simon, un personnage si extraordi-

---

[1]. Voici la note que contiennent les clefs du dix-huitième siècle sur Antoine Nompar de Caumont Lauzun, d'abord connu sous le nom de comte de Puyguilhem : « M. le duc de Lauzun, qui a été favori du Roi, puis disgracié et envoyé en prison à Pignerol (26 *novembre* 1671), où il a été pendant dix ans, ensuite revenu en cour (1682), rentré dans les bonnes grâces de Mademoiselle de Montpensier, qui lui a donné Saint-Fargeau et trente mille livres de rente sur les gabelles de Languedoc*; depuis brouillé avec elle, et enfin exclu de la cour. Le roi Jacques lui donna l'ordre de la Jarretière dans l'église de Notre-Dame de Paris, après y avoir ouï la messe devant la chapelle de la Vierge, en 1689. Il a été depuis fait duc à brevet (1692) à la sollicitation de la reine d'Angleterre, qui étoit sortie d'Angleterre avec le prince de Galles, en 1688. Il est cadet de la maison de Nompar de Caumont, neveu du maréchal de Gramont, qui l'attira à Paris, où il lui donna retraite chez lui [et, par reconnoissance, il débaucha sa fille, mariée depuis au prince de Monaco **. Ce fut au sujet de cette intrigue, dont il avoit fait confidence au Roi, qu'il se brouilla avec lui avec des emportements étranges, dont le Roi l'excusa, reconnoissant généreusement qu'il avoit trahi la confidence qu'il lui avoit faite. Il fut cependant mis à la Bastille pour le manque de respect, mais seulement pendant vingt-quatre heures, et rentra dans les bonnes grâces du Roi, qu'il a perdues tout à fait par l'attachement qu'il prit avec Mademoiselle de Montpensier. Ce fut lui qui, en 1688, passa en Angleterre, d'où il ramena la Reine et le prince de Galles. Il est allé en Irlande avec le roi d'Angleterre, où il (*le roi d'Angleterre sans doute*) ne fit rien qui vaille, s'étant enfui des premiers au combat de la Boyne]. Il a épousé la seconde fille du maréchal de Lorges, au mois d'avril 1695. L'aînée a épousé le jeune duc de Saint-Simon. La mère est fille de M. Fremont, fameux homme d'affaires, et enfin garde du trésor royal. » — Ce qui est entre crochets n'a pas été imprimé dans les clefs des éditions Coste publiées en France. — Lauzun est mort en 1723, à quatre-vingt-dix ans.

* Dans ses *Mémoires* (tome IV, p. 451 et 452), Mademoiselle dit lui avoir donné en 1681 le duché de Saint-Fargeau, affermé vingt-deux mille livres, et dix mille livres de rente sur les gabelles du Languedoc.
** Voyez les *Mémoires* de l'abbé de Choisy, collection Petitot, p. 389; et Saint-Simon, tome XX, p. 45.

naire et si unique en tout genre, que c'est avec beaucoup de raison que la Bruyère a dit de lui dans ses *Caractères* qu'il n'étoit pas permis de rêver comme il a vécu. A qui l'a vu de près, même dans sa vieillesse, ce mot semble avoir encore plus de justesse. » (*Mémoires*, tome XX, p. 38.)

« La fortune, qui est une grande folle, écrivait Bussy le 2 février 1689, n'en a jamais donné tant de marques que dans la vie de Lauzun. C'est un des plus petits hommes, pour l'esprit aussi bien que pour le corps, que Dieu ait jamais fait; cependant nous l'avons vu favori, nous l'avons vu noyé, et le revoici sur l'eau; ne savez-vous pas un jeu où l'on dit : *Je l'ai vu vif, je l'ai vu mort, je l'ai vu vif après sa mort?* C'est son portrait. » (*Lettres de Mme de Sévigné*, tome VIII, p. 451.)

Sans parler des *Mémoires* de Mademoiselle et des autres mémoires du temps, il faut lire dans Saint-Simon (tome XX, p. 39 et suivantes) le portrait de ce personnage « plein d'ambition, de caprices, de fantaisies, jaloux de tout, voulant toujours passer le but, jamais content de rien, sans lettres, sans aucun ornement ni agrément dans l'esprit[1], naturellement chagrin, solitaire, sauvage, fort noble dans toutes ses façons, méchant et malin par nature, encore plus par jalousie et par ambition, toutefois bon ami quand il l'étoit, ce qui étoit rare, et bon parent, volontiers ennemi même des indifférents, et cruel aux défauts et à trouver et donner des ridicules, extrêmement brave, et aussi dangereusement hardi; courtisan également insolent, moqueur, et bas jusqu'au valetage.... extraordinaire en tout par nature.... » Saint-Simon lui a consacré un chapitre, où il expose tout au long son ambition, ses audaces, ses insolences, et « la singularité extraordinaire de sa vie. » A Pignerol, Lauzun raconta « sa fortune et ses malheurs » à Foucquet, prisonnier depuis dix ans. « Le malheureux surintendant, écrit Saint-Simon (*ibidem*, p. 48), ouvroit les oreilles et de grands yeux quand il entendit dire à ce cadet de Gascogne, trop heureux d'être recueilli et hébergé chez le maréchal de Gramont, qu'il avoit été général des dragons, capitaine des gardes, et eu la patente et la fonction de général d'armée. Foucquet ne savoit plus où il en étoit, le crut fou, et qu'il lui racontoit ses visions, quand il lui expliqua comment il avoit manqué l'artillerie[2], et ce qui s'étoit passé après là-dessus; mais il ne douta plus de la folie arrivée à son comble, jusqu'à avoir peur de se trouver avec lui, quand il lui raconta son mariage

---

1. « Du reste, dit ailleurs Saint-Simon (p. 65), sa conversation étoit toujours contrainte par l'humeur ou par la politique, et n'étoit plaisante que par sauts et par les traits malins qui en sortoient souvent. »
2. Le Roi avait voulu le nommer grand maître de l'artillerie en 1669.

consenti par le Roi avec Mademoiselle, comment rompu, et tous les biens qu'elle lui avoit assurés. »

Quand la Bruyère imprimait le caractère de *Straton*, Lauzun était revenu depuis quelque temps à la cour. Il s'était trouvé en Angleterre au moment de la révolution de 1688, et c'est à lui que Jacques II, se préparant à la fuite, avait confié la Reine et le prince de Galles ; aussi arrivant en France avec la reine d'Angleterre, avait-il trouvé bon accueil auprès de Louis XIV (voyez Dangeau, tome II, p. 235 et suivantes ; et Saint-Simon, tome XX, p. 54). « Le romanesque et le merveilleux » de son aventure en Angleterre en faisaient tout d'abord une sorte de héros ; mais bientôt on en contesta « le romanesque et le merveilleux, » et l'aventure devint « quasi tout unie. » (Voyez au bas de cette page, dans la note 2, les citations de Mme de Sévigné.) Le Roi cependant, quelques semaines après son arrivée, lui rendit les grandes entrées, un logement au château de Versailles, à Fontainebleau, à Saint-Germain, etc. « On peut juger, dit Saint-Simon (p. 54), quel fut le ravissement d'un courtisan aussi ambitieux, qu'un retour si éclatant et si unique ramenoit des abîmes et remettoit subitement à flot.... Quel miraculeux retour de fortune ! s'écrie encore Saint-Simon après avoir dit qu'en 1692 Lauzun devint duc. Mais quelle fortune en comparaison du mariage public avec Mademoiselle, avec la donation de tous ses biens prodigieux, et le titre et la dignité actuelle de duc et pair de Montpensier ! Quel monstrueux piédestal, et, avec des enfants de ce mariage, quel vol n'eût pas pris Lauzun, et qui peut dire jusqu'où il seroit arrivé ? »

Malgré tout, sa faveur nouvelle n'était qu'apparente, car Louis XIV tint toujours en suspicion son ancien favori, qui, en fin de compte, ne se releva jamais de sa chute qu'à moitié. Il n'apparaît pas bien clairement qu'en traçant ce rapide résumé du « roman » de sa vie (*il a brillé, il a souffert, il a mené une vie commune*), la Bruyère ait tenu grand compte de ce que, le 6 janvier 1689, Mme de Sévigné appelait « le second tome de M. de Lauzun[1]. » En 1691 Lauzun n'était pas encore duc, et depuis la campagne malheureuse qu'il avait faite en Irlande l'année précédente il vivait un peu effacé à la cour.

Il est superflu de rappeler la célèbre lettre qu'écrivit Mme de Sévigné sur le mariage de Lauzun avec Mademoiselle (15 décembre 1670, tome II, p. 25) ; mais nous ferons remarquer, au sujet des deux *étoiles* que la Bruyère lui donne, que *l'étoile* de Lauzun revient assez souvent dans la correspondance de Mme de Sévigné[2].

1. « Le second tome de M. de Lauzun est fort beau et digne du premier. Il a eu l'honneur d'être enfermé une heure avec le Roi. » (Tome VIII, p. 388.)

2. « J'admire l'étoile de M. de Lauzun, qui veut encore rendre son nom éclatant, quand il semble qu'il soit tout à fait enterré. » (*Lettre* du 24 dé-

En même temps qu'il insérait le caractère de *Straton* dans la 6ᵉ édition, la Bruyère en faisait disparaître une réflexion qui pouvait s'appliquer à Lauzun : voyez ci-dessus, p. 379, n° 19, et ci-après, p. 554-557, note III.

XXVII

Page 336, n° 97. — *La faveur met l'homme....* (1690).

Clefs imprimées du dix-huitième siècle : « M. le Pelletier, le ministre. »

Cette réflexion ne contient aucune allusion particulière ; mais encore s'appliquait-elle à Claude le Pelletier moins qu'à tout autre ; car il quitta volontairement sa charge de contrôleur général des finances en 1689, puis ses emplois de ministre d'État et de surintendant des postes en 1697, sept ans après la publication de cet alinéa. Lorsqu'il eut cessé d'être contrôleur général, il « demeura peu compté par le courtisan, » dit Saint-Simon (tome II, p. 46) ; mais il conserva jusqu'à sa mort tout son crédit auprès du Roi (*ibidem*, p. 47).

XXVIII

Pages 336 et 337, n° 99. — *Dans cent ans, le monde.... Il s'avance déjà sur le théâtre d'autres hommes....* (1690).

Les auteurs des clefs imprimées du dix-huitième siècle croient devoir inscrire ici divers noms : Pontchartrain (contrôleur général des finances en 1689, secrétaire d'État en 1690, chancelier en 1693); Chamillart (contrôleur général des finances en 1699, ministre de la guerre en 1701); Chamlay (maréchal des logis des armées du Roi en 1670, intendant triennal des bâtiments en 1684).

cembre 1688, tome VIII, p. 354. — « L'étoile de M. de Lauzun repâlit : il n'a point de logement, il n'a point ses anciennes entrées ; on lui a ôté le romanesque et le merveilleux de son aventure (*il s'agit de la fuite de la reine d'Angleterre, accompagnée de Lauzun*); elle est devenue quasi tout unie : voilà le monde et le temps. » (*Lettre* du 14 janvier 1689, *ibidem*, p. 411 et 412.) — « Cela (*il s'agit des mauvais propos de Lauzun sur le duc de Charost*) ne fait point honneur à ce dernier (*Lauzun*), dont il semble que la colère de Mademoiselle arrête l'étoile : il n'a ni logement ni entrées ; il est simplement à Versailles. » (*Lettre* du 24 janvier 1689, *ibidem*, p. 431.) — « L'étoile de ce petit homme est tout extraordinaire. » (*Lettre* du 28 février 1689, *ibidem*, p. 495.)

DES GRANDS.

I

Page 338, n° 2. — *Si vous êtes né vicieux, ô Théagène....* (1691).

Philippe de Vendôme, grand prieur de Malte, était l'un des plus « vicieux » parmi les grands personnages du temps; de plus, il « ne voyoit que des subalternes obscurs » (Saint-Simon, tome V, p. 140). Il n'est donc pas surprenant que dans les clefs du dix-huitième siècle on ait placé son nom en regard de celui de *Théagène*. Les éditeurs modernes ont approuvé cette explication; mais il nous paraît beaucoup plus vraisemblable que *Théagène* soit le duc de Bourbon, dont la clef de l'édition de 1697, la clef Cochin, et les meilleures clefs marginales manuscrites nous livrent ici le nom. Ne se fût-il trouvé dans aucun commentaire, encore eussions-nous pensé que cet alinéa, glissé dans la 6e édition, contient un conseil discrètement et indirectement donné par l'auteur à son ancien élève.

« En marge d'un de mes exemplaires..., dit toutefois Walckenaer (p. 704), il y a le nom de *Monsieur le Duc* pour ce caractère. Mais, quoiqu'on pût le lui appliquer aussi bien qu'au grand prieur, il est bien certain que la Bruyère n'a jamais eu l'intention de faire un portrait satirique de Monsieur le Duc. Quoiqu'il liât des intrigues avec des femmes de la cour, sa vie étoit moins scandaleuse que celle du grand prieur. » Comment affirmer que dans le secret du cabinet la Bruyère n'ait pas adressé à Monsieur le Duc cette dernière leçon, qui n'est point du reste un portrait satirique? *Théagène* est encore jeune d'ailleurs, jeune comme le duc de Bourbon, qui a vingt-trois ans, et il n'est pas encore entièrement « corrompu, » comme l'est depuis si longtemps le grand prieur, né en 1655.

« D'amis, il n'en eut point, dit Saint-Simon en parlant de Monsieur le Duc (tome VIII, p. 123), mais des connoissances plus familières, la plupart étrangement choisies, et la plupart obscures comme il l'étoit lui-même autant que le pouvoit être un homme de ce rang. » *Théagène*, on le voit, tint peu de compte du conseil de la Bruyère, si toutefois ce conseil passa jamais sous ses yeux.

II

Page 340, n° 7. — *Il est vieux et usé....* (1689).

Les clefs du dix-huitième siècle nomment Saint-Pouange, dont nous

avons déjà parlé (voyez ci-dessus, p. 479, note V, et p. 509, note II).
Le marquis de Saint-Pouange, qui avait alors quarante-six ans, était secrétaire du cabinet et commis principal de Louvois[1], dont il était le cousin germain par sa mère, et auquel il était tout dévoué. Ce qui sans doute fit penser dans la suite que l'ambition de Saint-Pouange avait dû être mal satisfaite, c'est qu'après la mort de Louvois (1691) il resta principal commis sous le ministère de Barbezieux. Le Roi avait un instant pensé à donner à Chamlay la place de Louvois, mais il n'avait pas été question de Saint-Pouange, et le principal commis vit arriver au ministère Barbezieux, cet « apprenti commis[2] » de vingt-quatre ans, qui en avait depuis 1685 la survivance, et qui, encore inexpérimenté, dut être placé pour quelque temps sous sa tutelle. Plus tard, en 1701, ce fut Chamillart que l'on nomma ministre de la guerre, et « Saint-Pouange, qui ne pouvoit plus, dit Saint-Simon (tome III, p. 58), servir de principal commis à un étranger, comme il avoit fait sous ses plus proches, » prit une sorte de retraite en achetant une charge de trésorier de l'ordre du Saint-Esprit. Il mourut fort riche en 1706.

Dans la distribution des emplois de moindre importance, il devait se trouver chaque jour une application plus juste à faire de la réflexion de la Bruyère.

III

Page 340, n° 11. — *Les grands sont si heureux....* (1689).

Les clefs du dix-huitième siècle, appliquant cette réflexion à Louis XIV, citent Louvois comme l'un des « serviteurs, » l'une des « personnes illustres » dont la perte fut peu regrettée. Louvois mourut deux ans après la publication de ce passage; de plus, ce ne fut pas Pontchartrain qui le remplaça, comme paraissent l'indiquer les mêmes clefs, qui inscrivent son nom à côté des mots : *elle assure que l'un....*

IV

Page 342, n° 15. — *Quelle est l'incurable maladie de Théophile?...* (1691).

Selon toutes les clefs, *Théophile* est « M. de Roquette, évêque d'Autun, » et la phrase : *A peine un grand est-il débarqué*, fait allusion à

---

[1]. Saint-Pouange « étoit secrétaire du cabinet, et travailla toute sa vie sous M. de Louvois, dont il fut le premier de tous les commis, mais avec une autorité et une distinction qui le rendit un échappé de ministre, avec lequel tout militaire, quel qu'il fût, avoit à compter. » (*Mémoires* de Dangeau, tome III, p. 373, note de Saint-Simon.)

[2]. Saint-Simon, tome XII, p. 420.

« Jacques II, roi d'Angleterre [1], auprès duquel l'évêque d'Autun a voulu s'insinuer. »

Plusieurs témoignages contemporains viennent à l'appui de cette interprétation.

Saint-Simon, par exemple, écrit sous l'année 1707 (tome V, p. 346 et 347) : « Il mourut alors un vieux évêque, qui toute sa vie n'avoit rien oublié pour faire fortune et être un personnage. C'étoit Roquette, homme de fort peu, qui avoit attrapé l'évêché d'Autun, et qui à la fin, ne pouvant mieux, gouvernoit les états de Bourgogne à force de souplesses et de manége autour de Monsieur le Prince. Il avoit été de toutes les couleurs : à Mme de Longueville, à M. le prince de Conti son frère, au cardinal Mazarin, surtout abandonné aux jésuites. Tout sucre et tout miel, lié aux femmes importantes de ces temps-là et entrant dans toutes les intrigues; toutefois grand béat. C'est sur lui que Molière prit son Tartuffe, et personne ne s'y méprit [2].... Malgré tout ce qu'il put faire, il demeura à Autun, et ne put faire une plus grande fortune [3]. Sur la fin, il se mit à courtiser le roi et la reine d'Angleterre. Tout lui étoit bon à espérer, à se fourrer, à se tortiller. »

Gabriel de Roquette fut évêque d'Autun de 1667 à 1702. Il mourut en 1707, aumônier de la princesse de Conti.

V

Pages 343 et 344, n° 20. — *Avez-vous de l'esprit ?... Quel moyen de vous définir, Téléphon ?* (1691).

Clefs de 1697 et suivantes : « Téléphon, M. de la Feuillade. » — « M. de la Feuillade » est-il François d'Aubusson, comte de la Feuillade, duc de Rouanez, maréchal de France, vice-roi de Sicile et gou-

1. Les clefs du dix-huitième siècle contiennent une longue note sur les enfants légitimes et naturels de Jacques II.
2. *Le pauvre homme!* écrit, en parlant de lui, Mme de Sévigné, dans sa lettre du 3 septembre 1677 (tome V, p. 307). *Le pauvre homme!* répète de son côté l'abbé Legendre dans le passage de ses *Mémoires* (p. 107), qu'il consacre à l'évêque d'Autun. Voyez encore les *Mémoires* de Lenet, collection Petitot, p. 110; ceux de l'abbé de Choisy, même collection, p. 371, etc.
3. « Monsieur d'Autun a bien conduit sa fortune, et la fortune l'a bien conduit aussi, écrit cependant Bussy à Mme de Sévigné, le 13 mai 1689; il a eu l'amitié et la confiance de beaucoup de gens illustres;... il conte agréablement, il fait bonne chère, mais il n'est point naturel; il est faux presque partout.... » (*Lettres de Mme de Sévigné*, tome IX, p. 50.) — Bussy et Mme de Sévigné parlent souvent de l'évêque d'Autun, qui était leur ami, malgré ce qu'en dit Bussy.

verneur du Dauphin, mort le 18 septembre 1691, trois mois environ après la publication de cet alinéa? ou bien son fils Louis d'Aubusson, comte de la Feuillade, duc de Rouanez, qui était alors mestre de camp de cavalerie et se nommait le duc d'Aubusson, et qui devint maréchal de France en 1724 et mourut en 1725? Le père avait soixante ans quand parut cet alinéa; le fils vingt-huit.

Walckenaer n'est pas d'avis qu'il puisse être question du fils. « Les clefs, écrit-il page 707, mettent pour *Téléphon* le duc de la Feuillade, sans prénoms, sans autre indication; et sur-le-champ on est tenté de les accuser d'erreur, en appliquant ce caractère à un des plus brillants courtisans, un des plus braves généraux de Louis XIV, celui qui lui avoit voué une sorte de culte, et qui fit en 1686 élever à ses frais un monument à sa gloire à la place des Victoires.... Mais ce n'est pas lui que les clefs désignent, c'est son fils Louis duc de la Feuillade. Celui-là ne fut jamais aimé ni estimé de Louis XIV[1]. S'il fut fait maréchal de France, ce ne fut pas par ce monarque, mais sous le Régent, en 1724. »

Les clefs, au contraire, sauf la liste imprimée à part en 1697 et celles des éditeurs Coste, où l'on a simplement imprimé, soit « M. de la Feuillade, » soit « M. le duc de la Feuillade, » nous semblent indiquer que c'est le père qu'il faut reconnaître en *Téléphon*. La clef de l'édition de 1720, d'une part, donne : « le maréchal de la Feuillade; » or Louis de la Feuillade n'était pas encore maréchal en 1720. La clef de l'édition de 1697, d'autre part, et diverses clefs manuscrites placent le nom de « Prudhomme le baigneur » à côté du nom de *Dave*, l'homme de confiance de *Téléphon :* or nous verrons bientôt quels liens et quelle familiarité unissaient François de la Feuillade et le baigneur Prudhomme. L'une de nos meilleures clefs manuscrites, au surplus, celle de l'exemplaire annoté de la Bibliothèque impériale, écrit tout au long : « *Téléphon*, François d'Aubusson, maréchal de la Feuillade. »

Le duc d'Aubusson, ajouterons-nous, ne devint un personnage que plusieurs années après l'époque où nous place l'alinéa de la Bruyère, et il n'est pas douteux que c'est à son père, à François de la Feuillade, que nous ramène chacune des phrases du caractère que nous commentons.

Nous ne ferons pas l'histoire de ce personnage célèbre. Voici

---

1. « Ses débauches de toutes les sortes, son extrême négligence pour le service, » et un « vol » qu'il fit à son oncle, l'évêque de Metz (voyez Saint-Simon, tome I, p. 339, et tome III, p. 335), lui firent perdre en 1696 les bonnes grâces du Roi; mais, en 1691, il n'était pas en défaveur, car il obtenait au mois d'octobre le gouvernement de Dauphiné, laissé vacant par son père, c'est-à-dire un revenu de plus de cinquante mille livres, avec des honneurs particuliers.

quelques lignes de la note que Saint-Simon lui a consacrée, non dans ses *Mémoires*, mais dans ses annotations des *Mémoires* de Dangeau (tome III, p. 400 et suivantes) : « De l'esprit, une grande valeur, une plus grande audace, une pointe de folie gouvernée toutefois par l'ambition, et la probité et son contraire fort à la main, avec une flatterie et une bassesse insignes pour le Roi, firent sa fortune et le rendirent un personnage à la cour, craint des ministres et surtout aux couteaux continuels avec M. de Louvois. Il se distingua toujours par son assiduité et sa magnificence. Il a renouvelé les anciennes apothéoses fort au delà de ce que la religion chrétienne pouvoit souffrir ; mais il n'attendit pas que le Roi fût mort pour faire la sienne, dont il n'auroit pas recueilli le fruit.... Avec tant de faveur et tant de soin de l'augmenter, il étoit devenu si à charge au Roi qu'il ne le put dissimuler à sa mort. Son ardeur, sa vivacité, son audace, tout ce qu'il avoit fait pour le Roi lui faisoit usurper des libertés et des demandes qui pesoient au Roi étrangement, et ce fut en cette occasion que ce prince ne put se tenir de dire plusieurs fois, et une entre autres à table parlant à Madame par un hasard qui y donna lieu, qu'il n'avoit jamais été si à son aise que lorsqu'il s'étoit vu délivré de Louvois, de Seignelay et de la Feuillade. »

Dangeau avait écrit, à la date du 19 septembre 1691 (tome III, p. 400), c'est-à-dire le lendemain de la mort de François de la Feuillade : « Mlle Prudhomme s'est jetée dans un couvent ; tout le monde croit que M. de la Feuillade l'avoit épousée, et même il y a longtemps. » Et Saint-Simon ajoute (p. 402) : « Mlle Prudhomme étoit la fille d'un baigneur, chez qui M. de la Feuillade logeoit avant sa fortune, et qui lui avoit été souvent de beaucoup de secours. Il eut toute sa vie une confiance entière en lui, et personne ne doutoit qu'il n'eût épousé sa fille, qui fut maîtresse de son bien, de ses enfants et de tout chez lui jusqu'à sa mort. C'étoit une personne de beaucoup d'honneur, de vertu et de piété, de bon sens, capable de lui donner de bons conseils, qui n'abusa jamais de son crédit sur lui, qui étoit sans mesure, et qui se contint toujours décemment et modestement dans son état, sans que Mme de la Feuillade, tant qu'elle vécut, et qui l'aimoit et l'estimoit, ait jamais eu lieu de s'en plaindre[1]. »

---

[1]. Sur Louis de la Feuillade, voyez les *Mémoires* de Saint-Simon, à l'endroit déjà cité du tome III (p. 335 et 336), et *le Siècle de Louis XIV*, de Voltaire, chapitre xx. — Saint-Simon le donne comme « le plus solidement malhonnête homme qui ait paru de longtemps, » mais il rend justice à son esprit : « Il étoit parfaitement bien fait, avoit un air et les manières fort nobles, et une physionomie si spirituelle qu'elle réparoit sa laideur.... Elle tenoit parole : il avoit beaucoup d'esprit, et de toutes sortes d'esprit. Il savoit persuader son mérite à qui se contentoit de la superficie, et surtout avoit le langage et le

VI

Page 345, n° 23. — *C'est déjà trop.... Ayons recours aux noms profanes....* (1690).

Nous avons cité les noms imprimés en exemples dans les clefs ; combien d'autres on eût pu y ajouter ! Les prénoms de *César-Auguste, César-Phébus, Camille, Scipion, Roger, Achille, Diane*, etc., abondent dans la cour et autour de la cour. Il y a une *Diane* jusque dans la famille de la Bruyère, l'une de ses grand'mères. Ce n'est pas seulement parmi « les grands » que cette mode avait cours ; et bien que la Bruyère place sa réflexion au chapitre *des Grands*, elle trouvait dans une certaine mesure son application parmi les gens de la magistrature et ailleurs.

VII

Page 346, n° 24. — *Pendant que les grands négligent.... des citoyens s'instruisent....* (1692).

Clef de 1697 : « *Des citoyens...*, les ministres et les gens d'affaires. » Les clefs suivantes ne mentionnent plus que « les ministres. »

La clef Cochin annote ainsi la fin de l'alinéa, citant Colbert comme l'un des « citoyens » qui sont devenus ministres et ont donné leurs filles à des grands : « M. Colbert, fils d'un marchand de laine [1], et devenu ministre et contrôleur général. Il a laissé plusieurs enfants, dont les trois filles ont été mariées à des ducs et pairs [2]. Son fils M. de Seignelay lui a succédé en la charge de secrétaire et ministre d'État ; il avoit épousé en premières noces Mlle d'Alègre, d'une illustre maison, dont il n'a pas eu d'enfants [3] ; en secondes noces il avoit épousé Mlle de Matignon, alliée à la couronne [4], qui, après la mort de son mari, mort d'épuisement auprès des femmes, a épousé en secondes noces, au mois de février 1676, M. le comte de Marsan de la

manége d'enchanter les femmes. Son commerce, à qui ne vouloit que s'amuser, étoit charmant.... Il se piquoit fort de toutes ses qualités, fort avantageux, fort hardi, grand débiteur de maximes et de morales, et disputoit volontiers pour faire parade d'esprit. » — Suivant Voltaire, Louis de la Feuillade « était l'homme le plus brillant et le plus aimable du royaume. »

1. Voyez la dissertation de M. P. Clément sur l'origine de la famille Colbert, dans les *Lettres, instructions et mémoires de Colbert*, tome I, p. 467 et suivantes. Le père de J. B. Colbert avait été commerçant en effet.

2. Les ducs de Chevreuse, de Beauvilliers, de Mortemart.

3. Il en eut une fille, qui ne vécut que quelques mois.

4. Sa grand'mère était d'Orléans-Longueville, fille d'un Bourbon. Voyez les *Mémoires* de Mademoiselle de Montpensier, tome IV, p. 517.

maison de Lorraine, veuf de Mme d'Albret, dont il n'a point eu d'enfants, cadet de M. le comte d'Armagnac, grand écuyer, qui jouit par bref du pape d'une pension de dix mille livres sur l'évêché de Cahors depuis la mort de M. Sevin, qui en étoit l'évêque [1]; pour raison de quoi y ayant eu un procès au grand conseil pour le refus du payement de cette pension, attendu son premier mariage avec une veuve, par M. le Jay, qui étoit successeur [2], la pension a été confirmée par arrêt [3]. MM. Nouet et Vaillant étoient avocats des parties et ont fait imprimer leur plaidoyer, aussi bien que M. de Carberon, lors substitut de Monsieur le procureur général, qui portoit la parole, et qui a été peu de temps après (*en* 1684) procureur général du parlement de Metz. »

VIII

Page 349, n° 33. — *Le suisse, le valet de chambre....* (1689).

Note de l'édition de 1697 et clefs du dix-huitième siècle : « Les domestiques de M. le Tellier. »

Et tant d'autres sans aucun doute que l'annotation était bien superflue.

IX

Page 354, n° 44. — *C'est une pure hypocrisie à un homme d'une certaine élévation....* (1687).

Clef de 1697 et clefs du dix-huitième siècle : « M. de Harlay, premier président. »

« Issu de ces grands magistrats, dit Saint-Simon (tome I, p. 142 et 143) après avoir parlé d'Achille de Harlay, premier du nom, et de son fils, Harlay en eut toute la gravité qu'il outra en cynique, en affecta le désintéressement et la modestie, qu'il déshonora l'une par sa conduite, l'autre par un orgueil raffiné, mais extrême, et qui, malgré lui, sautoit aux yeux.... Il se tenoit et marchoit un peu courbé, avec un faux air plus humble que modeste, et rasoit toujours les murailles pour se faire faire place avec plus de bruit, et n'avançoit qu'à force de révérences respectueuses et comme honteuses à droite et à gauche, à Versailles. » (Voyez encore tome V, p. 380.)

---

1. Nicolas Sevin a été évêque de Cahors de 1660 à 1678.
2. Non pas le successeur immédiat. Henri-Guillaume le Jay devint évêque de Cahors en 1680, succédant à L. Antoine de Noailles.
3. C'est au grand conseil que fut jugée cette affaire. Le *Dictionnaire des Bienfaits du Roi* attribue tout naturellement au Roi, et non au pape, ce don de dix mille livres fait au comte de Marsan sur l'évêché de Cahors. Sur ce personnage, voyez ci-dessus, p. 501, note XXXIII.

X

Page 354, n° 45. — *Aristarque se transporte dans la place....* (1690).

Clefs du dix-huitième siècle : « Le même de Harlay, premier président. On vint lui apporter à Beaumont pendant les vacations vingt-cinq livres que le président de la Barois lui avoit léguées. Il se transporta à Fontainebleau, où la cour étoit alors; et par-devant un notaire royal il déclara cette somme au profit des pauvres. »

Quel est ce président la Barrois ? S'agit-il du président de la Barroire, bailli du Soissonnais et premier conseiller du conseil du duc d'Orléans ? Il mourut en septembre 1691, léguant quatre cent mille francs à l'un de ses amis, M. Sevin, conseiller dans sa chambre (Dangeau, tome III, p. 406). Avait-il fait un autre legs au premier président ? Il est à noter qu'au moment où la Barroire mourut, la cour était à Fontainebleau, et qu'elle y devait séjourner plusieurs semaines encore.

Si c'est du président la Barroire que le premier président reçut le legs qu'il donna, dit-on, aux pauvres, le rapprochement des dates démontrerait que la Bruyère n'a pu faire allusion à ce trait de sa vie. Mais l'on en peut citer d'autres, qui montrent que cette réflexion s'applique fort bien à de Harlay. Il n'avait pas toujours, paraît-il, cette probité, même « extérieure, » dont parle Saint-Simon [1]; mais il aimait évidemment qu'on lui fît honneur dans le monde de ses *bonnes actions*. Mme de Sévigné, qui admire à diverses reprises « sa belle âme, » se plaît à les raconter : « Écoutez une belle action du procureur général [2], écrit-elle le 13 octobre 1675 (tome IV, p. 178). Il avoit une terre, de la maison de Bellièvre, qu'on lui avoit fort bien donnée [3]; il l'a remise dans la masse des biens des créanciers, disant qu'il ne sauroit aimer ce présent, quand il songe qu'il fait tort à des créanciers qui ont donné leur argent de bonne foi : cela est héroïque. » Et plus tard, quand de Harlay vient d'être nommé premier président : « Mme de Lavardin me mande des merveilles de Mme de Mouci et de son frère (*Achille de Harlay*), qui a défendu à son secrétaire, d'un ton à être obéi, de prendre quoi que ce soit au monde, ni directement, ni indirectement; et pour l'y disposer plus agréablement, il lui a donné d'entrée de jeu deux mille écus comptant, et a augmenté ses appointements, qui étoient de huit

---

[1]. Voyez les *Mémoires* de Saint-Simon, tome I, p. 142.
[2]. Achille de Harlay, à cette époque procureur général au Parlement, devint premier président en septembre 1689.
[3]. Cette terre venait de la succession de sa mère, Jeanne-Marie de Bellièvre, morte en 1657.

cents francs, d'une fois autant; et à ses autres domestiques à proportion, pour les mettre à couvert de toutes sortes de tentations. Vous m'avouerez, ma fille, que voilà un beau et noble changement, et dont une belle âme, comme celle de ce magistrat, est bien flattée. Mme de Mouci, sa digne sœur, voyant sa dépense et sa table augmentées, lui donna l'autre jour pour douze mille francs de vaisselle d'argent toute neuve, et ne veut pas que son frère la remercie, parce qu'elle dit qu'elle n'en a que faire, et que ce n'est rien du tout. Franchement, ma fille, voilà ce que j'envie, voilà ce qui me touche jusqu'au cœur, de voir des âmes de cette trempe; c'est faire un bon usage des richesses, c'est mettre la vertu au premier rang. » (*Lettre* du 9 octobre 1689, tome IX, p. 246.)

XI

Pages 354 et 355, n° 46. — *Les meilleures actions s'altèrent.... il n'use point de réponses graves et sentencieuses....* (1691).

Clefs du dix-huitième siècle : « Le même de Harlay, premier président. »

Saint-Simon vient encore en aide aux annotateurs : « Une austérité pharisaïque le rendoit redoutable, dit-il du président de Harlay, par la licence qu'il donnoit à ses répréhensions publiques, et aux parties, et aux avocats, et aux magistrats, en sorte qu'il n'y avoit personne qui ne tremblât d'avoir affaire à lui.... D'ailleurs sans honneur effectif, sans mœurs dans le secret, sans probité qu'extérieure, sans humanité même, en un mot un hypocrite parfait, sans foi, sans loi, sans Dieu et sans âme, cruel mari, père barbare, frère tyran, ami uniquement de soi-même, méchant par nature, se plaisant à insulter, à outrager, à accabler, et n'en ayant de sa vie perdu une occasion. On feroit un volume de ses traits, et tous d'autant plus perçants qu'il avoit infiniment d'esprit. » (Tome I, p. 142.) .... « Les sentences et les maximes étoient son langage ordinaire, même dans les propos communs ; toujours laconique, jamais à son aise, ni personne avec lui. » (Tome V, p. 380).... « C'est dommage qu'on n'ait pas fait un *Harleana* de tous ses dits, qui caractériseroient ce cynique, et qui divertiroient en même temps, et qui le plus souvent se passoient chez lui, en public et tout haut en pleine audience. Je ne puis m'empêcher d'en rapporter quelques échantillons.... » (*Ibidem*, p. 382.)

Page 355. — *Au cabinet....*

Nous avons exprimé l'avis (p. 355, note 2) qu'en écrivant le mot *cabinet*, la Bruyère n'a pas voulu faire allusion à une assemblée par-

CLEFS ET COMMENTAIRES. 547

ticulière, rendez-vous de telles ou telles « honnêtes gens » qu'il aurait eus en vue. Mais nous devons ajouter que s'il y avait lieu d'accepter l'interprétation de Walckenaer, l'assemblée à laquelle s'appliquerait l'allusion serait, sans aucun doute, celle qui s'était longtemps réunie autour des frères du Puy dans la bibliothèque de Thou.

L'assemblée du *cabinet*, tel a été le nom de l'une des premières assemblées où « quelques honnêtes gens, » suivant l'expression de la Bruyère, se donnaient « rendez-vous pour la conversation, » et c'est sur le modèle du *cabinet* que se sont formées les assemblées de Dangeau et tant d'autres : nous en avons pour garant l'abbé René Richard, « conseiller du Roi, historiographe des fondations royales de Louis le Grand, » qui publia en 1685 un « Discours sur l'histoire des fondations royales et des établissements faits sous le règne de Louis le Grand en faveur de la religion, de la justice, des sciences, des beaux-arts, » etc.[1]. Si l'abbé Richard eût publié l'ouvrage dont ce discours était le prospectus, l'histoire du *cabinet*, qu'il avait particulièrement promise à ses lecteurs, eût été certainement celle de l'assemblée des frères du Puy, et elle eût pu ajouter des détails intéressants à ceux que contiennent sur cette assemblée la *Vie de Pierre du Puy* par Rigault, la préface du catalogue de la bibliothèque de Thou par Quesnel, et la correspondance d'Ismaël Bouilliau[2]. Dans cette correspondance, l'assemblée qui se tient dans la bibliothèque de Thou se nomme presque toujours le *cabinet*[3], et plus tard quand les

1. Après avoir annoncé l'histoire des Académies royales : « J'ajouterai, dit l'auteur, à celles dont je viens de parler, l'histoire du *Journal des savants*, de la *République des lettres* et de l'*assemblée du cabinet*, qui sera un des plus curieux endroits de mon livre ; et parce que cette assemblée du cabinet a été l'occasion de plusieurs conférences à qui on a donné le nom d'académies, je donnerai, immédiatement après les précédentes, une idée historique de toutes celles qui se sont tenues sur les sujets les plus curieux de physique, de mathématique, d'histoire, d'éloquence, de poésie, de géographie, de blason, chez MM. de Fontenay, l'abbé de la Rocque, la Rocque de la Lontière, Chassebras, l'abbé Bourdelot, l'abbé d'Aubignac, et chez quelques autres savants à qui le Roi a donné des lettres patentes pour l'établissement de la leur. Je n'oublierai pas celles qui se sont aussi formées, sur le modèle de l'assemblée du cabinet, chez M. Ménage, M. l'abbé de d'Angeau, M. Bignon, premier président, et M. Hennequin, procureur général du grand conseil. » Voyez la réimpression de ce discours dans les *Archives curieuses de l'histoire de France*, de Cimber et Danjou, 2e série, tome XI, p. 34.

2. La collection Bouilliau, qui se compose de 39 volumes, est conservée à la Bibliothèque impériale. Sans l'amicale obligeance de M. Lud. Lalanne, qui a mis à notre disposition la liste qu'il a dressée des lettres contenues dans cette collection, nous aurions eu quelque peine à y trouver les renseignements que nous y cherchions.

3. Voyez par exemple les lettres de Luillier, datées de 1643 et extraites du

auteurs du *Dictionnaire de Trévoux* définiront l'une des acceptions du mot *cabinet*, le souvenir de cette réunion leur viendra tout d'abord en pensée : « MM. du Puy ont longtemps tenu cabinet dans la bibliothèque de M. de Thou [1]. »

Ce qui attirait autour des frères du Puy les magistrats et les savants, tant étrangers que français, dont Rigault nous donne les noms, c'était moins le désir de prendre part à de scientifiques conférences que celui de se tenir au courant des nouvelles, et de se renseigner sur les affaires du temps. La mort du grand de Thou n'avait pas mis fin à ces réunions, qui avaient lieu chaque jour dans la bibliothèque de l'hôtel de Thou, situé rue des Poitevins. La mort de Pierre du Puy (1651) et celle de Jacques du Puy (1656) ne les interrompirent pas non plus. Ismaël Bouilliau en prit la direction [2], aidé, et peut-être suppléé pendant son séjour en Hollande, par la Rivière, l'un des secrétaires de Jacques-Auguste de Thou, cet ancien parlementaire frondeur, qui, devenu en 1657 ambassadeur en Hollande, ouvrait libéralement sa bibliothèque à l'assemblée, même en son absence. Le *cabinet* se composait, en 1657, de cinquante personnes environ, plus ou moins assidues aux réunions. N'en faisait point partie qui voulait, et l'on pouvait en être exclu après l'admission, pour cause d'indignité ou d'insuffisance [z].

---

tome XXIV de la collection Bouilliau, que M. Paulin Paris a publiées dans le tome IV des *Historiettes* de Tallemant des Réaux, p. 494 et 498, et les lettres de la Rivière dans la même collection. — Quelquefois aussi le *cabinet* est appelé *l'assemblée*.

1. Le dictionnaire ajoute : « M. Ménage tenoit souvent cabinet chez lui. » L'assemblée de Ménage, on l'a vu ci-dessus, a été formée à l'imitation de celle des frères du Puy.

2. Après la mort de Jacques du Puy, Wicquefort écrivait de la Haye à Bouilliau, le 30 novembre 1656 : « Il ne faut pas pourtant permettre que notre belle assemblée se dissipe. Feu MM. Dupuy vous ont considéré comme celui qui étiez seul capable de la pouvoir faire continuer.... J'offre de me trouver au lieu où vous voudrez établir l'assemblée, et de vous fournir les plus exactes correspondances de l'Europe. » — Il semble que l'époque la plus brillante de l'histoire de l'assemblée soit celle où la présidaient les du Puy : « Vous êtes, écrit la Rivière le 11 mai 1657 à Bouilliau, qui était à la Haye, vous êtes si bien informé des affaires étrangères que je n'ai garde de vous en faire désormais aucune mention. Il faut avouer que le cabinet n'est plus pour ce regard ce qu'il a été autrefois. Elles s'y débitent avec tant d'incertitude, d'ambiguïté et de confusion, que le plus judicieux politique du monde, après mille réflexions et mille raisonnements, auroit bien de la peine à discerner le vrai d'avec le faux. »

3. Une lettre sans date de M. Viole de Lervilliers de Saint-Maur, conservée dans le tome XXII de la collection Bouilliau, apprend qu'on vient de l'exclure

CLEFS ET COMMENTAIRES.

Après la vente de la bibliothèque de Thou, c'est-à-dire après l'année 1679, le *cabinet* se réunit encore quelque temps chez l'un de ses membres, chez F. Salmon, je crois; mais ce qui en avait assuré le succès, c'était la situation particulière des du Puy et de Bouilliau près de la famille de Thou, et l'immense correspondance qu'ils entretenaient, en France et à l'étranger, avec les savants et les diplomates. Or Bouilliau, après avoir assisté à la ruine de la famille de Thou, et à la vente que fit de ses livres le dernier d'entre eux, l'abbé de Thou, s'était retiré dans l'abbaye de Saint-Victor, où il mourut en 1693. Depuis longtemps sa correspondance s'était ralentie, et même avait presque complétement cessé. Il est donc vraisemblable que l'assemblée survécut peu d'années à l'ambassadeur J. A. de Thou, qui mourut en 1677.

XII

Page 356, n° 48. — *Théognis est recherché dans son ajustement....* (1691).

Clef de 1697 et clefs du dix-huitième siècle : « M. de Harlay, archevêque de Paris. »

Saint-Simon reconnaît en l'archevêque de Harlay des « manières de courtisan du grand air, » et nous montre en lui « un grand évêque.... un grand seigneur fort aimable, et un courtisan parfait quoique fort noblement.... » Quand il perdit son crédit, le clergé, ajoute-t-il, « se plut à se venger de la domination quoique *douce et polie* qu'il en avoit éprouvée. » Il mourut le 6 août 1695, « à Conflans, dont il avoit fait un jardin délicieux, et qu'il tenoit si propre, qu'à mesure qu'ils s'y promenoient tous deux (*la duchesse de Lesdiguières et lui*), des jardiniers les suivoient à distance pour effacer leurs pas avec des râteaux. » (*Mémoires* de Saint-Simon, tome I, p. 289 et 290.)

XIII

Pages 357 et 358, n° 50. — *Pamphile ne s'entretient pas....* (1689). — *Un Pamphile est plein de lui-même....* (1691). — *On ne tarit point sur les Pamphiles....* (1692).

Pour toutes les clefs, imprimées ou manuscrites, *Pamphile* est le marquis de Dangeau, et le marquis de Dangeau tout seul. Mais il y a lieu de distinguer, ce nous semble, entre les trois alinéa de cette réflexion, écrits à différentes dates. Le premier et le second ne repré-

---

des conférences pour une cause dont il ne sait pas se rendre bien compte. Est-ce son « imprudence, » est-ce son « silence » qui lui vaut cette humiliation ? Quoi qu'il en soit, il se montre prêt à toutes les soumissions pour reprendre sa place dans l'assemblée.

sentent pas le même *Pamphile* : le début de l'un et de l'autre suffirait à le démontrer. Quant au troisième alinéa, c'est à divers *Pamphiles*, l'auteur nous en avertit, que sont empruntés les traits dont il se compose.

Dangeau est-il le *Pamphile* de 1689 ou celui de 1691, celui de la quatrième édition ou celui de la sixième? Le premier « a des termes tout à la fois civils et hautains, une honnêteté impérieuse et qu'il emploie *sans discernement* : » ce n'est point là le Dangeau que nous montrent les *Mémoires* de Saint-Simon. Tel ne sera pas non plus le second *Pamphile*, et c'est celui-là que la Bruyère a peint d'après Dangeau.

Au moment où la Bruyère publie le premier alinéa, Philippe de Courcillon, marquis de Dangeau, a environ cinquante ans. Il est déjà un personnage considérable ; on l'a vu lieutenant-colonel du régiment royal, puis aide de camp du Roi ; il a été chargé de missions diplomatiques ; il a les entrées depuis 1680 ; il est gouverneur de Touraine depuis 1667, membre de l'Académie depuis 1668, menin du Dauphin depuis 1680, chevalier de la Dauphine depuis 1685 ; sa vanité est connue : Mme de Sévigné en a plaisanté lors de son mariage avec la comtesse de Lœwenstein[1] ; enfin il est chevalier de l'ordre du Saint-Esprit depuis le 31 décembre 1688 ou le 1er janvier 1689. La Bruyère eût donc pu dès la 4e édition dire tout au long quel homme était Dangeau, et déjà le montrer *plein de lui-même.... de sa grandeur, de ses alliances....* Il l'aurait fait certainement si Dangeau eût été l'original du *Pamphile* de 1689.

A la rigueur même, il eût déjà pu le montrer « étalant » son ordre, puisque Dangeau était chevalier du Saint-Esprit depuis le 1er janvier 1689. Mais vers la fin de décembre 1688, la Bruyère

1. Il épousa en secondes noces, le 31 mars 1686, Marie-Sophie de Bavière de Lœwenstein, de la maison Palatine, fille d'honneur de la Dauphine. « L'endroit le plus sensible, écrit Mme de Sévigné en parlant de ce mariage où l'ambition avait eu sa part, étoit de jouir du nom de *Bavière*, d'être cousin de Madame la Dauphine, de porter tous les deuils de l'Europe par parenté.... » Et après avoir raconté en quelques mots la colère de la Dauphine, faisant anéantir l'acte où Mme de Dangeau avait signé : *Sophie de Bavière*, Mme de Sévigné ajoute : « Vous m'avouerez qu'à un homme gonflé de cette vision, c'est une chose plaisante que *dès le premier pas retourner en arrière*. Vous pouvez penser comme les courtisans charitables sont touchés de cette aventure ; pour moi, j'avoue que tous ces maux qui viennent par la vanité me font un malin plaisir. » (*Lettre* du 3 avril 1686, tome VII, p. 492-494.) Dangeau, à l'occasion de son mariage, avait fait insérer dans le *Mercure* d'avril 1686 une notice généalogique qui rattachait sa famille à Hugues Capet. Il était comte de Givray, baron de Mesle, Husson, Bressuire et Sainte-Hermine, seigneur de Chausseraye, la Bourdaisière, etc.

avait sans doute mis la dernière main aux augmentations de la 4ᵉ édition, que l'on acheva d'imprimer le 15 février 1689. Ce n'est pas d'ailleurs le lendemain ou le surlendemain de sa nomination que le chevalier vint à dire : *Mon ordre, mon cordon bleu*, offrant ainsi à la Bruyère l'occasion de noter un trait de plus pour l'image d'un nouveau *Pamphile*.

Cette image du second *Pamphile* était bien ressemblante, car tous les commentateurs y ont attaché le même nom, et Saint-Simon avec eux : « Ses charges,... son argent, dit-il en parlant de Dangeau (tome V, p. 104), en avoient fait non pas un seigneur, mais, comme a si plaisamment dit la Bruyère sur ses manières, un homme d'après un seigneur. »

Saint-Simon n'aimait pas Dangeau : maint endroit de ses *Mémoires* le prouve. Voici quel portrait il en a fait : « Philippe de Courcillon, dit le marquis de Dangeau,... fut une espèce de personnage en détrempe.... Sa noblesse étoit fort courte, du pays Chartrain, et sa famille étoit huguenote. Il se fit catholique de bonne heure, et s'occupa fort de percer et de faire fortune..... C'étoit un grand homme, fort bien fait, devenu gros avec l'âge, ayant toujours le visage agréable, mais qui promettoit ce qu'il tenoit, une fadeur à faire vomir. Il n'avoit rien, ou fort peu de chose ; il s'appliqua à savoir parfaitement tous les jeux qu'on jouoit alors : le piquet, la bête, l'hombre, grande et petite prime, le hoc, le reversi, le brelan, et à approfondir toutes les combinaisons des jeux et celles des cartes, qu'il parvint à posséder jusqu'à s'y tromper rarement, même au lansquenet et à la bassette, à les juger avec justesse et à charger celles qu'il trouvoit devoir gagner. Cette science lui valut beaucoup, et ses gains le mirent à portée de s'introduire dans les bonnes maisons, et peu à peu à la cour, dans les bonnes compagnies. Il étoit doux, complaisant, flatteur, avoit l'air, l'esprit, les manières du monde, de prompt et excellent compte au jeu, où quelques gros gains qu'il ait faits, et qui ont fait son grand bien et la base et les moyens de sa fortune, jamais il n'a été soupçonné, et sa réputation toujours entière et nette. La nécessité de trouver de fort gros joueurs pour le jeu du Roi et pour celui de Mme de Montespan l'y fit admettre ; et c'étoit de lui, quand il fut tout à fait initié, que Mme de Montespan disoit plaisamment qu'on ne pouvoit s'empêcher de l'aimer ni de s'en moquer, et cela étoit parfaitement vrai. On l'aimoit parce qu'il ne lui échappoit jamais rien contre personne, qu'il étoit doux, complaisant, sûr dans le commerce, fort honnête homme, obligeant, honorable ; mais d'ailleurs si plat, si fade, si grand admirateur de riens, pourvu que ces riens tinssent au Roi ou aux gens en place ou en faveur ; si bas adulateur des mêmes, et depuis qu'il s'éleva, si bouffi d'orgueil et de fadaises, sans toutefois manquer à personne, ni être moins bas, si occupé de faire entendre et valoir ses prétendues distinctions, qu'on ne pouvoit pas s'empêcher d'en rire. » (Tome XVIII, p. 54 et 55.) Et dès le début de ses *Mémoires* : « C'étoit le meilleur homme du monde, mais à qui la tête avoit tourné d'être seigneur; cela l'avoit chamarré de ridicules.... Ce fut bien pis après sa charge (*de chevalier d'honneur de la Dauphine*), et ce mariage (*avec Mlle de Lœwenstein*). Sa fadeur naturelle, entée sur la bassesse du courtisan et recrépie de l'orgueil du seigneur postiche, fit un composé que combla la grande maîtrise de l'ordre de Saint-Lazare, que le Roi lui donna (*en 1696*), comme l'avoit Nérestang, mais dont il tira tout le parti qu'il put, et se fit le singe du Roi, dans les promotions qu'il fit de cet ordre, où toute la cour accouroit pour rire avec scandale, tandis qu'il s'en croyoit admiré. Il fut de l'Académie françoise, et conseiller d'État d'épée. » (Tome I, p. 360 et 361.)

Mais Dangeau, quoi qu'en aient dit Saint-Simon et les commentateurs de la Bruyère, est-il bien *Pamphile*, ou pour mieux dire un *Pamphile?* L'un des savants éditeurs de son *Journal* l'a contesté dans l'une des notes de la *Vie de Dangeau*[1], qu'il convient de reproduire :

« Il faut n'avoir pas lu la fine page de la Bruyère, y dit-on, pour se prêter un moment à la perfide supposition de Saint-Simon. Est-ce de Dangeau que le plus médisant eût pu écrire : « Si quelquefois il sourit « à un homme du dernier ordre, à un homme d'esprit, il choisit son « temps si juste, qu'il n'est jamais pris sur le fait? » Ou encore : « Il « est sévère et inexorable à qui n'a point encore fait sa fortune.... De « maximes, il ne s'en charge pas, de principes encore moins.... Vif, « hardi, décisif avec ceux qui ne savent rien?... » Qu'ont de commun ces traits avec ceux de Dangeau? Mais Saint-Simon a trouvé là le fameux mot : « Un Pamphile veut être grand, il croit l'être; il ne l'est « pas; il est d'après un grand. » Et Saint-Simon travestit le mot trois fois avec bonheur. Si Dangeau est « d'après un seigneur, » il n'est, Dieu merci, point d'après Saint-Simon, ni d'après pas un autre qu'on cite; et si ce seigneur est Louis XIV, je n'y vois point tant de mal. »

Des membres de phrase de la Bruyère que reproduit l'auteur de cette note, deux appartiennent au troisième alinéa, qui ne fait point partie du caractère de Pamphile-Dangeau. Ce sont les deux derniers : il faut les écarter de la discussion. Dangeau était-il homme à préférer la compagnie des grands à celle des gens d'esprit qui n'a-

---

[1]. Tome I, p. xcii. — Pour plus de détails biographiques sur Dangeau, voyez ce consciencieux travail, placé en tête de l'édition du *Journal du marquis de Dangeau* qu'ont donnée MM. E. Soulié, Dussieux, de Chennevières, Mantz et de Montaiglon.

vaient pas de crédit? voilà le point en litige. Nous croyons, pour nous, que Dangeau, tel que le représentent les contemporains, devait accueillir mieux les uns que les autres, et c'est là ce que dit la Bruyère. Nous accorderons, si l'on veut, que plus tard l'excellent Dangeau, parvenu aux honneurs qu'a rêvés son ambition, accoutumé à sa gloire, s'est peut-être dégagé de cette petite faiblesse d'esprit que la Bruyère saisit au vol en 1690 et fixe dans son portrait satirique; encore en doutons-nous.

La clef de 1720 inscrit le nom de Chanlay à côté de ces mots : « un homme sage. » Les clefs des éditions Coste, déplaçant maladroitement l'annotation, l'appliquent au membre de phrase : « celui à qui ils ont recours, etc. » Sur Chamlay, voyez ci-dessus, p. 287 et 288.

XIV

Page 359, n° 51. — *Nous avons pour les grands....* (1691).

Suivant les clefs imprimées du dix-huitième siècle, le ministre dont la Bruyère fait la peinture dans cet alinéa est Louvois.

DU SOUVERAIN OU DE LA RÉPUBLIQUE.

I

Pages 368-370, n° 11. — *Démophile, à ma droite.... Mais, à ma gauche, Basilide....* (1691).

A côté de ces deux caractères, que la clef de 1697 appelle l'un le portrait des « frondeurs, » l'autre celui des « antifrondeurs, » les clefs du dix-huitième siècle placent les noms de « l'abbé de Sainte-Hélène, grand nouvelliste, » et du « sieur du Moulinet, autre nouvelliste. » Dans les clefs des éditions Coste, l'abbé de Sainte-Hélène (que la clef de 1720 appelle « l'abbé de Saint-Helen ») est particulièrement *Démophile* le frondeur [1], et du Moulinet *Basilide* l'antifrondeur.

Nous ne connaissons ni l'un ni l'autre personnage.

---

1. L'édition de 1697 attribue également à l'abbé de Sainte-Hélène le caractère de *Démophile*; elle ne donne point de nom à l'antifrondeur.

II

Pages 377 et 378, n° 14. — *L'un des malheurs du prince....* (1687).

Clefs imprimées du dix-huitième siècle : « *Une personne sûre qui l'en décharge,* Mme de Maintenon. »
Le mariage de Louis XIV et de Mme de Maintenon avait eu lieu dans les derniers jours de l'année 1684.
Les mêmes clefs nomment encore Mme de Maintenon en regard de la réflexion 17.

III

Page 379, n° 19. — *Une belle ressource....* (1687).
Une plus belle ressource.... (1689).

Walckenaer a rapproché de cette réflexion les noms de trois courtisans disgraciés : « Ce caractère sur les favoris, dit-il (p. 714), tracé précisément lors du rappel à la cour de Vardes, de Bussy Rabutin et de Lauzun, auquel le commandement de l'armée qui devait débarquer en Irlande fut donné, dut déplaire à Louis XIV et à ses ministres, ou à celui des hommes de cour que la Bruyère avait pris pour modèle dans cette peinture. Nul doute que c'est pour cette raison qu'il a été supprimé, lors de la publication de la 6e édition en 1691. »

Si la réflexion de la Bruyère est applicable à ces trois personnages, ce n'est pas de la même façon, et chacun doit y prendre une part différente.

L'exil du duc de Vardes avait cessé en 1685. « Il en revint si rouillé, dit Saint-Simon (voyez le *Journal* de Dangeau, tome II, p. 165), qu'il en surprit tout le monde et conserva toujours du provincial. Le Roi ne revint jamais qu'à l'extérieur, et encore fort médiocre, quoiqu'il lui rendît enfin un logement et ses entrées. » Si donc la Bruyère a pensé à Vardes en écrivant le premier alinéa de sa réflexion, il y a mis une leçon à son adresse. Mais pensait-il à Vardes ? Non, ce me semble. Au retour de l'exil, Vardes peut-être avait « traîné le débris » d'une faveur perdue, mais il ne l'avait pas traîné *dans la ville,* ce qui est le texte des trois premières éditions (voyez p. 379, note 3), car il avait ses entrées et son logement à Versailles. Notons encore que Vardes, mort en 1688, ne vivait plus au moment où la Bruyère substitua *dans le monde* à *dans la ville.*

Lauzun du moins, en 1687, traînait *dans la ville* « le débris » de sa faveur. Sa captivité avait pris fin en 1680, et après deux ans d'exil en Anjou et en Touraine, il était revenu à Paris en 1682. Il avait « liberté entière, dit Saint-Simon (tome XX, p. 53), à condition de n'approcher pas plus près de deux lieues de tout le lieu où le Roi seroit. Il vint donc à Paris, où il vit assidûment sa bienfaitrice (*Mademoiselle de Montpensier*). L'ennui de cette sorte d'exil, pourtant si adouci, le jeta dans le gros jeu, et il y fut extrêmement heureux; toujours beau et sûr joueur, et net en tout au possible, et il gagna fort gros. Monsieur, qui faisoit quelquefois de petits séjours à Paris, et qui y jouoit gros jeu, lui permit de venir jouer avec lui au Palais-Royal, puis à Saint-Cloud, où il faisoit l'été de plus longs séjours. Lauzun passa ainsi plusieurs années, gagnant et prêtant beaucoup d'argent fort noblement; mais plus il se trouvoit près de la cour et parmi le grand monde, plus la défense d'en approcher lui étoit insupportable. »

Mademoiselle de Montpensier a raconté avec plus de détails, dans les derniers chapitres de ses *Mémoires*, comment vécut Lauzun de 1682 à 1688 : « Toujours dans l'obscurité, mais faisant parler de lui, et souvent, ajoute-t-elle (tome IV, p. 536), par des choses qui me fâchoient. » Enfin las de demander vainement qu'on lui rendît sa charge, et de promener son ennui dans la ville, hors de la ville, et jusqu'à l'armée où il alla par deux fois, il quitta la France vers la fin d'octobre 1688 et fit un voyage en Angleterre [1]. C'est alors que la Bruyère effaça *dans la ville* pour écrire *dans le monde*.

Il est donc possible que la Bruyère ait enfermé dans la seconde phrase du premier alinéa quelque allusion « au nouveau personnage » que soutenait alors le duc de Lauzun, « si différent du premier. » Mais le courtisan qu'il oppose au courtisan disgracié qui n'accepte pas la retraite, nous le reconnaissons plus sûrement encore, c'est Bussy Rabutin.

De 1666 à 1681, Bussy avait vécu presque oublié dans sa terre de Bourgogne. Il eut en 1681 la permission d'habiter Paris, et en 1682 celle de revenir à la cour ; mais Louis XIV ne lui rendit qu'à moitié ses bonnes grâces, et il se condamna volontairement à un nouvel exil[2]. Il ne reparut à Versailles que vers la fin de décembre 1687,

1. « M. de Lauzun, dit Dangeau (tome II, p. 193), partit d'ici pour aller offrir ses services au roi d'Angleterre.... M. de Lauzun, n'ayant pas grand'-chose à faire en France, a été loué du parti qu'il a pris; le Roi lui en a donné la permission. » — « Enfin, n'y pouvant plus tenir, écrit de son côté Saint-Simon (tome XX, p. 53), il fit demander au Roi la permission d'aller se promener en Angleterre, où on jouoit beaucoup et fort gros. Il l'obtint, et il y porta beaucoup d'argent, qui le fit recevoir à bras ouverts à Londres, où il ne fut pas moins heureux qu'à Paris. »

2. « Je fus huit jours fort content de ma cour, écrit Bussy dans son *Discours à ses enfants* (voyez ses *Mémoires*, édition de M. Lud. Lalanne, tome II, p. 300), après lesquels je m'aperçus que le Roi évitoit de me regarder; lorsque

ramené auprès du Roi par le mauvais état de ses affaires et le désir d'obtenir de l'argent. Depuis quelque temps déjà le manuscrit des *Caractères* était entre les mains de l'éditeur, et le passage où la Bruyère approuvait sa retraite, sans le nommer, était sans doute imprimé.

En résumé, cet alinéa, qui contient vraisemblablement un trait applicable à Lauzun, est particulièrement écrit en vue de Bussy. A qui pensait la Bruyère en écrivant le second?

A Lauzun, selon toute apparence. Lauzun, qui, comme il a déjà été dit ci-dessus (p. 536 et 555), était en Angleterre au moment de la révolution de 1688, avait offert ses services à Jacques II. « Le roi d'Angleterre est toujours trahi, même par ses propres officiers, écrit Mme de Sévigné le 20 décembre 1688 (tome VIII, p. 347) : il n'a plus que M. de Lauzun qui ne le quitte point. » Trois jours plus tard (voyez Dangeau, tome II, p. 234), on apprenait à Versailles que Jacques II avait confié à Lauzun la mission périlleuse d'escorter la Reine et son fils dans leur fuite, et que la Reine, le prince de Galles et Lauzun venaient de débarquer à Calais. La cour de France suivait avec anxiété les péripéties de la révolution d'Angleterre, et l'on peut voir, dans le *Discours* même que la Bruyère prononça en 1693 à l'Académie, quel souvenir il avait conservé « de ces jours tristes, ... passés dans l'agitation et dans le trouble, » qui précédèrent l'arrivée en France des divers membres de la famille royale. Aussi les nouvelles que Lauzun envoya de Calais furent-elles accueillies avec joie; son nom se mêla aussitôt à tous les entretiens, et son « aventure, » pour répéter l'expression de Mme de Sévigné, parut héroïque et merveilleuse. Louis XIV lui-même loua « une action si heureuse et si importante » (Dangeau, tome II, p. 236), et s'empressa d'écrire à Lauzun qu'il lui était permis de revenir à la cour[1]. N'en doutons pas : cette « action si heureuse et si importante » est la « haute et généreuse entreprise » qui a inspiré à la Bruyère ce second alinéa, l'une des premières augmentations que reçurent les *Caractères*. Dire d'ailleurs qu'il s'agit d'un « *favori* disgracié, » et parler de son *étoile* (voyez ci-dessus, p. 536), n'était-ce pas deux fois désigner Lauzun ?

---

j'eus fait encore deux mois de pareilles observations, je voulus observer si je ne m'éclaircirois pas davantage en parlant à Sa Majesté. Il est vrai qu'il me répondit si sèchement, que je ne doutai pas de quelque nouvelle disgrâce. Vous pouvez juger, mes enfants, quelle fut ma douleur en cette rencontre : elle fut telle que je m'absentai cinq ans de la cour. »

1. « M. de Lauzun, écrit Mme de Sévigné le 27 décembre (tome VIII, p. 359), doit être bien content de cette aventure, où il a montré de l'esprit, du jugement, de la conduite, du courage, et enfin il a trouvé le chemin de Versailles en passant par Londres : cela n'est fait que pour lui. »

Il nous reste à chercher pourquoi la Bruyère effaça en 1691 les deux alinéa dont se compose la réflexion que nous commentons.

Serait-ce Louis XIV qui aurait pris ombrage de cette remarque sur les gens qu'il disgraciait? C'est la conjecture la moins vraisemblable.

La remarque pouvait-elle déplaire à Lauzun? Au moment où la Bruyère la réimprimait dans la 5e édition, Lauzun s'était jeté de nouveau dans une entreprise chevaleresque, et venait de partir pour l'expédition d'Irlande[1]. Cette campagne, comme on sait, fut malheureuse, et même, par la faute de Jacques II, quelque peu ridicule. Serait-ce pour éviter toute fausse interprétation que la Bruyère fit disparaître en 1691 ce second alinéa, et par suite la réflexion entière?

Il est, je crois, une explication meilleure. Le premier alinéa avait pu flatter Bussy; le second, publié un an plus tard environ, dut le froisser. Il avait très-vivement désiré que le Roi acceptât ses services; mais vainement il les avait offerts en 1688 et en 1689[2]. Depuis sa disgrâce il n'avait pu faire la guerre nulle part, et dans quelle « haute entreprise » eût-il pu se jeter? La comparaison lui sembla sans doute cruelle, et il est permis de supposer que la Bruyère, qui tenait à son estime, lui en fit le sacrifice.

IV

Page 380, n° 21. — *Hommes en place....* (1691).

En marge de ces mots : *les dignités se perdent*, les auteurs des clefs imprimées du dix-huitième siècle ont cru devoir citer l'exemple des « héritiers des cardinaux de Richelieu et Mazarin. » — Toutes les clefs indiquent que cet alinéa contient l'éloge du cardinal d'Amboise et du cardinal de Richelieu.

1. L'Achevé d'imprimer de la 5e édition est du 24 mars 1690. Lauzun, nommé au mois d'octobre 1689 capitaine général des troupes que le Roi devait envoyer en Irlande, avait pris congé de Louis XIV le 15 février 1690 (Dangeau, tome III, p. 15 et 67).

2. Il écrivait le 15 septembre 1689 : « Sire, il commence à m'être insupportable de voir presque tous vos sujets qui portent l'épée être tous les jours sur le point de la tirer pour le service de Votre Majesté, et que moi, le plus ancien de vos lieutenants généraux d'armée,... qui ai autant de santé que pas un, autant de courage et autant de zèle pour votre sacrée personne et pour le bien de son État, je demeure dans ma maison comme un homme inutile à votre service. J'ai déjà supplié plusieurs fois Votre Majesté, Sire, en lui offrant mes très-humbles services, de n'avoir aucun égard à mon rang.... Quand je n'aurois d'autre avantage que celui de servir Votre Majesté, ou de mourir pour Elle, je serois bien plus heureux que de vivre dans l'obscurité où je suis. » (*Correspondance de Bussy*, tome VI p. 274 et 275.)

V

Page 381, n° 22. — *Le panneau le plus délié....
et aux rois par leurs ministres....* (1694).

Clefs du dix-huitième siècle : « Feu M. Colbert, quand il conseilla au Roi le remboursement des rentes de l'hôtel de ville, ce qui ruina beaucoup de familles. »

Sans parler des quatre millions de revenu qui dès 1663, sous l'administration de Colbert, avaient été supprimés entièrement par simple déclaration du Roi entre les mains des propriétaires de rentes, et particulièrement de rentes sur l'hôtel de ville (celles qui inspiraient le plus de confiance), notons que divers arrêts de 1662 et de 1664 avaient successivement prescrit le remboursement de quatre cent mille livres de rente sur les parties casuelles, puis de toutes les rentes établies depuis vingt-cinq ans [1]. Les mesures par lesquelles les rentes avaient été supprimées, réduites ou remboursées, sans égard pour les transactions et suivant des règles arbitraires, produisirent un grand émoi dans Paris : il suffit de rappeler les premiers vers de la satire III de Boileau, écrite en 1665, et les récits d'Olivier d'Ormesson [2]. Plus tard les dépenses de la guerre de 1672 ayant obligé le Trésor à recourir à l'émission de rentes sur l'hôtel de ville, et ces rentes n'ayant pu être aliénées qu'à des conditions très-onéreuses, Colbert entreprit, dès qu'il le put, de les éteindre; quelques emprunts et la création de rentes nouvelles à des conditions meilleures lui permirent d'en commencer le remboursement dès 1680 et de le continuer les années suivantes.

A-t-on jamais accusé Colbert d'avoir cherché « une mine d'or, un Pérou » dans ces diverses opérations? Nous n'en trouvons de trace nulle part; mais l'irritation des rentiers dut se donner librement carrière aux dépens du ministre, et mettre en doute son désintéressement.

---

1. Arrêts du 3 juin et du 30 août 1662, et du 24 mai 1664. On remboursait d'ordinaire, non pas la valeur nominale, mais la somme touchée réellement par l'État lors de l'émission, et quelquefois l'on en déduisait les intérêts précédemment reçus par les rentiers. Voyez sur ces diverses mesures l'*Introduction* que M. P. Clément a mise en tête du tome II des *Lettres, instructions et mémoires de Colbert*, p. XLIV et suivantes.

2. Voyez le *Journal d'Olivier d'Ormesson*, publié par M. Chéruel, année 1664. — Parmi les mesures les plus impopulaires du temps, mentionnons la déclaration du 4 décembre 1664. Les remboursements antérieurs à 1662 s'étaient faits selon la valeur nominale des titres, et non selon leur valeur réelle : revenant sur ces anciens remboursements, la chambre de justice exigea de ceux qui en avaient profité depuis 1630 la restitution de la somme reçue en trop, et même des intérêts de ladite somme.

CLEFS ET COMMENTAIRES. 559

La Bruyère toutefois pense-t-il au remboursement des rentes, lorsqu'il compare aux intendants qui, comme Gourville peut-être, s'enrichissent en mettant de l'ordre dans les affaires de leur maître, les ministres qui conseillent aux rois de s'acquitter et de s'enrichir? Nous nous garderons de l'affirmer.

Mais si l'interprétation des clefs ne paraît pas satisfaisante, quelle autre lui substituer?

Rappellera-t-on que dans un libelle, postérieur d'une année à la publication de la réflexion de la Bruyère, Sandras de Courtilz attribue la fortune de Colbert à l'acquisition qu'il avait faite en 1664, dit-il, d'un grand nombre d'anciens billets sur l'Épargne que le Trésor refusait d'acquitter ou d'accepter en payement[1], et dont il aurait reçu par la suite la valeur nominale? De semblables manœuvres avaient enrichi bien des gens : le surintendant Servien, si l'on en croit un bruit que Colbert a répété[2], laissa parmi les effets de sa succession un million deux cent mille livres de billets de l'Épargne, qu'il avait payés cinquante mille livres; et Colbert lui-même, administrateur très-zélé des biens de Mazarin, tira sans doute le meilleur parti des billets de ce genre qui étaient entrés dans la fortune mobilière du cardinal. Mais est-il vrai qu'il s'enrichit lui-même par les moyens qu'indique Sandras de Courtilz? Lors même que cette imputation aurait eu cours, il serait malaisé d'en retrouver le souvenir dans les expressions de la Bruyère.

Vaut-il mieux ne pas restreindre le sens de la remarque et ne pas l'appliquer à quelque événement déterminé? La Bruyère veut-il simplement rappeler d'une manière générale combien il avait été facile aux ministres de s'enrichir dans toutes les opérations financières de l'État, surtout dans celles qui étaient en dehors des pratiques habituelles ou du moins des pratiques régulières, dans les *affaires extraordinaires* et dans les aliénations de biens par exemple? Sa pensée re-

---

1. « On cessa d'acquitter les anciens billets de l'Épargne, qui ne laissèrent pas d'avoir cours dans le commerce sur le pied du denier dix (*dix pour cent*), parce que les traitants en donnèrent en payement dans partie de leurs taxes, après qu'on leur eut accordé une amnistie à condition de les acquitter, par édit du mois de décembre 1665, vérifié au Parlement le 21 du même mois. Depuis, ces billets diminuèrent tellement de prix, qu'on en a vu donner un cent mille livres pour cinquante pistoles. Ce fut alors que Colbert en acheta un grand nombre, et qu'en retirant la valeur, il acquit des richesses immenses. Ce fut ce qui lui donna moyen d'acheter les marquisats de Seignelay et de Blainville, les baronnies de Moneteau, de Chesny, de Beaumont et de Sceaux, avec plusieurs autres terres considérables. » (*Vie de J. B. Colbert, ministre d'État*, Cologne, 1695, p. 31 et 32.)

2. *Lettres de Colbert*, tome II, 1re partie, p. CCI.

monte-t-elle au delà de Colbert, jusqu'à Foucquet ou Mazarin, se faisant eux-mêmes traitants, prêtant à des taux usuraires, et sous des noms supposés, les sommes dont a besoin le Trésor, et s'associant secrètement à toutes les affaires qu'ils entreprennent au nom du Roi? La Bruyère se reporterait ainsi à l'époque dont le souvenir lui avait inspiré en 1689 cette réflexion : « Jeunesse du prince, source des belles fortunes » (voyez ci-dessus, p. 319, n° 55). Entre les conjectures auxquelles on peut s'arrêter, le lecteur choisira. Mais c'est particulièrement, ce nous semble, vers l'administration de Colbert, le seul ministre qui ait résolûment tenté d'acquitter les dettes de l'État, que la phrase de la Bruyère conduit l'esprit du lecteur.

Cette phrase ne peut du reste faire allusion qu'à des événements lointains ; car Colbert avait eu pour successeur comme contrôleur général Claude le Pelletier, dont l'administration n'avait jamais été soupçonnée, et celle de Pontchartrain, qui remplaça le Pelletier le 20 septembre 1689, demeura également honnête. La Bruyère, au surplus, n'eût jamais écrit une seule ligne qui pût blesser Pontchartrain, dont il était l'ami, et qui avait si vivement patronné sa candidature à l'Académie. Walckenaer a proposé de voir dans la remarque de la Bruyère, non pas une allusion au remboursement des rentes, mais une allusion à la refonte des monnaies en 1689 et 1691[1]: Pontchartrain était alors contrôleur général ; cette considération seule doit faire écarter l'interprétation de Walckenaer, qui d'ailleurs s'accorderait mal avec les expressions de la Bruyère. Au lieu d'y chercher une attaque contre son administration, nous serions plus disposé à y trouver une réflexion qui devait plaire à Pontchartrain. En 1692, il ne pouvait plus être question de « s'acquitter, » encore moins de « s'enrichir, » car c'était déjà une lourde et difficile entreprise que de subvenir, à l'aide d'expédients de tout genre, aux dépenses de chaque jour. Pontchartrain ne devait donc pas aimer qu'on fit l'éloge de l'administration de Colbert, qu'il imitait fort peu. Qui sait si la Bruyère ne reproduit pas, en la voilant un peu, une attaque entendue chez le ministre contre la mémoire de Colbert?

1. « Ces réductions et ces remboursements (*des rentes*) eurent lieu en 1664, dit au sujet de la note des clefs le savant éditeur des *Caractères* (p. 715); et cela était bien ancien pour que la Bruyère y ait fait allusion.... Je crois donc que la Bruyère a eu en vue de blâmer les refontes des monnaies, faites au profit de l'État, qui eurent lieu en 1689 et 1691. Elles anéantirent le crédit, furent désastreuses pour les particuliers, enrichirent les financiers et les traitants; mais par cette ressource le Roi parvint, momentanément du moins, à *s'acquitter* et à *s'enrichir*. (Voyez Forbonnais, *Recherches et considérations sur les finances de France*, tome IV, p. 51 et 74, édition in-12). »

VI

Page 381, n° 23. — *C'est un extrême bonheur pour les peuples....* (1689).

Les clefs imprimées du dix-huitième siècle ont fait au marquis de Pomponne, qui, suivant l'expression de Saint-Simon (tome II, p. 324), « se fit adorer de la cour, » l'application de cet alinéa, publié deux années avant son retour au ministère.

D'après Walckenaer (p. 715), il y a là une flatterie à l'adresse de Seignelay et de Pontchartrain, « nouvellement nommés en 1688. » Mais Seignelay, qui d'ailleurs était ministre depuis six ans, et non depuis une année, méritait-il bien un tel hommage ? Quant à Pontchartrain, il devint contrôleur général en septembre 1689, et ministre en 1690 : or l'édition où parut cette réflexion était déjà imprimée le 15 février 1689.

VII

Page 384, n° 27. — *Nommer un roi Père du peuple....* (1692).

La Bruyère aurait-il traduit par *Pater populi* les abréviations P P qui se trouvent sur diverses médailles frappées en l'honneur de Louis XIV[1], et qui signifient *Pater patriæ?* Non, sans doute. Il n'eût pas osé d'ailleurs discuter publiquement et directement l'un des titres que la flatterie décernait au Roi. — Sa réflexion n'empêcha point l'adulation de donner à Louis XIV des titres de ce genre : voyez par exemple, dans le *Mercure galant* de septembre 1693 (p. 325), un article où sont annoncées les mesures que l'on prend pour essayer de remédier en partie à la misère effroyable qu'engendre la disette, et où Louis XIV est nommé *Père de ses sujets*.

1. Voyez, dans les planches qui terminent l'histoire de *Louis le Grand par les médailles*, de Cl. F. Ménestrier (aux pages 29, 31, 32), trois médailles datées de 1674, 1690, 1691. — Dans un discours à l'Académie du 7 février 1689, Charpentier nommait aussi Louis XIV le *Père de la patrie*.

ERRATA.

Comme il est dit dans la *Notice bibliographique*, les mêmes variantes ne se trouvent pas dans tous les exemplaires de la seconde édition. Pendant la révision des épreuves, il n'a pas toujours été tenu compte des différences que présentent les exemplaires. P. 22, note 2, p. 33, note 4, p. 34, note 3, p. 114, note 2, p. 140, note 4, p. 150, note 1, p. 154, note 2, p. 210, note 1, p. 235, note 3, p. 328, 348, notes 1, *au lieu de :* « Var. (édit. 1 et 2), » *lisez :* « Var. (édit. 1 et une partie des exemplaires de 2). »

P. 31, note 2, *au lieu de :* « Les éditions 1 et 2, » *lisez :* « La première édition et une partie des exemplaires de la seconde. »

P. 46, note 5. Remplacez la note par celle-ci : « Voyez le *Lexique*, au mot Brelandier. »

TABLE DES MATIÈRES

CONTENUES DANS LE PREMIER VOLUME.

Avertissement......................................	1
Notice biographique sur Jean de la Bruyère et Notice bibliographique...................................	ix
LES CARACTÈRES DE THÉOPHRASTE, TRADUITS DU GREC, AVEC LES CARACTÈRES OU LES MOEURS DE CE SIÈCLE.	
LES CARACTÈRES DE THÉOPHRASTE, TRADUITS DU GREC.	1
Notice..	3
Discours sur Théophraste........................	9
Les Caractères de Théophraste, traduits du grec....	33
De la Dissimulation............................	34
De la Flatterie................................	36
De l'Impertinent ou du Diseur de rien...........	39
De la Rusticité................................	41
Du Complaisant................................	43
De l'Image d'un coquin........................	45
Du Grand parleur.............................	48
Du Débit des nouvelles........................	50
De l'Effronterie causée par l'avarice............	52
De l'Épargne sordide..........................	54
De l'Impudent ou de celui qui ne rougit de rien..	56

Du Contre-temps	59
De l'Air empressé	61
De la Stupidité	62
De la Brutalité	64
De la Superstition	65
De l'Esprit chagrin	67
De la Défiance	68
D'un Vilain homme	70
D'un Homme incommode	72
De la Sotte vanité	73
De l'Avarice	75
De l'Ostentation	77
De l'Orgueil	80
De la Peur ou du Défaut de courage	81
Des Grands d'une république	84
D'une Tardive instruction	85
De la Médisance	87
LES CARACTÈRES OU LES MOEURS DE CE SIÈCLE.	89
Notice	91
Les Caractères ou les Moeurs de ce siècle	105
Des Ouvrages de l'esprit	113
Du Mérite personnel	151
Des Femmes	170
Du Cœur	199
De la Société et de la Conversation	215
Des Biens de fortune	246
De la Ville	275
De la Cour	298
Des Grands	338
Du Souverain ou de la République	363
APPENDICE AUX CARACTÈRES OU MOEURS DE CE SIECLE. — CLEFS ET COMMENTAIRES	393
Notice	395
Des Ouvrages de l'esprit	403
Du Mérite personnel	438
Des Femmes	453

TABLE DES MATIÈRES.

Du Cœur.	463
De la Société et de la Conversation.	465
Des Biens de fortune.	477
De la Ville.	508
De la Cour.	520
Des Grands.	538
Du Souverain ou de la République.	553

FIN DE LA TABLE DES MATIÈRES.

7785. — IMPRIMERIE GÉNÉRALE DE CH. LAHURE
Rue de Fleurus, 9, à Paris

www.ingramcontent.com/pod-product-compliance
Lightning Source LLC
Chambersburg PA
CBHW070055020526
44112CB00034B/1276